普通高等教育"十三五"商学院精品教

管理学概论
——非管理类知识背景高级经理通用

［德］沃尔特·布斯·冯库伯
　　（Walther Busse von Colbe）
［德］阿道夫·G.柯能贝格
　　（Adolf G.Coenenberg）
［德］彼得·卡宇特　　　　　　　　著
　　（Peter Kajüter）
［德］乌里奇·林豪夫
　　（Ulrich Linnhoff）
［德］本哈德·裴仁斯
　　（Bernhard Pellens）
［中］王煦逸
　　（Xuyi Wang）

上海财经大学出版社

图书在版编目(CIP)数据

管理学概论:非管理类知识背景高级经理通用/(德)冯库伯(von Colbe, W.B.)等著;王煦逸译. —上海:上海财经大学出版社,2016.7

(普通高等教育"十三五"商学院精品教材系列)
ISBN 978-7-5642-2406-6/F·2406

Ⅰ.①管… Ⅱ.①冯…②王… Ⅲ.①管理学-高等学校-教材 Ⅳ.①C93

中国版本图书馆 CIP 数据核字(2016)第 068620 号

□ 责任编辑　李成军
□ 封面设计　钱宇辰

GUANLIXUE GAILUN
管 理 学 概 论
——非管理类知识背景高级经理通用

[德]沃尔特·布斯·冯库伯
（Walther Busse von Colbe）
[德]阿道夫·G.柯能贝格
（Adolf G.Coenenberg）
[德]彼得·卡宇特　　　　　　　著
（Peter Kajüter）
[德]乌里奇·林豪夫
（Ulrich Linnhoff）
[德]本哈德·裴仁斯
（Bernhard Pellens）
[中]王煦逸
（Xuyi Wang）

上海财经大学出版社出版发行
(上海市武东路 321 号乙　邮编 200434)
网　　址:http://www.sufep.com
电子邮箱:webmaster@sufep.com
全国新华书店经销
同济大学印刷厂印刷
上海叶大印务发展有限公司装订
2016 年 7 月第 1 版　2016 年 7 月第 1 次印刷

787mm×1092mm　1/16　28.25 印张　723 千字
印数:0 001—3 000　　定价:65.00 元

图字:09-2015-099 号

Betriebswirtschaft für Führungskräfte
Walther Busse von Colbe/Adolf G. Coenenberg/Peter Kajüter/Ulrich Linnhoff/Bernhard Pellens

Original German language edition: Walther Busse von Colbe/Adolf G. Coenenberg/Peter Kajüter/Ulrich Linnhoff/Bernhard Pellens (Hrsg.): Betriebswirtschaft für Führungskräfte. Eine Einführung für Ingenieure, Naturwissenschaftler, Juristen und Geisteswissenschaftler. 4.,überarbeitete und erweiterte Auflage (ISBN: 978-3-7910-3087-6) published by Schäffer-Poeschel Verlag für Wirtschaft, Steuern und Recht GmbH Stuttgart, Germany. Copyright © 2011.

CHINESE SIMPLIFIED language edition published by SHANGHAI UNIVERSITY OF FINANCE AND ECONOMICS PRESS, copyright © 2016.

2016年中文版专有出版权属上海财经大学出版社
版权所有　翻版必究

前言 FOREWORD

随着中国改革开放的深入,越来越多的企业必须在市场环境下求得生存。无论身处何地,任何企业的经理都必须基于经济原理思考问题,并在工作中运用管理方法和工具,对于工程技术、法律和社会科学知识背景的经理更是如此。

为了给经理介绍必需的管理知识,德国一流的商学院"欧洲管理学院"(ESMT)近四十年来开设了"经理专用管理学"培训课程,读者面前的本教材在该课程中取得了巨大的成功。

本书的第一部分介绍了企业管理的理念,基于这些理念,企业能够在市场竞争中立足,这里涉及企业环境分析和由此得出的企业战略、客户导向以及资方导向。面对急剧变化的市场环境,企业必须做出反应,对企业的结构和流程做出有针对性的调整。第二部分将介绍有关的措施:法律形式的选择、公司治理、组织构架等。最后,本书论及财务方面的论题:成本管理、投资核算、兼并重组管理、财务管理、价值导向效益分析以及财务报告(第三和第四部分)。

本书按照模块化组织:每章都是一个独立的单元,可以在不涉及其他章节的情况下独立阅读。同时,各模块之间又存在有机的联系。每章所附的习题帮助读者加深对于各专题的理解。

本书的目标读者是中国非管理类知识背景的企业经理,他们希望通过自学、EMBA项目的学习或者专项培训研读管理核心思想、方法和工具等。此外,本书也有助于有多年管理经验的专家更新管理知识。通过本书,读者可以得到有关企业管理方面系统的经验导向概观。本书基于西欧企业管理的基本理念,并通过德国的案例进行通俗易懂的阐述。

所有的作者都以极大的热情投入本书的编纂工作。同济大学中德学院普华永道会计和管理控制学教席王煦逸博士、教授,在他多次的德国访问期间,就本书中文版的出版与德方作者全面深入地交换了意见和想法。在本书的中文版中,他针对中国的情况,对公司治理和税务政策章节进行了改写,以便读者能够更好地把本书运用到中国的企业管理实践中去。蒂森克虏伯电梯中国有限公司的史雯婷经理,同济大学中德学院的硕士生鞠慧、孔小龙、陆丹彦、马欣、麦义成、梅业琴、严翘楚和经济管理学院的本科生常月乔对于本书的出版做出了决定性的贡献,同时上海财经大学出版社的李成军编辑也为本书的面世付出了艰辛的劳动。本书中文版的出版还得到了波鸿鲁尔大学、欧洲管理学院、明斯特大学和同济大学中德学院以及普华永道公司的大力赞助,在此表示衷心的感谢。

沃尔特·布斯·冯库伯

阿道夫·G.柯能贝格

彼得·卡宇特

乌里奇·林豪夫

本哈德·裴仁斯

王煦逸

2016年3月

Vorwort

Manager müssen weltweit, unabhängig vom Standort und von der Größe ihres Unternehmens, mit betriebswirtschaftlichen Methoden und Instrumenten arbeiten und in wirtschaftlichen Zusammenhängen denken. Dies gilt auch für Manager mit technischer, rechts-, natur- oder geisteswissenschaftlicher Vorbildung. In China kommt noch hinzu, dass sich in Folge der umfassenden Wirtschaftsreformen immer mehr Unternehmen auf marktwirtschaftliche Rahmenbedingungen ausrichten müssen.

Um diesen Managern das betriebswirtschaftliche Wissen dann zu vermitteln, wenn sie es benötigen, führt die ESMT (European School of Management and Technology), die führende Business School in Deutschland, seit mehr als 40 Jahren das Seminar "Betriebswirtschaft für Manager" durch. Hier wird seit langem das vorliegende Lehr- und Fachbuch erfolgreich eingesetzt, dessen chinesische Version Sie nun in Händen halten.

Im Fokus von Teil A stehen Konzepte, mit deren Hilfe ein Unternehmen erfolgreich auf den Markt und den Wettbewerb ausgerichtet werden kann. Hierzu zählen die Analyse des industriellen Umfeldes und daraus abgeleiteter Strategien, die Kundenorientierung sowie die Orientierung an den Anforderungen der Kapitalgeber. Auf gravierende Änderungen im Marktumfeld müssen Unternehmen oft dadurch reagieren, dass sie ihre unternehmensinternen Strukturen und Prozesse anpassen. Diese Maßnahmen werden in Teil B näher beleuchtet: Auswahl von Rechtsformen, Corporate Governance und Organisationsgestaltung. Den Schwerpunkt des Buches bilden die anschließend behandelten Themen mit finanzwirtschaftlichem Fokus: Kostenmanagement, Investitionsrechnung, M&A-Management, Finanzmanagement, wertorientierte Performancemessung sowie Finanzberichterstattung (Teile C und D).

Das Buch ist modular aufgebaut: Jeder Beitrag ist in sich abgeschlossen und kann ohne die anderen erarbeitet werden. Gleichzeitig sind die Module so aufeinander abgestimmt und miteinander verzahnt, dass ein Text "aus einem Guss" entstanden ist. Übungsaufgaben helfen Ihnen, Ihre Kenntnisse zu ausgewählten Themen zu überprüfen.

Zielgruppe des vorliegenden Buches sind Manager der Wirtschaft in China, die sich im Selbststudium oder als Teilnehmer in Executive MBA-Programmen oder Management-Seminaren zentrale betriebswirtschaftliche Denkweisen, Methoden und Instrumente erschließen möchten. Darüber hinaus wendet sich das Buch auch an Experten, die nach mehrjähriger Tätigkeit in der Unternehmenspraxis ihr betriebswirtschaftliches Wissen auffrischen möchten. Studierende erhalten durch dieses Buch einen systematischen und praxisorientierten Überblick über wesentliche betriebswirtschaftliche Themen. Das Buch greift auf erfolgreiche betriebswirtschaftliche Konzepte westeuropäischer Unternehmen zurück und veranschaulicht sie durch Beispiele vornehmlich aus Deutschland. So trägt es zum Dialog und Verständnis zwischen heutigen und künftigen Managern aus Ost und West bei.

Alle Autoren haben mit Freude an diesem Buchprojekt mitgewirkt. Herr Prof. Dr. Wang Xuyivom PwC Lehrstuhl für Rechnungswesen und Controlling von CDHK der Tongji-Universität Shanghai hat in zahlreichen Gesprächen bei seinen Besuchen in Deutschland mit uns die Idee und das Konzept zu dieser chinesischen Ausgabe entwickelt, den Text um Besonderheiten der chinesischen Corporate Governance und Steuerpolitik ergänzt und die Übersetzung ver-antwortet. Frau Shi Wenting, Managerin von Thyssenkrupp Elevator China, sowie die Masterstudierenden am CDHK Frau Ju Hui, Herr Kong Xiaolong, Frau Lu Danyan, Frau Ma Xin, Frau Mai Yicheng, Frau Mei Yeqin, Frau Yan Qiaochu und Frau Chang Yueqiao, Bachelorstudentin am SEM der Tongji-Universität, haben durch inhaltliche Anmerkungen, Hilfestellung bei der Übersetzung und unermüdliche organisatorische und technische Unterstützung zum Gelingen dieses Projekts maßgeblich beigetragen. Herr Li Chenjun vom Verlag der Shanghai-Universität für Finanzierung und Ökonomie sowie der Schäffer-Poeschel Verlag in Stuttgart haben uns bei der Herausgabe der chinesischen Version mit großer Geduld unterstützt. Die Veröffentlichung wurde von die Ruhr-Universität Bochum, der ESMT (European School of Management and Technology), der Universität Münster, dem PwC-Stiftungs-Lehrstuhl am CDHK der Tongji-Universität sowie PwC gefördert. Ihnen allen ein ganz herzliches Dankeschön!

März 2016
Walther Busse von Colbe
Adolf G. Coenenberg
Peter Kajüter
Ulrich Linnhoff
Bernhard Pellens
Wang Xuyi

目录

前言/1

第一部分 针对市场和竞争的定位

第1章 企业战略、运营和财务操控的基础
    Adolf G. Coenenberg　Thomas W. Günther/3
1.引言/3
2.企业的目标层和操控层/4
3.财务操控和运营操控的关系/6
4.运营操控和战略操控的联系/9
5.战略操控、运营操控和财务操控在规划上的联系/19
6.结束语/20
  扩展阅读/21

第2章 价值导向的企业领导
    Peter Kajüter/23
1.引言/23
2.价值管理的基础/24
3.价值导向的企业领导过程/29
4.结束语/36
  习题/36
  扩展阅读/36
  引用文献/37
  参考答案/37

第3章 战略管理
    Martin Kupp/39
1.引言/39
2.战略管理的框架条件/41
3.企业战略/42
4.业务领域战略/45
5.战略监控/54
6.结束语/55

扩展阅读/55
引用文献/55

第4章　市场营销
Markus Voeth　Uta Herbst　Martin Kupp/57
1.引言/57
2.市场营销概念的要素/59
3.多级营销/75
4.结束语/76
　习题/77
　扩展阅读/78
　参考答案/78
　引用文献/79

第二部分　内部结构和流程的构建

第5章　法律形式和公司治理
Manuel R. Theisen/83
1.引言/83
2.企业的法律形式/84
3.公司治理/89
4.公司治理模式/91
5.结束语/98

第6章　中国企业的法律形式和公司治理
王煦逸　梅业琴/100
1.中国企业的法律形式/100
2.公司治理/105
3.中国的公司治理模式/108
4.结束语/115
　引用文献/116

第7章　组织
Mark Ebers　Indre Maurer　Matthias Graumann/117
1.引言/117
2.组织构架的操控/118
3.组织构架的成功条件/123
4.组织构架决策和工具/131
5.组织变革构建/135
6.结束语/140

习题/140

扩展阅读/140

引用文献/140

第三部分　企业操控的工具

第8章　会计记账的基本原理
Peter Kajüter　Annette Voß/145

1.引言/145

2.盘货、库存清单和资产负债表/146

3.记账/148

4.账户分类结构图/157

5.利润表的形式/158

6.现金流量表/161

7.结束语/162

习题/163

扩展阅读/163

参考答案/163

第9章　成本会计
Heinz Kußmaul/165

1.引言/165

2.成本会计的基本概念/166

3.成本会计的构成/169

4.为辅助决策和经济性控制而开展的成本核算/178

5.结束语/191

习题/192

扩展阅读/193

引用文献/194

参考答案/194

第10章　成本管理
Klaus-Peter Franz　Peter Kajüter/196

1.引言/196

2.成本管理的基本关系/198

3.系统化成本管理的出发点/199

4.成本管理工具/205

5.结束语/217

习题/218

扩展阅读/218

引用文献/218

参考答案/219

第11章 投资核算
Ulrich Linnhoff Bernhard Pellens/221

1.引言/221

2.定量的投资核算/224

3.不确定环境下的投资核算/235

4.定性的投资核算/242

5.结束语/243

习题/243

扩展阅读/244

引用文献/244

参考答案/245

第12章 企业收购与价值评估
Adolf G. Coenenberg Wolfgang Schultze/247

1.引言/247

2.公司收购目标/248

3.收购过程/249

4.选择合适的目标企业/250

5.企业价值评估(财务协调)/252

6.谈判结果/267

7.整合/268

8.结束语/270

扩展阅读/271

引用文献/271

第13章 财务管理
Andreas Horsch Stephan Paul Bernd Rudolph/273

1.引言/273

2.融资方式概述/276

3.内部融资/278

4.外部融资/279

5.财务风险管理中避险工具的使用/301

6.战略财务管理/304

7.结束语/307

习题/308

扩展阅读/308

引用文献/309

参考答案/309

第14章　企业税务政策
Manuel R. Theisen　王煦逸/311

1.引言/311
2.税收概论/311
3.所得税/316
4.增值税/325
5.结束语/327
　扩展阅读/327

第15章　价值导向的企业绩效评估
Peter Kajüter/328

1.引言/328
2.价值导向的绩效评估指标/329
3.精选绩效评估指标的比较/333
4.价值驱动因素与价值驱动树/340
5.结束语/341
　习题/342
　扩展阅读/342
　引用文献/343
　参考答案/343

第16章　管理控制
Klaus-Peter Franz　Peter Kajüter/346

1.引言/346
2.控制的组织/348
3.管理与控制在效益管理中的共同作用/349
4.管理与控制在风险管理中的共同作用/356
5.结束语/359
　习题/360
　扩展阅读/362
　引用文献/362
　参考答案/363

第四部分　财务报告

第17章　年度财务报告
Andreas Bonse　Ulrich Linnhoff　Bernhard Pellens/367

1.引言/367

2.年度财务报告概论/368
3.资产负债表/376
4.利润表/391
5.结束语/393
　　习题/393
　　扩展阅读/395
　　引用文献/395
　　参考答案/395

第18章　集团合并财务报告
Walther Busse von Colbe　Tom Jungius　Bernhard Pellens/396

1.引言/396
2.集团财务会计的任务与组成/398
3.集团合并资产负债表与集团合并利润表/402
4.进一步的信息工具/410
5.结束语/412
　　习题/413
　　扩展阅读/414
　　参考答案/415

第19章　财务年报和集团合并财务报告分析
Andreas Bonse　Ulrich Linnhoff　Bernhard Pellens/417

1.引言/417
2.从债权人角度进行的分析/421
3.从股东角度进行的分析/425
4.其他指标分析/429
5.结束语/432
　　习题/433
　　扩展阅读/434
　　参考文献/434
　　参考答案/435

第一部分

针对市场和竞争的定位

普通高等教育"十三五"商学院精品教材系列

企业战略、运营和财务操控的基础

Adolf G.Coenenberg　　Thomas W.Günther[①]

1. 引　言

近年来,有关企业管理操控的主题占据了各大日报和经济杂志的头版,出现了隐含创新型管理操控工具的新概念,借助其帮助能引领企业管理走向成功的未来。

寻找新型,更好企业管理操控指标的原因是:(1)不断增加的灵活性要求和日趋复杂的企业周边环境,如产品生命周期的缩短(汽车生产、电子数据处理系统)、全球化、放松管制(电信、能源供应、保险业和银行业)、新通信技术的出现(互联网和移动电话)、人口变迁、气候变化和自然资源缺乏;(2)销售市场饱和导致竞争强度日趋提高;(3)世界范围内的企业并购导致企业规模扩大和企业差异化,如林德/BOC,Hoechst 制药公司/ Rhône-Poulenc 制药公司→Aventis 制药集团/Sanofi 制药公司→Sanofi-Aventis 集团,汉莎航空/瑞航/奥地利航空。（企业管理的操控工具）

随着企业管理操控的重要性日益突出,近几年来在学术界和管理实践中,企业管理控制已发展成为一门独立的学科。Controlling (=操控、引导),从英语术语"to control"派生而来,其本质就是通过信息、计划、监控以及协调管理不同子系统以实现目标导向型管理操控。很久以前人们就已经认识到,为了实现业务操控管理必须有系统的信息供给。在 15 世纪末 16 世纪初,知名大企业(如富格尔家族的企业)就已经自愿运用连续簿记和偶尔制作年报。对于在整个旧大陆经营的这种规模且有分公司的企业,如果没有经过整理的簿记手稿和年报——我们今天称为操控手段——是不可想象的。如今在世界范围内,根据相似系统实施的簿记依然为（管理控制）

[①] Adolf G. Coenenberg:德国慕尼黑工业大学经济学院创始院长,会计和管理控制学教授,博士。
Thomas W. Günther:德国德累斯顿工业大学会计与管理控制学教授,博士。

众多管理控制任务提供着基础数据。本书将在第三部分第8章中阐述有关基本理论。

本章作为导言将概述不同企业管理目标和操控层,并简短说明它们之间的基本相互关系。同时,本章也将为本书其他章节构建一个框架,在这些章节中,我们将深入讨论最为重要的控制工具、有关市场和竞争中企业的理念以及企业领导的框架条件。

2. 企业的目标层和操控层

企业管理的目标

无论是世界级康采恩、中型企业,还是一个独立的部门,任何一位领导者的任务都包括:为负责领域制定目标,并针对目标调整雇员的行为。作为企业目标,为企业所有者创造价值(股权价值)在最近几年受到高度重视。批评者提出异议,认为企业不应该只是单方面实现利益集团——企业所有者——的目标,而更应当从管理角度考虑到其他企业利益相关者的目标,如债权人、员工、顾客和供应商(利益相关者价值,参见3.2节)。因此,如今企业的目标设置应平衡企业的经济、生态和社会目标,以可持续的企业操控为出发点(参见图1-1)。几乎所有企业相关者的共同目标是,能够保证企业生存和长期受益。根据时间影响范围和测量基础指标,这个高层次目标分为三个目标领域,即流动性目标、收益性目标和收益潜力目标,这三个目标层次对应三个操控层次,即财务的(流动资金)、运营的(收益)和战略性操控(收益潜力)。在传统概念中,货币性质的(即可用金钱测量的目标)流动资金和收益处于中心地位。由于企业环境的日益复杂和竞争强度的日益增加,上述第三个目标即企业收益潜力越来越重要,因为这是未来收益和现金流量的前提保证。

  拜耳

科学创造美好生活
拜耳是一家在健康、食品和高端材料方面具有专长的世界级企业,作为发明者,我们把企业定位于高强度科研领域,通过我们的产品和服务,我们希望有利于人类并改善生活质量。同时,我们希望通过创新、增长和高收益率来创造价值,我们认可可持续发展观念,并希望成为在道德和社会方面负责任的企业。

  蒂森克虏伯

通过价值导向管理进行企业操控
我们运用价值导向管理体系来操控企业集团,我们的目标是:实现企业价值系统和持续的增长,所用的手段为:通过聚焦于最具竞争能力的领域,利用最佳发展机会,实现价值增值的增长。

SIEMENS 西门子

我们对可持续发展有特别的理解
我们的目标是,通过完全负责任的价值增值,实现盈利和长期增长。我们把经济、生态和社会观念融入企业管理,并作为我们的义务和挑战,希望能够更进一步持续利用经营机会。

资料来源:拜耳、蒂森克虏伯和西门子,2009年经营报告。

图1-1 企业目标设置

流动性

流动性目标是指,企业始终保持偿付能力。一旦未达成这个目标,企业就会破产,因此,每个企业都必须操控收付款。但是,它却不是唯一的操控手段,如果仅用收付款来操控一家有长期发展投资空间的企业,那必要的操控措施总是会慢一步。发展或投资项目的经济收益要在整个项目结束后,才能够在收付款的基础上进行测量。这会在接下来的简单例子中进行阐释。

单位:千欧元	第1年	第2年	第3年	第4年	第5年
投资支付	−1 000				
持续收款	250	400	500	500	500
持续付款(包括利息)	−200	−250	−300	−300	−300
收付款净额	50	150	200	200	200

投资支付,如投资一个价值100万欧元的机器设备。在接下来5年的设备使用期中,每次的收付款净额(现金流)为该机器设备生产产品的销售额和持续支付材料投入、工资和能源消耗之间的差额。在整个设备5年使用期中,因为收付款净额总额(80万欧元)小于投资支付,所以很明显该投资最终不获利。但是这个判断来得太晚,以至于在错误发展过程中不能及时进行调整操控。所以需要建立预警机制,该机制可以预测整个项目生命期或整个企业生命期中的总收益。

一个这样的早期预警机制使得收益可以定期(每月、每季或者每年)算出,它用货币单位测量产出成果(产出)和所必需的资源投入(投入)。接下来继续阐述上述例子:为了取得每年的销售额,作为资源投入,必须考虑机器设备的折旧。以100万欧元的投资支付在5年使用期内等量或者直线折旧,它以每年20万欧元的数额折旧。

尽管每年的收付款余额都是正数,在项目结束前的几年间,这样的收益值却始终让这个投资项目无盈利。因此,阶段性收益可以作为流动资金流的预调值。除了纯粹的货币操控(流动性)外,经济效益(运营)操控(收益)也能发挥作用。

收益

单位:千欧元	第1年	第2年	第3年	第4年	第5年
销售额	250	400	500	500	500
材料、工资、能源和利息	−200	−250	−300	−300	−300
折旧	−200	−200	−200	−200	−200
收益	−150	−50	0	0	0

当然,除了流动性,仅把收益作为企业操控的目标值还不够。尤其因为产出、经济收益和纯运营企业操控短期导向仅具有有限预测能力,这导致在收益目标方面的缺陷。在上述例子中,如果第4年出现了一个竞争者,其产品能给客户带来更大的效用,那么运用运营收益操控手段无法避免价格和销售额的损失,由此产生了第三个目标值——收益潜力。一家公司的收益潜力被描述成,一个持续有效的竞争优势组合,在考虑企业周边环境的机遇和风险以及企业的优势和劣势的情况下,这些竞争优势能够及时地建立和维持下去,以便在下阶段能够获得收益。所以,收益潜力是收益的前置操控值,因此也是流动性的前置操控值。然而,相对于收益和流动性短期或中期的本质,收益潜力目标值主要适用于长期视角。

收益潜力

但是,一方面收益、流动性和收益潜力在时间上处于一种前置操控关系中;另一方面这三个目标值同样存在相互影响:如果先前的收益潜力没有对流动性做出相应的贡献,就不可能建立起新的收益潜力。此外,新收益潜力的建立往往会给当前收益带来压力,例如,研究开发成

企业的目标和操控层面

本通常会引起现阶段收益的减少,因为这段时期必须支付研究者和开发者相应的工资,一系列科学试验也需要支出,而新研发的产品和服务所形成的竞争优势,往往要很久以后才能带来销售和相应利润的增长。

企业目标层面和操控层面的关系见图1—2。

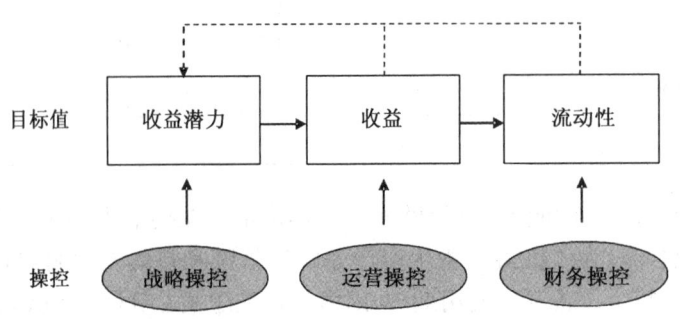

图1—2 企业目标层面和操控层面

因为现今把企业价值理解为未来收益的货币现值,所以一个企业未来的发展机会也反映在企业价值里,因此,企业价值是企业偏于定性的收益能力的货币反映。对企业而言,例如制订一个五年的业务计划,可以由此把企业的内在价值折合估算到现在的时间点。

企业操控和会计

战略操控和运营操控、财务操控的本质区别在于数据基础。战略操控是以企业环境分析和企业分析为基础(详见3.4.1节),运营操控和财务操控却是与企业内部会计系统直接挂钩的。

会计子系统

流动性操控服务于财务核算(又称资金流核算),收益操控(运营操控)服务于年报(资产负债表/盈亏核算)以及成本绩效核算。各个不同的核算值归入这些会计子系统(如表1—1所示)。资金流核算及年报将在第四部分具体讨论,成本绩效核算将在第9章具体讨论。

表1—1 核算值和会计子系统

目标值	核算值	会计子系统
流动性	收款支付	财务核算
收益	收益费用	资产负债表 利润表
	绩效成本	成本绩效核算 资产核算

尽管这些操控值有所不同,战略操控、运营操控和财务操控仍被认为是有相互依存关系的。所以,下一节将首先阐释财务操控和运营操控之间的相互影响。之后,阐释财务操控、运营操控(在这里统称为运营操控)和战略操控之间的联系。

3. 财务操控和运营操控的关系

财务操控

企业的财务操控有两个目标:

(1)从短期视角来看,收款和支付充分准时地相互匹配,以此来随时保证流动性,从而避免因无力偿付而导致破产(参见13.1节)。

（2）从长期视角来看，这种精确匹配只是例外情况，大多只能在封闭的项目中实现。所以，从长期视角取代精确匹配的是优化资产结构（参见17.2.3节），作为未来精确匹配的必要而非充分条件。

3.1 短期财务操控和运营操控

收款和支付必须精确匹配的原因在于：在一个企业中，支付通常都是先于收款的，因为研发、生产、销售、产品和劳务的客户服务都需要时间。

产品生产和服务的过程越短越快，对过桥资金的需求就越小。缩短过程的措施有诸如即时工程、准时供货或者网上直销，在贸易中，产品在货架上的滞留时间（周转频率）就是一个重要的操控指标。产品或服务生产的操控是运营管理的对象，由此可以推断，运营操控对财务操控的目标达成也有直接影响，这两个操控层面有着相互密不可分的联系。

（旁注：收款和支付相互匹配）

3.2 长期财务操控和运营操控

长期财务操控就是资本结构的优化，即在资产负债表的负债方呈现的资本结构（参见17.2.3节）。简单地说，自有资本和借入资本比率是主要表现形式。自有资本是由所有者（大企业的股东或者作坊业主）提供给企业的可支配资产，借入资本是由不同的借入资本提供者（银行、资本市场和供应商等）短期或长期提供给企业的（参见13.4节）。此外，正如图1-3所示，两个目标是相互冲突的：一方面要提高财务安全性，另一方面要减少投入资本的成本。

（旁注：资本结构优化）

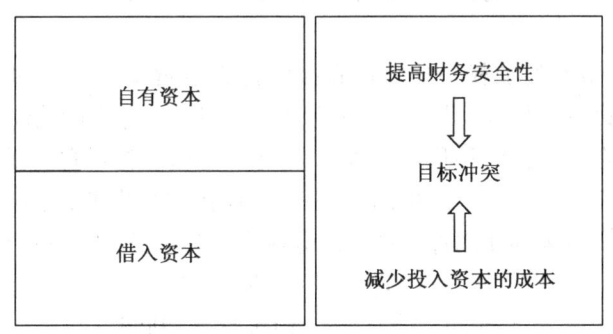

图1-3 长期财务操控

一方面，因为自有资本可以不受限制地供企业支配，所以财务安全目标要求自有资本的投入，这样就消除了借入资本清偿债务后再融资的典型风险。此外，自有资本的投资回报可以根据企业收益而变化，然而，借入资本利息不取决于企业收益，即使在亏损的情况下，企业也得按约定数额支付利息，自有资本投入者仅得到最后剩余的部分。

（旁注：财务安全）

另一方面，从企业的角度来看，自有资本的成本要高于借入资本的成本，因为自有资本投入者期望，他们有风险的资本投入，除了能获得相对无风险的投资利息外（如投资于长期政府国债），还能获得风险加成。经过这些考虑后，很多企业会确定一个目标资本结构——通常情况下是一个最低自有资本比率，是两个冲突目标的一个折中（参见13.6节）。已知利息水平、市场和企业风险结构，由自有资本和借入资本成本的加权平均可以得出资本成本（参见2.2.2节）。这个关系会在图1-4中用一个简化的数字例子来阐释。此外，还有一点要考虑，相对于自有资本成本，借入资本利息在纳税前可以扣除，因此，外部筹资有一个优势，即税盾。

（旁注：资本成本）

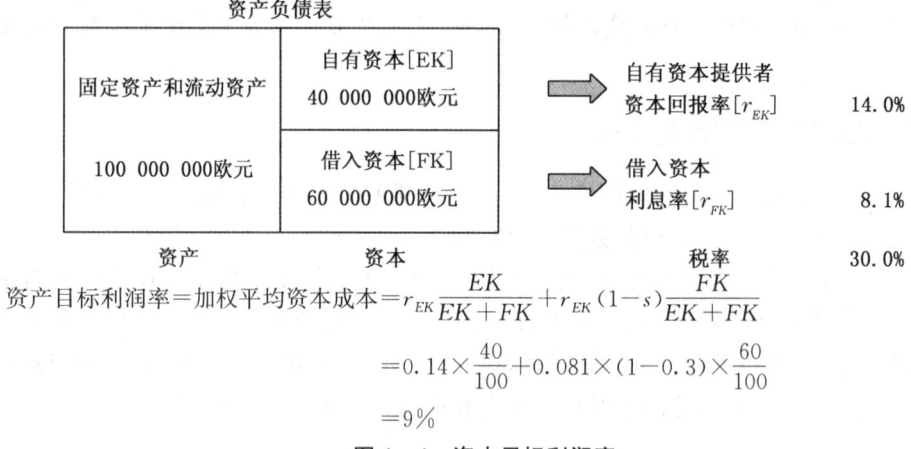

图1-4 资本目标利润率

在长期财务目标设置中,源自最佳资本结构的加权资本成本被解读为资产的目标利润率,这靠运营业务单元来获得,以实现的投资回报率为评价标准。资产利润率是由运营业务单元期间的收益除以总资产得出的商,如息税前盈利或亏损(Earnings before Interest and Taxes, EBIT,参见19.1节)和在这个业务单元投入资本的商。按照这个思路,由上述数字例子得出整个公司息税前利润总计为800万欧元,即8%的资产利润率(8 000 000欧元/100 000 000欧元),示例公司由资本成本得出的目标利润率为9%,所以在观察期内该公司没有获得足够的盈利。

目标利润率

用上述方法,资本成本的加权平均值可直接转化为运营单位资产的目标利润率。一方面资本成本为运营业务设置了标准,另一方面运营业务可获得的利润率指出,目标资本结构的可实现度在利润太少时会恶化到何种程度。所以,财务和运营目标设置与操控有很紧密的联系。

利润树,指标系统

可以把资产利润分解为进一步的指标,从由财务操控中得出的目标利润到单个资产状况,再到运营业务单元生产成果和使用过程都可以分解出来(参见第19章指标构造和分析)。在第一阶段,资产利润率分为两个指标:资产周转率和销售利润率。

$$\underbrace{\frac{利润}{资产}}_{资产利润率} = \underbrace{\frac{销售额}{资产}}_{资产周转率} \times \underbrace{\frac{利润}{销售额}}_{销售利润率}$$

例子(续)

在上述数字例子中,销售额为2亿欧元,指标为:

$$\frac{200\ 000\ 000\ 欧元}{100\ 000\ 000\ 欧元} \times \frac{8\ 000\ 000\ 欧元}{200\ 000\ 000\ 欧元} = 2 \times 4\% = 8\%$$

下一步可以进一步拓展指标系统。用这种方法,就可以把运营操控驱动因素和财务操控产生的目标利润率结合起来,结合上面的数字例子,图1-5进行了总结性阐述。

关于上例所说的驱动因素,尤其是销售利润率(Return On Sales, ROS),本书的其他章节会进一步探讨:收益管理将在第4章讲述,费用成本管理将在第7章和第10章阐述。

残留利润/经济增加值(EVA)模型

"残留利润"理念提供了另一种建立运营操控和财务操控之间关系的方法。(整个企业或者独立运营单元的)残留利润由利润(更确切地说是税后营业利润)扣除核算利息费用得出,该利息费用即考察的业务单元资产与从长期财务控制得出的资本成本率(目标收益率)的乘积。

残留利润=税后营业利润-资本×资本成本率

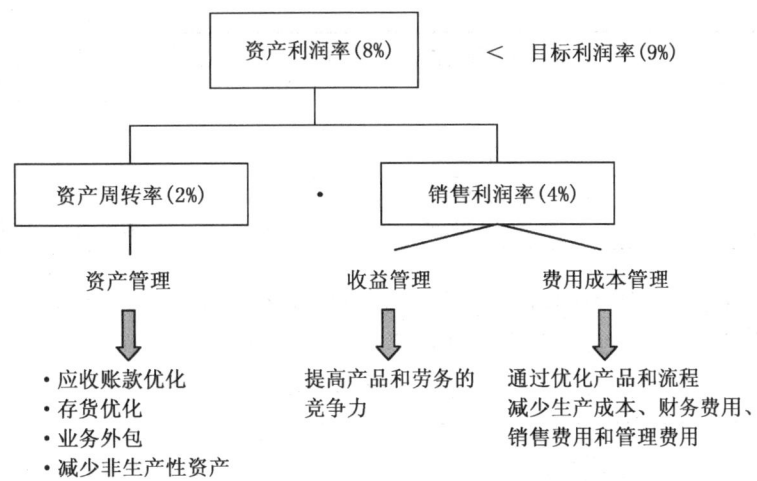

图1-5 财务目标设置和运营操控

用例子中的数据可得

$$残留利润 = 800 万欧元 - 1 亿欧元 \times 9\% = -100 万欧元$$

这里计算得出的负残留利润说明,该企业在考察期内无法赚到相当于其资本成本的收益,它"毁灭了价值"。这种残留利润理念也是一种方法,例如,以价值为导向的管理控制框架下推广的、同时被很多知名企业(如巴斯夫、西门子、蔡司)采用的经济增加值(EVA)以及商誉贡献理论(GWB),都来自于这个理念(详见15.3.2节)。运用这个理念进行逻辑推演,可以从运营总目标设置追溯到业务过程中单个驱动因素,显而易见这些都是可能的。除此之外,这个理念中资本成本对残留利润的影响尤其明显:借助财务管理(参见第13章)降低资本成本,可以提高残留利润。

4. 运营操控和战略操控的联系

4.1 收益潜力、收益和流动性的循环

由于财务操控和运营操控的紧密交织,在现实的语言描述中,人们常常会放弃对这两个操控领域的明确区分,把两种操控都归到运营操控(确切地说是运营控制)这个术语下面。这个广义的运营操控是指,根据企业管理的两个目标,操控运营业务的收益和流动性。与如此理解的运营财务和收益控制相反,战略控制首先是针对收益潜力目标值的,由于收益潜力前置操控的特点,考虑到流动性和收益,它理所当然地也和其长期影响有关联。在表1-2中给出了运营操控和战略操控的区分标准。

表1-2   运营操控和战略操控的区别

标志	运营操控	战略操控
时间界限	短期、中期	长期
操控值	收益、流动性	收益潜力

续表

标志	运营操控	战略操控
角度	公司内部	外部环境导向
数据类型	定量	定性
问题设置	什么是正确的解决办法？ （效率：正确做事）	什么是正确的问题？ （效益：做正确的事！）

尽管在某些性质上有所不同,但运营操控和战略操控仍然有十分紧密的关联。正如前面详细解释过的那样,收益潜力、收益和流动性不仅仅在前置操控上,而且在反馈控制情况中也相互关联。在一个稳定循环的流动性、收益和收益潜力的实现过程中,这三个目标层按照次序相互联系：获得的流动性为投资提供可能性,投资产生收益潜力,收益潜力产生收益,通过销售行为实现的现金又把收益变成流动性。在收益潜力上的投资是未来战略性价值产生的源泉,收益和流动性使得运营价值贡献得以实现。通过提高企业价值的目标,可以把所有上述目标值归结成一个唯一的值。收益潜力、收益、投资和流动性生成的循环,以及附属的操控层次综述见图1—6。

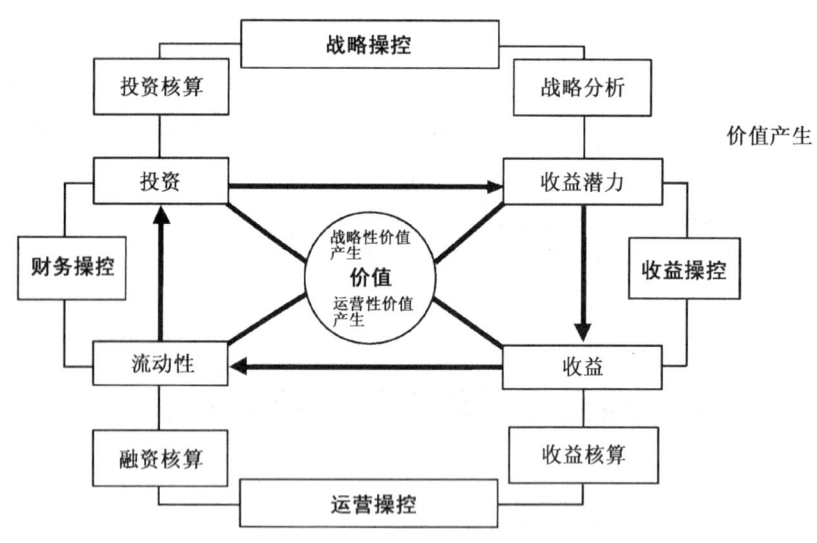

图1—6 收益潜力、收益和流动性实现的循环

这些提及的操控理念将在本书接下来的章节中进行深入探讨：投资核算在第11章,战略分析概要在1.4.3节,详细阐释见第3章；收益核算见第8章和第17章；融资和资金流核算见第8章。

4.2 战略价值贡献矩阵

运营目标和战略目标的紧密关联使得运营和战略管理相互密切联系,从运营性和战略性目标的联合中,能得出战略性决定的具体行动指南。这种联系可以借助于图1—7所示的一个战略价值贡献矩阵来呈现。

横坐标是用价值贡献表示的业务运营性目标实现程度。当投资资产的盈利效益［即所谓的投资回报率(ROI)］超过了由财务目标得出的目标盈利率,就会实现正的价值贡献(换言之,即实现正的残留利润)；相反,由于所要求的目标没有达成,就会毁灭价值。

第1章　企业战略、运营和财务操控的基础

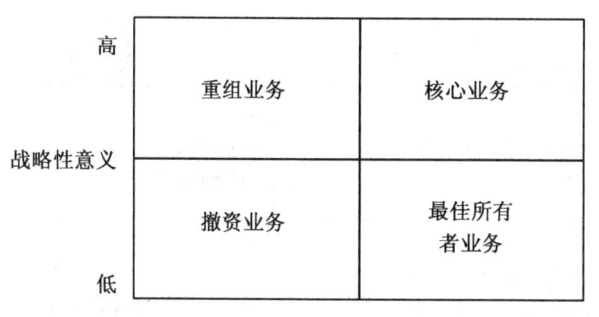

图1-7　战略价值贡献矩阵

纵坐标是战略性目标实现程度,即对构建收益潜力做出的贡献。高的战略性意义表明,收益潜力是可生成的;相反,低的战略性意义意味着,没有实际收益潜力可生成。战略和运营目标实现程度的组合可以构成四种类型的业务:

(1)核心业务具有战略性意义并创造价值,企业在战略上和运营上对此都很重视。

(2)最佳所有者业务是那些能够实现运营性目标,但战略上不符合公司理念的业务。如果最佳所有者能结合自身业务实现战略性协同效应,他们控制这种业务,或许能获得高于目前的运营收益。因此,对这种业务,要找合作伙伴或买主。

(3)重组业务是战略意义重大,但是运营效率并没有达到要求标准的业务。因此,这种业务要经历经营重组,或者作为创新的业务,继续发展市场份额,这样将来会得到正的价值贡献。

(4)撤资业务在战略上和运营上都不利于目标实现,企业应该远离这种业务。

对企业业务运营性和战略性目标实现程度的度量,是运用战略价值贡献矩阵来进行投资组合的前提。阶段相关的运营价值贡献可以度量运营性目标实现程度,而在此之前要明确,由长期流动性操控得出的目标盈利率,通过企业会计系统能度量运营性业务成果和投资资产价值。而战略性目标的实现程度被视为战略性价值的构建能力,财务上用预期的未来运营价值贡献的现值来进行度量(此处详见12.5.3节)。对此,一般需要首先对战略性目标实现程度进行定性度量。在接下来的阐述中将会探讨这个问题:如何对战略性目标实现程度(即战略性意义及潜在收益构建可能)进行度量?

4.3　收益潜力的度量

收益潜力度量的基础是战略分析(见图1-8)。正如上文已经简述过的,度量的结果应该建立在预期现金流或预期经济增加值(EVA)的基础上,通过现值计算(参见11.2.2节)把它们综合成战略的"价值贡献"。与以经济增加值形式表现的运营性单阶段价值贡献相比(参见1.3.2节),战略性价值贡献是一个涉及未来多阶段的概念,综合为战略上未来预期业务价值贡献的现值。

然而,这种定量的战略评价是以详细的定性战略分析为前提的。一方面考虑到业务以及公司的优势和劣势(内部因素),另一方面考虑到企业外部环境的机会与威胁(外部因素),该类型的分析在实践中通常被称为SWOT(Strengths-Weaknesses-Opportunities-Threats)分析。

这个分析的第一步是确认优势、劣势、机会和威胁。图1-8是以德意志联邦铁路为例,对这种分析进行一个极简化的描述。

SWOT分析的例子

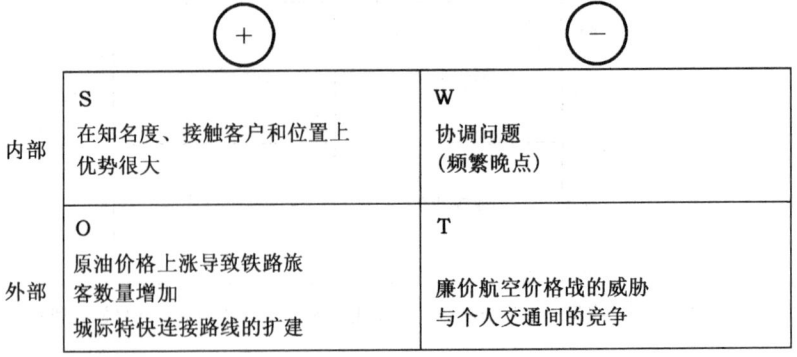

图1-8 以德意志联邦铁路为例的简单SWOT分析

第二步要对优势、劣势、机会和威胁进行度量,根据测量标准的范围,可以给出SWOT分析不同评估的理念。

在最简单的形式(类型1中),SWOT分析总是使用一条单独标准,即用相对市场份额(与最强竞争者相比)来度量优势与劣势,以及用预期的市场增长来度量机会和威胁(见图1-9)。如果每次用竞争地位的若干标准来表示优势和劣势,以及行业吸引力的若干标准来表示机会和威胁,会得到一个不同的评价理念。

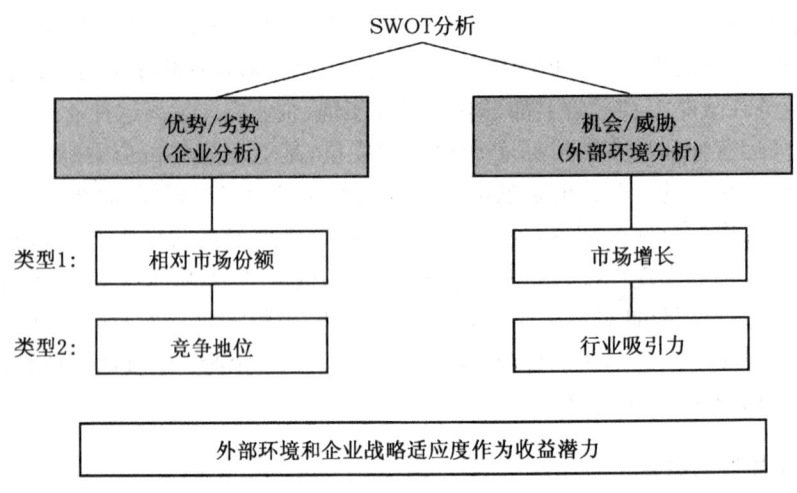

图1-9 SWOT分析的形式

SWOT分析用两条轴来度量收益潜力构建的标准:外部环境的机会威胁轴和业务及企业的优势劣势轴。因此,SWOT分析的结果可以是每一个业务在矩阵中的位置,这个位置反映了根据外部环境维度和企业维度的业务投资组合。在接下来的章节中,将会运用两个评估理念来阐释SWOT分析和得出投资组合矩阵。

4.3.1 市场占有率—市场增长率矩阵

如前所述,SWOT分析用最简单的形式,旨在通过相对市场占有率来描述企业的优势和劣势,以及通过预测的市场增长率来描述外部环境的机会和威胁。这两个指标后面隐含着一个理论概念:由经验曲线理论推出,相对市场份额可作为优势和劣势的指标;由扩散理论得出,预测的市场增长率可作为机会和威胁的指标。这个理论同时也是产品生命周期分析的基础。

创新扩散理论假定,一个产品创新(通常是一组产品),如一个便携式 CD 播放器[或者产品集合(音乐播放器),或者品牌(索尼)]在引进后,通常要经历四个阶段。

产品生命周期

在引进阶段,首先必须开发市场,即必须克服现存消费习惯的阻力。潜在消费者暂时不能立即明白,例如一台便携式 CD 播放器可能为他带来哪些具体的用处。这时需要采取市场营销措施来引起注意、唤起兴趣以及激发潜在客户试用意愿,这些就需要高额的成本(参见 4.2 节市场营销手段)。同时,企业用官方消息渠道暂时只能获得少量的潜在消费者,即所谓的创新者(早期接受者),如便携式 CD 播放器首先吸引技术迷和音乐迷。低微的销售额却对应着高额的市场营销成本,因此收益(投资资本的盈利率估量,参见 1.3.2 节)和流动性(自由现金流估量,即产生的运营性现金流扣除投资支付,与销售额的百分比形式)暂时是负的。

增长阶段的标志是迅速增长。最先,当产品已经上市一段时间后,可能就有朋友个人的试用报告,但是买主仍然总是感觉自己是创新者,对一个产品感兴趣的"早期多数"会引起销售额的大幅增长。在通常情况下,市场营销的成本不再上升甚至下降(在这期间,几乎所有人都知道便携式 CD 播放器,只需要用广告攻势来支撑关注度),投入资本的盈利率达到最大值,流动性明显上升。

在接下来的成熟阶段,会出现销售停滞。这一阶段消费者的突出特点是,当一个产品已经上市一段时间,产品没有任何初步的问题后,他们会很活跃。同时,这些消费者对价格敏感,他们不愿意为创新产品支付更高的价格,要仔细对比不同卖家的这种产品,这些卖家通常最迟在成熟阶段涌入市场。在此之后,成熟期进入价格下降阶段,这会导致盈利率的急速下降,同时现金流达到最大值。这是依据这样的思考:随着盈利率的下降,尽管运营性现金流减少,但同时投资支出也明显回落,因此自由现金流会继续上升再轻微回落。

在饱和阶段,增长率最终明显下降,销售额保持在与替代需求相符的水平上(所有想要一个便携式 CD 播放器的人都已经人手一个)。新产品的出现(如 MP3 播放器或 iPod)把消费者的兴趣从现有产品转移,销售额下降。由于价格继续下降,盈利率下降,现金流有下降趋势但仍然为正。

图 1-10 用销售额、收益、流动性曲线走向描述了理想情况下产品生命周期概念。

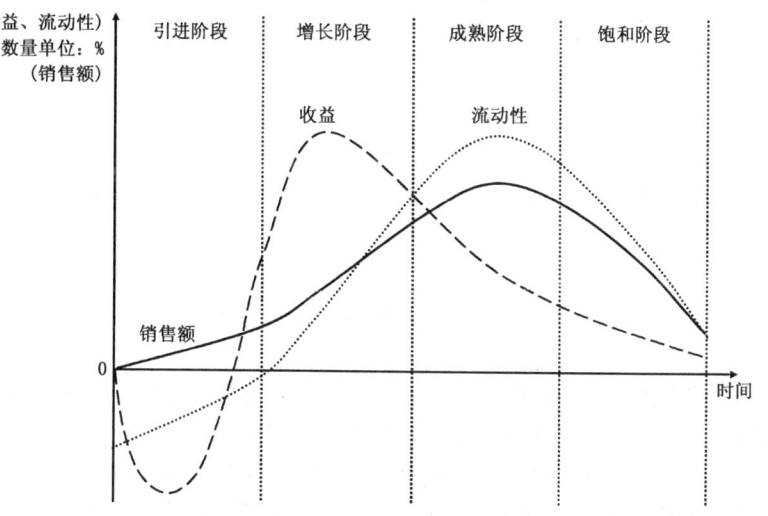

产品生命周期中收益和流动性生成

图 1-10　产品生命周期中的销售额、收益和流动性

战略性分析涉及产品生命周期中各个阶段的产品、产品形态以及品牌，这个定位有着多种战略性含义：在 SWOT 分析框架下，它的作用重点在于分析市场的机会和威胁。当然，风险首先是与市场上处于饱和阶段的业务相关，一个例子就是个人计算机市场。在引进阶段同样包含高风险，但是同时也存在创造收益潜力的机遇，这种机遇随着产品生命周期的发展可能会带来收益最大化以及流动性最大化。

市场增长　　市场容量的不同变化率可以用来刻画产品生命周期每个阶段的特征。显然可以得知，SWOT 分析框架下的市场成长规模值与产品生命周期中关于待分析产品（产品形式或品牌）阶段的定位，两者目的是一样的。

经验曲线　　实现从市场生命周期得出的收益和流动性机会的前提是，企业相对于其竞争者具有相对应的潜力优势。如果由于降低生产率优势导致成本上升，就可以借助经验曲线理论来描述相对优势和劣势。经验曲线的基本思想是，每次累计产量增加 1 倍，涉及的价值创造消除通货膨胀后的单件成本可能会降低一个稳定的百分数，如 20%～30%。这种产量递增下的成本递减关系于 1925 年在美国飞机制造业首次被观察到。自此，在其他领域，如化学和电子工业或保险行业的经验研究也证实了这种经验曲线效益，这个经验法则在数学上用成本函数表达如下：

$$K_n = K_a \cdot L^{\left(\frac{\ln x_n - \ln x_a}{\ln 2}\right)}$$

其中：

K_n = 累积产量到 X_n 时的成本

K_a = 原始数量 X_a 时的成本

L = 学习因素（和减少因素互补，即减少因素为 20% 时学习因素为 80%）

图 1-11 给出了理想化经验曲线的图示。值得强调的是，随着经验的增长，只是产生了成本下降的可能性，这种可能性还需通过相应的措施（如更少劳动力的投入）来实现，即经验曲线没有自动实现的机制。

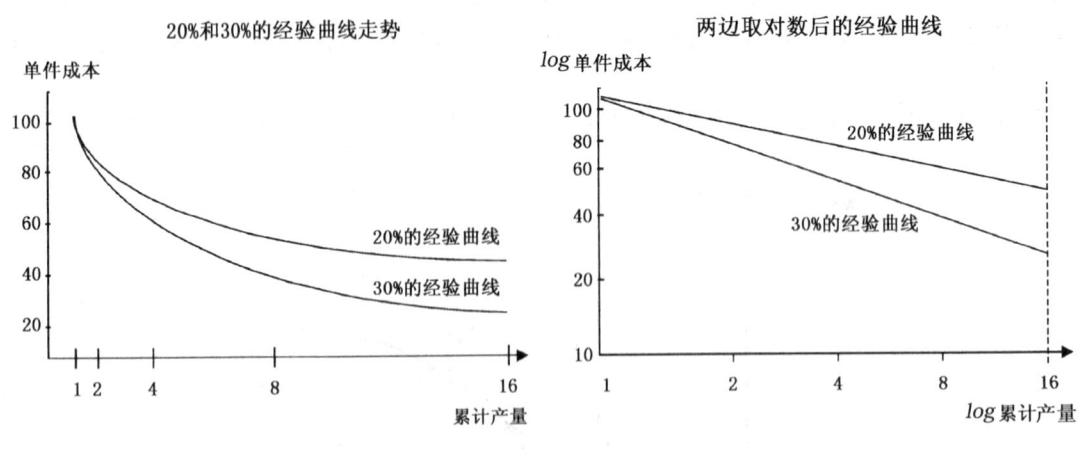

图 1-11　经验曲线

要解释经验曲线法则必须先提及几个因素。动态原因：随着时间推移，在每年生产量稳定时，导致成本下降的有学习效应、技术进步以及合理化。学习效应的依据为，随着经验的增加，劳动者能更有效率地完成工作，因此需要更少时间，这种方式降低了诸如产品加工和装配的报酬。技术进步通常会产生更有效率的加工工艺，进而可以成本低廉地进行生产。成本递减的原因也可能是分工合理化，例如工艺流程最优化。

除动态因素外,静态原因也会导致成本降低,具体标志是,每年的产量增加。在给定的生产能力下,因为不变的固定成本分摊到了更多的产量上,所以提高设备利用率会导致固定成本减少。最后,生产扩大效益也会导致成本优势(所谓的规模经济),例如,可以通过具有优势的谈判地位获得更优惠的采购价格。

从经验曲线概念中可以得出哪些战略性的隐含要素呢?首先,经验曲线效应和产品生命周期概念存在密切联系,这一点很重要。增长率越高,时间上累计产量增长越快,因此,生产率提高,成本降低(参见表1-3)。每年数量增长3%,大约24年后累计产品数量能翻一番,增长率为10%时7年就能翻一番。

表1-3　　数量增长率和翻番所需时间

数量增长率/年	累计产品数量翻番所需时间
3%	24年
4%	18年
5%	14年
6%	12年
7%	10年
8%	9年
9%	8年
10%	7年
15%	5年
30%	3年

经验曲线理论的另一个重要推论是,追求成本领先会导致相对市场份额(RMA)最大化的战略性目标设置。相对市场份额用以下公式度量:

$$RMA(相对市场份额) = \frac{自有市场份额}{最强竞争者市场份额}$$

我们假定,所有供应商在一定时间内相对市场份额保持稳定,与最强竞争者相比,相对市场份额和由于经验曲线可达到的相对成本状况(RKP)之间的关联会更为明确。在这个设想下,可以得出相对市场份额和相对成本状况的关系(见表1-4)。

表1-4　　相对市场份额(RMA)和相对成本状况(RKP)

RMA(相对市场份额)		4.00	3.00	2.00	1.00	0.80	0.50	0.30
相对成本	L=80%	0.64	0.70	0.80	1.00	1.07	1.25	1.47
	L=70%	0.49	0.57	0.70	1.00	1.12	1.43	1.86

注:L=学习因素。

例如,在与最强竞争者相比3倍的市场份额下,学习率为70%,显示企业的成本仅为最强竞争者的57%。

图1-12总结描述了经验曲线概念的战略性内涵——实现成本领先战略(参见3.4.2节)。

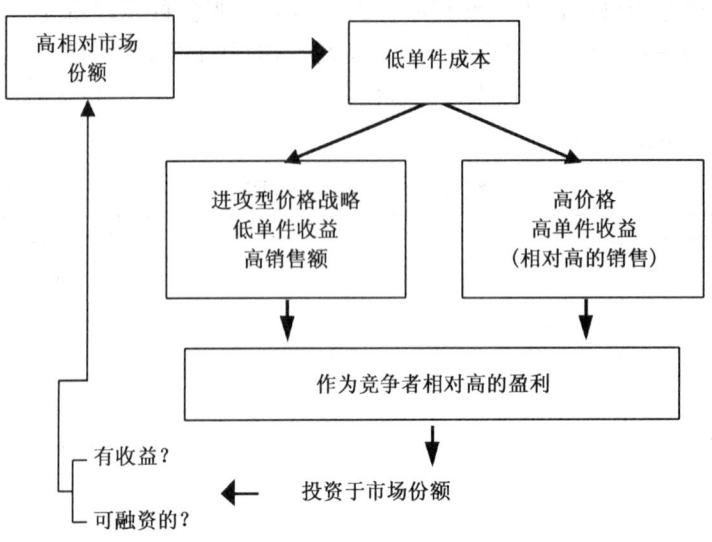

图 1—12　经验曲线概念的战略性内涵

当把从产品生命周期得出的指标"市场增长率"和从经验曲线概念得出的指标"相对市场占有率"结合时,产生了最初由波士顿咨询公司提出的市场占有率—市场增长率矩阵,可以用来定位投资组合中的产品和业务(参见图 1—13)。

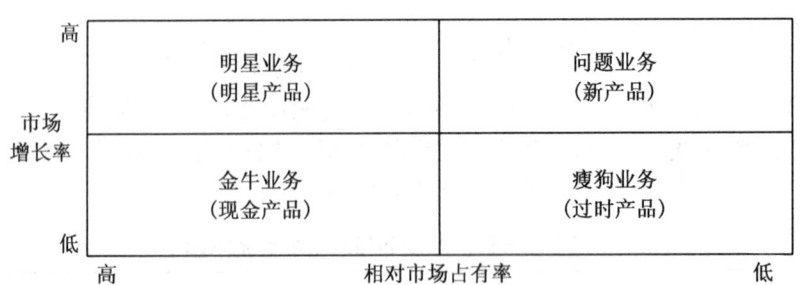

图 1—13　市场占有率—市场增长率矩阵

明星类和金牛类业务原则上有很高的战略意义,因为这些业务单元已经占据了市场领导地位,因此有最大化收益(明星产品)和最大化流动性(金牛产品)的机会。瘦狗业务是处于成熟期或饱和期的业务,没有获得市场领导地位,这种业务通常在战略上是不重要的。问题业务是在市场上有高预期增长率,但是还没有获得市场领导地位的业务;如果新生产品有足够的希望提升地位,能够成为市场领导者,战略上就意义重大。如果增长率很高的业务单元没有足够的提高市场占有率的希望,并且对于拾遗补阙战略同样前景不够明朗,这种业务单元战略性意义就比较小。

4.3.2 行业吸引力—竞争能力矩阵

另一个SWOT分析用多要素评价指标系统来描述企业外部环境的机会和风险以及企业的优势和劣势。

正如图1—14中所阐释的,除市场增长率外,其他的定量外部环境变量有市场容量和平均行业投资回报率。定性外部环境变量有潜在威胁、目前竞争强度、供应商和采购者的议价能力、新进入市场的竞争者以及替代产品。

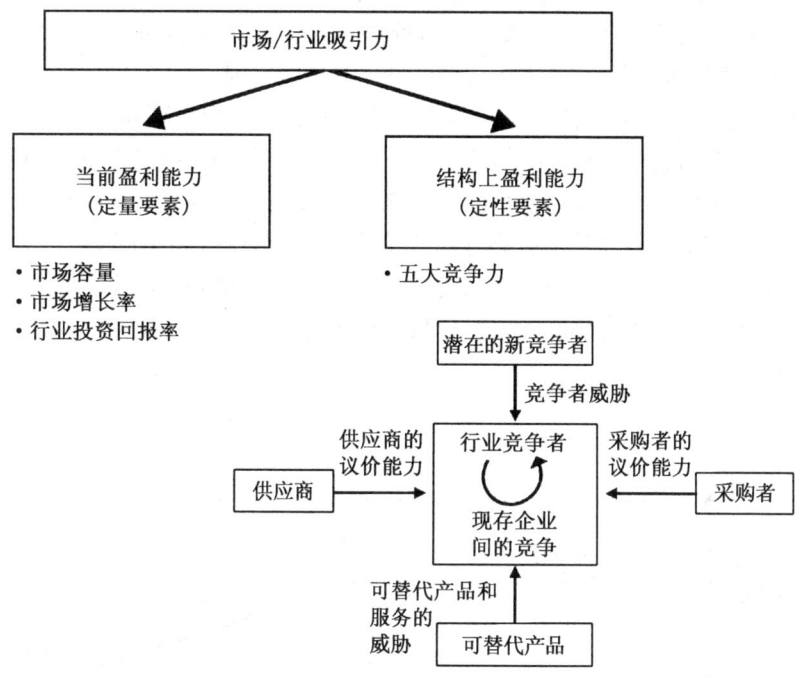

图 1—14 市场/行业吸引力

用美国战略学教授迈克尔·波特的五大市场竞争力(五力分析)来说明如下德国邮政的例子(见表1—5)。

表 1—5　　　　　　　　　　五力竞争分析(例)

竞争力	发　展	意　义
现有供应商间的竞争	在德国的垄断地位不断减弱	(仍然)微不足道
潜在新竞争者	外国供应商进入(如UPS、FEDEX)以及德国包裹邮递服务(GPS) 私人邮件物流服务扩张 国外投资产生了其他国外竞争者	大
采购商的议价能力	大企业协商定价 个人客户越来越想要换供应商	大
供应商的议价能力	采购通用机器、专用机器和载重汽车	小
替代品的威胁	电子邮件和互联网	大

企业变量

除相对市场占有率外,对于企业变量还要考虑诸如产品和服务质量、销售优势以及在不同功能领域(财务、产品、工厂和设备领域,收购潜力)的相对优势数值(参见 3.3.3 节)。

质量战略和价值矩阵

市场占有率—市场增长率矩阵默认采用成本领先策略,正如经验曲线所表明的,从降低成本导致高市场占有率出发,有关质量竞争的一个全面 SWOT 分析还可以考察拾遗补阙策略以及差异化策略。作为有用的管理控制工具,此处所谓的价值矩阵表明,它是把一个企业的相对质量位置和相对市场价格对照。因此,与竞争相比,价值矩阵(见图 1-15)要求至少对质量进行估计(相对质量);有时候在一些行业,如在汽车行业,可利用 J. D. Powers 统计量对质量进行定量测量。价格水平也可结合市场确定,根据价值矩阵经验研究表明,超平均水平的利润不仅处于高端奢侈地位可实现,而且在有占优势的性价比时也能实现。处于高端奢侈地位可以对高质量要求更高的价格,而成本却没有同步提升,这样就能形成超平均水平利润,例如,在世界汽车行业中的高级产品。当性价比占优势时,尽管价格低于平均水平,但是市场占有率却超比例上升:因为产品会由于有利的性价比,通过口口相传销售,市场营销的支出会降低。在性价比均衡时,市场份额通常是稳定的,然而性价比处于劣势时,市场份额会剧烈衰减。但即使这样的地位,只要产品是快销品,仍然要求超平均水平的市场营销花费,例如,化妆品、服装或传媒产品等时效性产品,在战略上保持它们也可能是有意义的。因此,价格矩阵描述了自身的产品性价比定位,以及估计了收益和收益潜力。

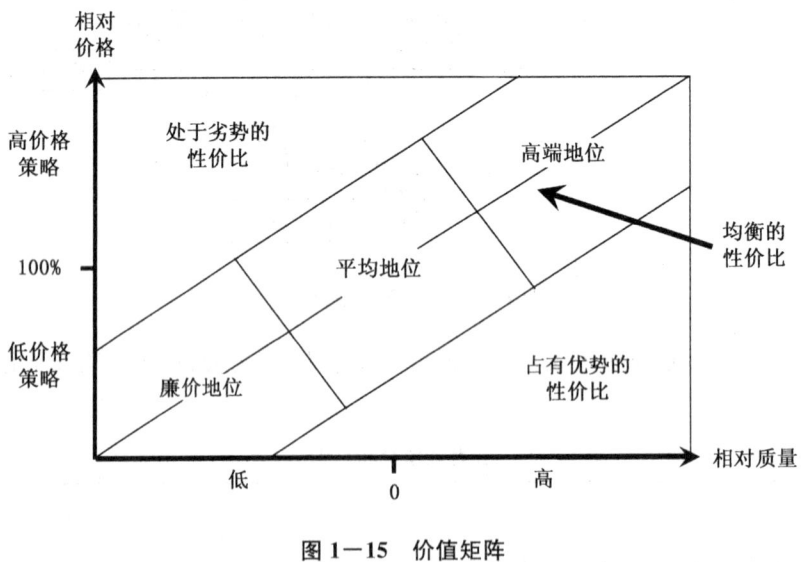

图 1-15 价值矩阵

为了把行业吸引力和竞争地位各种不同标准浓缩成一个总分,可以使用评分模型(参见 11.4 节评分模型的例子)。这个分析理念要求更显著的差别,为使一个投资组合矩阵分析结果形象化,可把维度分为三级,即高、中、低。用这种方式,出现了如图 1-16 描述的行业吸引力—竞争地位矩阵的形式。

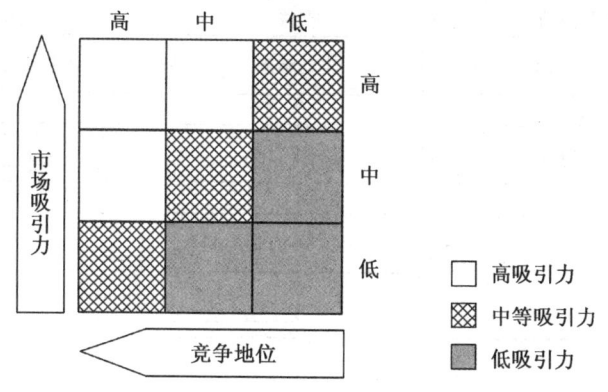

图1-16 行业吸引力—竞争地位矩阵

落在高吸引力区域的业务,属于战略意义重大的业务。根据业务是否在当下创造价值或者毁灭价值,可界定其为核心业务或者重组业务。落在低吸引力区域的业务,战略意义较小。一个创造价值的业务是最佳所有者业务,一个毁灭价值的业务是不可投资业务。中等吸引力业务很有可能转化到高吸引力领域,就属于战略意义重大的业务;否则,就是没有战略意义的业务。

5. 战略操控、运营操控和财务操控在规划上的联系

收益潜力、收益和流动性在前馈和反馈控制中的联系,要求战略操控、运营操控和财务操控在一个集成规划系统中相互协调。由于存在这些相互关系,在制订计划时,必须用一个目标领域作为计划的基础,然后反复进行协调。选择哪一个领域作为出发点,部分是企业价值观的表现:保守型企业趋向于从财务层面出发,即一开始就会为战略规划给出一个特定的财务框架;激进型公司则重视战略性思考。

规划中相互反复协调的核心(正如1.3.2节所述)是盈利率目标。盈利率目标用反向思维的方式通过两种方法得出:从分解战略计划得出的运营目标值推出盈利率目标;由支持特定流动性和融资结构的必要资金得出最低盈利率水平,即由出资者的要求决定。目标层面、操控层面和规划层面的反复协调过程如图1-17所示。

最后,用一个简化的例子再次阐述这种联系:

通常,作为发放贷款的前提,债权人首先会对年报结构提出明确要求。如果一个企业不想危及它未来资本筹措的可能性,就必须把这样的"偿付能力规则"作为财务方针纳入企业的财务和资产负债表规划中,例如,很多企业有如下的偿付能力规则(参见19.2.1节),在评级机构也有类似的规则。

(1)自有资本/总资产≥1/3;
(2)自有资本+长期借入资本≥固定资产;
(3)实际负债/现金流≤3.5。

在这三个指标的基础上,战略规划和运营规划以及资产负债表相互协调(见表1-6)。

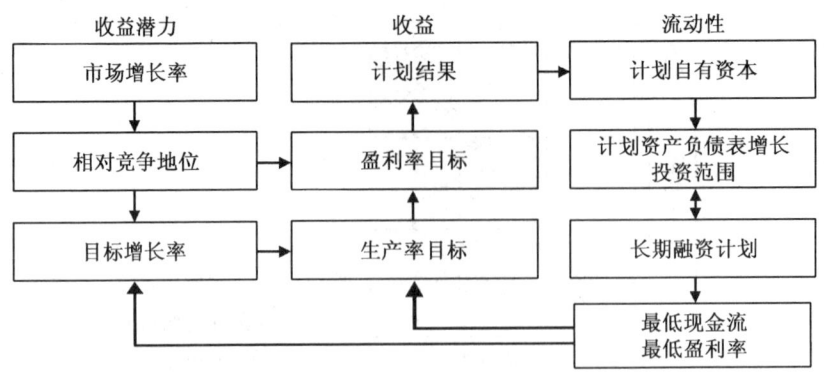

图 1-17 战略规划、运营规划和财务规划的联系

表 1-6　　　　　　　　　　　　　期初资产负债表　　　　　　　　　　　　单位：百万欧元

固定资产	60	自有资本	35
		长期借入资本	30
流动资产	40	短期借入资本	35
（其中速动资产）	（10）		
总资产	100	总资本	100

　　运营规划中计划收益是 5 百万欧元，由此可以得出计划自有资本为 40 百万欧元，由偿付能力规则（1）求出最低资产总额为 120 百万欧元。除去现有资产以及必要的维持业务运行的营运资本，剩下因财务规则限制为战略性新投入资产设定的范围值为 15 百万欧元。根据战略规划中的预先规定，如果这个投入一共为 20 百万欧元，将会首先违反偿付规则（2）。通过接纳额外的长期借入资本，可以消除长期资本产生的固定资产赤字，而不会违反规则（1），尤其是新投资本来就必须筹措资金。在这个例子中，通过长期借入资本（+10 百万欧元）、短期借入资本（+5 百万欧元）来实现融资。这样提高了实际负债，可以从长期和短期借入资本减去速动资产（现金、银行存款等）得出。为了遵循偿付能力规则（3），必须在未来获得至少 20 百万欧元的现金流。除去从计划盈亏表得出的折旧为 8 百万欧元，由此得出未来最小收益为 12 百万欧元。而前面的计划收益为 5 百万欧元，这里必需的收益提升要么来自战略性的新投资，要么通过相应的运营措施来实现。具体见图 1-18。

　　这个极度简化的例子再次展示了目标层面收益潜力、收益和流动性的相互关系，以及与此相关的操控层面的紧密联系，并指出有必要建立一体化、反复协调的总体规划。

6. 结束语

　　领导层的任务包括：按照所有企业投资者的共同目标来确定负责领域的目标。企业收益以及企业生存可以视为这个共同高级目标，该高级目标又可以分解为流动性目标、收益目标和收益潜力目标。这三个目标层在一个循环图中相互联系；理想情况下，建立收益潜力就会产生收益（盈利），再由销售行为把收款盈余释放为流动性；有了流动性就可以进行投资，并再次产

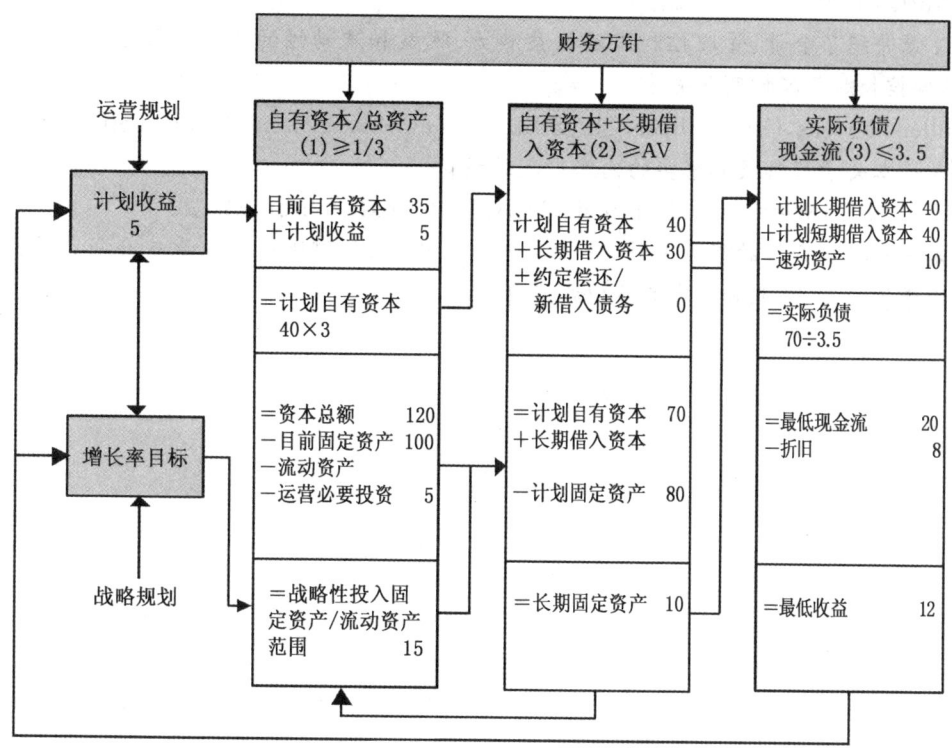

图1-18 战略规划、运营规划和财务规划相互协调(单位:百万欧元)

生收益潜力。流动性、投资、收益潜力和收益的循环最终都是为了努力提升企业价值(具体参见第2章)。

为了操控收益潜力,本章又介绍了管理控制工具,能给出企业的优势和劣势以及企业外部环境的机会和威胁。第一部分接下来的章节将详细阐述这些问题:如何制定和实施产生收益潜力的战略,竞争结构和市场结构如何影响企业的决策,通过市场营销和顾客导向如何操控销售。

但是,企业的收益不仅取决于其战略以及市场和顾客导向,而且受到内在结构形式和过程的显著影响。因此第二部分专注于探索这些问题:企业要如何组织才能实现尽可能高的效率和效益。

第三部分阐述企业核心操控工具,如成本核算、投资核算、价值导向的表现测量以及财务管理。年报是企业对外部最重要的标准化信息交流工具,列示了这一决算年度的收益。由此扩展到康采恩集团合并年报,这在第四部分将会涉及。在成本核算和年报中的数据将在会计中记录和储存,可以在第8章中了解有关事宜。

扩展阅读

Baum, H.-G., Coenenberg, A.G. & Günther, T.: *Strategisches Controlling*, 4. Aufl., Stuttgart 2007.

这是一本关于企业和部门战略操控的内容广泛的书,书中有众多例子。

Coenenberg, A.G., Fischer, Th.M. & Günther, Th.: *Kostenrechnung und Kostenanalyse*, 7.

Aufl., Stuttgart 2009.

第 1 章介绍了会计、管理控制以及收益潜力、收益和流动性的测量。第 20 章涉及运营操控、战略操控和财务操控及其关系。

Müller-Stewens, G. & Lechner, Ch.: *Strategisches Management*, 3. Aufl., Stuttgart 2005.

这是一本关于战略及其落实的内容广泛的教材。

Porter, M.E.: *Wettbewerbsstrategie*, 11. Aufl., Frankfurt/M. u. a. 2008.

这是一本战略分析的经典著作,波特在书中讨论了,如何进行行业战略分析,行业竞争受到哪些因素的影响,企业如何在竞争中构建自己的战略。

普通高等教育"十三五"商学院精品教材系列

第2章

价值导向的企业领导

Peter Kajüter[①]

1. 引 言

20世纪90年代初期,很多德国企业就把提高企业价值(股权价值)作为核心目标,那些大上市公司就是如此,它们经常通过资本市场实现这个目标,例如巴斯夫在年报中就宣告:"我们的目标是企业价值的可持续增长。"但是,并不是每个决算年度都能实现目标,其在2008年是这么说明的:由于在全球金融危机的背景下行情暴跌,考虑到每股1.95欧元的股息支付后,巴斯夫股东由于股价下跌遭受了大约41%的资产损失。然而,在1999～2009年,又是另一番景象:巴斯夫的股东平均每年股权升值9.5%,从而获得的长期盈利超过他们要求的9%的最低投资回报率。

以价值提升作为企业目标

尽管行情不好,2008年巴斯夫还是成功实现了股权价值理念核心思想的转化,这个核心思想在于:企业必须满足所有者(股东、合伙人)的长期投资回报率要求,从而使投资对他们充满吸引力。投资收益率的大小,也被称为自有资本成本,取决于所有者承担的风险。这原则上适用于所有理性投资者,所以股权价值理念与企业规模、法律形式和资产结构无关,对职业经理人管理的家族或基金会所有企业也具有重大意义,例如,传统的家族企业哈尼尔有限公司就明确接受该目标。此外,还有这样一条基本原则,企业会对单独的投资项目、整个企业或者各个业务领域确定一个收益目标,任何投资必须获得超过该最低盈利要求的盈利率(参见第11章)。

股权价值理念的核心思想

要想实现企业价值可持续提升的目标,就要求企业管理始终瞄准这个目标。在各个发展阶段可以看出很多企业在为此努力:

---

① Peter Kajüter:德国明斯特大学国际企业会计学教授,博士。

管理学概论

对企业领导的影响

- 大量的重组通常与出售非核心的企业业务以及并购新业务有关，例如，麦德龙集团和Praktiker家装连锁超市分离，拜耳收购先灵制药来拓展医疗保健领域业务。
- 引入管理控制系统，来提供价值导向的操控信息，根据已动用资本回报率、经济增加值或现金增加值这样的指标来度量业务单元的表现。
- 把管理人员的绩效报酬和价值提升目标相联系，例如，根据上述指标目标值的实现或超标程度来决定奖金。
- 信息公开：超出财报中和资本市场交流所要求的来提供信息，以赢得金融分析师和投资者的信任。

本章旨在让读者了解价值导向企业管理的基础和其中的联系。首先，将会阐述股权价值理念产生的原因，资本成本核算以及价值提升的测量（参见 2.2 节）。接下来将会深入描述，在价值导向目标确定中，价值导向企业管理的组成单元以及和资本市场的交流（参见 2.3 节）。最后，将会简短地总结基本观点（参见 2.4 节）。

2. 价值管理的基础

2.1 股权价值理念产生的原因

产权市场

把价值提升作为企业的最高目标，在 20 世纪 80 年代的美国特别流行。合并和企业收购陡增产生了所谓的产权市场。在投资银行、专业企业兼并顾问以及审计师和税务顾问的共同作用下，在这个市场上，可以通过场外交易获得大宗股票和企业股份。这个市场的出现，一方面产生了通过重组实现价值提升的可能，另一方面加大了管理层压力，要做出能使价值提升的决定，避免被（敌意）收购和面临企业亏损的危险。德国股份公司管理层也有这样的压力，沃达丰收购曼内斯曼、拜耳收购先灵制药就足以说明该点。

资本市场国际化

美国主导的社会经济学框架条件同样促进了美国建立股权价值思想。首先值得一提的是，这里有特色的资本市场文化、有效率的交易所、有重大影响的机构投资者（投资和养老基金）都要求（以他们客户的名义）给予风险合适的投资回报率，期望公司股票和红利始终上涨。随着资本市场不断全球化，外国机构投资者最近几年也在德国（传统上债权人起主导作用的市场）获得了影响力，例如，1985～2009 年，机构投资者拥有巴斯夫股票的份额从 40% 上涨到 72%。在进一步自由化和全球化的资本市场上，德国公司要和外企竞争以获得自有资本，这就越发促使业务行为以企业价值增长为导向。

以自身股票作为"兼并货币"

对自身公司价值关注的原因也在于，在收购其他公司时，股票可以代替流动资金作为兼并货币。发源于美国的这种兼并融资形式也不断在欧洲得到运用，并获得了大约占并购价值 40% 的份额（参见 Salfeld, 2002，第 51 页）。自身股价走高也使收购其他公司变得简单，为获得市场份额或资源创造了机会。用自身股票支付收购价并非毫无困难，德国电信就是很好的例子，在兼并美国无线公司 Voicestream 时，其部分用自身股票支付，后来被 Voicestream 的前股东抛售，从而使电信股走势上升乏力。

2.2 资本成本作为核心评判标准

在价值导向企业管理的范畴里，资本成本有着核心意义，它表达了出资者对于转让资金使用权所期望的最低投资回报率。只有企业实现的长期利得不低于资本成本,现有或潜在投资者才会进一步持有股票,这种需求会在交易所通过股价上涨反映出来。为了在内部决策过程中考虑到这点,资本成本作为评判标准会应用在不同领域:计划投资的评判(参见第 11 章)、运营业务领域的收益度量(参见第 15 章)或管理层的报酬(参见 2.3.4 节)。

资本成本的意义

通常企业的融资途径不仅有自有资本,也有借入资本(详见 11.4 节),由这两类出资者的期望资本回报率可计算得出企业的资本成本。自有资本成本和借入资本成本要按照各自占总资本的比例进行加权,还要考虑到借入资本利息可以从纳税范围扣除,从而得出加权平均资本成本(WACC)如下:

资本成本:加权平均资本成本(WACC)

$$i_{WACC} = i_{EK} \cdot \frac{EK}{GK} + i_{FK} \cdot (1-s) \cdot \frac{FK}{GK}$$

其中,WACC:加权平均资本成本;EK:自有资本;FK:借入资本;GK:总资本;s:税率。

资本成本实例计算如下:

$$i_{WACC} = 11\% \times 0.25\% + 7\% \times (1-0.4) \times 0.75 = 5.9\%$$

各个组成部分又是怎样算出来的呢?

自有资本和借入资本份额可以从资产负债表中得到。这时,以账面价值作为依据,与市场价值部分显著不同,尤其自有资本更是如此(参见表 2—1)。究其原因,按照会计原则中可靠性原则,一些无形资产价值(已经建立的客户关系、发展起来的品牌等)不计入自有资本,但是资本市场把它视作能产生未来现金流的资源。而对投资者而言,首要关心的是市场价值,因为他必须要支付市场价值才能成为企业股东。因此,尽管股东权益账面价值仅为每股 22.92 欧元,2009 年末拜耳股东购股却必须对每股支付 55.96 欧元。接下来他就会期望以 55.96 欧元(即市场价值)为基础的投资回报率,而不会满足于较低的账面价值的投资回报率。这就意味着,计算资本成本时,自有和借入资本成本要用市场价值进行加权。

加权:账面价值和市场价值

表 2—1 2009 年 12 月 31 日自有资本的市场价值和票面价值

企业	自有资本市场价值(百万欧元)	自有资本账面价值(百万欧元)	每股股票价值(欧元)	每股账面价值(欧元)	市场价值—账面价值比率
拜耳	46 300	18 951	55.96	22.92	2.4
戴姆勒	38 100	31 827	37.23	29.99	1.2
德国电信	44 900	41 937	10.29	9.62	1.1
意昂(E.ON)	55 700	43 955	29.23	22.21	1.3
思爱普(SAP)	40 500	8 491	33.00	6.93	4.8

按市场价值估算自有资本和借入资本份额,通常会导致资本成本率的显著上升。为简化起见,我们假设在上述的数例中调整权重,资本成本的计算如下:

例子

$$i_{WACC} = 11\% \times 0.75\% + 7\% \times (1-0.4) \times 0.25 = 9.3\%$$

因为自有资本的市场价值随着股价每日波动,而资本成本作为标准值在很长时间内能保持稳定,所以经常要根据目标资本结构来计算加权平均资本成本。这里可以引入关于所追求的未来企业价值目标,未上市的企业可以通过企业评价来评估目标资本结构的市场价值(参见第 12 章)。

目标资本结构

在估量市场价值时,资本成本上涨是因为自有资本权重上升,而从企业的角度看,自有资本比借入资本更昂贵(上述例子中一个为 11%,另一个为 7%)。我们可以通过所有者和债权人承担的风险来说明这一点,债权人在一段时间内让渡资金使用权,协议约定了稳定的利息和偿

自有资本比借入资本昂贵

还支付方式以及担保物,他们有权得到利息和本金,而不受企业经济状况的影响。而所有者对其投入的无限期资金仅享有剩余利润索取权,他们仅在企业盈利及决定分红时,才有权得到股息。此外,所有者要为企业亏损承担责任。在企业破产时,所有者最终权利要求在十分靠后的位置。在清算时,只有偿还了所有债务后还有剩余财产时,股东权益才有可能得到相对于已动用资本的补偿,所有者的风险本质上高于债权人风险。因为存在更高的风险,理性投资者会要求更高的投资回报率,所以从企业的角度,自有资本比借入资本更贵。

借入资本成本　考虑到他们面对的风险,债权人要求获得与企业信用挂钩的利率。信用越低,违约风险越高,债权人就会基于无风险利率(如政府债券)要求更高的利息风险加成。就这点而言,评级作为标准化的信用评价间接影响了资本成本(参见13.4.3节和19.2.2节)。

借入资本成本的具体值可以从现有的信贷协议中获得,也可以由企业债券利率估计出来。根据不同的借入资本组成可以算出借入资本加权平均的成本。

借入资本利息的税收抵免功能　除了债权人承担更小的风险以外,借入资本税前支付利息也导致了借入资本比自有资本便宜。股利发放是利润分配,而借入资本利息减小了税基,从而减少了税额。在计算资本成本时,这将会通过税盾效应"$(1-s)$"体现出来,税率$s=40\%$时,借入资本利息只要承担60%的税后资本成本:税前7%的资本成本税后仅为4.2%[7%×(1−0.4)]。

自有资本成本率　由于股东对资本回报率没有合同协议,因而自有资本成本的计算本质上更为复杂。在管理实践中,从资产组合理论出发,学者发展出了一个算式,由股票的预期收益率和风险关系推算出自有资本成本(资本资产定价模型,CAPM)。根据这个算式,股东的目标收益率(i_{EK})由无风险利率(i_{RL})和由资本市场数据计算出的风险溢价组成。

$$i_{EK}=i_{RL}+(i_M-i_{RL})\times\beta$$

而无风险利率可以视为最高质量固定收益票据的利率(如中央政府债券)。风险溢价等于市场投资组合中已知的预期投资回报率i_M(如所有DAX股指公司的平均收益率)和无风险利率的差额,乘以β系数,这个系数衡量了标的证券相对于总体市场的波动强度。

β系数　如果β系数为1,这只股票的波动率和市场一致,因而风险和总体市场一致。如果$\beta<1$,这只股票的风险小于总体市场,因而要求的收益率也更低。相反,如果$\beta>1$,则该股票风险大于总体市场,相应拥有更高的预期收益。这种关系如图2−1所示。

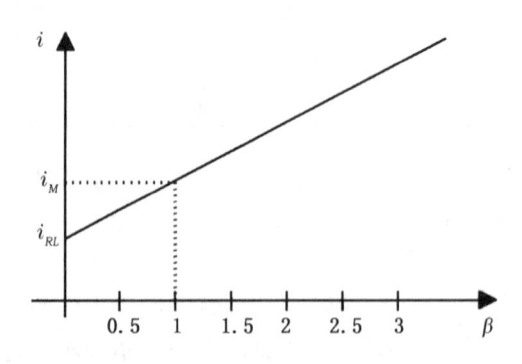

图2−1　自有资本成本和β系数的关系

在应用中,结合历史收益数据相对于总体市场的波动程度,借助回归分析计算得出β系数,表2−2给出DAX股指30家企业250天的β系数。为计算自有资本成本确定合适的β系数,也会遇到一系列问题,例如β系数的值会受到市场指数选取的影响。此外,β系数在一段时间内有时会波动强烈,这也增大了在长期确定稳定自有资本成本的难度。

表2—2　　　　　　　　　　250天30家DAX企业的β系数

股票	250天β系数	股票	250天β系数	股票	250天β系数
市场投资组合		Deutsche Bank	1.55	Lufthansa	0.93
DAX	1.00	Deutsche Börse	1.10	MAN	1.18
		Deutsche Post	1.16	Merck	0.44
Adidas	0.82	Deutsche Telekom	0.66	Metro	0.75
Allianz	1.06	E.ON	0.94	Münchener Rück	0.63
BASF	1.20	FMC	0.23	RWE	0.66
Bayer	0.91	Fresenius	0.42	Salzgitter	1.22
Beiersdorf	0.50	Henkel	0.65	SAP	0.59
BMW	1.05	Infineon	1.40	Siemens	1.25
Commerzbank	1.42	K+S	1.05	ThyssenKrupp	1.32
Daimler	1.39	Linde	0.79	Volkswagen	0.82

资料来源:《证券交易所报》,2010年5月15日,第16版。

如下数值举例说明了自有资本成本的计算过程,其中无风险利率为5%,市场回报率(DAX)为11%,β系数为1。

$$i_{EK}=5\%+(11\%-5\%)\times 1.0=11\%$$

上文所述计算的是税后资本成本。然而,在管理实践中,衡量运营业务的收益通常使用税前盈利率,它能体现不受税收效应影响的收益值。这样就使得税率不同的国家间的盈利率比较变得更为简单。观测税前盈利率要先知道税前资本成本,可以根据税后资本成本率求出:

$$税前资本成本=\frac{税后资本成本}{1-税率}$$

上述例子中求出的税前资本成本为9.8%(账面价值加权)以及15.5%(市场价值加权)。

> 我们计算自有资本成本和借入资本成本的加权平均作为投入资金的资本成本,股东和债权人的盈利要求按照市场价值加权平均。股东投资意昂股票所期望的盈利率为自有资本成本,我们通过预测意昂集团的税后长期融资形势来确定借入资本成本。而每年都会审核这个确认资本成本的前提,在发生重大变动时会调整资本成本。(意昂股份公司2009年年报,第26页)

以意昂公司为例,税前和税后资本成本的计算如表2—3所示。目标资本结构中自有资本和借入资本的加权比例为65∶35,根据账面价值求出比例为29∶71。

表2—3　　　　　　　　　　意昂公司资本成本的计算

自有资本成本		自有资本比率	借入资本成本		借入资本比率
无风险利率	4.5%		税前借入资本成本	5.7%	
风险溢价	4.0%				
β系数	0.88		税盾效应(27%)	1.5%	
税后资本成本	8.0%	65%	税后资本成本	4.2%	35%
税后资本成本	6.7%				
税率	27.0%				
税前资本成本	9.1%				

资料来源:意昂股份公司2009年年报,第27页。

2.3 外部价值提升和内部收益度量

股东整体回报率

与风险相适应的股东期望回报通过两个方面实现：一方面是股息支付，另一方面是股价上涨。以某一时段（如一年）得到的股息和获得的股价提升除以期初市场价值，可以得出股东整体回报率。

$$股东整体回报率 = \frac{股息 + (期末股价 - 期初股价)}{期初股价}$$

股东整体回报率说明了股东以 A 股价在期初买入股票，在这一期间获得了股息以及在期末以 B 股价卖出的总回报。假设持有期为 1 年，通过与自有资本成本比较可以得知，多大程度上实现了股东的回报期望。

案例

对意昂股东，2009 年股东总体回报率的计算结果显示，略微超过 8% 的期望最低回报率。

$$股东总体回报率_{意昂} = \frac{1.50 \text{ 欧元} + (29.23 \text{ 欧元} - 28.44 \text{ 欧元})}{28.44 \text{ 欧元}}$$
$$= 8.1\% > 8.0\%（自有资本回报率）$$

评价

如上例所示，回报不仅由股息组成，而且包括股价上涨，且股价上涨通常占回报较大的比重。股价的改变不仅是由于运营业务的良好业绩，也会受到总体政治和经济发展的影响。出于这个原因，股东总体回报率很大程度上不适用于内部控制。此外，股东总体回报率大小也取决于观察时期。像引言中巴斯夫的例子，一年中的股东总体回报率是绝对负值，但是 10 年的观测阶段内，回报率却是超出预期最低回报率的。对于具体个例，最终买入和卖出时间点是否"正确"决定了实际获得的投资回报。

计算股东总体投资回报率仅适用于上市公司，这也是问题所在。对于非上市公司或企业的各个业务部门，必须考虑企业价值评估的方式，才能确定自有资本在每个阶段期初和期末的核算市场价值（参见 15.5 节）。这种方式（如现金流贴现法）是以对未来企业发展的大量主观假设为基础，因此，该方法可以适用于计划目标，却无法应用于阶段性的收益控制和管理层报酬，而对此有必要引入基于可靠数据（如企业会计所提供数据）的收益值。

价值贡献

因此，股东总体回报率一方面有这样的优势，在特定的假设下，度量了股东实际获得的回报；另一方面，对价值导向的企业领导而言，必须引入内部收益值，它表示在该阶段经过运营性业务创造或者销毁了多少价值。价值贡献（残留利润）就是这样一个数值，由息前运营利润扣除自有资本和借入资本成本可以计算得出。

$$价值贡献 = 息前利润 - 资本成本$$

在计算税前价值贡献时，息前利润通常称为 EBIT（息税前利润），资本成本等于资本成本率乘以已动用资本。

例子

意昂公司 2009 营运年度的价值贡献计算如下（单位：百万欧元）：

$$价值贡献 = 息税前利润 - (资本成本率 \times 动用资本)$$
$$= 9\,646 - (9.1\% \times 82\,459)$$
$$= 9\,646 - 7\,504$$
$$= 2\,142$$

资本盈利率

在一个阶段内，可以以绝对收益值来度量价值贡献作为价值导向的绩效，也可以用资本盈利率，如已动用资本回报率（参见 15.3.1 节）来衡量。此处类似，只有当盈利率超过资本成本率时，才会获得价值提升。

已动用资本回报率＞加权平均资本成本率

意昂公司 2009 营运年度情况如下：已动用资本回报率为 11.7%，大于加权平均资本成本 9.1%，所以创造了价值。_{案例}

在管理实践中，为测量内部价值导向的绩效，学者们开发了不同的价值贡献和资本盈利模型（如经济增加值、现金增加值以及净资产回报率、现金流投资回报），它们都遵循上述的基本原则，只是细节上，在定义运营利润和计息资本额时有所区别（详见 15.3 节）。

2.4 对股权价值理念的评判

在公开讨论中，错误的理解和解读常常引起对股权价值理念以及衍生出的绩效测量的猛烈批判。异议的一个核心在于，强调股东利益损害了其他群体的利益，尤其是雇员的利益。当企业由于市场变动或者竞争压力采取调整措施被迫裁员时，异议的声音尤其强烈。如果在应对这种由市场引起的变动时，一个企业捍卫全体员工的短期利益，从长远的观点看，其他的工作岗位还是会受到威胁。因为只有有竞争力的公司才可以提供长期稳定的工作，创造新的工作岗位，支付薪金、供应商账单、借入资本利息，以及偿还信贷本息。_{单方面关注股东利益}

说实话，股权价值思想和雇员利益也不是不可调和的对立，而是相辅相成的："只有一个企业有熟练积极的员工，遵循保证长期收益的战略，高的股权价值才能实现。从中产生的利润不仅保证了必要投资的融资，也确保了工作岗位和员工工资的支出，从而引起股权价值的增加。"

3. 价值导向的企业领导过程

如前所述，价值导向的企业领导需要通过大量措施来具体化，这些措施始终相互协调来实现企业价值持续增长的目标。图 2-2 概括了基本流程，接着会有详细阐释。

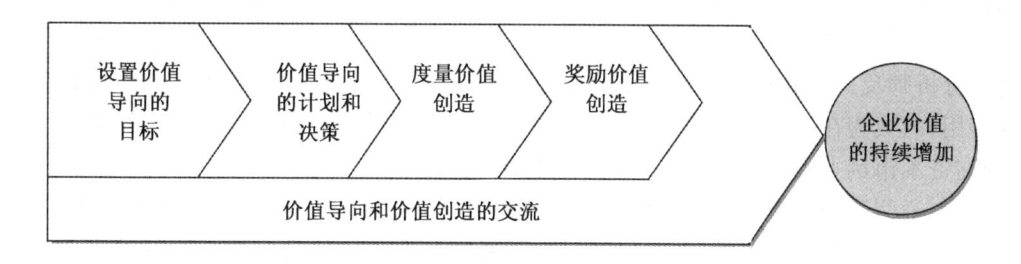

图 2-2 价值导向的企业领导过程

3.1 设置价值导向目标

价值导向目标的作用在于，使所有决策针对所追求的企业价值提升。股权价值理念的核心思想来源于股东和债权人的回报要求。总的来说，利润要求以及加权资本成本只体现了最低回报，只有超过了这个最低回报，才能实现正向价值贡献形式的价值提升。此外，只有当企业提供的回报率优于竞争者时，投资才会对他的股东有持久吸引力。因此，很多企业确定的盈利目标要高于资本成本，紧盯最强对手。_{价值导向目标的得出}

为在由不同业务领域组成的企业实现价值导向的企业领导，局限于确定一个统一的盈利_{差异资本成本的必要性}

目标是不够的。因为通常各个业务领域风险不同,计算出有差异的资本成本以及盈利目标更为重要。如果不这样做,而以一个平均资本成本作为所有业务领域的依据,就存在无法实现资本最佳配置的风险。

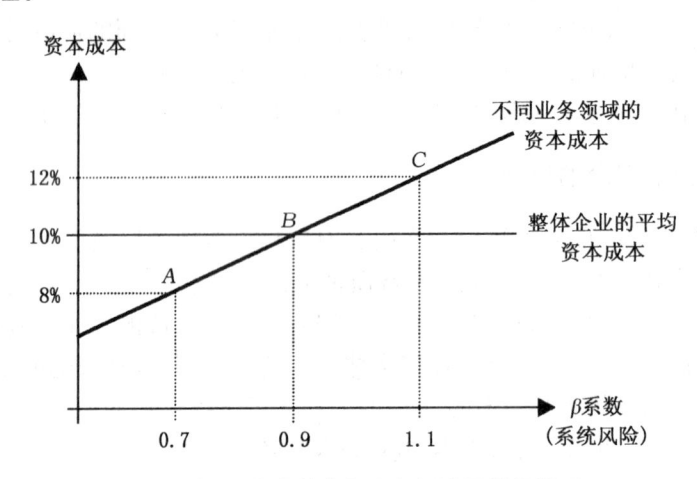

图 2-3 预期收益率与业务领域风险的关系

图 2-3 说明:一个多元化经营的企业,加权资本成本为 10%,有三个风险不同的业务领域 A、B 和 C,因此,针对这三个业务领域会有不同的预期收益,这里多样化自有资本成本通过加权进入平均总资本成本。由于风险小反映为 β 系数较低,因此自有资本成本也较低,故 A 的资本成本 8% 小于 B(10%)、小于 C(12%)。如果 A 获得 9% 的已动用资本回报率,而衡量基于 10% 的统一平均资本成本,考虑到该业务领域的低风险尽管已经创造了一个正的价值贡献,但 A 的评估还是为负面。有可能放弃有意义的投资。相反,如 C 情形所示:如果该业务领域获得 11% 的已动用资本回报率,看起来相比于 10% 的平均资本成本是正向的。事实上,在 C 业务领域价值减少了,因为该业务没有获得 12% 的资本成本。资本成本多样化的贡献在于,能避免出现错误估计以及导致错误决策。

金融分析师反对放弃针对这种多元化企业的差异化,他们担心,资本不能按照股权价值理念投入使用,而成为在业务领域间的横向补贴。因此,他们要求把每个业务领域视为独立的企业,必须在资本市场上独立活动和实现股东的预期收益。

表 2-4 说明了蒂森克虏伯、意昂和莱茵集团的资本成本,同样是按照业务领域进行区分。此外,资本成本也是各个业务领域的最低回报率,通常各个单独的目标盈利率反映了实现正向价值贡献的要求。

表 2-4 税前有差异的资本成本率

集团/业务领域	资本成本(%)	集团/业务领域	资本成本(%)	集团/业务领域	资本成本(%)
蒂森克虏伯	8.5	意昂	9.1	莱茵集团(RWE)	9.0
欧洲钢铁业务	9.0	欧洲总部业务	9.2	德国	9.5
美洲钢铁业务	9.0	泛欧洲天然气业务	8.8	荷兰/比利时	9.0
全球不锈钢业务	9.0	英国	9.8	英国	10.0
物料服务业务	8.5	北欧	9.3	欧洲中部/东欧	9.0

续表

集团/ 业务领域	资本成本 (%)	集团/ 业务领域	资本成本 (%)	集团/ 业务领域	资本成本 (%)
电梯技术业务	8.0	美国中西部	8.7	可再生能源业务	9.5
电站技术业务	9.0	新兴市场	10.4	上游石油和天然气	13.0
器件技术业务	9.0			交易/天然气中游	10.0
船舶系统业务	9.0				

资料来源:2009年年报。

在管理实践中,计算多种资本成本时会遇到各种问题,这些问题通常只能通过简化的假设来解决。例如,业务领域的自有资本成本大多是间接计算出来的,非上市公司也是如此。只有业务领域自己上市了(如以子公司的形式,像德国邮政银行之于德国邮政),才可以直接从资本市场中得出 β 系数。在其他情况下,必须用类比来计算资本成本,或者根据所有企业的平均资本成本加减来做出调整。在类比中,最好用专营于相关业务的类似企业来类比业务领域,用行业平均值或选取一个参考组作为确定 β 系数的依据。至于对总体企业的平均资本成本进行加减,通常是依据逻辑推理的考量,而逻辑推理是依据像市场活力(芯片这种高动态领域通常风险高于能源供应这种低动态领域)、成本结构(高固定成本行业在需求波动时的风险高于低固定成本行业)等标准来确定。

计算多种资本成本

3.2 价值导向的规划和决策

为了实现企业价值持续提升的目标,可以采取不同的措施,它们可以划分为两个行为层面:

价值提升措施

- 在企业层面:首先要优化业务领域的投资组合(投资组合管理),因此就要检验,能否通过优化资产结构来降低资本成本。
- 在运营业务领域层面:要制定措施以提高盈利,从而提高运营产量、减少资本投入以及实施创造价值的投资。

案例

> 对于价值导向企业投资组合中收益高的领域,我们计划在未来继续促进它们的发展,对那些不能符合我们行为要求或不再属于核心业务的部分,我们要把它们从企业部门中迅速分离出来。(拜耳2001年财务报告,第8页)
>
> 意昂公司的新定位呈现全球能源领导者的形象,这符合我们"专注和增长"的战略。我们的业务始终专注于核心业务电和气。中短期我们将出售除公用事业领域外的所有其他业务,获得的所有收入将投入能源业务的战略性拓展。直到出售前,我们都将以价值优化为导向继续发展这些业务。(意昂2001年年报,第39页)

投资组合管理的范畴包括优化企业的战略定位(参见1.4节和3.3节)。通过转让或解散那些不能持续获得资本成本的业务,由此释放的资金再用于创造价值的业务进行兼并融资,这样就能实现价值提升。企业部分的购买或出售由战略考量来指引,专注于选取的核心业务,在这些业务上企业具有特殊的优势,因此可以轻松获得价值提升。

企业层面价值导向的操控

形成这样一个战略的基础是战略—价值贡献矩阵(参见1.4.2节)。图2-4是2001年意昂公司业务投资组合的矩阵,那时候意昂公司还是一个非常多元化的公司。根据战略目标设

战略—价值贡献矩阵

置,要成为一个国际能源领导者,以能源业务领域(电和气)为核心。能源业务能够获得正向的价值贡献,战略意义高。

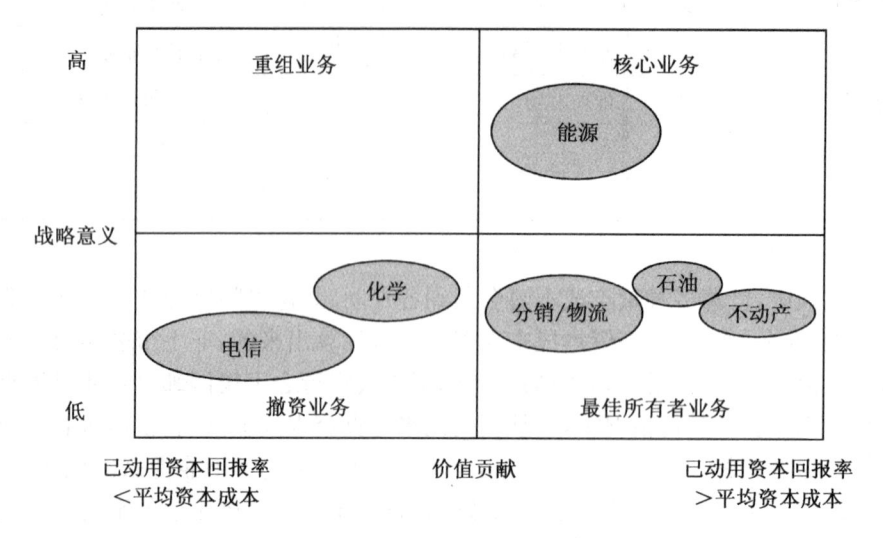

图中:纵轴为战略意义(高/低),横轴为价值贡献。四个象限分别为:重组业务(左上)、核心业务(右上,含"能源")、撤资业务(左下,含"化学""电信")、最佳所有者业务(右下,含"分销/物流""石油""不动产")。横轴标注:已动用资本回报率<平均资本成本 | 价值贡献 | 已动用资本回报率>平均资本成本。

资料来源:意昂公司2001年年报,第46页。

图 2—4 以意昂公司为例的战略—价值贡献矩阵

因此,通过近几年国内外的兼并,意昂的能源领域得到进一步扩张[如收购 Ruhrgas、英国的 Powergen 和对西班牙恩德萨(Endesa)的兼并努力]。其他的业务领域像化学、电信、分销/物流、石油和不动产对意昂公司只有较低的战略意义,因此归为撤资业务和最佳所有者业务。这些业务在近几年不断地被出售,如 Degussa(化学)出售给 RAG 公司、Stinnes(分销/物流)出售给了德意志联邦铁路。

回报率—价值贡献增量矩阵

由战略—价值贡献矩阵得出的基本想法,可以通过进一步的投资组合分析来补充和深化。此处的一个例子是回报率—价值贡献增量矩阵。借助于该矩阵,根据盈利标准(如资本回报率)和与前年相比价值贡献的变化(△价值贡献),可以形成一个粗略的业务领域分布(参见图2—5)。

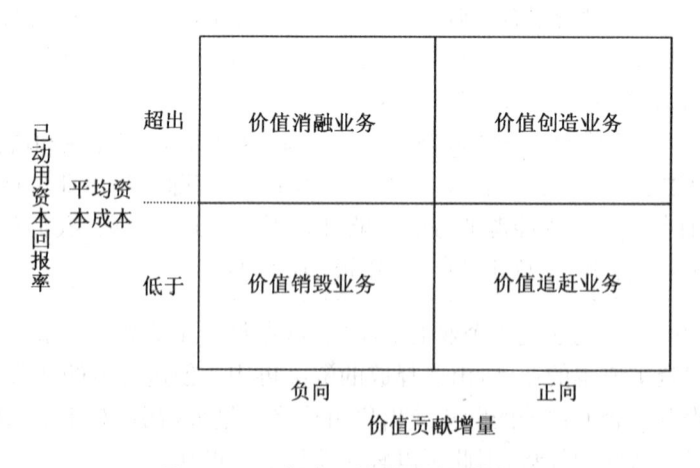

图中:纵轴为已动用资本回报率(超出/低于 平均资本成本),横轴为价值贡献增量(负向/正向)。四个象限:价值消融业务(左上)、价值创造业务(右上)、价值销毁业务(左下)、价值追赶业务(右下)。

图 2—5 回报率—价值贡献增量矩阵

同时考虑这两个方面，就不仅仅把业务领域分为超出和低于平均资本成本两种情况，还包括发展评价为正向或负向。根据矩阵中的定位，所有业务被分为价值创造业务、价值追赶业务、价值销毁业务和价值消融业务。

上述简略的投资组合分析为价值导向的规划提供了重要依据。为了做出继续投资或撤资的根本性决策，很有必要深入进行战略分析，首先得包括市场份额、市场增长率以及现金生成这方面的分析（参见 3.4 节）。

通过优化资本结构，可以在企业层面开辟广阔的施展天地，来提升企业价值（见 Pape，2010，第 254 页）。因为自有资本成本普遍高于借入资本，所以就可以审核减少自有资本比率是否可行，这样就能降低资本成本。此外，就看对借入融资能否尽可能谈成一个有利的回报条件，该类型的任务属于核心财务管理的责任范围（参见第 13 章）。 资本结构优化

减少自有资本份额的一个基本措施是股份回购。然而，这种做法到 1998 年只在特定的情况下才可行。从 1998 年开始，就像国际通行的那样，减少了法律限制。从那以后，只要股东大会授权给管理层，股份公司最多可回购 10% 的基础股[《股份公司法》第 71 条第 1(8) 段]。在全球金融危机时期，很多公司，如蒂森克虏伯、意昂和巴斯夫，都使用了股份回购的方法，来避免流动资金的流失。 股份回购

> 巴斯夫公司于 2007 年 2 月宣布，2007 年和 2008 年 30 亿欧元的股份回购，在 2008 年 6 月提前结束。7 月本应该开始新一轮的股份回购项目，但这个项目由于金融和产品市场的危机在第四季度停止。（巴斯夫股份有限公司 2008 年年报，第 19 页） 案例

除了企业层面关于业务投资组合的整合和融资决策，业务层面也能通过计划措施来提升企业价值。 运营性业务的措施

第一，这些措施要针对提高运营收益，包括对营销手段目的明确的投资，来实现销售额的提升（参见第 4 章），也包括预先主动的成本管理，来系统性地充分开发利用产品生产、流转过程和资源的成本下降潜力（参见第 10 章）。因此，像德国汉莎近几年为达到盈利目标，实施了不同的成本降低项目。到 2011 年，通过进一步降低成本、提升收益使运营性收益增加了 10 亿欧元。

第二，采取措施减少资本投入也可以导致价值提升。通过出售非必要的营运资产，减少营运资金，可以减少资本投入。营运资金（净流动资产）是存货和应收账款与应付账款的差额。在营运资金管理的概念下，所有减少存货（及时供货）以及优化由供货和收款产生的应收款和资本投入的措施都是可理解的（如缩短客户的付款期限，保理）。

第三，运营业务领域通过投资获得的收益超过资本成本，从而提升企业价值（参见第 11 章）。因此，长期寻找有利可图的投资机会也构成了价值导向企业领导的一个固定部分。投资实现组织的增长，在投资组合管理的框架下，投资也可以通过并购（参见第 12 章）实现，外部增长是另一种选择或补充。

3.3 度量创造的价值

为了定期检查企业价值提升的目标是否达成，价值导向的规划可以通过控制得到补充（价值导向的绩效测量），资本盈利额或价值贡献指标是其控制基础，其间开发出各种不同的指标（如已动用资本回报率、现金流投资回报率、现金增加值和经济增加值），具体的异同会在第 15 章详细阐述。 价值导向的绩效测量

> "我们企业政策的核心是持续提升企业价值。为了实现整个企业以及单个业务领域价值导向的操控,我们在企业范围内投入了统一的规划和控制系统,保证了我们财务资金的有效利用。
>
> 除了我们最重要的内部控制指标"调整后的息税前收益",已动用资本回报率和经济增加值也是衡量意昂公司运营业务价值变化情况的标准。对于我们业务领域阶段性的收益控制,把已动用资本回报率和业务专有的资本成本相对照。在价值分析上,除了把已动用资本回报率作为相对绩效尺度,同时一个业务领域绝对价值贡献的经济增加值也可作为指示器使用。"(意昂公司 2009 年财务报表,第 26 页)

资本回报指标和价值贡献指标将通过反映资本流动性的附加指标得以补充,这类指标有自由现金流、运营现金流或息税折旧及摊销前利润等,借助于这些指标可以衡量用于价值提升的投资、还本付息或者分红的内部融资潜力。鉴于全球金融危机导致了贷款融资的限制,现金导向的附加目标值在近几年也更多专注于价值导向的操控。因此,例如德国电信,除已动用资本回报率外,自由现金流也是运营业务操控的一个核心指标。

3.4 价值创造的激励

价值导向激励机制

价值导向企业领导的另一个要素是可变的激励机制,它向领导层和员工提供了一种激励,使他们的决策和行为符合企业价值提升的目标。因此,可变的激励和实现盈利目标以及价值提升目标联系到一起,使得领导层和员工的利益与股东利益一致。为了激发持续价值提升的积极性,可变激励应该不仅依据上一运营年度的效益,也应该依据平均数,如 3 年的平均。在这个意义上,最近不少上市公司对新法定规则和全球金融危机的教训做出反应,进一步发展了对管理层和高层经理的激励机制,更注重持续性。

价值导向激励机制可以区分为:看它在绩效测量框架下,是用投入的资本盈利指标或价值贡献指标作为考核值和绩效导向激励的基础,还是使指标值直接与股价联系起来。后一种要么通过发放股票(例如以职工股的形式),要么通过分发认股权证来实现。有了认股权证,受益者(通常是高级领导层)可以获得在一个特定的时间段以预先确定的价格获得公司股票的权利。如果股价超过了预先价格,受益者可以获得额外奖励(优先认股权的作用原理详见 13.5 节)。因为优先认股权激励长期的价值上涨,通常期限会达到 10 年,并且在期满后执行。除发放真实股票或认股权以外的另一种选择是,通过模仿使用虚拟股票和认股权来获得这两种方式的财务效益(见图 2—6)。这种情况下,价值提升会通过相应的工资支付从公司得到补偿,因为其相比于实际的自有资本手段在税收上更有利。

	股票特征	期权特征
实际的自有资本工具	职工股 (限制性股票)	认股权 (认股权证)
虚拟的自有资本工具	虚拟股票 (虚拟股票)	虚拟期权 (股票增值权)

资料来源:Crasselt(2000,第 136 页)。

图 2—6 股价导向的激励形式

在大多数情况下,不同形式的可变价值导向激励都是组合实施,根据受益者的职位等级而变化。

> 用激励项目来给管理层、领导层和员工发报酬是汉莎航空的一项长期传统。对领导层,除了基本工资以外,还有一个两级的绩效导向激励理念。
>
> 一方面,在项目"汉莎津贴"中会支付一部分与前期财报相关的可变奖励,这是根据企业创造的价值(依据现金增加值)和领导层个人的目标达成情况来定的。按照经理在领导层所处的地位,可变奖励的 30%~60% 取决于实现计划的现金增加值。另一方面,我们自 1997 年起额外提供领导层一项意义重大的长期奖励:每年新设立的股票项目"汉莎绩效"要求受益人个人投资汉莎股票,同时提供价值上升权利。(德国汉莎公司 2009 年年报,第 44 页)

3.5 关于价值导向和价值创造的交流

因为(潜在)投资者对公司价值导向的思维和行动仅有有限的了解,必须通过交流,使得他们认为内部已有价值提升潜力是可信的。虽然年报作为标准化的信息工具,提供给了投资者一个重要的基础(参见第 17 章),但是从外部视角来看,其中包含的责任报告不足以判断企业的价值创造和价值导向,例如,缺少有关资本成本的信息或关于预设价值提升措施的描述,通过一项自愿的、从年报责任报告出发的报告可以对此起到补充作用,这份报告即"价值报告",它正越来越多地被应用于大型上市公司,主要是为了避免因管理层和投资者信息不对称造成的在资本市场上股票被低估的风险。

价值报告的内容基本上是那些附加信息,它们使得从企业外部进行企业评估变得更为容易,也表明了企业的价值导向,这些信息包括诸如目标盈利率、不同资本成本、表外非物质资本价值(所谓的智力资本)、单个业务单元的机遇和风险或者使用的价值导向控制和激励系统。例如,在蒂森克虏伯的价值报告中,有关不同业务单元价值创造的各类报告可以让人了解到相关信息(见表 2-5)。

表 2-5 蒂森克虏伯价值导向的绩效

2008~2009 年	息税前利润(百万欧元)	已动用资本(百万欧元)	已动用资本回报率(%)	资本成本(%)	价差(%)	价值贡献(百万欧元)
集团	-1 663	20 662	-8.1	8.5	-16.6	-3 419
钢	-250	9 763	-2.6	9.0	-11.6	-1 129
不锈钢	-864	3 240	-26.7	9.0	-35.7	-1 156
工程技术	-836	2 623	-31.1	9.0	-40.1	-1 051
电梯	568	1 554	36.5	8.0	28.5	443
服务	-187	3 554	-5.3	8.5	-13.8	-490

资料来源:2008~2009 年年报,第 88 页。

作为价值报告的媒介,年报、季报以及互联网尤其有用。机构投资者和金融分析师将从中——常常也通过公开活动和单独会见——获得有关价值导向和价值创造的信息。在大公司,这类活动大多由对专业投资者关系部门执行和协调。

麦德龙公司高度重视和股东及分析师之间的对话,在与资本市场的交流中采用公平披露原则:现实性、连续性、可靠性、平等对待……投资者关系领域的工作是长期的,对价值导向发展的企业战略提供支持。

2009年3月在杜塞尔多夫举办的年度分析师和投资者会议上,公司介绍了2008年所有业务的发展。管理层关于季度报告的电话会议补充了目前公布的信息。所有活动可以在网上在线追踪……(麦德龙集团2009年年报,第41页)

4. 结束语

价值导向企业领导的核心思想在于,为股东和公司所有者持续提升企业价值。对此必须获得正向的价值贡献,换言之,即获得超过资本成本的盈利。只有长期成功做到这点,企业对股东而言才是有吸引力的投资。而在国际资本市场上,有吸引力的增长机会将产生资本需求,吸引到的股东投资能满足资本需求,利用有吸引力的增长机会,同时也是创造工作岗位和保有现有岗位的根本前提。

实施价值导向的企业管理和控制手段、报酬系统与资本市场交流等相联系。所以,需要诸如价值导向的控制核算来度量阶段性的价值创造。此处相关联的常用指标有已动用资本回报率、经济增加值和现金增加值/现金回报率。除股价外,它们也是价值导向激励系统的基础,且越来越多地和资本市场进行交流(价值报告),使投资者得到关于价值导向和价值创造的信息。

习题

根据下面的数据为意昂公司制定2001年的盈利率—价值贡献增长矩阵。通过投资组合分析你可以得出什么结论?提示:2001年意昂公司已动用资本回报率的定义如下:

已动用资本回报率＝息税折旧摊销前利润/已动用资本

业务领域	息税折旧摊销前利润（百万欧元）		已动用资本（百万欧元）		资本成本
	2000年	2001年	2000年	2001年	2000/2001年
能源	1 850	2 276	17 151	19 013	10.5%
化学	1 201	1 120	11 727	12 192	12.0%
石油	541	671	3 612	4 808	10.6%
不动产	298	341	2 576	2 899	7.6%
电信	−250	−80	3 071	1 294	13.5%
分销/物流	726	484	5 449	3 858	10.9%

资料来源:意昂公司2001年年报,第46页。

关于息税折旧摊销前利润和已动用资本计算的具体解释参见第三部分第8章。

扩展阅读

Coenenberg, A. G. & Salfeld, R.: *Wertorientierte Unternehmensführung. Vom Strate-*

gieentwurf bis zur Implementierung, 2. Aufl., Stuttgart 2007.

该书给出了所涉及领域的概念，并提供了管理案例，从目标和战略的表述出发，给出了有利于价值提升的措施和实施手段。

Copeland, T., Koller, T. & Murrin, J.: *Unternehmenswert. Methoden und Strategien für eine wertorientierte Unternehmensführung*, 3. Aufl., Frankfurt/New York 2002.

该书利用现金流折现法给出了股权价值说和企业评价的一个通俗解释。

Rappaport, A.: *Shareholder Value. Ein Handbuch für Manager und Investoren*, 2. Aufl., Stuttgart 1999.

该书是关于股权价值说的经典著作，介绍了股权价值说、它的运用范围和有关评价。

Weber, J., Bramsemann, U., Heinecke, C. & Hirsch, B.: *Wertorientierte Unternehmenssteuerung*, Wiesbaden 2004.

该书全面介绍了价值导向的企业操控并给出了大量的案例，涉及价值导向指标、激励系统、与市场的交流以及如何在管理实践中实现价值导向企业管理。

引用文献

Crasselt, N. (2000): Stock Options, in: *Die Betriebswirtschaft*, 60. Jg., Heft 1, S. 135—137.

Koehler, R. J. (1997): Shareholder Value bei SGL Carbon, in: *Betriebswirtschaftliche Forschung und Praxis*, 49. Jg., Heft 5/1997, S. 532—535.

Pape, U. (2010): *Wertorientierte Unternehmensführung und Controlling*, 4. Aufl., Sternenfels 2010.

Salfeld, R. (2002): Wertorientierte Strategieentwicklung in Zeiten der New Economy, in: Macharzina, K. & Neubürger, H.-J. (Hrsg.), Wertorientierte Unternehmensführung. *Strategien-Strukturen-Controlling*, Stuttgart 2002, S. 45—67.

参考答案

意昂公司2001年业务投资组合的盈利率—价值贡献增加值矩阵见图2—7。

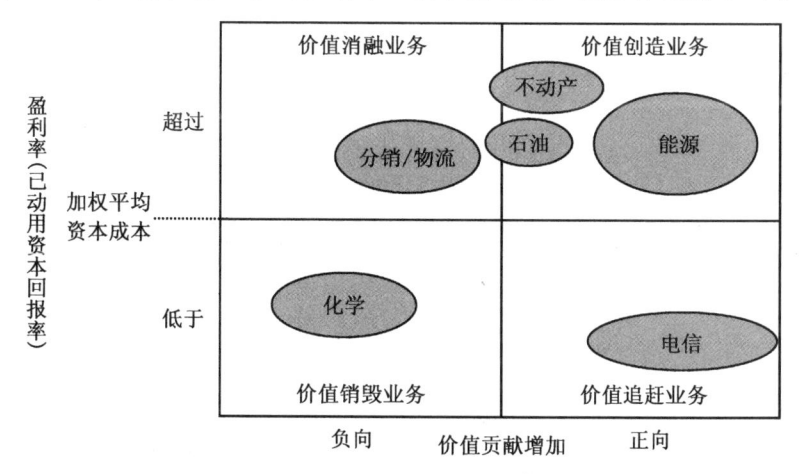

图2—7 以意昂公司为例的盈利率—价值贡献增加值矩阵

投资组合分析表明,核心业务(能源业务)在2001年有正向发展,它和石油及不动产业务属于"价值创造业务",在这些业务上可以找到进一步有利可图的增长点。因为石油和不动产不是核心业务,此处的投资只能有选择进行。"价值销毁业务"的情况不容乐观,因此,考虑从非核心业务的化学业务撤资。相反,"价值追赶业务"表现为正向的发展,尽管该业务总体上还不能弥补资本成本,却可以通过提高运营产出或减少资本运用来减少负向的价值贡献,意昂公司的电信业务就是这样,2001年它出售了VIGA Interkom和Orange Communications。最后,"价值消融业务"是指那些盈利率超过资本成本,价值贡献却是负向的业务。后一种表示负向的发展,可能由不盈利投资或销售额下降引起。意昂公司的分销/物流属于该业务领域。

普通高等教育"十三五"商学院精品教材系列

第3章

战略管理

Martin Kupp[①]

1. 引 言

词条"战略"如今已经占据了各大财经媒体版面,所有文章都把企业发展,更确切地说企业 战略
决策和正确的战略联系到一起,所有(重要的)事情看上去都是战略性的。目标是战略性的,措
施当然也是;客户是战略性的,供应商关系当然也是战略性的。在这个背景下,战略在管理实
践和财经媒体中成为一个最常用的财经词条就不足为奇了。如果一个词条很常用,那它大多
是有多重意义的。所以,战略这个词条到底是什么意思,也不总是完全清楚的。首先:什么不
是战略性的?什么是战略?什么是战略管理?战略管理和运营管理有什么区别?企业为什么
和什么时候需要战略和相应的战略管理?

答案却是惊人的简单:当企业规划手段失灵时,就需要战略。只要情形是可计划的,且可 战略和规
以放心预计计划能实现,就不需要更高层次的战略。如果人们了解可采用的行为选择可能,包 划
括选择的结果,那就是一个优化的问题(不是战略问题),即选出最佳的行为方案来实施。在认
知中显然存在一个问题,未来到底会发生什么?经济、政治和社会框架条件会怎样变化?客户
需求呢?竞争者那时会采取什么措施?当今的关键词是全球化、推进国际竞争、生产方和客户
方的文化特色,用国际标准来规范市场的问题,这里只列举几个例子。总而言之,"日趋复杂"
和"未来不断变化"这两个词可以概括总体发展。结论是,我们在大多数市场和行业中不能完
全洞察错综复杂的作用机制。但是,如果这种不确定是关于我们行为未来结果的,一个精确的
计划也作用寥寥。在第一次与现实"接触"时,计划就注定失败了。我们应该怎样做呢?

---

① Martin Kupp:法国巴黎 ESCP Europe 创业学教授,博士。

战略降低复杂性

战略能针对这个问题给出答复。战略是一个粗略的预先决策,企业应怎样及在哪些领域从事业务。这个预先决策减少了复杂性,这样就不再涉及所有可能的行为。只有那些符合战略,即与战略兼容的才是可选的。这样战略就实现了两大本质目标:它实现了聚焦,也有意排除了一些可能。聚焦是指战略决定了企业从事及将从事的业务领域,这是词条"企业战略"或"公司战略"的范畴。聚焦也指决定了在不同业务领域成功的基本方式,这称为"业务领域战略"或"经营战略"。

战略监督

如果聚焦是战略的一部分,那么排除也是战略的一部分。排除是指不会继续考虑和分析那些不和战略兼容的行为,此处就是人为降低复杂性。排除时的问题在于,在全球化发展的背景下,预先剔除的路径可能比最先预料的更有吸引力。这里为了不错过任何机会,企业首先除了战略外还需要战略性监督,它可以用来检验之前决定选择原战略的猜测是否还正确。其次,可以给出反馈,预定的战略实施可以在多大程度上得以实现。再次,也可以考察之前排除的决策是否还和之前一样理智,是否之前排除以及聚焦的理由没有改变。

最后,可以让关于战略和战略管理的标准陈述更容易理解:由于世界与日俱增的复杂性和变幻莫测,战略很有必要,它是长期设定的,表现企业的方向选择,说明了企业的经营范围以及如何实现竞争优势和最终的经济成效。根据这个基本思想,战略的概念可以仿照 Steinmann & Schreyögg(2002)用如下 8 点概括:

战略……

……确定了企业的业务领域(企业战略);

……确定了如何在业务领域获得持续的竞争优势(经营战略);

……是竞争相关的,就这点而言总是相对的表达;

……反映了预料的当今和未来的机会和风险;

……预先确定了以优势劣势分析为基础的企业资源发展方向;

……反映了最高领导层的核心观点;

……对利润、现金流和资本要求的发展有重大意义;

……指向未来,基于长期趋势。

战略是通向目标之路

这些基于进一步思考的定义都表明:战略不是目标。战略是预先选择可能的路径来实现目标,也有可能粗略描述实现路径。战略也不是过程,像战略开发、实行和监督过程称为战略管理。在开发和维持战略的人看来,战略是不可分离的,战略几乎就是管理的纲领,它反映了企业领导者关于市场和环境发展的预期,竞争中的优势和劣势,内部能力评估以及企业的劣势。它也考虑战略有关的约束:财务可能性甚至负责经理的价值取向。所有这一切都让战略看起来像"实现目标的路径",实际上,下面的描述应该更清楚:战略几乎总是表明,在近期不会考虑哪些业务,以今天企业的情况出发不会继续从事哪些业务。

战略稳定生效

如果来评估战略对企业领导的作用,以下是普遍适用的:随着日益增长的复杂性和环境的不确定性,战略对一个企业日益重要。正因为还没有完善的计划,因此所有企业员工都应该了解战略方向。在这点上,战略是稳定的要素,是一个不确定世界的不动点。我们需要这种稳定的原因很简单,即和持续方向变化相联系的成本。这里不仅是指实际发生的支出,也指在因经常性的调整而在市场上产生的劣势,这可能会使直接有效支付的成本提升几倍。

在瞬息万变的世界里,随着交易的持续,先前对取得成效可能路径的选择被证明是错误的可能性就越大,在发展的背景下,选择要再三考虑。因此,战略监督也日益重要,它起一个类似备份的作用,要不断检验战略本身。最后是战略的矛盾属性,它引起了很多误解,直到现在仍没有停止。战略是刮着狂风暴雨海洋里的锚,船长会考虑,锚是不是在正确的位置,从而避免遇难。

读到这儿,读者对战略应该有了一定的了解。这种近乎哲学的视角能帮助我们理解,什么是战略制定的核心问题:同时决定聚焦和舍弃,这些决定可能是错误的,所以就要不断地质询。与此同时,却不能打破企业员工把战略作为目标点的信仰,就这点而言,战略不仅有对外也有对内的交流使命。通常,这种战略交流是通过方针、愿景和使命这些手段来实现的。一个组织的方针简明扼要地阐述了任务,愿景给出战略方向,使命涉及实施的基本方向和基本价值取向。因此,在内部应该给所有企业成员一个统一的方向,有助于对组织的身份识别。对外,方针是给利益相关者的信号,表现企业要做什么,将要达到什么目标。

> 方针、愿景和使命

在解释过这些基础概念后,本章接下来会阐释五个不同的方面。首先第 2 节的重点是,战略思考在哪个有趣的领域进行。战略开发者必须要考虑的框架条件是什么,他是否要鉴别出至少能帮助保证企业生存的战略?第 3 节是关于企业战略的一个简短概括。业务领域会按什么标准挑选?怎样在企业集团层面落实?第 4 节是本章的重点,研究经营战略范围。按经典流程,首先讨论战略分析的工具,接着将会讨论什么是正确的战略选择问题。有哪些选择?哪些证明是可行的?最后以实施经营战略的思考结束讨论。第 5 节围绕战略监督的问题,呼应第 1 节最基本的思想。最后进行了总结。

2. 战略管理的框架条件

战略管理的决策必须要考虑到哪些事或/和哪些人?目前围绕这个问题的讨论非常热烈。首先涉及各种"利益相关者",指所有有权对公司提出要求的社会群体:从所有者到员工、工会、政治家,再到那些与其工作利益甚至环境利益相关的居民。此外,价值这个主题意义越来越大:从道德伦理到同样也包含在生态学中可持续性的问题,针对不同框架条件与利益相关者之间的关联,英国石油公司墨西哥湾漏油事件就能给我们很多教训。

首先,受影响的毋庸置疑是资本市场。有关英国石油公司墨西哥湾漏油事件的报道就非常明显地指出,这次事件可能导致英国石油公司的覆灭。这里不是指英国石油公司无法承担赔偿责任,更多的是讨论,在资本市场上,这次事件对英国石油公司估值产生影响及其后果,可能存在公司被收购或解体的危险,也就是说,战略要考虑资本市场的要求。对此,目前首先有两条标准:企业价值提升和创造自由现金流。当投入资本的收益率超过加权平均资本成本时,企业价值就会提升(参见第 2 章和第 15 章)。为了使得企业被收购或解体的风险保持在低水平,只能选择那些能创造价值、甚至能保证获得和人们在竞争中期望获得一样多价值提升的战略。

> 考虑利益相关者

尤其近几年的发展越发明显地表明,战略选择也必须考虑现金流的情况。受到 2008 年金融危机的影响,在资本市场上自有资本和借入资本再融资变得越来越难,所以把自融资空间的价值贡献从重要战略吸引力标准中剥离出来。因此,足够的自由现金流是确定企业决策空间的一条重要标准。

如今,除了这些资本市场的限制,社会方面的因素也越来越重要,如关于企业社会责任、经济可持续和道德伦理上可接受的企业领导的讨论。从经济学角度来看,这些观点全部都可以归结到企业行为外部性的大概念下。在企业直接影响领域内,其行为还会产生什么后果?影响可以涉及其他人,也可以波及环境。随着世界经济的高速发展,这些问题的意义也越来越

> 战略和企业社会责任

大。在这个意义上,英国石油公司不仅仅在资本市场规则上遇到了直接问题,同时对环境的污染遭到世界范围的反对,导致了各种后果:消费者抵制英国石油公司加油站,求职者和英国石油公司的现任员工会提出这样的问题:这个企业是否真是一个好雇主?政府在考虑改革,即对海上石油钻探的审批许可更加严格。宜家的供货商被曝在生产中雇用童工后,也必须接受类似的后果。这两个事件表明,在战略通道的选择中,必须要考虑到社会的发展。同样,无论是要注意的方面还是战略的实现程度,或需要达到的标准都增加了。

3. 企业战略

3.1 基本思想

企业战略(corporate strategy)本质上是围绕两个问题(参见 7.3.2.1 节):(1)企业应该在哪些业务领域经营?(2)业务领域或战略业务单元的管理是如何构成的?

<small>业务领域组合</small>

第一个问题可以简化为:企业应该专营还是广泛涉足?指的是业务领域市场和行业异质性程度。首先要注意的是,要为每一个备选方案找成功和不成功的例子。如西门子就相对广泛涉足,SAP 公司就非常专注,这两个公司都很成功。对应不同的层面,支持或反对一个或其他战略的理由也不同:分散风险是广泛涉足的论据,精钻能力是专注的理由,更好的内部融资可能是异质性的论据,更强的市场势力是专注的论据。

<small>管理控股和财务控股</small>

第二个问题是:从企业领导的视角,用什么方式可以控制战略业务单元间的争议,这里通常要区分为管理控股和财务控股。在管理控股下,公司领导层掌管所有财务问题和战略问题,子公司/业务单元只是在运营决策上独立。在财务控股下,公司领导层只限于对财务活动的核心操控。

第 3 节将在公司整体层面阐释战略行为的可能选择。首先讨论第二个问题中不同的控股领导哲学。接着是分析战略决策,决定整体企业层面上的行动。在这里不涉及必要的先行战略分析工作,原因之一是本文的重点是业务领域战略;同时,业务领域战略和企业战略的分析工具是不分的,这点可以参见 3.4.1 节。

3.2 管理控股和财务控股

<small>在企业战略框架下的领导哲学</small>

在管理控股和财务控股上,正确领导哲学的选择问题不是一个二选一的决定,在这两种控股方式之间,以及和独立战略管理业务单元之间还有很多不同的领导方式。对战略管理业务单元的干预强度也是一个重要的附加维度,这里指领导部门承担责任的程度。控股操控可以系统地分为四种形式:(1)承担责任的管理控股(战略控股);(2)不承担责任的管理控股(狭义管理控股);(3)掌管全部融资功能的财务控股;(4)不掌管全部融资功能的财务控股(参股控股)。

<small>战略控股</small>

第一种形式也称战略控股,它在企业层面酝酿每个业务单元的基本决策方向,并最后做出决定。这一战略性理念会产生关联,这种形式的结果就是,对最终业务成果的责任不再可以明确判定,是战略错误还是仅仅是运营实施出了问题?这个问题在这种模式下始终存在,最后可能导致"投资不足"——过程的参与者不会足够努力来保证业务单元的成功。承担责任管理控股的一个例子就是蒂森克虏伯公司。2009 年春季,蒂森克虏伯决定了企业的一个新定位,五大

部门钢材、不锈钢、工业技术、电梯和服务分为两个业务集团，这样可以实现在特定领域的集中经营。"我们可以通过强大的集中化在未来贴近市场，直接实施战略措施，"当时的总裁埃克哈德·舒尔茨(Ekkehard Schulz)在一次媒体发布会上这样描述该决策。

第二种模式，有需要时企业总部给予管理上的支持，在有些情况下也是强制的。业务领域战略（包括实施）完全由业务领域层面的经理决定。上层领导完全是给自主管理提供协助（内部企业咨询），业务单元有需要时或总部领导层轻微施压的情况下，必须使用集团服务。这个模式的优势是，对于业务单元经营好坏有明确的责任，缺陷是资源利用效率的问题。在一些只有少量业务单元的小公司，很难维持正确的"咨询技巧"数量。总部服务的维度化另一方面更简单，通常也更有效率。这种企业领导方式的一个例子是ABB公司，通用电气公司也遵循这种运行模式。

<small>狭义的管理控股</small>

第三种和第四种财务控股的形式避免了参与战略和运营方面的事务，对于业务单元，总部的行为就限于企业的买入和出售，通常这被称为参股管理。在方案三的情况下，重点掌管融资和财务部门，这就涉及流动资产管理、现金流操控以及与战略业务单元各自风险相关的借入和自有融资组合与操控。基于这个结构，给出了财务控股的纯粹形式。赢创(Evonik)公司就采用这样的领导方式，同时还在采购和人力资源上提供共享服务。方案四甚至退出了融资事务，把财务流的操控交付给下属经营单元。通常会计部门会集中化，控股领导最简单的方式只局限于业务单元购入、持有和售出。

<small>财务控股的形式</small>

另一种在文献中得到广泛讨论的混合结构形式是管理型康采恩。与控股不同，至少有一个业务单元是直接属于母公司的，因此母公司直接作为一个独立企业在市场上活动。通常这是来源于企业的发展历程，这类公司或早或晚都会形成控股结构。关键是，最后会出现上文所述同样业务单元领导的控股问题。这就会出现"各单位之间的平衡"问题，即母公司会首选直接联系业务而不是通过其他业务单元。

<small>管理型康采恩</small>

如果要问，哪种方式值得推荐？恐怕不能明确给出答案。目前为止，缺少可靠的数量分析。但有一点是明确的，从效果和效率的角度要选择哪种方式，很大程度上取决于控股公司的结构和规模。方案二需要足够多的战略业务单元。如果给定这个前提，责任明晰就是优势。至少在波士顿咨询公司企业咨询的比较研究中已经证明，相比之下方案二获得最多长期盈利。

反之亦然：鉴于市场定位或需要的资源，业务领域越相似，总部对于战略管理的干预就越有意义。如果在客户要求、市场定位、战略需求、资源配备等方面业务领域极度异质化，就适用财务控股。这种情况下，维持针对具体情况选择的方案对总部来说越来越难，分散化领导变得越发适合。融资功能的掌管要到什么程度，还没有定论。金融危机后的实际情况表明，集中权力进行流动资本操控和再融资是有利的。没有其他方法能够最优利用自融资空间以及避免流动资金"瓶颈"。

<small>案例</small>

2006年9月，蒂森克虏伯在巴西一体化的冶炼厂举行奠基仪式，几乎同期决定在美国亚拉巴马建立钢材加工厂。很快就发现，建筑成本比估计的高出很多。因此，鉴于金融危机，钢铁领域的经营情况急剧恶化，结果缺乏有效的融资措施来保证投资。由于断绝了与金融市场的联系，吸收新鲜的自有资本是不可能的。提高信贷额会降低自有资本率，从而对蒂森克虏伯的评级有负面影响，所以只有有限的可选方案，只能将其他不同业务领域几乎所有的自由现金流拿来为这两个项目提供资金。

3.3 业务领域组合的操控

企业应该涉足哪些业务领域？原则上有五种可能的选择及其组合，可以给出不同的业务领域混合：(1)纵向整合/分裂；(2)横向整合/分裂；(3)资源和能力构建及改建；(4)分散风险；(5)符合纯粹收益性考虑的业务领域混合。

纵向整合 　如果考虑到波特对不同行业吸引力影响因素的认识，很容易提出纵向整合/分裂的问题：对供应商和客户的协商能力是一个行业收益性的决定性因素(Porter，2008)。客户和供应商在什么时候能够建立足够的势力，从而可以考虑纵向整合呢？首先，当然是供应商和客户的集中度。其次，还有绩效的特殊程度。普遍规律是：绩效越依赖客户，可供选择的平行供货商就越少。

这就使得供应商的谈判力量不断增强，结果就是提高供货价格的压力。要改变这种情况，一条途径就是向前整合或向后整合，纵向整合是对由顾客或供应商方面施加价格压力的一个可行战略反应。很多汽车生产商长期以来采取外包战略，因而实行分散化。同时，一些供应商发展成了一级供应商，即部件供应商，海拉尔公司和里卡罗(Recaro)公司都是这类供应商。当今的汽车生产商发现了这样发展产生的问题：在部件层面就不再可能获得多于一个供应商。原因在于，配件的高特质和在开发中大量的投资是相匹配的，这让供应商有强大的谈判力量。此外，汽车生产商至少在中短期内不再能有重新自己生产部件的威胁力，因为这段时间内，他们失去了大部分的专业技能，或者这些技能也逐渐失效了。

横向整合 　第二条战略性的基本原则是横向整合，此处说明波特认识的意义重大。在相同的价值创造层面，自身服务替代品的存在与否、新厂商进入行业的可能以及现有竞争者之间的竞争对营利性有决定性的影响。普遍规律是：行业内的集中度越高，行业平均收益率就越高。此外，也有数量论证表明，行业内永远只有三大巨头有丰厚的盈利率(Sheth & Sisodia，2003)。钢铁行业阿塞洛(Arcelor)和米塔尔(Mittal)公司的合并以及制药行业的大型并购就印证了该原则。总而言之，规模很重要，在行业发展的框架下，企业必须要注意，要在规模竞争中位于前列。这两个论点都不仅仅是指组织的增长：第一，通过在一个行业内的合并/吞并提高了集中度，第二，在规模竞争中保证了自己的地位。

资源和核心能力 　第三条战略性的基本原则是重视企业资源。在战略领域的最新数量研究表明，竞争优势的根源仅在于将正确的产品和市场组合起来，背后要有独特的能力和资源，就是人们常说的核心能力。因此要求，在战略管理中不要总盯着选择可盈利的业务单元，而要更多地关注能力建设。在企业战略上，这意味着业务单元也要根据这些核心能力来协调安排。建立和发展这类跨领域能力的目标在于，创造更占优势的产品市场组合以及随之而来的竞争优势。这和他的想法看来也是一致的，但是至今还没有照这样实行的很好应用建议。此处也会有疑问，如何通过对比得出那些合适的技能和独特的能力呢？

多元化和风险 　第四条企业战略行为的原则是重视风险，这里也隐含了可控自融资空间。行为多样化的基本思想是混合风险。如果战略业务单元来自不同行业和市场，盈利就会获得一定平衡，从而，从整个企业来看，利润的波动性就较小。这种在企业中进行风险混合的举措是否真有意义，现在还有大量讨论。在近十年，相关媒体仍然不断有所谓的"多元化折让"的声音。根据该说法，在资本市场上多元化的混合相比专营的企业有系统性的折价。最新的研究也表明，这只适用于欧洲的股票市场，在美国和亚洲，混合经营相比于专营企业估价甚至略胜一筹。此外，在金融危机后，很多企业更难进入金融市场。尽管如此，人们仍然会投资，唯一的出路是强化

内部融资,这也证明了混合经营实际上是很好的可能方法。如果战略业务单元的投资既有现金创造也有现金消耗,则财务需求的大部分都能在内部得到满足。这也许就是为什么我们看到,越来越多的公司用多元化的目标来取代专营的目标,同时在投资组合设置时,他们重点考虑现金创造和消耗的问题。家族企业哈尼尔公司就非常遵循这样的风险多元化战略。

第五条也是最后一条基本原则,是完全关注业务单元的盈利能力。由于完全没有对战略业务单元安排的想法,投资组合结构的唯一基础是战略业务单元目前以及未来的盈利能力,这里的未来也理解为短期的,如一到两年。这里没有更高的企业战略。所以,赢创在其投资组合战略网站上这么写道:"我们投资于那些在持续可盈利增长方面出色的业务,而放弃那些不再能满足我们盈利预期的业务。"

盈利能力作为战略业务单元的驱动力

这些关于企业战略的观点应该可以让人们更清楚,根据动机要做什么决定。对业务单元当时状况的认识是对企业经营领域做出有根据选择的前提。接下来的段落会阐述这些以及回答:在发现和实施业务领域战略的框架下,有哪些必要步骤。

4. 业务领域战略

4.1 分析

要检验一个业务现有的或新开发的竞争战略,首先要系统分析行业环境以及企业自身资源(外部和内部分析)。竞争战略是指,在一个特定的市场中,在生产者营利性相同的情况下,产生充分的客户优势。充分是指,客户得到正向的净效用,这个效用值比每个竞争者的净效用都高。有利润是指,客户愿意为生产者的产品支付尽可能远高于成本的价格。这里首先必不可少的一步就是系统分析行业环境,基于这个分析才能拟定、评估以及实施战略选择。

外部和内部分析

4.1.1 分析企业环境

分析企业环境可以分为两个领域:一方面是对宏观环境中重要方面的概况有所了解,即指对自身行业意义重大、能够影响市场效益的因素。另一方面对自身行业也要有尽可能全面的认识,这里通常要进行经典的行业分析。

宏观环境和行业

在宏观环境分析的框架下,首先要了解政治、经济、社会人口以及技术的框架条件和趋势,该分析是来自于英文单词缩写 PEST(Political、Economic、Socio-demographic、Technological)分析,分析的目标不仅仅是了解趋势的本质和框架因素,还要评价趋势的意义和对自身领域的可能影响。近几年,像西门子、博世或蒂森克虏伯这些公司都花费了大量的精力和时间来辨别所谓的大趋势,包括城市化、西方国家的社会老龄化、水资源短缺和经济可持续性等。这些对自身企业有何意义,如现有的产品和服务、自身产品多元化程度或全球化设置。这种讨论和分析通常在顶级管理层进行,同时那些来自于企业发展领域、企业战略领域以及研发部门的中层管理员工会参与工作。此处尤其适用的是,5~7位有着多元化背景、来自于企业不同领域的领导人员之间的战略对话。该专题研讨会的基本思路是,尽早了解长期趋势的重要性,使业务单元有所准备。

PEST 分析

除了分析宏观背景,第二步还要分析所从事的行业。这个行业分析的框架包括对行业吸引力有影响的基本因素,即首先识别一个行业目前和将来的营利性以及影响它们的可能性。经济学家们早在20世纪50年代到60年代就系统地分析了行业的营利性,不久学者们就认识

行业分析

到,不同的行业在很长一段时间内有着截然不同的营利性。例如,根据 Ghemawhat 的调查,制药行业的平均盈利能力指标动用资金回报率大约为 35%,然而在可比时间段,航空行业的平均动用资金回报率为负。因此,人们很想了解,是什么导致了如此巨大的盈利能力差异。最后,对各个行业和大量可能影响因素的分析表明,决定行业吸引力有五大要素,分别是:(1)行业内部竞争强度;(2)供应商的谈判势力;(3)客户的谈判势力;(4)市场准入门槛;(5)可替代性。

前三个因素直接作用于行业的盈利能力,沿着供应商到行业内竞争者再到客户之间的价值创造链,决定了当下获得利润的分配。任何一方市场参与者的谈判势力越强,就能获得更多价值创造链中产生的利润。此外,新竞争者的加入(模仿)和替代产品会对盈利能力产生额外的威胁。

例子:钢铁行业　　举个钢铁行业的例子来说明这个模型的逻辑。钢铁行业本身就一直很分散,存在大量中小型企业,在一个非常重要的供应领域——铁矿领域,情况就很不一样。这个领域已经是三大生产商三足鼎立的集中局面:淡水河谷、必和必拓(BHP Biliton)和力拓集团(Rio Tinto)总共控制了全球约 2/3 的铁矿产品。这三大企业的市场地位削弱了钢铁生产商的谈判地位,自然而然就导致了矿石生产者在谈判中企图攫取地位较弱钢铁生产商的利益。所以,矿石供应商在 2009 年违背钢铁生产商的意愿把合约期限由 1 年改为仅仅 3 个月。来看看另一方面客户的情况:这里有几个非常重要的销售领域,像优质钢,同样可以确定集中的态势,大部分的优质钢会被销售到汽车行业,而其客户数量在全球都是有限的,相应地,钢铁生产商在这里也处于相对弱势的谈判地位。此外,由其他材料如铝或优质合成材料制成的替代产品也是一个潜在的威胁。而由于高投资成本使得市场准入门槛较高,从而钢铁生产商也避免了更多的竞争者。图 3-1 的示例展示了这些联系。

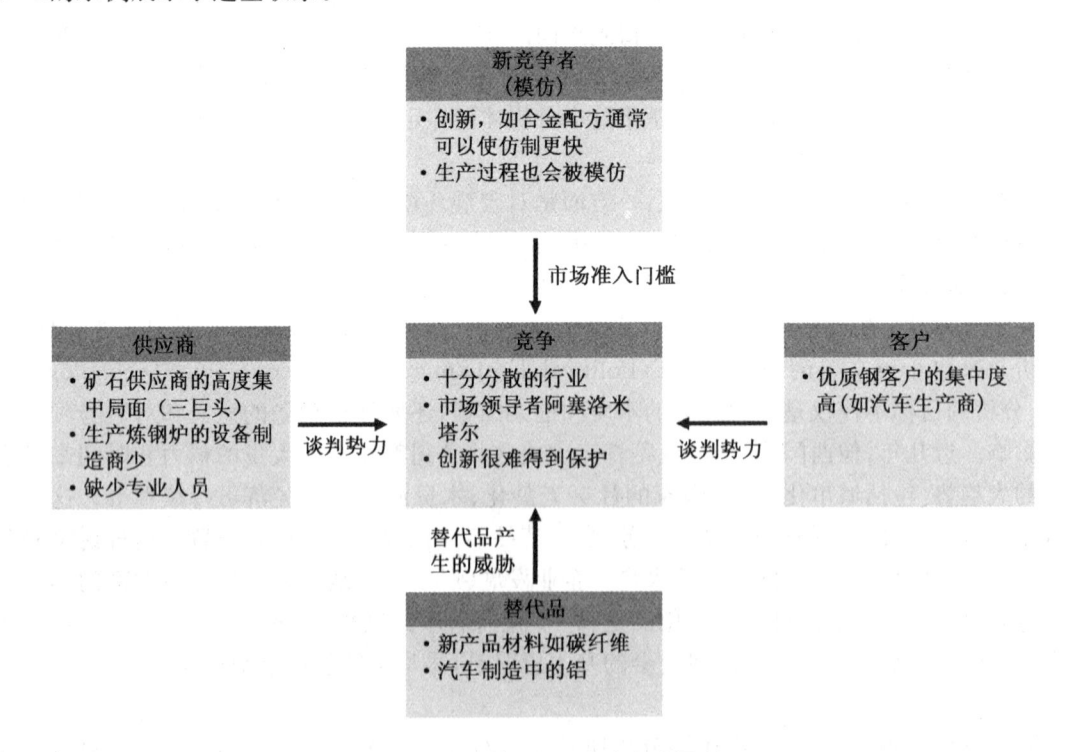

图 3-1　钢铁行业五大竞争力展示

然而,仅仅是分析和识别基本影响因素是不够的。一方面,要系统地分析大量影响因素的短期和长期意义,进行优先排序,由此一定要得出谈判地位。作为钢铁生产商,如何才能使驱动因素的构成为构建自身优势发挥作用?很久以来,钢铁行业就力求与铁矿生产商合作,从而来削弱其谈判势力。例如,巴西淡水河谷公司持有在里约热内卢的蒂森克虏伯巴西CSA工厂26%的股份,其拥有的一体化钢板生产线实现年产量500万吨。

除了可以用波特五力模型来对行业吸引力进行分析,还有很多其他的分析方法来了解所在行业或想进入的行业。用反映行业活力的工具S曲线分析技术发展或分析行业生命周期。技术S曲线是从技术的角度分析行业或单个竞争者的情况,描述技术是如何随着时间发展的。理想状态是,技术会经历引入阶段、发展阶段、标准化阶段、扩展阶段和成熟阶段。根据技术所在的阶段,可以预测未来的发展以及竞争者和顾客行为,这些都是战略制定的重要参数。行业生命周期基于一个类似的基本假设,即行业的理想发展模式。原则上是基于这个想法,竞争者在行业产生阶段、成长阶段、成熟阶段以及衰退阶段行为差别很大。在一个行业的产生阶段,特点是销售额增长缓慢、高资本需求以及通常为负的利润率。在成长阶段,销售额和资本需求显著增长,利润率上升。成熟阶段,销售额达到最大值,资本需求和利润率缓慢下降。衰退阶段销售额也最终下降。

> S曲线

> 行业生命周期理念

4.1.2 企业资源分析

全面分析了企业环境(宏观环境以及行业背景)后,第二步要考察企业资源。这里的基本思想是,企业环境对企业的战略选择、定位和收益一定是至关重要的,但是,这些都是企业管理者无法影响的。领导层的构建意愿可以直接决定建立战略资源和专有能力,企业可把它们直接运用于竞争中,或使得企业能够进入新行业。继20世纪70~80年代经济学家研究竞争的市场力量,90年代主要是管理学家对企业资源研究做出了贡献。在这段时间内也产生了"资源基础观的企业"这个词条,把强化企业资源视角作为选择和制定竞争策略的基础。

但是,怎样才能辨别一个企业的战略资源(参见第4章)能否形成竞争优势呢?价值增值链这个概念可以帮助我们持续分析价值增值过程中的所有资源、能力和活动。价值增值链反映了一个企业为获得客户效用和客户满意度所需的一切直接或间接活动和资源。图3-2就是一个价值增值链的范例。

> 价值增值链

直接活动是指一切直接使价值增值的活动,即直接与制造和销售产品/服务有关的活动。基本的直接活动包括采购物流、生产、市场营销、输出物流以及一切售后服务,这些活动通常与企业的基本职能一致。总之,在分析价值增值链时,首先要关注那些对特定战略成功重要的活动。菲利普·莫里斯(Philip Morris)早在20世纪90年代就发现,收益本质上取决于烟草种植和烟草加工的研发活动,以及销售/市场。这些认识使菲利普·莫里斯甚至考虑将生产外包,例如,发包给香烟机器的生产者。

间接活动是指所有支持活动,例如,员工发展或IT服务。价值增值链的模型不仅可以帮助辨别战略重要活动,也可以在战略实施时开发和控制相关活动。因此,价值增值链模型可以帮助供应商和客户找出向前和向后的外包可能性,以及针对这些所需的资源和活动。尤其在服务中,可以通过价值增值链明显地看到,提供服务必然和客户的合作有关,因此它们对于联系和管理客户有着核心意义。

在识别了所有重要的资源和能力后,第二步就是考查这些资源和能力能否建立起可能的竞争优势,这时候就要用到VRIS检验。根据这个检验,资源必须有四个基本特征才能被评定为战略资源,它们必须是价值含量高(valuable)、稀有(rare)、无法模仿(non-imitable)以及不可

> VRIS检验

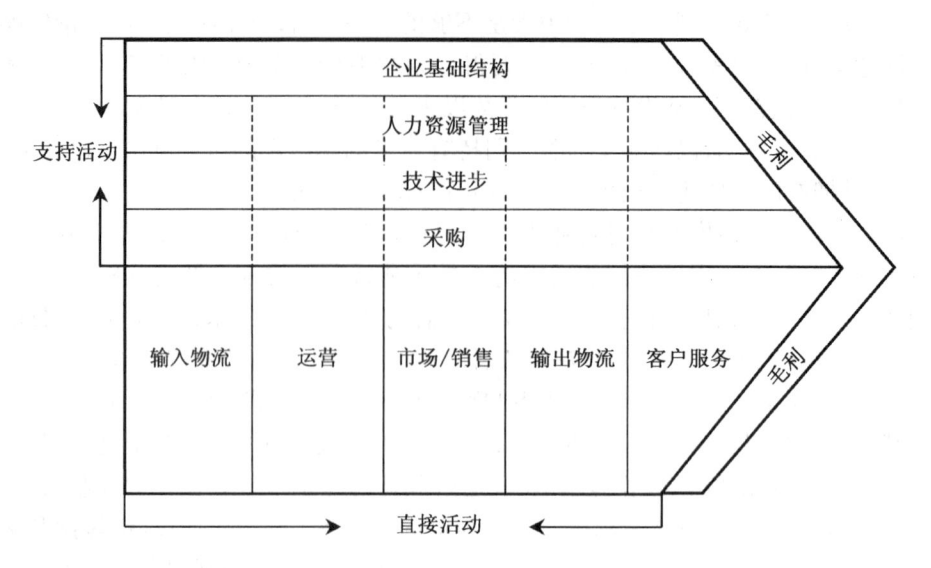

```
                    ┌─────────────────────────┐
                    │      企业基础结构        │╲
              ┌─────┼─────────────────────────┤ ╲
   支持活动    │     │      人力资源管理        │  ╲ 毛利
              │     ├─────────────────────────┤   ╲
              │     │       技术进步           │   ╱
              │     ├─────────────────────────┤  ╱
              │     │        采购             │ ╱
              │     ├────┬────┬────┬────┬────┤╱
              │     │输入│运营│市场│输出│客户│╲
              │     │物流│    │销售│物流│服务│ ╲ 毛利
              │     │    │    │    │    │    │ ╱
              └────>└────┴────┴────┴────┴────┘╱
                          直接活动
```

资料来源:波特(1998,第 37 页)。

图 3—2 价值链基础结构

替代(non-substitutable)。价值含量高是指,在战略实施时,该资源使企业的效率和效能得到提高。稀有是指,仅有企业拥有该资源,没有或只有很少可供竞争者使用。无法模仿是指,竞争者很难识别该资源,或者不清楚优势的根源是什么。竞争者要学会这些能力很困难且持续时间长,因为这些技能涉及企业内很多人,很难孤立开来,所以很难模仿。不可替代无疑是最难确定的特征,具体是指,竞争者不可能用其他的途径,即用一种其他的资源集合来获得对客户重要的绩效。

案例

> 1999 年 11 月在英国出现了一个新的、在当时堪称改革型的移动通信供应商:维珍英国移动(Virgin Mobile UK,VM)。VM 在刚开始几年发展迅速,仅两年后就有了超过百万的客户,在移动通信市场上具有最强劲的增长势头。仅五年后,就有了超过 400 万的客户,根据 J. D. Power 的研究,VM 在英国市场上的所有移动通信供应商中满意度最高。那时,VM 是英国最有声誉的品牌,有清楚的客户前景和明确的定位。来看下作为基础的资源,首先是作为创始人和推动者的理查德·布兰森(Richard Branson)、经验丰富的管理团队、年轻积极的员工、维珍商标、现有的分销渠道(如连锁店或专卖店)以及企业文化。这些资源无疑都是充满价值的。关于这些资源是否也是稀有的问题,回答就不那么明确了。理查德·布兰森和维珍商标肯定是稀有的,而员工、分销渠道以及企业文化的稀有性还有待商榷。在无法模仿这一特征上,无论是理查德·布兰森、维珍商标、还是企业文化、甚至是分销渠道,都是很难复制且耗时耗力的。不可替代特征是最后的也是最难检测的。VM 应该自问,在什么情况下,客户偶像如理查德·布兰森(通过另一个偶像)或维珍商标(通过一个新的、在当时还未存在的商标,或通过一个新的"无名"趋势)能被替代。关于分销渠道替代途径有互联网等。但是,这个测试还是很好地展现了,专有资源在 20 世纪 90 年代多大程度上造就了作为移动虚拟网络运营商的维珍英国移动公司(即没有自身基础设施的移动通信供应商)的有效战略的制定和实施。
>
> 资料来源:Anderson & Kupp(2009)。

4.2 战略选择

对企业环境、企业内部以及战略资源的全面分析,仅仅是建立有效企业战略的第一步。但是,哪些战略才是根本上有效的呢?该问题的回答再次来自于20世纪六七十年代的经验分析。当实现的收益超过了成本时,就会产生利润(参见4.1节)。如果有竞争优势,利润就会相对更大。根据这种简单的思路,原则上有两种可能的选择:在销售量几乎相同的情况下,要么与竞争者相比有成本优势,要么在有竞争力的成本下,客户看重的专有性能维度要优于其他所有竞争者,因而客户愿意支付更高的价格。这两种普遍战略被称为成本领先战略和差异化战略(参见7.3.2.2节)。有了这两种战略思路,我们就可以放眼于整体市场或把供应专注于一个或几个小范围。结果为三种普遍的不同竞争战略(见图3—3)。

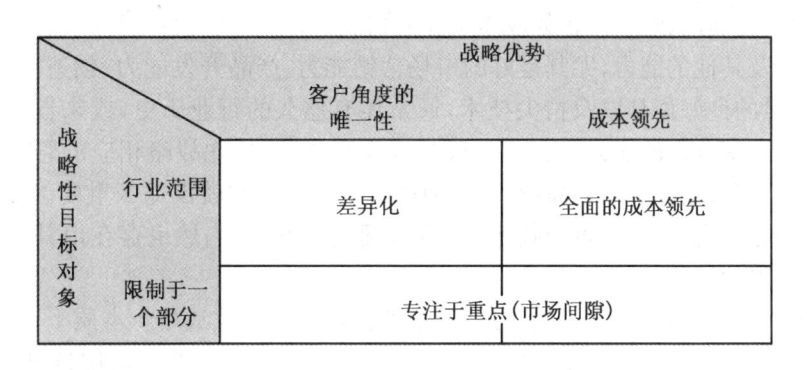

本质竞争战略

	战略优势	
	客户角度的唯一性	成本领先
战略性目标对象 / 行业范围	差异化	全面的成本领先
战略性目标对象 / 限制于一个部分	专注于重点(市场间隙)	

资料来源:波特(2004,第39页)。

图3—3 业务领域的竞争战略

在采用成本领先战略时,重要的是,要确实达到每个生产单位或每次服务的最低成本。"领先",从字面上可以理解为,公司如果仅仅努力成为成本较低的公司之一是不够的。要发现并不断开发有利成本地位的可能渠道,这一点很重要(参见第10章)。经典遵循成本领先战略的企业有折扣店 Aldi 或 Lidl、汽车生产商 Dacia 以及服务业领域的 Etap 酒店。产生成本优势的途径是多样的,如受法律保护仅供自己公司使用的技术或知识,采用独特的分销渠道或供应商。因此,首先形成规模经济和范围经济,才能建立可能的成本优势。在规模经济意义下,当生产企业产量翻倍时,生产成本会降低20%~30%,这被称为经验曲线效应(参见1.4.1.3节)。20世纪70年代初期,首先在计算机芯片行业生产过程中研究了这种效应,在这个行业观察到的效应后来也在其他行业得到验证。这也解释了一个现象,低价供应商通常都是大产量商家,因为他们非常看重快速发展和高产量。范围经济是指,一个企业提供大量不同的,但是密切相关的产品或服务所产生的成本优势。基本思想是,同时生产两种不同产品的成本要低于分别生产两种产品的成本。范围经济的来源有:避免了同向研究,以及因更高的产量可以有效规避风险或更有效地利用销售渠道,从而产生需求力量等。巴斯夫就是一个有着很好的范围经济而盈利的经典企业。

成本领先

规模经济

范围经济

除了要了解基本理念、发掘成本下降潜力、持续遵循成本领先战略外,还要有特殊的组织能力和结构。为了获得有利的成本地位,必须在先进的生产设备和方法创新上进行高额投资,从而增加资本是很有必要的。此外,潜在的成本领导者会长期加强员工的成本意识。责任分工要明确,激励系统通常要基于严格衡量的定量目标。因为追求大的产量,所以产品品种通常就会比较少,在产品和服务发展的过程中注重低成本的生产。

但是,即使考虑了所有上述注意点,在实行成本领先战略时,仍然要关注风险。成本领先最大的风险是技术变化,它能使过去的投资和学习过程归零,互联网的出现就是这种情况。在部分行业,互联网使在销售渠道上的投资完全过时。如今,交易可以直接网上办理,曾经的优势——成本低的销售渠道——就失去了价值。而成本领先专注于控制和降低成本,不能认识到必要的产品或营销调整,通常又会强化风险。此外,企业直接研发领域之外的成本提升也是一个很大的风险。这削弱了企业维持足够大的差价,从而平衡竞争者可能的差异化能力。

差异化战略　企业采用差异化战略,追求的是提供独特的产品或服务,一方面竞争者无法或不能用这种形式提供该产品,另一方面客户看中且能发现产品的独特点(参见 4.2.4.1 节)。采用差异化战略企业的典型案例是苹果公司的 iPhone 产品(在设计和客户友好界面上的差异化),西门子在核磁共振成像领域(图像分辨率、精确度和成像),以及蒂森克虏伯在电梯领域的双子电梯产品(升降通道内轿厢的数量)。正如成本领先的情况一样,有效实行差异化战略的基础是,组织结构和过程以及其他的能力,尤其是好的市场营销能力、产品开发能力、创造力、基础研究上的优势、产品质量的良好声誉以及精尖技术,通常还有悠久的行业历史,或来自其他行业以及采购部和销售部紧密合作的能力集合。与成本领先相比,差异化战略相应的管理系统安排却是截然不同的,公司鼓励及奖励创新和想法,而严格的成本控制就没那么重要。它所面临的风险和成本领先也是完全不同的:重视技术、成本管理效率低下,当然也存在由其他行业技术发展导致差异化消失的风险。

市场间隙战略　第三个基本的可选战略是关注焦点,也被称为市场间隙战略。本质上,该战略是前两种战略的变体,把精力放在市场间隙上。德国的很多"隐形冠军"都是采用这种策略,如温特豪特(Winterhalter)公司完全专注于专业清洗系统,从而成为全球市场领导者。在它们的市场间隙中,温特豪德公司遵循了差异化战略。

4.3　实施

战略实施　自然而然,下一步就是战略实施了。通常我们认为,这是战略管理框架中最重要的步骤。但是,应该注意到,当战略分析不够全面、没有充分资源来实施战略时,即使是最佳的实施也不会有很好的效果。尽管如此,战略实施还是有一个实现结构化系统的方法。在实施阶段,要为基于内部和外部分析所追求的定位提供发展所必要的资源、过程和结构。最重要的是,所有为了获得竞争地位而采取的行动要相互协调,通常这被称为"战略策应"。为了实现这种调整,发展出了不同的方式,图 3-4 所示的"相合模式"就是一条可能的实现路径。这个模式一目了然,容易理解,因而容易沟通。图 3-4 展示了相合模式的基本要素。

相合模式　相合模式的基本思想基于经验观察、业务单元的效力以及战略有效实施的程度,在本质上取决于活动、人、结构以及公司和业务领域文化的协调程度。如果企业文化或激励系统不能系统地调动员工的积极性,即使员工充满了创造力和参与度也无济于事,强烈的和谐思维或权力大于思维的等级制度都会带来这样的后果。因此,仔细分析业务单元及部门的成功动因是很重要的。

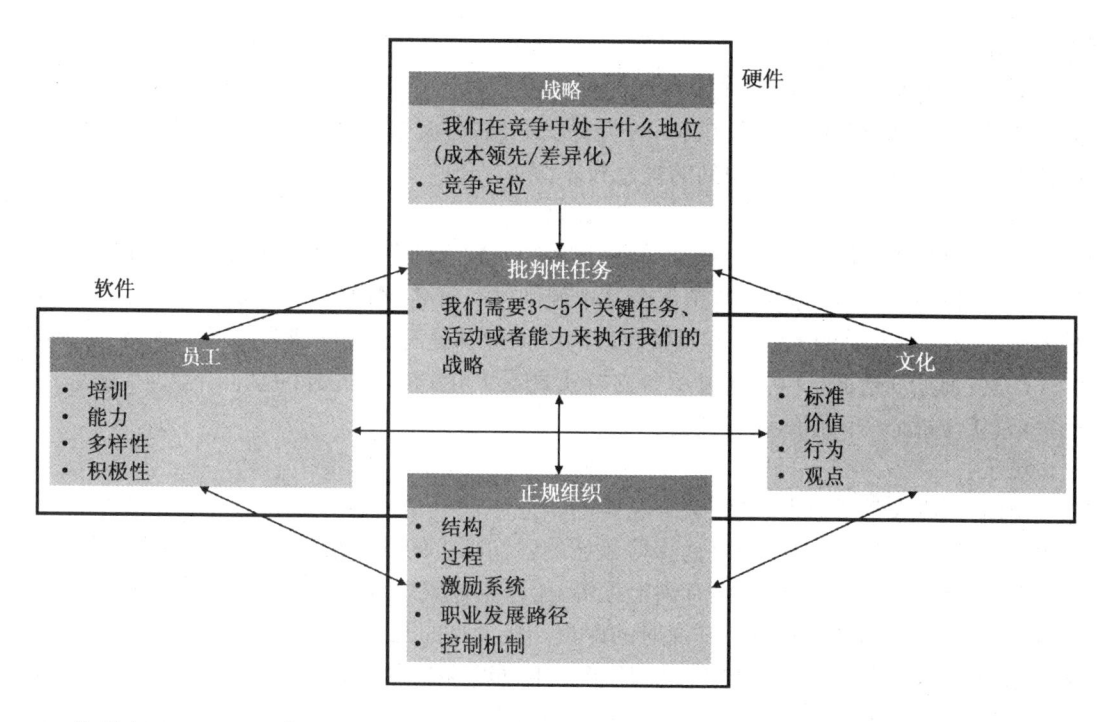

```
                         战略
                   · 我们在竞争中处于什么地位          硬件
                     (成本领先/差异化)
                   · 竞争定位

                         ↓
                       批判性任务
  软件            · 我们需要3~5个关键任务、
  员工              活动或者能力来执行我们的       文化
  · 培训            战略                         · 标准
  · 能力                                         · 价值
  · 多样性                                       · 行为
  · 积极性                                       · 观点
                       正规组织
                   · 结构
                   · 过程
                   · 激励系统
                   · 职业发展路径
                   · 控制机制
```

资料来源：Tushman & O'Reilly(2008，第38页)。

图3—4 相合模式

案例

MLP 于 1971 年 1 月 1 日由艾克·马舒尔克（Eicke Marschollek）和曼弗雷德·劳藤舒拉格（Manfred Lautenschläger）在海德堡建立。企业的目标是，给大学毕业的法律学生提供金融服务领域的咨询。20 世纪 70 年代中期，公司把目标群体扩展到了医科学生和牙科学生。该公司在 70 年代后期不断成长，从保险中介发展成为保险经纪人。1990 年，MLP 被《经理人》杂志和基尔大学的财管教席选为"年度企业"。到 90 年代末，MLP 一共获得了五次该头衔。90 年代中期，公司急速扩展，1996 年跻身 DAX100，成立了 MLP 银行，从而可以作为银行使用电子经纪人平台。90 年代末，MLP 有 101 个办事处，其中 7 处在国外。用相合模式来分析 MLP 的战略实施，至少截至 2001 年 2 月的成就可以用高度协调的整体来很好地解释它所取得的成就：

战略：

MLP 的战略，作为独立的经纪人为大学生和高要求的客户提供一体化的金融服务，成为客户每一人生阶段在保险管理、资产管理和风险管理领域的最佳伙伴，要清晰持续地全方位保持对内和对外的联系。（专注于差异化战略；针对大学毕业生；通过独立性来区分；一体化服务及尽早和客户对话——直接在大学毕业后。）

关键活动：

MLP 战略的一个基本组成部分是明确针对年轻的大学毕业生。因此，关键活动是接触目标群体，例如，办事处的选址、赞助毕业舞会或大学其他大型活动、提供求职训练等。其他的关键活动与确保 MLP 的独立性有关。

文化：

MLP 企业文化的特点是强调咨询的独立性。咨询师从 MLP 租用办公室，可以自己决定如何获得及对待客户。只有很少的明文规定，如每名咨询师最多有 200 个客户，咨询师必须接受培训的数量，以及用到的信息技术服务。

组织形式：

MLP 组织非常简单，只有一个小的总部和相互独立的分部，每个分部有一位负责人及约 25 名咨询师。MLP 的咨询遵循三个基本规则：(1)每名 MLP 咨询师负责最多 200 个活跃客户。(2)给 MLP 的大学生客户做咨询的咨询师都是有着相同或类似的学术背景或学位。(3)咨询师创造的价值会通过后台支持实现最大化。职业提升的空间不大，报酬弹性很大，直接与每个咨询师的业绩挂钩。

员工：

MLP 招收大学毕业生，最好是有经验的毕业生和其他专业人员。公司也招收来自金融服务领域的职员，但是来自银行、保险领域的咨询师占的比率很小。在初始阶段，报酬完全和业绩挂钩，MLP 的咨询师没有固定工资，所以企业家思维很重要。员工会得到两年财务咨询的培训项目，共有超过 700 课时的课程。接下来的几年，MLP 的咨询师接受核心进修，扩展其在金融服务领域的知识。入职第一年，员工在 MLP 企业大学读完 72 天的培训项目，然后每年在公司总部工作 27 天，办事处 60 天。

当我们观察 2001 年以来 MLP 的发展，一切都可以借助于相合模式来解释。MLP 建立了自己的保险公司(损害了关键活动/独立的特点)。此外，MLP 打算把这个成功的模式复制到国外(英国、西班牙、荷兰和奥地利)。这并不容易，因为接触途径、结构和目标群体的服务有很大区别。在这些国家，大学毕业生更早进入劳动力市场，但是相比于德国起薪更低。所以，MLP 从一些国家撤离了。

资料来源：Anderson & Kupp(2005)。

平衡计分卡

另一个辅助战略实施的工具是平衡计分卡，它能促使管理者从不同角度得出并制定具体的目标和指标，平衡计分卡实现了战略层面和运营层面的中介功能。平衡计分卡的指标[关键绩效指标(KPI)]从四个方面反映了企业财务收益和构成收益的战略成功因素(见图 3—5)。

(1)财务维度。财务维度的指标有销售增长率、不同产品群对应的边际贡献、不同的资本回报率(如投资回报率、动用资本回报率、现金流量投资回报率，参见 15.3 节)以及反映成本结构的指标。每一条财务指标和指导战略都必须符合目的—手段关系。

(2)顾客维度。顾客维度的典型指标有独特的产品特点、顾客互动行为、及时供货、良好咨询服务和质量。

(3)内部流程维度。内部流程维度是指重视那些提高顾客和股东满意度的关键业务流程。典型的有企业的创新过程指标(如新产品率、研发时间)、运营过程指标(如交付周期、次品率)以及服务过程指标(如索赔率)。

(4)学习和成长维度。平衡计分卡的第四个维度包括开发目标和指标，来促进企业学习和成长。指标有员工潜力、信息技术系统潜力以及激励、鼓励和设立目标(工作氛围以及文化)。

平衡计分卡的因果关系

在每个维度上，都根据中期规划制定合适目标、指标和实现目标的措施(参见 16.3 节)。但是，维度指标的确定不是相互独立的，而是有因果关系。如图 3—6 所示，在财务维度，企业利润是核心目标值(年净利润，参见第 17 章)，它受销售额的影响，在本例中，销售额直接是指服务质

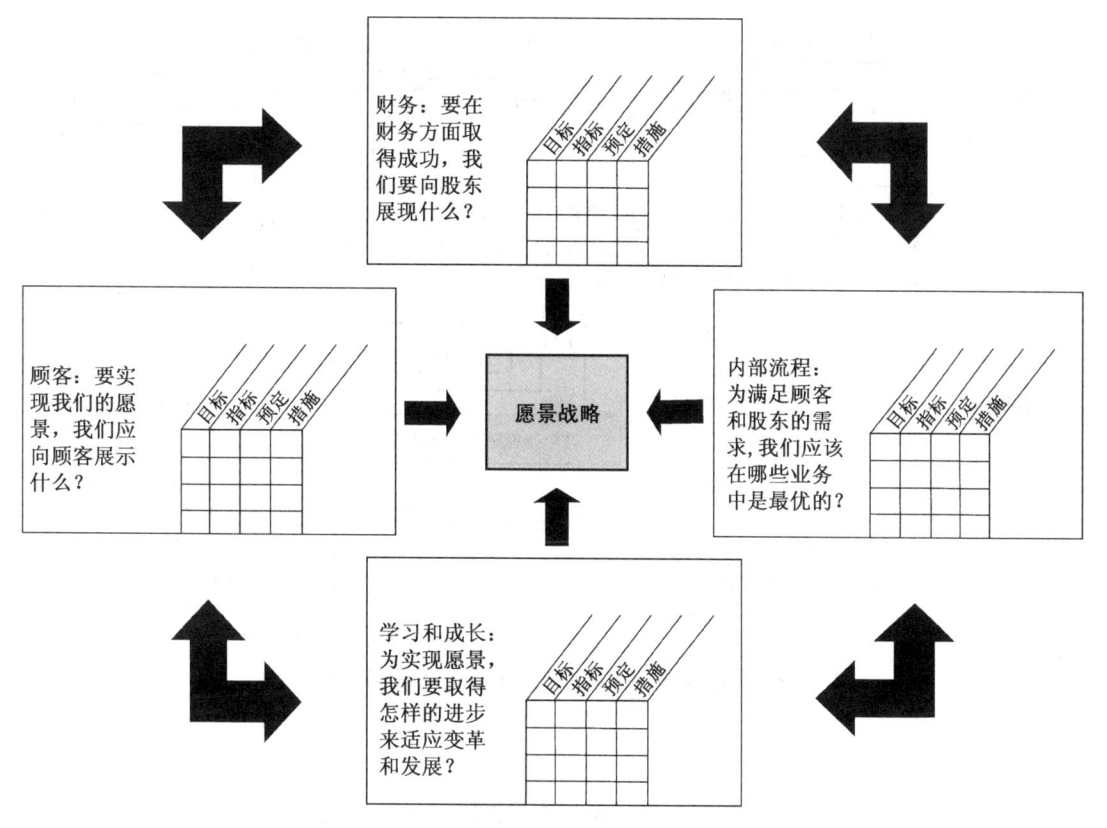

来源：Kaplan & Norton(1997,第9页)。

图3-5 平衡计分卡的四个维度和构架

量。因此,在平衡计分卡中,服务质量又是列入顾客维度的数值。继续分解因果链就会提出这样的问题:怎样才能实现服务质量?一条途径是更快地辨识关键顾客的需求,这些顾客反过来又受到最优订单处理过程的影响。最后来解释员工维度,哪些措施可以提高服务质量和促进销售?与这个相关的是学习和开发措施,如员工素质的提高,来提升销售员工的客户导向性。

平衡计分卡中的指标值必须通过合适的措施来实现,这些措施是运营部门规划的核心。运营部门规划包括对单个职能部门目标和措施的详细规划,核心是制订与职能相关的年度计划。 运营规划

为了实施战略,除了这些结构上的措施,还有交流战略,让所有员工信服战略的正确性,使他们可以并愿意按照战略行事。员工尽早了解战略信息意义重大,员工必须了解战略目标和本质内容,有机会讨论战略。如果没有必要的交流过程,只在缺乏完全解释的基础上做决定,这往往会导致接受问题。因此,重要的是关于战略内容的建设性交流(如研讨会或战略讨论会),可以为领导层和员工之间积极讨论创造条件。 交流

此外,必须形成与战略相关的共识。在战略实施中,紧张和冲突不仅存在于同一等级的相关领域(横向冲突),也存在于不同等级的相关领域(纵向冲突)。所以,我们要尽早发现潜在冲突,尽早听取相关同事的意见,让他们积极参与整个过程。业务领域的这样一种环境,让员工不仅了解战略,也有能力实施战略,就会产生采取必要措施的动力和意愿。

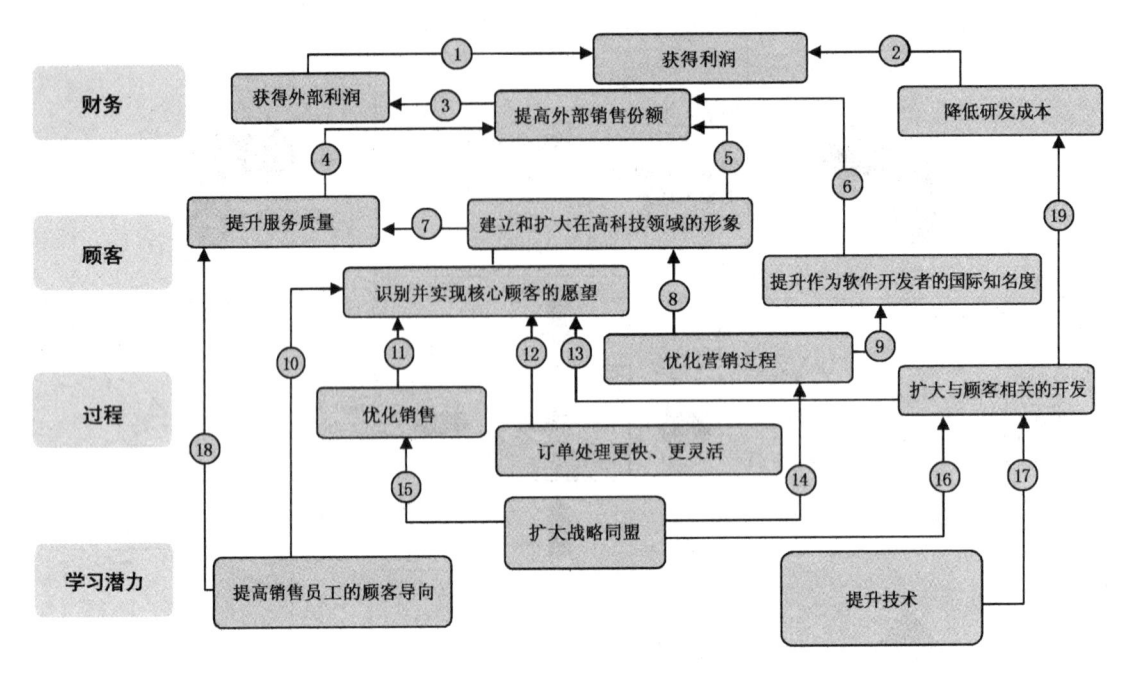

图 3-6 以软件研发企业为例的平衡记分卡中因果关系链

5. 战略监控

全面战略管理的最后一个方面是关于监控战略成效的问题。原则上要完成两个任务：(1)监控战略成效；(2)在战略选择中,监控涉及选择决定。

战略成效的监控　　第一条任务是指,(1)不断核查战略背后的假设——环境发展、竞争行为等是否依然有效,这被称为前提监控。(2)在战略实施中的成效控制,这是关于战略实现的里程碑,可以例如从平衡计分卡中获得。问题是:我们在计划时间内实现期望了吗？如果没有,产生偏差的原因是什么？通过这种方法可以确保不会长期遵循错误的战略,能快速发现并实现(微小)调整。通常,这些控制在战略开发团队中都是有组织进行的。

战略监控　　战略控制的第二个方面就有所不同。战略监控的职能是监控战略可能发掘领域的发展。这里的一个例子是德国汽车企业,20世纪初,人们一致认识到,在未来交通工具中纯电动汽车不会成为主流,因为像电池技术这些领域还未跟上。在近几年技术发展的基础上,电动汽车越来越显示出未来的重大意义。为了不落于人后,尽早发现这种趋势,就是战略监控的工作。当然,这种监控不会由战略制定者来进行,而是分配到独立的部门。一是需要独立,二是参与者要有兴趣来寻找弱信号。

6. 结束语

战略这个概念受到众人追捧,当企业规划失灵时,就需要战略;当未来充满不确定、市场易变时,也需要战略。

战略管理的本质是公司战略和竞争战略。公司战略回答的是在哪个市场活动的问题,竞争战略专注于在竞争中如何获得客户、要追求哪些竞争优势的问题。公司战略的核心工具是投资组合管理以及按照正确领导哲学来解释问题。竞争战略要分析外部环境(宏观环境、行业环境)以及内部资源。在这个分析的基础上,可以决定战略的基本方向(差异化或成本领先),再用合适的工具来实施战略。

战略管理也包括战略控制,在战略选择的领域对发展进行监控很重要。

扩展阅读

Anderson, J., Reckhenrich, J. & Kupp, M.: The Fine Art of Success—How Learning Great Art can Create Great Business, New York et al. 2011.

这是一本简单易懂的案例集,通过约瑟夫·博伊斯(Joseph Beuys)、达明恩·赫斯特(Damien Hirst)、毕加索和玛多娜的案例说明战略管理的现代理念,特别研究了创新和创造,适合大众阅读。

Barney, J. B.: *Gaining and Sustaining Competitive Advantage*, 3. Aufl., Reading/Massachusetts, 2006.

这是一本战略管理方面美国现代经典教材,Barney 给出了战略管理的主要任务,重点阐述了可行竞争力的理念。

Porter, M. E.: *Wettbewerbsstrategie*, 11. Aufl., Frankfurt a. M. et al. 2008.

这是一本战略思考的经典之作,波特指出,如何进行行业分析,业内竞争程度受到那些因素的影响,通过何种战略企业可以建立竞争优势。

Porter, M. E.: *Wettbewerbsvorteil*, 16. Aufl., Frankfurt a. M. et al. 2010.

这是波特的第二部经典之作,本书指出企业如何在行业建立竞争优势,并不断强调该优势。

Söllner, A. & Rese, M.: Market Segmentation and the Structure of Competition: Applicability of the Strategic Group Concept for an Improved Market Segmentation on Industrial Markets, in: JBR *Journal of Business Research*, 51. Jg., Heft 1/2001, S. 25—36.

引用文献

Anderson, J. & Kupp, M. (2005): MLP. ESMT Case Study No. ESMT 305-0030-1.

Anderson, J. & Kupp, M. (2009): Virgin Mobile UK. ESMT Case Study No. ESMT-309-0094-1.

Evonik Industries AG (2010): Strategie & Kennzahlen, http://corporate.evonik.de/de/investorrelations & publikationen/strategie/pages/default.aspx (Abruf 7.12.2010).

Kaplan, R. & Norton, D. (1997): *Balanced Scorecard*, Boston 1997.

Porter, M. E. (1998): *Competitive Advantage*, New York 1998.
Porter, M. E. (2004): *Competitive Strategy*, New York 2004.
Porter, M. E. (2008): *Wettbewerbsstrategie*, 11. Aufl., Frankfurt/M. et al. 2008.
Sheth, J. & Sisodia, R. (2001): *The Rule of Three*, New York 2001.
Steinmann, H. & Schreyögg, G. (2002): *Management*, 5. Aufl., Wiesbaden 2002.
Tushman, M. & O'Reilly III, C. (2008): Dynamic Capabilities at IBM: Driving Strategy into Action, in *California Management Review*, 49. Jg., Heft 4/2008, S. 21—43.

普通高等教育"十三五"商学院精品教材系列

第4章

市场营销

Markus Voeth　Uta Herbst　Martin Kupp[①]

1. 引　言

　　从 20 世纪 60 年代起,由于市场持续本质上的变化,在越来越多的企业中,市场营销逐步发展成为一个固定的职能领域。直到 70 年代,很多市场仍然是需求过剩。在这样的市场环境下,企业的核心任务是充分发挥现有的生产能力,因为提高生产能力利用率,必然会引起销量增加,从而为企业带来更高的效益。市场行为仅仅局限于企业价值增值链的末端,通过组织尽可能有效地把绩效传递给客户。因此,在价值增值链中,没有必要提前考虑顾客方面的想法。

　　日益激烈的竞争(不仅仅由于国际化)、创新度减弱以及市场饱和度提升,在越来越多的市场上,使上文所述从 20 世纪 60 年代起的情形实现了反转。在变化的市场中,顾客至上成为一种理念,在研发和生产过程中就要充分考虑顾客要求。换言之,一切企业活动以不断稀缺的销售市场需求为导向,这已经成为企业成功的决定性要素。在这样的背景下,企业就会很明确地确保,所有企业活动都以市场需求为导向。为了清楚地表示这不仅仅是销售任务的扩展,从一开始,人们就为这个新产生的企业任务创立了一个从英语中派生出来的词"Marketing"。

　　值得注意的是,上文所述的变化过程首先出现在消费品市场(顾客是家庭、终端消费者),因此,这些行业的企业最先接受市场营销的思想。

　　在工业品市场(顾客是企业或组织)或者服务市场(产品是非物质服务),从卖方市场到买方市场的转变出现得都相对较晚。众多工业产品技术的复杂性和服务市场与顾客联系的必要

从需求过剩……

……到市场饱和

---

① Markus Voeth:德国霍恩海姆大学市场学教授,博士。
　Uta Herbst:德国波茨坦大学市场学教授,博士。
　Martin Kupp:法国巴黎 ESCP Europe 创业学教授,博士。

性,使得这些领域的产出与竞争者的产出只有较小的可比性。因此,在该市场上,上述趋势出现较晚。但是,当企业根据现有市场需求调整整体企业活动,从而成功实践了"市场营销"的企业管理哲学后,大多数工业物资市场和服务市场上也发生了可持续的变化。工业物资行业和服务行业的企业也陆续设立了自己的市场营销部门(和传统的销售部并列),负责持续沟通和市场进入,例如,海德堡大量投资于继续研发以及保护商标。市场营销部门也协调新机器的设计,这在过去通常是由技术部门负责。

竞争优势　市场营销在企业不仅仅是一个抽象的观念模式,而要转化为企业行为;为了实现这点,就需要说明,如何使所有的企业活动根据市场需求来进行具体化调整。对此,构建竞争优势[包括相对竞争优势(参见 Backhaus,2006)]可以指明企业的发展方向。所有市场营销活动必须依据这样的理念:为需求者提供比竞争企业更好的效用。这样的竞争优势必须满足以下条件:

(1) 竞争优势必须是重要的

竞争优势的条件　竞争优势必须是供应商供给绩效的一个元素,并且它能够影响顾客的决策。这很容易理解,例如,企业有能力研发出特别省燃料的发动机,只有当客户也有此需求,并且在购买选择中对此有所考虑时,才是竞争优势。这个例子说明,有时候想要从一项产品或服务供应中识别出对目标客户群的购买选择真正起决定作用的要素,是比较困难的。因为尽管顾客一直对节省燃料车型有兴趣,目前却还很少表现在实际的消费行为上。

(2) 竞争优势必须能被察觉

竞争优势必须是被顾客所接受的效用优势。因此,最终重要的不是相对于竞争者客观的优势地位,而是所供给产品的优势主观上符合顾客需求。

在管理实践中,有很多这样的例子,客观的和主观的优势之间或多或少都存在显著偏离。像如今遇到德国顾客时,国外汽车生产商仍然面临着这样的问题:与德国的汽车相比,他们产品的性能在质量上会自动降级。尽管官方统计(如 ADAC 故障统计)很久以来已经证明,国外生产的汽车和德国汽车相比没有任何质量劣势,德国顾客仍然坚信德国汽车质量更好。

(3) 竞争优势必须具备防御能力

只有优势地位至少在一段时间内无法被竞争者复制或超过,才能称为竞争优势;否则,如果这种优势地位是短期的,就不值得为此把所有的企业活动都仅针对该点进行调整。尤其是由于来自亚洲巨大的竞争压力,基于技术的优势地位变得越发难以维持。在家用电器以及移动电话领域,往往在发布技术创新产品几个月后,欧洲市场上就会出现来自中国或韩国的仿制品。移动电话领域显示,品牌创立者的竞争优势不仅仅在于产品创新,首要的是与网络提供商多年建立的关系。这些网络供应商购买了大约80%的产品。这样产生的防御能力很难被复制,从而产生了竞争优势。

(4) 竞争优势必须是高效

最后必须注意,竞争优势必须通过合理的成本费用来实现。只有当市场上有关收益超过了与构建竞争优势相关的成本,企业活动围绕竞争优势展开才有意义。像福维克(Vorwerk)或特百惠(Tupperware)这些企业的竞争优势是直销,这使企业能以更高的价格销售产品。然而,还是得不断核查,较高的价格是否能弥补直销产生的高成本。

在 2001 年 10 月发布 iPod 时,苹果公司并不是市场上的先驱者。创新科技等公司已经把 NOMAD jukebox 推向了市场。苹果公司总裁史蒂夫·乔布斯却很早就发现,潜在的 13~18 岁目标群体通常无法自己购买 iPod,而是由父母亲戚赠送。因此,iPod 必然与非法的网上下载音乐相关。史蒂夫·乔布斯认识到,他必须创造出这种可能,使音乐能以合理价格合法地从网上下载(重要的)——iTunes 音乐商店应运而生。为使公众察觉这项供给,2004 年初超级杯决赛(收视率最高的节目,有着世界上最高的广告费)期间,苹果公司和百事可乐一起为 iTunes 做宣传(得以察觉)。2005 年,苹果不仅通过网络媒介销售占领了音乐 70%的世界市场份额,而且实现了每两个 MP3 就有一个是 iPod 的业绩(高效)。通过 iTunes 和 iPod 紧密的技术结合,让播放器和其他音乐平台很难再进入这个盈利的行业以及赢得市场份额(防御能力)。2007 年 1 月,史蒂夫·乔布斯在旧金山的 MacWorld 展会上推出了 iPhone。这时,竞争优势由直接产品优势的混合组成(高敏感度的触摸屏、直观的体验、吸引人眼球的设计),这些对顾客都很重要,也可以直接被察觉,另外还有产品相应的补充服务。这些可以通过 iPhone 在 App-Store 销售,2008 年 6 月开始线上销售。该平台使 iPhone 使用者可以简单快捷地在手机上下载小型 APP 并自己安装。提供的程序呈爆炸式增长:2009 年末(推出约一年半后),已经提供了 14 万种不同的程序。截止到这个时候,世界范围内有超过 30 亿次的下载。对于顾客,并没有直接察觉到这个事实,苹果公司通过 iPhone 成功地促使手机运营商参与到由 iPhone 产生的销售中去(高效),这是到那时为止最大的手机供应商诺基亚还未实现的目标。在这个案例中,防御能力是通过具有版权的软件以及 iTunes 和 App-Store 紧密联系产生。

市场营销可理解为竞争优势管理,因此同时也应追求效果("做正确的事""客户导向行为")与效率("正确做事""经济行为")。近几年,在很多企业深度进行的"股东价值讨论"(参见第 2 章),导致如今市场营销不仅仅是效果导向,而且首先应该同样是效率导向。在所有的市场活动中,有一点是始终确定的:这些活动为实现最高的企业目标做出了贡献。

<small>效果与效率</small>

为把市场营销作为企业的管理任务系统地推行,需要一个实现和实施竞争优势的行动计划。在接下来的第 2 节中,会由简到繁地介绍这个行动计划。由于市场活动通常不仅与后来直接的价值创造相关,而且要考虑到整个价值创造链,就要逐步介绍扩展的多级市场营销的特色。

2. 市场营销概念的要素

实现和成功实施竞争优势与营销的各种使命相关(参见图 4-1)。一方面,通过市场营销,能获得识别竞争优势所需的信息。在这些信息的基础上,可以系统发现竞争优势,随后用合适的战略和措施加以实现。最后,市场营销的另一个使命在于,持续检验那些为了实现和维持最初设定的市场地位所采取的战略和措施,在多大程度上取得了成效。另一方面,要注意,各项营销活动并不能独立地进行,它们是相互联系、相互影响的。

<small>市场营销的任务</small>

2.1 环境分析

环境分析的目的是,明确地获取目标、组织并评价一切营销决策所需的信息。系统的环境

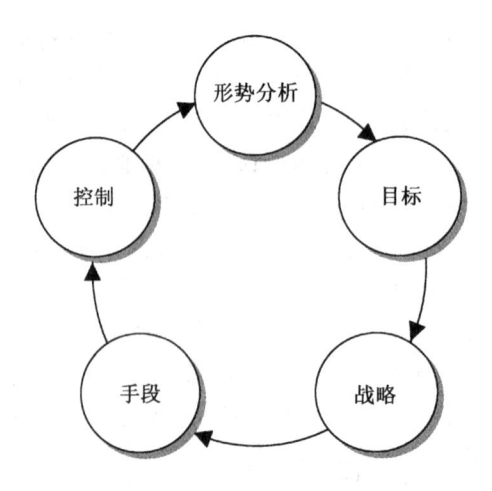

资料来源：Backhaus(2003,第51页)。

图 4—1 市场营销概念的要素

分析有利于决定自身产品当前以及预期的定位。在进一步发展的过程中,这种定位是明确目标、确定战略以及实施手段的出发点。

2.1.1 需求分析

购买行为　　需求分析包括,获得和分析所有与当前及潜在需求有关购买行为相关的信息。在具体需求分析中,需求者(通常包括个人及家庭)的购买行为很重要。在典型的 B2C 市场上,标准化的产品在大型匿名市场上进行销售,企业可以直接观察顾客对企业市场活动的反应,因此,购买行为研究最初的重点来自于新行为主义的研究范式。这是基于这样的考虑:消费者对刺激(S)特定反应(R)的原因可以用黑箱来展示。换言之,无法明确解释消费者的行为,只能通过干预人类机体过程的解释变量进行分析,从而得出结论。这样就需要研究大量可能有关消费者行为的解释变量。图 4—2 举例说明了选出的干预变量的分类,以及通常的研究方式。

S-O-R 模型

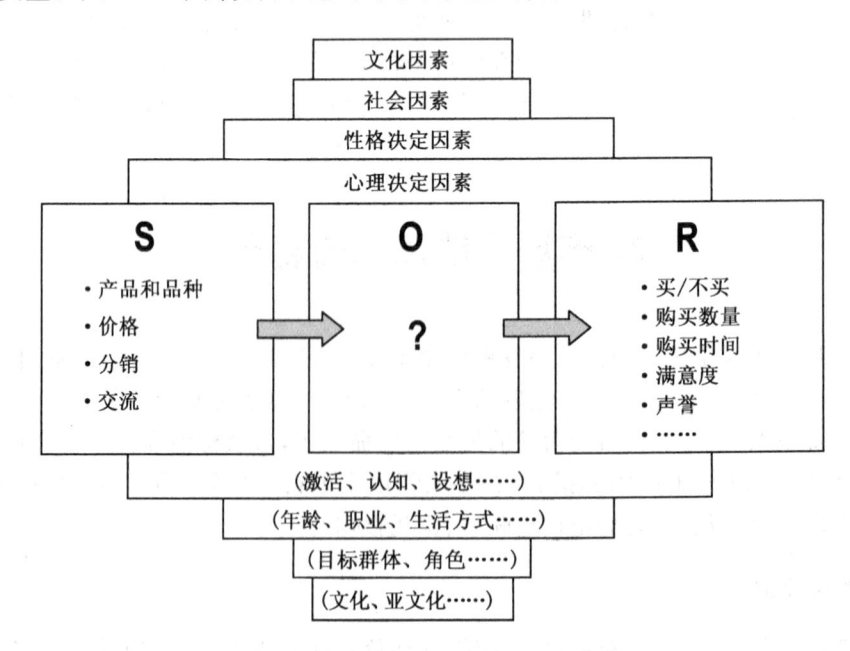

图 4—2 消费行为研究的 S-O-R 范式

在工业品市场上,具体消费者及市场是分析的中心。产品和报酬通常由具体协商确定,企业的采购行为不仅受到供应商市场结构的影响,同时也受供应商销售单位持续行动措施影响。因此,首先就面临这样的选择:在采购决策中,应该明确哪些合作者和组织单元参与采购决策。系统分析消费者的准备阶段中重要的是识别消费者方面现有的采购中心,并搞清其基于任务及角色的构造。通常而言,在采购中心可以观察到大多相似的角色,都是对供应商提请采购中心进一步处理的过程提出特定要求。采购中心通常由采购者、决策者、信息选择者、用户以及影响者共同组成。在很多企业,采购中心的成员被销售部系统地考虑在内(如列入白名单),并专项应对(针对不同的人员提供专门的信息)。 _{采购中心分析}

与具体消费者分析相反,消费者集体分析研究不同消费者消费行为的相似性。研究重点是,整体市场是否均一或者分为均质的分市场,从而需要不同的方法来控制市场行为。这样的市场细分应该基于消费者方面的特征,通过用特殊的方式来区别购买、使用以及组织采购行为。过去,移动通信供应商通常仅把整体市场划分为私人客户和企业客户,E-Plus 开始为有着相似使用行为的客户群定制产品。于是,出现了针对年轻灵活的高频通话者推出的 Base,并通过固定价格取代了固定电话网络;Simyo 针对价格敏感的低频通话者,Al-Yildiz 针对在德国生活的土耳其人,对拨打土耳其座机提供特别优惠的折扣,而 Aldi-Talk 则针对折扣购买者的目标群体。 _{市场细分}

2.1.2 竞争者分析

竞争者分析的第一步是,确定竞争者和所在市场的界限。在划分相关市场界限时,要努力识别竞争者,这些竞争者在顾客看来是可选对象。界限划分并不容易,因为它在时间、空间或实质上都可能是不清晰的。在相关市场的时间界限界定上就要考虑,在哪些时间点上顾客的购买决定存在替代可能?例如,一名顾客考虑推迟笔记本电脑的购买,为了在未来某个合适时机获得采用新技术的笔记本电脑,这样就在当下采用老式技术的电脑供应与未来在市场上可获得的新生代技术产品之间存在竞争关系。同样,竞争关系也存在于空间上。需求者在购买选择时是否考虑其他地区或国家市场上的供应者,这一点对企业非常重要。对水泥生产者而言,由于高额运输成本,相关市场在空间上受到较强的限制,竞争分析中就不需要考虑几百公里以外的竞争者。厨具市场又是完全不同的情况,德国生产者和中国生产者、韩国生产者直接竞争。最后,相关市场的实质界限最难界定,要考虑到,消费者是否把不同的产品看作可替代的(如笔记本电脑和台式电脑)。对于同一相关市场,要考虑那些被消费者列为可替代的产品。例如,对消费者来说,可替代的不仅有柏林和杜塞尔多夫两地的航空公司,同时还有铁路运输,因此,航空公司和铁路在相关市场上相互关联。 _{市场界限}

在界定过相关市场的界限后,接下来我们继续分析整体市场(行业)、市场细分(战略小组)以及具体竞争者行为(竞争分析)。行业分析的目标是需要分析重要的影响因素,如要确定波特的五大行业影响力,即五力要素,这适用于所有同样方式的竞争者(参见 1.4.3.2 节)。与此相反,战略群组分析的重点在于,把处于相似战略地位的竞争者进行聚类识别,以便预测同类公司大致相同的竞争行为,从而得出类内公司的行为共性。最后,竞争者分析是最深入的竞争分析方式,这里可以对高度相关的竞争者进行深入分析。虽然在管理实践中,有时无法成功获得系统竞争分析相关信息,但企业至少应该尽量去获取内部和外部可得的竞争信息,并定期研究未来可能出现的竞争行为。 _{市场和竞争者分析}

系统的竞争者分析可以及时识别市场变化和自己产品的定位(参见 4.2.1.4 节)。

2.1.3 资源分析

标杆管理法　资源分析的目标是,对自身企业与市场相关的优势和劣势进行尽可能客观的分析(参见 3.4.1.2 节)。资源分析应该始终采用相对分析的形式,即通过与重要对手比较自身的可能性来进行评估。供应商可采用的具体分析工具有标杆管理法。标杆管理法基于和参考值标准化比较,对企业及企业内单位之间进行系统比较(参见 10.4.2.2 节)。把作为标杆的竞争者和自身企业之间的差距进行相应加权,企业可以从结果中得出,自身的资源和竞争者相比,评估状况如何。

2.1.4 定位

需求者分析、竞争者分析和资源分析的结果为供应商最终的定位及所提供产品的定位奠定了基础。定位可以理解为:产品、品牌或企业在消费者的感知和偏好下的形象反映。为了成功实现定位,要遵循以下步骤:

定位的步骤　第一,要决定:定位应该从哪个角度进行。在消费品市场上要决定:定位是从单个细分市场还是集合市场的视角进行(应该只考虑高级车型,还是汽车生产商的整个产品系列)。而对于由购买中心做出购买决策的市场,首先面临这样的问题:不同购买中心成员对产品、品牌或企业有时会有不同的评价。

第二,在定位考察范围内,除了自身的产品或品牌外,要确定考察哪些竞争产品,这里可以运用相关市场界定的结论(是只有欧洲的汽车生产商、只有特定的品牌,还是包括所有)。

第三步,确定进行定位所需维度/特征。这些应该是目标群体购买决策相关的特征,可以根据运动性和车内空间的维度来定位汽车品牌。

第四步,在第一步确立的顾客、第二步提及的竞争者的基础上,运用第三步确定的标准,比较评估企业的情况。然后,将结果与顾客理想感知进行对比。通过确定现实和理想感知之间的差距,得出顾客看来哪些竞争者处于优势的市场地位。因此,定位分析可以得出企业的营销目标、营销战略或营销手段。定位通常表明,可以实现哪些营销目标、能够采用哪些营销战略或手段。

2.2 市场营销的目标

只有先确定了活动的目标,才能有效且成功地确定战略或措施,而目标是根据内容、范围、时间及市场条件来确定的。

在表述目标内容时应注意,因为营销目标必须通过不同领域的贡献来实现,应该从企业的总体目标得出营销目标。市场营销领域很久以来几乎只有与市场绩效相关的目标,例如,提升相对或绝对市场份额,或者稳定在相关市场的价格水平。此外,要求最大限度地以客户为导向,满足客户需求作为总体原则。

价值导向　价值导向,这个 20 世纪 90 年代已经在很多企业实施的概念,在总体目标中日益重要(参见第 2 章),这导致了最近视角的变化:很多企业的市场营销越来越多地面临这样的要求,要获得自身活动的价值贡献。较新的市场营销定义也有类似的表述,市场营销直接影响价值导向。因此,经济的营销目标如今越发受到重视,这使得市场营销活动成为整个企业经济成功的直接贡献来源。这些目标值有产生的营销成本、获得的贡献或销售回报率等。问题是,在这种背景下要考虑,目标是否基于效果和效率的深思熟虑,同时两者经常是相互矛盾的。这里效率是指一种投入产出关系,即用最少的投入达成目标。相应地,效果针对设定的目标是否达成。如果一个给定的目标达成了,就是有效果的。例如,当产品价格下降时,客户感知所提供产品的效果提升了,然而,如果利润率的降低无法通过相应的规模增加进行补偿,就有可能损害效率。同样,价格提升可能会促进效率提高,但是如果这样使消费者的净效用(产品的总效用扣除要为此支付的价格)减少甚至消除,效果必然会减少或者消失。

在这样的背景下,需要考虑在目标设置时哪一维度(效率与效果)优先。这里,如果考虑开始所描述的竞争挑战,把效率维度最大化是符合逻辑的。具体而言,在市场营销中的目标为,应该利用而不是最大化净效用优势,为使产品在市场上被客户接受,这一点非常必要。这种净效用优势"最小化"应该带来最大可能以及最大化的企业效率。

这种角度变化可以用图4-3进行阐释。根据至今对营销的主流理解,最大化净效用优势至关重要,企业就会产生这样的疑问,与竞争者如此大的净效用差距是否确实有必要?如果企业发现,即使有较小的净效用优势,所观察的顾客还是选择自己的产品而非竞争产品,企业就应该提高自己产品的效率,直到消费者把产品几乎归类为可转换。在效果约束内,必须遵循效率最大化的目标。企业可以通过相应提高产品价格,直至达到几乎选择可替代产品的支付意愿,来实现效率最大化的目标。

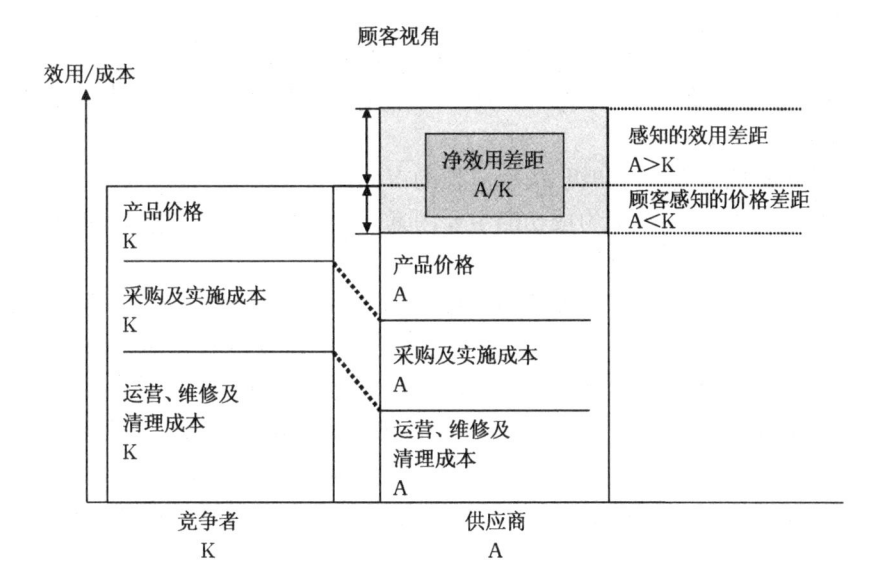

资料来源:Plinke(2000,第80页)。

图4-3　竞争优势中的效率最大化

综上所述，我们可以确定：目标内容的定义必须考虑到效果（净效用优势）以及效率（对买方经济上有利）。目标设置必须确定竞争优势，通过卖方获得（最好的）经济地位（必要条件、目标函数），确保满足对顾客绝对必要的净效用值（充分条件、约束）。

2.3 营销战略

竞争维度

营销战略的任务为，针对先前设定的目标，操控并落实营销手段（包括产品政策、价格政策、销售政策和交流政策，参见4.2.4节）的投入使用。此外，预定值应该长期有效，从而可以确定市场活动的长期方向并视为约束行动的框架。例如，一个企业的目标是，未来几年在某个特定细分市场持续扩大市场份额，因此，合适的战略是，追求细分市场的价格领导地位，进行系统性扩张。针对这个目标，企业随后必须确定营销措施：在价格政策框架下，根据战略目标，价格要低于竞争者价格。有很多不同的竞争战略维度，借此可以为实现所追求的竞争优势制定出特定的措施：

质量领先与成本领先

通常竞争优势可以通过质量（更好）、价格/成本（价廉）或时间（更快）来获得（参见3.4.2节）。时间领先战略遵循的目标是，在正确的时间采取市场行动，无论是正确的市场进入时机还是正确的退出市场时机。

时间领先

市场进入时机的决策对初级、快速成长的市场意义尤其重大，因为这里产品的寿命往往不足以摊销开发成本，时间就成为成功的主要因素。大量研究表明，进入市场仅仅推迟一年就有可能会丧失高达50%的可能产量。

相反，正确的退出市场决策通常出现在停滞市场或处于产品生命周期末期的产品（参见1.4.3.1节）。类似于延迟进入市场，要考虑延迟退出市场也有可能导致盈利减少甚至亏损。所以，很多企业都把生产能力从无利可图产品让给有望成功的市场新宠。

除了竞争维度"价格/成本"、"质量"和"时间"，也要重视顾客关系的重要意义。在当今的竞争挑战下，越来越多的企业意识到系统进行客户关系管理的必要性。企业旨在通过提升客户满意度来保证客户对公司长期的忠诚度。除了各种客户忠诚度措施，还要建立和维护强大的品牌。

关系管理

关系管理的理念是，企业成功不再是通过连续的独立单个交易，而更多的是由多个单次交易形成的业务关系，从有关顾客那里获得收益。供应商需要不断投入来获得新顾客，随着时间的推移，超额增长的收入会弥补之前的投入，甚至由于长期的业务关系，收入会超过投入而获得收益。这是基于这样的事实，随着时间的推移，忠诚客户会增加购买频率，同时支付意愿会上升，也会通过其他特性实现潜力增长，如交叉购买（考虑更多的产品和服务）。

考虑关系维度意味着根本性的视角变化，概括如表4—1所示。

表4—1　　　　　　　　　　市场营销视角变化

	经典营销	关系营销
营销目标	获得顾客	获得顾客、顾客忠诚、回头客
营销战略	开拓单个交易：产品展示	操控关系：对话
营销对象	产品	产品和顾客
经济的效果值和操控值	盈利、利润率、销售额、成本	附加：顾客贡献、顾客价值
观测期	短期	长期
出发点	消费品营销	工业品营销、服务营销

资料来源：Bruhn(2001,第12页)。

建立和实施日益重要的"关键客户维护"属于关系营销范畴,重点是品牌管理和客户忠诚度管理。

(1)品牌管理

从形式上看,品牌仅仅是一个外在的标志,可能是一个名字、符号或设计,首先是用于识别某个供应者的产品和服务,其次便于与竞争者区别开来。但从显著特点和产品标志来看,忽略了对需求层面的影响。因此,与效果相关的视角纳入了消费者,从企业与顾客的沟通和互动中探究品牌效应。关键是和品牌联系在一起的想法,这种想法来自产品经验,同样也产生于与此相关的价值估计和情感。根据这种看法,品牌是一种产品或服务不可混淆的形象,通过顾客在大脑和心理的反映和复制发挥作用。

尽管在定义方面存在部分争议,不同的品牌却有着一个共同的方面:无论是从顾客角度还是从供应商角度,都视品牌增值为一个强大品牌存在的关键。

> 品牌增值

对于顾客,品牌增值主要通过信息功能、信任功能和感情化功能表现出来。所以,在不透明和产品生命周期缩短的市场中,品牌为消费者提供了识别点,来降低搜索和信息成本。供应商通过品牌昂贵的成本释放了信号,使顾客视之为质量保障的抵押物,进而产生了信任和持续保持关系的意愿。品牌感情化的功能会加强这些效果。品牌帮助自身价值形象的生存,把新的与之相关的形象转移到自身上,从而在社会环境中获得声望和自身形象。

通过所描述的需求者方面信息,品牌为供应商以及品牌所有者提供了一个交流平台,该平台可以发出与产品或服务相关的消息,建立并操控与客户的关系。品牌增值对供应商而言有很大的协同作用潜力,表现为价格溢价,或者相同价格下的规模优势或两者兼而有之。

价格溢价是指,与无品牌但技术性能相似的产品相比,消费者对一个品牌产品有更强的支付意愿。因此可以看到,虽然是在同一个生产车间生产,但大众夏朗除了在设备元件上与西雅特、福特银河略有不同,它从一开始就能设立一个比其他两个品牌高的标价。保时捷卡宴与大众途锐相比,价格溢价高达 25 000 欧元(排除装备的影响)。而规模优势则表现为品牌产品对于无牌产品较大的市场份额。

> 品牌价格溢价

无论供应商追求价格优势还是规模优势,品牌管理的核心任务是创造所述的增值,其超过了产品的纯性价比。相反,标志仅仅涉及性能保障的识别,因此只是品牌的一部分功能。总体而言,两者都在竞争中发挥了识别和区分的作用。因此,关系营销常把品牌作为基础,建立客户忠诚度。

(2)客户忠诚度管理

顾客联系管理的目标是,长期拴住顾客,即采取各种措施,使顾客从首次到多次交易。如图 4—4 所示,该决策本质上取决于顾客满意度。顾客满意度由比较标准来度量,这个比较标准把期望效果与实际的效果水平联系起来。由比较过程得出三种结果,对应表示供应商不同的任务和措施。

> 顾客满意度

情况 1:实际效果符合预期,顾客满意。因此,顾客会倾向于与该供应商进行后续交易。在这种情况下,供应商只需保持目前的绩效水平。

情况 2:实际情况超过了预期,顾客获得惊喜,这样顾客无论如何都会对供应商进行后续交易。对供应商而言,要积极地看待这种情况,由于超出了预期,供应商就得多努力,来满足后续交易中上升的比较标准。

情况 3:最后,消极经历(实际效果低于预期)导致顾客不满意。在这种情况下,要针对性地采取行动。在"一次性"不满意的情况下,首先通过投诉管理来追随设置的目标,顾客事后获得

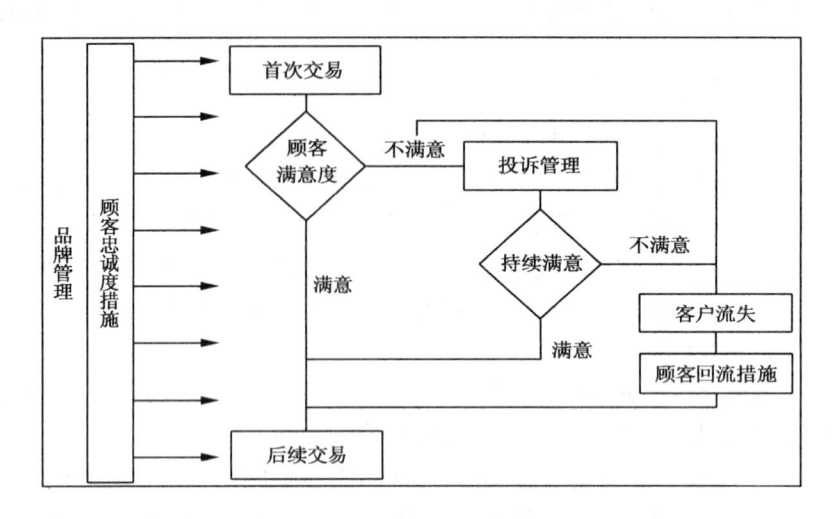

图 4-4 顾客联系管理组成部分

满意,因此能与供应商有后续交易。如果顾客继续不满意并且流失了,就只能通过顾客回流措施来实现该顾客更多购买的可能。

顾客联系管理的关键是,采取何种措施来唤起、强化或提升顾客满意度,怎样使顾客长期与企业保持联系。表 4-2 显示,根据不同的手段或专注点,对不同商业关系采取不同的措施。因此,营销工具对各个领域提供相应的措施,来针对特定供应商的行为,实现相互交易,对期望水平及选择供应商产生积极影响(满意),或在目前商业关系下,存在顾客流失可能时进行挽回(更换屏障)。

表 4-2　　客户联系管理工具

营销手段	聚焦于互动	聚焦于满意度	聚焦于更换屏障
产品政策	·共同开发产品 ·内化/外化	·个别供应 ·质量标准 ·服务标准 ·附加服务 ·特别的产品设计 ·性能保证	·个别技术标准 ·增值服务
价格政策	·会员卡 (纯粹信息获取)	·价格保证 ·满意度相关的定价	·折扣和津贴系统 ·价格差异化 ·财务刺激 ·会员卡(打折)
销售政策	·网络/抽奖 ·产品抽样 ·参观工厂	·网上订购 ·目录销售 ·直销	·预订长期票 ·普及 ·顾客导向的位置选择
传播政策	·直接邮寄 ·事件营销 ·线上营销 ·主动接触客户 ·客户论坛/顾问	·客户俱乐部 ·客户杂志 ·电话营销 ·投诉管理 ·当面沟通	·邮寄广告,提供针对性信息 ·建立顾客专用的交流渠道

资料来源:Bruhn(2001,第 145 页)。

总体而言,很多研究表明,客户满意度——类似于一个强大品牌的潜力——通常会对客户忠诚度(规模效益)和与顾客价格相关的行为产生积极影响。客户联系管理的任务和措施可以帮助提升顾客满意度,应该定期监控。

> 尤其在工业产品市场,顾客忠诚度意义重大。常常两三个顾客能带动一大半的销量。如西门子自动化与驱动集团(A&D)位于比勒菲尔德的分支机构,德马吉(DMG)车床股份有限公司是其业务线运动控制(MC)的战略业务领域机床的一个重要顾客。因此,当涉及规模最大的机床系列驱动和发动机技术时,客户联系管理就面临考验。西门子 A&D MT MC 主要是为了实现尽可能大的销售额,因此,新机床系列再次把 SIMODRIVE 作为驱动和发动机的系统平台至关重要。应继续通过运用 SINUMERIK 控制技术在与对手海德汉公司的竞争中尽可能获得市场份额。对顾客 DMG 潜在竞争优势的详细分析表明:
>
> • 迄今为止,仅有的客户是 DMG 机床。仅仅通过核心硬件 DMG 还未在市场上实现差异化。
> • 市场上的差异化主要是通过提供的服务来实现。
> • 客户优势仍然主要通过机床各自的用户界面(MMC)来获得,这共同决定了其客户的生产率。
> • 所有的服务,主要是服务和备件业务、产品培训和培训业务以及销售,由 DMG 销售和服务有限公司(DMG 的子公司)提供。
>
> 因此,对西门子而言,和 DMG 销售服务有限公司建立紧密联系非常重要,从而尽早了解客户需求,与 DMG 公司共同开发新的差异化可能(专注于互动)。从顾客基本的满意度出发(当然也有竞争者),目前在这个领域还没有其他的链接点(聚焦满意度)。关于建立更换屏障主要有三个维度:进一步建立信任、审查专项投资可能(如选址的特殊性或投资于专用实物资产)以及建立标准化的发动机或驱动器接口(聚焦更换屏障)。这些例子表明,焦点已经从交易成功因素大量转移到关系成功因素上。

2.4 工具:发挥竞争优势

目标和据此建立的战略接着要落实到具体的营销措施上。所有的活动参数都可以列入营销措施,借助于这些参数企业可以建立供应商—消费者关系。具体的企业行为参数有产品政策、价格政策、销售政策和传播政策。因为这些工具相互之间也会产生多种作用,因而不能孤立开发及应用它们,而是应该找出最佳相互配合,即确定营销组合。

2.4.1 产品政策

产品政策包括所有针对服务和产品构建的措施。如果涉及产品政策的决策,广义的产品政策概念则可以更为具体化。在这个背景下,要区分两种产品政策的决策:一种是关于产品实质结构(如何安排产品的组成部分),另一种是把产品政策的时间结构列为核心(在时间进程中如何安排和改变产品)。

在做实质性决定时要区分产品核心、包装和外包装以及标志和服务。产品核心是产品的基本组成部分,它为客户带来直接的基本效用。产品核心主要是为了满足独特的需求。例如,消费者购买手机来满足"沟通"的需求;购买一辆车来实现"出行便利"的需求。

除了产品核心,产品还包括更多的要素。产品的第二个实质组成部分为包装和外包装。外包装包括各类产品包装,而包装只是单一产品单元的包装,该包装一直保留到最后使用核心产品。包装和外包装有非常不同的功能:

(1) 保护：使产品核心免受破坏或腐烂。

(2) 运输：外包装可以使运输更容易。

(3) 仓储：如果产品核心是圆形或者类似的形状，产品就很难堆放。很长一段时间里这是存在额外包装的原因，像牙膏。

(4) 推销：外包装为额外信息提供了场所。

(5) 环境可持续发展：人们的环境意识和包装规定的改变，使企业从环境角度出发选择包装材料和考虑包装规模。

标志

产品政策的另一个本质构成是标志。标志通过采用合适的产品名称、产品符号或一个独特的产品设计对顾客达成产品差异化。

售前、售中和售后服务

最后，服务也是产品政策的一部分。在市场上，如果竞争产品在本质上无差异，附加服务就能起到竞争差异化的作用。因此，工业品生产商，如蒂森克虏伯、曼(MAN)公司以及西门子的年报中都会提及这个明确的目标，提高服务占销售额的比例。为企业产品核心提供的附加服务种类非常丰富，从售前服务(如咨询、产品目录、停车位等)到售后服务(如顾客服务部或俱乐部)。表4－3根据服务实行的时间点、与实际产品的联系和客户类型列举了这些服务。

表4－3　　　　　　　　　　　　　服务分类

实行时间	与产品联系紧密		与产品联系不大	
	消费品	工业品	消费品	工业品
售前	·咨询 ·目录手册	·报价 ·示范 ·推荐设备	·托儿所 ·停车场	·报告 ·问题分析 ·指导
售中	·试用 ·使用说明书 ·试用安装	·装配 ·培训	·赠品 ·打包服务 ·送货服务	·融资 ·补偿交易
售后	·客户服务 ·备件服务	·维修服务 ·备件服务	·会员俱乐部/会员卡 ·用户杂志	·员工培训

资料来源：Backhaus(2003，第218页)。

产品生命周期

在产品政策中，关于产品核心的构成、内包装/外包装、标志和服务的决策不仅存在于产品进入市场阶段。在接下来的阶段，通常也需要进行涉及产品政策部分或全部领域的修订。产品政策中需要做出必要实质决策的时点，涉及产品创新、产品差异化、产品型号和产品清除。

这些产品政策决定的时间构造是基于产品生命周期理论的(参见1.4.3.1节)。根据产品生命周期理论，从产品进入市场到退出市场，产品销售都有其特定的方式。首先，产品进入市场后销售缓慢增长；接着，当克服了顾客对产品的接受障碍时，销售加速增长；随后，由于市场趋于饱和，销售停滞；在最后阶段甚至回落。产品生命周期理论把这些阶段分为引入期、成长期、成熟期和衰退期。这些阶段在汽车生产商的车型策略中很容易辨认。典型的生命周期为5～7年，生产商的产品政策严格针对产品的生命周期(通常，最初提供高品质款式，大约4年后就有一个所谓的翻新，而到下一款式的过渡阶段，所有阶段都有伴随的产品和价格政策措施)。图4－5阐释了这些关系。

基于这样的事实，一个企业的所有产品在一段时间后——尽管由于产品和市场不同区别很大——都会销售停滞甚至下降，产品政策的本质任务在于，隔一段时间向市场推出创新产品。只有这样，企业才能满足持续存在于市场上的要求。

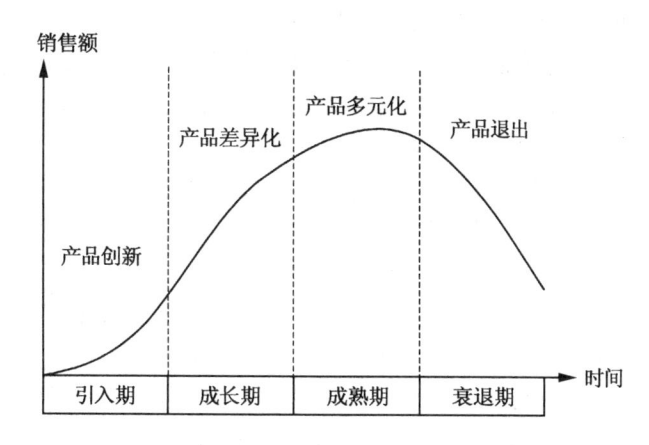

图4-5 产品生命周期不同阶段的产品政策

  适销对路新产品的计划过程,在很多企业是非常复杂的,并且要逐步进行。为了实现产品创新,第一步要获得可能的产品创新思路,思路可以来自于公司内部和外部。由于思路的实现有很高的开发成本,最终引入市场也可能存在很大的融资风险,因此,非常有必要进行想法测试。对于产品开发,在经过预选后仍然被认为有前途的思路,接着会对其进行成本效益分析,来比较可能的收入和预先投入的研发成本、引入成本和生产成本。产品创新

  只有那些看起来有利可图的产品开发思路才能投入实践。在思路实施中,通常会生产样品来进行技术和市场相关的测试。只要新产品生产在技术上是可行的,就会以产品测试或市场测试的方式经历市场考验。产品测试包括观感检查(如颜色和形状)以及实用功能。在产品测试后,如果进一步在受控条件下(如价格或销售地点)出售修改后的新产品,就称为市场测试。

  只有当产品创新在技术和市场方面的测试获得成功后,它才能真正进入市场引入阶段。如果创新产品的市场引入成功,并且产品在接下来的成长阶段销售强劲增长,就要考虑是否能够通过吸引目前尚未赢得的顾客群体来扩大成功。一方面,这些群体显然不信服目前的产品,另一方面,目前产品的市场成效不应受损,就可以推出略有改动的产品(产品差异化)。如果通过开发其他的客户群体改善了产品目前的增长潜力,这种方法就会一直继续下去。因此,产品差异化的措施主要应用于产品生命周期的成长期阶段。产品差异化

  在成熟期,会出现销售停滞甚至一段时间后的销售额回落,这是因为,市场需求发生了改变,产品不再完全符合顾客的需求。在这种情况下,就得考虑,是否要从市场上撤回目前的产品,用一个符合消费者需求变化的改进版来替代原来的产品。产品变动

  如果通过针对性的产品变动不能阻止销售的进一步回落,就要考虑产品撤回了。在做产品清除决策时,要考虑到大量的影响因素。除了要考虑定量变量(如销售额、市场份额、利润率或对其他产品的相关影响),还要考虑定性变量(如形象影响或竞争者反应等)。产品清除

2.4.2 价格政策

  价格政策是"所有有关顾客为产品支付费用的决策"(Homburg & Krohmer 2009,第641页)。价格政策不仅仅存在于新产品的引入阶段,当产品的成本、竞争环境及需求环境等发生改变时,价格政策也有应用。

  许多市场的特点是,产品政策的差异化水平越来越低。由于消费者几乎无法从性能上区分竞争中的产品,因此这些产品可以视为可替代的,要支付费用的额度和组成就起了决定性作用。价格政策的系统规划必须包括定价和价格组成(条件政策)。

定价 　　产品定价是确定消费者为产品支付的费用额度。为实现先前设置的营销目标和营销战略的最大贡献项,定价的有效性取决于可用的价格相关信息。无论市场环境、企业环境如何,定价必须以与需求、竞争和供应商相关的信息为基础。需求信息"支付意愿"以及竞争者价格限制给出了价格上限,而成本状况则给出了价格的下限。

市场定价和客户个性化定价 　　在狭义的定价中,价格确定的过程非常重要,要区分市场定价和客户个性化定价。市场定价是指,为销售给顾客或细分市场相同的产品确定一个价格。然而,在大多数情况下,不同的顾客对一件相同产品的支付意愿并不相同,市场定价的主要问题是,没有考虑到支付意愿的异质性。

价格—销售额函数 　　如果知道了潜在客户的支付意愿,即在一个已知竞争方案的背景下,顾客愿意支付给供应商产品的价格,就可以通过把顾客(以及顾客的需求量)根据数值进行系统的排序,由这些支付意愿的整合得出价格—销售额函数(参见 3.3.1 节),该函数曲线反映了供应商要求的价格和对应的市场销售量之间的关系。在简化条件下,价格和销售量的关系可以通过线性函数来表示。根据这个函数,通过把数量和价格相乘可以得出收益曲线;把收益曲线的斜率和对应的成本曲线斜率相比较,当收益曲线的斜率等于成本曲线的斜率时,对应的价格是利润最大化时的价格。供应商(垄断)应该优先设置该价格,从而通过最优价格数量组合获得最大利润。

价格机制 　　广义的定价要考虑,供应商对产品要进行一维定价还是多维定价。当生成一个由价格构建工具箱中不同元素组成的价格时,就要使用多维定价。价格差异化是建立价格机制的一个工具,借此,供应商对同一产品向不同的消费者索取不同的价格。差异化定价的一个典型例子是区域性差异定价,不同区域或不同国家市场的消费者对同一件产品需要支付不同的价格。

价格差异化 **捆绑定价** **非线性价格** 　　除了差异化定价,也可以通过捆绑定价或非线性定价建立价格机制。捆绑定价对由不同可分离单个产品组成的产品组合标定一个价格,而非线性定价的特点是除了单个产品价格外还要索取一个与数量无关的价格因素,非线性定价的一个典型例子是德意志联邦铁路的火车票优惠卡,顾客通过购买优惠卡获得火车出行减价的权利。无论用哪种方法来建立价格机制,都通常会增加价格的不透明度,从而顾客更难把供给价格和竞争对手相比较。

条件政策 　　价格政策的第二个任务是确定支付条件和付款方式,条件政策主要包括给予折扣。当顾客满足了特定的、与产品相关的要求时,就会获得一定的补贴,即折扣。折扣主要有数量折扣、时间折扣和功能折扣。

折扣 　　数量折扣是指,当顾客的采购数量大于某个确定的数量时,将会获得一个折扣。而时间折扣是指,当消费者从供应商那里提前预订产品或服务,从而获得折扣(如预订折扣),时间折扣是为了提高计划的可靠性和产能利用率。功能折扣通常应用于有附加任务(如咨询服务)的贸易企业。

　　最后,若消费者在同意支付条件后购买了相关产品,也会减少对应的成本。现金折扣或卖方信贷就是典型的例子。

2.4.3 销售政策

营利活动 　　销售政策是关于销售的决定,针对市场导向的营利活动以及分销物流活动。营利活动的目标是销售商品、接触顾客以及使顾客和企业建立联系。分销物流则要确保在每个时点、每个阶段,企业产品以确切的数量和质量提供到销售系统中。

销售渠道 　　营利活动的设计主要是指,关于销售渠道的选择和谁来实施销售活动的问题。销售机构决策的意义重大,因为该决策尤其会影响到与经销商和关键客户(由于销售、潜在销售或战略意义被认为是非常重要的客户)的关系。销售渠道(销售渠道体系)和销售机构的结合形成了公司的销售系统。

直销和间销 　　针对直接和间接销售渠道的选择,是原则性的决策,能决定销售系统中大量特定的结构。

如果没有销售中介,就称为直销,而间销则是通过独立销售代理(如批发商或零售商)把产品销售给消费者。

传统上工业产品主要是直销,消费品企业主要选择间销,接着就会产生这样的问题,在什么情况下间销更有利?在什么情况下直销更好?从效率的角度,首先要考虑潜在客户的数量及这些顾客的空间分布。当数量较小、分布高度密集时,应该选择短距离直销。新的销售渠道(如网络)能以低成本触及大量高度分散的顾客,戴尔电脑就是一个很好的例子。另一个核心影响因素是产品的特异性、复杂性及其解释要求。特异性、复杂性越高,直销就越好。此外,产品的货币价值也非常重要。当货币价值较低时,直销成本和产品价值相比往往很高。

除了这些主要是效率导向的方面,直销和间销的选择也取决于对效果的考虑。需要考虑,在多远距离内直销有核心优势,在这个范围内,更有可能和顾客建立紧密联系、监控销售活动以及"直接"获得顾客相关未经扭曲的信息。此外,关于效果的考虑取决于供应商企业的目标和战略。如果生产商看重差异化和质量,就会要求建立服务分支机构,而不是交给具有攻击性价格政策的折扣商店。最后,在这些关系中,销售渠道的形象也是一个影响因素。如果在顾客看来,某个销售渠道不合时宜,他们就会长期选择购买路径中较新的方式。

最后,在销售路径选择上,也要考虑到竞争者行为。所以要想到,如果一个重要的竞争对手开发了一种新的销售方式,他的对手就会效仿,以使自己在顾客的购买选择中成为可能考虑的供应商。

销售渠道的结构设计不必是一个强制性的"非A即B"的选择。很多行业的分销渠道系统的特征是,相互替代可选的分销渠道(多渠道系统),使多种影响因素均衡。所以,如今汽车配件供应商把其产品直接卖给汽车生产商进行首次装配,通过互联网直接销售给顾客,以及间接地通过工厂、批发商、专营店、快修连锁店和汽车市场到达顾客。此外,选择多渠道系统可以有一个更广阔的市场覆盖面,也可以避免对某个分销合作伙伴的过度依赖。但是仍然要注意,多渠道系统的使用也有一些显著问题。不同的销售渠道可能会出现冲突,尤其是当同一顾客可以由不同的渠道得到服务时,冲突尤为明显。如果一个销售渠道出现销售额损失,而这种损失是由于另一种销售渠道的销售额提升引起的,这种现象就称为竞食效应。此外,在引入多渠道系统时,要权衡组织复杂性的增加、成本的增加以及组织障碍之间的利弊。

构建销售路径

间接销售必须额外对销售渠道等级的数量(销售的深度)做出决策,而销售渠道广度的问题也只会出现在间销渠道的考量中。销售渠道的广度表现为,在销售渠道中,有多少平行的分销合作伙伴在市场上提供该产品。这里有三个基本设计方案:

(1)独家经销:供应商依赖少数选定的合作伙伴。奢侈品营销通常属于这种销售类型(例如,劳斯莱斯官方销售代理)。

(2)密集经销:与上述方式相反,在密集经销下,供应商与大量的经销伙伴合作。如航空公司在网上销售产品,也可以通过独立的旅行社、中间人、旅游经营者以及自己的销售办事处销售产品。

(3)选择经销:这种方式是上述特征的混合,供应商尽管选择了合作伙伴,但并非像独家经销中那么严格限制,例如,承保人通常除了直销也会动用优选的独立经纪人。

除了销售渠道的结构设计,企业与顾客建立关系也是非常重要的。与各个选择的销售渠道相关的所有的分销机构很重要。分销机构是所有企业内部或外部的人,他们实施及支持分销活动。

分销机构

关键客户管理特别重要。制造商让关键客户可以直接与大客户经理对话,而大客户经理的职

关键客户管理

责就是关心关键客户的利益。这可以使生产商和大客户之间的合作更为高效,在业务关系中促进合作协同,减少冲突。有关关键客户的细致工作被视为一项投资,在长期可以提高企业价值。

关键客户和生产商的合作力度可能会变化,应该始终以双方的效用为导向。当存在很高的交叉销售潜力时,供应商方面的效用特别高,而当不同的区域单元服务于同一客户时,客户处于优势地位,例如,相同客户在不同的机构单元进行采购或者企业采购的产品非常重要。

无论合作强度如何,大客户经理的核心任务包括信任、合作和合理化绩效。在组织方面必须确保,大客户经理要有和销售经理相当的专业能力,虽然对经理的要求本身就已经很高。大客户经理的专业能力包括对自身公司的专业知识、对客户的专业知识和关于相关竞争者的专业知识。个人能力和社交能力包括客户导向的思维、分析和构想能力、网状思维和行为以及交际风格和团队能力。近期可以观察到,公司不再任命一个人来关怀关键客户,而是以一个关键客户团队来关怀。通过这样的方式,公司试图使客户在购买中心购买自己的产品。

分销物流活动　销售政策的任务也包括,使公司的产品在每个时间点、每个阶段以确切的数量和质量进入销售渠道系统,其核心是,通过相应的物流决策确定产品分销的空间和时间结构。本质上,这要通过与企业紧密联系的仓储系统和物流系统来决定。

仓储　关于仓储系统的设计主要进行如下决策:(1)仓储系统等级的数量;(2)仓储机构的地点;(3)建立自己的或他人的仓库;(4)确定仓库的库存量。

运输　最后,运输系统是关于运输方式的选择(汽车、火车和飞机)以及具体的路线计划(是经过A和B到C,还是经过B和C到A)。

2.4.4 传播政策

传播政策就是有意识地收集市场上与企业相关的信息。其目的是,影响对营销目标的看法、预期和行为方式,传播政策需要借助不同的手段(参见图4—6)。

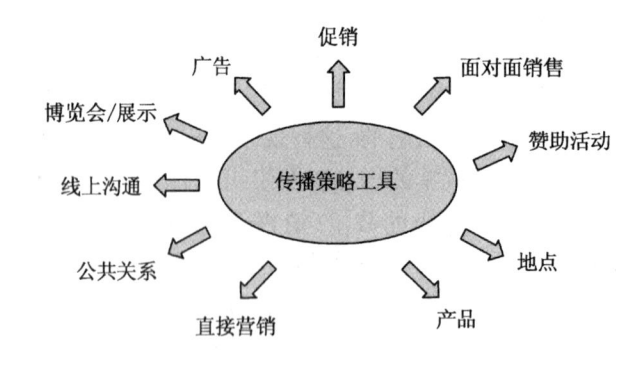

图 4—6　传播政策工具

促销　促销(sales promotion)可以短期内直接刺激销售,它可以分为消费者促销、现场促销和经销商促销的受众圈。面对面销售也是针对获得客户及获取订单。面对面销售的一种特殊方式

面对面销售

博览会　是博览会,博览会直接与客户交流,可以专注于大量的客户。植入式广告也是一种获取顾客的方式,与上述的方式相比较,植入式广告是中期的。通过把产品或服务植入情节中(如电影、视频、电视以及广播节目中),从而掩盖获取客户的意图,因此并不直接产生作用。

赞助活动　至于其他的方式,获得顾客并非主要目的。赞助就是通过金钱、物品和服务来系统地资助人、组织和活动,最有名的有体育赞助、文化赞助和节目赞助。通常通过积极的形象传递,赞助对象出名可以提升公司的知名度,在目标客户群产生积极关联,在长期对公司会有联系和积极

的看法。在举办活动中,影响客户的看法也是非常重要的目标,因此,企业首先会运用情感和身体的刺激进入激活过程。为此,企业举办一些诸如互动导向的活动,把一个值得向往的符号转化为真实的可体验事件。在理想情况下,这些事件会使活动参与者对品牌或公司产生情感上的联系。

虽然公共关系的方式和赞助等方式类似,因为其不追求直接获得效果,但它们的投入在目标设置和作用方式上有本质的区别。与大多数传播策略工具不同,公共关系方式作用于大量不同的目标群,从媒体、股东到公众。因此,通常其内容和消息也具有普适性。这种方式并不会称赞某个特定的产品或服务,更多的是要引起对公司活动的信任和理解,因此,公共关系也可以理解为,公司有计划地和外部环境(公众)建立联系。线上传播是最新的、多方面的一种传播政策,这种政策通过应用多媒体技术与当前的以及潜在的顾客建立相互关系,这样可以争取获得所有类型的传播效果。

最后,广告占将近35%的企业传播总支出,始终是传播政策的主要方式。广告被定义为大众传播方式,在正式的媒体(报刊、电台、电视和网络)上使用。通常情况下,广告是为了引起长期的观点变化,在顾客的采购行为中获得持续的优势地位。尽管其重要性无可争议,但传统的广告份额这几年略有下降,同时网上传播、直接营销和直接广告的份额不断上升(参见图4—7)。

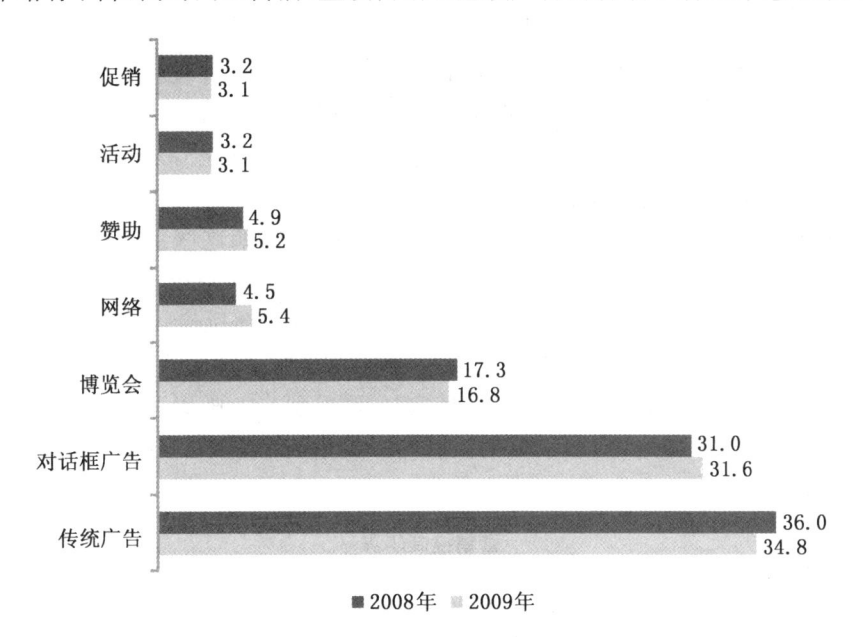

资料来源:Kirchgeorg等(2010,第5页)。

图4—7 各种传播方式的份额(%)

在这些方式占据优势的背景下,其日益增长的重要性就很好理解了。网络传播和直接营销的主要特点是针对目标群体的高度精确、提高的影响力以及通过避免浪费引起的成本下降。对此,这里会明确提及效率标准和效果标准,在当今的竞争条件下,根据这些标准可以度量传播政策的效果。因此,在成本和预算压力日益增长的背景下,尤其是效率角度越来越重要。此外,除了预算限额,预算分配也非常重要。预算分配决定了,传播预算应该如何在多种传播方式中分配。最后的任务要考虑多个方面,不仅需要决定方式间的分配,还有为媒体间分配制定规则,即选出的广告媒介的类型。对此,传播政策由大量指标来衡量效果。要想取得成效主要是看这些指标,这些指标把媒体可及范围和确保的接触质量(在可及范围内的目标群份额)联系起来。为了能核查传播预算的额度及分配是否始终适应市场需求,检查接下来进行的传播活动很有必要。

这种控制机制在市场营销工具"传播"中遇到很大困难。一方面,是因为先前讨论的作用机制,这种机制往往追求定性的、非经济的目标设置,因而很难客观度量;另一方面,传播政策及其不同的方式只是一个行动和影响参数。因此,可观察到的、客观的变化,如市场份额,很难全部体现在这个参数上。然而,在非经济度量领域,也有大量方法来度量传播政策,其使用遵循持续的价值导向。

2.5 营销控制

营销控制的任务是,审查借助专门的营销措施,在多大程度上可以实现营销目标。营销活动不仅要事后控制,也要及时识别早期信号,从而可以实行可控干预,这对营销理念至关重要。除了要监控定量数据,如销售额和利润率,也要监控定性数据,如客户满意度、宣传措施的效果。只有一个系统全面的控制系统才能确保营销符合竞争挑战的变化,并相应地尽早发现这些挑战。

信息和传播工具

营销控制也要履行信息和协调功能(有关控制参见第16章),其原因是,营销活动的操控通常需要一个关于计划值和控制值的规则。只有通过目标和实际的对比,才可以得到针对效果和效率目标的营销措施。这里首先需要大量不同的信息,根据任务进行相应的整理,再用合适的技术和方法进行分析,协调的、与问题相关的信息集是控制活动的中心。

在这个背景下,目前的电子数据加工系统在很多企业尤为重要。在现有的商业信息系统(如SAP数据库)中,也持续记录了所有与销售相关的商业活动。销售大多与客户、产品、区域和时点相关,因此可以通过相应的准备用于营销控制的目的,如这些系统可以直接确定,在哪个客户群或在哪个区域要记录特定产品的销售额增长或回落(预警指示)。如果营销控制提前提供了这些信息,就可以通过合适的营销措施相应地加强或减缓反应。

如今竞争环境日益激烈,营销控制的重要性也日益增加。只有这样才能确保市场导向的公司治理不仅满足消费者的需求,也能考虑到效率方面的要求。随着企业风险的增加,同时任务的复杂性也在增加。表4—4对目前营销控制的工具进行了总结。这些工具履行了信息、控制或协助的功能。

表4—4　　　　　　　　　　营销控制工具

支持战略营销规划	支持运营营销规划	为营销组织单位提供信息	对员工管理的信息	多样化的营销控制和营销审计
·构建预警系统 ·业务领域组合 ·顾客组合 ·优势劣势分析 ·标杆 ·搜索范围分析 ·情景分析 ·细分研究 ·定位研究 ·多周期的经济性核算 ·长期预算	·提供问题相应的计划信息(来自会计、分销业务统计、市场研究和销售报告) ·产品政策、价格政策、传播政策和分配政策的短期规划决策核算 ·权益变动的原则 ·短期预算	·信息需求分析 ·组织单元所属对象边际贡献核算 ·成本中心或利润中心的效果分析	·构建佣金系统 ·为价格协商提供贡献分析 ·内部转移定价 ·目标成本法	·销售细分核算 ·相对直接成本和边际贡献核算 ·营销组合特定措施的效果控制 ·营销组织单位的效果控制 ·差异分析 ·审计分析 ·审计得分方式

资料来源:Köhler(1996,第523页)。

3. 多级营销

如果一个营销理念描述的步骤是,作用方向和下一个销售阶段相关,就要考虑产品(至少在工业产品领域)在抵达终端消费者之前,通常要经历几个处理阶段。因此,对供应商而言,在某些情况下,其市场活动不仅针对紧接着的阶段,而且针对价值创造链的其余阶段,这是很有意义的。

与推战略仅仅针对下一个市场阶段的战略相反,多级营销战略努力引起需求(拉战略),这可以促进在直接顾客处的销售。两种不同的作用方向如图4-8所示。

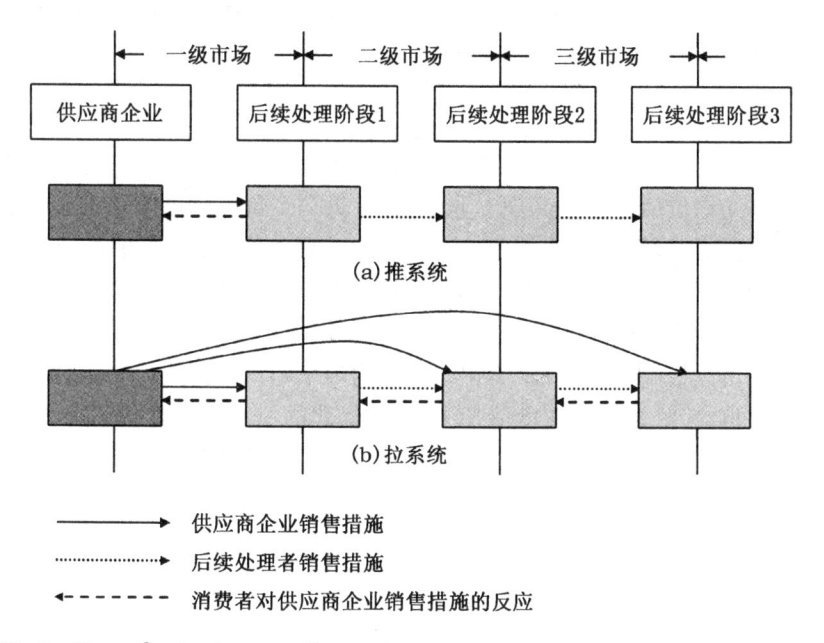

推拉战略

资料来源:Backhaus & Voeth(2010,第531页)。

图4-8 推和拉战略的处理方法

拉战略的作用方向表明,多级营销的目标主要是,在后续的产品阶段提高自身产品的优势,来减少自身产品的可替代性,以及保证供应商在生产和配送链中的独立性;同时,应该相对于竞争者建立竞争优势。最近几年,遵循多级营销战略的必要性显著增加,原因有研究支出不断增加、产品生命周期不断缩短、日益标准化的趋势,使得相应产品的差异化愈加困难,以及其他供应商前向整合所带来的竞争压力不断增大。

然而,并非所有类型的产品都要遵循多级营销战略,多级营销策略应该更多用于这些产品:(1)前期投入对整个产品质量有重大意义;(2)前期市场阶段的产品物理特性进入后续阶段产品,即顾客可以识别。

在多级市场营销战略的开发中,原则上要经历普遍营销理念的所有阶段。然而,要特别重视以下一些问题:

了解顾客

(1)环境分析首先要分析市场阶段,要搞清楚,涉及的是多级营销的哪个阶段。因此,在环境分析中要确认,多级市场营销所述的前提满足了多少。

(2) 在明确目标和战略时,要决定多级市场营销战略在多大程度上要独立或者合作来实现。这个决定尤其取决于,产品已经进入了市场还是只是新产品。后一种情况下,拉效应显然只能自主实现。

(3) 在营销组合的构建中要注意,后续产品中元素的可识别性是多级营销有效的一个基本前提。在多级营销中,传播政策和品牌政策具有核心意义。因为在成分品牌的意义下,供应商不再进行品牌匿名,而是采用对抗可替代性的措施。

(4) 营销控制也为多级营销理念的发展做出了一些贡献,因为在详细的目标和实际的比较中,多级营销活动成本和收益结构必须区别表现和控制。这里就可以使用模拟方法,把一级营销和多级营销理念的多重影响区分开来。因此要考虑到,平行地考虑多个市场阶段会显著提升信息处理和计划的复杂性。

最后要认识到,多级营销永远只是一级营销的补充。在营销理念的发展中,要特别注意这两种方法目标的兼容性。

案例

> 莎哈利本是一个生产高价值无机产品(主要是合成纤维)的生产商。莎哈利本的产品(添加剂)用于聚合作用,投入在纺织价值链的最初阶段,其次是纺纱、织布、绘图、编织、染色和成衣制作。纺织价值创造是高度专业化的,在每一个价值创造阶段都有大量企业。在聚合作用下,使用添加剂沿着价值创造链带来了大量好处。所以,在聚合期间可以延长过滤保温时间,纺织时可以减少断丝次数,从而提高了成品率。在织布中,纺丝整理以及卷线和退线都可以提高效率,这样就可以实现较高的纺织速度。最后一点也很重要,通过针对性地使用添加剂可以提高乌斯特值(简化纱线的均匀率),从而主要使染色性更好、更均匀。考虑到整个价值链,莎哈利本很快就清楚了,投入优化的添加剂尤其在聚合、纺丝、纹理、编织和染色上可以显著节约成本。因此,该企业的目标是,让顾客明白,使用这些添加剂为其带来了好处。

4. 结束语

营销效果和效率

市场营销可以理解为,所有企业活动以市场需求为导向,在过去的几十年中,越来越多的企业发展出自己的既定企业任务。来源于消费品市场的市场营销,证明了其在工业品企业和服务企业同样重要,并且是企业不可或缺的功能。但是,这种评估不应掩盖一个事实,即面临停滞的市场和衰退的发展,企业的"市场营销"在很多行业面临很大的调整压力。传统的目标,即有效的供应商和顾客关系,在营销预算减少或出现问题的压力下,或多或少会通过提高营销效率的目标来进行补充甚至替代。这种发展容易理解且很有必要,由于营销在过去几年很少以成本为导向,这种情况不会永久如此。因此,在未来市场营销更要做到,把自身活动的效果置于中心地位,像顾客满意度、顾客忠诚度、品牌管理和顾客回流管理这些主题,则要通过关系营销再次强调效果的理念。这最终也是必要的,因为要实现营销效果最大化,即对既定的销售额实现成本最小,在滞销从而无法影响销售的时候意义重大。相反,未来仍然必须遵循这样的目标,实现销售额增长以及最小化所需的费用。因此,目前主导市场营销中的效率取向不能用先前纯粹的效果取向来替代,而是应该转化为一个同步的有效性和效率取向。在这里可以看到营销在未来几年面临的主要挑战之一。

习题

最近几年，原材料成本的上升和相应利润的减少导致了咖啡生产市场衰退，尤其是一度非常流行的过滤咖啡机业务受到很大影响。面临这样的情况，越来越多的企业进入杯装精制咖啡的市场，通过新的业务模式来弥补传统咖啡行业不断缩水的利润。

杯装精制咖啡市场有很大的潜力，如今在德国每秒要喝掉约 9 杯杯装精制咖啡。目前在市场上有两种不同的系统，各自有不同的小包装咖啡包。一种就是所谓的咖啡粉囊包，看起来像茶包；另一种是咖啡杯及咖啡胶囊。

与不同的小包装相对应，也有两种不同的机器类型，一键就能把密封包装的东西变成一杯咖啡。粉囊式咖啡机和胶囊咖啡机的销售额近几年在德国都持续增长，但传统过滤咖啡机的销售额却在不断下降。

在胶囊咖啡机市场上，瑞士企业雀巢一直是无可争议的市场领导者。这无疑是由于这样的事实，即瑞士人很早就发现了杯装精制咖啡市场的巨大潜力。早在 1986 年，雀巢就向市场推出了一种易于使用的装置，把功能强大的咖啡机和胶囊分份咖啡结合起来，销售市场上的国际知名品牌有 Saeco、Jura 和 Alessi，它们都以平均 1 500 欧元的价格独占了高端价位市场。为了实现市场领导者市场扩张的潜力，雀巢在 2001 年初推出了"Nespresso"咖啡机，一款仅售 169 欧元、带有胶囊装置的功能型咖啡机。从而雀巢家用咖啡机装置的全球销售额在 2004 年增长了 34%，高达 3.89 亿欧元。Nespresso 制作的并非平常的咖啡，而是浓缩咖啡，并且提供两个尺寸的胶囊咖啡和一共 12 种口味。因为雀巢真正的业务不是咖啡机而更多的是靠杯装咖啡。谁买了一台 Nespresso 咖啡机，就被绑定到该装置中。一个杯装咖啡约 0.32 欧元，推算下来，一位顾客要支付 25 欧元/千克咖啡。专家估计每个杯装咖啡的利润是 0.05 欧元。

由于杯装咖啡明显的盈利能力，汉堡企业 Tchibo 在 2005 年推出了胶囊咖啡机 Cafissimo，企图分割市场。该机器以 99 欧元的价格成功进入市场。与 Nespresso 咖啡机不同，这台咖啡机可以制作普通咖啡。此外也能制作 Caffé Crema 和 Espresso。第一年，该公司计划销售 20 万台咖啡机。每个胶囊的价格为 0.25 欧元，同时在网上和 Tchibo 分店进行直销销售。与主要竞争对手 Nespresso 一样，Cafissimo 也只能用原装胶囊进行操作。对于这两种产品，两年的保修索赔只适用于其间断定为仅使用原装胶囊的情况。因此，两个供应商的胶囊价格都缓慢上升就让人见怪不怪了。

除了市场领导者 Nespresso 和新秀 Cafissimo 以外，从 2005 年秋季起，胶囊系统又出现了一个重要的供应商。这款咖啡机名为 Tassimo，来自于 Braun 集团，该咖啡来自于 Kraft Jacobs Suchard 公司。为使自己在竞争中与众不同，"Tassimo"咖啡机除了可以制作所有的特色咖啡，也可以制作茶和可可。为了确保没有味道混合，该装置使用了所谓的"盘子"。"盘子"通过胶囊底部的开口保证了所需的饮品可以不接触机器流入杯中。此外，这些特殊的胶囊具有一个条形码，通过该条形码，机器可以读取饮料的特定水温。与其他的胶囊装置相比，由于特殊的技术，Tassimo 咖啡机只能用原装盘子。目前为止，这些咖啡机市售数量较少，大多流向高端定位的超市。咖啡的费用每份约 0.19 欧元。

粉囊咖啡机的重要市场领导者是飞利浦公司的 Senseo 型号，占 87% 的市场份额。自 2001 年推出以来，制造商的报告显示，该款咖啡机的销量超过了 200 万台。相关的粉囊由荷兰焙烧商 Douwe Egberts 公司提供。有了这些咖啡粉囊的 Senseo 以 53% 的市场份额成为市场领导者。仅在德国，从推出该产品起，飞利浦公司通过大量超市的间接销售以及网上直销销售了约 6.5 亿包咖啡粉囊（约 0.14 欧元/包）；分包系统使其价格为"普通咖啡"的 4 倍。

但是，随着像 Minges 这样的平价供应商及 Aldi 这种折扣商涌入这块利润丰厚的市场，粉囊咖啡机价格已经下降了。同时，咖啡粉囊包的销售总体持续增长。尽管存在挑战，但是由于始终充满吸引力的条件，粉囊咖啡机市场仍然有很多竞争者，像 Melitta 公司的 My Cup 咖啡机及 Severin 公司的 Café 2 咖啡机都进入了市场。不过，飞利浦公司凭借着 Senseo 咖啡机，2004 年的销售额再次显著上升。从客户的角度很容易解释这种现象的原因，飞利浦公司的 Senseo 粉囊咖啡机建立了一个标准，许多较小的粉囊咖啡和电子厂商纷纷加入该标准体系，例如，Melitta 公司建立了一个专有的"装置"。My Cup 咖啡机要求原装的粉囊，并且这种粉囊只能用于 My Cup 咖啡机。

越来越多的小供应商看到了进入杯装精制咖啡市场的商机。他们有一个共同点，就是不提供咖啡机，仅仅生产更便宜的咖啡粉囊和与当前机器相匹配的咖啡胶囊。因此，在市场上就会产生这样的问题，对老供应商而言，由他们自己生产雀巢的"美味咖啡"胶囊还会保持多久，这就主要关乎未来的市场力量和市场份额。这些在如今关于标准和规范的讨论及其保护中也会有所反应。因此，在已发生的诉讼案件中可以看到，市场领导者通过专利诉讼来打击咖啡独立包的杂牌经销商，以确保自身高利润业务。但是，从长期而言，在配装精制咖啡市场将会呈现不可阻挡的高度竞争趋势。

基于这些信息，请你讨论，老供应商可以选择哪些战略来保证现在和未来的利润。你的建议立足于哪些市场趋势？

扩展阅读

Backhaus, K. & Voeth, M.: *Industriegütermarketing*, 9. Auflage, München 2010.

这是一本经典教材，系统介绍了工业品营销的各种理念，附有很多实践案例。

Backhaus, K., Büschken, J. & Voeth, M.: *Internationales Marketing*, 5. Auflage, Stuttgart 2003.

本书的核心是国际营销的协调理念，关注的重点是品牌在国外的表现是否会对母国的品牌产生回馈，第五版扩展了案例部分。

Bruhn, M.: *Relationship-Marketing*, München 2001.

这是一本经典教材，基于经典的营销理念，把客户关系作为考察的核心。

Homburg, Ch. & Krohmer, H.: *Marketingmanagement*, 3. Auflage, Wiesbaden 2009.

这是一本经典教材，除了有关专业知识的最新发展外，还详细和系统介绍了市场学的基础知识。

参考答案

个人咖啡机市场主要有两个不同的标准：一方面，一些供应商提供咖啡机，通过咖啡杯创造新的咖啡享受；另一方面，把咖啡囊包——类似于茶包——用于咖啡制作。由于所述装置的非兼容性，这个充满前途的咖啡市场上现有和潜在的供应商就会产生这样的问题，能否在市场上长期保持这两个标准？如果能，哪些营销策略及产生的措施能带来真正的竞争优势？

两个系统的主要供应商有不同的核心竞争力：雀巢的 Nespresso 咖啡机——"咖啡杯"的领导者——核心竞争力显然是在咖啡制作领域，而飞利浦公司——作为 Senseo 咖啡机的制造商——核心竞争力是在咖啡机制造过程中的丰富经验。因此要考虑到，通常胶囊标准是通过专有装置建立的，而生产和销售粉囊咖啡仿制品，正如 Senseo 咖啡机面临的情况，在很多其他供应商看来是一个充满利润的市场。然而，由此带来的价格下跌越来越多地影响主要带来利润的粉囊咖啡包销售装置业务。

从上述事实得到的结论是，对现存的咖啡标准采用不同战略是有前途的：基于描述的核心竞争力，胶囊咖啡装置供应商的竞争优势在生产和销售咖啡胶囊。但是，在这种所有权业务中，为了使自己相对于日益增多的竞争者脱颖而出，必须要在胶囊生产领域遵循质量领先原则。可以采用的措施有，制作各种类型、口味不同的咖啡以及独家经销胶囊咖啡。在传播政策中，要强调咖啡享受的排他性，来保证消费者对这个高端定位装置有购买意愿。

与此相反，粉囊咖啡市场的供应商则应该专注于咖啡机的营销，来应对粉囊咖啡业务价格的不断下降。这里可以考虑提供不同型号的咖啡机，将其定位于排他的设计对象。至于广泛吸收因此产生的销售潜力，各种粉囊咖啡包仿制品的增加反而可以对此有所促进，因为从需求角度来看，获得一个"专有设计的机器"看来是无风险及经济上有意义的。

引用文献

Backhaus, K. (2003)：*Industriegütermarketing*, 7. Auflage, München 2003.

Backhaus, K. (2006)：Vom Kundenvorteil über die Value Proposition zum KKV, in: *Thexis*, Nr. 3/2006, S. 7—10.

Backhaus, K. & Voeth, M. (2010)：*Industriegütermarketing*, 9. Auflage, München 2010.

Bruhn, M. (2001)：*Relationship-Marketing*, München 2001.

Homburg, Ch. & Krohmer, H. (2009)：*Marketingmanagement*, 3. Auflage, Wiesbaden 2009.

Kirchgeorg, M., Ermer, B., Brühe, C. & Hartmann, D. (2010)：Live Trends© 2009/10, Köln 2010.

Köhler, R. (1996)：Marketing-Controlling, in: Schulte, C. (Hrsg.), *Lexikon des Controlling*, München/Wien 1996, S. 520—524.

Plinke, W. (2000)：Grundlagen des Marktprozesses, in: Kleinaltenkamp, M./Plinke, W. (Hrsg.), Technischer Vertrieb: *Grundlagen des Business-to-Business Marketing*, 2. Aufl., Berlin et al. 2000, S. 3—100.

第二部分

内部结构和流程的构建

普通高等教育"十三五"商学院精品教材系列

第 5 章

法律形式和公司治理

Manuel R. Theisen[①]

1. 引 言

每一项经济活动都需要一定的组织,一项特定经济投入的形式和环境的决策,决定了最适合的组织。首先需要确定,是否应该只有一个人或几个人,平等或居主次地位从事计划的活动。此外,要设置和决定操作领域,是否需要采取一个狭小、超区域或者尽可能在国内或甚至在国际范围活动的操作空间。 组织范围

上述问题涉及组织形式的选择,其具体安排是需要企业家去解决的首要问题之一,以确定其行为结构以及其运行流程(参见第 7 章)。从经济角度来看,将因此确定总体的计划活动框架。 组织形式

因为每个经济活动都在现存法律制度的范围内进行,适用的生效法条随着法律形式的选择同时确定下来。德国立法者提供一系列特征极其不同的法律形式,每一个在德国的人都可以从中选取一个形式进行经济活动;类似的法律形式在所有主要工业国家中都存在。法律形式的选择决定了企业任务的法定"外衣";以此将确定企业家与所有合同伙伴(客户、供应商、投资者和债权人、员工、竞争对手)之间的法律关系。为了在一般经营业务中给大量可能存在的活动和关系创造明确的行为准则,立法者不仅限制合法法律形式的数目,而且——在特定情形下——限制自由选择可支配法律形式的机会。根据欧洲法院(EuGH)的判例,最近开放了这些法律形式目录,由此,所有欧盟成员国内的企业,都可以用欧盟其他成员国的法律形式来组织。因此,例如,英语"Limited Company"(Ltd.)在德国已有一段时间受到重视。 法律形式

---

① Manuel R.Theisen:德国慕尼黑大学管理系博士。

公司治理　　依照德国公司法,每个正在进行的企业活动的合法法律形式都是对企业领导和监督设置的一种特殊形式,现代德语称为公司治理。

相互间的关系　　法律形式——和与它相关的公司治理结构——的选择是企业决策的核心之一。考虑到随着时间的推移,经济活动对组织的需求也随之变化,人们要定期考察组织需求,并在必要时进行调整。选定一个特定的法律形式,同时也确定了企业领导和监督的最重要基本结构、权利、义务和责任范围。与此同时,越来越多在国际上差异显著的和标准化的企业治理形式加入竞争:在全球范围内寻找最优企业结构和形式作为行为框架,以求可以满足每位企业家和利益相关者的个人需求,更正确地说,使企业领导和控制制度实现最好效果。

2. 企业的法律形式

法律基础　　各项德国法律[《德国民法典》(BGB)、《德国商法》(HGB)、《股份制公司法》(AktG)和《有限责任公司法》(GmbHG)]规范了最重要的法律形式,企业家可以从中自由地选择适合的形式,这里不考虑特定的(适用于个别行业如银行业),或者来自于其他规章的限制(例如参与决策法)。仅适用于某些特定活动的法律形式,例如保险公司(保险互助协会),或特殊的组织,例如合作社,本章仅简要提及。同时,在这里也不论述基金会的形式,尽管一些大的德国公司选择基金会作为公司所有者(如贝塔斯曼、博世、蒂森克虏伯)。最常见的法律形式如图5—1所示,下面进行简要描述。

自然人/人合企业	法人/资合企业
一 个体企业	一 股份公司
一 合伙公司	一 有限责任公司
一 两合公司	一 两合股份公司
	一 欧洲股份公司

图5—1　德国企业活动的法律形式

2.1　自然人和人合企业

特征　　只要一个或者更多的自然人直接从事企业活动,他们就会创建一个组织,这个组织以这些自然人为中心,相应的法律形式被称为个体企业或者人合企业。这里最重要的共同点是以自然人为中心角色,这些自然人分别开展企业活动。由此要区分,是否由一个人或者由多个人共同组成一个公司。

2.1.1　个体企业

没有法律人格　　如果一个自然人完成一项企业任务,并想由此作为商人积极参与一般经济活动,这些活动——只要没有其他相关决策——自动在所谓的"个体企业"框架内进行,适用的法律规定是《商法》第1~104条。个体企业由一个商人(相当于个人)建立,它没有法人身份,也就是说,这家企业被认定为自然人,这个商人"就是这家公司"。个体企业和投入的财产(例如一辆因送货所需要的客车或者特定工厂设备和机器)是个体企业家所有财产的组成部分。个体企业家以他所有的财产(包括私人财产)个人无限地承担所有与企业活动相关的义务(信贷、担保和应付账款)。

核心特征　　个体企业家有权利也有义务领导个体企业。他独自决定利润的使用并且不受到任何限制,他可以决定,是否、什么时候和在什么环境下,例如将实现的收益保留在个体企业、投入其他企业或者用于私人花费。除了已实现收益,他还可以将私人财产用于企业融资。他也可以吸纳与其信用状况相对应的(银行)贷款形式的外来资本(参见13.4节)。不存在针对最低股本的特殊规则,个体企业家是"企业的老大",因为他只对自己负责:无限责任是他在经营管理活动中(几乎)无限自由的"代价"。个体企业依照商法规定编制的会计报告(资产负债表、利润表,详见第17章)不用接受第三方审计,也不用公开发表。个体企业是迄今为止最常见的法律形式:在德国有超过2/3的经济活动由这种方式组织进行。

2.1.2 合伙企业

当存在两个或多个自然人共同从事企业活动时,个体企业根据定义将不再适用。一般一个这样的自然人组织被称为"合伙企业",它的法律基础存在于《商法》第105~160条。为建立一个合伙企业,必须缔结一份公司合同,它特别规范了合伙人之间的法律关系。在该协议的起草中,参与者有很大的制定权限,以满足经济活动和其组织核算的特定要求。一个合伙企业至少有两个合伙人;合伙人除了可以是自然人也可以是法人(资合企业,参见5.2.2节)[例如大陆特维斯股份合伙公司(Continental Teves AG & Co. OHG)]。

更多合伙人

合伙企业典型和强制性的特点是所有合伙人的个人无限责任。公司由所有合伙人(平等地)领导,在没有特别企业合同性规定的情况下,依照法律规定,合伙企业每年仅允许从已获得的商法收益中提取最多4%的投资份额作为分红(《商法》第121条第1款)。在融资方面,合伙企业与个体企业拥有相同的机会。合伙企业也不存在针对自有资本金额的规定,但通常合伙企业比个体企业享有更高的信用度,因为有更多合伙人可以追索。与个体企业一样,在会计报告上,合伙企业一般不需要接受第三方审计,并且也不用公布其年终财务报表,只要它们不超过《披露法》的基本标准(即超过1.3亿欧元的营业额)。

核心特征

2.1.3 两合公司

更多自然人或者法人,想要共同从事企业活动,除合伙企业以外的另一个选择是两合公司(《商法》第161~177条)。两合公司也是通过缔结企业合同而创立,在这份合同中,合伙人之间的关系得到进一步规范。两合公司和合伙企业的核心区别在于,在两合公司必需的合伙人(至少需要两个人)中,只有一个人需要以他全部财产承担无限责任(即无限责任合伙人),而另一个两合企业的合伙人仅需要以他投资的财产为限承担责任(即有限责任合伙人)。公司可以吸纳其他无限责任和有限责任合伙人。两合公司由一个或多个负无限责任股东领导,他有权利且有义务进行领导。有限责任股东(们)有法律规范的控制权;他(们)能够在该公司内共同工作,不享有法律上的、但享有企业合同上的权利。与合伙企业相比,两合公司在一定范围内有更多的融资机会,因为它可以通过增加有限责任股东的数量来提高自筹款项(参见13.4.2节),同时可以约定,无限责任股东的领导权力不受到限制或者实际损害。不存在一个针对两合企业产权有组织的市场;必须在现存的以及未来的合伙人圈子内以合同方式办理相应的转让。两合公司在会计报告方面同样没有接受审计和发表的义务,只要他们没有超越《披露法》的基本标准,或者在 GmbH & Co. KG 的法律形式内运行(参见5.2.3节)。

对于合伙企业的其他选择

法律人格

2.2 资合企业(法人)

相对于人合企业以自然人(经常被如此称道)为企业中心,资合企业的各种形式以融资功能为表现形式。企业家——可以是自然人和/或者法人——退居幕后,资合企业总是一个法人,并且拥有与它所有者不同的法律人格。他们仅以企业财产(包括所有者的资本投入)为限承担责任。资合企业以自己的名字经营,并且是(通过其管理机关,如执行董事会、总经理和如有必要时监事会代表)所有主动和被动的交易活动的合同当事人,所有合同以法人的名义签订。历史上,由于大量资本款项(如铁路建设)的需要而产生了该法律形式,为了能够实现一个经济目标而投入经营资金。该公司以法人面貌出现,所有者的角色仅限于个人资本投入的功能。

2.2.1 有限责任公司

使用范围　　到目前为止,德国最常见的资合公司是有限责任公司;当前存在超过100万家有限责任公司,其应用范围及其具体构建和规模有显著的差异。虽然个别临时的项目和大型国际集团化公司都同样以有限责任公司为法律形式,然而典型的有限责任公司是中小型企业的法律形式;同时,随着子公司在全球范围内越来越活跃,这种企业形式也很受母公司欢迎(例如,IBM德国有限责任公司,宝洁有限责任公司)。这种企业形式的法律框架条件由专门法律规范,即《有限责任公司法》(GmbHG)。

创建　　在强制公证的企业合同中,企业的组织(尤其是所有者的权利和义务)得到进一步规范。法律授予股东相当大的制定自由,是为了能考虑到其个人需求和想法。有限公司可以由一人设立,即所谓的"一人有限责任公司"。《有限责任公司法》要求至少要有2.5万欧元作为自有资本(所谓注册资本)。几位股东共同设立一家有限责任公司,单个所有者的入股金额必须至少是100欧元。有限责任公司作为法人拥有法定资格,然而它在业务往来中需要机构来代表它,并以它的名义进行活动。与此相应,《有限责任公司法》第六条规定需要至少一名总经理,他必须是自然人,且拥有不受限制的法律经营行为能力;他在法院内外代表公司,同时他也领导该有限责任公司。

外部机构　　有限责任公司的全部所有者组成股东大会,所有重大决定都由股东大会决定。根据《有限责任公司法》的规定,所有者既不自动被委托领导公司,也并没有被排除在外。仅就其在公司的法律地位,所有者完全没有理由提出担任经理的要求;这可以由所有者协议或一项单独的聘用合同做出安排或者约定。它基本也适用所谓的外部机构原则,即该公司由机构,而不是由其所有者来代表。有限责任公司所有者针对企业管理者拥有合法的指令权;总经理有义务重视股东的决议。

监督、融资和会计　　企业合同或其他(参与决定)的法律规定可以确定,有限责任公司能够建立一个监事会,并委托该监事会监督企业的管理;只要超过500名工人受雇于该有限责任公司,那么建立监事会就是强制性的(《三分之一共决法》,2004年)。作为法人,该公司以其公司资产为限承担有限责任。由法律规定、但可以根据企业合同自定义,所有者的盈利或亏损的份额根据投资比例确定。有限责任公司通过吸纳新所有者筹集自有资本;困难可能在来自于:没有一个对有限责任公司投资份额有组织的产权市场,以及有限责任公司的股份转让与公证手续相绑定。吸纳外来资本的可能性依赖于该公司的资信:只要有限责任公司的所有者愿意用其私有财产进行额外担保,在一定范围内,就存在与人合企业相同的(外来)融资可能性。按照《商法》关于有限责任公司会计的规定,当公司规模达到一定数额时,公司年报必须通过审计,审计将确认年终财务报表的合规性、遵纪性和合法性(《商法》第316条)。有限责任公司的会计报告——同时依赖于它的规模——根据《商法》的规定有披露义务(《商法》第325条;会计报告详见第17章)。

外国的法律形式,如英国"Limited Company"(Ltd.),在首次大规模引入后继续在德国推广,在法律形式市场上,其他"竞争对手"有法国的"Société anonyone"(S.A.)和 Société à responsabilifé limitée(SARL),以及荷兰的"Naamloge vennootshap"(NV)。更详细的规定,特

别是这些外国公司法律形式在国内的会计报告与税收方面的要求,无一例外地参照与各国法律形式相似的对应德国法律形式。

2.2.2 股份公司(AG)

股份公司位居德国资合企业法律形式的第二位,特别是通过德国的大型公众股份公司(如德国莱茵股份公司、西门子股份公司、蒂森克虏伯股份公司、德国大众汽车股份公司)为人所熟知。然而,在德国只有约17 500家股份公司(截至2010年)——不足所有公司总数的1%。因此值得注意的是,在100家最大型的德国公司中(根据其销售额和员工数目)约有2/3的企业以此种法律形式存在。

股份公司拥有法人资格的同时拥有自己的法律人格;其合法设置方式受到专有法律的规范,即《股份公司法》(AktG)。它能由一个(或多个)股东创立;创立阶段注册资本最少为5万欧元。股份公司的核心优势在于注册资本为单位化可交易的份额(股票)(参见13.4.2.3节)。在创立这些股票时,该股份有限公司创始人可在不记名股票与记名股票中选择:不记名股票授予任何拥有该股票的人相关权利,而记名股票仅授予在股东名单中记录下名字的自然人或者法人股东这些权利。几乎所有大型的德国公众股份公司(如德意志银行股份公司、德国汉莎航空股份公司)在几年前都把不记名股票转为记名股票,这特别有利于改善与其股东的关系。除此之外,股票还可以设置为普通股或优先股;原则上,普通股享有投票表决权,而只要优先股被授予特定的利润分配优先权,它就没有投票表决权(参见《股份公司法》第139条)。一股股票的最小票面金额为1欧元(《股份有限责任公司法》第8条第2款)。股票票面值和市场价格往往有很大差异,市场价格经常高达票面值的很多倍:例如,德国证交所股份有限公司1欧元面值的股票在2010年7月的市场价格是53.50欧元。交易所的实际价格反映了股票票面值的"市场价格",包括(预估的)公司的隐性储备和该股票的未来潜在收益(市场资本化参见12.5节)。年度分红将以票面价值的百分比支付。随着2001年从马克到欧元的转换,(旧的)股票票面值几乎无一例外地由所谓的无面值股票代替,其价值是由公司原始资本的等分后份额所决定。

股东作为普通股持有人(一直)有权要求获得利润的一部分(即所谓的分红),以及当该公司解散清算时,要求资产清算收益的份额。普通股的其他权利是知情权和股东大会的投票权。股东大会每年举行一次,在会议上执行董事会和监事会——作为股份公司的负责机构——必须做关于该股份公司在过去的活动和对未来计划的报告。

股份公司以公司财产为限对债权人和其他享有权利的人承担责任。根据持有的股票数量按照股票票面价值的比例,股东参与公司的利润分配和亏损分担;计算(每年一次的)分红的基础是经营资产负债表收益。所有上述法律形式中,股份有限公司是最有益于融资的形式。通过把原始资本份额化,股份公司拥有筹集自有资本的最佳机会;在国内和国际的交易所,它可以——在理论上是无限的——从投资者中吸纳自有资本,这些投资者只是寻求一个金融投资,因此他们并不想或者只想在有限范围内参与企业活动(参见13.4.2.3节)。在股票市场上,可以即时出售有价证券,使得股票能够轻松实现转让。此外,除了传统的从银行和金融机构借款方式以外,还允许股份公司通过发行公司债券扩大其外来融资的机会。这种在国内和国际资本市场上基本不受进入限制融资方式的一个缺点是,依法强制性披露与审计义务:在会计报告框架下的单独和合并财务报表(参见第17章和第18章)必须通过年度审计,并且和审计报告一起公布,在登记地法院以及电子商业登记处对感兴趣的公众公布。

2.2.3 两合股份公司(KGaA)

人合企业(即两合企业)和资合公司(即股份有限公司)之间混合的产物是两合股份公司;

这里的法律基础存在于《股份公司法》第278~290条,这种法律形式是按照一种非常特殊的股东圈子设置的。已注册的两合股份公司的数量约为240家(如汉高两合股份公司,默克两合股份公司),一直有独立的(人合)企业随时切换到这一法律形式,虽然这只是向在交易所上市股份公司的过渡阶段。

股东的地位　　该两合股份公司拥有——像所有其他法人一样——来自于其资本基本结构的独立法人资格,虽然其(至少两个)股东和两合公司情况类似:两人中的一个必须作为无限责任股东承担无限责任,也可以是一家仅以企业财产承担有限责任的资合公司。在公司建立时,必须至少有一个其他股东作为有限责任股东,他持有由分解的原始资本中得出的股票。当这些负债总额超过了其参股额度时,有限股东不承担公司相关和其他的还债义务。他们作为两合股份公司的股东享受与股份公司股东相同的法律待遇。两合股份公司由一个或多个无限责任股东管理,他(们)有权利也有义务管理企业,他(们)的位置基本上对应于股份公司的执行董事会(《股份有限公司法》第283条)。仅以合同为基础,有限合伙人可以在公司发挥经营管理职能。合伙人地位授予其参股和知情的权利,在两合公司的股东大会上他们行使该权利。

2.3　混合制企业

形成原因　　上述依法规定的德国公司法律形式可供人们选择。然而,在企业管理实务中,还产生了如下需求,即在这些人合和资合基础企业法律形式的基础上,以各种不同的形式相互结合,以最大化利用法律差异,满足各种类型的具体要求。最重要的混合制 GmbH & Co. KG 以及双公司(或公司拆分);后者的普及首先归因于税收方面的考虑。

结构　　对 GmbH & Co. KG 以及其他变体(如 AG & Co. KG,KGaA & Co. KG)的持续关注是基于人合企业(两合公司)和资合企业(有限责任公司)的结合。尽管如此,企业中的各种基本元素,如同两合股份制公司,不会被结合。该 GmbH & Co. KG 更确切地说是两合公司,无限责任股东(即承担无限责任的合伙人)的职能由有限责任公司承担,而以其投资财产承担责任的有限责任股东经常是自然人(参见图5-2)。一个有限责任公司作为(单个)无限责任股东,导致责任受限制的结果,更确切地说,是以该有限责任公司的企业财产为限。按照两合公司的法律规定,公司管理必须由无限责任股东——有限责任公司——承担。有限责任公司的股东必须为该公司聘用一位(或多位)企业总经理,由他来领导 GmbH & Co. KG 的管理机构。这种公司形式的一个突出例子是阿尔迪(Aldi GmbH & Co. KG)。

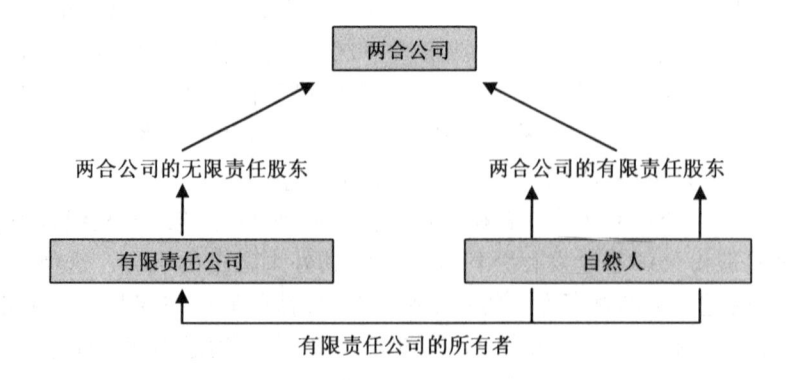

图5-2　GmbH & Co. KG 的基本结构

用 GmbH & Co. KG 的形式，以及对这种基本形式的其他变体，可以按照个人的要求来设置不同的法律形式。此外，允许使用这种混合形式，通过使用现存法律形式、税收负担的相关差异，可以削减总体税收负担。另一个优点可在企业管理实践中看出，GmbH & Co. KG 迄今不变的是只进行有限的决策参与。据估计，超过一半的德国有限责任公司在这种 GmbH & Co. KG 中仅行使无限责任股东的职能；它们自身经营范围和规模有很大的不同。

优点

2.4 超国家的法律形式

根据日益增长的国际化以及设立欧盟内部市场的想法，有必要创建一种超越国家和法律管辖范围、能被企业所使用的法律形式。这种超国家的法律形式可用作欧盟范围内活动的共同行为框架，并同时满足在公司法范围内践行共同规则的需要。

欧盟行为框架

作为在大部分欧盟成员按照国内法律成立股份公司的重要替代，自 2004 年起，在所有欧盟成员国有机会选择一个受共同法律规范的欧洲股份公司（Societas Europaea, SE，参见 5.4.4.2 节）的法律形式。根据在欧盟范围内生效的欧洲公司（SE）规则，这种公司可以在欧盟任何一个成员国创建，该公司必须至少包括两个成员国。一个欧洲股份公司可以通过改造、合并或通过设立控股公司或子公司成立。因此，企业可以在欧洲范围内灵活使用这些法律形式，例如建立一个合法、统一的企业组织，而不是建立一个由独立子公司组成的网络，针对各子公司适用不同的国家规范。在 2006 年 10 月注册有效的安联保险集团是德国第一个大欧洲股份公司；随着母公司转化为一个欧洲股份公司，并以此作为超过 800 家子公司的总部，使得这家德国 DAX 成分公司构成第一个真正定位于欧洲的公司。其他公司，例如费森尤斯医疗 SE 集团、保时捷 SE、巴斯夫 SE 以及许多中型企业，例如人机软件（Mensch und Maschine Software）SE 步其后尘（截至 2010 年，欧洲有 590 家欧洲股份公司，其中 135 家在德国）。

欧洲股份有限制公司

另外一个欧洲法律形式是欧洲的合作企业（Societas Cooperativa Europaea, SCE）。关于欧洲私人公司（Société Privée Européenne, SPE）的创建仍在讨论中。

3. 公司治理

3.1 出发点

经济活动的全球化导致无论是在商品市场还是资本市场，供给和需求逐渐超越国界。出于这个原因，应该更全面考虑国际竞争及其规范和限制的框架条件。

国际化

在全球范围内，国际化给所有市场参与者都带来了调整压力，有利于更高效地利用资源。对于生产和服务过程，这意味着必须找到高效的要素组合。与此相对应，在寻找最优经济条件时，需要考虑国家限制和特定（如环境条件）的框架条件。因此，必要要考虑国家、地区甚至地方性的因素（工作条件、基础设施、收入水平、自然资源和生产条件等）；更进一步，为了满足各国常常不同的已有规定和限制（税收制度、立法规定、司法判例、社会制度、基本权利和公司治理），要在国际化理念下扩展有关思路。在这种情况下，过去 10 年关于公司治理的讨论和与此相关的系统比较具有现实意义。

在全球范围内最优化框架条件

3.2 关于公司治理的讨论

跨系统讨论

考虑到国际化发展,在公司与集团组织和治理的讨论中,企业领导和监督的活动被总结为"企业治理"来考察:对于差异显著的企业规则来说,领导和监督组织的这种跨系统名称非常有帮助。

国际性挑战

在德国也存在名为"公司治理"的经济活动现象,并且早已研究由此产生的准则和规则。目前有一项针对"公司治理"的详细研究,这项研究涉及公司治理对国际资本市场的(潜在)意义。

不同的框架条件

企业领导和监督是一个特殊的领域,该领域受到具体国家或多或少法定框架条件的束缚,并且部分具有截然不同的经济和社会文化环境条件。然而,当在全球形式中讨论"公司治理"现象时,往往忽视这些因素。

3.3 相关框架

在国际公司治理讨论中,有一个详细的系统对比,这成为日益激烈的关于单个系统潜在优势争论的基础。从国家视角来看,在德国的争论有两种完全不同的背景。

财务危机基础上的讨论

一方面,20世纪90年代的企业倒闭、丑闻和财务危机引发了学术性的——以及逐渐政治性的——讨论:讨论中心是有效的公司和集团治理及其内外部的领导和监督机构。因此,执行董事会、监事会和法定年终审计师——分别以不同的程度——对企业效率和任务完成状况方面进行审计。状况改善的理念是在核心领域对(现存社会)制度一致的法律(并且作为它的后果)以及落实行为的改革。与此同时,这些方法必须考虑到欧盟的发展和规范。

欧盟范围内公司治理的发展

另一方面,从管理实践的角度来看,逐渐需要为经济和私人经济的交易提供框架条件,而不仅仅是国家机构为此负责。在会计国际化的框架内,德国会计准则委员(DRSC)首次尝试与《公司治理法》委员会一起找到一个合乎逻辑的发展方式(参见第5.4.6.1节)。这些发展的出发点是企业规范(部分)私有化的愿望。然而,企业规范的市场(如会计规范体系的市场)越来越多地确定为美国式,因此,不能排除相应的(单方)调整压力。

3.4 理论观念

所有权和经营权的分离

自20世纪30年代以来,人们就注意到,在世界范围内越来越多的大企业不再(单独)由财产所有人领导:受雇经理从事企业领导工作,股东或所有者的角色仅限于监督或自有资本的投资。在资合企业所有权和经营权分离的背景下,人们考虑以各种理论方法,作为企业和集团有效监督的解释模型。公司治理的重点是,尽可能努力避免股东和外来经理人之间的利益冲突,这样才能发展并成功实现双方各自的目标。从上述理论解释模型的角度来看,公众股份公司中的资本所有者,并不(或想要)积极参与其所投资的公司的管理或监督工作。(受雇的)经理人及其监督者应该通过激励和惩罚制度来避免,逐渐增加或者只追求其个人利益。

集团特有的挑战

然而事实证明,在公众股份公司和分级集团企业,这些激励和惩罚制度的框架条件在许多方面很复杂。一方面存在组织问题,而另一方面集团企业执行董事会成员作为集团在子公司的代表人已经承担投资者的角色。这种双重功能,可能导致母公司投资者的利益及其所谓的下级(由执行董事会代表的)企业的利益相混合。

作为调节的经理人市场和监控市场

一个解决措施是,通过集中财产权,使得执行董事会受到市场功能管理的影响:经理人市场、资本市场,特别是公司控制权市场的惩罚机制可以解释为潜在控制机构或者功能。从中人们希望,在很大程度上,这些市场能有足够的影响力,以修正低效或者结构上不合适的控制机构和机关。如果活跃的自有资本投资者持有多数股份,因此无法得到市场好评的执行董事会就会担心被其他人替换。此外,通过对市场的蓄意低估(例如,基于股价的发展),企业对接管者可以变得更具吸引力。

关于这些市场控制机制理论在特殊的德国环境的适应性讨论,仍然没有定论。核心问题是,这些理念在德国企业的适用可能和范围,因为其几乎无一例外地都在美国社会关系和法律制度背景下产生:同意美国国家机构设置的具体证明导致了"蝗虫"讨论。仅仅或优先以资本市场的效率("红利最大化"或"股东价值最大化")为导向的领导和监督,不可能完全实现像德国这样有多元利益、参与决策的企业氛围。

4. 公司治理模式

在世界范围内,没有关于企业与集团领导和监督的统一规定,不同的法律制度、文化和社会发展直接或间接地影响了每一个企业规则和治理。因此,根据欧洲大陆的法律文化,在广泛预先规定的行为准则框架内,法律在企业治理理念和构架中处于主导地位,这种行为规范也对详细的审核与具体情况下的后续发展和落实负责。

另外,在企业治理领域,英国和北美都用个例导向的判例代替全面的法律规范(判例法)。一个仅通过少数一般规定创造的法律规范,将被个别决策所"取代",这些决策很大程度上影响了现存和新产生的企业规则和治理。

此外,在全球范围内,劳资关系也存在非常大的差异。特别是在许多欧洲国家,历史上产生了许多方法以规范和长期避免雇主和雇员(潜在)冲突。在第二次世界大战后,德国逐步依法规定了各种不同的形式,以规范雇员及其代表在企业决策和企业监控上协作和参与决策的形式。由此,既考虑资本同时也考虑工作岗位的利益,因此人们称这样参与决策的概念为"利益多元化"。

在不同的历史(如历史发展的)框架条件背景下,在主要工业国家中,现有三种公司治理模式相互竞争。这些模型的重点是规章制度的形式和范围,也就是针对仅一个或多个利益群体,一个或多个级别公司领导和监督[执行董事会/监事会模式(如德国),董事会模式(如英国)或者理事会模式(如瑞士)],以及集体领导或者独裁专制的原则问题。

具体到各个国家存在部分差异,企业领导和监督的功能、目标及其权限部分是一致的。除此之外,所有体系都有如下任务,即组织、构建并最终优化领导及相关的监督。所有公司治理模式(包括相互竞争的)的核心问题是,要高效并以目标为导向、具有企业特色地完成任务。

4.1 执行董事会/监事会分离制(两级体制)

自1861年以来,德国大型资合企业的治理就是以股份公司为导向:对他们来说,首先有三个分离的机构,自1870年以来就通过法律确定执行董事会、监事会以及全体股东大会。这一体制的特征是严格分离领导和监控,一方面执行董事会负有领导责任,另一方面通过监事会实现几乎无限制的财务和实物管理审计。股东大会——作为全体资本所有者(或股东)的组织——具有其公司法所赋予地位的(行政)权力。类似的企业治理存在于欧盟内部奥地利、芬兰、瑞典和丹麦,对于荷兰的大型股份公司也有效。这种德国分离模型(两级体制)需要进一步确认企业管理功能(《股份公司法》第76条第1款)和监督任务(《股份公司法》第111条第1款)。执行董事会和监督机构之间既没有职能也没有人员上的直接联系。

参与决策的条件

事实证明,在考虑多方利益的代表者("利益多元化"),让员工进入监事会避免冲突方法的框架内,德国分离模式的基本特征到目前为止是有益的,因为至少在形式上,监事会的劳工代表没有通过股份制公司的执行董事会积极参与管理(在具有参与决策的有限责任公司也如此)。执行董事会/监事会模式的基本结构通过图5-3加以说明。

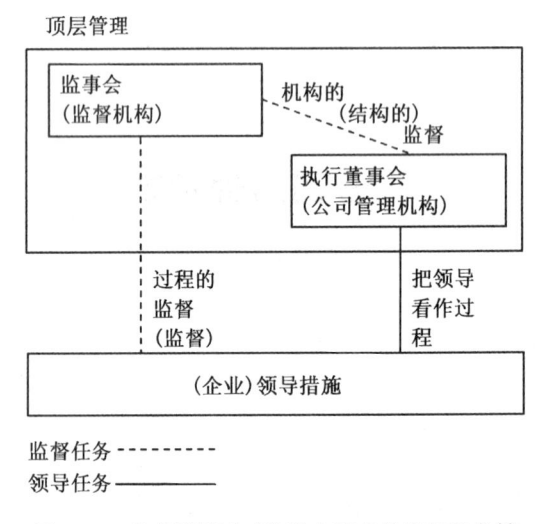

图 5-3 执行董事会/监事会模式的领导和监控

执行董事会经营和战略责任

更准确地说,在职能和人员上,德国法律规定的领导和监督分离模式将受到严格的执行。有雇用期限的执行董事会对企业经营领导和战略方向的确定负有责任:在法律和适用法规的框架内,它享有无限制主动的领导地位,该地位决定其职权不会被任何其他企业机构完全或者部分地剥夺,或者由其他机构替代其角色。同时,所有执行董事会成员作为一个集体,共同为领导行为承担责任("集体领导原则",《股份公司法》第77条),在意见不一致时,执行董事会按照多数原则来做决定。在这个系统中,监控主要是一种反应,而不是一个主动行动,因为对于执行董事会而言,监事会主要只是发挥被动的(反应的)作用。然而毫无疑问,监事会通过任命、重新委任和必要时解聘执行董事会成员行使其重要职能;其利用在一定范围内的人事权力,从一开始就影响公司治理的基本路线。此外,这些职权分配并不意味着主动和被动的企业责任,从时间顺序来看,分离体制提前规定了这些责任的流程。在最高法理等级上,联邦法院(BGH)确认管理上有效的平行领导和监督的必要性。然而,通过监事会(《股份公司法》第111条第4款)参与决策,或在危机条件下的强化参与,在参与决策事项上交叉区域中领导和监督的范围和意义,还是一个无解的问题。

分离模式的优点

总是一再强调执行董事会/监事会模型的优点,应该继续贯彻(进一步明确的)企业领导和监督的分离。此外,这种分离有助于(内外部的)雇员代表的参与。各种职责的分离,也使得人们离开一定的距离来评估公司的领导和战略。反之,"更积极"的参与可能意味着直接的共同担保或责任,从而影响或干扰必要的审查和监控。

分离模式的缺点

该模式的缺点是,法律对体制的规定和监事会实际之间逐渐尖锐的矛盾,相对强势的执行董事会成员,监事会成员经常只是兼职的,这就会导致,只能监控管理者提供的报告和信息。

此外,立法者(及公众)期望这两个职能(可以)在公司或集团的利益中被同等看待,但这被证明是不切实际的:主动的企业领导者(执行董事会成员或企业总经理)有——简单地说——24小时/天和365天/年的时间,落实和贯彻其企业政策和战略;监事会在每次3~5个小时、每年不多于4~6次会议中,必须不仅完全理解和评论其成果和最重要的结论,而且应该能够给出这方面的建议。

4.2 董事会制(合一制)

在盎格鲁—撒克逊式的公司规则里,领导和监督上的综合因素——在不同程度上——对组织起着主导作用。体制上主要选择董事会制,这样领导和监控这两个因素从人员和职能上融合在一个组织里。

与德国大型股份公司相似的公司只有一个单一的机构——董事会——负责管理。董事会由两部分组成,在人员上这两部分是严格独立的:内部董事和外部董事。有时内部董事的数量举足轻重,而有时是外部董事主导。董事会主席是首席执行官(CEO),他总是由一名内部董事担任,职能上担任总裁的角色,也像传统的董事长(董事会主席);然而,在美国公司担任这两个角色的人员已经逐步分开,英国已经有强制规定必须分开。所有内部董事是公司的雇员,所有外部董事——在不同程度和强度下——反而绝无"关联性",就是独立于其所领导的公司。股东大会类似于德国的股东大会,拥有基本管理权利和股东权利。统一组织的领导和监督

董事会负责领导和监督公司或集团。董事会各项工作的职能分工按照内部架构和特定成员小组来实现——职能分工尽可能按照公司法、股票交易法或私人法律规定(公司章程、法律)来规定。只有内部董事成员,如果必要由其他非执行董事会成员(执行董事)补充,能够接管业务运营管理并组成公司对第三方的代表机构(见图5-4)。董事会的职能

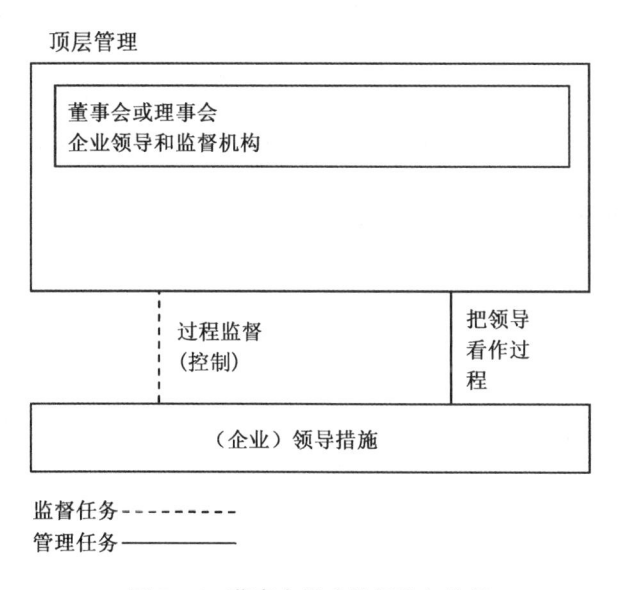

```
顶层管理
┌─────────────────────────────┐
│  董事会或理事会              │
│  企业领导和监督机构          │
│                             │
└─────────────────────────────┘
            │           │
         过程监督    把领导
         (控制)     看作过程
            │           │
┌─────────────────────────────┐
│     (企业)领导措施           │
└─────────────────────────────┘

监督任务 - - - - - -
管理任务 ─────────
```

图5-4 董事会模式的领导和监督

董事会模式的主要强项是,把非执行董事会成员(外部董事)深入又直接地整合到公司领导过程中、更高的会议频率和更好的信息状态下以利于监控。优点

在管理实践中,对各地美国董事会模式的批评有:(1)董事会和唯一代表人负全部责任(万缺点

能);(2)董事会的权力、知识和工作量分配不均衡;(3)董事会工作的肤浅和短视;(4)董事会缺乏客观和中立的立场。

这些批评较少是结构性的,而更多是职位性或个案。主要问题其一是,董事会的人员组成参差不齐(包括内部与外部董事);其二是,董事会对管理信息的依赖性。董事会全体成员形成的愿景差异(短期与长期导向)和通过管理层获取信息的方式,却是所有董事会成员共同担负管理责任的一个主要标志。

审计委员会 在美国的管理实践中,有持久的兴趣建立审计委员会——从某些方面来讲规定了比较全面的义务。考虑到(资产负债表)审计委员会实施有效监管的重要性,美国证券交易委员会(SEC),以及各种公司治理守则都对审计委员会做出了全面的规定,以便增强其功能性。重要的切入点是这类委员会的组成完全独立于董事会成员。此外,甚至以《萨班斯—奥克斯利法案》(SOX)的形式,美国立法者第一次颁布了全面的建档和组织条例,作为对在美上市公司的强制要求(经理的责任声明)。

在管理实践中的发展 对于委员会的组成和功能的解决方案,很大程度上都源自经验研究的结果,该研究着眼于和企业实践平行发展的监督方面;美国在体制上已经预先设定了这种董事会形式的委员会,在德国实际上也已经存在。但在美国,审计委员会作为实际监管机构必须完全由所谓局外人组成,这样就实现了监管的前提,即监督和领导的分离,这完全可以与德国体系相提并论。另外,从 2010 年起法律规定,德国资本市场导向的公司必须建立一个很大程度上类似于审计委员会的机构(《股份公司法》第 107 条第 3 款)。承担的监管任务是按照美国的模式,而且需要委员会和公司领导职能领域间更深入的合作(内部审计、管理控制、合规等)。

4.3 理事会模式

瑞士股份公司具有一级理事会模式的特点,该模式有三个机构:全体大会、理事会和监督机构。

理事会的构建自由 在公司治理的这个变体中,这种公司管理类型其管理和监督在人员和职能方面,都集中于理事会(《瑞士义务权利法》第 716 条第 2 段)。但有决定性作用的《瑞士义务权利法》也允许,理事会以外的其他一个或多个代理人来承担有关领导任务。这样通过机构的实际构成和人员聘请,可以决定监督和管理职能是否分离及其分离度。因此,在瑞士有四种不同程度的基本类型:

多种类型 (1)理事会作为总委员会负责企业领导和监督(只有内部委员)。

(2)理事会接管了监督任务并委托理事会中的一位或多位执行领导任务(内部和外部委员)。

(3)理事会接管监督任务并委托不属于理事会的一位或多位总监执行领导任务(只有外部委员)。

(4)理事会接管监督任务,并委托理事会中的一位或多位理事会授权者和一位或多位总监执行领导任务;这些成员共同组成企业管理层(企业管理层—监事会模式)。

理事会的管理职权 但由于在广泛授权的情况下,公司的领导责任还是落在理事会机构身上,这就成了一个"名不副实"的监督和领导分家的局面;这四种形式中的任何一种,不可推卸的领导责任必然会落在理事会身上。

优势 理事会模式的主要优势在于企业规范的灵活性,它考虑到,在瑞士不同经济贸易关系中,股份公司是占主导地位的组织形式;目前,大约有 87 000 家股份公司在瑞士注册。为了适应完

全不同的情况,理事会可以根据个人需求和协作要求选择理事会的形式。

随着领导和监督责任的全面分离,正如在多数瑞士股份公司所见到的那样,转移运营业务职责,这对理事会意味着通过企业领导层得以减轻管理负担。从制度上和职能上完全独立的监督(如德国监事会),在瑞士理事会模型中是不可能出现的。这一缺陷引起了瑞士公司法的改革,以求对理事会职权更加清晰的定义。

实务

4.4 其他模式

除了上述模式以外,世界上还存在其他的管理模式,他们大多数是 5.4.1 节到 5.4.3 节企业治理模式的混合或者结合形式。

法国商法规定了一种最优模式,而在欧盟提供的法律形式中,欧洲股份公司(SE)在合一和两级体系中规定了明确的选择权。但是这种选择权依赖于每个国家的情况,必要时与参与决策保证条款保持一致。

4.4.1 法国

法国商法规定,股份企业治理可以选择使用盎格鲁式的董事会体系,或者德意志式的监事会模式。股东可以——只要监事会在创立时没有预先规定——在此后任何时间通过决议来决定体系。事实上,虽然德国双轨制企业治理的变体使人满意,然而它在法国的接纳度却很低;目前仅有 2‰~3‰ 的企业选择两级系统,其中包括 40 家法国股指 CAC 成分股公司中的 7 家公司。此外,相似的两级体制也存在于欧盟成员国葡萄牙和西班牙,然而其实际使用情况截然不同。

公司治理的选择

4.4.2 欧洲股份公司(SE)

根据对欧洲股份公司的法律规定,所有的国家立法者必须创造条件,使得能在每个成员国创立欧洲股份公司;同时,所有欧盟成员国必须提供有关合一制和执行董事会/监事会分离模式企业治理的选择权。然而无论选择哪种体系,欧洲股份公司已经区分了领导和不参与领导的(分离或者统一的领导和监督)成员(执行或非执行董事)。

欧洲股份公司的治理选择权

此外,还有在雇员参与决策方面的保障条款,该条款规定,在欧洲股份公司内部,在企业相关选址地存在参与决策的情况下,要基本维持员工参与的最强形式;一个所谓的特别协商委员会(BVG)最多有 12 个月的时间,去协商解决参与决策方面的差异。欧洲股份公司基本不能作为组织形式来减少或避免现存的参与决策。在建立一家新欧洲股份公司时,毫无例外地用其所在国内现行的法规(以及员工参与)规定(基本自由选择的)参与决策的形式和范围。在欧盟的每一个成员国,人们也可以——尽管参与决策的规定复杂且变化丰富——通过欧洲股份公司的形式,在两个完全不同的企业治理中进行选择。在德国,例如安联集团和费森尤斯集团选择保留执行董事会/监事会分离制,而人机软件集团选择采取合一制。在欧洲首先形成了大致相似的经营环境和框架条件,从而有可能实现强制比较的体制竞争。

欧洲股份公司的参与决策

4.5 公司治理的国际化

随着经济活动的国际化发展,不可避免需要讨论不同的法律形式。针对组织结构中存在的部分显著差异,讨论涉及三种发展:第一个发展是事实上——之后很可能也是法律上——体系的和谐,至今虽然仍可看到截然不同的企业治理(参见 5.4.5.1 节)。第二个市场导向型的解决方法与期望有关,即随着时间的推移,通过市场选择将得到一个优越的规范秩序(即"适者生存",参见 5.4.5.2 节)。第三个,在一定范围的应用领域中(例如欧盟),等级化(国际化)的解决

公司治理的竞争

措施将可能得到维持(参见 5.4.5.3 节)。然而,将来通用法律措施有可能再一次部分或全部地构建基于过去发展的企业治理方案。

4.5.1 聚集理论

同化　　美国董事会管理实践的经验研究成果已一再表明,区分领导和监督任务有增长的趋势。然而,在这方面仅涉及与德国执行董事会/监事会分离模式及其问题相似的发展:一方面是分离模式,另一方面是合一模式,仅就初始情况来讲,人们可以在法律事实上观察两个模式职能、机构,甚至人事的融合。同时也并不奇怪,美国对董事会的批评经常在很大程度上与德国对监事会的评价相同,并且在某些情况下,一些改革建议似乎是可互换的。

专业化　　实证支持对比的一个重要发现是,三种模式都导致管理进一步的专业化发展,这往往会导致企业或集团管理层的自治,并且增加与并不具相似专业化趋势监督的差距。

各模式的共同弱点　　通过不同国家的现实发展,执行董事会/监事会分离模式和董事会/理事会合一模式的竞争表明,必要目标再定位的聚集程度不断升高:不是监督机构的问题,而是不同质量的结构和前提条件,是模式改革或/和同化以提高监督效率的切入点。中心议题涉及:(1)提高监事会的组成和质量;(2)加强和提高监事会的工作效率;(3)提高对注意义务和责任义务的要求;(4)外部审计师审计企业材料。

最好的实践　　每个单独的措施明确指出,法律体系以及组织结构对比的结果,会逐渐促进监督目标和监督工具几乎毫无例外地协调:只有走(制度化)道路,制度决定了企业治理(含有)的差异。未来有关公司治理"最佳实践"的讨论,应该着重讨论不是内部、流程相关的领导和监督任务,而是外部、基于结构的(静态)要素。

公司治理模式的共存　　从公司治理在英国的发展可以发现聚集理论的作用:此后,合一和两级体系的发展不是推动了两种不同管理体系的融合或者排斥,而是推动了两者(合法地)共存。

4.5.2 竞争市场

公司治理模式作为竞争因素　　在管理实务中,能深入观察不同企业管理的含义和优势。国际化经营的企业发现在选址方面——除了某些因素,如基础设施、税收负担、劳动力市场状况、资源的可用性等,公司治理也受到越来越多的关注。然而在决策方面,在定期经验研究上,单个潜在影响因素不孤立,因此当人们理解和分析其每个决定的相对或者绝对意义时,不会与其他因素相分离。

优势对比　　然而,实际上人们可以观察到,潜在的投资者很少能够给未知或不熟悉的公司管理有一个客观评估过程和相应优势分析。一方面,缺少其他企业管理模式的知识能解释这个结果;另一方面,现存社会文化和历史发展差异,导致在准备工作方面有巨大的障碍,这种准备是为了考虑尝试外来的组织和法律形式。以德国的参与决策为例,它往往被管理层代表清晰又挑衅地称为"非出口推动者";只要人们能够在世界范围内构建有关这些模式唯一的推广和接纳的评价标准,就又可能对执行理事会/监事会模型发表相同的评论。

公司治理模式的市场　　关于不同治理模式优势的具体讨论,始于欧洲并随着欧洲股份制的引进而加深。然而,就欧盟内部达成共识,迄今为止并没有通向一个"近似市场"的优势决策,而是导致了更多以最大共同体为基础的统一:在欧盟市场上存在的公司治理模式的理念,将以分层方案的形式提出,如果不是这样,人们也仅是提出关于体系的效率和(有可能发生的)被市场证明的优势,因此之后并未有进一步分析。如此说来,欧盟的方式呈现了一种市场措施和分层措施的结合。

4.5.3 等级—治理

公司治理的规范理念　　国际化企业和集团的公司治理,至今几乎毫无例外地受到所在地或分公司所在地法律的规范。企业选择所在地,同时也确定了企业领导和监督的组织和规则。此外,企业确定治理构建的自由度,依赖于其所在地现有的法律体系和法律解释。

全球竞争导致了一个混合体,由分级企业治理和市场导向的期望组织形式,通过"自由"选择组成该混合体。相一致地,欧洲公司的法律形式将能够实现:位于欧盟成员国的公司,可以在法律形式的基本模式中选出潜在治理形式,并且这些法律形式独立于其所在国适用的公司治理规范。这种理念可以被看作第一次(跨境的)尝试,并且该尝试在接受国家规范职权内的国内企业、集团的基础上,允许以跨国组织形式接受一个相应的跨国治理和组织。

4.6 在德国的发展

在西方工业化国家,关于公司治理的讨论引发了对不同动机和结构的关注和分析。在美国和加拿大,大企业、证券交易所和机构投资者主导了讨论,而在英国和其他欧洲国家,国际的尤其是经合组织各种委员会或联合会很关心这个话题。 _{国际发展}

首先两个私有经济组织工作组在讨论中提出了在德国发展起来的方法,此后,由联邦政府组建一个委员会,其对现存企业治理规章及相对应的基本体系发展负责。 _{私有经济的解决方法}

4.6.1 公司治理委员会

2000年建立了"股份公司法的公司治理、企业管理、企业控制、现代化"政府委员会。在霍尔兹曼(Holzmann)公司因投机破产的背景下,委员会应该从法律政治的角度,致力于研究德国企业治理和控制的可能缺陷。人们有意不规定结果的形式和范围,但需要回答,"最好的实践规则"需要通过立法者的措施激励、甚至在原则上规范到什么程度。 _{对德国公司治理模式的考察}

内容广泛的报告进行了详细的讨论和分析,但几乎毫无例外都是面向国内的专家意见。实际上,该委员会已经给出了两类建议:一是明确建议立法者作为股份公司法和商法的(再)改革者发挥其功能。在这里,委员会对规章的绝大多数具体建议表明,规章应该同时适用于所有上市公司。此外,委员会给了很多关于规范范围和细节规定的提示,他们认为公司治理规则应该承担这个责任。 _{对立法者的建议}

4.6.2 德国公司治理规则

根据规则委员会的评估,德国公司治理规则包括国际和国内公认良好和负责任的公司治理(当前版本:http://www.corporate-governance-code.de)。根据《股份公司法》第161条可知,上市公司和集团一般有义务(自愿)遵守《德国公司治理准则》(简称《准则》),即遵守该准则的强制性规定(这些被称为"建议")。然而在具体情况下,只要每年申报披露这种行为,就可以选择性地或总体偏离。这种被立法者接受、最终企业自定义的应用,是通过法律规范的强制披露("遵守或解释"),而一方面披露的内容是灵活的,另一方面也保障了披露的核心内容。 _{历史}

> "西门子股份公司完全符合《德国公司治理准则》,该建议由联邦司法部在德国联邦司法部公报电子版的官方部分于2009年6月18日公告,机构在未来将继续遵守它。自从上一个披露(2008年11月28日)的声明开始,西门子公司已完全遵守2008年6月6日版本的《准则》中的建议。"
>
> 柏林和慕尼黑,2009年10月1日。
> 资料来源:西门子股份公司2009年年报,第23页。

_{案例}

此外,该《准则》也对企业给出了非强制性的规定,并"鼓励"其执行,但不用披露偏离状况。这些"鼓励"应该给出对"最好的实践规则"的提示,该"最好的实践规则"在必要时可能构成将来《准则》中的建议。第三组实施方案包括了如下规定,它们作为合适的法律规定必须受到企 _{《准则》的结构}

业的重视；不需要一个具体或者整体的专家意见。

《准则》作用范围　以下给出关于德国公司企业治理的六个"建议"和"倡议"主题：(1)股东和股东大会(股东、股东大会、股东大会的邀请、代理投票人)；(2)执行董事会和监事会之间的合作；(3)执行董事会(职责和责任、组成和报酬、利益冲突)；(4)监事会(职责和责任、监事会主席的职责和权利、委员会的组建、组成和报酬、利益冲突、效益审计)；(5)透明度；(6)会计与年报审计。

公司治理结构的灵活性　制定《准则》时考虑的关键因素，是国际可比性理念，以及随之而来的不同企业治理的竞争。只要法定的以及实际的企业领导和监督不直接源自国内标准，这样具有普遍约束力的公司治理就能够提供一种灵活的具体化和细化方法。当然，《准则》发起人在国际层面提出的注册信息需求将只通过提升透明度得到支持，当该《准则》的基本原则要么得到遵守——且不遵守的行为受到制裁，要么公告每次偏离行为，并由此以相似的方法实现透明度。

单个规则的具体接受　人们必须期待，位于"遵守或解释"制度下的具体规定，它们要么是"好习惯"("良好做法")，要么会导致德国每家独立上市公司和集团的解释和披露义务。这样，力争达到的透明度强制要求一定的清晰度和明确度。另外，法律法规的约束力不需要单独确认。因此，当《准则》选择的"自我规范"处理方法，能对有关行为找到持续且能控制的因素时，该《准则》就能够在国际上具有竞争能力，并获得相应的认可。

得到解释vs.存活下来的公司治理实践　《准则》落实和认可的另一个更重要方面是，平衡实际的企业治理实务和《准则》规定或建议的行为。初步分析表明，在这两个方面还存在部分(很)显著的差异。在国际视角上，《准则》很大程度上偏离了其任务和目标，因为其混淆了"如意算盘"或理论上的想法和"好的和负责任的企业治理"。除此之外，在现有法律秩序框架内，如果该模式与德国企业法和公司法的法定框架条件不一致，也不能从"国际公认的模式"中获得帮助。

竞争的前提是透明度　当《准则》要求法定披露与义务相违背的行为能够在国际上实现进一步的透明化，就可能使得德国企业领导和监督体系在这个竞争中获胜。因此强制的前提是，报告行为与上市公司和集团的真实行为相一致。

5. 结束语

随着公司法律形式的确定，有计划商业活动的法定框架条件也得以确定下来。数量有限的合法法律形式导致，通过法律规定在广泛范围内进行规范化的组织。在德国，企业家可以选择不同国内法定的人合和资合企业形式；此外，在所有其他欧盟成员国内都有类似可运用的法律形式。在做出这一决定时，企业家必须考虑到一些重要的标准和结果，下列因素很重要：责任承担、领导权限、盈利与亏损的分担、融资、监督、公告以及在适当情况下的参与决策。

在德国，通常情况下一旦选定了法律形式，企业的领导和监督("公司治理")也就确定了。相应的规定部分以别的形式存在，部分在国际上竞争选址的其他国家中不存在相似的环境。近年来，在德国发展出的针对(新)公司治理规则的倡议和建议，不仅基于公司和集团实务面临的财务危机和畸形发展，还基于关于公司治理结构的国际性讨论受到的巨大启发。因此，为了在国际资本市场上保持竞争力，参照目前越来越多美国企业从机构投资者(养老基金、证券分析师)获得的经验，欧洲(包括德国)也必须建立相似的企业治理关系。德国立法者的活动，正是这些持续的批判和国际体系竞争压力的结果。

提高效率的立法活动以及私人经济活动不会受到阻碍，只要它们不对事先给定的(强制性)框架条件提出质疑或者产生危害——例如具有特殊法律形式的人物和职权分配。

国际准则(也就是"最佳实践准则")的发展,分别建立在国内和部分违反德国法律规定的基础上。关于至少不应该未经考察就接受美国的标准资本市场高效解决方案的建议,忽视了国际资本市场(还)是不能消除企业活动立法框架条件的所有差异,但是公司治理的国际竞争仍将继续下去。

第6章

中国企业的法律形式和公司治理

王煦逸　梅业琴[①]

1. 中国企业的法律形式

企业法律形式有关法律法规的沿革

　　一个国家的企业法立法体系随着立法逐渐发展而形成,并且往往处于不断适应社会经济发展需要的变动状态中。自新中国成立至经济体制改革初期,我国实行计划经济,企业的行业布局、资源配置,企业之间、企业与其他经济组织之间的经济交往,均被纳入计划调节的范围,而忽视法律的调整手段。这期间,除了国务院颁布的《国营工业企业暂行条例》(1983年)之外,大多是国务院及各部委制定的调整企业某一方面关系的行政法规和部门规章。立法机关没有颁布过任何企业法,而这些有关企业的行政法规和规章尚未形成体系。自经济体制改革以来,为了推动企业改革和保护改革成果,国务院颁布实施了一系列涉及企业的行政法规;全国人民代表大会常务委员会陆续颁布实施了三部外资企业法。尤其在1988年4月13日颁布的《全民所有制工业企业法》,是新中国历史上第一部国有企业法典。当前我国正处在由计划经济向市场经济转型的时期,为了适应市场经济的需要,先后颁布实施了《乡镇企业法》、《公司法》、《合伙企业法》、《个人独资企业法》、《中小企业促进法》和《农民专业合作社法》等企业法,初步形成了我国的企业立法体系。[②]

　　1992年以后,我国企业改革进入了建立现代企业制度的新阶段,此时,企业改革的思路有了根本性变化,由政策调整转向了制度创新,直接触及企业产权制度这一焦点问题。1993年《公司法》的颁布,体现了中国企业立法从计划经济体制向市场经济体制的转变,企业立法模式

[①] 王煦逸:中国同济大学中德学院管理系财务会计和管理会计学教授,博士。
　　梅业琴:中国同济大学中德学院管理系管理会计学硕士研究生。
[②] 郭富青:《中国非公司企业法研究》,法律出版社2009年版,第49页。

也从传统的所有制标准向企业组织形式标准转变。

在当代中国,按照组织形式可以将企业分为三类,即个人独资企业、合伙企业和公司制企业。另外,鉴于中国的特殊国情,本文将混有以上三种形式的国有独资企业另列作第四种进行介绍。

<u>企业法律形式的种类</u>

1.1 个人独资企业

独资企业(Sole Proprietorship 或 Individual Enterprise)也称个人企业,是指由单独一人出资设立、由一人拥有和控制、并由一人承担无限责任的企业。① 传统民商法上的独资企业,仅指自然人单独投资设立的企业,因此又称个人企业,它不包括由其他社会主体单独投资的企业。但在我国,目前对独资企业的概念存在理解上的差异,除多数坚持传统的独资企业概念的理解外,也有的撇开自然人作为投资人的限制,把所有由一个投资者单独设立的企业都统称为独资企业,而不论唯一的投资者是个人、法人或是其他社会组织。因此,我国的独资企业也就可以把全民所有制企业、集体所有制企业、外商独资企业等归入在内,也就成为所谓的法人独资企业,这种企业的责任形式不是无限责任,而完全可能是有限责任。为避免对独资企业理解上的不同,我国制定的独资企业法特别在该法的名称前冠以"个人"的字样,称为《个人独资企业法》。

<u>中国独资企业的特点</u>

根据我国《个人独资企业法》第 2 条规定:"本法所称个人独资企业,是指依照本法在中国境内设立,由一个自然人投资,财产为投资人个人所有,投资人以其个人财产对企业债务承担无限责任的经营实体。"②依照该条规定,个人独资企业既不同于自然人,也不同于法人,其法律特征有如下四点:

<u>个人独资企业定义</u>

其一,投资主体具有单一性。个人独资企业仅由一个投资者出资设立,且该单一性投资主体只能是自然人,不包括法人或其他社会团体。

其二,不具有法人地位。独资企业不是独立的法律主体,不具有法人人格,但其能以企业的名义对外进行独立的经营活动和诉讼活动,有自己的住所。

其三,财产具有相对独立性。独资企业的非法人地位决定了独资企业的财产归独资企业主所有,企业本身不享有所有权,但企业财产在财务制度上相对独立于投资者的其他个人财产。

其四,投资人承担无限责任。在其债务的承担上,个人独资企业应先以其独立的自身财产承担责任,在其财产不足以清偿债务时,应由投资者的其他财产承担无限责任。

1.2 合伙企业

合伙(Partnership),是指二人以上按合伙协议,各自出资、共同经营组成的营利性组织。作为一种企业的合伙,是合伙人组成的团体组织,是营利性的商事主体。③ 按照合伙中是否存在负有限责任的合伙人,可将合伙企业分为普通合伙和有限合伙。前者的所有合伙人都承担无限连带责任(如同德国的合伙企业),后者由至少有一名普通合伙人和一名负有限责任的合伙人组成(类似于德国的两合公司)。在有限合伙中,普通合伙人负责合伙企业的经营,并对合伙债务负无限责任;有限合伙则不能参加合伙业务的经营,也不能以其行为约束企业或撤回其所

<u>合伙企业的定义</u>

---

① 赵旭东:《商法学教程》,中国政法大学出版社 2004 年版,第 103 页。
② 《个人独资企业法》2000 年 1 月施行。
③ 赵旭东:《商法学教程》,中国政法大学出版社 2004 年版,第 113 页。

出资本,对合伙债务仅以出资为限负有限责任。

依照我国《合伙企业法》及其相关法律规定,合伙企业具有如下主要法律特征:

其一,以合伙人订立合伙协议为基础。合伙企业是合伙人之间的自愿联合,其存在的前提是合伙人就其出资、利润分享等事项达成一致协议。

其二,以共同出资为前提。合伙企业是营利性组织,其进行生产和经营活动必须具有一定的财产,而合伙企业原始取得只能是各合伙人的出资。

其三,合伙的财产归全体合伙人所有。据《合伙企业法》第20条规定,"合伙人的出资、以合伙企业名义取得的收益和依法取得的其他财产,均为合伙企业的财产"[①]。合伙企业的财产由全体合伙人依照《合伙企业法》共同管理和使用。

其四,以共同经营、共享收益、共担风险为特征。合伙企业是一种将出资、经营、收益与风险融为一体的营利性组织,既是利益共同体,也是责任共同体。企业由全体合伙人共同管理,其决议方式由合伙人协议加以规定。在法律上,全体合伙人都享有法定的业务执行权,合伙业务执行人的权力源自全体合伙人的授权。合伙企业人可以按其出资比例,也可以按合伙合同的约定进行盈亏分配。

其五,以合伙人共担无限连带责任为保证。合伙人以其投资到合伙企业的财产及其全部个人财产为合伙企业承担无限连带责任。即使合伙各方约定了债务承担比例,任何一个合伙人仍有义务对合伙企业对外债务承担全部清偿责任。当然,超过自己应承担部分而偿还对外债务的合伙人,对其他合伙人享有内部求偿权。

其六,具有延续性。合伙企业具有显著的人合特征,因某合伙人的退出或死亡,或因合伙人之间的纷争都有可能引起合伙企业的解散。但如果进行合理的清退,由原合伙人的继承人或剩余合伙人继续经营,合伙企业也可以继续维持下去。

1.3 公司制企业

公司,是最普遍使用的概念,是社会经济活动最主要的主体,也是最重要的企业形式。然而在不同的国家,由于立法习惯即法律体系的差异,公司的概念也不尽相同。大陆法系国家的公司概念多采取概括规定的方式,而英美法系国家缺乏对法律概念的严格界定,因而也缺少明确的公司定义。根据我国《公司法》第2条和第3条的规定,我国的公司是指股东依照《公司法》的规定,以出资方式设立、股东以其出资额或所持股份为限对公司承担责任、公司以其全部资产对公司债务承担责任的企业法人。

依我国《公司法》及其相关法律规定,公司制企业具有如下主要法律特征:

其一,营利性。公司是以营利为目的从事经营活动,并且必须连续地从事同一性质的经营活动。

其二,法人性。公司具有独立的法律地位,依法设立,拥有独立的财产,有自己的名称、组织机构和场所,有健全的组织机构,并独立承担民事责任。

其三,社团性。即公司应为人的集合,其股东和股权具有多元性。我国《公司法》原则上坚持公司社团性的同时,允许一人公司和国有独资公司的例外。

在我国,存在有限责任公司和股份有限责任公司两种公司制企业。

---

① 《合伙企业法》,2007年6月1日施行。

1.3.1 有限责任公司

有限责任公司是指股东以其认缴的出资额为限对公司承担责任,公司全部资产对公司承担责任的公司。①

(1)一般有限责任公司

根据我国《公司法》的规定,有限责任公司与其他公司类型相比,具有以下特征:

其一,股东责任的有限性。有限责任公司各股东对公司负责,仅以其认缴的出资额为限,除此之外对公司的债权人不负直接责任。但公司对于其债务则不是承担有限责任,而是以公司的全部财产承担无限责任。

其二,股东人数的限制性。根据《公司法》第24条规定,"有限责任公司由50个以下股东出资设立"。该规定一方面由有限责任公司的性质决定,因为有限责任公司具有人合的特点,股东相互间需有信任关系,这就决定了股东人数不能太多;另一方面是为了区别于股份有限公司。

其三,公司设立程序简便,组织机构简单。有限责任公司只有发起设立,而无募集设立;同时其组织机构也比较简单、灵活,可设董事会、监事会,也可以只设1名执行董事以及1~2名执行监事行使董事会、监事会的职权。其中设立股东会的方法及决议的形成也比较简便。

其四,公司资本的封闭性。有限责任公司的资本只能由全体股东认缴,而不能向社会公开募集股份,不能发行股票。同时,依《公司法》第71条规定,除非公司章程对股权转让另有规定,股东向股东以外的人转让股权,应当经其他股东过半数同意。其他股东半数以上不同意转让的,不同意的股东应当购买该转让的股权;不购买的,视为同意转让。经股东同意转让的股权,在同等条件下,其他股东有优先购买权。两个以上股东主张行使优先购买权的,协商确定各自的购买比例;协商不成的,按照转让时各自的出资比例行使优先购买权。

(2)一人公司

上述为常见的"多人"有限责任公司,《公司法》第57~63条针对一人有限责任公司进行了特别规定。一人有限责任公司,是指只有一个自然人股东或者一个法人股东的有限责任公司。一个自然人只能投资设立一个一人有限责任公司,该一人有限责任公司不能投资设立新的一人有限责任公司。

(3)国有独资公司

针对特殊的"一人公司"——国有独资公司,《公司法》第64~70条也做了相应的特别规定。据《公司法》规定,国有独资公司,是指国家单独出资、由国务院或者地方人民政府授权本级人民政府国有资产监督管理机构履行出资人职责的有限责任公司。与一般有限责任公司相比,国有独资公司在许多方面,包括股东人数、股东的身份、公司的组织制度、股权的行使等方面都有所不同。

有限责任公司是公司制度发展中出现最晚的一种公司形式,它兼无限公司和股份公司的优点,同时又克服了其不足。一方面,其人合性有利于股东相互了解,但又不必像无限责任公司那样承担无限责任;另一方面,其资合性使得股东仅对公司承担有限责任,但又不需像股份有限公司那样,以放弃对公司业务的管理权为代价;同时也不必公开其财务状况。然而,有限责任公司因其人合性和封闭性的特点,一般难以成长为大型企业。因此总体来说,有限公司更符合中小企业的公司形式,各国实践中,大多数中小企业都采取了有限公司的形式。在我国,

---

① 彭真明:《公司法教程》,对外经济贸易大学出版社2007年版,第44页。

外商投资公司基本上都采用有限公司的形式，国有企业的公司化改制也主要采取有限公司形式，因而我国的许多有限公司规模很大。

1.3.2 股份有限责任公司

股份有限公司简称股份公司，是指公司全部资本分为等额股份，股东以其认购的股份为限对公司承担责任，公司则以其全部资产对公司债务承担责任的公司。股份有限公司具有以下特征：

其一，公司组织的资合性。公司以其所募集的股份总额，即公司资本作为对外信用的基础；同时，其公司资本股份可在交易场所进行自由转换，并通过申请可在证券市场上市。

其二，资本募集的公开性。股份有限公司可通过发起方式和募集方式设立，并因此要求公开账目。

其三，公司资本的股份性。股份是股份有限公司资本的最小计量单位，公司的资本总数为每股金额与股份总数的乘积。每股等额、同股同权、同股同利，有利于股份的转让。

其四，股东责任的有限性。股份有限公司的股东仅以其认购的股份为限对公司负责，对公司的债权人不负有直接的法律责任。

其五，充分的法人性。公司具有完备的组织结构和独立的财产，具有独立的法人身份。

股份有限制公司根据发行的股份是否公开上市，可分为上市公司和非上市公司：

(1) 上市公司

上市公司，是指其股票在证券交易所上市交易的股份有限公司。在我国，上市公司的股票上市，必须满足《公司法》规定的法定条件，并经有关机关批准，才能在证券交易所上市。股票的公开交易不等于股票的上市，公开交易具有各种不同的市场范围和交易方式，证券市场分为一级市场①、二级市场和场外交易等。证券市场属于公开市场中的二级市场，只有股票在证券交易所上市的公司才属于上市公司。

在二级市场内存在主板、中小板和创业板三个市场。主板市场是一国国内最重要的证券市场，一般对企业的资本条件、盈利水平等指标要求都比较高，有"宏观经济晴雨表"之称，现阶段一般称沪深两个交易所的主板与中小企业板为我国证券市场主板市场。2004年5月在我国批准设立中小板市场，交易实行四独立（运行独立、监察独立、代码独立、指数独立）和两不变（遵循与主板市场相同的法律法规部门规章、遵循主板市场上市条件及信息披露要求）规定。创业板又称二板市场（Second-board Market，即第二股票交易市场），是指与主板市场（Main-Board Market）不同的一类证券市场，专为暂时无法在主板上市的创业型企业、中小企业和高科技产业企业等需要，进行融资和发展初期的企业提供融资途径和成长空间的证券交易市场，是对主板市场的重要补充，在资本市场有着重要的位置，在中国特指深圳创业板。

(2) 非上市公司

非上市公司，是指其股票没有上市和没有在证券交易所交易的股份有限公司。在我国，非上市公司可在"新三板"市场进行场外交易，主要针对的是中小微型企业。"新三板"市场源自中关村科技园区非上市股份有限公司进入代办股份系统进行转让试点，即"旧三板"。后因为挂牌企业均为高科技企业，而不同于原转让系统内的退市企业及原STAQ、NET系统挂牌公

---

① 一级市场（Primary Market / New Issue Market）又称发行市场，是指筹集资金的公司或政府机构将其新发行的股票和债券等证券销售给最初购买者的金融市场。本章对此不予讨论。

司,故将其形象地称为"新三板"。目前,新三板不再局限于中关村科技园区非上市股份有限公司,也不局限于天津滨海、武汉东湖以及上海张江等试点地区的非上市股份有限公司,而是全国性的非上市股份有限公司股权交易平台。

新三板的推出,不仅仅是支持高新技术产业的政策落实,或者是三板市场的另一次扩容试验,其更重要的意义在于,为建立全国统一监管下的场外交易市场进行了积极的探索,并已经取得了一定的经验积累。其具体作用如下: _{新三板的作用}

其一,成为企业融资的平台。新三板的存在,使得高新技术企业的融资不再局限于银行贷款。

其二,提高公司治理水平。依照新三板规则,园区公司一旦准备登陆新三板,就必须在专业机构的指导下先进行股权改革,明晰公司的股权结构和高层职责。同时,新三板对挂牌公司的信息披露要求比照上市公司进行设置,很好地促进了企业的规范管理和健康发展,增强了企业的发展后劲。

其三,为价值投资提供平台。新三板的存在,使得价值投资成为可能。无论是个人还是机构投资者,投入新三板公司的资金在短期内不可能收回;即便收回,投资回报率也不会太高。因此对新三板公司的投资更适合价值投资的方式。

其四,通过监管降低股权投资风险。新三板制度的确立,使得挂牌公司的股权投融资行为被纳入交易系统,同时受到主办券商的督导和证券业协会的监管,自然比投资者单方力量更能抵御风险。

其五,成为私募股权基金退出的新方式。股份报价转让系统的搭建,对于投资新三板挂牌公司的私募股权基金来说,成为一种资本退出的新方式,挂牌企业也因此成为私募股权基金的另一个投资热点。

其六,对A股资金面形成压力。新三板交易制度改革就等于多了一个大市场。对于A股来说,肯定会分流一部分资金。虽然短期挂牌的企业是通过定向增发来融资,但是随着挂牌企业越多,融资规模也就会越大,肯定会吸走市场的一部分资金。

2. 公司治理

2.1 背景

现代公司制一出现,就产生了公司治理问题。然而,直到20世纪80年代,公司治理问题才日益引起国际社会的关注,并形成全球性的公司治理浪潮。其背景原因主要有: _{公司治理的背景}

(1)随着经济全球化的进程加快,企业之间的竞争日益加剧,20世纪80年代开始出现了并购浪潮,其中涌现了大量的敌意收购、杠杆收购等兼并形式,公司时刻面临着并购重组的威胁。基于自我保护的目的,股东和各公司利益相关者纷纷要求完善公司治理机制。

(2)经理人和股东的矛盾加剧,公司经理人员的高薪不与绩效挂钩,这引起了股东的普遍不满。经理人肆意侵吞公司资产的行为,也使人们对现行公司治理机制产生怀疑,重新思考公司治理问题。

(3)信息技术的发展使公司股东和利益相关者获取信息的成本降低,便利了相关主体参与公司治理。

(4) 各种公司假账丑闻、泡沫、公司倒闭案件的出现,使公司治理问题引起国际社会的普遍关注。

2.2 公司治理的理论基础

公司治理又称公司治理结构、法人治理结构,20世纪30年代由美国学者贝利和米恩斯首次提出,是通过对公司权力资源的合理分配,不断完善公司管理运营与监督控制的权力配置,促使公司的良性运转,实现公司的经营目标和股东利益的最大化。[①] 在对公司治理问题的讨论中,众多学者从不同角度对公司治理理论进行了研究,其中最具代表性的是交易费用理论、委托—代理理论和利益相关者理论,它们共同构成了公司治理的实践基础。交易成本理论研究了企业与市场的关系、企业边界及企业存在的原因,着重解决公司与市场关系的问题;委托—代理理论则在此基础上,将研究重点放在解释企业内部结构与运行的方式,即公司内部治理问题;在随后的发展中,人们逐渐重视与企业运行相关联的各个利益群体,相关利益者理论逐步成为主流。[②]

2.2.1 交易成本理论

"交易成本"的概念最早由罗纳德·科斯(Ronald H. Coase,1937)提出,他认为,在企业外部,生产按市场需求进行并受价格机制指导;在企业内部,交易行为由管理者的指示或命令指导,价格机制不起作用。他界定了各项交易费用,并认为外部市场交易和内部权力安排都会产生成本,当企业内部成本低于外部成本时,为了降低成本企业会作为市场机制的替代者而运作。企业与市场的边界取决于内部管理成本和外部交易成本的边际值相等的那一点。

而"交易成本理论"是奥利弗·伊顿·威廉姆森(Oliver Eaton Williamson)在科斯理论的基础上提出的。他从资产专用性、有限理性和机会主义三个方面说明了不同交易的性质,认为由于"有限理性"的存在,再完善的契约也不能完全预见未来的各种情况;而"机会主义"的存在决定签约双方都有可能在签约后出现拒绝合作、再谈判,甚至毁约。因此,为了让契约能够长期持续下去,就需要诉诸一个能够为契约"提供秩序、转移矛盾、实现共赢"的治理结构。因此他认为,企业的本质就是一种治理结构。

2.2.2 委托—代理理论

委托—代理理论是公司治理的核心理论,该理论认为:公司股东是公司的所有者,即委托—代理理论中的委托者,经营者是公司的经营者,即代理人。代理人是自利的经纪人,具有不同于公司所有者的利益要求,具有机会主义倾向。所以,公司治理的中心问题就是解决代理风险问题,即如何使得代理人履行忠实义务。

2.2.3 利益相关者理论

在英美奉行"股东中心主义"公司治理实践迅速发展的同时,它也使企业经理始终处于追逐短期目标之中,损害了公司雇员等相关者和公司的长期利益。在这种背景下,于20世纪60年代产生的利益相关者理论,逐渐重视利益相关者的利益,同时这也成为日德代表性企业的主流。弗里曼(Freeman,1983)认为,利益相关者是能够影响一个组织目标的实现,或者能够被组织实现目标过程影响的人。该定义正式将当地社区、政府部门、环保主义者等实体纳入利益相

---

① 彭真明:《公司法教程》,对外经贸大学出版社2007年版,第235页。
② 王庆娟:《中国经济转轨中的公司治理:发展的视角》,经济科学出版社2013年版,第13页。

关者的研究范围,大大扩展了利益相关者的内涵。

随着经济全球化的发展,信任、承诺、声誉以及人力资源将成为企业发展越来越重要的因素,良好的声誉、管理和研发人才、独特的组织文化、良好的客户关系形成了对企业有价值、竞争对手难以模仿但稀缺的无形资产,这些资产使企业创造了超越对手的竞争优势。因此,时代的发展使利益相关者理论在公司治理的理论和实践中越来越受到重视,而成为公司治理理论的发展方向。

2.3 公司治理的实践模式

各国的政治、经济、法律、历史文化等企业环境各不相同,决定了其公司治理的模式也各不相同。伴随着公司治理实践的发展,在世界范围内已经形成了一些具有明显类似性的公司治理模式,这是公司治理与不同经济环境相适应的产物,公司治理理论的发展也正是循此线索演进的。目前,世界各国的公司治理模式大致可以划分为如下三种:英美外部市场模式、德日内部控制模式和东南亚家族控制模式。① 在实践中,各国的公司治理模式不是单一的治理模式,而是多种模式并行,侧重点也不同。

2.3.1 英美外部市场型

这一模式的特点是股权高度分散,一般股东与公司的关系弱化。公司治理发挥作用的前提是,存在发达的股票市场和积极的公司外部控制权市场。该类公司的所有权较为分散,股东很难直接影响经营者,因而出现了"弱所有者、强管理者"现象;但同时,发达的证券市场作为外部市场又对公司的控制起着至关重要的作用,股东主要通过"用脚投票"来实现对公司的控制。股票分红率是评价公司经营绩效的主要标准,这决定了在经营方向和利益分配上,经营者向个人股东倾斜,公司主要是通过股票期权制度对经理人员进行激励。该模式流行于美国、英国、澳大利亚和加拿大。

英美外部市场型模式

然而,这一模式也存在弊端,其一,"内部人控制问题"。股权的高度分散化,使得职业经理人成为公司的实际控制者,股东大会形同虚设。因此,公司经理可能违背股东的利益而寻求个人利益。其二,公司经营行为短期化倾向。敌意收购的频频发生对公司经理层构成了严重威胁,因此,经理阶层往往出于自身利益而忽略公司的长期效益。

2.3.2 德日内部控制型

以德日为代表的内部控制型治理模式又称"银行主导型"模式。该模式的特点是:

德日内部控制型模式

(1)公司股权较为集中,银行在融资和公司治理中发挥巨大的作用。银行和企业之间形成典型的关系治理。公司股票由机构股东(包括银行和非银行的金融中介)集中持有,机构股东掌握了足以控制股东会和董事会的股权,可以直接任免经理层。

(2)公司之间交叉持股。德日国家在法律上对法人相互持股没有限制,因此德日国家公司法人相互持股十分普遍,法人持股加强了企业之间的联系。

(3)严密的股东监控机制。德日国家公司股东监控机制是一种主动的、积极的模式。依照德国法律,公司必须设立双层委员会,即执行董事会和监事会,监事会是公司最高权力机构,是一个实在的股东行使监控和监督的机构。此外,德国工会的力量强大,职工监事以经营参与的方式广泛地参与公司的治理。银行本身持有大量股票和股票代理权,在公司监事会选举中占有主动地位。如果公司经营不善,银行可以通过其代表联合其他代表一起,要求改组执行董事

---

① 王庆娟:《中国经济转轨中的公司治理:发展的视角》,经济科学出版社2013年版,第19页。

会,更换公司经理,从而使银行及利益相关者直接监控公司成为可能。日本银行的双重身份,决定了其在行使监控权力中发挥主导作用。德日国家公司外部控制权市场不发达,外部治理者与企业经济关系稳定。

这种模式的弊端也是明显的。20世纪90年代以来,日本泡沫经济破灭,经济陷入长期衰退,人们开始对日本的公司治理进行反思,许多学者认为企业的资产负债率过高、银企关系过分密切是日本泡沫经济形成的一个重要原因。日本一些银行作为公司的主银行,对经营不善的公司,没有严加监管,反而向其大量注资,导致产生大量呆账坏账。

2.3.3 东南亚家族控制型

家族控制公司治理模式的代表国家在东亚和拉美地区,通常是家族成员一起创业建立的企业,公司控制权代代相传。这种模式以家族资本主义或裙带资本主义(Crony Capitalism)为特征,主要表现出如下特点:

(1)公司股权由家族控制,借助于金字塔式的控股和交叉持股进行控制,具有绝对控股权的单一大股东和交叉持股的普遍存在,控股股东普遍地参与公司的经营管理和决策。

(2)企业主要经营权掌握在家族成员手中,经营权与所有权很少分离。

(3)企业决策家长化。受儒家伦理文化的影响,企业重大决策往往由家族中的家长、同时也是企业创始人一人做出,或得到他的首肯。其决策效率较高,但同时缺少民主气氛,容易出现对企业有致命损害的决策。

(4)经营者激励约束双重化。在家族企业中,经营者受到来自家族利益和亲情的双重激励约束。这种双重激励约束机制,使经营者的压力更大,但同时也为家族企业解体留下了隐患。

(5)员工管理家庭化。受儒家思想的影响,家族企业的员工管理家庭化,使员工产生一种归属感和成就感,如在经济不景气时不辞退员工。但同时也存在故步自封、效率下降的问题。

在这种公司治理模式下,公司治理的核心,从管理层与股东之间的利益冲突转变为控股股东、管理层与中小股东之间的利益冲突。家族集团是控股大股东,严格控制了公司的经理层,中小股东的利益很难得到保障。另外,在家族控制模式的公司中,交叉持股的现象比较严重,这给控制权市场发挥作用带来了很大的困难。因此,家族控制模式下的公司一般很难被并购。

3. 中国的公司治理模式

3.1 中国公司治理制度的历史演变

中国公司治理是在中国经济体制从计划向市场转变的历史背景下,随着国有企业在由行政附属向现代企业转变的过程中逐渐发展,并随着资本市场从无到有以及上市公司群体的发展壮大而不断完善。在中国公司治理改革的过程中,中国公司治理制度是随着对资本市场每一个发展阶段所遇到问题的解决而逐渐建立起来的。而中国的国有企业改革,是一个从国家与企业的经营权分离,到所有权和控制权的分离,最后实现产权改革逐步摸索发展的过程,公司治理也在这个过程中逐步形成、发展和完善。①

中国的现代公司治理制度,始于我国所有权和经营权的分离和政企分开。1984年党的十二届三中全会以后,我国所有权和经营权的分离和政企分开问题在理论上取得了突破。1988年的《全民所有制工业企业法》首次以法律的形式确定了国有企业的独立法人地位,虽然给予作为企业法人代表的厂长相应的经营决策权,但在国家拥有所有权的时代背景下,所有者缺位,也没有有效的机制来保障所有者的权益。20世纪80年代末、90年代初,国家发展与改革委员会针对"公司热"于1992年5月出台《股份有限公司规范意见》和《有限责任公司规范意见》,对公司的设立和运作等问题做了较详细的规定,为中国特色公司治理结构题做出了基本规范。

中国特色双层公司治理结构和内部治理机制的初步建立,开始于1994年《公司法》的正式实施。1993年党的十四届三中全会通过《中共中央关于建设社会主义市场经济体制若干问题的决定》,提出建立现代企业制度是发展社会化大生产和市场经济的必然要求,是国企改革的方向。1994年7月《公司法》的正式实施标志着现代企业制度被纳入中国法制化、规范化的轨道,确定了股东大会、董事会、监事会和经理的地位和职责,明确了所有者、监督者、经营者的权利和义务,明确董事会负责执行职能,监事会对董事会进行监督和制约,这为建立和完善公司治理结构提供了法律保障。（现代企业制度）

政府和企业认识到股权结构规范化和外部监督机制的重要性,开始于中国证券市场的发展。随着公司治理的提升,中国的证券市场也迅速发展起来,同时证券市场也对公司治理发挥了重要的外部作用,主要体现在融资机制、价格机制和并购机制。同时,政府和监管部门也依靠法律、法规和行政手段对上市公司进行规范。1993年国务院相继颁布《股票发行与交易暂行条例》和《公开发行股票公司信息披露实施细则(试行)》,对上市公司股票发行和信息披露进行专门规范。证监会也发布了《上市公司章程指引》《关于在上市公司建立独立董事会制度的指导意见》等文件。

2002年的《上市公司治理准则》通过独立董事会制度和累计投票制等新制度,进一步完善我国的公司治理制度。由于绝大多数大中型股份公司是国有企业进行股份制改组后形成,许多国家所有制转轨而来的股份公司承袭国有企业管理理念和机制,存在严重的腐败问题。对此,《上市公司治理准则》的颁布和实施强制规定了独立董事和董事会专业委员制度,一定程度上解决了公司内部制衡缺乏的问题,并弥补了监事会的监督作用。与此同时,《上市公司治理准则》首次在上市公司的董监事选举中引入累计投票机制,保护社会公众股股东的权益。2004年证监会颁布的《关于加强社会公众股股东权益的若干规定》规定了分类表决制度和网络表决制度,进一步加强了对中小股东的保护。同时,2005年11月《公司法》引进的表决权回避制度,大大限制了大股东利用其控制地位伤害小股东利益的行为。（上市公司治理）

2005年4月发布的《关于上市公司股权分置改革试点有关问题的通知》正式启动股权分置改革,同时开展的"清欠"活动严格限制股东及其他关联方占用上市公司资金,并建立长效机制防止再次发生这种事件。2006年修订的《公司法》,逐渐健全了股东合法权益和社会公共利益的保障机制,强化了实际人控制、董事、高管和监事的法律义务和责任,改进了公司融资制度和公司财务会计制度,完善了公司合并、分立和清算制度,在保护债权人合法权益的基础上,为公司重组提供便利。2006年修订的《证券法》完善了证券发行、交易和等级结算制度,为建立多层（股权分置、监督和保护机制）

---

① 王庆娟:《中国经济转轨中的公司治理:发展的视角》,经济科学出版社2013年版,第115页。

次资本市场体系留下空间;完善了上市公司的监督制度;提高了发行审核透明度;建立了证券发行上市保荐制度;增加了上市公司控股股东和实际控制人,上市公司董事、监事、高级管理人员诚信义务的规定和法律责任;加强了对投资者特别是中小投资者权益保护,建立证券投资者保护基金制度,明确对投资者损害赔偿的民事责任制度等。①

3.2 国有企业的公司治理模式

根据世界银行政策研究报告,国有企业是指由政府部门仅凭借所有权地位控制其管理决策、从事商业活动的企业,包括政府部门直接控制的企业,政府直接或间接持有大部分股份的企业,以及政府只持有少量股份但能有效控制的企业。在我国,1993年国有企业实行党委、厂长、工人共同治理的模式,1993年《公司法》颁布后,国有企业以"产权清晰、权责明确、政企分开、管理科学"为目标的现代企业制度逐步建立;1999年提出在国有企业建立"法人治理结构",要求明确股东(大)会、董事会、监事会和经理层的职责,形成各司其职、互相制衡的治理结构。2000年,原国家经贸委在《国有大中型企业建立现代企业制度和加强管理基本规范(试行)》中明确提出,除必须由国家垄断经营的企业外,其他应逐步改制为多元股权结构的有限责任公司或股份有限公司,建立规范的法人治理结构。②

3.2.1 治理结构

(1)股东大会

股东大会是公司的最高权力机关,它由全体股东组成,对公司重大事项进行决策,有权选任和解除董事,并对公司的经营管理有广泛的决定权。股东大会既是一种定期或临时举行的由全体股东出席的会议,又是一种非常设由全体股东所组成的公司制企业最高权力机关。它是股东作为企业财产的所有者,对企业行使财产管理权的组织。企业一切重大人事任免和重大经营决策一般都得经股东大会认可和批准方才有效。其特征如下:股东会由全体股东组成,是公司的权力机构和法定机构。

股东大会行使下列职权:

①决定公司的经营方针和投资计划。

②选举和更换董事,决定有关董事的报酬。

③选举和更换由股东代表出任的监事,决定有关监事的报酬事项,审议批准董事会的报告。

④审议批准监事会的报告;审议批准公司的年度财务预算方案、决算方案。

⑤审议批准公司的利润分配方案和弥补亏损方案。

⑥对公司增加或者减少注册资本做出决议。

⑦对公司发行债券做出决议。

⑧对股东向股东以外的人转让出资做出决议(本项为有限责任公司股东会议特有的职权)。

⑨对公司合并、分立、解散和清算等事项做出决议。

⑩修改公司章程,以及公司章程规定需由股东大会决定的事项。

股东大会主要有三种形式:

---

① 王庆娟:《中国经济转轨中的公司治理:发展的视角》,经济科学出版社 2013 年版,第 118 页。
② 徐向艺:《现代公司治理》,经济科学出版社 2013 年版,第 533 页。

其一,法定大会。凡是公开招股的股份公司,从它开始营业之日算起,一般规定在最短不少于 1 个月,最长不超过 3 个月的时期内举行一次公司全体股东大会。会议主要任务是审查公司董事在开会之前 14 天向公司各股东提出的法定报告。目的在于让所有股东了解和掌握公司的全部概况,以及进行重要业务是否具有牢固的基础。

其二,年度大会。股东大会定期会议又称股东大会年会,一般每年召开一次,通常是在每一会计年度终了的 6 个月内召开。由于年度股东大会定期的召开大多为法律所强制,所以世界各国一般不对该会议的召集条件做出具体规定。年度大会内容包括:选举董事,变更公司章程,宣布股息,讨论增加或者减少公司资本,审查董事会提出的营业报告,等等。

其三,临时大会。临时大会讨论临时的紧迫问题。

除了上述三种大会外,还有特别股东会议。股东大会临时会议通常是由于发生了涉及公司及股东利益的重大事项,无法等到股东大会年会召开而临时召集的股东会议。关于临时股东大会的召集条件,世界主要国家大致有三种立法体例:列举式、抽象式和结合式。我国采取的是列举式,《公司法》第 101 条规定,有以下情形之一的,应当在 2 个月内召开股东大会:①董事人数不足本法规定的人数或者公司章程所定人数的 2/3 时;②公司未弥补的亏损达股本总额 1/3 时;③持有公司股份 10% 以上的股东请求时;④董事会认为必要时;⑤监事会提议召开时;⑥公司章程规定的其他情形。

(2)董事会

股东会作为公司的权力机关,其特点决定了不可能由它来管理公司的日常经营事务。要维持公司的生存和发展,需要有一个专门的机关,代表股东会行使经营管理的权力,董事会便应运而生。在公司治理结构上,董事会是仅次于股东大会的权力执行机关。在股东大会闭会期间,它总揽公司大权。

董事会是依照有关法律、行政法规和政策规定,按公司或企业章程设立并由全体董事组成的业务执行机关。它具有如下特征:董事会是股东大会或企业职工股东大会这一权力机关的业务执行机关,负责公司或企业的业务经营活动的指挥与管理,对公司股东大会或企业股东大会负责并报告工作。股东大会或职工股东大会所做的有关公司或企业重大事项的决定,董事会必须执行。

作为公司董事会,其形成有资格、数量和工作安排上的具体要求,也有其具体职责范围:

①从资格上讲,董事会的各位成员必须是董事。董事是股东在股东大会上选举产生的。所有董事组成一个集体领导班子成为董事会。法定的董事资格如下:首先,董事可以是自然人,也可以是法人。如果法人充当公司董事,就必须指定一名有行为能力的自然人作为其代理人。其次,特种职业和丧失行为能力的人不能作为董事,特种职业如国家公务员、公证人、律师和军人等。再次,董事可以是股东,也可以不是股东。

②从人员数量上说,董事的人数不得少于法定最低限额,因为人数太少,不利于集思广益和充分集中股东意见。但人数也不宜过多,以避免机构臃肿,降低办事效率。因此公司或在最低限额以上,根据业务需要和公司章程确定董事的人数。由于董事会是会议机构,董事会最终人数一般是奇数。

③从人员分工上,董事会一般设有董事长、副董事长、常务董事。人数较多的公司还可设立常务董事会。董事长和副董事长,由董事会成员过半数互相选举产生,罢免的程序也相同。

④在董事会中,董事长具有最大权限,是董事会的主席。其主要行使下列职权:第一,召

集和主持董事会会议;第二,在董事会休会期间,行使董事会职权,对业务执行的重大问题进行监督和指导;第三,对外代表公司,即有代表公司参与司法诉讼的权力、签署重大协议的权力等。

<u>独立董事</u>　另外,根据我国公司法规定,在我国国有企业和上市公司必须设立独立董事。中国证监会在《关于在上市公司建立独立董事制度的指导意见》中认为,上市公司独立董事是指不在上市公司担任除董事外的其他职务,并与其所受聘的上市公司及其主要股东不存在可能妨碍其进行独立客观判断关系的董事。其最根本的特征是独立性和专业性。"独立性"是指独立董事必须在人格、经济利益、产生程序、行权等方面独立,不受控股股东和公司管理层的限制。"专业性"是指独立董事必须具备一定的专业素质和能力,能够凭自己的专业知识和经验,对公司的董事和经理以及有关问题独立地做出判断和发表有价值的意见。目前,我国企业的独立董事一般是社会名流,而且身兼数职,一年只有十几天的时间花在上市公司身上,他们对上市公司很难有时间全面了解,并在此基础上发表有价值的意见,而社会名流未必真正懂得经营和管理,更缺乏必要的法律和财务专业知识。

(3) 监事会

<u>监事会及其职责</u>　在现代公司制度下,股东的所有权和经营权实现分离,公司的事务由董事会管理和控制。为了防止董事会滥用权力,保护公司、股东和债权人的权益,就必须设计一套监督机制,对公司的监督者进行监督。

在我国,监事会是公司的常设机构,负责监督公司的日常经营活动以及对董事、经理等人员违反法律、章程的行为予以指正。为更好地履行监事会的职能,赋予其召集股东大会的请求权是合理的。我国公司法规定了监事会提议召开时,董事会应当在2个月内召开临时股东会。但是如果董事会不召集会议时,我国法律并没有规定相应的救济措施。监事会的设立,是由于公司股东分散、专业知识和能力差别很大,为了防止董事会、经理滥用职权,损害公司和股东利益,就需要在股东大会上选出这种专门监督机关,代表股东大会行使监督职能。其特征如下:监事会由依法产生的监事组成,是公司的监督机构,也是公司的常设机构。

在实行不同公司组织机构和治理方式的国家,监事会的职权范围有着很大的差异,有的职权广泛,有的职权有限;有的规定详细而严格,有的规定粗疏而宽松。不过,各国公司制度的实践经验业已证明,制度健全、职权广泛的国家,监事会的监督效果较好;反之,则难有监督之实。对于监事会的具体职权范围,大多数国家公司法采取了概括的方式予以规定。综观各国的公司立法,监事会的职权主要包括财务监督、业务监督和管理者监督三个方面。我国《公司法》第54条、126条及《上市公司章程指引》第136条规定了有限责任公司和股份有限公司监事会或监事的职权,它包括以下几个方面:检查公司财务;对董事、经理和其他高级管理人员执行公司职务时违反法律、法规或者公司章程的行为进行监督;当董事、经理和其他高级管理人员的行为损害公司的利益时,要求董事和经理予以纠正,必要时可向股东大会或国家有关主管机关报告;提议召开临时股东会;公司章程规定或股东大会授予的其他职权。另外,监事有权列席董事会会议,但不享有在董事会会议上的表决权。《上市公司治理准则》规定,公司监事会应向全体股东负责,对公司财务以及公司董事、经理和其他高级管理人员履行职责的合法合规性进行监督,维护公司及股东的合法权益。

由此可见,我国公司监事会具有相当广泛的职权范围,如果行使得当,应当对董事会形成一定的制衡作用。不过,与公司监督机制比较健全的国家相比,我国公司法没有规定监事会或监事可以公司的名义对董事提起诉讼;没有规定当董事为自身利益与公司交涉或对公司提起诉讼时,监事会有权代表公司;没有赋予监事会在特定情况下享有直接召集股东会的权力。这些制度上的缺陷在一定程度上削弱了监事会对董事会、经理人的监控力度。监事会如果要有效地监督公司的经营管理活动,特别是有效监督董事会和高级管理人员,不仅必须受股东大会的信任委托,而且应当受职工等公司利益相关者的信任委托;不仅必须独立于董事会,而且应当在法律地位和行为程序上优于董事会,类似于德国的监事会,不是监事会受制于董事会,而是董事会受制于监事会,这样才能对董事会采取事前、事中、事后的全程有效监督。

(4)管理层

管理层也称经理。经理是公司的日常经营管理和行政事务的负责人,由董事会决定聘任或者解聘。经理对董事会负责,可由董事和自然人股东充任,也可由非股东的职业经理人充任。经理依照公司章程、公司法和董事会的授权行使公司经营权力,并有任免经营管理干部的权力。经理是公司对内生产经营的领导,也是公司对外活动的代表,其行为就是公司的行为,即使其行为违反了公司章程和董事会授权规定的权限范围,一般也都视为公司行为,后果由公司承担,这就是我国合同法规定的表见代理制度的法理实践来源之一。具有如下特征:经理的权力源于董事会,因此经理不是公司的法定机关,而是董事会的业务执行机构。

> 管理层及其职责

经理作为公司日常生产经营首席负责人,按照公司既成制度行使经理权力,如果公司没有既成制度可沿袭,也没有公司章程的规定时,则按公司法的规定行使下列权力:(1)主持公司的生产经营管理工作,组织实施董事会决议;(2)组织实施公司年度经营计划和投资方案;(3)拟订公司内部管理机构设置方案;(4)拟订公司的基本管理制度;(5)制定公司的具体规章;(6)提请聘任或者解聘公司副经理、财务负责人;(7)决定聘任或者解聘除应由董事会决定聘任或者解聘以外的负责管理人员;(8)董事会授予的其他职权;(9)经理列席董事会会议。

3.2.2 中国国有企业公司治理结构的独特性

(1)政府在国有企业公司治理中的作用

政府在国有企业公司治理中具有双重身份,首先政府是一个社会经济的管理者,履行社会管理者职能,其次政府是国有企业的所有者,履行出资人的职能。

作为社会公共管理者,政府的职能主要是充当"守夜人"的角色,为社会提供公共物品和公共服务。而通过制定或完善相关法律、法规、制度、规定等,为所有企业提供一个公平的竞争规则和竞争环境,则是政府作为社会管理者在公司治理方面作用的体现。在我国,政府的社会管理职能具体体现在如下三个方面:

> 政府作为公共管理者

其一,政府通过政策引导、技术支持、资金扶持、规则制定等,为公司治理建立完善的市场经济制度基础,包括控制权市场、经理人市场和中介服务市场等在内的市场经济制度。

其二,政府为公司治理提供公共物品,主要包括法律、规章、政策等,以指导、规范国有企业的公司治理行为,提高国有企业的公司治理水平。

其三,政府通过立法和执法、强制措施、直接干预或制裁等方法,以及人大监督、行业管理部门监督、审计监督等各种直接监督来实现政府管制,一定程度上可以克服和弥补公司治理结构时效存在的问题。

同时,政府还是其所有企业的所有者。国有企业的所有者是全体人民,出于权力行使的有效性,法律没有赋予"全体人民"作为所有者的地位,人民的所有权只有通过政府代表来实现,政府要行使权利并承担义务。国家股东的权利与一般股东的权利应该一致。但由于国家地位的特殊性,国家股东的权利极易造成滥用或过分使用。因此,政府在行使其权利时,应比普通

> 政府作为企业所有者

股东谨慎。作为所有者的政府不能对企业的经营过度干预,不能以管理者的身份将政府的一些社会目标通过行政手段强加在企业身上。政府也不能向国有企业及其董事会发布经营指令,干涉企业的经营活动,政府应确保国有企业董事会的独立性。①

<small>国资委的作用</small>

另外,为明确划分政府的两项职能,2003年十届全国人大一次会议批准了国务院机构改革方案,明确规定组建国有资产监督委员会(简称国资委),国资委代表国家行使股东或出资人的权利,"管人、管事、管资产"三者结合。国资委不仅负责选拔、考核、监督和任免国有企业的高层领导人员,管理国有资产经营机构的中长期发展计划、年度经营计划和经营管理中有重要事项的审议和决策,还要负责涉及重大投资和国有资产变更的重大决策、国有资产的保值增值和国有资本的收益。由于国资委代表政府同时拥有政府机构和国有企业出资人的双重身份,一方面使得政府的管理职能和出资人职能更为紧密,不利于国有企业的有效经营;另一方面,在管理实践中,国资委既完全行使了国有企业股东的职权,同时又部分行使了董事会的职权,剥夺或侵犯了非国有股东的权利。在国资委成立后,国有企业的效益并没有根本好转,国有资产流失更为严重。2004年国资委对中央企业进行了清产核资,181家中央企业的各类资产损失达4 000多亿元人民币,不良资产达总资产的5.4%。中航油(新加坡)、中储棉直接导致国有资产损失近20亿元。②

(2)党组织在公司治理中的地位和作用

<small>党组织在企业中的地位和作用</small>

坚持党对国有企业的政治领导,发挥国有企业党组织的政治核心作用,是建立中国特色现代企业制度的本质要求。虽然《中共中央关于进一步加强和改进国有企业党的建设工作的通知》(2002)(简称《通知》)和《中央组织部、国务院国资委党委关于加强和改进中央企业党建工作的意见》(2005)(简称《意见》)主张党组织对国有企业的政治领导,但由于强调"党管干部"及"党组织参与企业重大问题决策",事实上,党组织对国有企业同时进行了业务领导,行使了许多本应由股东会和董事会行使的职权。党组织"选派、推荐国有企业资产产权代表和企业经营管理负责人",履行实际上是股东会和董事会选举董事和选聘、考核经营者的职权;党组织参与企业经营方针、发展规划、年度计划和重大技术改造、技术引进方案等重大问题的决策,实际上也是干预了股东会和董事会的职权;党组织对中层以上管理人员的选拔使用和奖惩,剥夺了董事会和经理层(总经理)的人事权利等。③

党组织参与干部管理和企业重大问题的决策,能够保证其对国有企业的政治领导,起到了积极作用。然而党组织的决策多是出于政治目标,而忽视了经济目标。当政治目标和经济目标没能有效协调时,会出现干扰股东会、董事会和经理层职权的行使,最终会影响和制约企业发展和战略目标的实行。

<small>双向进入、交叉任职</small>

为了避免职权重叠而造成的冲突,及由此产生的国有企业领导体制的混乱,《意见》提出了要坚持"双向进入、交叉任职"的企业领导体制。国有企业的党委成员可以通过法定程序分别进入董事会、监事会和经理层,而董事会、监事会和经理层中的党员可以依照有关规定进入党委会。凡符合条件的,党委书记和董事长可由一人担任,董事长、总经理原则上分设。未设董事会的企业可以实行党委书记兼任副总经理、总经理兼任党委副书记的交叉任职模式;根据实际情况,党委书记和总经理也可由一人担任。已建立法人治理结构的国有独资和国有控股公司,党委会和法人治理结构要通过建立健全议事规则,完善党组织参与企业重大问题决策的程

---

① 刘银国:《国有企业公司治理研究》,中国科技大学出版社2008年版,第120页。
② 刘银国:《国有企业公司治理研究》,中国科技大学出版社2008年版,第122页。
③ 刘银国:《国有企业公司治理研究》,中国科技大学出版社2008年版,第124页。

序和工作机制。未设董事会的企业可以采取联席会议方式,由党委成员和经营管理班子成员共同研究重大问题。

"双向进入,交叉任职"强化了党组织在公司治理中的地位,保证党对企业的绝对领导,同时在一定程度上解决了党委会和董事会在决策上的矛盾。但在实际工作中,存在同时擅长经营决策和党务的人才缺乏,导致两个职务、两种职责由一个机构或个人承担容易产生偏废,甚至患得患失。

3.3 中国公司治理模式的发展和问题

目前,中国已经搭建了公司治理的基本制度和框架,与发达国家相比,在形式上,中国上市公司治理规范已经具备了公司治理规范的主要内容。但正如沃克评价OECD公司治理评估结论所言,"公司治理规则的挑战主要在于真正落实好已有的基础和重要的规则"。公司治理结构的正常运作还依赖于健康的资本市场和经济环境,这是一个合力的过程。目前中国公司治理结构虽然已经基本建立,但是由于资本市场等环境的影响,公司治理机制弱化或者失灵,公司治理效率相对来说较低。

中国的公司目前主要存在以下问题:

其一,存在严重的"内部人控制"现象。在我国,不论是国有企业还是民营企业,都存在"内部人控制"现象。国有企业的"内部人"主要表现在经理利用政府产权的"超弱控制",形成了事实上的内部人控制,谋取自己的利益,同时又利用政府行政广泛的超强控制推脱责任,转嫁自己的风险。民营企业的"内部人控制"与国有企业的表现截然不同,民营企业控制股东由于股权的高度集中,实际上形成了对董事会和经理层的控制,从而利用自己的控制权为自己谋利。

其二,内部治理功能弱化。主要表现为董事会的独立性不强、监事会作用有限和独立董事功能的弱化。

其三,外部治理机制实效。主要表现为外部控制权市场、经理人市场失效。

其四,中小投资者的利益无法得到保护。由于我国企业存在严重的"内部人控制"现象,内部治理机制弱化,外部治理机制失灵,造成控股股东或者实际控制人损害中小股东利益的情况非常常见。而我国又缺乏可操作的股东诉讼制度,中小投资者的利益无法得到保护。

4. 结束语

随着法律对企业法律形式的规范,商业活动的法定框架条件也得以确定下来。在中国,企业家可以从个人独资企业、合伙人企业和公司等法律形式中做出选择;同时,企业家在做选择时还必须考虑到一些重要的标准和结果,例如,责任承担、领导权限、盈利与亏损的分担、融资、监督、公告以及在适当情况下的参与决策。

通常情况下,一旦选定了法律形式,企业的公司治理结构就随之确定下来。公司治理的治理制度在世界范围内存在英美外部市场型、德日内部控制型和东南亚家族控制型三种,治理结构包括股东大会、董事会、监事会和管理层等机构。在我国,由于中国国情的特殊性,政府和党在国有企业的公司治理中同样起着至关重要的作用,如何平衡好党政机关的政治目标和现代企业制度的经济目标,是国有企业企业治理亟待突破的问题。

在我国公司治理建设的过程中,已经颁布了公司治理的主要制度,构建了公司治理的主要框架。但公司治理是一个系统工程,公司治理结构的有效性还必须依赖良好的市场、法律、制度和社会环境。在我国经济转型的发展过程中,资本市场、产品要素市场、经理人市场还处于发展阶段,而我国的政治、法律体制也正处于改革之中,这些导致了我国公司治理的内部功能弱化、外部治理机制失灵,造成"内部控制人"现象严重、中小股东的利益无法得到有效保护等问题;同时,公司治理在国际市场的竞争也愈加激烈,关于我国公司治理的体制仍需要得到进一步发展和完善。

引用文献

《个人独资企业法》,2000年1月施行。
《合伙企业法》,2007年6月1日施行。
《公司法》,2014年3月1日实施。
赵旭东:《商法学教程》,中国政法大学出版社2004年版。
施天涛:《商法学》(第四版),法律出版社2010年版。
彭真明:《公司法教程》,对外经济贸易大学出版社2007年版。
顾功耘:《国有经济法论》,北京大学出版社2006年版。
顾功耘,沈贵明:《商法专题研究》,北京大学出版社2009年版。
张维:《论我国企业立法体系:评述、反思与重构》,中国政法大学硕士学位论文,2010年3月。
徐向艺:《现代公司治理》,经济科学出版社2013年版。
刘银国:《国有企业公司治理研究》,中国科技大学出版社2008年版。
王庆娟:《中国经济转轨中的公司治理:发展的视角》,经济科学出版社2013年版。
郭富青:《中国非公司企业法研究》,法律出版社2009年版。
蒋宇:《新三板做市商制度之法律建构》,中国政法大学硕士学位论文,2011年3月版。
彭海华:《公司治理模式的比较及我国的实践》,《经济社会体制计较(双月刊)》,2003年第2期。
李维安、邱艾超、牛建波、徐业坤:《公司治理研究的新进展:国际趋势与中国模式》,《南开管理评论》,2010年第13卷。
何诚颖:《中国公司治理模式的选择》,《中国软科学》,2000年11月刊。

普通高等教育"十三五"商学院精品教材系列

第7章

组 织

Mark Ebers　Indre Maurer　Matthias Graumann[①]

1. 引 言

应该如何组织企业,从而尽可能有效果和有效率地提供并利用生产力?市场的快速变化、潜在的新技术、顾客需求的改变以及人员变动总是会引起对该问题的重新思考。因此,组织变革在很多地方已经成为企业日常生活中不可或缺的一部分。

> 1994年,当尤尔根·多尔曼(Jürgen Dormann)任赫斯特股份公司执行董事会主席时,赫斯特是一家跨国化学公司,生产很多产品,有约17万名员工,是一个非常复杂的组织。执行董事会的每个成员同时负责某项产品(如聚合物、医药)、某种职能(如财务、销售)和区域市场(如北美、法国)。执行董事会下面有组织单元,负责特定的功能领域或产品领域。可想而知,为了能使一种新开发的除草剂在全球范围内有效成功地营销,在该组织中需要一个多么复杂漫长的协调过程。该组织的基本路线确定于20世纪70年代初期,赫斯特放弃了昔日纯职能型的组织,以便有针对性地应对国际市场的新挑战。随着尤尔根·多尔曼的入职,再一次开始了一场深刻的变革。这场"94"变革的目标是,再次简化赫斯特的复杂组织,缩短决策路径,强化责任的非中心化。希望通过这次变革,使灵活性和生产效率

案例

[①] Mark Ebers:德国科隆大学企业发展与组织学教授,博士。
Indre Maurer:德国哥廷根大学组织与企业发展学教授,博士。
Matthias Graumann:德国奥芬堡应用技术大学管理和管理工程教授,博士。

得到显著提升,同时提高公司所有作业的透明度。未来赫斯特应该专注于医药、农药和工业化学品等核心领域。经过一波涉及销售和采购的变革,赫斯特在随后几年变成了一个高度国际化的战略管理控股公司,其母公司设计产品和管理投资组合,而各集团企业享受到了前所未有的自主权和选择自由;它们可以完全专注于自己的客户和运营业务。1997年该变革告一段落,多尔曼宣布了一项新的方针变化:赫斯特的经营作业应该只专注于生命科学领域(医药、农业/营养和动物健康),因此产品和投资组合差距进一步缩小。1999年,一场根本性的变革标志是正式结束成立于1951年的赫斯特公司:该公司与法国化工企业罗纳普朗克合并成安万特集团。自此,位于斯特拉斯堡的新公司总部负责财务、人事、媒体公关,而企业运营则由六个法律上独立、各自负责一个产品领域的子公司负责,其中最重要的是位于美因茨河畔法兰克福的安万特制药和位于里昂的安万特作物科学(安万特作物科学后出售给拜耳)。2004年,安万特又经历了一场深刻的变化,被塞诺菲圣德拉堡收购。从而诞生了塞诺菲—安万特公司,总部设在巴黎。塞诺菲—安万特是一家纯制药公司,专注于"药品"和"疫苗"两大业务领域,重点市场为北美、欧洲和亚洲。

在这个充满变革的进程中,相关企业的领导层和员工都面临着巨大挑战。必须要了解及应对新的国际市场;发展并有效果和有效率地实行新的责任和交流渠道、新的领导方式和流程。这不是一个一次性措施,而是一个过程,目标是持续的企业创新。

虽然上文所述赫斯特公司的发展历程是一个个案,但绝非特例。无论公司大小,在过去25年中,很多企业的战略定位和组织都经历了显著变化。为了适应市场、技术和企业内部要求的变化,企业组织也在不断更新。

组织构架的目标设置

从企业的视角,所有这些组织变动的目标均为:更有效地进行生产,即更好地达到所追求的目标;提高产品与服务的生产效率,即以现有的资源获取更大的产出或相同的产出追求资源投入最小化。为了实现这些目标,应该采用哪种组织方面的操控工具?以哪种方式落实?这一章将会对此进行阐述。

第2节介绍组织的基础知识:组织方面有哪些操控方式?第3节回答:在进行有关组织决策时,决策者要考虑什么?即组织的成功要素是什么?第4节则讨论了核心的组织构建决策和工具。第5节回答了:如何成功地进行组织转型。

2. 组织构架的操控

如何最优化组织绩效生产流程?对此主要涉及两个决策:

分工

(1)关于如何分工。要决定,哪些作业者从事哪些必要的绩效产生和利用作业。在此将广泛运用"作业"的概念,其是指一切绩效产生和利用所必要的工作、事务和决策。"作业者"可以是个人,在大一些的组织中也可以是群体,如小组、部门或业务领域。

协调

(2)组织协调。通过恰当的协调机制,由不同作业者分工从事的作业可以相互协调一致,从而尽可能有效果和有效率地实现所追求的绩效(参见 Kieser & Walgenbach, 2007)。

2.1 分工

企业间分工

分工问题存在于不同的层面。最高层面涉及战略问题,公司到底应该提供哪些产品?例如:戴姆勒公司应该从事轿车、工程车、飞机、武器和金融服务市场,还是应该进一步缩小产品供应种类?是否应该进行汽车发动机的基础研究、研发生产组件和整车、提供融资服务、维护自己的销售网?应该局限于这些价值创造中的部分业务,还是开拓其他业务?这些问题涉及公司间分工。

企业内分工面临这样的问题,那些对完成企业绩效项目必要的作业该以哪种方式分配给具体作业者执行? _{公司内分工}

把某种绩效产生和利用的作业正式分配到某个岗位和组织单元,就构成了公司的组织机构(参见图7-1),它反映了垂直分工,如赛诺菲—安万特集团总部、子公司及其子单元之间的分工。 _{组织机构}

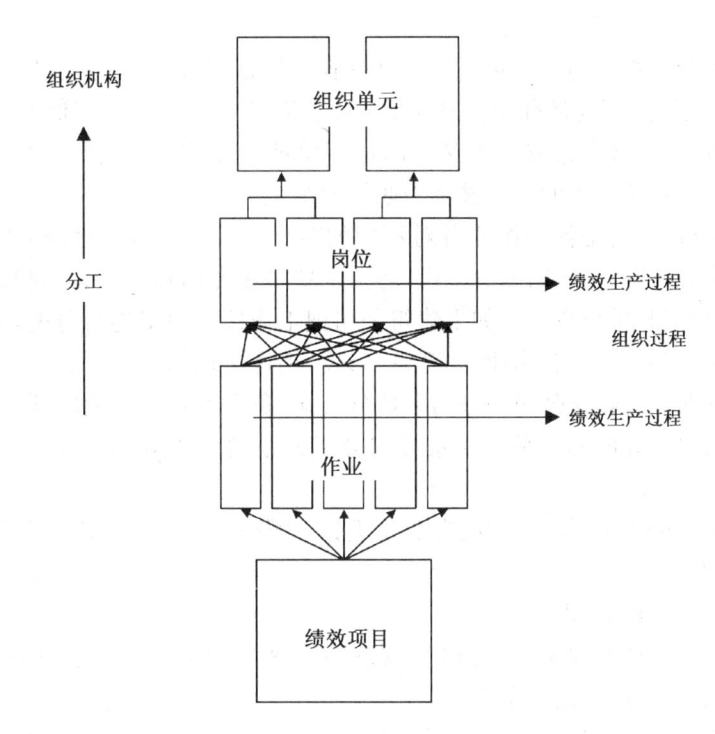

图7-1 组织机构和过程的构建决策

垂直分工的一个重要组成元素是,不同组织成员和组织单元之间决策权的分配,主要是决定决策权是集中还是分散实施。

绩效产生和利用的不同作业应该按照哪种空间和时间顺序进行,这是由组织过程调整的(业务流程组织),它体现了一个企业沿着价值创造过程的水平分工,即绩效产生和利用中的必要作业步骤是如何分配给不同作业者的,如从研发到产成品,或从获得订单到供货及收款。 _{组织过程}

2.1.1 分工的基本形式

分工有很多不同的基本方式,既可以基于所有组织层面(岗位、小组、部门和业务领域),也可以基于组织机构和组织流程。在决定分工方式时,要考虑每个方式的可实现专业化优势以及产生的协调费用。有一条通用规律:专业化分工可以提高生产率,从而实现利润,但同时也产生协调费用(参见 Picot 等,2008)。

在定量分工下,不同作业者对相同对象进行相同的作业,例如,户口登记处通常会按客户首字母(A~D,E~H,I~L等)把工作分配给各个员工。各个员工从事的作业并没有区别;所 _{定量分工}

有员工面对同种客户,做同样的事,如登记和变更登记、办理护照申请等。当经营两个或更多的制造工厂来执行相同绩效项目时,化工企业和芯片制造商也是采用定量分工的原则。这种方式的分工没有专业化优势。

<small>类别分工的专业化优势</small>

产能的提高使得分工由纯粹的工作定量分工转变为员工专门从事不同类型的绩效生产作业,从而实现专业化优势。在一家成长型的律师事务所,通常不再是所有律师处理各种任务,而是各个律师专门从事某个特定的法律领域(如合同法、婚姻法或交通法)。首先,由于深入从事较窄范围的业务,专门的参与者可以掌握该领域专门知识。他们有更多的机会和能力来获得经验,从而知晓怎样能更好地实施某个作业,进而在其工作领域有所收获。因此,专门从事某种类型的作业提高了生产率。其次,更短的学习时间和培训时间也会降低成本,从而对多技能人才的依赖性降低。

<small>对象专业化</small>

<small>工作专业化</small>

根据作业类型分工被称为专业化。分工可以有多种方式,在按工序分工下,作业者专门从事不同作业。在一家企业中,就有专门从事计划、融资、生产、销售和其他职能领域的专项团队。在这些职能领域内,各个组或个人又专门从事单项事务,如人事管理中的招聘、培训及人员管理。根据工作专业化分工的组织被称为职能型组织。

所谓根据对象分工,就是各个作业者对不同的对象(产品、顾客或区域)实行类似的作业。在一家建筑公司中,以产品为导向的分工可以是,一些员工专门从事开发、建造和销售楼盘,另一些专注于开发、修筑和销售道路。如果建筑公司把工作按客户组进行分配,那么一些员工就要做与公共部门客户相关的所有作业,如开发、修建、销售建筑和道路,而另一些员工对工业客户也是做相同的作业。若建筑公司划分为区域分公司,负责各自区域内的所有客户群和产品,就会出现根据区域对象导向的划分。对象导向分工的不同方式被称为分区组织,又称为部门或业务单位组织(Frese,2005)。

分工的方式和规模决定了可实现的专业化优势。哪种类型的专业化是有利的,取决于第3节讨论的不同影响因素。

2.1.2 分工产生协调需求

随着投入、生产和产出绩效方面相互关联越紧密复杂,协调需求就越大(Thompson,1967)。满足协调需求会需要相关费用。

<small>定量分工下的协调需求</small>

在定量分工下,独立组织单元的生产流程间相互关联度不高,因而协调需求较小。协调需求主要体现在共同资源的使用上,如信息技术的使用、集中采购,从而充分发挥规模效应。但是,协调仍然是必需的,通过协调可以确保组织单位整体符合绩效生产的标准,从而使企业在市场上行为一致。

<small>类别分工下的协调需求</small>

与定量分工相比,不同类别作业的专业化将会带来更大的专业化优势。然而,专业化程度并非越大越有利。因为随着专业化程度的提升,所需的协调费用也就越大,协调开支用于协调分工,使企业的绩效项目有效果和有效率。表7—1概括地总结了总体趋势,前提是各自有适当的组织。

表 7—1　　　　　　　　　　不同分工形式的专业化优势和协调优势

	定量分工	类别分工 工作导向	类别分工 对象导向
专业化优势	无	给定	给定
协调需求：			
投入要素	少	少	少
流程	短	中	短
产出	少	大	少

工序导向的分工通常比对象导向的分工有更多协调需求。在工序导向的专业化下，绩效生产过程和分工产出必须相互联系紧密，因为一个组织单元的产品就是下一个单元投入的生产原料，因此，要在产出量、品质和期限上相互协调。例如，化工厂采购部必须保质保量采购生产所需的原料，生产部又要追求产量和出产时间与销售部承诺给顾客的产量和时间相吻合。因为按工序划分的不同组织单元投入的要素和技术迥异，通常在生产要素的投入上协调需求会较小。 _{工作专业化下的协调需求}

在对象导向的分工下，由于各自经营不同的对象（区域、产品、顾客），相比而言，负责的组织单元有更大独立性，像建筑公司的区域分公司或银行分行在日常业务中就很少需要相互协调。他们总是使用一个共同的基础设施，如信息技术或人事管理等方面。在化学公司的研发部门，颜料的研发者和除草剂的研发者只有很少的关联。而银行负责企业客户的与负责个人客户的信贷专员也很少需要协调。 _{对象专业化下的协调需求}

2.2　协调

要调度好什么人在何时何地对何种对象实施何种作业，从而实现企业有效果和有效率的生产，为此可以采用不同的人员和技术协调机制（Kieser & Walgenbach，2007），该机制具有信息功能和激励功能（Frese，2005）。信息功能是指，获取并提供如下信息：谁有意实现总体目标？何时应该对何种对象实施哪些作业？何时何地能获得怎样的绩效产出？激励功能是指，刺激负责的作业者按照计划方式实施所需作业。

2.2.1　人员协调机制

人员协调以负责各个作业的参与者之间的交流和互动为基础。如果协调是纵向、超越等级层面的，这种协调方式可通过个人指示实现。通过共同上司直接的个人领导来操控多个员工任务绩效就是一例。 _{个人指示}

人员协调的第二种形式是自我协调，是指通过同一层级参与者间的水平协调来操控所负责领域重要的绩效生产。这种类型协调的例子有：市场部员工和研发部成员之间定期进行信息反馈，来共同实现产品进一步研发的目标；设立工作组，在参与者中协调共享使用的设备或劳动工具。 _{自我协调}

除了上述有形的人员协调机制，企业还有无形的人员协调机制。根植于组织文化的规则、价值和行为模式形成了稳定的行为预期，不同单元的员工都可以此预期为导向（Maurer，2004）。组织成员基于自身对组织文化的认识，知道组织中的其他成员可能会如何行动，就可以相互协调彼此的行为，相互配合。 _{组织文化}

2.2.2 技术协调机制

激励制度　技术协调机制通过预先给定的参数,不受人为影响地操控分工绩效生产。激励系统把作业者的决定及行为和正面或负面手段相联系,激励参与者向有效果和有效率的总产出努力,形成绩效生产分工过程的协调。这种激励制度通过引入利润中心来实现,它的作用会被内部转移定价系统削弱。

案例

> 在围绕内外部合同的竞争中,根据损益潜力,利润中心"培训和进修"将受到这样的激励,调控产出绩效的质量、数量及价格,使母公司达到相对最大产出;否则,那些需要培训和进修的单元,它们同样是利润中心或至少接受内部转移定价的系统,就会要求只接受需要的培训和进修服务,由此它们能够提高总体产出。

此外,升职激励和薪酬制度也可以发挥协调作用,例如,为了促进知识共享和互相学习,很多公司都鼓励自荐宝贵的技术诀窍。

规划　通过定期预先规定投入生产要素的数量和质量、所要获得产出水平的流程特点(数量、质量或期限方面),规划由此来发挥协调作用,这些适用于多个组织单元(参见16.3.1.1节)。各个组织单元可以有一定把握地预期,在计划的时点获得预计生产要素或流程前提,据此安排自己的作业。在良好计划的范围内,作业按照计划实施,分工作业相互协调。因为它预先规定了所要达到的水平,规划是产出导向的操控,至于达到该水平的方式就交给作业者决定。

程序规范　程序规范规定了,执行绩效产生和利用作业的一般适用规则以及达到特定水平的手段和方式(方法)。它规定了,应该何时何地由谁怎样实施何种作业。规划是产出导向的操控,而程序规范是投入导向的操控。通过调控投入相关参与者的决策和操作流程,程序规范试图确保达到某个追求的操作结果,例如,培训和进修程序旨在为企业谋得特定的素质技能,订购程序确保投入要素始终处于有效率的数量和质量可供使用,制造流程规定了生产过程,从而能够精确生产预定的产出。在产品生产过程中,下游程序单元很难预测上游单元的产量,而程序规范通过减少这种不确定性来发挥协调作用。这样,下游单元就可以根据上游单元的情况来协调它们的生产。

替代关系　不同的协调机制有时可以相互替代。不通过两个组织单元共同的领导相互协调,如在生产和销售部相互协调生产和销售计划时,可以通过相关的参与者直接相互协调;不用直接确定关于产品生产的计划和程序规范(如工作组的数量是否应该减少),激励系统也可以间接发挥相同的作用。人员协调和技术协调之间也存在替代关系:在给定的协调需求下,更多的技术协调可以节约人员协调;反之亦然。领导可以亲自给出指示,例如,要达到的销售额,目标销售额也可以是一个制度化规划过程的结果。哪种情况下应该投入哪种协调机制,取决于不同的条件。总之,通过自我协调或个人指示的协调往往比使用技术协调机制费用更高,因为个人指示和自我协调需要相对更高的人员开支。

2.3 决策权的分配

决策权的分配　关于规划、执行和监控对绩效产生和利用必要作业的决策权分配,是组织构建的另一个重要课题。哪个组织层面的哪些人应该有哪些决策权?组织构建的一个重要问题是,在这种情况下,应该如何集中或分散地进行不同决策?绩效产生和利用应该采用哪种方法?例如,某个一体化钢铁工厂的生产和订单计划是否应该由唯一的"集中"计划单位制定?还是在工厂层面或单个生产线分散决定,各个订单应该按什么顺序和规模、以哪种组合进行生产?应该是车间管理层进行招聘决策还是人事部集中进行决策?

2.4 领导组织

领导组织决定沿着哪一层级领导关系可以控制协调地进行干预,即哪些职位和组织单元对其他的单元有指示权(指示权的分配)。从领导关系的组织中,可以得到整个企业的上下级关系结构。 指示权的分配

对于领导组织,要做各种组织构架决策。第一个问题是领导范围的大小:上级组织单元应该领导多少员工? 第二个问题是一个与此相关的问题:企业应该有多少层级? 最后是处理指示关系,即谁向谁报告,谁对谁有指示权? 构建决策

没有对所有组织单元统一最优的管理范围。那些与有效果和有效率的绩效生产相关的上级主管部门拥有多大的管理范围,取决于一个主管可以操控和协调多少员工,这又会受到各种不同因素的影响。首先,与各个主管的个人特质有关,如个人素质、领导力和交流行为。其次,下属的特质也对管理范围有影响:有些员工相比其他人需要更多的领导。最后,有组织作业的不同特点也会影响管理范围,以及在管理作业中,领导通过技术机制、自我协调或组织文化之间的协调所减压的程度。 领导范围

一个企业分多少等级层次,直接与管理范围的设计相关。在管理相同数量的员工时,管理范围越大,需要的等级就越少。此外,各个不同领域的企业,其等级数量也是完全不相同的;当情况相差很大时,这一条也同样适用。 等级层次

在一个单线式系统中,每个员工都只有一个领导。若一个下属向多个领导报告,就称为多线式系统。 指示关系

单线式系统有明确的管辖权,责任分配明确。然而由于职责明确,不同单元间的协调过程往往通过层级处理,因此该系统往往导致信息路径和交流路径较长。

多重隶属往往出现在矩阵组织,在产品管理和项目管理中也常常出现(参见 7.3.2.2 节)。多线式系统就提供了这样的好处,可以把不同的专业能力综合到一个管理过程中,因此可以从不同的相关角度对绩效生产进行管理。希望在于,由此得出高专业质量的决策,以及减轻协调的负担,避免领导数量的膨胀、模糊的责权划分和管辖权的冲突。 多线式系统

3. 组织构架的成功条件

提出问题

> 为什么有 10 名员工的快餐店和有 10 名员工的人力资源咨询公司组织设计完全不一样呢? 快餐店的员工专门从事一道工序(准备食材、接订单、清洗),他们的工作大多通过行为准则和激励系统进行操控,个人领导和自我协调相对不那么重要。相比而言,人力资源咨询公司的员工则没那么专一化,人员协调机制相对于技术协调机制更为重要。快餐店的决策过程非常集权化,而在工作内容和工作时间的安排上,人力资源咨询公司的员工有更多的选择空间。快餐店通常在主管之下没有其他的等级,餐厅主管的管理范围就是 10 人。而一个拥有 10 名员工的人力资源咨询公司却有部门结构,以实现更精细的管理。尽管组织差异巨大,但两家公司的产出却都能有效果和有效率。这该如何解释呢?

有关组织的经验研究的一个核心观点为,不存在最佳组织形式。哪种组织形式能最好地支撑有效果和有效率的产出,更多地取决于企业内部和外部的各种因素。

该研究发现了很多有效组织设计的情境条件因素(Kieser & Walgenbach,2007;Staehle,1999;Hill 等,1998),从这些条件因素中,可以总结出针对不同组织构架形式的不同要求,这些条件因素归属于不同的考察层面。

(1)在最基本层面上,决定组织是否有效果和有效率的是企业所从事业务的特征。

(2)在更高层面上,在考虑整个公司时,有效果和有效率的组织构架取决于企业的战略定位。这里要区分两种要求,一种是根据企业总体战略提出的,另一种是由单个竞争战略提出的。

(3)第三层,超出企业层面,不同组织构架形式是否有效果和有效率,取决于企业所处环境的各种抽象特征(Ebers,1992)。

某种组织设计是否有效果和有效率,取决于其是否能很好地帮助企业或组织单元满足所经历的各个情境要求。此外,在不同组织构架决策之间(尤其是分工方式和规模、决策权和指示权的协调方式和分配)应该相互协调,从而保证有效果和有效率的绩效产出(参见图7-2)。

有效果和有效率的组织需要双重协调

内外部环境要求	组织构架
• 任务特点 • 企业总体战略以及竞争战略 • 环境特点	• 分工的方式和规模 • 协调 • 决策权的分配 • 领导组织

图7-2 有效果和有效率组织构架的成功条件

这里需要强调,下面所述的关系只是反映了大概的趋势,适用于孤立地考虑各个情境条件的影响。在具体管理实践中,不同影响因素共同发挥作用,而非孤立生效。因而,影响关系非常复杂,组织研究尚未能够指出明确的效率关系。因此,在实际构建决策中,下文的表述也只能为更好地理解问题提供分析帮助,而不能提供完全的问题解决方案。

3.1 任务特征

对绩效产生和利用的不同作业,应该有不同的组织安排。采用哪种分工方式、哪种协调机制、决策权集中还是分散以及哪种领导组织最好,取决于所要处理工作任务的两大特征:易变性和结构性(Daft,2010)。根据两个不同组织单元的对比,化工集团研发部门和结算部门的比较可以说明它们之间的关系(Staehle,1999)。

3.1.1 易变性

易变性描述了绩效产生和利用所必要作业的变化频繁程度和可预测性。一项任务的易变性可以用任务完成过程中出现意外事件或新事件的频率来度量。例如,技术进步对研发部门作业的影响变动要大于发票结算部门,其规则和程序随着时间推移基本保持一致。

就组织构架而言,作业易变性程度越高,专业化就越不可行。因为为了获得专业知识和技能将产生费用,而这些费用不能长期分摊。更常见的情况是,由于环境变化,这些专业技能会迅速失效。因此,当绩效产生和利用的环境变化剧烈、频繁且很难预测时,专业化程度较低的复合型员工更有优势。

关于协调的阐述也是类似。随着环境易变性的增长,对技术协调的投资也迅速失效。因此,技术协调的成本优势相对于人员协调就没那么明显。在这样的环境下,有效果和有效率的协调需要灵活性,此时人员协调机制更符合要求。此外,当绩效产生和利用过程中的易变性更难预测时,就更难做计划,即在这样的环境下,这些协调工具效率会有所降低。 <!-- 协调的含义 -->

易变性高及变化的可预测性低,就需要做出快速灵活的反应。因此,要强化决策的授权。 <!-- 授权的含义 -->

相对于稳定条件下,操控作业的易变性越高,对领导者能力的要求也越高,因为这时领导者必须再三考虑其组织构架的决策,必要时落实新的组织形式。因此,当所操控作业环境的易变性较高时,相对于稳定条件下,领导者能够管理的人数较少。 <!-- 管理范围的含义 -->

3.1.2 结构性

任务特征的结构性考察了绩效生产过程的可控制程度。一个任务的结构性越差,就越难清楚说明哪些投入是有效绩效生产所必需的,越难确定所产生的成果是好是坏。例如,发票结算就是高度结构化的,而开发畅销新药的研发作业则结构化程度较低。

相对于结构化较低的作业,高度结构化的作业更容易实现高度分工,因为每个工作步骤和投入都是可知且可控的。因此,高度结构化的作业更容易实现专业化优势。 <!-- 专业化的含义 -->

高度结构化作业的协调强度低于结构化较低作业的协调强度,在结构化较低作业的绩效生产进程中,作为伴随的操控和监控将会不断检查,绩效生产是否采用了合适的方式和流程,是否达到了所追求的成果目标。只有当协调作业具有很高的结构化时,引入技术协调机制才是可行的,只有这时才可能真正理解负责任和有效的激励系统、计划以及方法前置条件的含义。对于结构化程度较低的任务,必须通过人员协调来完成目标。 <!-- 协调的含义 -->

由于需要大量的具体知识和与工作密切相关的信息,针对较低结构化作业的决策过程就需要更多的决策授权。相反,高度结构化的作业则较多地由公司高层集中操控。 <!-- 授权的含义 -->

相比较低结构化的作业,在高度结构化的作业中,领导可以更方便、更快地评估,成果目标是否已经实现以及在多大程度上得以实现,哪里出现了偏差?为什么?此外,在高度结构化的任务中,领导可以通过使用技术协调机制来减少对员工的个人领导。因此,相对于较低结构化的作业,高度结构化的作业可以实现更大的管理范围。 <!-- 管理范围的含义 -->

组织构架应该按所述的方式根据任务特征进行调整(概览参见图7-3),这些特征对部门及各个职位的内部构架尤其重要(参见7.3.4节)。

此外,通过战略决策决定的绩效产出项目也决定了哪些组织形式是有利的。

3.2 战略

战略规划的主要目标是回答,企业应该涉足哪些业务领域,应该如何在各个业务领域展开竞争,对应的战略被称为企业总体战略或者竞争战略(参见第3章)。组织构架的不同形式又各自适用于支持不同的企业战略定位。阿尔弗雷德·D. 钱德勒(Alfred D. Chandler,1962)就提出了"结构遵循战略"的理论。

3.2.1 企业整体战略:绩效项目的同质性和异质性

随着企业整体战略的确定,企业的绩效项目就确定下来了(参见3.3节)。对于同质绩效项目的企业,采用职能型、工序导向的组织形式具有优势。随着绩效项目扩展到新的、不同于传统产品领域的市场或顾客群体,多级别的、对象导向的组织机构就成为优选(Kieser & Walgen-

结构化

	低	高
高	如战略规划、产品开发、内部咨询 1. 专业化程度低 2. 主要是人员协调 3. 增加授权 4. 管理范围小	如法律顾问、物流、市场研究 1. 专业化程度高 2. 技术和人员协调 3. 授权较少 4. 管理范围适当
低	如人力资源开发、产品设计、销售 1. 专业化程度适当 2. 人员和技术协调 3. 适当授权 4. 管理范围适中	如人力资源管理、内部审计、会计 1. 专业化程度高 2. 主要是技术协调 3. 授权较少 4. 管理范围大

(左侧纵轴：易变性)

图 7-3 任务特征和组织构架的关系

bach,2007)。

此处一个重要原因是绩效项目扩展所带来的协调需求的增长,导致职能型组织机构无法适用,而事业部形式的企业组织更能够满足需求。另一个原因是,在事业部型结构中,可以实现较强的市场导向,因为每一事业部专注于自身的产品领域、区域市场或顾客群。

案例

> 近几年,德国邮政 DHL 通过多样的企业收购(其中有 DHL、Danzas、DSL-Bank、Herald International Mailings、Air Express International 和 Exel),发展成为一个广泛多样化、业务遍及全球的企业。除了传统业务"信件",DHL 还提供特快专递、船运和物流等服务。

多样化下职能型组织形式的不足

在职能型组织机构下,无法有效果和有效率地操控像 DHL 这种绩效项目。生产要用到很多不同的技术和流程,市场营销要处理迥异的细分市场,销售要面临需求迥异的客户群体,要在非常广泛和异质的绩效项目中发展能力,就要采用不同的销售渠道。原先在职能型组织中有效的专业化优势,如充分利用设备和学习曲线的规模效应,随着产品异质性的增长,这些优势越发难以实现。同时,随着绩效项目范围和异质性的增长,产生了显著的协调费用,由于各职能领域之间的联系,职能领域并非独立决策,必须沿着价值创造链不断和其他职能领域协调。在这样的情况下,有关负责人就越发难以给不同市场充分的时间和关注。因为职能领域内及领域之间绩效生产过程各自相互依赖,很难实现充分透明,从而难以进行效益核算。此外,不同职能领域所遵循的目标设置间可能存在冲突,例如,生产通常要追求降低成本,销售追求尽可能满足所有客户的特殊需求。由于任何一个职能领域不承担盈亏责任,当涉及这些冲突时(如是否要接受一个短期的特殊订单),只能由上级单位即企业领导层做出决定。在这样的情况下,这些领导者就要密切介入日常业务,迅速面临本不属于其任务和职权范围的决策压力。

案例

> 为了避免上述问题,DHL 采用了一个康采恩结构,使作业根据产品领域划分为多个事业部。在 DHL 的大框架下,有"信件"、"特快件"、"全球货运物流"、"船运"和"供应链"等事业部。

在事业部组织构架下，每个事业部在产品、顾客或市场所必须的价值创造作业中都具有独立性。在绩效生产中，事业部之间不存在较高的依赖性。因此，可以更容易适应各自市场中的特殊条件和挑战，这就提升了灵活性。在集团领导方面，下级单位之间不再需要相互协调。而涉及日常业务和相应的协调支出也消失了，潜在冲突大幅减少。在集团领导下，事业部间可能的损益责任分配也为各个事业部注入了高效工作的动力。企业领导方面的操控可以根据产量产出进行，企业领导可以更多地着眼于战略问题。同时，事业部组织机构具有这样的优势，对于企业部门可以更方便地进行收购和兼并，因为不需要考虑对其他事业部的影响。_{多样化下事业部组织的优势}

德国邮政 DHL 和本章开头赫斯特公司的例子绝非特例。自 20 世纪 20 年代以来，杜邦公司和通用公司第一批实施多样化并事业部化，这种趋势席卷了各个大型企业。到 90 年代初，在发达工业国的大型企业中，只涉足一个产品领域或主营一个产品领域的企业份额不断下降，多样化企业不断增加。伴随着轻微的时间滞后，这种趋势随后带来职能型企业组织形式的减少，以及事业部企业组织形式的增加（Whittington & Mayer, 2006）。_{事业部组织的趋势}

3.2.2 竞争战略：成本领先或差异化

选择竞争战略的核心问题是，竞争应该主要采用成本领先还是产品差异化（参见 3.4.2 节）？不同的组织构架可以支持这两种战略下不同的作业。在同质性绩效项目下，职能型组织机构具有很大的优势，而事业部组织构架适用于异质性绩效项目。然而，这两种优势也可以相互结合，如一种很常见的情况，有着异质性绩效项目的企业事业部内部按职能分组。

在同质性绩效项目中，工序导向的职能型组织机构更有可能实现专业化和规模效应，从而实现成本优势。_{成本领先}

_{案例}

> 假设宝马和福特的生产、技术和销售职责并非按照各个职能型组织单位，而是对象导向的，例如，根据不同的车型，针对每个型号系列有一个组织单位，对生产、技术和销售全面负责。在每个这样的组织单位中，配有专门研发该系列的研发工程师、专门负责该系列的产品工程师以及专门负责销售该车型的销售人员。与职能型组织单位相比，事业部组织单位的专业化程度较低，也较难实现专业化优势。因为专长于某个特定职能领域的员工并不都集中于一个职能单位，而是分布于多个单位。相应地，在事业部中具有专长的员工就较少，分工就不那么专业化。因此，事业部组织的企业就会放弃规模效应，例如，在研发和生产中，因为各个型号的产量较少。在事业部组织机构中，由于更难越过领域界限进行交流和协调，也就更难实现协同效应。由于以上原因，存在这样的风险，即不同的事业部进行不必要的重复工作，例如研发或客户维护。

相反，在异质性绩效项目中，对象导向的事业部组织构架便于针对具体项目要求进行调整（根据分类原则，这可以是产品特点、特殊的顾客要求或地域特色），因此可以更好地支持差异化战略。_{差异化}

_{案例}

> 肖特、西门子、大众和戴姆勒都是按照产品事业部进行组织，商业银行、强生、HDI—格林萨克服务控股公司根据客户群体进行组织，很多食品公司（如联合利华、卡夫食品）和再保险公司（如慕尼黑再保险公司、瑞士再保险公司）把运营盈亏职责划归区域组织单元。

这些事业部组织形式的企业想要以这种方式，在各个层级中把其研发、生产、营销及销售作业有针对性地按特定的产品技术、产品市场、客户群体以及区域市场进行设置，而不用所有事业部预先协调或考虑技术和其他决策领域以同步发展。毕竟各个事业部都面临着不同的市场条件,内部也往往使用不同的资源和技术。因此,他们面临着不同的战略和内部挑战,并应对此做出不同的反应。

如图7-4所示,事业部组织机构使企业能够灵活地在不同且多变的市场进行运作。因为在绩效产生和利用过程中,事业部间只存在很小的依存性,每个组织几乎都能像一个独立的企业进行运作,对盈亏负全责的事业部是"企业中的企业"。与职能型组织相比,事业部的经营效益清晰并可以更好地确定,对作业者来说,也有相对更强的激励,进而可能有效果和有效率地工作。

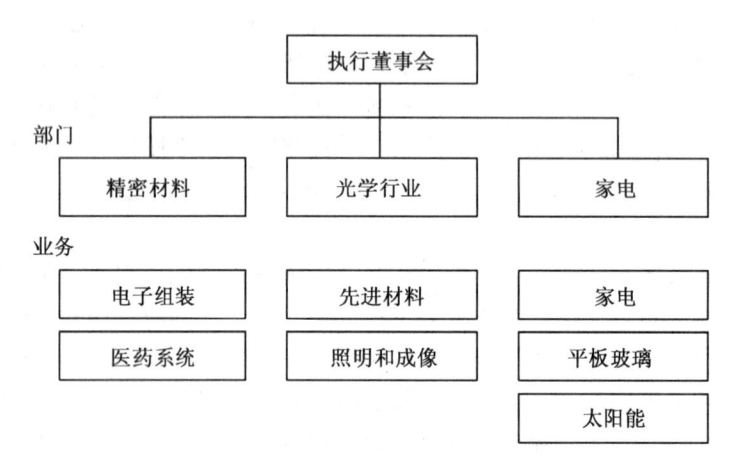

图7-4 2008~2009年度肖特企业的组织机构

肖特公司就是一例,在事业部中充分利用较强市场定位的优势,同时企业内部为对象导向。在组织的底层,主要是同质性工作领域,通常公司采用工序导向的结构来充分利用专业化优势。

职能领域集中化

然而,在某些特定的职能领域,很高层级也建立工序导向的组织单元,如财务、信息技术、人力资源、研发以及有时候也包括采购,在这些层面采用对象导向的组织机构。

如果这些职能领域跨越了不同的产品市场、顾客市场或区域市场,可以集中实现规模优势和专业化优势,就需要引入职能领域集中化。例如,德国邮政想要通过基础建设资源的集中化,例如平面媒体、生产系统、车队、信息技术和相关服务的集中化采购,实现成本效益(见图7-5)。如果职责分散,可能会导致更高的生产成本和内外部协调成本,因此效率更低。

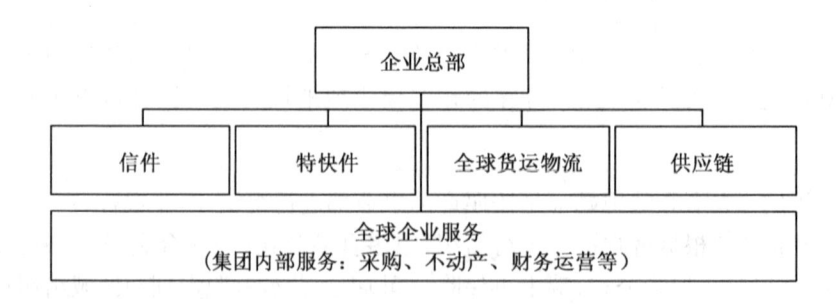

图7-5 德国邮政(DHL)集团范围的采购组织

矩阵组织

矩阵组织是一种旨在同时利用竞争优势两个维度的混合组织形式。然而,在管理实践中,由于领导组织的复杂性,它很少得到普及运用。矩阵组织实现了同时隶属于两种不同职责领域的管理。常见的两大类型有:(产品、区域或顾客)职能和对象职责组成的矩阵,以及产品和区域职责。

> 第一个基本类型的例子是罗兰贝格国际管理咨询公司。像其他的咨询管理公司一样,罗兰贝格按专业能力(根据在战略、市场营销、财务等领域的能力进行职能划分)和客户群体(按行业,如汽车、化工/石油、运输等对象划分)建立矩阵。
>
> ABB 公司直到 1998 年仍始终采用第二种基本类型:一方面有对不同国家跨产品的责任,另一方面对产品组等在全球范围内负责。经过各种重组 ABB 公司现在按客户群(行业)来进行组织。

案例

如果满足以下两个条件,推荐使用矩阵组织:(1)企业有两个几乎同样重要的关键成功因素(在咨询企业,例如专业知识和具体行业知识);(2)两种类型的单元之间存在很高的相关性,需要密集的信息交换、相应的作业需要实质性的协调。由于矩阵组织的构建,在做决策时必须同时考虑不同的方面,这些方面由各个专业的决策者代表和负责,这种组织形式对决策者的沟通和冲突处理技巧的要求很高。一个有效决策可以得到跨部门的规划和对各部门的决策、指示和信息权利明确界定的支持。为了能简化决策过程和优化责任归属,在管理实践中,在矩阵组织代表的两个管理部门中,一个会比另一个更有分量。当然,那些行动对整体成功影响更大的下级部门,具有较大的影响力。

矩阵组织的成功条件

3.3 环境特征

不言而喻,充满活力的市场发展和复杂的商业环境使公司组织面临新的挑战。尽管这具有很强的时代性,但仍然是一个老问题,人们早已知道,在稳定和动态的环境中,组织形式的选择是不一样的。

在稳定的环境中,高度职能型的任务专业化被证实是更好的,其有着对任务和工作程序的精确界定、集中决策、强调技术协调和更严格的领导,这被称为机械组织结构。然而,在动态环境中,有机组织机构是有效果和有效率的。其特征是,频繁问题导向的新定义,很少有正式的规定、程序指导方针和决策授权,频繁的横向沟通和与其他领域同事的协调,更少的垂直沟通与协调(Burns & Stalker,2001)。各种相应的原因参见 7.3.1 节关于任务特征"易变性"的介绍。

稳定和动态环境条件

组织的环境并不统一。事实上,在同一企业中,某一组织单元位于一个稳定的环境,而另一个处于动态环境中。大汽车厂商的汽车金融业务以及对此业务的必要作业相比于该公司的研发部门,处于相对较为稳定的环境。如果组织单元面临不同的外部(或内部)要求,这些组织单位也应采用不同的组织形式。因此,要独立检查组织的每个层级和单元,有什么特殊的任务、战略和市场要求以及应如何相应地进行组织。

相似或不同的环境条件

> 最后，再来看一看快餐店和小型人力资源咨询公司的组织，开篇所述的不同点是如何在这两种企业中有效体现组织形式的？要求不同导致组织的作业类型不同，以及任务、战略和环境的差异，这些都造成了组织的差异。快餐店和咨询公司不同，其任务几乎不随时间变化。它们也更有条理：不像咨询公司，快餐店可以非常明确地给出，什么类型和强度的投入（作业、资源和设备）可以带来什么样的结果。因此可以得出这样的结论，相对于咨询公司，快餐店专业化更强，其更多地借助于技术协调机制来操控绩效生产，决策更为集中化。
>
> 快餐店的竞争战略及服务项目以成本优化的供应为基础，而人力资源咨询则面对着相对而言更为差异化的需求，因此尝试采用差异化优势。前者将会促使工序导向的分工，后者更多的是对象导向。就环境而言，快餐店员工相比于咨询公司，其工作的同质性更高，也更好预测；因此，他们对能力的要求相对较低，组织能够确保从环境获得的复杂信息得到加工，并可以协调的方式体现在决策中。因此，快餐店的组织机构更多地采用机械组织，而咨询公司多采用有机组织。

3.4 组织构架情境和内部一致

上述介绍了企业为什么以及如何把组织构架和具体的环境要求相协调。在环境方面，通过战略和绩效项目，针对绩效产生和利用必要作业的特点来设置组织形式，这样可以使企业产出有效果和有效率。除了根据特定情境要求进行调整，也应在组织构架中考虑，组织构架的四个集中操控点也要相互协调，从而促使有效果和有效率的绩效生产。

图7-6概括了各种不同的组织构架决策是如何相互联系的。加号和减号在这里表示是否适宜，如果线段一端组织构架要素随着另一端构架要素的增加而增加，为(＋)，否则为(－)。

主要假设可简要概括如下(Kieser & Walgenbach, 2007)：一个企业员工和组织单元的专业化程度越强，就越需要这些参与者之间的协调。此外，协调需求还取决于分工类型。不仅是数量和类型划分，任何一种划分都会有非常独特的协调相关优缺点，这种影响并不是唯一的。激励制度和组织文化可以减少那些通过其他协调机制满足的协调需求。因此，在全面激励机制和强大企业文化下，也有必要利用专业化能力，进一步下放决策权。如果上司授权决策，那么他们就应该减少通过个人指示的集中控制，因为这会破坏授权的积极影响，很容易成为对员工责权的侵犯；相反，他们应该促进自我协调，在协调过程中自我调整越多，就越没必要采用分级管理，从而可以减少等级层数，管理范围可相应扩大。在分工作业的协调中，个人指示越多，主管可以管理的员工就越少，从而需要更多的领导。规划和规定程序的技术协调机制，以及激励机制和组织文化都可以代替个人领导。程序规定往往会导致员工决策空间的减少，因此应该减少授权。相反，规划可以保障决策权的进一步下放，并阻碍员工的机会主义行为。广泛采用这两种技术协调机制使得管理范围得以扩大，在雇员数量相同的情况下，管理范围的扩大意味着需要更少的领导，从而会导致分级层数的减少。

上述关系当然也可以反过来看。一个应用实例就是减少等级层次和扩大管理者的平均管理范围，这也是近几年很多企业采取的措施。这样企业会面临一个问题：如果一家公司要减少等级层次的数量，从而减少领导数量，应该如何改变其组织构架，使绩效产出仍然有效果和有效率地进行？回顾上述的系统图可以这样回答该问题：由于管理范围扩大，所需的领导就变少，因此，就要限制通过劳动密集型的个人指示来协调。

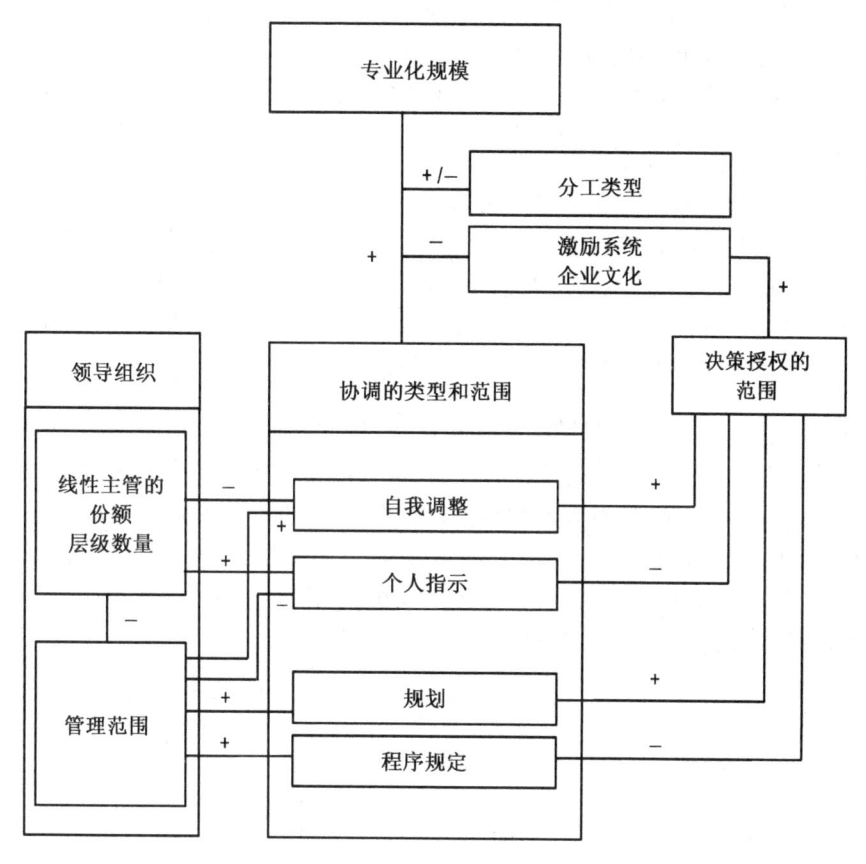

资料来源：Kieser & Walgenbach(2007,第201页)。

图7-6 内部一致的组织构架

为了仍然能满足现有的协调需求,必须增加使用其他形式的操控和协调,例如,规划和程序规定以及自我协调。以后可以通过授权决策来减少等级下的协调需求,并通过引入新的激励系统提供额外的协调服务(如目标约定的成果问责制)以及加强组织文化。最后就演变为,通过优化结构或减小变化程度(例如,通过减少绩效项目、着眼于特定的市场细分或客户群)等,使改变后的任务只产生较少的协调需求。所有这些都是确实可以促进减少等级层数的步骤(Cameron等,1995)。

4. 组织构架决策和工具

下面介绍三种基本组织构架决策:岗位构建、部门建设和业务流程组织。具体介绍能够引导和支持这些构架决策的注意事项和构建工具。

4.1 岗位构建

岗位是完成任务的最小组织单位,岗位特征由员工所要完成的一系列作业刻画,员工拥有完成任务所需要的决策权和指示权。在任务完成过程中,与职位相关的权利和义务要尽可能独立于负责的具体员工,从而可以避免人员变动的影响。因此,权利和义务应以这样的方式构建,使得在通常情况下,有能力的员工能很好地接手工作(Schmidt,2003)。

组织构架要决定,对各个岗位应该分配什么任务、权利和义务。

案例

> 有些城市(如海德堡)近几年根本性地改变了其服务单位(市民管理处)的岗位构架,这种改变追随了几年前许多银行和保险公司的脚步。之前有专人负责特定操作的岗位(社区的各个专员只负责处理各自的业务,如护照申请、住房补贴或入住和变更登记等),而现已弃用这种高度工序导向的分工,并用对象导向的职位构架取代,这种构架特别重视顾客友好服务。相比于之前迁居后需要到不同的部门和机构办理手续,如今市民在一些城市只需一次在一个专员处办理,即可完成所有必要的手续。

以上描述了工序专业化下部门结构的优缺点,它们同样适用于岗位构架。这里也要考虑,职能型、工序导向岗位构架的专业化优势是否能弥补增加的协调费用和恶化的市场定位。

岗位构架作为激励手段

除此之外,也有其他一些需要考虑的想法。岗位构架的不同形式不仅要考虑可得的专业化收益和协调费用,它们更多影响的是任职者的动机、工作满意度以及工作质量。

根据以下岗位构架模型(见图7—7),员工的动机、工作质量和流动意愿受到作业五大特征的影响,它们可以运用到岗位上,并由该职位的员工执行。

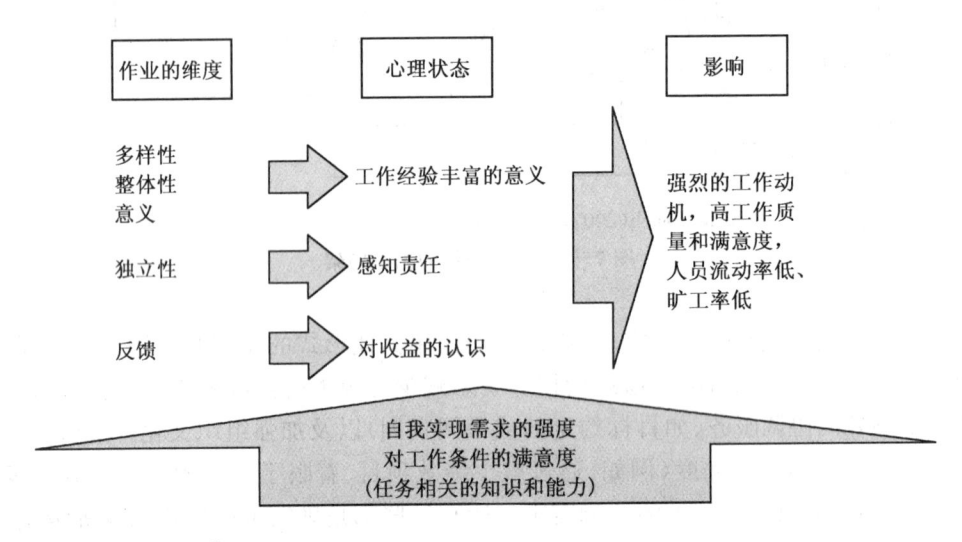

资料来源:Hackman & Oldham(1980)。

图7—7 "工作诊断调查"的基本模型

多样性描述了作业的多变程度:必须始终做同样的处理,填相同的表格?还是任务是多样化的?一项任务的意义取决于该作业对实现目标的重要性:对完成任务的作用甚微,还是很大程度上起决定作用?当在岗员工能够正确认可它们时,上述三大特征共同发挥影响力。这三个特征和另外两个的关系对于作业者心理状态的影响无法证实,但是职位特征和所述影响之间是有关系的。自主性是指,任职者多大程度上可以决定任务的履行方式,以及完成任务的质量多大程度上独立于他人。第五个维度反馈,描述了职员可以在多大程度上直接获得工作的反馈,从而得出对于分配给他的作业完成情况。

实证研究结果主要显示,五大描述特征对职员的工作动机、工作质量和满意度都有正面作用,而人员流动则会产生负面影响。当然,只有当职员对其他工作条件(工资、工作氛围等)并非极度不满,且在工作中有极强的自我实现需求时,才能观察到这种影响(第三个边界条件、人员素质和知识对岗位构架的影响作用不大)。

实现这种岗位构架的激励有多种可能形式,一种是此节开篇城市管理例子的方式。此外,轮岗也能产生积极作用。

4.2 部门建设

如果员工数量超过了领导者的管理承载力,例如,当组织单位快速成长,或者作业变得更复杂或多样时,就有必要对管理任务进行分工。分工要在由领导承担领导任务的单位间进行,这个过程被称为部门建设。这个概念是一个通用概念:无论这些单元的大小和等级排序,都是指每个子单元建设的形式。无论观察的是一个拥有15名员工的手工业企业,其企业主通过部门建设减轻管理任务负担,发挥专业化的好处;还是一个大型全国性公司,在业务领域的层面下重新划分部门,部门建设的构架问题总是相同的。所以可以看到,诺基亚2010年把智能手机部门和手提电脑部门合并成移动解决方案新部门。部门建设要解决的问题是:哪些职位或组织单元应该置于一个责任人的下面? 部门建设

部门建设的一般规则是:对成效贡献较大的作业上有许多相似性或相互依存关系的岗位,把这些岗位或组织单位归到一个部门。岗位或组织单位的相似性可能涉及不同的东西:可以是使用相似的技术、实现相似的流程、使用类似的资源、需要相似的资质、生产相似的产品或服务、服务相似的市场或客户等。把类似的职位或组织单元归到一起,能够通过部门建设实现规模效应和协同效应。行为人之间的相互依赖程度涉及绩效生产过程中的依赖性(Thompson, 1967)。当使用相同资源(如人力、设备和工具)时,会出现协调需求。若一个单元给其他单元带来了原料或存在相互产品交换,那么相应的产出要在数量、质量和时间上与相关的作业者进行协调。要尽可能联合相似或相互关联的职位或组织单元形成部门,分离相异的职位和单元,这样做很重要,因为部门内的必要协调措施要比部门间的协调措施更容易。有一个统一的主管机构,相比于部门间,则更有可能实现自我协调,发展共同的文化。 部门建设的原则

作业者之间有各种不同的相似点和相互关联,就会形成不同的部门连接点。如上文比较的两种情况,宝马和福特公司根据工序的相似性(职能组织)或根据产品的相似性(根据车型系列的对象导向划分)来建设部门。因此,会有这样的问题,哪些相似点和相互关联才是部门建设的基础呢?上述规则回答了,部门建设要遵循这些标准,依据这些标准可以实现相对较大的绩效。通过企业能实现的专业化优势、规模效应、协同效应以及工作领域间所产生的协调费用,部门建设能够影响企业效益(参见7.2.1.2节和7.3.2节)。因此,部门建设中要权衡各种影响。 部门建设的标准

部门建设有两种方法,这些方法可以在某些方面支持决策。该方法旨在确定作业者之间现有的相似性和相互依赖性,因为这是优势和费用的来源(Kieser,1992)。 部门建设的方法

沟通分析仅仅是基于一个维度的分析,反映出作业之间的相似性和相互依赖性:个人直接沟通的频率。它假定,作业者之间的沟通关系反映了单位间绩效生产的相似性和相互依存关系,从而也反映了需要协调的力度。依据沟通关系的调查,部门建设根据规定,要最大限度地提高部门内部的沟通关系,以及要尽量减少部门间的沟通关系。 沟通分析

更确切地讲,这叫亲和分析,因为它可以考虑到多维的相似性和联系。根据对作业者之间存在的相似性和相互依赖性的调查,可以计算出怎样能使部门内部同质化最高,部门间的差异 亲和分析

4.3 业务流程的组织

业务流程的组织　业务流程的组织规定了绩效生产过程在时间和空间上的组织方式(Osterloh & Frost, 2006; Picot 等, 2008), 业务流程包括不同的步骤(作业), 其旨在使获得的产出对实现战略竞争优势有一定意义(参见 10.3.2 节)。

核心过程　公司采用哪些业务流程是很不同的。然而, 业务流程组织通常有三个核心流程: 产品开发流程(从了解客户需求到产品投产)、客户服务流程(从客户数据收集到售后服务)和订单处理流程(从签订合同到收款)。

目标设置　业务流程组织的构建应该尽量实现以下三个目标: (1)快速处理绩效生产流程, (2)重点放在能直接提高客户效用和实现竞争优势的作业上(其他的均予以减少), (3)节约使用资源达到所期望的结果。如果不是仅仅考虑公司内部流程, 而是跨公司分析供应商和客户的业务流程, 并有效迅速地构建流程, 那么实现这些目标将更加容易。

方法　业务流程的重新构建通常按如下步骤进行(参见 10.3.2 节)。首先, 确认要组织的业务流程, 对此要根据客户的要求、竞争对手的绩效水平(标杆)或自己的期望水平制定绩效目标, 对生产流程现状的分析也与此有关; 该分析研究生产流程各步骤的性能水平(如等待时间、零件加工费用), 并确定优势及不足(如高产能利用率、多重加工、分配任务责任不明)。下一步, 制订行动方案来克服不足和实现设置的目标。执行计划的制订及实施是重新构建流程的最后一步。

构建措施　业务流程组织通常采用以下手段来实现设定的目标。现有服务和流程要尽可能简化且常规化, 从而充分发挥标准化的优势。不再提供多个型号的产品或服务, 它们会导致转换成本和由各种复杂性带来的费用, 而是把绩效项目限制在那些对效益贡献最大的产品和服务。绩效和流程的简化和程序化使得绩效生产的作业能够高度自动化, 减少技术工人的投入, 从而实现时间和成本优势。只有当绩效生产中有不同流程方案, 一种用于简单标准流程, 另一种用于更复杂的特殊工艺时, 这些构建手段才有效。

案例　在保险公司的呼叫中心, 查询服务的标准流程和特殊流程是分开处理的。前者包括日常事件, 在强大信息技术的支持下, 可由未经保险培训的半熟练员工进行处理。这些"多面手"的操作由综合的电话和电脑软件编程规范控制。在智能操作界面上, 这些软件给出预先写入的指导, 引导对话; 会根据情境要求进行不同回应, 并通过特定的屏幕输入模式进行数据采集。如果事件因为需要深入的保险技术知识, 不能再根据程序规范处理, 于是"多面手"将把电话转接给受过专门训练的保险经纪人。他们的专业化程度高于"多面手", 因为他们专门处理某些类型的保险, 如民事赔偿责任、财产保险和人身保险等。相比于共同处理, 标准化和特殊流程的分离节约了成本, 因为作业的很大一部分(标准流程)只需要较低的人员开支(通过较低的劳动力成本和自动化作业)。它通过结合高度的自动化水平, 能更快地处理常规案件, 因此对客户更为友好(Graumann 等, 2003)。

信息系统的支持　在绩效生产过程中, 客户和/或产品相关信息系统提供强有力的支持是业务流程组织的又一特点。这些信息系统旨在提高各种绩效步骤之间的协调性, 缩短周期时间, 降低流动资产的投入。同时, 它们也提供绩效水平的即时信息(质量、成本、交货能力等), 这使得能够进行产出导向流程控制, 结合产出相关的激励机制, 有助于提高效率。

业务流程组织的最后一个特点是，其通常导致对象导向的分工。当然，职能型组织的企业也应该有效果和有效率地组织其绩效产生和利用过程，当然也可以采用业务流程组织提到的方法和措施。但是，如果组织构架决策主要是定位于一个更加有效果和有效率的流程构架，上述做法常常会导致废除职能型职责，由对象导向的（多为产品或客户导向）部门建设所取代。这样，纯业务流程组织是事业部组织的一种变体，但它在较低层次结构上走得更远，例如，在事业部内部，作业责任重新按照对象而不是根据职能来重新分配（参见图7-4中肖特的例子）。

在业务流程组织中，通常任命流程负责人，其负责管理进程直到成功。责任的范围可以截然不同，极端情况下，流程负责者对其责任范围负有完全盈亏责任，这种形式的流程组织对应事业部组织。在另一个极端，流程负责人在不同绩效生产经营单位中发挥信息和协调作用，但在绩效生产作业中，并没有决策权；在产品管理中通常会采用这种做法。在这两者之间为中间措施留有很大的操作空间（Picot等，2008）。

5. 组织变革构建

在2003财年年底，大众汽车集团处于盈利低迷期，为此引入了全面改革计划"ForMotion"。巨大的变革应带来效率和生产力的改善，以及能应对金融危机和竞争力的缺乏。此外，虽然仅仅两年后就节省了近50亿欧元，但"ForMotion"并非一个纯粹的成本削减计划。其焦点更多地放在增加销售业绩、在金融服务部门更好地利用创收机会、以及力求增加国外子公司的收益上。每个主题区由一位执行董事会成员负责，其同时又管理跨职能团队的运作。同时，主要对大众品牌进行更新车型系列的战略考虑，除了大众还考虑斯柯达、宾利和布加迪，这些系列后来通过组织措施来支持变革。因此，为了实现盈利导向生产的前提条件，跨学科团队在所谓的"节约测试"中发现了每种新车型降低成本的潜力。除此之外，制造与研发专家奉命加入工厂，从而能加快进程，缩小与竞争对手的生产率差距（市场领导者丰田公司组装一辆车，所花时间仅为大众的1/3）。同时，这个需要历时多年的变革过程，通过尝试加强大众公司的公司治理，以及调整传统工会组织成员的思维方式，来适应日益激烈竞争的要求。这不仅会促进股价上涨，同时也是持续创造就业机会的前提条件。

这个例子说明了，术语"重组"涉及哪些类型的变化。重组表示整个公司或其重要分部领域按计划和根本性的转变（Picot等，1999）。这种变化涉及各个组织单位和层次水平，需要大量人员的参与。其超越了对现有结构、流程和战略的表层改造，更深层次上，员工要为他们未来的决策和行动获得新的思路框架。因此，在重组的背景下，公司不仅改变了外在的表面，也改变了运作的基本方式（Kieser等，1998）。

近年来，出现了一系列重组概念（如"业务流程再造""精益生产""业务转型"），并在企业实践中得到运用（如飞利浦公司的"操作百夫长"、西门子的"TOP"、ABB公司的"以客户为中心"）。在实际执行中，重组项目都伴随着巨大的开支，只有成功地做到把所有员工调动起来适用新的组织形式，巨额花费才是有意义的。然而，事实上，多于2/3的变革项目都失败了，或者远未达到所追求的目标（Picot等，1999）。

重组的成功不能希求蓝图或灵丹妙药的保证。企业有各种各具特色的框架条件，因为这些条件，重组管理并不存在最佳路径。因此，下面也不能介绍万全之策，而是给出可能面临的挑战、特定环境因素和具体变革"操纵杆"的信息。通过开发一个对企业量身定制的重组,就能够开展计划控制和成功实施非常复杂和充满风险的变革过程(Picot 等,1999)。

5.1 组织变革过程构建的挑战

重组起因　　当内部或外部经营环境发生改变,当前的组织形式不再能满足未来需求时,就必须进行重组。当新竞争者进入市场产生风险时(如日本汽车公司进入欧洲市场),或引入新技术带来了机会时(如引入互联网打开了新的销售渠道),组织变革可以相应做出反应。当商业环境的变化是可以预期的(如在能源供应行业开放欧盟内部服务市场、放松管制和私有化),这种变革就可能是积极主动的。

变革过程:解冻、变化和稳定　　变革过程是指从现在到未来组织的变化路径,如图 7-8 所示,变革过程分为三个阶段:解冻、变化和稳定(Lewin,1947)。每个阶段的变革项目管理都会面临特殊的挑战和任务。

(1)解冻:这个阶段面临两大挑战。一方面,企业要与其过去保持距离,认识到惯常的结构、业务流程和程序不再适合,无法带来成功。为此,可以分析和讨论目前组织所面临急需变革的经营环境和问题。另一方面,企业应该对未来的状况有个清晰和理想的图像,从而可以对变革有所期望和准备。

(2)变化:这个阶段要开发、实施具体的战略和策略,从而调动整个公司实现所追求的目标。通过结合高管和非正式意见领袖,将其作为变革中的先锋和榜样,重组可以人格化。同时,应该准备好对变革必要的资源(如资金、变革分项目员工、技术装备和场地)。

(3)稳定:第三阶段的挑战是建立并制度化新的、不寻常、不稳定的战略、结构、思维和行为方式。早期成功的交流可以加强新组织形式是正确的信念。通过新的方法、结构、薪酬和晋升制度,希望的新行为方式可以得到积极强化并获得长期稳定。

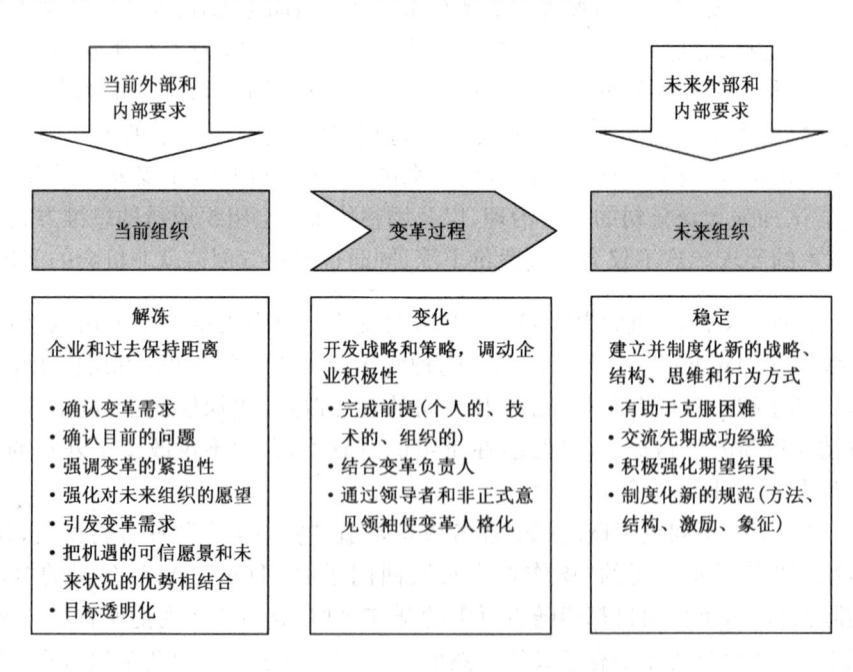

图 7-8　组织变革流程构建的挑战

在高度动态、充满不确定性的行业,如生物技术或软件开发,要小心处理新稳定状态,因为它总是意味着该公司要有一定的灵活性。在这种情况下,新组织的核心价值观应以创业和持续适应为基础。在"学习型组织"中,就可以确保该公司总能适应不断变化的环境条件和要求(Kieser 等,1998)。

5.2 组织变革构建的操纵杆

在组织变革流程的构建中,有三个相关操纵杆:第一,是这个流程本身,通过考虑目标和重组特殊的限制条件,流程可以选择不同的实施战略和策略。第二,是政策,其明确了企业的哪些权力领域可以帮助和阻碍变革,以何种方式可以强化执行力。第三,是人员,他们的阻力和恐惧,以及如何提高其变革动机。

5.2.1 流程

变革战略确定实施变革的一般方法。变革策略则是根据选择的实施战略制定的具体措施和步骤。变革战略的选择应考虑变革的目标设置和企业具体的条件因素(Connor, Lake & Stackman,2003)。

> 变革战略和策略

重组的目标设置决定了所需变革的规模和深度,追求的变化可能只涉及部门领域或整个公司,相应地就会是局部变革或全面变革。在变革过程中,可能只是对现有程序或结构做出相当肤浅的调整,也有可能要对战略、思维和工作方式进行深入变革。

在变革构建中,要考虑变革负责人(负责变革的人)的可支配时间、专业技能和执行力以及员工的变革意愿。有些战略实施要比其他战略需要更多的时间,因此,首先应该阐明,变革压力有多大,应多快实施变革项目及多快能够看到结果。此外,有必要考察变革负责人的专业技能和执行力。要了解变革管理者有多少重组项目的经验,在公司享有什么等级的权威和声望,有多少资源可供变革使用。最后,要说明参与员工的变革意愿,在他们看来,变革的必要性有多大?他们有多大的意愿支持计划的变革?他们是否具备新组织形式所要求的必要素质?

> 具体的条件因素

根据变革的目标设置和限制因素,可以选择不同的实施战略并采取不同的具体措施(见图7-9)。

> 实施战略

在信息战略下,向涉及的员工提供了必要的信息、事实和观点,这些都反映了变革的紧迫程度,以及实现变革所必须采取的行动。因此,当参与员工对存在问题只有一个模糊的概念,认为计划的变革既不紧急,也不是成功的关键因素时,该策略就特别适用。具体措施包括信息交流会、部门或小组会议或行业整体发展形势报告,其内容包括具体的竞争地位、公司业绩及其主要竞争对手的状况。

> 信息战略

在支持战略框架下,相关人员的确看到了变革的必要性,然而,具体实施要靠辅助支撑。在培训课程和员工培训中,可以学到并实践必要的技能和行为方式。变化的激励机制负责积极增强和持续稳定新行为模式。

> 支持战略

如果员工的变革意愿很低,还要快速取得效果,而变革负责人有足够的资源、拥有很强的执行力和专业技能,就要采用权力战略。在这种情况下,变革由公司领导层发起,快速有力地在公司实施。所以,这种战略也被称为"自上而下理念"或"轰炸战略"。而这种方式不能实现员工导向模式的深刻变革,因为新思维方式和行为方式的产生需要更长的时间。

> 权力战略和自上而下的理念

与对现有结构和系统进行浅层变革的权力战略相反,信念战略旨在从根本上改变其员工的信念、态度和导向。信念战略又称"自下而上的理念"或"参与战略",其实施需要时间和参与者根本性的变革意愿。通过联合开发新的企业准则、象征性的行为(例如,"门户开放政策""走动式管理")或发挥关键人员在变革中的示范作用,所追求的未来方向就可以用简单的方式说明。

> 信念战略以及自下而上的理念

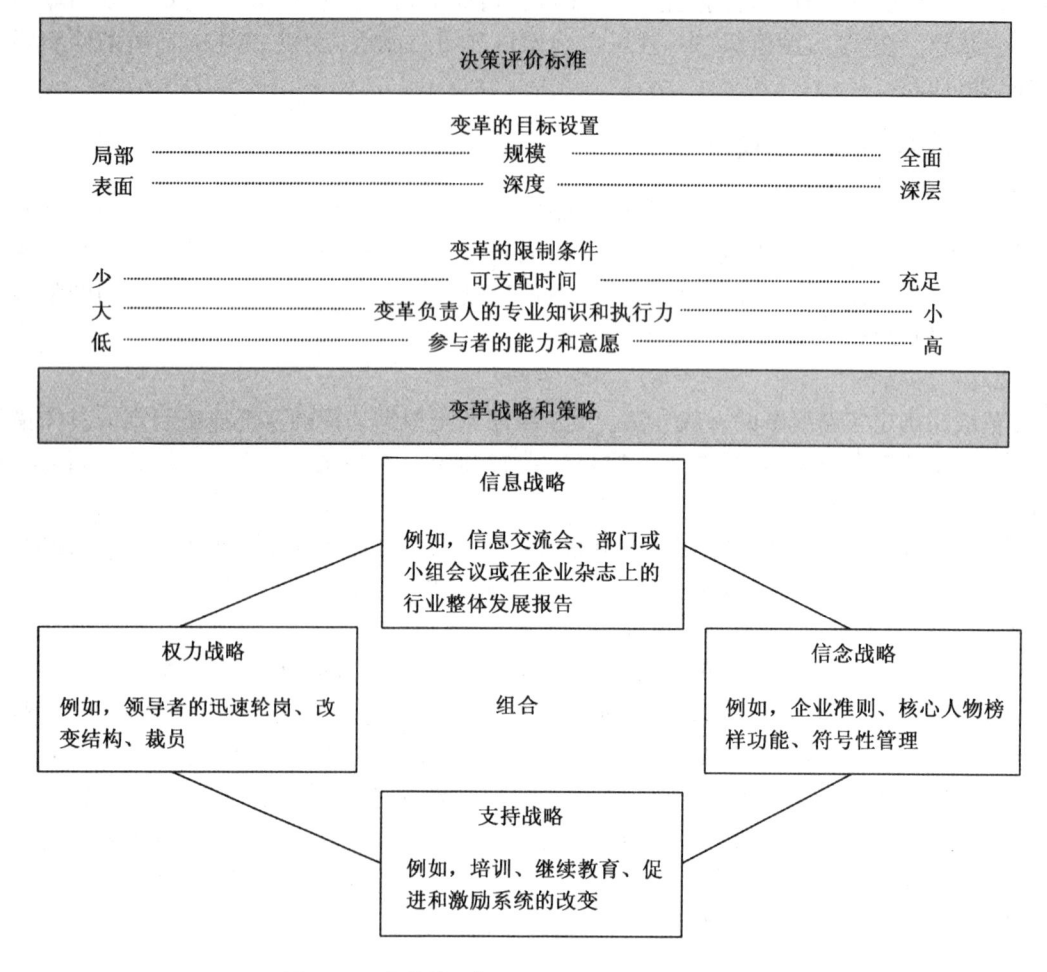

```
┌─────────────────────────────────────────────────────────────┐
│                      决策评价标准                            │
└─────────────────────────────────────────────────────────────┘

                         变革的目标设置
    局部 ················ 规模 ················ 全面
    表面 ················ 深度 ················ 深层

                         变革的限制条件
    少  ················ 可支配时间 ················ 充足
    大  ·········· 变革负责人的专业知识和执行力 ·········· 小
    低  ············ 参与者的能力和意愿 ············ 高

┌─────────────────────────────────────────────────────────────┐
│                      变革战略和策略                          │
└─────────────────────────────────────────────────────────────┘
```

                       信息战略
          例如，信息交流会、部门或小组会议或在企业杂志上的行业整体发展报告

     权力战略   信念战略
  例如，领导者的迅速轮岗、   组合   例如，企业准则、核心人物榜
  改变结构、裁员   样功能、符号性管理

                       支持战略
          例如，培训、继续教育、促进和激励系统的改变

图 7-9　变革的目标设置、限制因素、战略和策略

组合战略　　　在企业管理实践中，通过考察目标和变革的环境因素，往往会出现相互矛盾的说法。例如在"操作百夫长"的例子中，现有的金融危机可能会带来行动压力，就需要快速采取行动。同时，长期成功只能通过对企业文化深入的变革才能得到保证，这也就需要更长的时间。一个可能的解决方案就是组合不同的变革战略和策略。因此，"操作百夫长"重组的第一阶段被称为权力战略，而第二级修复阶段则体现信念战略的特点。

5.2.2　政策

权力政策的稳定　　成功的重组不仅要选择合适的变革战略和策略以及高效地执行，也要稳定变革的权力政策。成功实施重组的一个显著风险在于，变革反对者有太大的权力和影响力，变革支持者不能产生足够的变革能量，中立的员工采取消极观望的态度。为了稳定计划变革的权力政策，首先要确认企业中现存的权力领域。要清楚，哪些领导者、员工和利益相关者支持或反对变革，因为这会与他们的个人偏好相吻合或矛盾。随后，变革支持者应该加强自己的信念和力量基础，要么说服变革反对者，要么削弱他们的力量基础（Picot 等，1999）。

变革支持者　变革反对者　　有力的支持者可以团结成强大的变革联盟，成为变革的重要驱动力。因此，他们应该在重组项目中占据中心和突出的地位。

首先，应该认真对待变革反对者。一方面，批评可能是合理的，能对计划中的变革起到意义重大的推动作用。另一方面,能够公开表达批评,防止员工"沉默"或悄无声息地损害变革。特别有权的反对者是重组的一个重大障碍,可以通过两种方式解决:一种是,可以试着通过游说或激励,如参与重组团队,动员其支持变革。这样,就可能改变反对者对重组的意见,而且不用丢面子。另一种是,可以尽量弱化其权力基础,如通过公司内部的调动职位,隔离变革相关的信息,劝说其主要联盟伙伴,用非重组相关的任务给他很大的工作压力。图7-10概括了上述的说法。

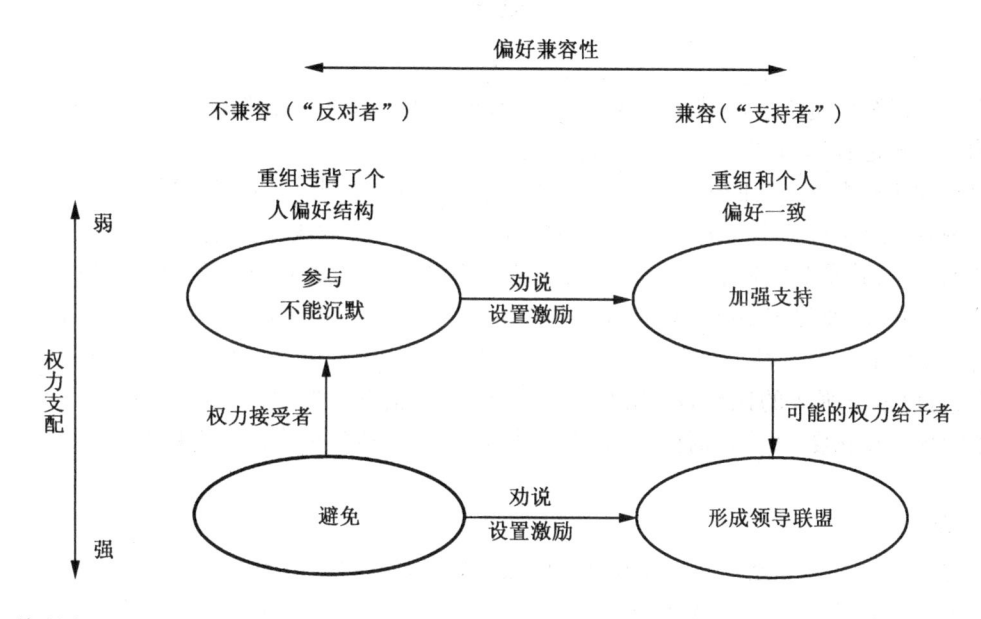

图7-10 稳定重组的权力政策

资料来源:Picot等(1999)。

5.2.3 人事

在大多数重组项目中,都有反对变革的情况,这些阻力有各自不同的原因。其可能与稳定权力政策中的原因类似,担心这些会影响到他们的偏好、利益或威胁到他们的地位。然而,阻力的出现也可能是因为人们固守自己的习惯,想要避免变革相关的不确定性。最后,可能是没有意识到变革需求,或担心无法应付新的要求,从而导致阻力(Kieser等,1998;Staehle,1999)。变革阻力体现在相关者不同的行为方式上,这些行为方式对重组管理提出了具体任务。 〔反对变革的原因〕

恐惧:这些人的行为特点是恐惧、忧虑和缺乏对变革的认识,经常谈论过去。他们总是源于自己值得信赖的同事和他们原来的工作环境,在变革后仍然做他们熟悉的任务,无视向他们提出的新要求。对他们来说,过去的一切都非常好,所以为什么要有这个令人忙碌的变化?对于这样的情况,要研究现有恐惧的原因,告知员工变革的必要性,并鼓励其大胆行动非常重要。 〔克服阻力〕

恼火:这些人会产生愤怒和失望的情绪,喜欢把自己看作受害者。他们寻求可以一起抱怨变革项目的同事。他们可以发泄愤怒,但同时失去了他们的正常工作时间和精力。他们的愤怒源于这样的信念,重组并不能发挥作用,以后那些人肯定会后悔。在这种情况下,抑制情绪升级很重要,可以通过向其展示对员工和企业有效收益的优点来实现。

退出:一些人反对变革的特点是退休和内部辞职,他们以为变革与他们无关。反正重组每5年发生一次,不知道什么时候又会推翻重来,人们只要简单地继续开展他们的正常工作。如果让他们了解即将采取的变革的紧迫性和必要性,就可以发动这些人。让他们积极参与变革和展示观点,可以加强他们在变革中的认同感。

困惑:这些员工感到无所适从,不断做决定来保障自己。他们的方向迷失感表现在,他们不清楚下一步该怎么做,要考虑什么。这些人需要并正在寻找应对日常问题的信息,因此,应该向他们展示说明变革背后的关系,并传达解释计划的步骤。

6. 结束语

无论是组织机构构建还是组织变革,都没有最佳的组织形式。哪些组织机构和哪种组织变革构建方式是有利的,更多地取决于特定条件。

组织的任务主要涉及四个关键操控杆:分工方式、协调方式、决策权分配和管理组织选择。为了实现有效果和有效率的绩效生产,如何设计该领域主要取决于三组条件因素:(1)将要处理任务的特性(其易变性和结构性);(2)公司的战略设置(公司总战略和竞争战略);(3)企业环境的特点。此外,要想实现有效果和有效率的绩效生产,四个组织操纵杆也应该相互协调。

管理组织变革有三种主要方法:流程、政策和人员。组织变革的负责人可以采用不同的变革策略:可以依靠强大的执行力、信息、支持服务和/或信念。哪项变革策略最成功,主要取决于变革的规模和深度、可支配时间、负责人的执行力,以及利益相关者支持变革的能力和意愿。

习题
1. 请你描述所任职企业组织操控杆的特点。这些操纵杆之间关系一致吗?
2. 你公司从事哪些业务领域?采用哪些竞争战略?组织文化和战略相协调吗?
3. 你自己部门处理的任务有什么特点?选择的组织操纵杆是否符合任务特点?

拓展阅读

Kieser, A. & Walgenbach, P.: *Organisation*. 5. Aufl., Berlin u. a. 2007.

在组织理论的基础上,本教材介绍组织构建的基本问题,通过许多案例描述组织构建决策时必须考虑的条件因素,并说明其如何影响任务构建、部门建设与协调国内和国际企业的。

Picot, A., Freudenberg, H. & Gaßner, W.: *Management von Reorganisationen: Maßschneidern als Konzept für den Wandel*, Wiesbaden 1999.

本书是建立在一个涉猎广泛的组织变化影响因素项目的基础上,它介绍了组织变化过程中各种影响杠杆,运用这些杠杆,重组负责人可以应对组织方面的特殊要求。

Schulte-Zurhausen, M.: *Organisation*, 5. Aufl., München 2010.

这是一本有关组织构建的通俗教材,介绍了有关工作流程、组织机构、方法保护的组织构建,以及组织管理的方法和技术。

引用文献

Burns, T. & Stalker, G. M. (2001): *The Management of Innovation*. 3. Aufl., Oxford 2001.

Cameron, K. S., Freeman, S. J., Mishra, A. K. (1995): Downsizing and Redesigning Organizations, in: Huber, G. P. & Glick, W. H. (Hrsg.), *Organizational Change and Redesign*. New

York 1995, S. 19—65.

Chandler, A.D., Jr. (1962): *Strategy and Structure: Chapters in the History of the Industrial Enterprise*, Cambridge 1962.

Connor, P.E., Lake, L.K., Stackman, R.W. (2003): *Managing Organizational Change*, 3. Aufl., Westport 2003.

Daft, R.L. (2010): *Organization Theory and Design*, 10. Aufl., Cincinnati 2010.

Ebers, M. (1992): Organisationstheorie, Situative, in: Frese, E. (Hrsg.), *Handwörterbuch der Organisation*, 3. Aufl., Stuttgart 1992, Sp. 1817—1838.

Frese, E. (2005): *Grundlagen der Organisation*, 9. Aufl., Wiesbaden 2005.

Graumann, M., Arnold, H.-J., Beltjes, N. (2003): Call Centers—A Case Study on the Interplay Between Organization and Information Technology, in: The Geneva Papers on Risk and Insurance, Vol. 28, 2003, S. 111—126.

Hackman, J.R., Oldham, G.R. (1980): *Work Redesign*, Reading 1980.

Hill, W., Fehlbaum, R., Ulrich, P. (1998): *Organisationslehre*, 2 Bände, 5. Aufl., Stuttgart 1998.

Kieser, A., Hegele, C., Klimmer, M. (1998): *Kommunikation im organisatorischen Wandel*. Stuttgart 1998.

Kieser, A. (1992): Abteilungsbildung, in: Frese, E. (Hrsg.), *Handwörterbuch der Organisation*, 3. Aufl., Stuttgart 1992, Sp. 57—72.

Kieser, A. & Walgenbach, P. (2007): *Organisation*, 5. Aufl., Stuttgart 2007.

Lewin, K. (1947): Frontiers in group dynamics, in: *Human Relations*, Nr. 1/1947, S. 5—41.

Maurer, I. (2004): Organisations-/Unternehmenskultur, in: Gaugler, E./Oechsler, W.A./Weber, W. (Hrsg.), *Handwörterbuch des Personalwesens*, 3. Aufl., Stuttgart 2004, Sp. 1293—1305.

Osterloh, M. & Frost, J. (2006): *Prozeßmanagement als Kernkompetenz*, 5. Aufl., Wiesbaden 2006.

Picot, A., Dietl, H. & Franck, E. (2008): *Organisation-Eine ökonomische Perspektive*, 5. Aufl., Stuttgart 2008.

Picot, A., Freudenberg, H. & Gaßner, W. (1999): *Management von Reorganisationen: Maßschneidern als Konzept für den Wandel*, Wiesbaden 1999.

Schmidt, G. (2003): *Methode und Techniken der Organisation*, 13. Aufl., Gießen 2003.

Staehle, W.H. (1999): *Management: Eine Verhaltenswissenschaftliche Perspektive*, 8. Aufl., München 1999.

Thompson, J.D. (1967): *Organizations in Action*, New York 1967.

Welge, M.K. & Al-Laham, A. (2008): *Strategisches Management: Grundlagen-Prozess-Implementierung*, 5. Aufl., Wiesbaden 2008.

Whittington, R. & Mayer, M.C.J. (2006): *The European Corporation: Strategy, Structure, and Social Science*, Oxford 2006.

第三部分

企业操控的工具

第8章

会计记账的基本原理

Peter Kajüter　Annette Voß[①]

1. 引　言

　　会计记账是记录商业交易事项的一种古老方法,可考证的最初对库存和已发生商业交易的记录发生在古希腊和罗马。随着中世纪意大利北部城邦国家大型贸易公司业务范围的扩大,会计记账的重要性也随之增加。贸易量的增加对商业技巧和核算技术提出了广泛的要求,复式记账体系经受了时间的考验,其可行性得到了证明,来自威尼斯的方济会修士、数学教授卢卡·帕乔利(Luca Pacioli)在1494年首次书面公开发表了该理论。

　　这种记账方法没有保留任何意大利式的特点,而是适用于全球范围,如今它仍然是系统记录企业内各类商业交易事项的基础。只不过记录的媒介发生了改变,现在会计记账使用的电子数据加工(EDV)系统代替了过去的账本和稍后的索引卡片,只有在少数情况下,仍然会使用纸质账本作补充,例如现金日记账。

　　按照时间顺序对商业交易事项进行连续记录,会生成一个规模庞大的数据库,这是考察很多企业业务相关问题的基础。某个部分应当自建还是外包?在价格较低的情况下,是否值得追加订单?产品生产是否经济?为了能有根据地回答这些问题,就需要一个确定的方法,例如成本核算,可以基于存储的数据,利用处理后获得的信息对企业进行操控(内部会计核算,参见第三部分)。

　　另一组问题与企业的经济状况相关。上一个会计年度获得多少利润?可以分发给股东多

[①] Peter Kajüter:德国明斯特大学管理会计学教授,博士。
　　Annette Voß:德国科隆 Voß 博士管理咨询有限公司咨询师和经理培训师。

少股息？税负是多高？为了回答这些问题，数据库也是不可或缺的，它可以为期末财务报表（资产负债表、利润表、现金流量表）的编制提供数据，利用这些报表，外部利益相关者可以确定某企业或者企业集团的经济状况以及缴税和股息发放情况（外部会计核算；参见第四部分）。尽管采用相同的记账方法，由于国际上会计准则之间存在差异，在收集数据的种类、方法和支付确认的问题上还是存在巨大差异。

和每个数据库一样，会计记账所生成的数据库也需要谨慎记录和持续维护数据，这在实践中需要大量相关人员和软硬件设施的支出，错误或者不完整的记录可能会歪曲从数据库中获得的评价，从而导致得出的结论无效。

会计义务　德国对于会计记账和核算的规则由商法（《商法》第 238 条）及各种税法（例如：《税务征收规则》、《企业所得税法》和《销售税法》）规定。商法规定，每个商家都有责任按照规范记录并保存账簿（个体零售商除外，依据《商法》第 241 条 a 款），这里涉及所有登记在册的注册企业，其中不包含从事自由职业的个人和从事林业或农业的企业。税法规定，除了商法规定的商家，只要销售额（超过 50 万欧元）或利润（超过 5 万欧元）明显地超过相应规模，其他商家和自由职业者也有会计记账义务（《税务征收规则》第 140、141 条）。

一般公认会计原则　除了应该符合相关法律规定外，会计记账还需注意一般公认会计原则，这包含用以解决会计和资产负债问题公认原则中的很多方面。除了《商法》第三部分标注的原则外，一般公认会计原则还要建立在管理实践、专家和会计协会的意见和建议、学术讨论以及税务机关相关政策的基础上。

会计记账的合规性　《商法》第 238 条第 1 段不只定义了会计记账义务和强调了会计合规性，还对会计的合规性要求做出了规定。

> 第三册　账　簿
> 第一部分　通用规则
> 第一节　簿记和库存清单
> 第 238 条　会计义务：(1) 每位商人都有义务记账，依据一般公认会计原则，将自己的商业交易事项和资产状况标注明确。(2) 完成后的账目，应该满足能给有经验的第三方提供在一定时间内公司商业交易情况和经营概况的要求。(3) 这些会计记录所记录的交易事项必须能追踪其来源和后续进展。

图 8-1　《商法》第 238 条第 1 段

形式上合规性原则要求记录商业交易事项的文件清晰、明了、可以随时复核。为了确保能够落实之后的复核，会计资料要保留 10 年，每笔账目都不能缺少单据的支撑。内容上的合规性原则是基于全面而真实地对商业交易事项按时间顺序进行记录。

本章的目的是为读者介绍复式记账法的概况以及其中的联系，这能帮助读者更好地理解基于数据库建立的成本核算表和期末财务报表，后续章节将进一步详细介绍有关内容（参见第 9 章和第 17 章）。

2. 盘货、库存清单和资产负债表

在组建公司时，商人就要开始履行会计记账义务，第一步是将投入公司的资产和承担的负债清点并记录,这种在指定时间点对资产和负债的种类、数量以及价值进行的清点称为盘货。之后每一个会计年度结束时(通常是12月31日)都要进行一次盘货。盘货那天通常停业。

盘货的结果是现状目录,即库存清单,上面的资产和债务(也就是外来资本或应付款项)之间的差额就是净资产,也称自有资本。

库存清单　　　　　资产总额
　　　　　　　　一负债(外来资本)
　　　　　　　　————————
　　　　　　　　＝净资产(自有资本)

大型企业的库存清单可能内容复杂,没办法达到一目了然的效果。这里有必要引入一个简版的资产负债表,以便能让我们利用资产负债表,对一家企业的资产状况有个初步的印象。表中的资产按照不同种类进行了总结并划分了类别(例如,资产负债表中的项目,如房产、设备等),并按照价值进行度量,而不是按照数量来记录。这些经过处理的有关资产和负债的信息紧接着用"T"字的格式列出。

资产负债表

资　产	负　债
非流动资产	自有资本(结余)
	外来资本
流动资产	

　　　↓　　　　　　　　　↓
　资金运用　　　　　　资金来源
　(投资)　　　　　　　(融资)

资产,按照定义就是资产负债表左边一列(也称为"资产方"),而负债和净资产是右边的一列(也称"负债方")。负债一侧分为自有资本和外来资本;而资产一侧则粗略区分为非流动资产和流动资产,前者主要涉及企业长期使用的资产(如房产),后者主要是在企业生产过程中投入或由此产出的资产(如原材料、相关货物和应收账款)。

资产负债表从两方面展示公司的情况,一方面描述了公司资金来自哪里(资金来源),另一方面指出用资金进行了何种投资(资金运用)。此两者在价值尺度衡量时必须相对应,才能保证资产负债表的两边之和总是相等的(资产总额＝负债总额)。接下来会用例子来说明这一点。

业主西奥·托纳(Theo Toner)在毕业不久后就自主创业,成为一家打印店的所有者。他借助一份存在银行的6 000欧元遗产,租了一间大学附近的小商铺,从一家破产公司那里,以每台2 000欧元的优惠价格购入两台性能还不错的打印机。为了价值2 000欧元的家具和2 000欧元基本电脑设备,他向银行申请了4 000欧元的长期低利率创业优惠贷款(外来资本)。尽管作为小型个体零售商并没有会计义务,托纳还是进行了合规的盘货,制成库存清单,最后得到了一个类似下表的初创资产负债表。(中国资产负债表项目也是按照流动性排列,但是顺序和德国相反,是从流动性大到流动性小,为了体现本书德国原著的精神,本书资产负债表项目的排列顺序还是按照德国习惯,在中国管理实践运用时,读者需要把项目的排列顺序反过来排列。)

资产负债表 单位:欧元

资　　产		负　　债	
非流动资产		自有资本(结余)	6 000
—固定资产	8 000		
		外来资本	
流动资产		—长期银行贷款	4 000
—银行存款	2 000		
资产总额	10 000	资本总额	10 000

单个资产账户和负债账户之间没什么内在关联,这一点对于理解资产负债表很重要,例如,自有资本的数目代表不了流动资金,仅能代表公司的支付能力:尽管托纳投入公司的自有资本有 6 000 欧元,这些钱也不能直接以现金的形式存在,因为它和外来资本一样被投入某些资产项目中,只留下了 2 000 欧元流动资金在银行账户中。

<small>资产负债表和指定日期有关</small>

资产负债表仅仅是对一个时间节点的状况的描述(对资产负债表日情况的记录),资产和负债的价值和结构会随企业业务活动的进展而改变:托纳需要购买纸张,就要支付供应商货款,于是他从银行户头取出现金……为了将这么多的改变全面而系统地记录下来没有任何遗漏,在复式记账中全都用货币单位评价和描述企业的重大经营业务(所谓商业交易)——从企业成立一直到解散(清算)。

<small>交易记录</small>

商业交易会按照时间顺序记录在所谓的登记簿(流水账目)上。此外,从客观角度出发,同类交易事项会整合到相关的账目中,例如所有和现金有关的事项会记入"现金"账目下。这种按照客观标准进行排序得到的总账目对于后续工作很重要。

从会计角度看,企业交易事项的经济意义在于,它对企业的资金与资产数目和结构直接的改变,这涉及全部的货物流通(如原材料的投入或加工)、资金流通(如账单支付、利息费用或贷款)。尽管合同确立了合法的权利和义务,但达成协议并不意味着交易成功。那么商业交易会对资产负债表有哪些影响?如何进行账目处理?我们将在下一节介绍有关内容。

3. 记　账

3.1　设置账户

<small>案例(续)</small>

在学期开始后,托纳每天都会遇到许多交易:供货商供货、账单支付、顾客赊账或者付现、部分现金傍晚存入银行账户。就长期而言,每一笔的变动都立即记入资产负债表是不适用的,这样很容易使资产负债表失去条理。为了避免这种情况的出现,每个会计年度的开始都会为初始资产负债表中的每一个项目设立一个所谓的账户(同样适用于最初成立企业开展业务时的初创资产负债表)。在一个会计年度中,全部交易便可连续而完整地记入账户中,它的结余在会计年末被并入期末资产负债表。只要一个交易与某一资产或者负债账户有关,例如,购入纸张的库存,且在初始资产负债表中没有做出预设,都将直接给它开设一个相应的新账户。

<small>T 字账户</small>

每个账户有两栏,相应记录相关账户当时的期初值(AB)、增量或者减量以及期末值(EB),这种表格称为"T 字账户"。每个 T 字账户通常都规定左侧栏是"借"方,右侧栏是"贷"方。

```
    借          T 字账户          贷
                   │
                   │
                   │
                   │
```

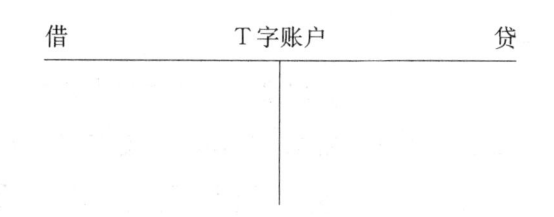

期终值显示结余：

```
            期初值
          + 增量
          − 减量
          ─────────
          = 期终值（结余）
```

在会计年度末，所有算得的期终值都会算入资产负债表，生成一份期末资产负债表（例如 2010 年 12 月 31 日），这也是下一会计年度的期初资产负债表（例如 2011 年 1 月 1 日）（资产负债表的同一性原则）。

期末资产负债表＝下一会计年度的期初资产负债表

3.2 资产负债表科目

针对资产负债表的每一个分项都会设置一个独立的账户，为资产项目设立的账户称为借方账户，为自有—外来资本项目而设立的账户称为贷方账户。由于在这些账户上会记载资产和资金量，所以借方—贷方账户也可算作存量账户。

借方账户和贷方账户

所有记录在资产负债表左侧的账户是借方账户，期初值和增量记入左侧"借方"栏，所有减量和期终值则记入右侧"贷方"栏。所有资产负债表右侧的贷方账户则刚好相反。这里提到的"借方"和"贷方"只是用来区分左右两侧不同账户的标志，而没有经济含义，就和个人银行划汇账户的情况一样。

```
借方    借方账户    贷方           借方    贷方账户    贷方
期初值           减量              减量              期初值

增量                                                 增量
                期终值                       期终值
              （=结余）                     （=结余）
```

这样镜像表达的"整合"，可以记录所有能想到的存量变化。这样一来每笔交易都会至少和两个账户有关，一个是"借方"账户，另一个则以相同数值记录在"贷方"账户下（"复式记账法"）。每次记账时首先要考虑，这项业务和哪些账户有关，然后再思考哪些记到借方账户下，哪些记到贷方账户下。以此为基础写下会计分录，首先记录"借方"账户，然后记录"贷方"账户。在实际运用中，会计分录只有附上盖上记账章的原始凭证才能生效（例如，供应商的账单）。图 8-2 列举了一个这样分类的单据。

会计分录：借方/贷方

总的来说，按照涉及的存量账户可以把会计记账分为四类——借方交换、资产负债表扩展、贷方交换和资产负债表缩减，接下来将要分别描述其对资产负债结构产生的影响。

（1）借方交换

借方交换

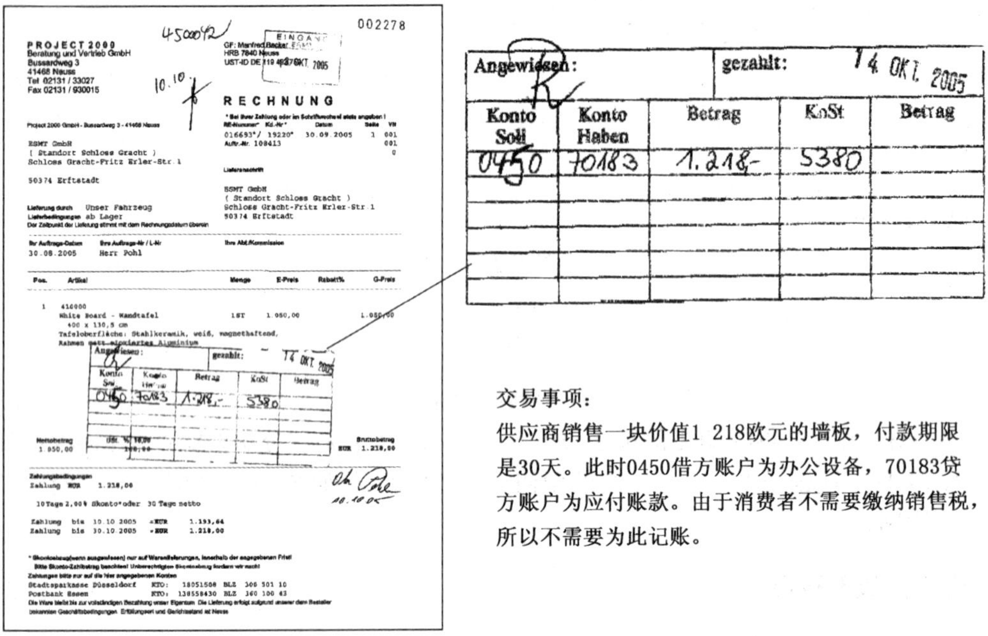

150　管理学概论

图 8-2　入账的会计单据

交易事项：
供应商销售一块价值 1 218 欧元的墙板，付款期限是 30 天。此时 0450 借方账户为办公设备，70183 贷方账户为应付账款。由于消费者不需要缴纳销售税，所以不需要为此记账。

一笔交易与两个借方账户有关：例如：西奥·托纳手上增加了 500 欧元现金用来支付账单（增量＝借方记账），这笔钱是从他的银行账户中取出来的（减量＝贷方记账）。

会计分录：(1) 借：现金　　　　　　　　　　　　　　　　　　　500
　　　　　　 贷：银行存款　　　　　　　　　　　　　　　　　　　　　500

	资产账户				资产账户	
借	现金	贷		借	银行存款	贷
期初值	0			期初值	2 000	(1) 500
(1)	500					

这笔账只改变了资产项的结构，没改变其总额（也就是总资产），所以称作借方交换。

(2) 资产负债表扩展

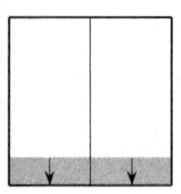

一笔交易使借方和贷方账户同时增加。例如，托纳收到了价值 800 欧元、付款期限 30 天的纸张供应（借方账户增量＝借方记账）。这次供货也因接受供应商借款而得到周转融资（贷方账户增量＝贷方记账）。

资产负债表扩展

会计分录：(2) 借：库存商品　　　　　　　　　　　　　　　　　800
　　　　　　 贷：供应商应付账款　　　　　　　　　　　　　　　　　　　800

借	借方账户 库存商品	贷		借	贷方账户 供应商应付账款	贷
期初值 (2)	0 800				期初值 (2)	0 800

由于借方账户和贷方账户都相应地增加了数额，使得资产负债表总额增加，我们称为资产负债表扩展。这类事件也是以图8—2的会计单据为基础。

(3) 贷方交换

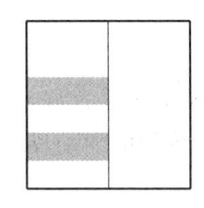

一笔交易与两个贷方账户有关。例如，托纳在银行借了短期贷款(增量＝贷方记账)，以支付供应商到期的应付款项(减量＝借方记账)。

会计分录：(3) 借：应付账款　　　　　　　　　　　　　　　　　　800
　　　　　　　　贷：短期银行贷款　　　　　　　　　　　　　　　　　　800

借	贷方账户 供应商应付账款	贷		借	借方账户 短期银行贷款	贷
(3)	800	期初值 (2)	0 800		期初值 (3)	0 800

资产负债表此处实际只变更了贷方账户的结构，没改变资产总额，故称为贷方交换。

(4) 资产负债表缩减

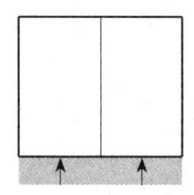

一笔交易使借方和贷方账户同时减少。例如，由于托纳当时并不担心流动性，同时银行存款也没法产生利息，于是他决定一次性用银行余款(借方账户减量＝贷方记账)偿还一半的银行短期贷款(贷方账户减量＝借方记账)。

会计分录：(4) 借：短期银行贷款　　　　　　　　　　　　　　　　　400
　　　　　　　　贷：银行贷款　　　　　　　　　　　　　　　　　　　　400

借	借方账户 银行存款	贷		借	贷方账户 短期银行贷款	贷
期初值	2 000	(1) (4)	500 400	(4)	400	(3)	800

因为这笔账使得借方账户和贷方账户的数值都减少了，资产总数相应减少(资产负债表缩减)。

西奥·托纳想要了解自己资产和资金的价值结构，因此他制作了一份临时资产负债表。为此他计算出每个账户的结余，将期终值并入了新的资产负债表。

资产负债表

资　　产		负　　债	
非流动资产		自有资本(结余)	6 000
－固定资产	8 000		
		外来资本	
流动资产		－长期银行贷款	4 000
－库存	800	－短期银行贷款	400
－银行存款	1 100		
－现金	500		
资产总额	10 400	资本总额	10 400

3.3 效益账户和利润表

效益　　　一名足球教练的成功意味着,他的球队毫无疑问会取得好成绩。在会计领域却不是这样：效益是指特定时期(如一年)内由于企业经营事项引发的增值或者贬值,这类资产价值的变动反映在贷方账户的自有资本项中。

效益无关　　再次考察上节所提到的四种记账种类,就能很明晰地看到,此处自有资本相对初创资产负和效益相 债表保持不变。这四种提到的记账类型属于对效益影响中立。无论钱是以现金形式存在还是关 以纸币库存的形式存在,只要纸币库存还在并且没有贬值,这对效益来说影响就不大,这也适用于机器采购(投资)或者贷款的申请和清偿。效用相关是指能形成价值增加(收益)或者价值损耗(费用)的事项,例如获得销售收入或者支付利息、房租和工资。

费用—收　　理论上,西奥·托纳可以把所有效益相关的交易(如商铺租金支付)简单地在相应的资产账益账户 户(例如,支付租金就是银行账户的减少)和自有资本(例如,自有资本相应的减少)中记录相关变化。但这些产生效益(即利润和亏损)的原因还不明确,这段时期的费用太高了？如果是,哪些费用高了？收益太少了？只有通过分类后明确了效益来源的费用—收益账户(所谓的效益账户),才能解答这些问题或者其他相关问题。

费用—收益账户的"T"字格式以及左侧的"借方"和右侧的"贷方"与存量账户相对应。费用增加减少了自有资本量,记在借方；收益增加意味着自有资本的增加,记在贷方。与存量账户不同,效益账户并没有期初值(AB)的概念,因为这些账户下总是记录一段时间内的费用和收益。

借	费用账户	贷	借	收益账户	贷
费用增量	期终值(＝结余)		期终值(＝结余)	收益增量	

案例(续)　　西奥·托纳的打印店也有效益相关的交易事项。开业不久他就记下了他第一笔大宗订货单——传单制作：以200欧元的纸张获得了2 000欧元的收益,为了安全起见,他要求一半费用以现金形式支付。他同意让客人将剩下的应收账款在一个月内支付,剩下的待付款项数额是1 000欧元。用他的流动资金现在可以无困难地支付到期商铺租金(350欧元)和学生临时工的工资(100欧元)。此外,他通过银行转账支付了累计150欧元的利息。

这些交易记录如下：

会计分录：(5)借：材料费　　　　　　　　　　　　　　　　　　　　　　　　200
　　　　　　贷：库存商品　　　　　　　　　　　　　　　　　　　　　　　　　　　200

(6)借:现金　　　　　　　　　　　　　　　　　　　　　　1 000
　　　应收账款　　　　　　　　　　　　　　　　　　　　1 000
　　　　贷:销售收入　　　　　　　　　　　　　　　　　　　　　2 000
　　　(7)借:租金　　　　　　　　　　　　　　　　　　　　350
　　　　　贷:现金　　　　　　　　　　　　　　　　　　　　　　350
　　　(8)借:工资　　　　　　　　　　　　　　　　　　　　100
　　　　　贷:现金　　　　　　　　　　　　　　　　　　　　　　100
　　　(9)借:利息　　　　　　　　　　　　　　　　　　　　150
　　　　　贷:银行存款　　　　　　　　　　　　　　　　　　　　150

	效益账户 存量账户			存量账户 资产账户	
借	材料费	贷	借	库存商品	贷
(5)	200		期初值	800	(5) 200
					期终值 600

	费用账户			资产账户	
借	租金	贷	借	现金	贷
(7)	350		期初值	500	(7) 350
			(6)	1 000	(8) 100
					期终值 1 050

	费用账户			资产账户	
借	工资	贷	借	应收账款	贷
(8)	100		期初值	0	期终值 1 000
			(6)	1 000	

	费用账户			资产账户	
借	利息	贷	借	银行存款	贷
(9)	150		AB 期初值	1 100	(9) 150
					期终值 950

	收益账户	
借	销售额	贷
		(6) 2 000

　　效益账户的结余可以直接记入自有资本账户。为了保证条理性,在结余差额的核算时,会 *利润表* 把有关项目罗列在利润表(GuV 账户)这个综合账户相对的两列。所有的费用项记在借方下, 所有的收益项记在贷方下。差额,即盈利或者年净利润(收益>费用)以及亏损或者年净亏损 (收益<费用),就是这段时期的效益。

利润表

借	贷
费用	收益
年净利润(结余)	

利润表与时段相关

通过这种方式,效益是如何产生的就变得透明了。与资产负债表总是展现某个确定时间点(结算日)的情况不同,利润表与一个时间周期(结算周期)有关。两者都是商法规定的期末财务报表的组成部分(《商法》第242条)。

案例(续)

托纳依据这种分类方法制作了自己的利润表。由此他确定收益比费用多1 200欧元:这笔年利润他可以计作自有资本的增量。

会计分录:(10)借:损益账户　　　　　　　　　　　　　　　　　　　　1 200
　　　　　　贷:自有资本　　　　　　　　　　　　　　　　　　　　　　1 200

利润表

借		贷	
材料费	200	销售收入	2 000
租金	350		
工资	100		
利息	150		
(10)年利润	1 200		

资本账户

借	自有资本	贷	
期终值	7 200	期初值	6 000
		(10)年利润	1 200

为了制定年终资产负债表,托纳再次将相关账户的结余算出并记入资产负债表,得到期终资产负债表。

资产负债表

资　产		负　债	
非流动资产		自有资本(结余)	7 200
—固定资产	8 000		
		外来资本	
流动资产		—长期银行贷款	4 000
—库存	600	—短期银行贷款	400
—应收账款	1 000		
—银行存款	950		
—现金	1 050		
资产总额	11 600	资本总额	11 600

两种效益评估的方法

相对于初创资产负债表,自有资本增加了1 200欧元达到7 200欧元,这个数额与损益账户的结余差额相一致。因此有两种方法来评估一段时期的效益。

(1)通过资产负债表中自有资本在这段时期开始和结束时的差异来确定效益情况。此处自有资本所有可能发生(与法律形式有关)的变化,有关持股人(例如,来自于托纳的附加资本投入或者个人提取)的修正都被考虑在内。

(2)通过利润表中一段时期内费用和收益之间的差异来确定效益情况。此种方法也可以得到效益的来源。

"复式记账法"的概念除了以每笔账目都和两个账户相关的事实为基础外,还与效益评估的两种途径有关。相比之下,单式记账法仅仅通过会计周期开始和结束时的资产情况比对来评估效益,它仅仅记录了按时间顺序排列的增/减量,没有特别的效益核算。复式记账体系并不是法律强制推行的,而是由于商人依据《商法》第242条第2段规定有制定利润表的义务,单式记账实际上无法满足该要求才使得复式记账法得到普遍应用。在德国,公众管理和公共企业广泛使用现金收付式的核算方法,这也不能满足商法对于会计核算的要求,因为该方法只是基于资金状况的簿记系统。

3.4 资产负债表和利润表的共同作用

资产负债表和利润表共同形成了一个封闭的会计系统。效益相关的账目首先记入效益账户,通过利润表中核算的效益影响资产负债表。借助下面列举折旧账户的记录,可以更清楚地表达二者间的相互作用。

在进行临时结算时,西奥·托纳并没有把他复印机的损耗考虑在内,这部分价值消耗将用折旧来核算。由于托纳估计这个二手设备剩余的使用年限大约是4年,并以此计算了统一的年摊销额(直线折旧),故将这部分费用算作1 000欧元。在记录折旧账户前,先把相应的资产负债表和利润表内容列举如下。

资产负债表

资 产		负 债	
非流动资产		自有资本	7 200
—固定资产	8 000		
资产总额	11 600	资本总额	11 600

利润表

借		贷	
年利润	1 200		

考虑折旧后,资产负债表和利润表发生了如下变化:

会计分录:(11) 借:折旧   1 000
            贷:固定资产   1 000

资产负债表

资 产		负 债	
非流动资产		自有资本	6 200
—固定资产	7 000		
资产总额	10 600	资本总额	10 600

利润表

借		贷	
折旧	1 000		
年利润	200		

与临时结算表相比,折旧的存在增加了利润表中费用的数额,同时年利润减少了1 000 欧元;与此同时,资产负债表中固定资产的价值也下跌了1 000 欧元。由利润表计算得出的年利润减少到200 欧元,自有资本也减少了相同的数额。折旧核算导致了资产负债表的缩减。下面的图 8-3 概括总结了简要的记账过程。

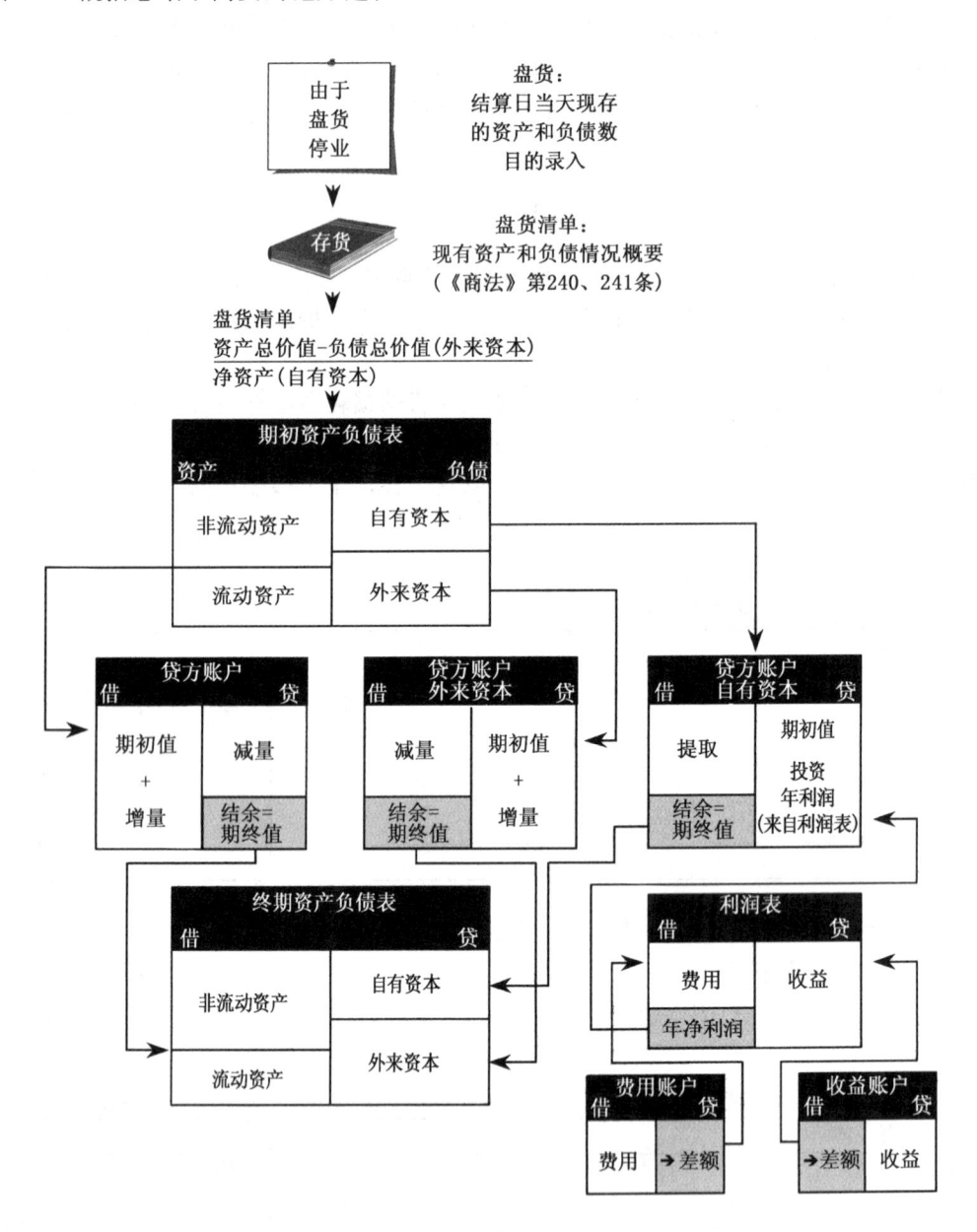

图 8-3 记账过程概览

4. 账户分类结构图

合规的会计记账要求资产负债表和利润表分解成多种不同的账户。此外,在管理实践中,账户下还有大量子账户(如固定资产、应收账款、应付账款等)。在应收账款项目下,每个顾客(即债务人)在所谓的应收债务账户中都有自己的子账户,通过这样的方式可以明确每个确定顾客相对应的应收账款数目。会计科目表

由于交易和账户的数量大,会计记账就需要有个清楚的秩序,以确保账目的清晰明确,使第三方使用者也能够理解。会计科目表保证账目的秩序性,这里用单独账户构成的结构图来表示,账户一般可以划分成 10 个(0~9)账户等级,这些账户再次被分成不同的组和类别。图 8-4 给出了这种分级结构。用这种方法给每个账户分配一个数字,由此可以明显地知道这个账户有哪些特征(如存量账户或者效益账户),另一方面可以使数据的电子数据加工(EDV)技术分析得以实现。账户多样性

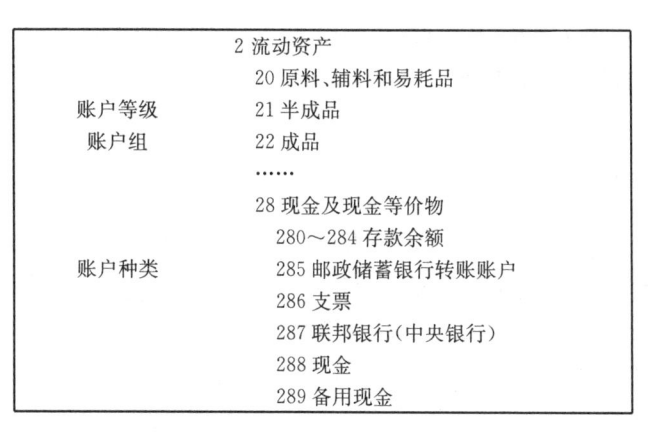

```
                    2 流动资产
                        20 原料、辅料和易耗品
账户等级             21 半成品
账户组               22 成品
                        ……
                        28 现金及现金等价物
                            280~284 存款余额
账户种类                 285 邮政储蓄银行转账账户
                            286 支票
                            287 联邦银行(中央银行)
                            288 现金
                            289 备用现金
```

图 8-4 账户等级—组—种类的结构

为了使各个不同企业使用相同账户分类结构图,以提高期末资产负债表的可比性,一些会计协会正逐步开发和推广会计科目表,例如,贸易、手工业和工业的会计科目表。随着电子数据加工技术系统的发展,会计科目表的意义越来越重大,例如,DATEV 的会计科目表得到广泛运用,DATEV 是一家税务顾问公司所属从事软件和服务业的合伙制子公司。DATEV 每月为 200 万家中小型企业提供记账服务,并为其提供大量其他的服务,内容包括从单据整理到数据的记录保存。例子

SAP ERP 系统的会计科目表作为行业标准得到了贯彻实施。SAP ERP 系统是按照模块组建的,提供了针对会计学的各种程序包,还整合了应用于企业其他功能的软件模块(例如,材料管理、生产计划与操控或推销),通过这种方法避免了电子数据加工(EDV)系统的孤立应用。

工业会计科目表 IKP 以及 DATEV 和 SAP 系统下的会计科目表在表 8-1 中做了对比。二者的共同点在于,账户的结构都依照资产负债表和利润表来构建。从这样的会计科目表中,企业可以得到满足自己要求的单独账目表。

表 8—1　　　　　　　　　　　　　　不同会计科目表的比较

类别	IKR (1986)			DATEV (SKR 04)	SAP ERP
0	无形资产、固定资产	资产账户	核算范围Ⅰ	非流动资产	非流动资产、自有资本、贷款、准备金
1	金融资产			流动资产	现金、银行存款、应收款项、供应商借款
2	流动资产			自有资本	折旧、利息费用和收入
3	自有资本和准备金	负债账户		外来资本	原料、辅料和易耗品，周转材料
4	应付账款			收益	材料消耗、人力和物资成本
5	收益	收益账户		费用	空缺
6	经营费用	费用账户		费用（包括核算成本）	空缺
7	其他费用			其他收益和费用	成品和半成品
8	损益核算			空缺	销售收入
9	成本绩效核算		核算范围Ⅱ	专项账户	专项账户

5. 利润表的形式

迄今为止，利润表仅仅涉及一段时期的费用和收益层面的账户。本章将从两个更详尽的角度，介绍利润表相关的两个可选的记账方法（总成本法和销售成本法）和两个不同的结构形式（单步式和多步式）。

5.1 总成本法和销售成本法

案例（续）　西奥·托纳的打印店不仅制作传单，还为附近的大学制作讲座讲义。尽管他想要尽可能准确地预测需求，每个会计年度结束时，通常都会有些讲义积压在仓库内，它们可以在下一年被卖掉，第二年也是这样：托纳做了 100 份讲义，到年底只能卖出 70 份。通过他的内部核算，每份讲义需要 15 欧元的生产费用，于是他制定的售价为每份 20 欧元。

打印店的利润表如下。

利润表

	费用		收益	
数量：100份→	生产费用	1 500	销售额	1 400　←数量：70份
			亏损	100
		1 500		1 500

照这么说，托纳是损失了 100 欧元！按照这样的思路生产和卖出的数量是不一样的。生产费用是以总的生产数量 100 份为基础，而计算销售额时只考虑了卖出去的 70 份。为了恰当估计这段时期的效益，必须按照同一数量基础来考虑费用和收益。

目前为止还没考虑到托纳在这段时期还有 30 份库存量。这部分完成（或者未完成）的剩余产品同样是有价值的，也应当考虑进去。对此有以下两种不同的估计方法，依据《商法》第 275 条，经营者可以选择二者之一估计一段时间的损益值。

总成本法

5.1.1 总成本法

用这种方法，以费用（总成本，也就是这段时间的费用）作为数量基础，相应地调整收益方。这样，在计算生产成本时，多出的产品也被算在内，列于利润表中（所谓的库存增加）。在费用和收益相抵消后，得到 350 欧元利润，而不是 100 欧元的亏损。

通过盘货确定的期终值作为新一阶段"成品"账户的期初值,库存量在这段时期的末尾发生了变化。这样计算出的正差异对应余量产出的价值(例如450欧元),同时将作为收益被记入"库存增加"对应的收益账户,进而被记入利润表。在削减库存的情况下(产量<售量)也有类似的"库存减少",这种情况要算作费用。对于各种产品,库存增加和库存减少可以达到均衡。

利润表

	费用			收益	
数量:100份→	生产费用	1 500	销售额	1 400	←数量:70份
	利润	350	库存	450	←数量:30份
		1 850		1 850	

存量账户
资产账户

借	成品		贷
期初值	0	期终值	450
库存	450		
	450		450

效益账户
收益账户

借	销售额		贷
利润	1 400		1 400

费用账户

借			贷
生产费用	1 500	利润	1 500

收益账户

借	库存增加		贷
利润	450	库存增加	450

5.1.2 销售成本法

这种方法以收益(这段时期实现的销售额)为数量基础,通过只把卖出产品的生产费用(销售成本)与实现的销售额相比的方法,相应地调整费用方。下面例子中利润表的两侧都以70份为基础,这时利润则是350欧元。

与总成本法不同,销售成本法不是一次性在期终记账,而是连续记账。库存的每一次变化都直接计入"成品"账户。增量借计(这里为100份,15欧元/份=1 500欧元),减量贷计(这里为70份,15欧元/份=1 050欧元)(借方账户)。产品销售记入"销售成本"账户中,最终作为费用账户并入利润表中。

选择其中某一种方法的理由是什么呢?销售成本法在盎格鲁—撒克逊地区应用广泛,因此更适用于国际比较。此外,由于连续记账不需要对期终库存进行实质性的盘货,因此销售成本法在短期时段内应用更为简便。但同时对库存的增减量必须做出连续的记录和评估。另外,通过对销售额和产品生产相关费用的比对,可以直接明确得出一种产品的效益。

	费用	利润表	收益	
	销售成本	1 050	销售额	1 400
数量:70 份→				←数量:70 份
	利润	350		
				←数量:30 份
		1 400		1 400

存量账户
资产账户

借	成品	贷	
期初值	0	销售成本	1 050
增量	1 500	期终值	450
	450		450

效益账户
收益账户

借	销售额	贷
利润	1 400	1 400

费用账户

借	销售成本	贷
成品	1 050	利润	1 050

<small>行业相关性</small>　　总成本法的优点同时也是缺点,即需要根据业务类型确定核算的方法。对于长期使用不间断的设备的生产企业,销售成本法是难以实现的:销售额(和总成本法一样)只能在最终完成的那年才会被记账。在之前的这些年,销售成本法并不能提供关于这段时间企业产生进度明确的信息,而总成本法可以表明这些年的生产费用、库存增加以及相应产生的效益,因此德国的设备制造公司采用的是总成本法

<small>基本费用类型确认</small>　　两种方法的另一个区别是,总成本法可以直接展现每个基本费用的类型,例如材料、工资、薪金、折旧等(上述例子中简化为"生产费用")。与此相反,销售成本法中会依据职能差异将其划分为不同板块(生产、管理、销售),而各类基本费用的数额是不明确的。因此《商法》第 285 条第 8 点对此规定,材料和人工费用要在附录中加以说明。

<small>内部会计</small>　　总成本法和销售成本法都能应用于内部会计核算,这里涉及企业产出额核算作为利润表的替代品(参见 9.3.5.2 节)。

5.2　多步式和单步式

<small>单步式</small>　　西奥·托纳的利润表长期以来都是单步式的,费用和收益每次都是总结记录在账户不同的两边,因此具体费用和收益在总费用或收益中占的份额是不明确的。这个特点同时具有非常显著的缺陷,不能将这段时期内不同部分的业绩分别表现出来,而这恰恰对一家企业收益情况评估具有核心意义(参见 17.4 节)。年净利润是从良好的经营还是从利息收入中获得的?营业外突发事件会在何种程度上影响业绩?多步式利润表给核算解决了这些问题,它是从销售额中加入或减掉各类收益和费用,这样经过数个过渡阶段,直到最后得出年净利润或者年亏损。由此可以获得重要的中间结果,明确地描述营业业绩、融资业绩和营业外业绩。

由于信息含量很大,《商法》第 275 条规定,无论采用总成本法还是销售成本法,利润表应主要采用多步式。德国企业的年度财务报表中,利润表的结构和托纳在第一个财政年度的报表相类似(参见表 8—2)。

表 8—2　　　　　　　　　多步式利润表(总成本法)　　　　　　　　　案例(续)

	销售收入	2 000
+/−	成品或半成品库存的增减	
+/−	其他借记自产品	
+/−	其他业务收入	
−	材料费	200
−	人工费	100
−	折旧	1 000
−	其他经营费用	350
(1)=	经营业绩	350
+	投资和有价证券收入	
+	其他利息和相关收入	
−	金融资产贬值	
−	其他利息和相关费用	150
(2)=	投资业绩	−150
(3)=	经常性损益(1+2)	200
+	特殊收入	
−	特殊费用	
(4)=	非经常损益	0
−	税费	0
(5)=	年净利润—净亏损(3+4)	200

6. 现金流量表

西奥·托纳再次回顾自己获得 200 欧元利润的第一个会计年度。效益并没有带来现金及现金等价物的增加:现金和银行账户总和与结算期开始时一样是 2 000 欧元。为了解释这种矛盾现象,必须把收付款与对应的收益和费用区分开。首先在利润表中列出收益和费用,从而核算出 200 欧元利润。此处不涉及详尽的现金流变化分析。一个像这样把现金流透明化的核算称为现金流量表(财务核算)。将收付款项以利润表中相类似的形式分别列举,分别列入"经营活动现金流量"、"投资活动现金流量"和"融资活动现金流量"三类中。在德国,集团企业核算必须给出现金流量表(《商法》第 297 条第 1 段),上市的资合公司也一定要制作资金流量表(《商法》第 264 条第 1 段)。

为了完成资金流核算,托纳重新考虑了 1~9 项商业交易。现金和银行存款仅与交易 4、6、7、8 和 9 相关。只有与支付有关的会计事项会记入现金流量表,以便更好地解释现金流的变化(参见表 8—3,进一步参见 18.4.1 节的例子)。对于流动资金的状态保持不变,现金流量表给出了更清晰的解释:日常经营带来的资金被全部用于偿还贷款;在该结算期内没有资金用于投资项目。

表 8—3　　　　　　　　　　　　资金流核算举例

结算期初的流动资金(现金和银行存款)	2 000
＋ 销售商品、提供劳务收到的现金	1 000　(6)
－ 购买商品、接受劳务支付的现金	
＋ 收到的其他与经营活动有关的现金	
－ 附加费用(如：租金、工资和利息)	600　(7,8,9)
＝ 经营活动产生的现金流净额(增/减)	＋400
＋ 处置非流动资产所收回的现金	
－ 购建非流动资产所支付的现金	
＝ 投资事项中的现金流(增/减)	0
＋ 吸收投资所收到的现金	
－ 分配股利、利润或偿付利息所支付的现金	
＋ 借款所收到的现金	
－ 偿还债务所支付的现金	－400　(4)
＝ 筹资活动产生的现金流净额(增/减)	－400
＝ 结算期末的流动现金(现金和银行存款)	2 000

7. 结束语

复式记账法被歌德称为人类精神领域最美丽的发现，运用该方法可以将所有的交易事项整合处理，得到企业资金—资产结构的变化情况。由此产生的大型数据库，不仅为企业内部操控，也为外部会计核算提供了重要信息。这些数据可以用于成本核算和期末财务报表的编制，即通过处理数据并得到特定的特征参数，如一种产品的生产成本或者一个财政年度的利润。运用这些信息，企业管理工具可以将客观事实变得清晰透明，不必受制于管理层或者外部利益集团(股东、银行等)的解释或者决定。

商业交易事项在登记簿(流水账目)中按照时间顺序排列，与此同时，通过一个将每笔资金—资产项目的变化连续记录下来的封闭账户系统(总账)，可以达到客观存档的目的。状态账户(借方账户和贷方账户)以及效益账户(费用账户和收益账户)就内容来看是不同的。先记账的是资产(＝借方账户)和负债(负债和自有资本＝贷方账户)，接着是对于价值增加(收益)和价值减少(费用)的整合。

期末财务报表

在数据库的基础上，期末财务报表可以作为向外部解释说明的主要信息工具(外部会计学)。资产负债表列出了固定结算日的资产负债情况，利润表通过记录每笔费用和收益给出一个结算期(通常是一个会计年度)的效益，它们是期末财务报表的核心。为了保护外部信息受众，法律规定了期末财务报表的范围、形式和内容，这些将在本书第四部分详细讲解。

成本核算

在既定生产能力基础上，成本核算为各种决策和企业内部的经济控制提供信息，也是会计数据的数据来源。与外部会计学相比，成本核算有一定的自由度：构建和组织并没有法律方面的要求，可以根据企业特定需要进行调整。成本核算将在第 9 章中详细介绍。

习题

"Just-in-Time"有限责任公司作为可靠而灵活的小型冲压件供应商,它的主要客户来自于汽车配件行业。2010 年末该公司的情况是:就行业而言,资产有稳定的财务支持。外来资本来自长期银行贷款和应付供应商款项,数额分别为 480 千欧元和 150 千欧元。最初租赁价值 300 千欧元的生产车间已由企业买下,现代化生产车间和设备都归企业所有,在账目中总共记为 400 千欧元。在年底应收款项总计 120 千欧元。每年一样,股东想要在结算日将结余库存缩减成最低原材料库存(50 千欧元),流动资金有 1 千欧元可供使用。

1. 请制作 2011 年 1 月 1 日的初始资产负债表。

第二天(1 月 2 日),企业各个职能部门都有待解决的问题,融资、投资、采购、生产和销售都需要快速决定:卡尔·尤斯特(Karl Just)浏览了刚印出来的账户摘要,他满意地确定大客户未付的数额为 100 千欧元的款项在今天如约清偿了(1)。这样尤斯特刚好能通过其银行账户支付相同数额的供应商到期应付货款(2)。他很愿意接受一个破产管理人朋友的电话供货,从银行申请短期信用额度贷款,来支付从破产管理人管理的企业中以 5 千欧元的跳楼价采购的一台小型冲压机(3)。他哥哥彼得(Peter)在这期间完成了价值 10 千欧元的燃油供给业务,通常支付期限是四周(4)。一个紧急的价值 4 千欧元的垫圈客户订单(材料费 1 千欧元),尽管在休假期间,所幸可以借助一些临时劳动力(临时工资总额 1 千欧元),还是在今天得以完工;客户支付现金(5)(6)(7)。在下班前尤斯特接到了银行企业客户经理的电话,建议他增加 5 千欧元的长期优惠利率贷款,以便平衡透支账目,尤斯特表示赞成(8)。

2. 请列出各类描述的商业交易事项的会计分录,并给出分录的类型(贷方—借方交换、资产负债扩展、资产负债表缩减和费用或者收益记账)。在这个工作日已知的交易中出现了哪些资产负债表上的变化?

扩展阅读

Coenenberg, A. G., Haller, A., Mattner, G. & Schultze, W.: *Einführung in das Rechnungswesen*, 3. Aufl., Stuttgart 2009.

本书给出了会计和财务报告的一个简单易懂的概述。

Schmolke, S. & Deitermann, M.: *Industrielles Rechnungswesen IKR. Einführung und Praxis*, 38. Aufl., Darmstadt 2009.

这是一本关于会计、财报和成本分析的实务用书,有很多例子。

Wöhe, G. & Kußmaul, H.: *Grundzüge der Buchführung und Bilanztechnik*, 7. Aufl., München 2010.

这是一本有关习题的入门书。

参考答案

1. 2011 年 1 月 1 日的初始资产负债表

单位:千欧元

资产	2011 年 1 月 1 日资产负债表		负债
非流动资产		自有资本	241
—土地和建筑	300		

续表

资产	2011年1月1日资产负债表		负债
—机械设施和机器	400		
流动资产		外来资本	
—原料、辅料和易耗品	50	—长期银行贷款	480
—应收账款	120	—供应商应付账款	150
—现金	1		
资产总额	871	资本总额	871

2. 会计分录

(1) 借：银行存款　　　　　　　　　　　　　　　　　　100
　　　贷：供应商应收账款　　　　　　　　　　　　　　　　　100（借方交换）

(2) 借：供应商应付账款　　　　　　　　　　　　　　　100
　　　贷：银行存款　　　　　　　　　　　　　　　　　　　　100（资产负债表缩减）

(3) 借：机械设施　　　　　　　　　　　　　　　　　　5
　　　贷：短期银行贷款　　　　　　　　　　　　　　　　　　5（资产负债表扩展）

(4) 借：原料、辅料和易耗品　　　　　　　　　　　　　10
　　　贷：供应商应付账款　　　　　　　　　　　　　　　　　10（资产负债表扩展）

(5) 借：生产材料费　　　　　　　　　　　　　　　　　1
　　　贷：原料、辅料和易耗品　　　　　　　　　　　　　　　1（费用记账）

(6) 借：工资　　　　　　　　　　　　　　　　　　　　1
　　　贷：现金　　　　　　　　　　　　　　　　　　　　　　1（费用记账）

(7) 借：现金　　　　　　　　　　　　　　　　　　　　4
　　　贷：销售收入　　　　　　　　　　　　　　　　　　　　4（收益记账）

(8) 借：短期银行贷款　　　　　　　　　　　　　　　　5
　　　贷：长期银行贷款　　　　　　　　　　　　　　　　　　5（贷方交换）

单位：千欧元

借方		对资产负债表的作用		贷方
非流动资产		自有资本		243
—土地和建筑	300			
—机械设施和机器	405			
流动资产		外来资本		
—原料、辅料和易耗品	59	—长期银行贷款		485
—应收账款	20	—供应商应付账款		60
—现金	4			
资产总额	788	资本总额		788

第 9 章

成本会计

Heinz Kußmaul[①]

1. 引 言

外部会计学为外部利益集团记录企业发生的交易事项,而内部会计学则有助于促进企业内部的决策管理。对外公开的账目首先要建立在合规的基础上(参见第17章)才能生效,然而内部会计学则不受外部约束的限制。在管理实践中,内部会计学要适应企业的特定需求,因此实施起来可以与外部会计有所不同。成本—绩效核算(简称"成本会计")除了阐述投资评估外(参见第11章),还涉及内部会计学的基本内容。尽管内部会计学和外部会计学之间存在着所谓的差异,但同时也存在着共性,因为内部会计应用很大程度上以外部参数为基础,这些参数以财务会计(参见第8章)或者以前期辅助计算(如原材料核算、工资核算或非流动资产核算)得出的相关数据的形式展现。

成本会计的主要任务在于,提供对于企业决策有用的信息,所以要先为产品项目的优化(例如,在这个项目中,新产品的接纳或者到现在为止产品的供应任务)、采购决策的优化(例如,内部生产或者外部采购)、经济效益最大化(例如,生产流程的选择)以及销售的优化(例如,价格下限的核算)提供相关的数据材料。对于这些决策而言,企业绩效的核算——成本会计的基本任务——是不可或缺的前提。通过核算可以得到一种产品的总成本;此处是所有成本的总和,包括产品的研发、销售或者相关的服务费用。成本会计在这个领域的任务将在第3、第4节中详细介绍。

经济性监控是成本会计的任务之一,它应当保证企业资源的有效投入并避免浪费。经济

———
[①] Heinz Kußmaul:德国萨尔州立大学管理学教授,博士。

性定义为,以价值为基础,在生产效率的框架下,表示投入生产资料和产出之间的数量关系。经济性用以下的方式衡量:

(1)一般基本形式:价值衡量的产量/价值衡量的投入

(2)以成本会计为目标的特殊形式:绩效/成本

(3)以成本会计为目标的辅助形式:实际成本/预算成本

经济性的监控体现在通常一月一次的(也有比外部会计报告更短的时间间隔)企业绩效核算和偏差分析上,这些将在9.4.3节中详细介绍。

外部任务　最终,成本会计也可以给不同的外部任务提供数据材料,例如,自产的物资,即半成品或成品(也就是生产之后被暂时储存起来的那部分产品)在资产负债表上也要核算人工成本(参见第17.3节),这些内容也来自成本会计。

图9-1汇总了成本会计的各项任务,接下来的章节将先介绍成本会计的基本构成,以及每个公司原则上是如何实施的(第9.3节);然后将介绍成本会计的主要内部任务,即对与状态相关的企业决策提供支持,以及成本岗位的经济性监控(第9.4节)。下一节首先解释几个关于成本会计的基本概念。

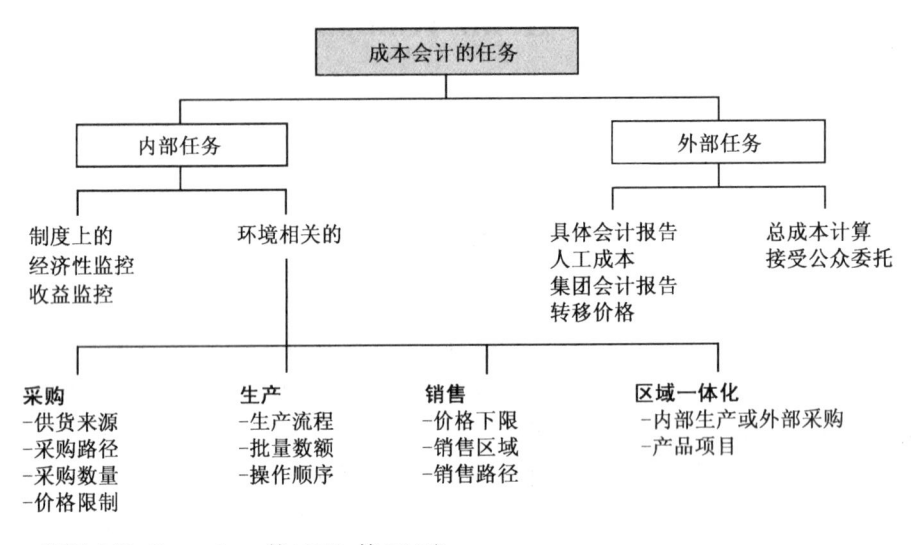

资料来源:Coenenberg等(2009,第23页)。

图9-1　成本会计的任务

2. 成本会计的基本概念

2.1　费用和成本

与利润核算(参见8.3.3节)一样,成本会计也要计算期内效益,二者都要以财务会计提供的数据为基础,但是完成不同的目标。成本会计不仅眼于公司整体,也关注公司的各个部分(例如,成本岗位、利润中心),因而成本会计仅限于真实的企业活动。与此相对,利润核算是更加整体化、总结性的核算,其中计算了包括涉及企业外因素在内的公司总效益。由于两种核算方法基于的范畴不同,经济尺度也是不一样的。

利润核算中的费用和收益总结了一个时期内价值的消耗和增长,成本和绩效则作为成本会计的计量尺度只涉及企业经营条件下的价值消耗和增长。我们定义成本为,单位时期内与企业生产经营相关的物资及服务消耗的全部价值总和。 成本的定义

外部会计学(更准确说,是财务会计学)虽然是成本会计中所需数据材料的基础,但成本会计没能全部利用由财务会计得到的所有数据。另外,成本会计也需要根据自身目标补充那些财务会计中没有的数据。

首先,以中性开支为例进行介绍,它并不记入成本会计,因为在生产过程中,它通常是不能预测的,并且不会因此而削弱成本会计的计划和控制功能;不存在与这一部分费用相关的成本(参见图9-2)。以下情况会被算作中性开支:(1)与企业目标不相关的部分:营业外支出(例如,慈善捐款、证券交易损失和投资失利损失);(2)与本期不相关部分:本核算期外费用(例如,补缴企业税和特殊折旧);(3)非经常部分:偶然费用(例如,灾害对生产设备的损耗、低于账面价值出售设备)。 中性开支

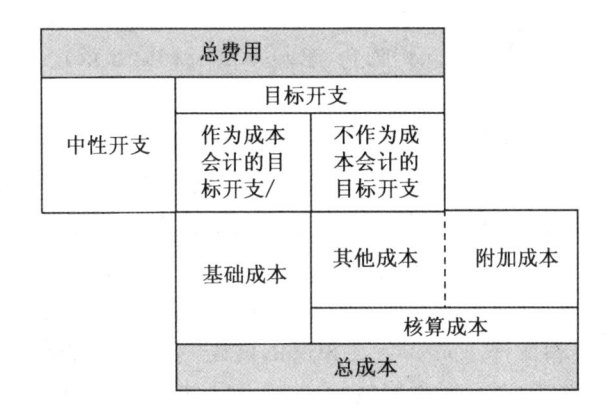

总费用				
中性开支	目标开支			
^	作为成本会计的目标开支/	不作为成本会计的目标开支		
^	基础成本	其他成本	附加成本	
^	^	核算成本		
^	总成本			

资料来源:Kilger(1987,第25页)。

图9-2 费用和成本的区别

与此相反,涉及同样数额与成本相关的费用(例如,生产人工费用、包装材料),即所谓目标开支,也称基础成本。这部分数据可以直接转用于成本会计,实际操作中这往往是价值最大的项目。 目标开支=基础成本

核算成本,是成本会计的重要组成部分,它给出了在财务会计中没有对应费用(所谓的附加成本)或者数额不同的费用(所谓的其他成本)的那部分成本。此处应将财务会计中的这些数据调整后记入成本会计中,或者完全重新计算数据,例如,企业家的核算酬劳、租金核算和风险核算都属于附加成本;折旧核算和利息核算都属于其他成本。接下来,简单解释一下两种重要的核算成本类型:企业家酬劳和利息。 核算成本

我们将企业家的核算酬劳理解为企业支付给企业家为企业经营而付出劳动的酬金,在资合公司(例如股份公司或者有限责任公司)的财务会计核算中,该项目已经作为领导阶层或者经理人的酬金被记为费用,并可以作为目标开支或者基础成本转记入成本会计中。独资企业和合伙企业与此不同:领导阶层合伙人的工作酬金没有得到税务当局的认可,无法记作企业的生产费用,因此也不会在财务会计中考虑将其作为开支。如果将成本会计依照财务会计方式处理,数据基础(例如,产品的核算)就不够充分,因为在合伙企业中企业家也是付出劳动的,产 企业家的核算酬劳

品总成本会由于对企业家酬劳的忽视而被低估。作为修正,需要再对企业家核算酬劳进行计算,计算结果相当于,如果他可以将其劳动力另外利用起来,企业家可以得到的薪水。这种基于最佳替代用途的生产要素所对应的价值被称为机会成本。

核算利息 　财务会计记录的利息费用是由企业为外来资本支付利息而产生的。除了贷款人以外,投资人(股东、合伙人)也要求对自己投入的资产得到相应的利息。为了将这些与产品核算结合起来,在成本会计中,将把自有资本和外来资本结合起来计算的平均利息记作所谓的核算利息。由于成本会计只考虑与企业经营有关的价值消耗,故也只对企业经营必需的资本核算利息。何谓企业经营所必需的,将不凭借资本(负债方)而仅凭借资产(资产方)来评价。此外,从资产负债表可以估算出,在总资产中相对应的企业经营必需资本的平均值,并针对不同的情况,例如企业非必需的资产对象(例如,金融资产、未开发地产),做出调整。这些待核算的利息可以通过企业经营必需资本的平均值和核算利率相乘得出。实际运用中,核算利率通常为6%~8%,这一数值是依据资本成本的平均值得出的(参见2.2.2节)。

这种计算核算利息的方法,可以核算具体成本岗位所用的资本,从而就能够得出相应的核算成本,这样可以明确告诉成本岗位的在职者,运用资本是有成本的,他需要为公司的自有和外来资本赚取利息,这和股东价值理念相吻合(参见1.2节和第2章)。

2.2　成本类型

成本分摊到企业经济事项的可能性,以及经营状况波动中的成本行为都对成本会计有着重大意义,下面将介绍这两种不同分类的可能性以及二者之间的联系。

直接成本和间接成本　按照成本分摊到企业经济事项的可能性可以分为直接成本、间接成本以及特殊直接成本和"非真正"的间接成本。直接成本就是可以直接分配给具体绩效单元(即具体产品)的那部分成本,例如,直接材料成本和计件工资。与之相反的就是间接成本,即不能直接与具体绩效单元相对应的那部分成本,例如,企业管理层的薪金、企业人事费用以及生产车间的租金。

特殊直接成本　特殊直接成本虽然不能与一个具体的绩效单元相对应,但是可以与一组确定的绩效单元(例如,一份订单或者一系列活动)相关,例如以下的成本类型:(1)生产特殊直接成本,如模具(样机)、专用工具成本或者生产执照费用;(2)企业特殊直接成本,如包装材料成本、运输费和订单相关广告费。

"非真正"的间接成本　"非真正"的间接成本指那些实际上可以和具体绩效单元相关联,并且也具有直接成本特点,但是由于它们不重要,从计量经济角度出发,被算作间接成本下的成本。实际运用中通常会将由辅助材料(如胶水或者钉子)引发的成本记作"非真正"的间接成本。

变动、固定和跳跃固定成本　第二种成本类型的划分方法取决于经营活动波动时成本相关行为类型的不同,在此将经营活动理解为企业各个单元产出的规模,最简单的情况就是用一项经营活动生产有关绩效单元的数量来计量,以此为标准将成本分为变动、固定、跳跃固定以及区间固定成本。变动成本(也称为正比成本)就是那些随着经营活动的变化而改变的成本(如直接材料成本)。与此相对的是固定成本,它们是为企业运营做准备的成本,在经营活动变化时保持不变(如生产车间的租金)。固定成本的特殊形式就是所谓的区间固定成本或者说跳跃固定成本,指那些在某些确定区间内不变,但在各个区间之间会跳跃上涨的成本。这类成本会在加班时产生。

直接成本一定是变动成本,而固定成本一定是间接成本,但间接成本可以是固定的,也可以是变动的,或者说,变动成本可以是直接成本,也可以是间接成本。图9-3将这一系列概念——直接成本/间接成本和变动成本/固定成本——做了比较。

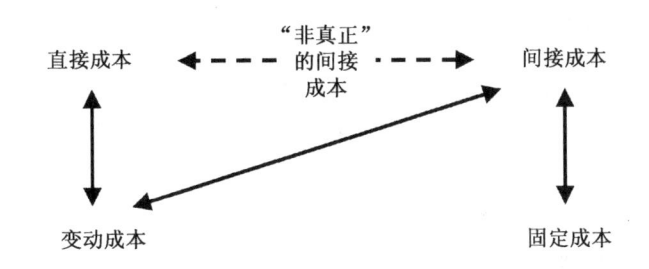

图 9—3　直接成本/间接成本和变动成本/固定成本的分类

3. 成本会计的构成

3.1　问题的提出

美食爱好者西吉·施吕库鲁斯(Siggi Schlukullus)在凯泽斯劳滕地区的"贝茨堡"足球场建了一个 8 平方米的烤肠店。每次主场作战(一个月两次)他都在那里卖白香肠、烤香肠和煎肉排。

管理顾问约翰·麦卡什(John McCash)帮他计算过,如果想要收回所有成本,白香肠该卖 3.30 欧元、烤香肠 4.11 欧元和煎肉排 9.22 欧元。因为当前白香肠的售价为 3.40 欧元、烤香肠是 3.80 欧元而煎肉排是 8.00 欧元,所以西吉为了提高利润,不想再供应烤香肠和煎肉排了。从那以后,他的亏损却从 350 欧元上升到了 838 欧元,对于这个结果他感到很惊讶。

西吉犯了什么错误呢?为什么他的决定是错误的呢?为了回答这些问题,我们需要先理解成本会计和通过核算获得的可用信息之间的关系,这些问题接下来会具体阐述。下面先进一步通过几个例子进行解释。

西吉自己一方面是技术负责人,自己计划日常工作进程;另一方面他也承担管理者的行政管理工作,他的工作时间按照行为类型分为 2/3 和 1/3。金额为 400 欧元的租金他是如此分配的:经营烤肠店业务 2 平方米就足够了。西吉自己计算每个月的盈利为 750 欧元(企业家核算酬劳计算在内)。为核算他的酬劳,在成本岗位核算中,他设置两个相关的成本岗位,以便将"技术部门"成本岗位的 500 欧元和"管理部门"成本岗位的 250 欧元计算在内。他雇用了两个学生作为劳动力,他们每月工作两天,每天工作 10 小时,每小时工资 20 欧元。西吉总共花了 24 000 欧元购买必要的设备(烤箱、冰箱和收款机),这些设备可以使用 10 年。所有补充数据如表 9—1 所示。

表 9—1　　　　　　　　　　　　案例的原始数据

	白香肠	烤香肠	煎肉排
每月预计数量(块)	500	500	200
预计售价(欧元/块)	3.40	3.80	8.00
材料费(欧元/块)	2.00	2.00	6.50
生产时间(分/块)	6	10	12

3.2 成本会计的构成

成本会计由三方面构成:在成本类型核算中,成本会按照种类(如人力成本、材料成本)记录在案,并分成直接成本和间接成本。间接成本会借助成本岗位核算进行分摊,使得它也能够分摊给具体被当作成本负担者的绩效单元(产品)中。这种分摊就是成本负担核算的任务,最终用来核算具体产品和年内的绩效。由于直接成本可以对应具体绩效单元,能够直接将成本类型核算中的结果转移到成本负担核算中来。

图 9—4 展现了成本会计具体构成之间的相互关系,介绍了成本会计的基本构成。这种基本构成在所有的公司大致相同,并通过不同的成本会计体系体现出它的特性。

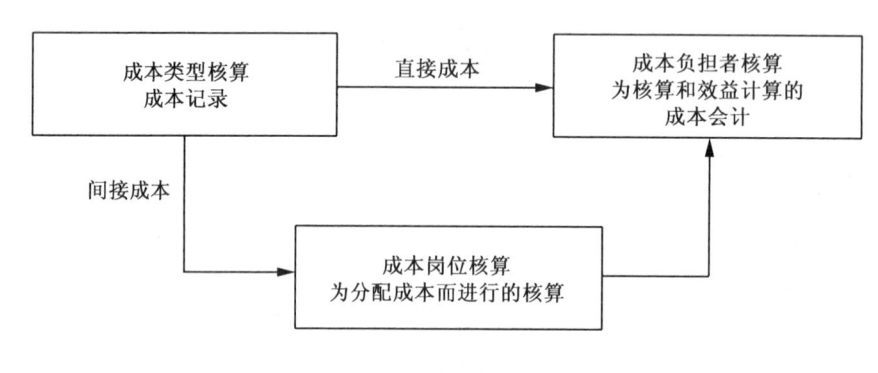

图 9—4 成本会计系统

3.3 成本类型核算

成本类型核算是所有成本会计体系的基础,它解答了"产生了什么成本"的疑问。它的任务在于,核算企业内部产生的成本,有目的地分组,帮助进一步进行成本岗位核算和成本归集核算。在成本类型核算中,成本的分组应通过所谓的成本类型计划来确定。总的来说,成本可以按照表 9—2 中描述的标准来进行分类。

表 9—2　　　　　　　　　　　　　　可能的成本分类

系统化标准	可能的表现形式
消耗的生产要素类型	生产材料成本、生产设备成本 服务成本、人力成本
经营业务功能	采购成本、人工成本、销售成本、管理成本
相对企业绩效的可核算性	直接成本、间接成本、特殊直接成本、"非真正"的间接成本
经营业务变动时的成本行为	变动成本、固定成本、区间固定成本/跳跃固定成本
按照核算类型的成本分类	支出型成本、核算型成本
按照成本源头类型的成本分类	初级成本、次级成本

初级成本就是,那些通过来自企业外物品或者服务的消耗引起的成本,也就是说,来自于采购市场。次级成本是通过消耗所谓的企业内部绩效而产生,也就是消耗企业自己生产的物品或者服务。从清算技巧的角度来看,这些成本首先来自内部成本岗位核算。

因为一旦在内部成本类型核算中犯下归类错误,错误就会扩散到成本会计的其他组成部分中,所以在设置成本类型计划时,对纯正性和统一性原则的关注显得十分重要。依据纯正性原则,一种成本类型的单据只涉及一种成本类型。应该只运用上述提到的一种特征标准作为主要的分类标准,这样就可以避免不一致的成本分类,也就是说,能够毫无疑问地进行成本分类,例如,在依照生产要素类型分类为工资成本时,又同时依照功能或者说业务经营分类为装配成本。统一性原则是指,通过分类标准,将有争议的分类情况加以规则化,以便相同情况能按照一样的标准进行分类。这样就保证了一个时间段内成本分类的统一性和可比性。

在最初提到的案例中,管理顾问约翰·麦卡什依据成本会计要求的步骤确定行为,并从成本类型核算开始,选择了下列的成本分类方法:

(1) 材料成本

——生产直接材料成本(白香肠、烤香肠、煎肉排)

——辅助材料(电、油)

(2) 折旧(车、烤箱、收款机和调料)

(3) 租金(烤肠店地址)

(4) 人力成本

——生产经营工资(学生)

——企业家的核算酬劳(西吉)

依据该成本类型计划的规定,约翰·麦卡什将直接成本分配到每个月的计划成本中去,依据他的长期咨询经验,已经将它们细分到了固定成本和变动成本里,以便能够完成进一步的核算。麦卡什将支付给学生的工资算作直接成本,尽管工资与卖出去的香肠和肉排的数量无关,但还是给定每件食品的人工工资;这一直接工资成本可以作为之后工资间接成本会计转换的参考标准。约翰·麦卡什还将所有的设备物资按照直线法折旧,并于几分钟后在表9-3中给他的当事人西吉·施吕库鲁斯指出了每月成本的概况。

表9-3   烤肠店案例——成本类型核算

成本类型	核算	直接成本	间接成本 固定	间接成本 变动	
生产直接材料成本	500块/月×2欧元/块+500块/月×2欧元/块+200块/月×6.50欧元/块	3 300			3 300
生产经营工资	2天/月×10小时/天×2学生×20欧元/小时	800			800
辅助材料(油、能源)				100	100
折旧	24 000欧元:10年=2 400欧元/年:12月		100	100	200
租金			400		400
企业家的核算酬劳			750		750
总额		4 100	1 250	200	5 550

可变间接成本指那些不能直接和成本负担者(产品)联系起来,同时又随着产品数量的增长而增长(变动)的成本,如辅助材料和如果不使用会减少设备磨损的折旧。

为了更形象地阐述可核算成本类型,在计算时忽略核算利息,也就是说,仅描述企业家的核算酬劳就足够了。

3.4 成本岗位核算

3.4.1 成本岗位的设置

成本岗位核算是连接成本类型核算和成本归集核算的纽带,它将在成本类型核算中系统化分类的间接成本,尽最大可能地按照产生原因分配到成本岗位上。成本岗位核算研究的问题是:成本是从哪儿产生的?它的任务是,将已分类间接成本进一步分摊到成本负担者身上,并由此得出一个正确的核算。此外,通过对其形成地点的成本类型核算,可以为具体职能部门的经济性控制提供依据。为了能够顺利完成这个任务,接下来需要在成本岗位核算的框架内,定义企业内部的成本岗位。

成本岗位是指企业内为了成本分类而计划、归类和监督的组成部分。成本岗位的构成可以从下列人员、核算和分配的角度考虑。

(1)为了保证有效的成本控制,每个成本岗位应当是一个独立的职能部门,否则就会出现无人负责的成本偏差,从而与目标相背离。成本岗位同时应当是成本产生的地点,这能够依据职能范围、空间角度、成本负担者的角度,或者核算和业务的技术角度有效地进行区分。

(2)对于每个成本岗位都必须能找到充分准确的、与成本发生原因有关的度量尺度(有关指标),这一指标,不仅与在成本岗位中产生的绩效,也与间接成本,最大可能地呈现出相关性。只有这样,才能实现有效的成本控制和产品核算,这种相关指标的一个例子就是机器的运行时间,其直接与电力的消耗相关。

(3)每个成本岗位都需要通过成本单据准确和简单地记账。

考察这三种所谓成本岗位的构成标准,首先要注意的是目标冲突,因为随着成本岗位差异化的增长,不仅提升了核算的准确性,相关的工作费用也增长了。此外,从核算角度出发,事先应尽可能深入区分成本岗位,而从人员角度,要求每个成本岗位应当是一个独立的职能部门,就变得更难实现了。因此,成本岗位分类的决策最终要与企业规模、部门、产品项目和流程、组织结构、预期的核算准确度及成本控制的可能性相关。

成本岗位依据功能和记账技巧角度进行划分。成本岗位依据功能性分类标准分为:

(1)材料岗位:与生产材料的采购、接收、控制、贮存和管理有关(如采购、材料接收检测、领取材料);

(2)生产岗位:直接与产品生产相关(真正的绩效产生,生产——如车工车间、装配车间、检测车间);

(3)生产辅助岗位:不能直接作用到产品上而是带来其他的绩效,这些绩效紧接着作用到生产岗位上的情形(如生产计划和操控、工作准备、工具制造和设备维护);

(4)销售岗位:它与产出产品的销售和与此相关的功能有关(如成品存储、销售、运输、客户服务、广告、市场研究和订单部门);

(5)管理岗位:它和全部的行政职能有关(如管理、会计、邮件收发、人力资源和统计);

(6)一般辅助岗位:它的成果会体现在(所有)其他部门中(如企业自身的电力供应、防疫、企业消防队、建筑清洁、食堂、社会服务和印刷厂);

(7)当在具体情况下具有特殊意义时,可能的研究、开发和设计岗位(如中心实验室、试验车间和设计部门)。

依据记账技巧分类标准将成本岗位划分为:(1)主要成本岗位或者说最终成本岗位,与它相关的成本直接计入成本负担者;(2)辅助成本岗位或者说前置成本岗位,与它相关的成本在进一步计入当时的成本承担者之前,先计入其他的成本岗位(辅助或者主要成本岗位)。

为了实施成本岗位核算,约翰·麦卡什首先仔细思考了西吉怎么能有效地将烤肠店划分为合适的成本岗位。通过询问西吉·施昌库鲁斯,约翰·麦卡什最终建议如下的成本岗位划分:

(1)辅助成本岗位:
—技术部门
(2)主要成本岗位:
—成本岗位Ⅰ(烤箱);
—成本岗位Ⅱ(收款机和打包机);
—管理。

案例(续)

3.4.2 利用企业核算表的核算

企业核算表是实施成本岗位核算的组织辅助手段,被称作"成本分配表",它的构成是表格形式,行表示成本类型,列表示成本岗位。因为直接成本可以将成本类型核算的结果直接用到成本负担表算中去,所以只有间接成本需要借助企业核算表进行核算。尽管如此,出于完整性和从经济性角度简化的原因,直接成本还是再次出现在企业核算表的第一行。在企业管理实践中,能够从电子数据导出企业核算表。企业核算表的构成以及运用核算表的日常流程如图9—5所示。

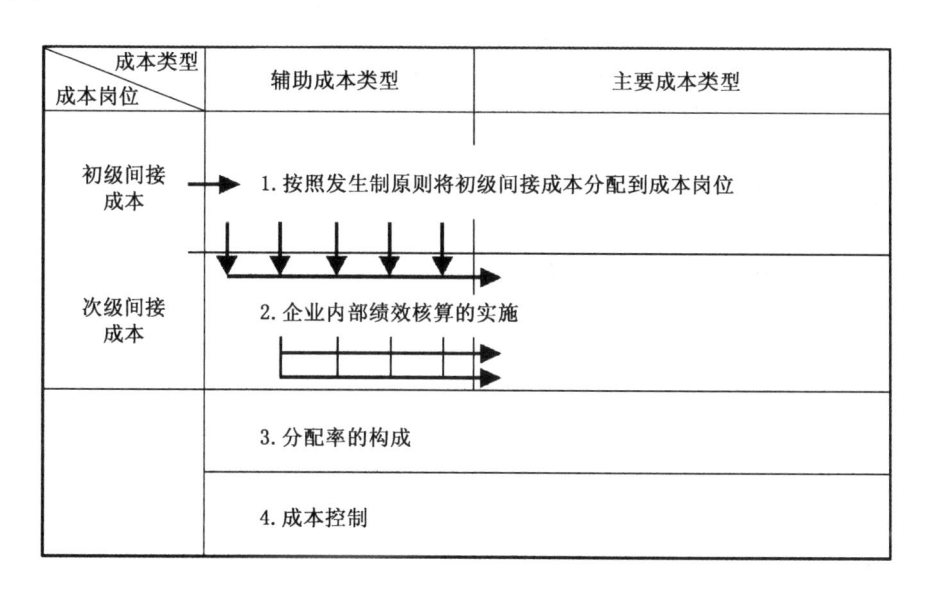

企业核算表

成本类型\成本岗位	辅助成本类型	主要成本类型
初级间接成本	1. 按照发生制原则将初级间接成本分配到成本岗位	
次级间接成本	2. 企业内部绩效核算的实施	
	3. 分配率的构成	
	4. 成本控制	

资料来源:Haberstock(1982,第89页)。

图 9—5 企业核算表的构成和运用流程

第一步先把通过成本类型核算得到的初级间接成本列入企业核算表左边的一栏,以便得出依据成本类型分类的初级间接成本总额。然后,按照它发生的原因,将这些初级间接成本分配到具体的辅助成本岗位和主要成本岗位。在成本类型表中,如果这项成本当时是由哪一项成本岗位引发的不能明确确定,这种分摊就必须按照在成本中所占份额的原则来实施。在成本中按所占份额分摊的原则可以以数量原则(如和一个成本岗位相关的数量)或者价值原则(如相关成本岗位的销售额)为标准。这样分摊的结果是按照成本类型的划分将初级间接成本

分配初级间接成本到成本岗位

内部绩效核算

第二步将次级间接成本划分到主要成本岗位,这个过程也被称为内部绩效核算。这一步骤的实现背景是,辅助成本岗位的效益在企业内部绩效单元或者说产品上无法体现,而是对其他企业部门或者成本岗位具备一种"服务功能"。因此无法将它们对应的成本直接分配到产品上,而是要先分摊到每个接受服务的绩效单元,也可以说是需要"服务功能"的成本岗位上。

交叉分配法

问题在于:当辅助成本岗位之间有相互绩效转换时,其分配率尤其难确定。例如,辅助成本岗位"维修"从辅助成本岗位"电力"接收到的绩效及其贡献的绩效就值得考察。由于成本岗位"电力"要先确认自己的成本,必须先确认它通过成本岗位"维修"分摊的那部分成本额度,"维修"岗位的成本又与那部分从"电力"岗位分摊到的数额有关,此时成本岗位"电力"应分摊到成本岗位"维修"的那部分额度就是不明确的。为了解决这一问题,就可以使用不同的企业内部绩效核算方法。通常使用的是交叉分配法,它是一种逐级计算企业内部分配率的近似方法。在运用该方法时,需要将辅助成本岗位按照一定的次序排序,并逐渐向下一级的成本岗位分摊成本。因为在这种方法体系内,在每次辅助成本岗位核算时,被下一级辅助成本岗位接收了的绩效不会被重复考虑,所以必须先核算从别的成本岗位得到的绩效尽可能少的辅助成本岗位。

分配率的构建

企业内部绩效核算结束后,所有辅助成本岗位都不再负担成本,同时主要成本岗位都加上了相应分摊的成本,所以第三步中可以构建成本负担者对应的主要成本岗位中包含的间接成本分配率。分配率(也是所谓的附加费率)就是成本岗位核算和核算的纽带,并且还可以运用到成本控制中。分配率 q 的一般计算公式如下:

$$q = \frac{\text{主要成本岗位包含的间接成本}}{\text{该成本岗位的转换参考标准}}$$

参考标准

在选择参考标准时应当注意到,企业的成本负担者和参考标准之间应当存在尽可能直接的内在关联,以便保证核算是以发生原因为导向的。这些被核算的成本应当与参考标准一直保持比例关系,使得成本的预定参数是有意义的且成本控制是可行的。常用到的参考标准有:(1)在材料范畴的直接材料成本;(2)在生产制造范畴的直接人工成本或者机器运作时间;(3)管理和销售经营范畴的生产成本。

成本控制

在第四步也是最后一步,借助企业核算表的帮助,可以评估具体成本岗位的经济性。这里举个例子,借助成本会计表帮助确定的实际成本与标准成本进行比较,标准成本也称为平均已发生价值。在计划成本核算的框架内,可以进一步预设特定的成本控制(参见9.4.3节)。

案例(续)

烤肠店例子的成本核算如下:对于可以直接计入成本负担者(白香肠、烤香肠、煎肉排)的直接成本,施吕库鲁斯先生和麦卡什先生讨论得出,直接材料成本可以算作采购成本会计的基础,而直接人工成本则需要依据实际上需要的制作时间分摊到直接成本负担者上。由于白香肠每份的制作时间是6分钟,烤香肠是10分钟,而煎肉排是12分钟,那么每生产500根香肠和200块肉排得出的成本分摊结果如下(以每个月工资成本为800欧元为标准):

$$500 \text{ 根白香肠} \times 6 \text{ 分钟/根} = 3\ 000 \text{ 分钟} \Rightarrow 800 \text{ 欧元工资} \times \frac{3\ 000 \text{ 分钟}}{10\ 400 \text{ 分钟}} = 230.77 \text{ 欧元}$$

$$500 \text{ 根烤香肠} \times 10 \text{ 分钟/根} = 5\ 000 \text{ 分钟} \Rightarrow 800 \text{ 欧元工资} \times \frac{5\ 000 \text{ 分钟}}{10\ 400 \text{ 分钟}} = 384.62 \text{ 欧元}$$

$$200 \text{ 块煎肉排} \times 12 \text{ 分钟/块} = 2\ 400 \text{ 分钟} \Rightarrow 800 \text{ 欧元工资} \times \frac{2\ 400 \text{ 分钟}}{10\ 400 \text{ 分钟}} = 184.61 \text{ 欧元}$$

$$10\ 400 \text{ 分钟}$$

直接人工成本按照预设的比例80∶20计入成本岗位Ⅰ(烤箱)和Ⅱ(收款机、打包)中,这与煎烤的时间和收银以及打包时间相关。约翰·麦卡什设置好的直接成本分配到对应成本承担者的方法如表9—4所示。

表9—4　　　　　　　烤肠店案例——直接成本分摊到成本负担者

直接成本	白香肠(欧元)	烤香肠(欧元)	煎肉排(欧元)	总额(欧元)
直接材料成本	500 根×2.00＝1 000.00	500 根×2.00＝1 000.00	200 块×2.00＝1 300.00	3 300
直接人工成本	230.77	384.62	184.61	800
对应的成本岗位Ⅰ	184.62	307.69	147.69	640
对应的成本岗位Ⅱ	46.15	76.93	36.92	160
总额	1 230.77	1 384.62	1 484.61	4 100
	500 根＝2.461/根	500 根＝2.769/根	200 块＝7.423/块	

为了能将间接成本归类到直接成本负担者中去,可以借助企业核算表,将它们先归类到辅助成本岗位和直接成本岗位中。为了归类,约翰·麦卡什选择了表9—5的转换标准。

表9—5　　　　　　　烤肠店案例——间接成本会计分摊系数

成本类型	参考标准	辅助成本岗位 技术部门	主要成本岗位 成本岗位Ⅰ (烤箱)	主要成本岗位 成本岗位Ⅱ (收款机和打包)	管理
辅助材料(电、油)	千瓦时	0	180	20 (假设:电力消耗和油消耗相关)	0
折旧	投入资产	0	19 200 欧元	4 800 欧元	0
租金	平方米	2	4	2	0
企业家核算薪酬	所需时间	20 小时	0	0	10 小时

在企业内部绩效核算的框架内,已分摊到技术部门这一辅助成本岗位的间接成本,会通过进一步的核算,一半分配到成本岗位Ⅰ,一半分配到成本岗位Ⅱ,对此麦卡什先生的理由是,西吉·施吕普斯一直一边烤香肠,一边照看收款机。

鉴于之后要进一步将间接成本分摊到成本负担者,约翰·麦卡什选择了下列的参考标准: (1)对于劳动密集度高的成本岗位Ⅰ和Ⅱ分别以直接工资成本为参考标准(参考标准"直接工资成本"已经被按照比例80∶20分摊了);(2)对于管理成本岗位以生产成本为参考标准。

生产成本可以确认为直接材料成本和直接人工成本的总和（参见表9-4,4 100欧元），加上初级制造间接成本和次级制造间接成本的总额（750欧元+450欧元，参见表9-6）。而核算得到的间接材料成本，作为生产成本的一部分就不在此计入了。

表9-6　　　　　　　　　　　　烤肠店案例——企业核算表

成本类型	数额（欧元）间接成本	辅助成本岗位 技术部门	主要成本岗位 成本岗位Ⅰ	成本岗位Ⅱ	管理
辅助材料	100		90	10	
折旧	200		160	40	
租金	400	100	200	100	
企业家的核算薪酬	750	500			250
初级间接成本总数	1 450	600	450	150	250
次级间接成本（内部绩效核算iBL）		↯	300	300	
初级+次级间接成本总额(1)	1 450		750	450	250
参考标准(2)			直接人工成本 640	直接人工成本 160	生产成本 5 319
分配率或者附加费率 (1)∶(2)			117.1%	281.2%	4.7%

在具备了全部所需信息之后，约翰·麦卡什就可以借助表9-6中企业核算表的帮助分配间接成本了。

3.5　成本归集核算

成本归集核算的任务

在成本类型核算和成本岗位核算之后，成本归集核算是成本会计的第三也是最后一个组成部分。在之前的两部分中，成本类型核算一直围绕着一个问题，哪些成本在哪里发生；成本负担核算关注的问题是，这些成本为谁而发生，为此需要完成如下任务：(1)在短期成本效益核算以及贸易差额和税务平衡表中，对于半成品和成品库存进行价值评估；(2)为企业决策和计划以及期内效益控制提供信息。

为了让这些任务有所依据，成本归集核算划分为两个部分：核算（成本归集单位核算）以及企业效益核算（成本归集期间核算）。前者的任务是明确具体成本负担者的总成本或者说人工成本；能够细分到销售绩效和内部绩效中去的企业经营绩效被看作成本负担者，它们应当将因其产生的成本"承担"起来，企业效益核算（短期绩效核算）用来明确期内效益。下面将进一步介绍这两部分内容。

3.5.1　核算（成本归集单位核算）

核算

如果在产品的批量或单件生产中，伴随着多级生产过程，即成品和半成品库存通过多个生产过程实现，企业可以运用附加费用核算法进行经营绩效核算，这是在管理实践中被最广为使用的核算方法。企业也会依据不同的特征采用其他的方法（如除法核算、球形核算）。

附加费用核算

附加费用核算以将成本分为直接成本和间接成本为特色。在管理实践中，直接材料成本以商品清单的形式展现，在其中会标明具体与这个产品相关的部件。直接人工成本（制造工资）可以从工作计划中得出。借助企业核算表的帮助，间接成本可以通过分配率或者附加费率进行核算。总之，附加费率核算基于如表9-7所示的方法。

表 9—7　　　　　　　　　　　附加费用核算的一种方法

	直接材料成本 +间接材料成本	直接材料成本百分比形式的附加费,例如库存管理
(1)	=材料成本	
	+直接人工成本 +间接人工成本	传统方法确定直接人工成本百分比形式的附加费;通常以其他参考标准(例如机器的运行时间)为前提
(2)	=人工成本	
(1)+(2)	=生产成本 +间接管理成本 +间接销售成本	通常以生产成本百分比形式确定的附加费
	=总成本	

根据这种附加费用核算方法,在下面的例子中,管理顾问约翰·麦卡什以香肠和肉排在成本类型核算和成本岗位核算的框架下确定的相应数据,计算了它们的成本(参见表 9—4 和 9—6)。他的方法在表 9—8 中一目了然。

案例(续)

表 9—8　　　　　　　　　　　烤肠店案例——附加费用核算

		白香肠 (欧元/根)	烤香肠 (欧元/根)	煎肉排 (欧元/块)
	直接材料成本 +间接材料成本	2.000 0.000	2.000 0.000	6.500 0.000
(1)	=材料成本	2.000	2.000	6.500
	+直接人工成本 (可参见表 9—4)	$\dfrac{230.77 \times 0.8}{500}=0.369$	$\dfrac{384.62 \times 0.8}{500}=0.615$	$\dfrac{184.61 \times 0.8}{200}=0.738$
	+间接人工成本 I (117.1%,可参见表 9—6)	0.432	0.721	0.865
	+直接人工成本 II	$\dfrac{230.77 \times 0.2}{500}=0.092$	$\dfrac{384.62 \times 0.2}{500}=0.154$	$\dfrac{184.61 \times 0.2}{200}=0.185$
	+间接人工成本 II (281.2%)	0.259	0.433	0.520
(2)	=人工成本	1.152	1.923	2.308
(1)+(2)	=生产成本 +间接管理成本(4.7%) +间接销售成本	3.152 0.148 0.000	3.923 0.184 0.000	8.808 0.414 0.000
	=总成本	3.300	4.107	9.222

为了能够在计划销售额下支付所有的成本,西吉必须按照例子中最初管理顾问约翰·麦卡什说的那样,把白香肠卖 3.30 欧元、烤香肠卖 4.11 欧元、煎肉排卖 9.22 欧元。这个价格也兼顾了他给自己的企业家核算酬劳,数额为 750 欧元。

3.5.2　企业效益核算(成本归集期间核算)

作为企业效益核算的短期绩效核算应当能够持续地控制企业绩效,也就是成本和产出的差额。因此它至少每个月要进行一次。

企业效益核算

原则上,总成本法和销售成本法都可以用来进行企业效益核算。这种表现形式与外部会计核算方式里的利润核算相对应,只是此处不比较费用和收益,而是比较成本和效益。因为两种方法在第 8.5.1 节中都有详细的介绍,下面就只介绍销售成本法的运用。它相对于总成本法的优势在于,将已卖出产品/产品组的总成本与销售所得款项进行比较,这样可以让效益的贡

总成本法和销售成本法

献更加明显。

案例（续） 由于西吉在表9-8中算出来的总成本是令人不安的——他将烤香肠卖到了3.80欧元的同时将煎肉排卖到了8.00欧元，他请约翰·麦卡什来计算5月的企业效益。麦卡什先生向西吉展示了下面这个以销售成本法为基础的企业效益核算表。

表9-9　　　　　　　　　烤肠店案例——企业效益核算（销售成本法）

企业效益核算（销售成本法）	
总成本 白香肠 500×3.300＝　　　　　　　　　　1 650欧元	所得款项 白香肠 500×3.40＝　　　　　　　　　　1 700欧元
总成本 烤香肠 500×4.107＝　　　　　　　　　　2 054欧元	所得款项 烤香肠 500×3.80＝　　　　　　　　　　1 900欧元
总成本 煎肉排 200×9.222＝　　　　　　　　　　1 845欧元	所得款项 煎肉排 200×8.00＝　　　　　　　　　　1 600欧元
	企业产出（损失）　　　　　　　　　　　350欧元
总额　　　　　　　　　　　　　　　≅5 550欧元	总额　　　　　　　　　　　　　　　5 550欧元

西吉不是很理解管理顾问的核算结果，企业效益为-350欧元（亏损），他至今仍然认为他在贝茨堡的烤肠店是一个"稳定的投资"。在得到这个结果之后他向约翰·麦卡什表示，他会立即终止所有有关"这项赔钱买卖"的活动。麦卡什先生对西吉激烈的反应表示惊讶，他本以为西吉是一个保守并且善于思考、实干的人。

麦卡什给西吉解释，在产品总成本中，包含了按比例分摊的核算成本，例如，将西吉的领导行为预计为数额为750欧元的企业家核算酬劳。得出数额为350欧元的亏损，可以通过西吉不扣除全部的750欧元，而是每个月只扣除400欧元来避免。在听了管理顾问的话之后，如果施昌库鲁斯先生认为没有可能改善经营业绩，应该关掉烤肠店，他的劳动力可以用在其他可以带来收益的方面，同时他的企业设备至少可以按照账面价值卖出。

依据销售成本法，西吉·施昌库鲁斯确定了卖烤肠和肉排是会亏钱的，并如案例引言里面已经说的那样，他将把这些产品从产品供给中去掉。约翰·麦卡什会对此做出什么反应呢？为了能够评价这个建议，需要进一步利用按照成本会计体系得出的相关信息。这种成本会计体系的基础类型将在下一节进一步讲解。

4. 为辅助决策和经济性控制而开展的成本核算

4.1 成本会计体系概述

成本会计体系 成本会计体系就是成本会计的特殊组织结构形式，每次会选择哪些可能的构成取决于具体的信息情况。通过分摊标准之间的组合联系，按照时间维度和事务范围的标准，在图9-6中列举的六种成本会计方法可以清楚解释成本会计体系。

完全成本会计 以完全成本法为基础的成本会计体系兼顾了在成本类型核算、成本岗位核算和成本归集核算中涉及的所有成本，也就是说，除了始终变动的直接成本外，也包含变动或固定的间接成本。由于依据发生原因原则，每个成本负担者只可以承担那些由自己引发的成本，这就使得完

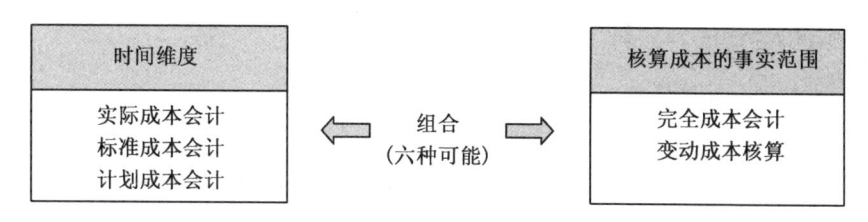

```
┌─────────────┐                    ┌─────────────┐
│  时间维度    │                    │核算成本的事实范围│
├─────────────┤      组合          ├─────────────┤
│ 实际成本会计  │  ⟵(六种可能)⟶     │  完全成本会计 │
│ 标准成本会计  │                    │  变动成本核算 │
│ 计划成本会计  │                    │             │
└─────────────┘                    └─────────────┘
```

图 9-6 成本会计体系

全成本会计体系中有一个问题:在核算固定成本时,发生原因原则不再适用,因为固定成本无法按照发生原因的标准归到具体的成本负担者上。借助正相关性原则,这些成本就计入了那些与相应经营业务呈现正相关性、且具有确定参考标准的具体成本负担者上。

相反,变动成本核算放弃了将固定成本分配到具体成本负担者的思路。这就是说只分摊成本的一部分,即变动成本,而把固定成本保持在一起,到最后分配到所有的产品上去。 _{变动成本核算}

依据时间维度的标准给出的核算体系描述如下:

(1)在实际成本核算中,核算的对象是一段时期内实际涉及的成本;实际成本由实际消耗数量乘以实际价格得出。 _{实际成本核算}

优点(+)和缺点(-):

+ 可以复核;
+ 操作简单;
- 价格的波动会导致乘积的随机波动;
- 由于没有设置"目标",所以无法进行有效的成本控制(目标—实际—比较);
- 不能辅助决策,因为无法追溯考察。

(2)标准成本核算计算了过去时期的平均成本;借助各要素消耗量和价格的平均数来达到标准化。 _{标准成本核算}

优点(+)和缺点(-):

- 无法准确复核;
+ 规避了偶然波动;
+ 减轻了核算任务;
(+)通过对价格偏差的核算,实现简单的成本控制;
- 没有有效的目标—实际—比较的成本控制;
- 不能辅助决策。

(3)计划成本核算假定计划成本和过去时期的实际成本无关。计划成本是基于技术核算和对未来期望范围内消耗的研究。计划成本等于计划单位要素的消耗量乘以预期价格。计划和实际成本会计之间不矛盾,而是彼此相互补充:由于计划成本具有假设性,计划和实际成本核算相互配合才能形成有效的成本控制。计划成本的组合形式和运用将在第 9.4.3 节中进一步介绍。 _{计划成本核算}

在德国,对于不同成本会计体系的经验调查显示,超过一半的大中型企业采用计划成本核算。完全和变动成本核算信息通常会同时进行,电子数据处理系统简化了两者的过程。 _{实际应用}

4.2 完全和变动成本核算

4.2.1 固定成本和变动成本的区分

如上所述,成本会计的一项明确任务是为采购、生产和销售领域的决策提供必要的信息。通过成本会计可以解决如下问题:(1)有关零配件内部生产或者外部采购的决定;(2)确定最优生产项目;(3)有关接受还是拒绝追加订单的决策。

给定的生产能力

由于成本会计是以月为核算周期的短期定位,在成本会计的框架内,可以认为生产能力是确定的。这意味着,由于技术原因,要把不依赖于经营的固定成本看作是不变的。

变动成本

第三节所提到的思考中,所有涉及的成本,包括变动成本和固定成本,都在完全成本核算框架内分摊给了具体的成本负担者。由于固定成本短期内保持不变,只把变动成本分摊给具体的成本负担者仍是符合决策判断这一目标的。

边际贡献

除了要考虑成本方面,也将涉及收入款项,产品收入与由产品生产导致的变动成本的差额就是边际贡献,即产品对固定成本的承担。这个值因此称为边际贡献:

$$边际贡献 = 价格 - 变动成本$$

价格下限

因为边际贡献与固定成本不相关,所以它是一个对企业短期决策很重要的特征参数。例如,在短期内仍然有空闲生产能力的时候,接受一个不能支付完全成本的订单绝对是有意义的,因为它至少通过大于零的边际贡献承担了一部分的固定成本。只有当无法补偿变动成本时,才该拒绝该订单。变动成本因此是短期价格下限。从长期考虑,所有的成本都该被赚回(完全成本=长期价格下限)。

边际成本核算

一个将固定成本和变动成本严格区分的成本会计被称为变动成本核算,由于只有一部分的成本——变动成本——归入了具体的产品中(部分成本计算),而固定成本仍作为整体计入企业经营效益核算。正如图9-7中展现的那样,如果将总成本曲线看成线性的,那么可变成本就可以看作每增加一个绩效单元导致的成本,即边际成本,这样每个增加绩效单元的成本都是相同的。由于在工业企业中可以假定一个线性的总成本曲线,变动成本核算于是也可以用作边际成本核算。

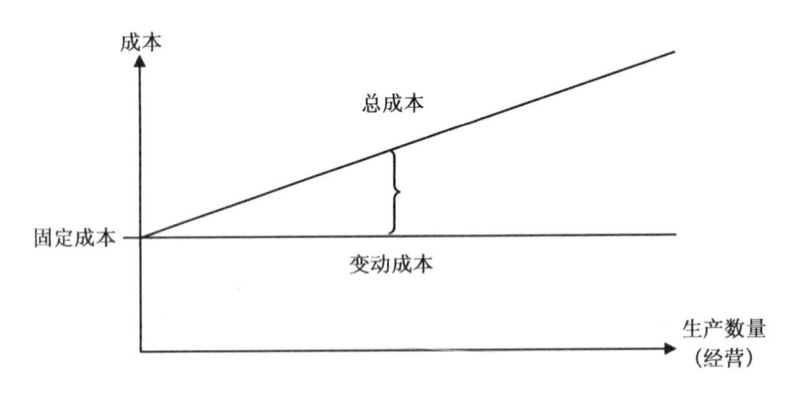

图9-7 线性总成本曲线

4.2.2 变动成本核算的构成

变动成本核算的基本构成和固定与变动(即与产能利用率的相关性)成本的严格划分如图9-8所示。变动成本核算运用在成本岗位核算中已经区分了的固定和变动成本,并只把变动成本计入产品的成本归集核算,而固定成本仍保持一个整体计入企业经营效益核算中。

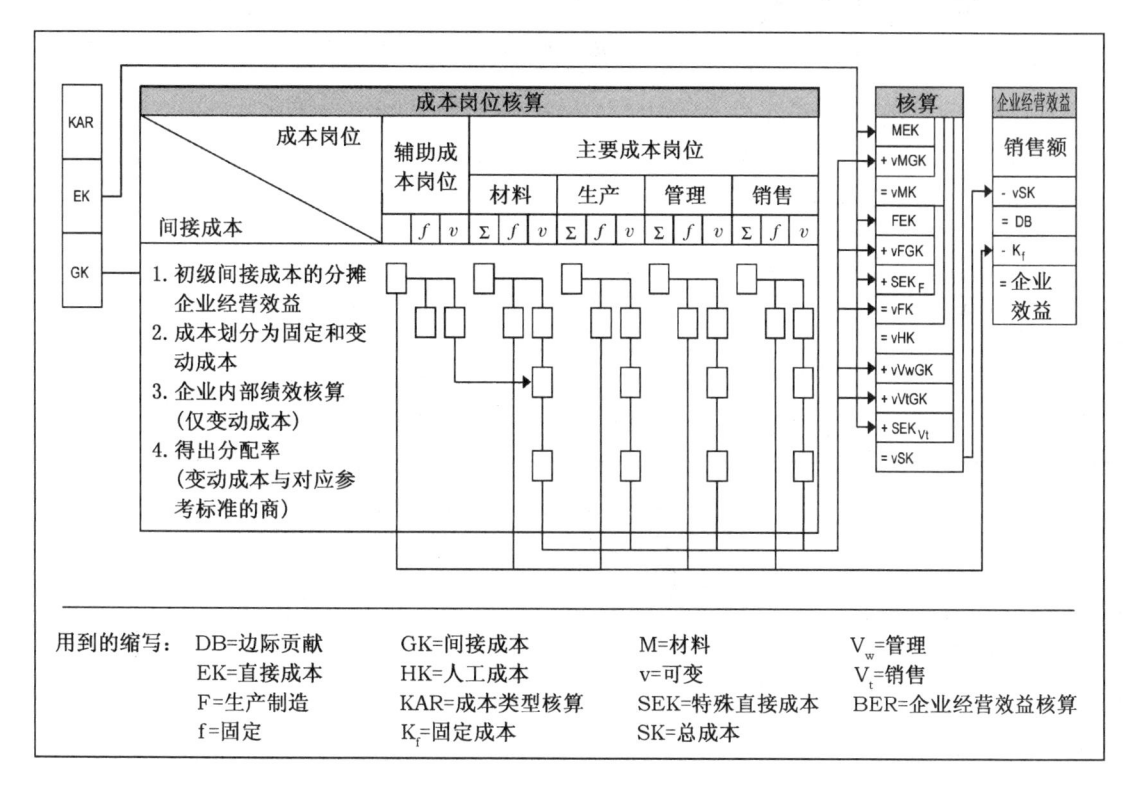

图 9—8 变动成本核算的构成

麦卡什先生不理解西吉把烤香肠和煎肉排从产品样式中去掉的想法,他认为西吉是很冲动的人,他立即警告这极可能会是"导致灾难的错误决定"。由于那些通过专门分类分摊到各自成本负担者上的间接成本,也包含那些在完全成本基础之上利用销售成本法(参见图9—9)得出的总成本中,当具有争议的产品从产品项目中去除时,具有部分固定成本性质的固定成本不会自动消失。其实,固定成本还保留着并且分摊给了剩余的产品,以至于其对于效益的贡献由于多出的固定成本而减少,甚至可能成为负值。

为了得到有关产品项目正确的决定,有必要将成本划分成固定和变动成本。决策基础就是边际贡献。在成本类型核算已经假定了变动成本和固定成本划分依据的基础上,约翰·麦卡什现在又提出了成本岗位核算,也就是在变动成本基础上的核算。他核算的结果如表9—10和表9—11所示。

在变动成本的基础上,固定成本将直接记入企业经营效益核算表中,并在其中算作一个整体。与完全成本会计不同的是,它们并不影响附加费用估计,因为该估计建立在变动成本的基础之上,并通过表9—11进行核算。因此不存在变动的管理和销售成本,变动生产成本和变动总成本是完全一样的。

表9—10　　　　　　　　烤肠店案例——变动成本基础上的企业核算表

贡献(欧元)		辅助成本岗位	主要成本岗位				
成本类型	间接成本	技术部门 固定	成本岗位Ⅰ 固定	变动	成本岗位Ⅱ 固定	变动	管理 固定
辅助材料 折旧 租金 企业家核算酬劳	100 200 400 750	100 500	80 200	90 80	20 100	10 20	250
初级间接成本和 次级间接成本总额 (企业内部绩效核算)	1 450	600 ↶	280 300	170	120 300	30	250
初级和次级间 接成本总额(1)	1 450		580 ⇓	170	420 ⇓	30	250 ⇓
参考标准 (2)				640		160	
附加费率 (1)：(2)			直接计入企业 经营效益核算表	26.6%	直接计入企业 经营效益核算表	18.8%	直接计入企业 经营效益核算表

表9—11　　　　　　　　烤肠店案例——变动成本基础上的附加费用估计

		白香肠 欧元/根	烤香肠 欧元/根	煎肉排 欧元/块
	直接材料成本 ＋变动间接材料成本	2.000 0.000	2.000 0.000	6.500 0.000
(1)	＝变动材料成本	2.000	2.000	6.500
	＋直接人工成本Ⅰ (可参见表9—4)	$\frac{230.77 \times 0.8}{500}=0.369$	$\frac{384.62 \times 0.8}{500}=0.615$	$\frac{184.61 \times 0.8}{200}=0.738$
	＋变动间接人工成本Ⅰ (26.6%，可参见表9—10)	0.098	0.164	0.196
	＋直接人工成本Ⅱ	$\frac{230.77 \times 0.2}{500}=0.092$	$\frac{384.62 \times 0.2}{500}=0.154$	$\frac{184.61 \times 0.2}{200}=0.185$
	＋变动间接人工成本Ⅱ (18.8%)	0.017	0.029	0.035
(2)	＝变动人工成本	0.576	0.962	1.154
(1)＋(2)	＝变动生产成本	2.576	2.962	7.6544
	＋变动管理 ＋间接销售成本	0.000	0.000	0.000
	＝变动总成本	2.576	2.962	7.654

4.2.3　边际贡献核算

依据建立在部分成本基础上的销售成本法核算企业经营效益，核算是围绕着边际贡献进行的。此时将已销售产品的变动总成本与销售额进行比较，如表9—12所示。由于短期效益核算中的固定成本可以作为一个值直接使用，所以称为单级边际贡献核算。

单级边际贡献核算

表9—12　　　　　　　　边际贡献核算中效益的核算

	销售额(已依据成本负担者划分)
－	已销售产品的变动总成本(已依据成本负担者划分)
＝	边际贡献
－	固定成本(作为整体)
＝	企业经营效益

麦卡什按照单级边际贡献核算法为施吕库鲁斯进行了核算(参见表9-13),其中,他使用了表9-11中计算得出的变动总成本。

表9-13　　　烤肠店案例—变动成本基础上(边际贡献核算)的企业经营效益核算　　　单位:欧元

企业经营效益核算(以变动成本为基础)				
白香肠变动总成本 (500×2.576)	1 288	白香肠销售额		1 700
烤香肠变动总成本 (500×2.962)	1 481	烤香肠销售额		1 900
煎肉排变动总成本 (200×7.654)	1 531	煎肉排销售额		1 600
固定成本	1 250	企业经营效益(损失)		350
总额	5 550	总额		5 550

表9-13中的边际贡献核算显示,所有的三种产品都有大于零的边际经济贡献,所以不应该从产品组合中去除任何一个商品。为了能够最终说服西吉·施吕库鲁斯,约翰·麦卡什利用表9-14向西吉展示,如果他已经依照自己的意思采取了仓促决定,会有什么后果,此处假定白香肠的需求不会因为烤香肠和煎肉排的变化而受影响。再清楚不过的是,不出售烤香肠和煎肉排的时候,固定成本也是保持不变的。

表9-14　　烤肠店案例——在停止烤香肠和煎肉排销售,并且白香肠需求稳定情况下的企业经营效益

单位:欧元

企业经营效益核算(以变动成本为基础)			
白香肠变动总成本 500×2.576=	1 288	白香肠销售额 500×3.40=	1 700
固定成本	1 250	企业经营效益(损失)	838
总额	2 538	总额	2 538

本例说明,这个决定会使得损失增加到838欧元。

借助边际贡献分析可以进行产品项目决策。假定没有销量限制并且不会有产品脱销,卖家总是最乐于生产边际贡献额最高的产品。

表9-15中将例子里一直出现的变动成本、完全成本和成本负担者的销售额做了比对,以便最终可以借助边际贡献做出决定。

表9-15　　　　　　　　　烤肠店案例——绝对贡献的比较　　　　　　　　单位:欧元

产品	价格(1)	完全成本(2)	变动成本(3)	边际贡献(4)=(1)-(3)	单位利润(5)=(1)-(2)
白香肠	3.40	3.300	2.576	+0.824	0.100
烤香肠	3.80	4.107	2.962	+0.838	-0.307
煎肉排	8.00	9.222	7.654	+0.346	-1.222

如果假定可以销售任意数量的香肠和肉排,则西吉应该只生产边际贡献最高的那种产品,这只适用于不存在产品脱销的情况。在固定的时段(比赛开场、半场休息)也会由于烤架只能容纳固定数量的香肠和肉排而产生限制。因此每小时的贡献(DB),也就是相对边际贡献如表

9—16所示。

表9—16　　　　　　　烤肠店案例——相对边际贡献的比较

产品	数量/烤架 (1)	所需时间 分/件(2)	烤架产量/小时 60：(2)=(3)	件/小时 (1)×(3)=(4)	边际贡献/件 (5)	边际贡献/小时 (4)×(5)
白香肠	30	6	10	300	+0.824	247.20
烤香肠	30	10	6	180	+0.838	150.84
煎肉排	10	12	5	50	+0.346	17.30

决策规则 绝对边际 贡献

总的来说，会遵循下列的决策规则：

(1)如果所有的产品都能达到计划数量，这里只涉及哪些产品由于进一步的需求需要扩大供给，这样就会选择具有最高(绝对)边际贡献的产品，此处就是生产烤香肠。即使在完全成本基础上生产烤香肠会造成损失，这也仍然是适用的。此处不要忘了，在计划数量和固定成本额已经得到补偿的基础上增加了需求。因此，决策只取决于边际贡献。

相对边际 贡献

(2)在涉及脱销情况下(例如，足球比赛的中场休息)获得相对最大利润，用一个产品取代另一种产品时，适用相对边际贡献法。通过三种成本负担者不同的制作时间和烤架每次可容纳的数量，每小时的贡献如表9—16所示，这可以当作决策的基础。在这种情况下更倾向于生产白香肠。

案例(续)

上述提到的决策规则可以用案例来解释：由于生产200块煎肉排(2 400分钟)和500根烤香肠(5 000分钟)的时间等于生产1 233根白香肠的时间(7 400：6=1 233)，西吉可以每个月生产1 733根白香肠(他已经生产500根白香肠了)。假设他可以在市场上以这种香肠的现价出售它们，西吉就获得了如表9—17所示的正产出额(利润)。在这种情况下，白香肠的变动人工成本或者说总成本很容易得到弥补：如果只生产白香肠，它就要承担800欧元的固定成本和200欧元的变动间接成本，同时对这1 733根还要付直接材料成本的附加费用0.577欧元，也就是说，变动总成本是2.577欧元/根(参见表9—11)。通过该核算，白香肠现在独自承担的空闲时间成本也必须自动被考虑进去。此外还要负担固定成本。

表9—17　　　　　　烤肠店案例——在停止烤香肠和煎肉排销售，并且白香肠
　　　　　　　　　　需求增加情况下的企业经营效益　　　　　　　　　单位：欧元

企业经营效益核算(以变动成本为基础)			
白香肠变动总成本 1 733×2.577=	4 465.94	白香肠销售额 1 733×3.40=	5 892.20
固定成本	1 250.00		
企业经营效益(利润)	176.26		
总额	5 892.20	总额	5 892.20

对空闲时间的核算只考虑了现存已知的情况：核算中将按照最初计划数量需消耗时数最大化地核算分钟数。考虑到原则上这两天里的每天10小时可能会卖出更多的香肠，这就要求重新进行完整核算。

逐级固定 成本补偿 核算和多 级边际贡 献核算

4.2.4　逐级固定成本补偿核算

固定成本按照它和产品各个部分的相关程度逐级分配，用到的是逐级固定成本补偿核算

或者多级边际贡献核算,这样就得到了诸如产品类型—固定成本(如只与相关产品有关的研发固定成本)、产品组合—固定成本(如只与一组产品相关的设备资金成本)和企业—固定成本(如企业管理成本)。这些固定成本部分的特点是,它们不分摊到具体的成本负担者,而是分配到更大的单元。不再将固定成本看作匀质的、与整个企业固定预设的板块相关的,而是将它归到具体的参考主体上去。如果某个参考主体取消了,固定成本就相应可以消除,就可算入该参考主体进行核算。由于在长期生产能力决策框架内,固定成本也是可以降低的,多级边际贡献核算在此范围内提供了有关优化信息。

尽管西吉·施吕库鲁斯受到约翰·麦卡什以上行为的深深影响,但依据经验他知道,烤香肠、白香肠和煎肉排的需求并不是相互独立的。因此他现在想要知道,在不改变销售过程的情况下,是否有一种方案能够改善他烤肠店的经营效益。麦卡什先生用"试试看"来回答西吉,并将这个有针对性的问题和烤肠店的成本结构联系起来。讨论过程中得出固定成本部分需要分摊给具体的成本类型或者成本组合,例如,西吉给煎肉排专门购置的特别钛肉排烤盘,市值3 000欧元但是很容易磨损,此外,还利用一个滤网来过滤煎烤肉排的油,账面价值5 400欧元。此外,西吉还为烤香肠购置了价值2 400欧元的特制设备,把香肠放到烤架上,它就可以自动、完全卫生地加工。所有的三个设备需要按照折旧理论核算(10年内的直线折旧)。约翰·麦卡什带着这些说明投入工作,很快就给西吉展示了表9—18所示的多级边际贡献核算表。

表9—18　　　　　　　　　　烤肠店案例——多级边际贡献核算

单位:欧元	白香肠	烤香肠	煎肉排	总额
销售额	1 700.00	1 900.00	1 600.00	5 200.00
变动成本	2.576×500=1 288.00	2.962×500=1 481.00	7.654×200=1 530.80	≅4 300.00
产品边际贡献=DB Ⅰ	412.00	419.00	69.20	≅900.00
产品固定成本(煎肉排烤盘、滤网)	—	—	70.00	70.00
=中间和	412.00	419.00	−0.80	≅830.00
产品组合边际贡献=DB Ⅱ	831.00		−0.80	≅830.00
产品组合固定成本(烤香肠加工设备)	20.00		—	20.00
企业边际贡献=DB Ⅲ	≅810.00			≅810.00
企业固定成本(企业家核算酬劳、租金、剩余折旧和维修)	折旧:折旧的200欧元中有100欧元是固定间接成本,扣除直接核算的非流动资产(70+20)的固定折旧之后　=10.00 +租金　400.00 +企业家核算酬劳　750.00 =1 160.00			
企业经营效益	−350.00			
此处假定:分列的设备作为固定间接成本折旧;当把折旧记作可变间接成本时,在核算产品相关的间接成本附加费时已经计入可变折旧,此处需要相应调低。				

此处要考虑产品或者说产品组合相关的折旧,即煎肉排每月需承担固定成本总额为

$$\frac{3\,000\text{欧元}+5\,400\text{欧元}}{10\text{年}\times 12\text{月/年}}=70\text{欧元/月}$$

烤香肠需承担

$$\frac{2\,400\,欧元}{10\,年\times 12\,月/年}=20\,欧元/月$$

这种多级边际贡献核算尽管与之前一样得出了负的企业经营效益(损失)350 欧元,但也给改善产出额提供了关键性支持:由于煎肉排的产品组合边际贡献为负数,所以它无益于企业固定成本补偿,最终使得企业经营效益降低,通过将煎肉排排除在供应组合之外可以改善产出额。通过这样的方法,企业经营效益可以改善负的贡献数额,即大约 1 欧元,这个产出额最小限度的改善建立在企业可以降低固定成本的基础上,例子当中钛肉排烤盘和滤网至少可以按账面价值卖出。在停止生产肉排之前还应当验证一下,这样做是否会对其他产品的销售产生消极的影响。

4.2.5 盈亏平衡分析

边际贡献是否可以完全补偿固定成本,不仅与每单位的边际贡献有关,它首先与经营状况本身有关,这个内在联系是盈亏平衡分析的研究对象。给定产品成本和销售价格,找出生产以及销售数量,使得总贡献恰好能补偿固定成本数额,这样既不营利也不亏损。相关的生产和销售额数量被称为盈亏平衡数量,这一固定成本和总贡献的交点被称为盈亏平衡点(如营利门槛、效用门槛、补偿点、危机点等概念可看作同义词)。盈亏平衡数量也就是所有成本都能由销售额补足时的产量和销售量(参见图 9—9)。

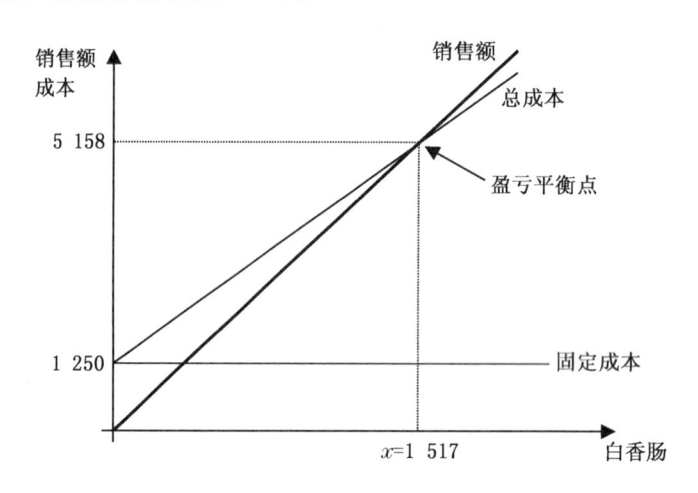

图 9—9 只生产白香肠情况下的盈亏平衡分析

借助盈亏平衡分析可以厘清各个行为参数之间的内在联系。假定参数(例如售价、可变单位成本、可变成本和固定成本之间的关系)是可变的,在敏感性分析的框架内,可以得出盈亏平衡点的敏感度,就是平衡点对于影响因素发生变化的反应程度,此处为简化起见,介绍单一产品企业的盈亏平衡分析,它也可以推广到多产品的情况。

借助西吉·施吕库鲁斯的例子来介绍盈亏平衡分析的作用原理。此处为了简化起见,假定只生产白香肠并且固定成本涉及所有的方面。当每月 1 250 欧元的固定成本,每根香肠有 0.824 欧元的贡献(3.4 欧元售价里扣除 2.576 欧元的可变成本)时,盈亏平衡分析如下所示:

利润=0

价格×数量－变动成本×数量－固定成本=0

(价格－变动成本)×数量=固定成本

$$(3.40-2.576) \times x = 1\,250$$
$$0.824 \times x = 1\,250$$
$$x = 1\,517$$

每个月卖 1 517 根白香肠可以达到盈亏平衡点(参见图 9—9)。

4.3 实际和计划成本会计

4.3.1 概况

如 9.4.1 节所述,成本会计体系不仅因核算成本的范围差异而不同(完全或者变动成本核算),也因它是否和过去或者将来相关(实际以及计划成本会计)而变化。对于经济性控制而言,计划成本核算具有决定性意义。排除过去时期的成本比较之外,它提供了一个具有说服力的目标与实际的比较。

计划成本核算体系的基础就是用单位要素消耗量乘以预期价格得出的计划成本额。时间范围一般都是年度计划周期,有时也会因为通常每个月一次的控制核算而采用月份周期。可以将销售数量(如果可能)依据确定的计划价格核算(企业固定价格体系),这样可以排除生产要素市场上价格波动的影响,由于成本岗位的员工不能影响这种价格波动,它也不需要对这样的偏差负责。此外,固定价格体系也简化了持续的核算,只要成本没有明确结构上的变化(例如第三方维修),就必须按照原始价值(账面价值)记入计划。 计划成本的确定

和实际成本核算时一样,直接成本和间接成本的计划成本核算也是不同的。直接成本规划包含了相关的直接材料成本、直接人工成本以及生产和销售相关的特殊直接成本。由于这些成本与企业绩效(在具体产品单元,至少是一组产品单元或一个订单的情况下)相关,他们将按照产品数量或者订单为导向做计划。 直接成本规划

在计划经营情况下,下一步要实施岗位成本计划,它应当(与直接成本计划类似)具有可分析性,且应该尽可能避免以已发生事项的实际消耗数量为参考。以技术和经济性的方法(测量、计算、消耗研究、功能分析)为基础的规划才是值得推荐的。用这样的方法可以推导出每个成本岗位各成本类型的单位元素消耗数量,并用计划价格或者工资率进行价值估计(价格规划),就得到了每个成本类型和成本岗位的计划成本。对于下一步用到的计划成本会计体系相关成本岗位中明确了的计划成本,通过这种按计划执行的成本分解,可以将它们分成固定部分和变动部分,并得到与之相对应的结构性计划分配率。 间接成本规划

计划核算(单位成本归集核算)和实际成本核算中用到的方法相似。计划直接成本可以直接从直接成本计划中得出。间接成本通过分配率(例如机器运作一小时需要的欧元金额)乘以每个产品单元预计需要的数量(例如每生产一个产品机器需要运作的小时数)得出。结果是每个产品单元的生产成本和总成本。 计划核算

除了计划成本之外,通过预期销售额可以构建计划效益核算(企业经营效益或者成本归集期间核算),这是对企业效益水平的全面概览。 计划效益核算

如同最初提到的那样,计划成本核算是对成本岗位和整个企业进行经济性监控的一种重要辅助工具。由于计划成本将企业领导层制定的经营流程表达出来,并且其中所有成本的决定性因素(经营、生产设施、经济性等)都按照计划预期的效果发生,在考虑企业经营过程效率的基础上,计划成本必须和实际发生的成本进行比较、进而分析偏差,并在和有关部门员工合作的基础上,消除企业内部上述不符合经济要求的地方(参见 16.3.1.2 节)。为了完成这些任务,在管理实践中,将用到各种不同的计划成本核算体系(见图 9—10)。 成本监控

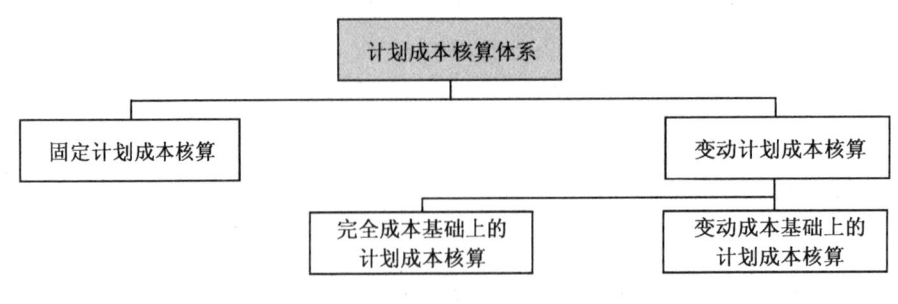

计划成本核算体系

```
计划成本核算体系
├── 固定计划成本核算
│   └── 完全成本基础上的计划成本核算
└── 变动计划成本核算
    └── 变动成本基础上的计划成本核算
```

图 9－10　计划成本核算体系

接下来借助西吉·施吕库鲁斯的例子，将介绍成本监控和偏差分析的环节，同时介绍固定计划成本核算和变动计划成本核算的原理。

煎肉排生产还需要下列的数据，由于只考虑生产的一部分，此处仅得出煎肉排需要承担的可核算固定成本（参见表 9－19）。

表 9－19　完全和变动成本基础上的煎肉排计划核算

	完全成本（欧元/块）	变动成本（欧元/块）
直接材料成本	6.500	6.500
间接材料成本	0.000	0.000
直接人工成本 Ⅰ	0.738	0.738
间接人工成本 Ⅰ	0.865	0.196
直接人工成本 Ⅱ	0.185	0.185
间接人工成本 Ⅱ	0.520	0.035
间接管理成本	0.414	0.000
间接销售成本	0.000	0.000
总成本 200 块煎肉排＝计划成本	9.222 1 844.40	7.654 1 530.80
差额 ＝分摊到产品"煎肉排"上的固定间接成本	313.60

当计划产出量为 200 块煎肉排时，总成本数额为 1 844.40 欧元。在月末西吉·施吕库鲁斯通过复核的形式得到以实际成本为基础的结果，即他卖出了 150 块煎肉排，总计成本为 2 000 欧元。是什么原因使得计划和实际成本之间出现了偏差呢？

4.3.2　固定计划成本核算

在计划成本核算时，成本只按照计划员工数或者计划产出量来进行估计，此处为 1 844.40 欧元。计划成本除以计划产量得到计划分配率：

$$\text{计划分配率} = \frac{\text{计划总成本}}{\text{计划产出量}} = \frac{1\ 844.40}{200} = 9.222（\text{欧元}）$$

这个计划分配率是一个完全成本比率，除了变动成本外，它还包含线性变化的固定成本。计划分配率乘以核算周期内的实际产出数量，就得到了成本负担者对应的核算计划成本。

$$\text{核算计划成本} = \text{计划分配率} \times \text{实际产出数量} = 9.222 \times 150 = 1\ 383.30（\text{欧元}）$$

图 9－11 表示了它们之间的关系。在固定成本核算框架下，实际成本和核算计划成本之间的差异被看作总偏差。

总偏差＝2 000.00 欧元－1 383.30 欧元＝616.70 欧元

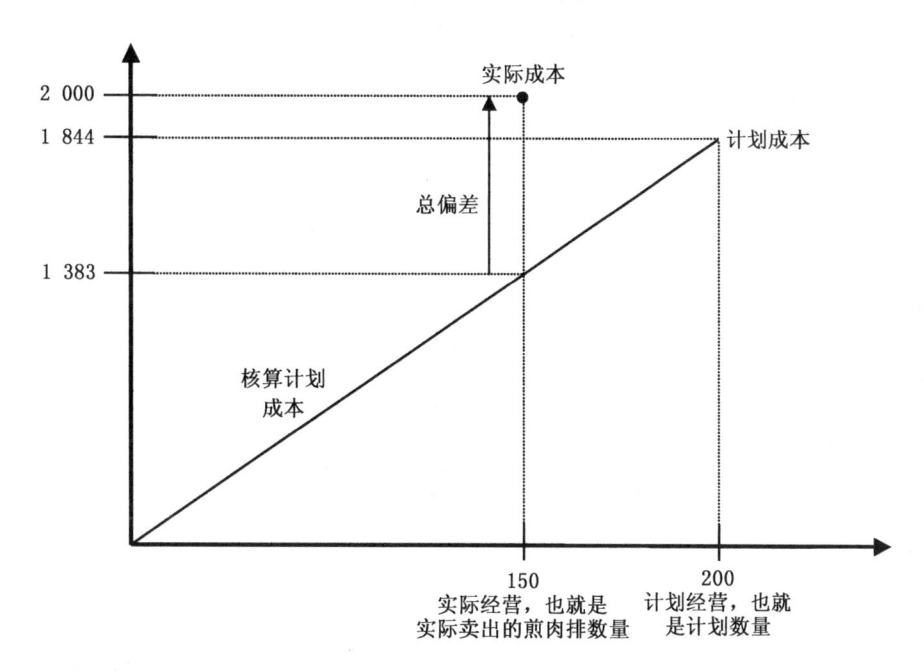

图 9—11　固定计划成本核算中的偏差分析

这种偏差并不是很有说服力。固定计划成本核算犯了错误,它将固定成本按照和产出数量成正比计算,假设不生产时计划总成本也是零。只有当相关成本岗位只发生变动成本而没有固定成本,或者实际产出量(经营强度)与计划数量(几乎)相一致时,固定的计划成本会计才能支持有效的监控。对于其他的经营情况,由于正比例关系,要么出现过度补偿,也就是当产出量比计划高时,以计划分配率计算出的固定成本将大于实际需要;要么出现补偿不足,也就是当产出量比计划少时,核算的固定成本不足。

偏差原因分析

只有变动计划成本核算能够弥补这种不足,因为它将成本分为固定和变动部分。当利用变动计划成本核算对所有的成本进行成本归集核算时,运用的是完全成本基础上的变动计划成本核算,在用变动成本进行成本归集核算时,以变动成本为基础,进行变动成本核算。下面将借助案例解释这两种体系。

变动计划成本核算

4.3.3　完全成本基础上的变动计划成本核算

与固定计划成本核算不同,变动计划成本核算对所有可以想到的经营状况下的计划成本(目标成本)都进行核算,这种目标成本用于成本岗位的成本控制。在成本归集核算中,会如同固定成本核算中运用完全成本会计系数一样,完全成本基础上的变动计划成本核算自成体系。

完全成本基础上的变动计划成本核算

当固定成本不是线性变化时,可用与产出量具有正比例关系的变动成本加上计划固定成本得出目标成本,这个成本计算公式如下(参见图 9—7):

$$K^{计划}_{成本} = K^{计划}_{成本固定} + x \cdot K^{计划}_{成本可变}$$

完全成本基础上所有的计划成本总额为 1 844.40 欧元,其中固定成本为 313.60 欧元,而可变人工成本为 1 530.80 欧元(参见表 9—19):

案例(续)

总的计划成本	1 844.40 欧元
其中:固定成本部分	313.60 欧元

190　管理学概论

变动成本部分　　　　　　　　　　　　　　　　　　　　1 530.80 欧元

对应实际产出量（$X=150$ 块煎肉排）的目标成本总额：

目标成本 $=313.60+150\times\dfrac{1\,530.80}{200}=1\,461.70$（欧元）

消耗量偏差和经营偏差

总偏差（GA）可分为两部分——消耗量偏差（VA）和经营偏差（BA）：

$GA=2\,000.00-1\,383.30=616.70$（欧元）（实际成本－计划成本）

$VA=2\,000.00-1\,461.70=538.30$（欧元）（实际成本－目标成本）

$BA=1\,461.70-1\,383.30=78.40$（欧元）（目标成本－计划成本）

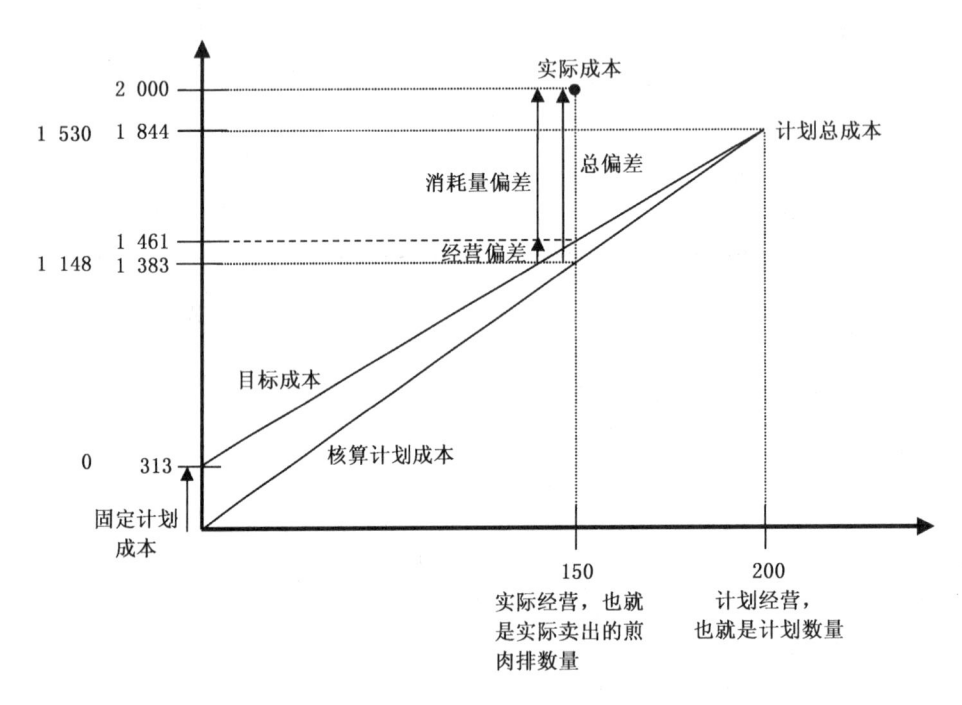

图 9－12　完全成本基础上的可变计划成本核算中的偏差分析

偏差原因分析

　　此处已经实施了一个更精确的控制：经营偏差是产出量减少的结果。在这个数量下由于开工率降低，由成本归集核算计算出的固定成本偏低。而成本岗位领导不能承担这个责任。

　　必须对消耗偏差进行进一步的分析。可能少量的煎肉排被无偿送人，或者一块肉排掉到地上而废弃。把这些成本从消耗量偏差中消除之后，剩下的就是纯粹非经济性偏差，从中可以推导出未来的战略（例如煎肉排时少用油，更小的肉排）。

4.3.4　变动成本基础上的变动计划成本核算

变动成本基础上的变动计划成本核算

　　首先，变动成本基础上的变动计划成本核算（边际计划成本核算）也把成本归集核算按变动成本计算，同时固定成本将分摊到企业经营效益核算中相关的成本岗位（成本归集核算）上。

案例（续）

总的计划成本（变动成本基础上）　　　　　　　　　　　　1 530.80 欧元

其中：固定成本部分（每单位）

　　　变动成本部分　　　　　　　　　　　　　　　　　　1 530.80 欧元

目标成本 $=313.60+150\times\dfrac{1\,530.80}{200}=1\,461.70$（欧元）

$$变动目标成本 = 150 \times \frac{1\,530.80}{200} = 1\,148.10(欧元)$$

在变动成本基础上的变动计划成本核算中(如图9-13所示),只存在消耗量偏差。由于没有线性相关的固定成本,也就不再存在经营偏差,在核算了太多或太少固定成本的框架内,它会借助一定的校正参数来调整。

$$VA = 2\,000 - 1\,461.70 = 538.30(欧元)$$

$$或者:= (2\,000 - 313.60) - 1\,148.10 = 538.30(欧元)$$

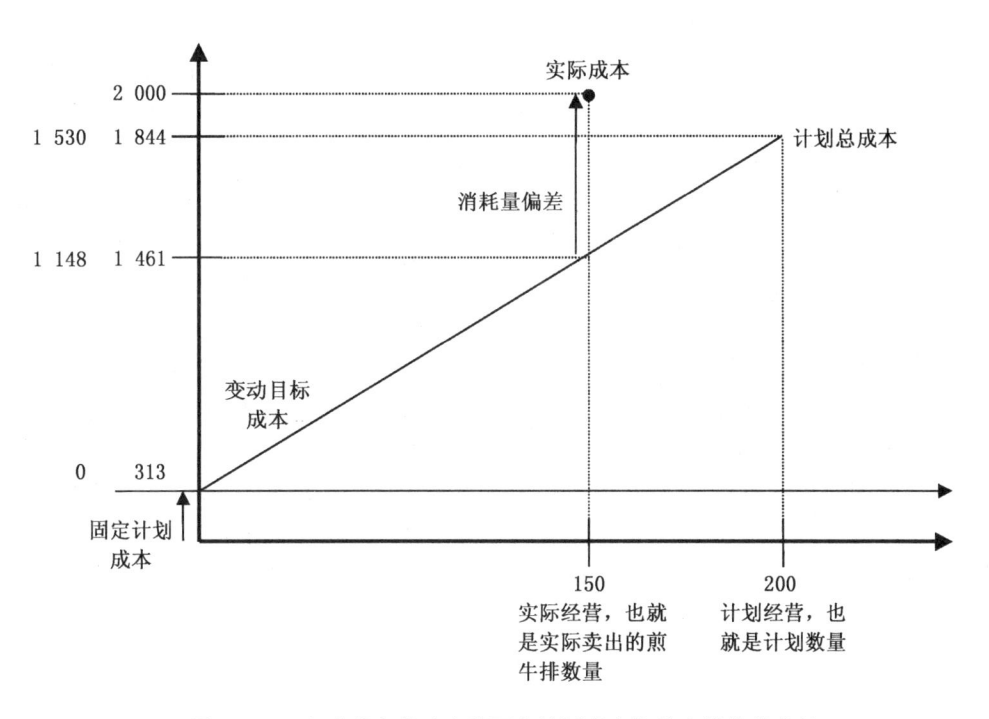

图9-13 变动成本基础上的可变计划成本核算中的偏差分析

与完全成本基础上的变动计划成本核算相比,变动成本法的优点在于成本归集核算中的线性化固定成本将不再出现,这样它就更适合短期的计划任务,如上述变动成本核算中已经提到的那样。

消耗偏差评价的凭证

5. 结束语

成本会计是内部会计学,尤其是核算企业绩效、为企业决策以及经济性控制需要提供数据材料的基础组成要素。此外,它对外部会计学也实现了一种辅助功能,即明确了如成品、半成品以及自生产设备在内的人工成本。

为了完成这些任务,成本会计基础体系包含成本类型核算、成本岗位核算和成本归集核算这三个领域。其中,成本类型核算有明确的系统性,它可以总结到成本类型计划,将成本按一定规律区分,在进行进一步成本会计处理时,也以此区分直接成本或是间接成本。直接成本可以直接分摊到各自的成本负担者上,而根据定义可知,不能直接归到具体成本归集者上的成本就是间接成本。在成本岗位核算的框架内，成本可以分摊到辅助和主要成本岗位上，借助核算或者附加费率的帮助，成本可以被进一步分配给具体的成本负担者。在成本会计具体组织形式内，六种核算体系既相互依赖又相互区分，即从涉及范围角度将核算成本分为完全成本核算和变动成本核算、从时间维度将它们分为实际、标准和计划成本会计。

为短期企业决策提供数据信息只需要变动成本核算体系，它能保证对企业决策必要的、在固定和变动成本之间的区分。但要注意的是，当一种可能会造成损失的产品从产品项目中除去后，却不能相应降低固定成本的情况。至少在固定成本短期内稳定的条件下，这种体系可以提供与决策相关的成本效益数据，即变动成本（边际成本）和边际贡献。

有效经济性控制的前提是借助成本预定参数对实际成本进行评价。计划成本核算体系可以传递这些信息，尤其当变动成本核算体系的优点和成本计划联系起来的时候，就会在变动成本基础上形成变化的计划成本核算。

借助这些信息，在给定生产能力时，成本会计可以帮助达到最优的营利性。在面对能力变化（投资或者撤资）的决定时，它却不能传递有用的数据。对此需要运用投资评估。

最后需要说明的是，近年来成本会计承受着越来越大的变革压力。现存成本会计体系的不足之处在于，它仅仅着重于生产过程而不能提供对于产品开发的决策支持。此外，相对于成本影响因素，成本的获取和核算占主导地位。为了弥补不足之处，可以推动成本管理，也就是把对于成本影响因素的分析推到前台，从而要讨论诸如目标成本或者过程成本核算之类的方法，这些将在第11章进一步介绍。

此外，在管理实践中还需要注意，由于每个有盈利责任的领域都要承担满足资本市场要求的责任，为了控制经营领域，股东利益理念愈发受到重视。价值导向的控制核算，如EVA（经济增加值）或者CFROI（投资现金回报率）和CVA（现金流增加值），将在第15.3节中用西门子和拜耳案例加以说明。虽然这些方法并没有全面取代成本会计，但它们仍然很大程度上推动了成本会计的简化——不仅仅为了将成本会计的成本限制在一定范围内。

习题

由于在德国的销售业绩不佳，一家位于萨尔州的中小型冶炼公司想要在欧洲市场供应其产品"萨尔钢A款"和"萨尔钢B款"，这两种产品都需要多级的生产过程。由于市场竞争越来越激烈，需要复核企业的价格政策。

内部控制部门要求进行产品核算，在能够确定两种产品的总成本之前，应该首先明确间接成本所占的比例。成本类型核算得到了下列的成本结构：

直接材料成本	800 000 欧元
直接人工成本Ⅰ	350 000 欧元
直接人工成本Ⅱ	30 0000 欧元
特殊直接销售费用	130 000 欧元
	1 580 000 欧元

其他的成本依据下列的消耗核算：

成本岗位	初级间接成本 （欧元）	电力消耗 [kwh]	水消耗 [m³]	车辆使用 [Std.]
电力	54 000	—	—	—
水	82 260	800	—	—
车辆	173 070	1 100	1 000	—
技术部门	11 000	16 000	850	200
材料	240 000	8 000	150	40
人工Ⅰ	150 000	49 200	4 300	700
人工Ⅱ	130 000	44 100	4 100	650
管理	210 000	32 300	1 400	280
销售	115 000	28 500	700	130
	1 165 330	180 000	12 500	2 000

核算企业内部绩效时,应该使用交叉分配法,也就是说,辅助成本岗位的分配率应当计算如下：

$$q = \frac{\text{初级间接成本} + \text{对应辅助成本岗位的次级成本}}{\text{对应辅助和主成本岗位里销售额的价值}}$$

在下列数据的基础上,请首先核算企业核算表(BAB)中间接成本部分里的附加费基础和附加费率,在材料和生产岗位上,用直接成本作为参考标准,在管理和销售岗位上,则把生产成本作为参考标准。与辅助成本岗位"技术部门"有关的成本应当按照3∶2的关系分摊到"人工Ⅰ"和"人工Ⅱ"的步骤中。

在核算每个产品的总成本时,应当考虑到"萨尔钢A款"直接材料成本是1 000欧元,步骤"人工Ⅰ"直接人工成本为800欧元,步骤"人工Ⅱ"直接人工成本为500欧元；而"萨尔钢B款"的直接材料成本是500欧元,步骤"人工Ⅰ"直接人工成本为1 000欧元,步骤"人工Ⅱ"直接人工成本为800欧元。由于存在代理费,销售时特殊直接成本每件200欧元。

扩展阅读

Coenenberg, A.G., Fischer, Th.M. & Günther, Th.: *Kostenrechnung und Kostenanalyse*, 7. Aufl., Stuttgart 2009.

这是本成本会计的经典教材,除了基础知识以外,本书还介绍了成本会计的最新发展(如过程成本核算、目标成本法),页边给出了关键词使得读者能够容易理解有关段落的内容。书中提供了丰富的例子。

Eisele, W.: *Technik des betrieblichen Rechnungswesens*, 7. Aufl., München 2002.

这是本内容广泛的教材,不但介绍了成本会计,也介绍了会计学和资产负债表的特殊情况,描述了内部会计和外部会计的相互联系。

Haberstock, L. & Breithecker, V.: *Kostenrechnung I - Einführung*, 13. Aufl., Hamburg 2008.

这是本通俗易懂的教材,拥有大量习题和参考答案。

Plinke, W. & Rese, M.: *Industrielle Kostenrechnung*, 7. Aufl., Berlin 2006.

这本书通俗易懂的教材,从管理实践角度系统地介绍了成本分析,包含习题和解答。

Schweitzer, M. & Küpper, H.-U.: *Systeme der Kosten- und Erlösrechnung*, 9. Aufl.,

München 2008.

这是本成本分析的标准教材,重点介绍了成本分析在经济学中的位置,以及成本分析的最新发展。

引用文献

Coenenberg, A. G., Fischer, Th. M. & Günther, Th. (2009): *Kostenrechnung und Kostenanalyse*, 7. Aufl., Stuttgart 2009.

Haberstock, L. (1982): *Grundzüge der Kosten-und Erfolgsrechnung*, 3. Aufl., München 1982.

Kilger, W. (1987): *Einführung in die Kostenrechnung*, 3. Aufl., Wiesbaden 1987.

Küpper, H.-U. (1993): Internes Rechnungswesen, in: Hauschildt, J./Grün, O. (Hrsg.), *Ergebnisse empirischer betriebswirtschaftlicher Forschung*. Zu einer Realtheorie der Unternehmung. Festschrift für Eberhard Witte, Stuttgart 1993, S. 601—631.

Mensch, G. (1999): Break-even-Analyse als Controlling-Instrument im Mehrproduktunternehmen, in: *Betrieb und Wirtschaft*, 1999, S. 242—248.

参考答案

企业内部绩效核算的分配率为:

$$q_电 = \frac{54\ 000\ 欧元}{180\ 000\ \text{kwh}} = 0.30\ 欧元/\text{kwh}$$

紧接着成本岗位"水"的分配率为:

$$q_水 = \frac{82\ 260\ 欧元 + 800\text{khw} \times 0.30\ 欧元/\text{khw}}{12\ 500\ \text{m}^3} = 6.60\ 欧元/\text{m}^3$$

最后成本岗位"车辆"

$$q_{车辆} = \frac{173\ 070 + 1\ 100\text{khw} \times 0.30\ 欧元/\text{khw} + 1\ 000\text{m}^3 \cdot 6.60\ 欧元/\text{m}^3}{2\ 000\ \text{Std.}} = 90\ 欧元/\text{Std.}$$

用分配率乘以主要成本岗位中需要的数量,就得到了企业核算表中的次级间接成本,最后除以参考标准得到当时的附加费率。

	辅助成本岗位				主要成本岗位				
	电	水	车辆	技术部门	材料	生产Ⅰ	生产Ⅱ	管理	销售
初级间接成本	54 000	82 260	173 070	11 000	240 000	150 000	130 000	210 000	115 000
电的分配	↰	240	330	4 800	2 400	14 760	13 230	9 690	8 550
水的分配		↰	6 600	5 610	990	28 380	27 060	9 240	4 620
车辆的分配			↰	18 000	3 600	63 000	58 500	25 200	11 700
技术部门的分配				↰		23 646	15 764		
∑总数				1 165 330[1]	246 990	279 786	244 554	254 130	139 870
参考标准					800 000	350 000	300 000	2 221 330	2 221 330
分配率(%)					30.87	79.94	81.52	11.44	6.30

1. 各部分间接成本的总额(如预期一样)等于提出的上面任务中的初级间接成本的总额:现存的成本不能再分摊了。
2. 作为间接管理和销售成本参考标准的生产成本,应当考虑到它是通过材料和人工成本岗位的直接和间接成本相加得到的。

为了核算单件产品的成本,如上所述,可以从核算直接成本出发。此处,可以生产多少产品(以已产生的成本总数计算)不是进一步研究的对象。

	产品萨尔钢A和B款的核算 (单位成本基础)		萨尔钢A款 (欧元/件)	萨尔钢B款 (欧元/件)
	直接材料成本		1 000.00	500.00
	＋ 间接材料成本	30.87%	308.70	154.35
(1)	＝ 材料成本		1 308.70	654.35
	＋ 直接人工成本Ⅰ		800.00	1 000.00
	＋ 间接人工成本Ⅰ	79.94%	639.52	799.40
	＋ 直接人工成本Ⅱ		500.00	800.00
	＋ 间接人工成本Ⅱ	81.52%	407.60	652.16
(2)	＝ 人工成本		2 347.12	3 251.56
(1)+(2)	＝ 生产成本		3 655.82	3 905.91
	＋ 间接管理成本	11.44%	418.23	446.84
	＋ 间接销售成本	6.30%	230.32	246.07
	＋ 销售特殊间接成本		200.00	200.00
	＝ 总成本		4 504.37	4 798.82

普通高等教育"十三五"商学院精品教材系列

第 10 章

成本管理

Klaus-Peter Franz   Peter Kajüter[①]

1. 引 言

成本管理的意义

"如今很看重降低成本""成本迫使银行接受外包业务""空客公司预先公布了严峻的紧缩政策""格林集团停止招工""拜耳斯道夫集团在膏药业务领域降低成本",几乎每天都能在经济类刊物上看到这些相似的标题,它们表明,企业与以往任何时候相比都面临着更大的挑战,由此推动了企业实行系统化的成本管理体系。这种必然性一方面来自于企业力图实现日益提升的增值目标,为此必须达到一个正的价值贡献,或者说一个超过资本成本率的投资回报率(参见 1.3.2 节和 2.2.2 节),除了降低资本投入外,这通常要求企业改善运营成果。另一方面,当销售额停滞甚至滑落时,效益的增加只能通过尽力降低成本来实现。

通常采用的措施会伴随着裁员和生产向国外的转移。这种方式可以弥补德国企业在国际竞争中的成本劣势,这主要由德国境内相对高昂的人力或附加人力成本造成。然而,这一政策的社会影响让人质疑,成本管理方法是否能够从根本上清除造成成本难题的原因。

德国企业成本劣势的原因

麦肯锡咨询公司的相关研究表明,要素成本(人力、能源价格等)只是造成成本劣势相对较小的一部分原因。造成成本差异的主要原因有两个:一个是越发糟糕的工作组织,另一个是越发复杂并且通常不顾及顾客权益的产品设计。图 10-1 中的几个例子就证实了这些。

德国(以及西欧)企业大多采用"家庭自制"形式而不是标准化形式,这是造成成本劣势的根本原因。因此,问题在领导者和员工那里,这可以通过系统化的成本管理来弥补成本劣势。

---

① Klaus-Peter Franz:德国杜塞尔多夫大学企业审计和管理控制学教授,博士。
Peter Kajüter:德国明斯特大学国际会计学教授,博士。

成本差异首先由产品设计和工作组织造成

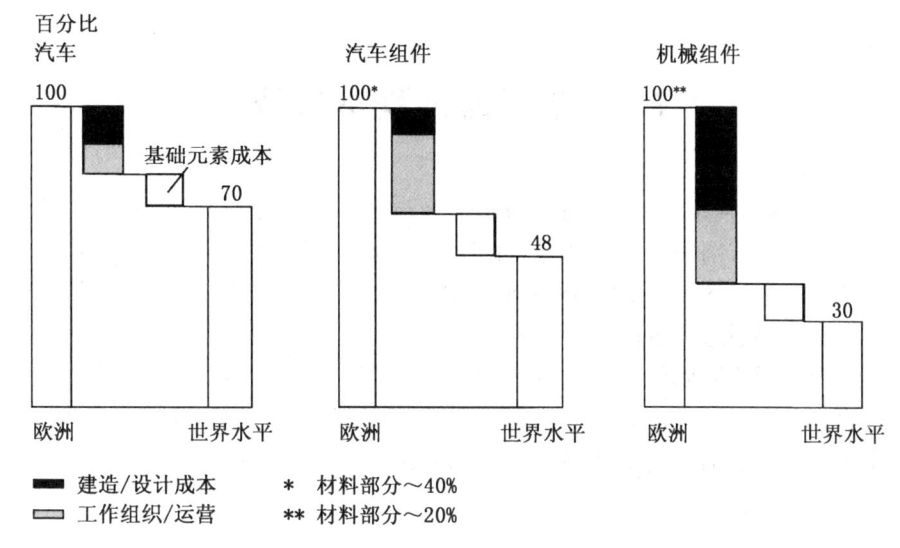

	汽车	汽车组件	机械组件
欧洲	100	100*	100**
世界水平	70	48	30

基础元素成本

■ 建造/设计成本　　* 材料部分～40%
□ 工作组织/运营　　** 材料部分～20%

资料来源：Kluge（1997，第299页）。

图10—1　成本劣势的原因

　　通常来说，这意味着两件事：其一是要避免在公司内的一切浪费。这首先包括不能创造价值的作业，即那些不能直接或者间接对顾客有用的，因此可以去除的作业。例如，不必要的库存进出、对某些资料的寻找或者由于软件系统界面问题而造成的数据二次整理。其次，在所有能够创造价值的作业中，应当以选择最具有成本效益的选项为原则来执行，例如，一个产品的安装可以选择两种技术，二者都能实现相同的效果，则应该选择成本更低的那一个。这就是所谓的成本优化。

避免浪费

成本优化

　　为了确定哪个才是最优成本选项，需要获取每一项对应产生成本的确切信息，这可以通过成本核算来实现（参见第9章）。它是一种总结了成本的信息工具，并将成本分摊到成本岗位和成本负担者。在成本管理中，利用这些信息可以采取相应措施，以调整公司的成本状况，使之尽可能具有优势。成本管理意味着对成本水平（绝对或者单件成本）、结构（如固定成本和变动成本所占的比重）以及走向（如由于经验曲线效应而产生的成本递减，参见1.4.3.1节）上进行有意识的影响。

成本核算作为信息工具

定义：成本管理

　　在管理实践中，成本管理往往给人留下负面的印象。主要原因是，降低成本的项目通常是作为对糟糕的合同或者产量状况的反应而启动，以便在时间压力下，尝试达到这一阶段的企业计划业绩。对于这种情况可以采取的典型且快速奏效的措施就是，全面预算缩减（"割草机"法）、取消项目或者延迟及暂停招聘。由于这种短期但是必要的节约会自上而下地落实，因此它们在员工中接受度不高。通常情况下，虽然这种在企业内部降低成本的方法短期内是可以奏效的，但是却存在一种危险，这可能会影响企业的长期竞争能力，因为通常此时会忽视了对绩效方面因素（如质量下降）的影响。因而，这样的反应式成本管理只治愈了症状（过高的成本），却没有真正探究成本难题的原因并将其解决。

反应式成本管理

　　在更多情况下，有必要进行前置式的成本管理，它系统地着眼于引发成本劣势的原因，并且进行永久而不是阶段性的优化成本（Kajüter，2000）。在这个背景下，本文的目的在于，介绍

前置式成本管理

不同的切入点(第 10.3 节)和解决工具(第 10.4 节)。首先会在下一节介绍成本管理的基本关系。

2. 成本管理的基本关系

通用商业模式　　由于影响成本的因素很多,需要借助通用商业模式来使之系统化(Franz & Kajüter2002,第 19 页),这种商业模式阐明了,创造价值的过程与行业特征是无关的,并且以全面的视角讲述了影响成本的措施(参见图 10—2)。该商业模式的出发点是公司为其生产产品和提供服务的客户,产品或者服务要通过大量的商业作业和流程生产。这种流程的一个典型例子就是客户订单的执行,涉及公司不同职能领域内的作业:订单确认、产能配置、必要的外购件采购、产品装配、交付客户、创建账单、收款过程的监控。流程的实施需要资源,这不仅包括员工和领导者,也包括建筑、机器、电脑和别的物质资源,公司要么已经拥有它们,要么需要另外向供应商采购。

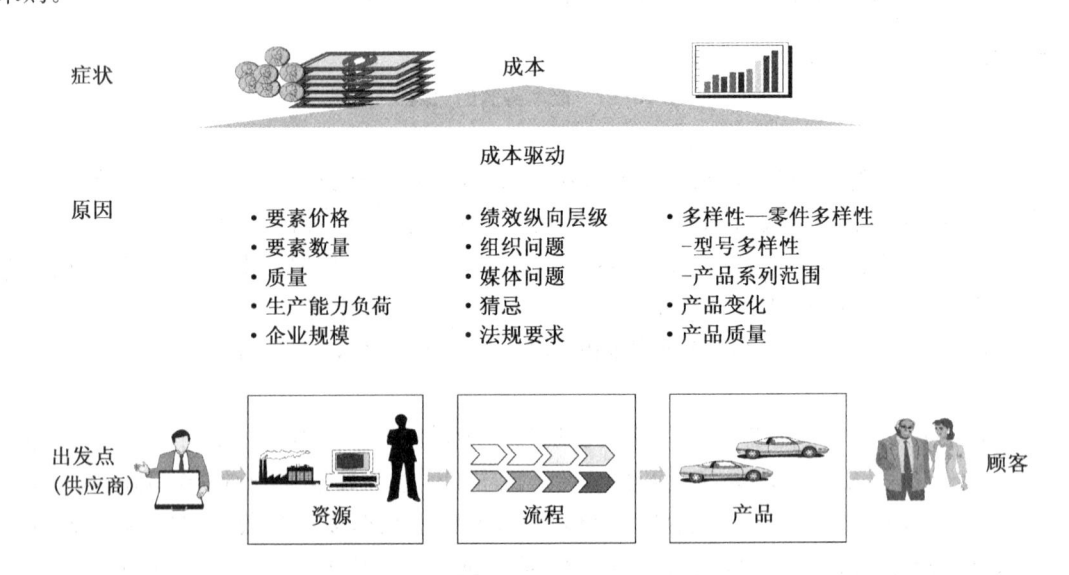

图 10—2　成本、成本驱动和成本管理的出发点

成本是一个周期内与绩效相关价值资源的消耗(参见 9.2.1 节),因此,在所有成本管理措施中,它们都会直接或者间接地涉及成本。只关注资源,如在产品和流程设计不变的情况下裁员时,可能不会考虑一些能够明确降低成本的措施;在某些情况下,同时可能会导致产品生产的质量损失(例如推迟订单处理)。相比间接通过产品和流程设计优化来对资源产生影响的方法而言,这样直接的资源节约实施起来通常更快速,因为后者通常首先减少占用资源,进而才能进一步降低成本。

成本管理的出发点　　在通用商业模式中,产品、流程和资源是成本管理的三个中心出发点(参见图 10—2),它们能反映出前文提到的成本劣势原因(参见图 10—1):产品设计、工作组织(流程)和要素成本(资源)。

成本驱动:成本产生的原因　　现在的问题是,成本由大量截然不同又相互依存的要素引发产生。这些要素作为成本的决定因素或者成本驱动(cost driver),尤其在涉及间接成本方面时,不具有充分的说服力。尽管学术界在不懈努力,但迄今为止也不存在完整、公认、普遍有效的成本决定因素体系。因此,图10-2也只列举了几个主要的成本驱动,并且将成本管理的出发点简化归纳为三个。由于在第10.3节中还要详细讨论有关观点,在此就只进一步说明几个方面的问题。

借助所谓的规模经济,企业规模可以实现成本优势。例如,通过收购先灵公司,拜耳公司得以实现采购数量的折扣,并且可以产生其他的协同效应。与流程相关的成本驱动是合规的要求,例如,信贷机构的申报要求,或者在化学行业的环境附加条件。可能出于不信任而采取的控制过程,或者由过度的分工(泰勒制)引发的协调过程,企业对此却不具备什么影响力。在机械制造行业中,高加工深度是导致流程复杂化,并产生高成本的重要成本驱动,它会导致复杂流程和高昂成本。成本驱动举例

在具体情形下,可以通过连续的原因分析进行探究,解决哪些是相关成本驱动的核心问题在于识别复杂的因果关系。在很多情况下,导致成本问题的原因在别的领域,而不在它所表现出来的地方。在制造流程中,高昂的间接成本可能由如市场营销和销售部门的决策引发。糟糕的市场划分和客户结构通常会导致产品系列宽泛且型号复杂,从而引发生产流程的浪费。这个例子说明了,谨慎划分市场的重要意义,指明了成本管理和市场之间紧密的联系(参见第4章)。此外,很明确的是,不应当孤立地看待成本管理,不应该把它限制在企业内单独的领域,而是必须综合考察整个创造价值的过程。在产品设计、流程设计以及资源投入方面是否有优化的可能性,这将在下一节中阐述。成本驱动分析

3. 系统化成本管理的出发点

3.1 产品

产品开发和设计阶段产生70%~80%的制造成本(参见图10-3)。要降低成本必须聚焦产品开发阶段,在将来的产品生产和销售过程中,这是会产生成本的主要部分:选择材料、新构建结构部件的设计和数量以及生产方法的研发。问题是,尽管在产品开发初期对成本的可影响性最大,但对于后续产生成本的前期估计难度通常十分巨大。因为需利用对物料清单和工作计划的核算进行成本核算,而这些在产品开发的早期还无法获取,所以成本核算并不能提供适当的信息。成本核算更大程度上聚焦于生产阶段,该阶段产生的成本会被连续记录并核算。在产品开发阶段,需要一个相应伴随开发过程的核算(参见10.4.2.1节),从而使得开发人员和设计人员在做产品设计相关决策时,能有成本信息方面的支撑。产品成本的确认

伴随开发过程核算的必要性

由成本导向进行产品开发,可以使用许多方法,例如,成本导向产品设计的措施

(1)取消顾客并不会为之埋单的产品特性:通常会存在一些顾客并不会使用或很少利用到的产品功能,并且没有它们也不会造成收入损失,因而可以淘汰它们。确定这些产品功能需要以谨慎的市场调研为前提。

(2)符合生产或装配要求的产品设计。单个零件、组件和产品的总体结构应当满足的条件为:可以满足装配时间、面积和装配工具需求都尽可能少的要求。在汽车工业中,相应选用了确定模块的预装配,以使得狭小、弯曲部分的处理更容易,并由此减少装配的时间和成本。即便如此,也应当避免过度的完美主义:多维链接技术(例如,用双螺丝代替单螺丝)通常会导致

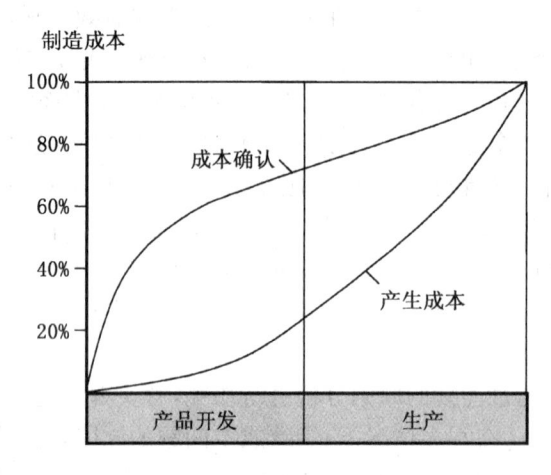

图 10—3 成本确认和产生

不必要的高成本。

(3)产品复杂性的优化:产品和产品项目的复杂性可能由两种形式的多样性造成:

①零件多样性是指一种产品中用到大量不同的零件和组件,这通常会导致组织内部的缺陷(如组织各部门糟糕的交流、组件缺乏标准化等)。

②型号多样性由各种大量的产品型号而产生(通过不同的构件、颜色、设计等引起)。这归因于,要么忽略了定期清理需求量很少的型号对应的产品系列,或者有意识地提供许多型号,以在日益饱和的市场需求下,满足客户的个性化要求。

虽然零件差异化通常无法带来额外的客户绩效,但通过产品差异化可以开发新市场并实现销售收入。在这两种情况下,相应差异化引发驱动成本的作用通常会被低估。零件和型号的多样性促使在不同职能领域的作业量都有所提升(例如,必须开发更多的零件并储备更多的备件,它涉及更多订单和供应过程等),这最终会导致更高的间接成本。为了解决这一难题,通过一系列技术和组织上的措施,可以降低零件多样性,如更多利用相同的零件,加强标准化(通用零件)或者优化设计相似产品有关部门之间的交流沟通。形成强制组合或对大量通用部件的供应等是应对型号多样性的措施。在这种关系中,有一个有趣的例子,即大众公司所谓的平台战略。平台提供通用的零部件(包括发动机、驱动装置、转轴、转向装置和轮子等),这些将用在企业中不同的车型上(如高尔夫和奥迪 A3)。这样可以降低零件多样性,同时扩展产品系列。

产品导向成本管理的进一步发展就是优化生命周期成本,这包括在产品生命周期过程中产生的所有成本:开发成本,市场推广成本,运行成本,维护、维修、保修和处理成本等。在产品生命周期成本的范畴内,生命周期不同阶段涉及的成本类型都要全面考虑,并分析可能的相互依存关系和相互制约关系。因此,如果更高的开发成本可以让制造成本大幅度下降,这对制造商而言就可能会带来优势。接下来要考虑的是,针对那些与购置成本相比顾客需付出较高后续成本的产品,是否最终能通过技术方法实现,在存在较少制造成本的同时,更大比例地提高购买价格,同时降低后续成本,这类产品的例子如节能灯或洗衣机。由于这是从多周期分析角度来考虑的,所以产品生命周期成本方法以动态资产核算为理论而建立,同时并不以成本绩效,而是以收入支付为依据(参见 11.2.2 节)。

3.2 流程

除了产品之外,企业内的流程也是成本管理的一个进一步的切入点。流程通常指一系列逻辑上相互连接,并能形成一个确定工作结果的作业。除上文提到的客户订单处理、原材料采购或者保险理赔处理都属于典型的例子。这些流程的共同点在于,它们通常会超越传统意义上成本岗位和部门分工的界限。在材料的采购中,可能涉及的成本岗位包括采购、收货、质检和仓储等。

定义:流程

流程随着时间的推移而变化,可能随着经济环境的变化变得没有效率。尤其是随着商业网络运用的日益普遍,在产生多种新可能方式的情况下,可以确定,采购和销售的流程可以设计得更加高效。因此应当定期优化流程,以便通过更好的流程设计,占用更少的资源。为此应设计诸如更高的流程质量和更短的周转时间。与制造过程通常能直接降低成本不同(生产工资在一定程度上是可变的),在固定成本密集的领域,随着流程的优化通常不能自然导致成本降低:如果行政管理的10个员工在岗位上的能力利用率为90%,可以通过任务重新分配,解放一名员工的工作潜力,以实现成本的下降。如果不存在这种可能性,那么必须利用其他作业的闲置潜力。

流程优化

流程优化可以分为四个步骤:目标设定、过程分析、措施开发及其执行(参见 Weth,1997,第54页;Kajüter,2002,第255页)。这些步骤将在下面加以简要说明。

流程优化的过程

(1) 目标设定

目标设定为流程优化接下来的步骤确定了方向,确定了改进措施必要的实施范围,并在实施之后评价结果。内容上,要确定是否应当降低初级成本,或者其他目标指标(如循环时间、质量或者客户满意度)是否是很重要的。为了推导出目标规模,与最强竞争者或者其他领军企业之间的比较可能是有帮助的。一个跨行业的评估标杆尤其可以提供所谓的支持流程,与自己的企业相比,在其他行业找到很关键的竞争力,并因此显示出很高的效率。对此的一个例子就是施乐公司以美国运通的会计流程方法为标杆(参见10.4.2.2节)。

流程优化的目标

(2) 流程分析

流程分析的目标在于,找出薄弱环节并发掘可以改善的潜能,这包含了流程的确认、选择、分解和阐述,以及流程绩效的测量与评价。在流程确认的过程中,必须确定流程的开始、结束以及衔接点。由于此处不存在普遍有效的规律,对于流程的界定总是主观的。

流程分析

在已经提到的原材料采购流程中,例如,作为流程的结束应是货物的存储,或者对货物的支付的一个全面考量。如果遵循后一个定义,那么付款(到期日供应商贷款的记账和支付)就是一个独立的流程。例如,在不同的分公司或者企业之间,考虑它们的成本可以将流程相互加以比较,但是流程界定的基本问题对于指标比较有重要意义。

为进一步分析进而选择的流程将被分解成子流程和作业,对此重要的是流程描述的细化程度。如果细化程度太低,就会几乎没有获取新信息,也没有发现问题的原因。过度细化也相应存在着风险,即失去了对于流程的总体把握以及分析费用过高。最佳细化程度的确定需要许多经验,很多标准都可以为此提供一定的提示,例如,分析的经济性或者在考虑必要透明度基础上的适用性。

描述流程的细化程度

公告卡、写字板或者特别的软件都可以作为描述的媒介。要用图表描述流程可以使用不同的技术和符号(如流程图或者关键线路法)。一个简洁而明确的流程描述形式如图10-4所示:流程中的作业列在第一列,有关人员或者岗位在最上面的那一行列示,通过符号将作业进行进一步的划分(如与其他岗位通过电话进行交流)。

流程中的弱点

描述流程有助于可改进潜能的可视化。通常要注意下列的弱点:(1)组织问题:流程中涉及太多的员工,从而需要很高的协调和协作付出。(2)媒介问题:操作过程交替使用人工处理和电算化程序。由于界面问题,数据常常会需要二次录入。

实际过程的评价

在流程优化的正确措施实施之前,需要测量和评价流程绩效。例如,可以借助作业成本法来获取作业成本(参见 10.4.2.3 节),并将实际状况与设置的目标加以比较。

(3)优化措施的开发

流程优化的措施

重组过程需要消除已认识到的弱点。为了达到这一目的,需要按照能帮助实现已设定目标的"目标—流程"关系来处理待优化的流程,此处有三种不同的基本方法:

流程清理

①流程清理

如上所述,应该消除流程中所有不能创造价值的作业。问题是哪些作业能创造价值,而哪些不能,这只能从内部或者外部顾客的角度得到答案。然后,需将所有在这个流程或者在其他流程中不能给顾客创造价值的事项都算在内,清除不损害流程结果的无用作业。只有那些法律规定必须进行的,但不能创造价值的作业活动除外,如制作税务平衡表就属于这个情况。

流程转移(外包 VS. 内包)

②流程转移

通过外包可以将流程和作业转移给供应商,并借此优化绩效深度(企业自身价值创造的一个部分)。然而,此处首先要从战略着眼。作为绩效基础的核心流程给企业带来核心竞争力,通常不会把它们转移出去,如工业企业中新产品的开发或者保险行业中的理赔结算就是这种核心流程的例子。外包的重点是许许多多的辅助流程(例如,银行进行证券和付款交易记录时辅助 IT 的运用,或者公司食堂对员工的膳食供应),它们并不影响竞争优势。如果自身资源相应地做出调整(如裁员),并且外部采购的费用比自己执行还要划算,这些流程的外包就能降低成本。与外包相反的就是内包,即将之前通过第三方执行的流程转移到公司内部,其目的在于更好地利用自身产能。

过程结构变化

③过程结构变化

在一个流程内个别活动时间先后顺序的改变提供了进一步优化流程的可能。可能的措施范围包括合并、同时进行、删减和流程内作业的前置或后置。

执行

(4)新流程的执行

接下来是改进后流程的执行。由于这会涉及习惯的工作方式而出现问题、任务的重新分配及职责权限的改变,就通常会使相关员工产生抵抗情绪,尤其是当改变涉及范围很大时。和其他的组织变化一样,如果他们参与这个项目,就可能产生减少抵触情绪的效果(参见 7.5.2 节)。

流程优化的形式:再造和持续改进

根据预定的改善范围和程度,可以将流程优化分为两个形式。流程的完全重设计——又称业务流程重组——旨在从根本上改善流程(成本下降 20%~30%,循环时间减少一半等)。重组会以自上而下项目的形式实施,鉴于这种操作方法的彻底性,它也伴随着很高的失败风险(参见 Hammer & Champy,1994,第 260 页)。与此相对是项目的持续优化,它的目标在于对已有项目持续不断的改善,这会涉及 Kaizen 法(持续改善)或者流程持续改进法(Kontinuierlicher Verbesserungs Prozess,KVP)的理论。在所有涉及员工(自下而上)的积极参与下,随着时间的推移,许多小的改善会带来可观的成果。这个源自日本的持续改善理论也被用在西方企业身上,例如大众汽车。

跨企业流程的优化

除了之前讨论过的企业内部流程之外,跨企业的流程也可以作为成本管理的目标,例如,

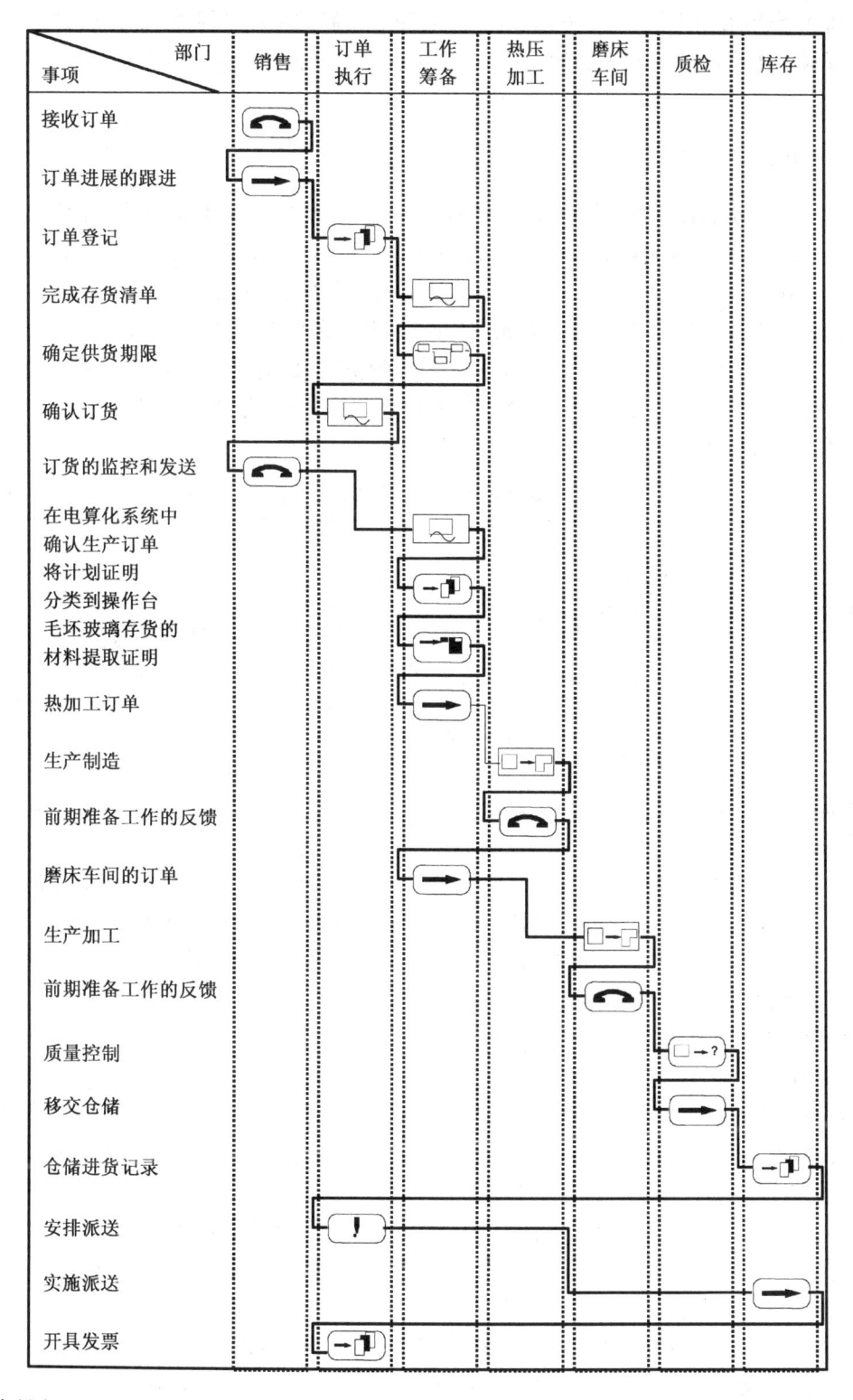

事项 \ 部门	销售	订单执行	工作筹备	热压加工	磨床车间	质检	库存
接收订单	↩						
订单进展的跟进	→						
订单登记		→🗒					
完成存货清单			🗔				
确定供货期限			🗃				
确认订货			🗔				
订货的监控和发送	↩						
在电算化系统中确认生产订单			🗔				
将计划证明分类到操作台			→🗒				
毛坯玻璃存货的材料提取证明			🗃				
热加工订单			→				
生产制造				🗔→🗔			
前期准备工作的反馈				↩			
磨床车间的订单			→				
生产加工					🗔→🗔		
前期准备工作的反馈					↩		
质量控制						🗔→?	
移交仓储						→	
仓储进货记录							→🗒
安排派送		!					
实施派送							→
开具发票		→🗒					

资料来源：Weth(1997,第114页)。

图10—4　一个订单执行流程的表述

在供应商和制造商之间的开发流程,或者制造商和零售商的供应链流程,都存在着形形色色的通常有着很大优化潜能的联系。要充分利用这种潜力就需要企业间紧密的合作(价值链管理)。

3.3 资源

通过价格和数量对成本产生影响

绩效产生过程中对资源的使用或者说消耗就会产生成本,它的数量受两方面影响:一方面是投入使用的资源数量(例如员工数量),另一方面是价格(例如工资水平)。由于受法律或者集体工资谈判的限制,企业不能或者只能在很小程度上影响价格,以至于成本管理的使用范围被限制在数量范畴内,所以在影响人力成本方面,通常都采用裁员这一方法。

成本类型结构分析

成本类型结构分析可以明确公司投入资源的价值意义,并能指出成本管理可能的难点。例如:工业企业的特点是,销售额中材料成本的比例很高,而服务业企业的人力成本通常占很高的比例(参见表10-1)。

表10-1　　　　销售额中各类型消耗所占的百分比

企业	行业	材料	人力	折旧	利息
大众	汽车	64.6	15.2	4.8	2.2
曼恩(MAN SE)	机械制造	52.7	20.5	6.7	1.4
豪赫蒂夫	建筑业	69.2	19.3	2.8	1.3
阿迪达斯	消费品	53.4	13.0	2.9	1.3
德国汉莎	航空	57.0	26.9	6.6	2.3
莱茵	能源供应	64.6	10.0	5.1	4.7
麦德龙	贸易	78.6	11.0	2.1	1.0

资料来源:商业报告2009。

材料成本的杠杆效应

在工业中占有很高比例的材料成本部分会对企业业绩产生杠杆效应:材料成本很小比例的节省有着和销售额以明显百分比增长一样的效果。由于后者在充分饱和的销售市场上通常是更难以实现的,所以例如汽车制造商,尤其会定期关注材料成本的下降。

类似的考量也适用于在销售额中占有很高比重的人力成本。由于材料和人力成本的重要意义,接下来将要阐述不同的情况下对它们的影响。

(1)材料

与供应商的合作

对材料成本管理而言,一个重要的出发点就是与供应商合作。在零部件复杂的情况下,长期定向合作性的客户—供应商关系对双方都是有各种好处的,这一点多年来得到普遍认同。例如,可以共同寻找降低零部件成本的可能性,以实现节约,这其中的结余由供应商和制造商共享,通常也可以由此减少库存并提高零部件的质量。在紧密而有深度的合作框架内,最重要的供应商(所谓的价值创造伙伴)早已被集成到产品开发的过程中,他们承担了除生产和研发之外的任务,对成本也有很大的影响潜力。

单一采购

由于能力的关系,只有和很少供应商有这样合作的可能,所以合作伙伴的供应战略要求减少直接供应商的数量。极端情况就是某些确定的组件只能从一个供应商处获取(单一采购)。为了通过简化采购过程和获得数量折扣,借助需求捆绑实现成本节约,也就要接受由此带来的对这个供应商的高度依赖。

全球采购

降低材料成本的进一步措施就是全球采购。这可以获取全世界范围内最划算的采购源,来充分实现采购价格的优势。上涨的物流成本使得全球采购中外购部分的比重下降,同时提升了经济意义。

最后,材料标准化也可以为降低成本做出贡献。在产品多样性的情况下,已经证明应该加强使用相同的零件。此外,为降低采购和装配过程中协调工作的成本,完整组件(模块)的购入(模块化采购)也是有帮助的。 材料标准化、模块化采购

(2)人员

与材料成本在很大程度上可变不同,人力成本通常是固定成本。在业务波动时,只能通过时间上的延迟来降低成本,这从成本管理角度来看是不利的。需求下降会出现人力资源未能得到充分利用的情况。尽管绝对成本水平并没有增加,但是由于固定成本必须分摊到降低了的产额数量上,从而提高了单位成本。

这时,人力资源投入的灵活性具有很大的意义(见 Kajüter,2000,第 213 页)。灵活工作时间模式利用调整工作时间的长度和/或者位置,以适应需求波动,例如,宝马就运行着截然不同的工作时间模式,它们采用从每天、每周、每月到每年甚至整个雇用期都灵活的工作时间。通过这样的方式,一方面可以更好地平稳过渡人力需求的波动;另一方面,工作时间的延长可以带来生产率和成本的优势。它的优势在多大程度上可以通过宝马的决策展现出来,尽管捷克有更低的工资成本,但新的工厂并没有建在那里,而是建在莱比锡,用灵活工作时间模式来实现工资成本的优势。 灵活工作时间

员工灵活的区域投入也可以促进现有资源的更好利用。大众为此建立了一个内部临时就业机构,以协调不同部门和地点之间人力富余和人力紧缺的问题。德意志银行和商业银行采用了一个相似的方法,他们成立了就业组织,给那些工作职位被裁掉的员工在企业内部或者外部寻找别的就业机会。这样做的前提是员工有在区域内变动,并且为新的任务做好准备的意愿。 内部临时就业机构

如果解雇员工是不可避免的,那么应当尽可能让其为大众所接受。除了所谓的就业组织,再就业也提供了一种具有社会责任的人力资源释放的可能(Rundstedt,2002)。在那里,这方面的专业顾问会帮助被裁掉的员工,在原来企业外找寻新的工作岗位。 人力资源的释放

4. 成本管理工具

第10.3 节阐述以产品、流程和资源作为成本管理不同的出发点,接下来将要介绍成本管理的工具和方法。之后将有所不同的是,在不改变产品和流程设计的基础上,它们是否可以达到成本优化的目的(运营成本管理,参见 10.4.1 节),或者是否是有意识地成为成本管理的中心(战略成本管理,参见 10.4.2 节)。

4.1 运营成本管理工具

4.1.1 可变计划成本核算

传统的成本管理工具是可变计划成本核算(参见 9.4.3 节),借助于它,工业企业每月对制造成本岗位进行目标—实际—成本比较,并列明在成本岗位报告中(参见 16.3.1.2 节)。当发生诸如由于废品率增高而引发负的消耗偏差时,成本岗位负责人的任务就是找到这些不经济性事件发生的原因,并采取适当的措施去消除它。 目标—实际—成本比较法

由于若干原因,这种方法的有效性一直存在限制。一个是成本偏差的信息通常首先会出现在下月的月中,也就是"孩子已经掉进井里"时。另一个是,生产阶段能影响成本的可能性普遍很少,大多费用相关的内容早都事先确定了(也参见图 10-3)。只能在已有的产品和流程结构下,借助目标—实际比较法尝试进行有成本意识的操作,而不能自己进行更符合成本要求的设计。

最后,由于给间接部门(管理、采购和开发等)提出恰当的目标成本是难以实现的,所以将目标—实际—比较法运用到这些部门是有困难的。因此在管理实践中,通常依据经验设置成本预算,而这个预算是否太高了,或者是否可以通过经济行为达到更少的预算,这都不得而知(参见 16.3.1.1 节)。

4.1.2 间接成本降低程序

为了提高间接部门的效率,从 20 世纪 70 年代开始,一些咨询公司就开始发展不同的间接成本管理方法。他们的特点是,以项目的形式,依照节约原则,一次性地在特定部门实施。

这其中的一个例子就是间接成本价值分析,它要求中层管理人员为所考察的部门指明 40%的节约潜力。为了得到尽可能大范围运用节约措施的清单,这些降低成本的目标会被视作"观念屏障"。这些部门的所有绩效都有被质询的必要,并且考虑减少它们或者采用外购形式。最终都会评价这些想法的可行性,并尽可能地落实,以实现间接成本降低 10%~20%的目标。

零基预算是指,质疑所有被分析间接成本的相关作业,这在一定程度上属于"从零开始的"新规划。单独的绩效会被分类成决策组合,按照优先顺序排列并配备对应需求的资源。依据可供使用的资源情况采用预算削减,并针对实际状况计划和落实必要的改变(如裁员)。零基预算的目标不只在于节约资源,更在于将资源用到更富有意义的方面上。

客观而言,两种方法都聚焦在企业内独立的部门,并且对各个部门之间的相互依赖关注太少。主要的成本驱动因素,例如产品的高度多样性或者糟糕的组织流程,通常是引发高间接成本的主要原因,但这些因素都没有被考虑在内,因此这样达到的成本削减不能长久持续。最终会引发所涉及员工失去工作的恐慌和不确定感,通常还会导致他们难以接受方案。

4.1.3 内部效益核算

内部转移价格是一种在管理实践中被广泛运用的、实现资源经济性的工具。为实现企业内部绩效(例如,服务部门,如电算化系统、法务部或者培训部门)需求而产生的成本,将分摊到相应使用该绩效的成本岗位上。这样的方法可以提高成本意识,并避免不必要的绩效占用。为了实现实际成本的节约,首先要求降低内部绩效供应商的生产能力。

如果裁撤与使用绩效相关的成本岗位,就可以通过外部市场购买该绩效,那么可以通过内部转移价格和外部市场价格进行比较,对这个生产内部绩效而不和外部市场相关的部门产生有效的压力。尽管它具有这些优势,内部绩效核算也只围绕着与部门相关运营方法进行,不涉及产品和流程的设计。

4.2 战略成本管理工具

前文简要说明的运营成本管理方法的弱点表明,它们的效果是受限的。因此,近来战略导向的成本管理占据更重要的位置,如目标成本法、标杆评估法和作业成本法,接下来将逐一说明。

4.2.1 目标成本法

在开发新产品时,许多企业都高度关注技术而忽略顾客导向。核算价格是用相关成本加上从顾客获得的利润增量(成本加成计算,参见9.3.5.1节)。这样的定价方法在垄断市场是没有问题的,但在完全竞争的情况下就会有这样的危险,即顾客不接受核算出的价格,而以更优惠的价格购买竞争者的产品。如果企业不想失去顾客,就必须以市场价格销售产品。这必然导致,在成本不变的情况下降低收益。

为了避免出现这样的情况,就需要在产品研发阶段进行严格的市场定位并转变成本核算方法,两者都可以借助目标成本实现。这涉及一个全面的成本管理工具,其重点在早期产品形成阶段,即对成本影响潜力最大的时期(参见图10-3)。从市场价格出发,扣除预计的利润,就得到了对这个待开发产品具有约束力的成本目标(价格减成核算)。这个方法的关键问题就是"这个产品的成本可以是多少"。

<small>通过目标成本实现市场导向</small>

通常认为目标成本法源自日本。自20世纪70年代开始,为了应对由石油危机引发能源价格大规模上涨的情况,日本企业坚持不懈地实施目标成本法的基本思想。在德国20世纪30年代首先有了目标成本法的萌芽:大众公司"甲壳虫"一直在其价格不能超过990帝国马克的前提下开发(Franz,1993,第124页)。为了实现这一目标,必须从成本的角度去权衡技术性的备选解决方案,这导致了"甲壳虫"没有液压制动等装置,而是以绳缆制动替代。

<small>目标成本法的起源</small>

尽管有早期的萌芽,目标成本法在德国系统地投入使用还是自20世纪90年代开始,作为先行者的是汽车、电子和机械制造工业的企业。由于在这些行业取得了成功以及日益增长的竞争压力,目标成本法也逐步进入其他行业,例如,化学工业或者服务业(如在银行的支付业务)。对德国主要企业展开的经验研究结果表示,大约55%被调查的公司偶尔或长期地使用目标成本法(Kajüter,2005a,第91页)。

<small>在德国的推广</small>

目标成本法是一个考量整个产品生命周期的完全成本方法。起点是可靠地预测该产品生命周期内可实现的总销售数量,以及市场上可以达成的售价,这里市场研究数据具有重要作用。从销售额的预测出发,减去企业计划中已经确定的目标利润得出成本目标,这个成本目标就是对整个研发、生产、营销和必要时产品清理所产生成本的一个总上限(参见图10-5)。

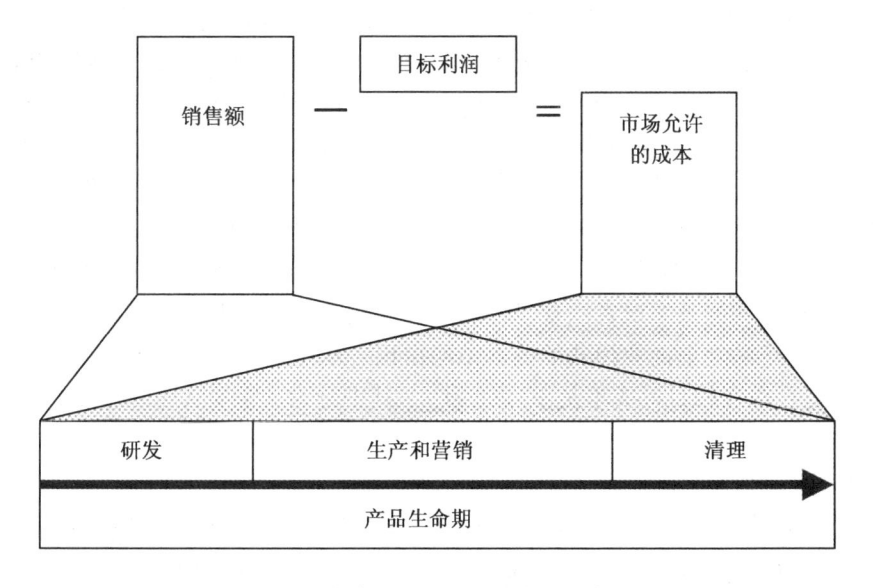

<small>生命周期相关的成本目标</small>

图10-5 目标成本法——与整个产品生命周期有关

除了从产品生命周期角度出发,还可以用与每件产品相关、由市场价格(每件产品收入净

<small>每件产品的成本目标</small>

额)逆向核算的方法,核算出市场接受的单件成本("成本开支范围")(参见图10-6)。同时,在使用现有方法和技术的情况下,在传统附加费率核算(参见9.3.5.1节)的基础上,可以估算新产品的预期总成本,将这两个值加以比较就可以得出必要的成本降低需求(目标成本缺口)。这是在关注了顾客对产品要求的情况下实现的产品开发,所有企业部门都必须为此做出贡献。如果尽管做出了所有的努力,市场允许的成本似乎还是不能实现,在特殊情况下,也可以将这个具有约束力的目标成本设置为高于市场允许的成本——但其最终将造成利润损失。

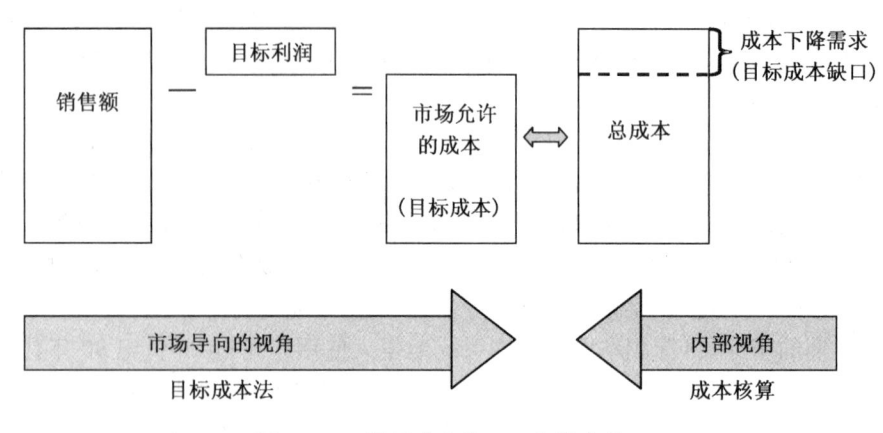

图 10-6 目标成本法——每件产品

目标成本法乍一看是个很简单的基础原则,在实际实施中会遇到很多细节问题。解决方法要求能灵活适应企业的特殊性,接下来举例介绍大众汽车实际的操作方法,并详细叙述目标成本法的几个疑难点。操作分为三个步骤(Claassen & Ellssel,1996,2002):

(1)总产量的目标成本计算

为了计算目标成本,需要跨越产品生命周期对可能出现的价格进行预估。以前期产品在德国主要市场现在的销售价格作为出发点,后续还要与最有力竞争者的价格定位进行比较。用这样的方式可以确定,为了获得一个从顾客的角度来看对竞争有利的位置,价格可以(或者说必须)上涨或者下降的幅度。为了考虑直到产品系列推出时价格的变化,竞争导向的价格要依据通货膨胀和竞争者的行为来不断修订。如此确定的目标价格还要加上增值税、零售商利润和销售减扣(如批发商的折扣)以及出口产品的小幅跌价,进而得出平均每件销售的净额。

销售净额必须包含目标利润、风险加成以及直接和间接成本(参见图10-7)。目标利润(运营盈利)会以销售毛利的形式给出(例如10%)。"风险"项目(例如2%)包含非特殊化的市场风险,例如难以预测的汇率或者法规(排放标准)变化。直接成本和间接成本(例如60%或者28%)的比例参考产品之前商业模式的成本结构得出。从绝对值上看,当每辆车目标收入净额为12 397欧元时,相应的目标成本是10 909欧元,其中分为7 348欧元的直接成本和3 471欧元的间接成本。

(2)目标成本的分解

由于总的目标成本对于产品研发而言是一个很不具有操作性的尺度,所以必须对它进行进一步的分解。此时需要注意的是,只有员工和团队可以实实在在地影响成本目标实现的情况下,成本责任委派给他或者他们才有意义。在大众汽车,成本目标详细分解的基础是,作为参考产品使用的前期车型,它的成本结构要根据不同因素做出调整,如市场需求变化或者竞争者分析的结果。

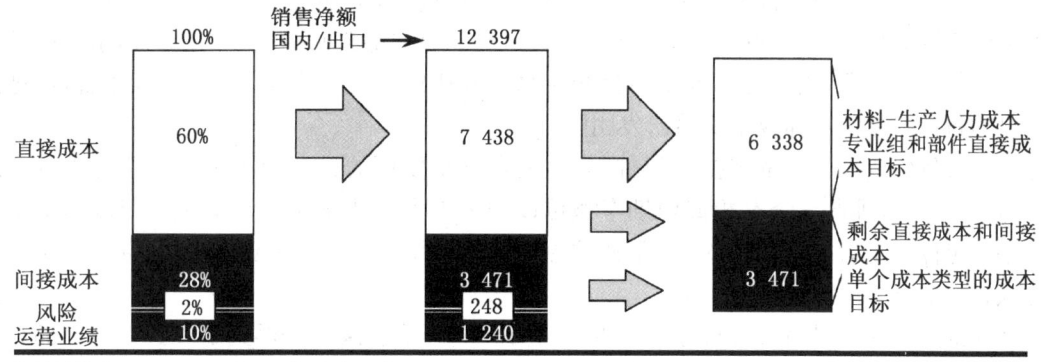

图 10—7 目标成本的计算

资料来源:Claassen & Ellssel(2002,第 176 页)。

对于间接成本和很少一部分的直接成本(例如,推销的特殊直接成本)而言,成本目标会依据成本类型划分,例如,以每份研发成本乘以预估生命周期内的销售数量,可以得到目标研发成本。相似地,可以由特殊企业资源每件产品相关的折旧,得到企业最大能够承受的为这个产品特定的投资数量(目标投资)。每一个完全成本估计都证明,销售量是一个重要因素。如果预测的销售量没有达到,那么之后能负担的研发成本或者其他的固定间接成本就会变少。

材料和生产人员的工资这些直接成本会受到产品研发的影响。对他们而言,成本目标不是依据成本类型,而是依据汽车的技术元素进行划分。大众汽车决定建立六个专业组(发动机、变速箱、底盘、车身、设施和电气),可将它们进一步细分为部件和单个零件。依据参考模式的直接成本结构来考量直接成本的分解,这其中需要针对后续产品的顾客期待和竞争者行为做出调整。例如,随着日益增长的交通压力,顾客有更多的时间在堵车时坐在车内的可能,就会期待更高的舒适度,这个趋势会考虑相应的设置更多资源给底盘、设施和电气,而给发动机和车身的就会相对减少(参见图 10—8)。

间接成本分解

直接成本分解

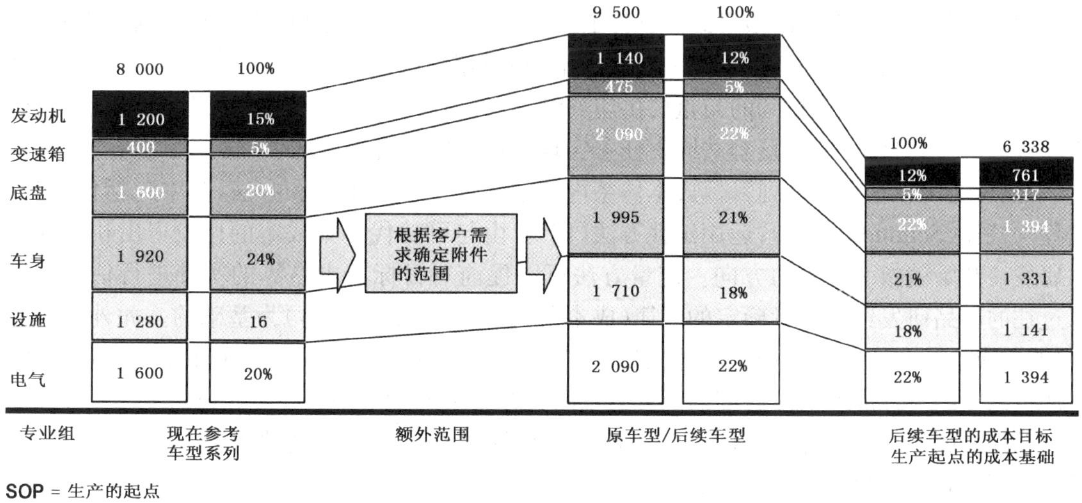

SOP = 生产的起点

资料来源:Claassen & Ellssel(2002,第 177 页)。

图 10—8 直接成本、目标成本的分解

组件法   只要有关新成本分配百分比的观点是一致的,就可以将上述方法以绝对值形式运用于材料和生产工资的直接成本(例子中的 6 338 欧元),此处通常都会明确成本的降低需求。按照与这个方法类似的过程,成本可以进一步分配给每个专业组甚至每个组件和零件,然后,再把这样算出的每件产品的目标成本交给研发团队。

  由于其目标成本直接依据技术组件划分,大众汽车使用的目标成本分解方法也被称作组件法,它尤其适合那些已经有相似前期车型可以用来参考的成本结构产品上。但以已知组件和零件来定位还是有一定风险的,一方面可能限制新技术解决方法的使用,另一方面只定性考量了顾客的期待。

功能法   这些缺点可以通过另一种目标成本的分解方法——功能法——得到解决。它将产品看作顾客可以得到特定用途的特性和功能组合,例如对汽车而言就是行驶速度、安全性、使用期限或者品牌形象的组合。通过现代化的市场调研方法(联合测量),可以得到目标客户群体愿意为不同性能支付的价格,然后再考虑通过什么样的技术、零件将其实现。对安全性功能而言就是安全气囊、ABS 和安全带等。

  但它的难点在于,预测每个零件实现功能所占百分比和顾客为此愿意付出的价格是多少。目标成本分解的前提是,目标成本可以确切地与该部分的每个零件相对应。

对功能法的评价   功能法明显的优势在于,产品研发过程中持续的矫正和专注于客户需求的目标成本计划。设计师并没有直接预设技术的运用,这就给他们提出创造性的解决方案提供了空间。在汽车制造业,例如宝马,就使用一种与功能法相类似的方法。然而不能忽视的是,功能法运用起来十分复杂并且费用高昂,因此主要推荐用于没有可以作为比较前期产品的创新产品。

  (3)目标成本缺口的填补

目标成本的实现   在完成目标成本分解之后,就能得到成本下降需求。在产品研发阶段,只能依据可能性来尝试降低成本。对此可能用到的措施范围如第 10.3 节所示,即产品、流程和资源导向的成本管理。

目标成本法的组织落实   一个可以实现成本降低需求的重要成功要素就是,在跨领域团队中组织落实目标成本法。随着目标成本法的实施,大众汽车也有了很大的组织变化。研发如今不再只是孤立的职能部门,而是一个由确定的建设团队负责、由来自不同职能部门的员工(例如研发、采购、生产、销售、控制和质检)共同组成的项目组。这样的方式可以确保所有产品研发涉及的内容都有落实的技巧,此外,公司所有部门也都加入寻求成本降低的潜力中去。

供应商一体化   在这种情况下,上文提到的与重要供应商结合,在研发阶段有着重要意义。价值创造伙伴通常也集中在项目组中,并且有共同责任去实现市场导向的目标成本。

伴随开发过程的核算   最后,还可以运用一系列目标成本体系内成本管理的扩展工具和方法,其中包括伴随开发过程的核算(Schmidt,1996):运用定性方法(例如,由与可替代方案成本的比较得出相对成本)从研发一开始就指引正确的方向。定量方法可以提前对目标成本核算的实现进行估计,它是以过往的产品研发经验或者确定的规律(成本增长率、重量成本法等)为基础的。此外,价值分析(改善成本效益比率的结构化方法)、逆向工程(竞争产品的分解)以及标杆评估法和作业成本法可以辅助目标成本法。后面的两种方法将在接下来的章节中进一步介绍。

进一步的辅助方法

  总的来说,可以确定的是,许多公司都选择目标成本法作为提高绩效的方法,以设计顾客导向且更具有成本效率的产品和流程。

4.2.2 标杆评估法

标杆评估的起源   施乐公司是美国一家复印机生产商,在 20 世纪 70 年代末期短短的时间里,由于质量和成本的问题,失去了之前拥有的市场支配地位。日本的竞争对手佳能的类似产品,能以低于施乐公司制造成本的价格提供高质量的复印机。竞争产品的分解(逆向工程)没能得出对与竞争对手相比成本劣势的合理解释。然后施乐公司检查了它的物流过程,发现材料采购是其最大的弱点。为了找到改善的思路,他们详细分析了以高效库存系统而闻名的运动商品供货商里昂比恩(L. L. Bean)公司的入库和出库过程。

从中发现,由于更多的工作过程借助了电脑技术的帮助,并且避免了由于出库过程过长造成周转率高的相关产品库存更多,使得里昂比恩公司的生产效率明显提高。

这些发现使得施乐公司对自身库存进行了现代化改造,其中取得的成绩促使公司于1981年在全公司范围投入使用了名为"标杆评估法"的程序(Camp,1989,第6页)。借助这个以及其他的措施,施乐公司成功地实现了转变,该案例极具说服力地促进了标杆评估法在美国的推广,同时促进了自20世纪90年代初期以来它在德国和欧洲的广泛传播。

正如施乐公司和里昂比恩公司例子表明的那样,使用标杆评估法不只是围绕自身绩效和另一个公司之间进行比较,而是首先要去发现优秀完美的案例并落实到自己公司中去。这种方式可以实现持续的改善:"标杆评估是为了找寻行业里最能带来卓越表现的实践方式"(Camp,1989,第12页)。在成本管理体系下,标杆评估法与目标成本法相类似,被当成可推动成本降低的方法。同时,标杆评估法也指出了(通过某些实践)从成本角度可以实现改善的路径。标杆评估的目标

如今,在实际应用中,标杆评估有很多不同的形式,可以说产品、服务、流程和企业功能(例如管理控制)都可以作为标杆评估分析的对象。从内容上看,标杆可以分为成本、质量、时间和顾客满意度。此外,从比较对象上来看,也有不同的可能性。标杆评估的形式

(1)内部标杆评估是指,一个公司内部的若干工厂、分公司、子公司、经营部门等之间相互比较。

(2)竞争导向的标杆评估在直接竞争者之间展开。

(3)最佳实践标杆评估是指,在该尺度下的"最佳级别",与这家公司在哪个行业无关。施乐公司和里昂比恩公司之间的标杆评估就是这样一个典型的例子。

标杆评估项目通常分为五个阶段进行,实际运用中还会伴随大量反复的反馈(Camp,1989,第16页): 标杆评估的过程

(1)标杆评估项目的理念:首先要选择待分析的对象(例如一个流程),确定项目目标和时间跨度,以及组建项目团队。

(2)先行研究的落实:在得到标杆评估对象的数据之前,首先要对自身的研究领域进行详细的分析。这样就能提出恰当的问题,并找到与目标相关的信息,也可以从二手资料中获取,如专业杂志。

(3)标杆评估对象的选择:在自己公司内部或者行业内可用于作为比较对象的最佳实践伙伴是很难找到的。此时公司顾问或者标杆评估协会,诸如弗劳恩霍夫研究所和设在柏林的标杆评估信息中心(IZB)可以提供有关帮助。

(4)标杆评估数据的提取和分析:通过问卷调查、个人访谈或实地考察("最佳实践访问")可以获得原始信息,与自己公司的数据加以比较并找出绩效差异的原因。"最佳实践"的信息指明了可能的改善途径。

(5)结果的运用:标杆评估研究的结果最终可以为本公司找到正确的目标和方法。很多情况下都要求具有创造性,以期将最佳实践得出的特定方法适应自身的框架条件。

如果这些都完成了,那么标杆评估就可以为公司在成本降低和/或者质量提升方面做出有价值的贡献。单次实施标杆评估无论如何也无法做到长期保证优秀的绩效水平,方法、流程和技术不断变化要求定期多次进行标杆评估。

最后在表 10－2 中总结了不同类型标杆评估的优势和劣势:

表 10－2　　　　　　　　　　不同标杆评估类型的优势和劣势

标杆评估类型	例　子	优　势	劣　势
内部标杆评估	一家银行以不同分行为标杆	－数据容易获得 －结果易于使用	－角度受限
竞争导向的标杆评估	大众以欧宝为标杆	－成果具有更好的可比性 －接受度高	－数据难于获得 －与竞争对手雷同的危险
最佳实践标杆评估	摩托罗拉以美国通运的会计体系为标杆	－有很大发掘创造性实践的潜力	－分析时间长 －成果难于运用

资料来源:Pieske,1995,第 48 页。

4.2.3　作业成本法

20 世纪 80 年代末期,作业成本法(Activity-Based Costing)起源于对传统成本核算体系缺点的抨击。在 20 世纪 50 年代和 60 年代的管理实践中,针对那些相对标准化且对生产工人工资敏感的大批量生产产品,广为推广的、以计划和控制制造成本的可变计划成本核算方法(参见 9.4.3 节)得到了进一步的发展。当时销售市场还未饱和,竞争压力和产品差异化的需求相对较低,首要"瓶颈"不是市场而是生产,因此制造过程中合理化潜能受到广泛的关注,诸如与成本岗位相关的目标—实际—比较法(参见 10.4.1.1 节)。

如今框架条件不同了:在日益饱和的市场上,激烈的竞争要求许多企业提高产品多样性以获得更多的顾客。生产相较之前也有了更高的自动化水平。此外间接部门,如生产计划和控制、质量检测、维修、采购和销售部门,都有了重大的意义。因此,许多工业企业都重视固定间接成本的上涨。西门子安倍格设备公司的例子就明确表明了这个趋势,在 20 世纪 90 年代通过裁员、外包和其他的合理化方法应对间接成本的上涨(参见表 10－3)。

表 10－3　　　　西门子安贝格设备制造公司制造成本中间接成本的上涨　　　　单位:%

年　份	1960	1970	1980	1987	1990	1997
间接成本	34	50	62	68	70	51
材料直接成本	28	16	14	10	6	7
生产工资	38	34	24	22	24	42

相邻环境的变化也导致了其他问题,这些问题应当可以通过成本核算的信息得到回答:(1)与标准产品相比,附加的产品变体带来了哪部分成本?(2)与大批量订单相比,有特殊要求的小订单盈利能力怎么样?

由于不能确定单个产品和订单间接成本的占用程度,所以传统计划成本核算不能回答以上问题。间接成本通常用附加费率核算法计算(参见 9.3.5.1 节),大多以诸如直接材料成本或者制造成本的价值指标为基础。间接成本所占比例较低时,操作方式的简化是合理的。而在间接成本比较高并且产品和订单具有差异化的情况下,必须有区别地进行相关处理:例如,不是采购材料的价值,而是采购材料的数量和供货过程影响材料的价值。在了解这些的基础上形成了作业成本法,并将对产品间接成本的占用对应归类到相关企业流程中。

一个简单电脑制造商的例子就说明了间接成本核算的根本性差异(参见表10-4)。A产品和C产品是标准产品;B产品比A产品多一个需要附加插卡扩充的特制变体。在附加费率核算中,总的间接材料成本按照直接材料成本的50%核算,而在作业成本法中这些产品每个零件的间接材料成本被记作2欧元。

例子

表10-4　　　　　　　　传统附加费率核算与作业成本核算的对照

初始数据:间接材料成本 　　　　零件供应数量(个)	82 000 欧元 41 000		
生产数量(台) 机器运转时间(小时) 每台电脑零件供应数量(个)	200 1 120	20 2 175	100 2 135
附加费率核算	产品 A	产品 B	产品 C
直接材料成本 间接材料成本(50%)* 生产工资 间接生产成本(10 欧元/人·小时)	400 200 50 10	450 225 60 20	750 375 60 20
制造成本 间接管理和销售成本(20%)	660 132	755 151	1 205 241
总成本	792	906	1 446
* 直接材料成本总计 164 000 欧元。金额为 82 000 欧元的间接材料成本以 50% 的附加费率计算。			
作业成本核算	产品 A	产品 B	产品 C
直接材料成本 "零件供应"过程** 生产工资 间接生产成本(10 欧元/人·小时)	400 240 50 10	450 350 60 20	750 270 60 20
制造成本 间接管理和销售成本(20%)	700 140	880 176	1 100 220
总成本	840	1 056	1 320
** 直接材料成本为 82 000 欧元,同时包含了 41 000 个零件供应过程中诸如零件的库存取出、入账、和佣金等,平均每个零件花费 2.00 欧元。 备注:在管理实践中,一个流程是不够的,例如采购过程或者供应商服务也可以算作采购部门进一步的流程。对前者而言,通常必须依据"基本合同采购"、"单独合同采购"、"境内采购"和"境外采购"而做出变化,以达到使不同流程变体有意义的成本率。			

这个例子表明,附加费率核算可能会导致错误的决策:带有特制变体B的差异化产品显然只比标准产品A增加了微量成本。在运用作业成本法时也非常明确,要增加零件多样性需要有更多的流程,同时特制变体B的推测价格事实上比预计的贵很多。这就使得,在利用附加费率核算时,标准产品C必须给B提供资助,产品A有时也需要少量资助。

附加费率核算时做出错误决策的风险

作业成本法中的这类信息,会促进产品政策的思考并降低零件和变体的多样性(参见10.3.1节)。但即便如此,用以制定价格政策的信息还是只将特制变体当成能够带来很高价格的情况。由于作业成本核算计算了完全成本,所以不适用于制定短期价格下限(参见9.4.2.1

作业成本法的应用领域

节),它更多是辅助产品和产品项目设计中期、长期或者战略性的决策。

此外,流程的评价也用到了作业成本法核算,它可以指明成本的难点并给流程优化提供动力(参见10.3.2节)。在这方面,计划成本核算几乎不能有进一步的帮助,因为它只将间接成本核算到成本岗位上,但不能划分到跨成本岗位的流程中。

计算作业成本的操作方法

在明确了作业成本法的意义和可能的应用领域之后,就应讨论该如何从方法上具体实施。因此接下来将借助一个来自采购部门的例子介绍作业成本的操作方法,它可以分为五个步骤(参见 Mayer,1998;Kajüter,2002)。

(1)流程前置结构化

在详细分析和得出单个成本岗位的作业之前,需要对所研究的部门(例子中的采购)流程进行前置结构化。在这些前期考虑的基础上,可以将成本岗位内的作业与目标相匹配。

(2)成本岗位作业分析

作业的确认

通过自己的记录或者对员工的采访,可以把在成本岗位内完成的作业以及它的范围(数量)、需要的时间都弄清楚,这里也可以参考手头已有的工作分析。通过对成本岗位负责人的访谈,最终要将作业结构化,并总结成与成本岗位相关的作业(子流程),诸如"条件协商"、"下单订货"、"获取数据"、"澄清问题"、"检查账目"和"存放货物"等作业都被记入"订购单个合同系列材料"作业中去。这样得出的作业都是用来表达绩效的,在价值创造流程的框架下,它们会产生相应的成本岗位。表10-5在第一列展示了采购成本岗位相应的作业。

表10-5   采购成本岗位中的作业、生产能力和成本的归类

	作业 (1)	测量标准 (……的 数量) (2)	作业数量 (3)	员工生产 能力 (MJ) (4)	作业 成本 (欧元) (5)	作业成本率 (欧元) (6)=(5)/(3)	类型 (7)
1	签订基本合同	基本合同	50	0.5	25 000	500	驱动
2	基本合同系列材料订购	订货	5 000	1.5	75 000	15	驱动
3	单个合同系列材料订购	个人订货	2 000	2.0	100 000	50	驱动
4	订购间接成本材料	订货	3 000	1.5	75 000	25	驱动
5	与供应商联系	供应商	80	1.0	50 000	625	驱动
6	部门领导	—	—	1.0	50 000	—	中立
	成本岗位生产能力和成本			7.5	375000		

这些作业可以划分为两种不同的类型:

产量驱动型作业

①如果作业必须花费的时间随着产量而变化,就称为产量驱动型作业。它是作业成本法的重点,并呈现出高重复性、机械化运作及很大程度上绩效均匀的特征。为了量化它,需要给产量驱动型作业确定合适的测量标准。通常用"……的数量"来描述这个测量标准(参见表10-5第2列)。由作业分析得出的作业数量通常以年为单位,这是因为成本岗位的成本也在这个时间范围内计划(参见表10-5第3列)。

产量中立型作业

②产量中立型作业不是重复性的,而且与测量标准不具有相关性,领导和管理作业就属于这一类。采购成本岗位的例子中只有"部门领导"这项作业是产量中立型的。

(3)作业成本的计算

为了确定作业成本,成本岗位成本按照所需相关员工各自的生产能力完全分摊到作业上 作业成本
(参见表 10—5 第 4 列和第 5 列)。采取这种实际行为方式的理由在于,人力成本是间接成本中最主要的成本类型。另外,假定所有其他的间接成本(例如房间、电算化系统或者办公材料成本)都可以按照人力成本一样的比率进一步分摊到单个作业上去。产量驱动型作业可以用作业成本(第 5 列)除以作业数量(第 3 列)来计算作业成本率(参见表 10—5 第 6 列)。产量中立型作业的成本,要么与产量驱动型作业的成本呈正相关,要么以当时附加费率的百分比形式计算,此处选用后者。

(4)跨成本岗位流程作业的浓缩

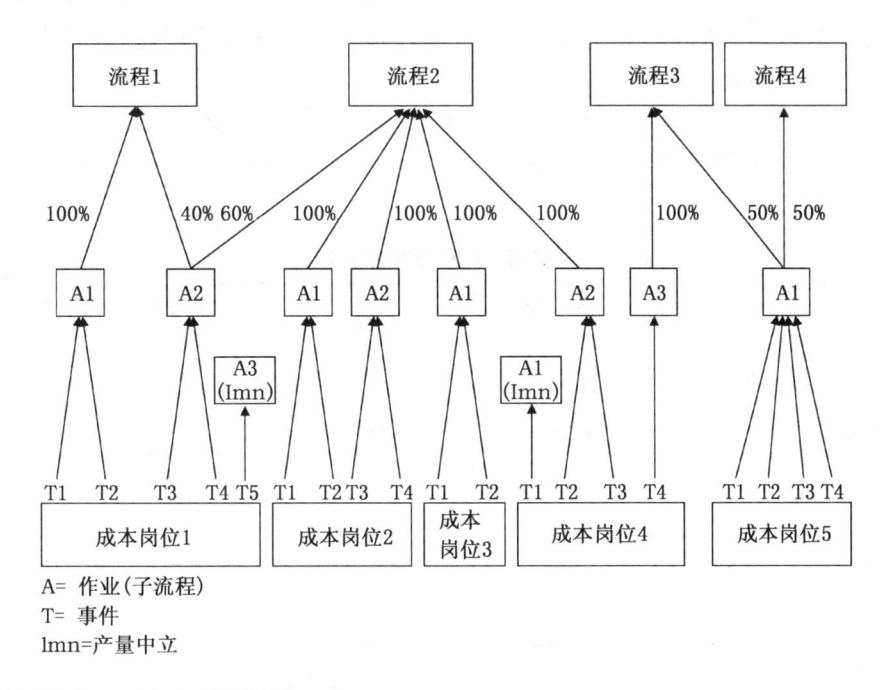

最后重要的一步是,按照事实逻辑将具有共同目标的作业(子流程)归类到跨成本岗位的 流程的构建
流程(主流程)中,正如图 10—9 中所示,作业的归类有各种不同的可能。

图 10—9 由作业浓缩到流程可能的过程

资料来源:Remer(2005,第 31 页)。

每个流程都会确定一个成本驱动作为测量标准,它推动了所有相关成本岗位成本数量的 成本驱动的确认
确定。前提条件是,它本身或与它彼此相关的成本驱动与归类到这个流程的作业具有相关性。此外要考量,成本驱动是否一方面与现存的数据加工系统容易结合,另一方面核算要与产品有联系。接下来借助例子在表 10—5 中可以清楚解释这些。

在本例中,将所有采购部门成本岗位用和采购分析一样的方法进行划分,就形成了例如 例子(续)
"系列材料采购(单个合同)"的流程,它包含了采购、货物接收、质检和仓储成本岗位的作业(参见表 10—6)。总成本驱动因素是订货数量,该数据通常用数据加工系统检索。

表 10-6　　　　　　　　　"系列材料采购（单个合同）"流程的构建

作业	成本岗位	作业数量	作业成本（欧元）
系列材料订购	采购	2 000	100 000
系列材料接收	货物进入	2 000	65 000
系列材料检查	质检	2 000	85 000
系列材料入库	仓储	2 000	50 000
流程：系列材料采购（单个合同）		流程数量 2 000	流程成本 300 000

（5）作业成本率的计算

将作业成本相加可以得到流程的成本。如果用流程成本除以流程数量，最终就得到了作业成本率，它是实施一次流程的平均成本。例如：

300 000 欧元/2 000 订单＝150 欧元/订单

除了"系列材料采购（单个合同）"流程之外，为了完整地分析采购部门，用相同方式可以进一步了解其他的流程（见表10—7）。

表 10-7　　　　　　　　　采购部门流程概览的摘要

流　程	成本驱动（……的数量）	流程数量	作业成本（欧元）	作业成本率（欧元）
系列材料采购（基本合同）	订货	5 000	350 000	70
系列材料采购（单个合同）	订货	2 000	300 000	150
与供应商联系	供应商	80	50 000	625
……	……	……	……	……
产量中立型作业	—	—	250 000	—
总额			2 250 000	

作业成本率能以各种方式用于成本管理，如在电脑制造商例子中展示的那样，可以用于展现核算方面的产品多样性。在产品研发阶段，作业成本提供的信息也已经有所应用，可以在早期就识别和规避零件和变体多样性的成本驱动作用，例如，借助作业成本率，宝马公司可以提前估计一辆新开发或者要改变物料编号的车所需的研发成本。

在流程导向成本管理体系内，作业成本率是成本的难点，并且会促使流程的简化或者流程数量的减少。因此，通过作业成本核算揭示流程高昂成本的原因后，可以对流程进行优化，例如R＋V保险公司的索赔处理（见表10—8）。

表 10-8　　　　　　　　　一个事故保险流程概览

流　程	成本驱动（……的数量）	流程数量	员工生产能力（MJ）	作业成本（DM）	作业成本率（DM）
申请处理/单件事故处理	个人事故申请	77 563	7.44	987 711	13.00

续表

流 程	成本驱动 （……的数量）	流程数量	员工生产 能力 （MJ）	作业成本 （DM）	作业成本率 （DM）
申请处理/集体事故处理	集体事故申请	17 854	4.75	630 376	35.00
申请处理/需退款保费的事故处理	需退款保费（BR）的事故申请	106 377	7.76	1 029 858	10.00
合同变更/取消	合同变更/取消	131 553	12.19	1 619 003	12.00
合同维护/客户关怀	现有合同	1 425 741	49.10	6 519 993	5.00
事故对应损失处理	对应损失	43 745	59.81	7 942 004	182.00
事故损失数目处理	损失数目	17 069	7.04	934 569	55.00
产品后续产品研发	—		6.90	916 244	—
合计			154.98	20 579 759	

资料来源：Lipke & Rendenbach(1997，第 87 页)。

需要处理对应的损失时，涉及数额是特别高的，这时由于材料不全或者缺少说明就需要和保险人进行沟通。一份原因分析，一方面要包含对客户而言难于理解问题的复杂表格；另一方面需要注意，通常在事故报告之后的第一时间就有义务上交医疗证明书，这通常需要多次提醒，同时为确认完成定损材料和寻找资料需要很高的费用。通过对综合医疗证书语言表达和视觉效果的格式改善，由于索赔数量众多，可以大幅度降低获取证明材料的成本，并且在流程操作中避免了无价值增加作用的反问、纠正和检查。定损材料的作业成本率可以通过这样的方式下降20%。

这个例子证明，作业成本法不只在工业企业的间接成本领域可以给流程带来价值，它也可以运用到间接成本占比很大的服务业公司（例如保险公司、银行和贸易公司）中去。

作业成本核算方法的实施表明，它是建立在企业中已有成本岗位划分的基础上，通常是传统成本核算体系的补充，并作为平行核算体系在同一个公司部门里使用。结合现代化的软件系统（例如 SAP、ERP），作业成本核算可以和实时经营控制充分集成。

实施范围

5. 结束语

为了能够持续提升企业价值，当需求急剧下降时，短期成本降低项目并不是合适的方法。更多情况下，需要通过前置式的成本管理对成本结构进行永久的优化。

此处整个价值创造流程的出发点是：从客户角度出发，将产品和流程从成本角度进行优化设计，并优化资源的消耗或者投入。产品导向成本管理的难点在于产品形成阶段，因为那对成本影响的潜力最大。对流程持续的改善可以减少对资源的占用，这之后不仅能带来成本节约，还能带来更高的质量和客户满意度。在资源方面，人力资源投入的灵活性和与供应商伙伴的合作有着尤其重要的意义。通过后者，成本管理涉及的范围扩展要超出企业的范围。

目标成本法、标杆评估法和作业成本法是三个新兴的、用以辅助前置式成本管理的新工具。与传统的成本管理方法(如以可变计划成本核算为基础的、在成本岗位内的目标—实际—成本比较法)相比,它们可以帮助以顾客需求为导向设计产品和流程,并同时实现企业盈利目的和预设的目标成本。

这样一个全面的前置成本管理不只是控制部门的任务,也是所有领导和员工的职责。由于在流程优化时,成本导向产品设计需要进行跨部门和职能领域的协作,在管理实践中,常选择组建跨部门的团队。

只借助成本管理还不能长久确保一家企业的竞争力,新兴、创意产品和新市场的开发才是未来成功的基础。因此,成本管理应当一直伴随创造性和增长。最后,针对在成本管理过程中不可避免的裁员,需要创造用于替代的新工作岗位。

习题

PC-TOP 股份公司生产制造成本为 1 000 欧元的台式电脑。用于管理和销售的间接成本以 5% 和 15% 的附加费率计算,企业实施作业成本法后,作业成本额算作每个订单 200 欧元。请您根据传统的附加费率核算和作业成本核算,计算每个订单为 1、10、50 和 100 台电脑时的总成本。根据结果可以得出什么结论?

扩展阅读

Coenenberg, A. G., Fischer, T. M. & Günther, T.: *Kostenrechnung und Kostenanalyse*, 7. Aufl., Stuttgart 2009.

这是成本核算经典教材,有关于作业成本法、目标成本法和全生命周期成本法的通俗描述。

Franz, K.-P. & Kajüter, P. (Hrsg.): *Kostenmanagement. Wertsteigerung durch systematische Kostensteuerung*, 2. Aufl., Stuttgart 2002.

该合集给出了关于产品、流程和资源导向成本管理的全面概况,并介绍了有关工具,如目标成本法、标杆评估法和作业成本法,并用大量来自工业和服务业的例子来说明。

Friedl, B.: *Kostenmanagement*, Stuttgart 2009.

这是成本管理的教材,在介绍理论的基础上,重点介绍了产品、流程和资源导向成本管理的工具。

Homburg, C. & Daum, D.: *Marktorientiertes Kostenmanagement. Kosteneffizienz und Kundennähe verbinden*, Frankfurt 1997.

本书给出了关于销售、采购和产品研发领域成本管理理念的概况。

Remer, D.: *Einführen der Prozesskostenrechnung*, 2. Aufl., Stuttgart 2005.

在介绍方法的基础上,本书详细介绍了作业成本法的步骤,并提供了相应的表格和确认单。

引用文献

Camp, R. C. (1989): *Benchmarking. The Search for Industry Best Practices that Lead to Superior Performance*, New York 1989.

Claassen, U. & Ellssel, R. (1996): Target Costing und Target Investment als Werkzeug für das kundenorientierte strategische Kostenmanagement bei Fahrzeug—Neuentwicklungen, in: Peren, F. W. & Hergeth, H. H. (Hrsg.), *Customizing in der Weltautomobilindustrie*, Frankfurt/New York 1996, S. 133—147.

Claassen, U. & Ellssel, R. (2002): Produkt Business Pläne zur operativen Umsetzung von Target Costing und Target Investment, in: Franz, K.—P. & Kajüter, P. (Hrsg.), *Kostenmanagement*, 2. Aufl., Stuttgart 2002, S. 173—186.

Franz, K.—P. (1993): Target Costing-Konzept und kritische Bereiche, in: *Controlling*, 5. Jg., Heft 3/1993, S. 124—130.

Franz, K.—P. & Kajüter, P. (2002): Proaktives Kostenmanagement, in: Franz, K.—P./Kajüter, P. (Hrsg.), *Kostenmanagement*, 2. Aufl., Stuttgart 2002, S. 3—32.

Hammer, M. & Champy, J. (1994): *Business Reengineering. Die Radikalkur für das Unternehmen*, 4. Aufl., Frankfurt/New York 1994.

Kajüter, P. (2000): *Proaktives Kostenmanagement*. Konzeption und Realprofile, Wiesbaden 2000.

Kajüter, P. (2002): Prozesskostenmanagement, in: Franz, K.—P. & Kajüter, P. (Hrsg.), *Kostenmanagement*, 2. Aufl., Stuttgart 2002, S. 249—278.

Kajüter, P. (2005a): Kostenmanagement in der deutschen Unternehmenspraxis — Empirische Befunde einer branchenübergreifenden Feldstudie, in: *Zeitschrift für betriebswirtschaftliche Forschung*, 57. Jg., 2005, S. 79—100.

Kluge, J. (1997): Standortverlagerungen als Maßnahme des Kostenmanagements, in: Franz, K.—P. & Kajüter, P. (Hrsg.), *Kostenmanagement*, Stuttgart 1997, S. 295—307.

Lipke, O./Rendenbach, H.—G. (1997): Permanentes Prozesskostenmanagement in der Assekuranz, in: *Controlling*, 8. Jg., Heft 2/1997, S. 84—93.

Mayer, R. (1998): Prozesskostenrechnung-State of the Art, in: Horváth & Partner (Hrsg.), *Prozesskostenmanagement*, 2. Aufl., München 1998, S. 3—27.

Pieske, R. (1995): *Benchmarking in der Praxis*, Landsberg/Lech 1995.

Remer, D. (2005): *Einführen der Prozesskostenrechnung*, 2. Aufl., Stuttgart 2005.

Rundstedt, E. von (2002): Outplacement-Sozialverantwortung zahlt sich aus, in: Franz, K.—P. & Kajüter, P. (Hrsg.), *Kostenmanagement*, 2. Aufl., Stuttgart 2002, S. 427—438.

Schmidt, F. (1996): *Gemeinkostensenkung durch kostengünstiges Konstruieren*, Wiesbaden 1996.

Weth, M. (1997): *Reorganisation zur Prozessorientierung*, Frankfurt a.M. 1997.

参考答案

间接销售成本的附加费率统一按照15％计算，导致用附加费率核算时，无论订单大小，每台电脑都要承担150欧元的间接销售成本，并且每台电脑的总成本相同。在这种情况下，每个订单需用于销售的资源是相同的，因此导致每个订单的作业成本是相同的，为200欧元；与此不同的是，当用作业成本核算时，与订单规模相联系的每台电脑总成本呈递减趋势。

台/订单	附加费率核算				作业成本核算			
	制造成本（欧元/台）	管理间接成本（5%）	销售间接成本（15%）	总成本（欧元/台）	制造成本（欧元/台）	管理间接成本（5%）	销售间接成本（欧元/订单）	总成本（欧元/台）
1	1 000	50	150	1 200	1 000	50	200	1 250
10	10 000	500	1 500	1 200	10 000	500	200	1 070
50	50 000	2 500	7 500	1 200	50 000	2 500	200	1 054
100	100 000	5 000	15 000	1 200	100 000	5 000	200	1 052

由此得出的信息可以用于销售操控和制定价格政策，例如，小批量和大批量订单可以实施差异化定价；甚至可以为销售给定最小的订单规模，以尽可能避免不具备盈利能力的小批量订单。

普通高等教育"十三五"商学院精品教材系列

第 11 章

投资核算

Ulrich Linnhoff　Bernhard Pellens[①]

1. 引　言

　　投资决策属于最重要的管理决策之一,借助于它们可以找到企业长期生存中存在的弱点。它们源自于企业战略(参见第3章),有助于降低成本,同时也为企业实现成功潜能和由此而来的未来成就创造先决条件,最终实现企业价值的提升(参见1.2节)。投资通常会长期占用大量资本。例如,蒂森克虏伯公司在巴西投资建一个钢铁厂,总投资52亿欧元,于2010年6月落成。2009年德国全国固定资产(土地、建筑物、生产设备以及企业和办公设施)的投资总计为4 300亿欧元(联邦统计局,2010)。此外还有无形资产投资,尤其是开发权、专利和许可证,以及金融资产、在其他公司的股份和证券投资。

　　投资,可以理解为购买或者生产产品和服务绩效的支出,经过长期(通常一年以上)利用它们可以预期得到未来的(净)收入。通过投资实现未来支出数目的减少(例如,通过更高自动化水平设备的投资节省工资成本),从经济角度等同于实现未来的净收入。

　　单个企业在固定资产、金融资产以及一部分无形资产的投资被记入资产负债表的借方(参见8.2节)。有关一个会计年度内投资的范围和分配情况的信息,可以在年度财务报表中列明的固定资产表中获取,如果有现金流量表,也可以从现金流量表中获取(固定资产表部分参见17.3.2.2节,现金流量表部分参见8.6节)。西门子公司2008年9月公布的该财年的现金流量表表明,在无形资产和固定资产上的投资量大约为30亿欧元,花费在收购其他公司和购买金

投资决策

投资的定义

在年度财务报表中的列示

[①] Ulrich Linnhoff:德国欧洲管理技术学院(ESMT)高级经理培训项目主任,企业金融学专家。
Bernhard Pellens:德国波鸿鲁尔大学国际会计学教授,博士。

融资产上大约 12 亿欧元(参见图 11-1)。

投资活动产生的现金流入/流出量	
无形资产和固定资产的投资	-2 923
扣除接管现金后的企业收购	-208
金融资产的投资	-972
短期可转让金融资产的购买	-52
由金融服务引发的应收账款变化	-495
卖出金融资产、无形资产和固定资产的收入	1 224
由销售和业务部门间转移引发的收入和支付	-234
卖出短期可转让金融资产而获得的收入	35
投资事项的现金流入/流出量 - 持续及已终止的业务	-3 625

资料来源:西门子股份有限公司 2009 年度财务报表,集团合并现金流量表(第 139 页)。

图 11-1 西门子集团 2008 年 9 月现金流入/流出量

除了在年度财务报表中列明的投资项之外,从业务角度看,诸如管理人员的深造或者广告宣传活动的支出也都看作投资,尽管它们未来的现金流难以预测。由于难以记录,像这样在人力资源、广告或者研究方面的投资通常不在资产负债表中记作资产项(参见 17.3.2.1 节),对于它们的评估,原则上还是可以使用和在资产负债表中列示资产项一样的方法。

投资种类 投资项目评估的复杂性不是取决于它是否可以列入资产负债表,而更多地与投资类型相关。因此通常将启动投资和扩大投资相比,能更好预测有关未来合理化投资和替代投资的数据。

投资规划 投资决策不是日常经营活动,也不属于经理人的日常业务,它以特殊信息和核算技术为基础,决策过程应当有系统的投资规划支持。投资规划是运营部门和控制部门共同的任务(控制部门任务也可参见 16.3.1 节)。通常投资规划分为以下步骤:

发现问题 → 寻找可选方案 → 获取信息 → 评价和决策 → 执行和监控

图 11-2 投资规划的各个阶段

由最高管理层(发现问题)确定投资战略和投资预算之后,应当将所有能想到的可实现投资目标可选方案都列示出来。在管理实践中,最大的问题通常出现在下一阶段,即获取所有相关信息作为接下来做出符合实际情况决策的基础。为了浓缩大量的信息,企业经济学中开发了一系列方法,这些方法应当有助于选择并实施那些可促进企业价值增加的投资项目(目标设置参见第 2 章),接下来的章节将集中介绍并讨论这些方法。在选择并实施最佳选项之后,应当借助监控活动,定期检查该措施在原本计划路线上进展如何,以便在有情况时能尽早应对。在规划阶段开端就把这些计划步骤记录在案,就形成一个商业计划,它是每一个有充分的依据投资决策的基础。

投资决策的类型 投资规划可能会引出不同的问题,原则上会有以下四种问题:
(1)实施投资方案有助于企业价值的提升吗?(可接受性决策)
(2)在至少有两个不能共存的投资方案时,应当实施哪一个?(选择性决策)
(3)为了实现最优化的投资项目,应当实施哪些投资方案?(项目决策)

(4)应当收购其他公司或者出售子公司吗？(收购和撤资决策；详见第12章)。

为了回答这些问题，投资者可以采用不同的投资核算方法。定量方法关注，投资项目能否有助于财务目标的实现，其中通常将传统的方法看作"静态"的，与现代的"动态方法"区分开来。传统方法基于与付款时间无关、主要源于成本核算和收入核算的平均数，而现代动态方法详尽考虑通过投资引发的未来款项收入和支出(现金流)的时间分布。与此相对，定性方法的目的在于将投资方案的非财务目标(诸如供应商的可靠性、质量、环保意识)也考虑到决策中去。

下面用算例解释定量方法，稍后还将一直反复使用该案例：P. Rint 有限责任两合公司是一家专门从事大规模数字印刷的企业，针对巨大的数量增长有着两种不同的购置方案，两种投资选项都可提供相同的印刷质量。一是，在待印刷的产品上运用至今一直使用的激光印刷法，它需要的购置成本相对较低，但人员和维护费用更高(投资 A, I_A)。二是，运用更现代化的印刷方法，由于无损技术降低了维护费用并通过核心服务体系减少了人员费用(投资 B, I_B)。此外，由于可以对用户的差异收费(每页价钱)，第二种方案的生产成本可能稍低。这种成本的优势可以部分让利给消费者，从而投入使用这种印刷方法可能实现销量的提升。

在具体的报价以及成本和收入核算的基础上，P. Rint 有限责任两合公司的管理部门为两个不共存的投资对象收集了下列数据(参见表11-1)。

表 11-1

以千欧元计	投资对象 A	投资对象 B
投资支出当 $t=0$		
・非流动资产	600	800
・流动资产	125	192
使用期限(年)*	5	5
产量/年(100 万页)	120	140
每 100 万页价格	7.5	7.25
销售额/年	900	1 015
每 100 万页的原材料、辅助材料和易耗品	(3.5)	(3.45)
原材料、辅助材料和易耗品/年	420	483
人员成本/年	125	105
每 100 万页的能源成本	(0.065)	(0.096)
能源成本/年	8	13.5
维护成本/年	42	30
管理成本/年	50	50
EBITDA**	255	333.5
折旧***	120	160
EBIT****	135	173.5

* 在投资估算中，原则上将投资对象从计划到报废或者变卖为止的经济使用期限作为使用期限。在这个例子中，通常按照税务要求确定的折旧期限来定义。
** 利税折旧前的收益(参见 19.1 节)
*** 折旧(线性)＝非流动资产的购置成本/使用期限
**** 息税前的收益(参见 19.1 节)

下面第 2 节,首先将要借助算例作简要介绍,依据成本核算数据进行传统的投资评估,接下来再详细介绍现代化的动态方法。与投资方案相联系的收入和支出无法确切预测,这个难题目前还没有涉及。第 3 节着重于解释不同的方法,借助它们可以将不确定性影响透明化,此处也会运用算例。第 4 节涉及定性投资核算的方法,借助它们也能将非财务性目标囊括进去。

2. 定量的投资核算

2.1 基于成本核算数据的投资评估

实践意义　　尽管常常得不到学术界的认可,借助成本核算数据进行的投资评估("静态"投资核算)在管理实践中还是得到了广泛运用。调查显示,德国大多数企业都使用这种方法(Währisch,1998,第 160 页)。当然,大多数企业并不只是进行成本、利润和盈利能力的比较,而是将这个方法作为长期投资项目投资规划框架中易于操作的第一步。在使用期限较短的项目中,它通常可以完全代替复杂的动态方法,因为它的主要缺点——忽视现金流的时间分布——在这里不是那么重要。最后,传统方法的另一个优点是,基于成本和收益规划可以简化项目后续的监控和运营管理。

成本比较核算　　传统方法的计算指标是与投资项目相联系的平均计划成本和收益(这一概念详见 9.2 节)。成本比较核算只从成本角度考虑,当实现相同的收益任务而有可选投资对象时,这始终是一个有意义的方法。在这种情况下,项目应当实现最低的周期成本或者单位成本(周期成本和单位成本的计算参见 9.3.5 节)。因此,办公室复印机的选择可以依据复印每一页的预期成本:纸张价格、按比例分摊的购置成本折旧、按比例分摊的维护成本、按比例分摊的碳粉和能源消耗等。考虑到投入资本要求的回报率,除了外来资本利息外,也应当确认自有资本的核算利息。

利润比较核算　　如同 P. Rint 例子中一样,各项投资选项的收益是互不相同的,只对成本考量不再能得出有依据的选择决策,应当以平均预期周期利润或者单位利润数额为基础。根据利润比较核算的标准,将选择能实现最高平均利润的可选项目。在算例中,如果为了简化不计占用资本相应的利息和税款,投资对象 B 以 173.5 千欧元的利润(EBIT,息税前利润)优于可选项 A(EBIT 为 135 千欧元)。然而,当投入项目中的资本数额不同时,利润比较核算就有问题了。

收益率比较核算　　盈利能力比较核算将利润比较扩展到利润率的比较,它将平均利润放到与投资项目占用资本平均值的比值中去考虑,资本收益率或者说投资回报率(ROI)以下列形式表达:

　　资本收益率＝利润或者说企业收益(EBIT,息税前收益)×100/占用的资本

　　占用的资本＝(BWA＋BWE)/2;

　　BWA＝购置时资产的账面价值;

　　BWE＝使用期限结束时资产的账面价值或者清算收益。

决策规则　　利润率比较中的决策规则是:在满足要求最低盈利标准的条件下,选择盈利能力最强的可选项目。由于在利润率比较中,总是以每单位投入资本利润的方式表达,当两个可选项的平均占用资本的数值不同时,作为决策标准,它总是优于利润比较。

通常考量的是使用期限第一年或者另一个有代表性财年的预期利润,而不是核算整个使用期限的平均利润。

依据资本收益率进行 I_A 和 I_B 的可选项目比较时，运用 P.Rint 的案例得到如下的数值：

表 11－2

以千欧元计	投资对象 A	投资对象 B
投资支出当 $t=0$ • 非流动资产 • 流动资产 使用期限(年)	600 125 5	800 192 5
销售额/年 －总成本/年（包含折旧） EBIT(息税前收益)/年	900 －765 135	1 015 －841.5 173.5
占用资本	(725＋125)/2＝425	(992＋192)/2＝592
资本收益率	31.8%	29.3%

打印系统的扩大投资也引发了自身流动资产、纸张和碳粉库存的增加以及客户需求量的增加。流动资产的这种增加会在整个使用期限内保持一个稳定的量，因此就增加了平均占用资本量。

投资 A 的例子：
非流动资产占用的资本   600/2 欧元＝300 欧元
流动资产占用的资本   125 欧元
总的占用资本   425 欧元

如果两个投资对象都能达到要求的目标利润率（此处详见 2.2.2 节），那就更倾向投资对象 A，因为它的资本收益率更大。

与成本和利润比较核算不同，盈利能力核算衡量的不是绝对值优势，而是作为实际占用资本利率近似的百分数，这通常被认为更容易理解和表达。但是，没有什么方法可以无限制地辅助投资决策。因此，购置支出可以折旧方式来处理，在每年的企业收益（EBIT）核算中，折旧都会作为固定成本的一部分计算，忽视投资支付的不同时间点。收入和支出在不同时间点上的分布也因为运用平均利润而没有被计算在内。此外，平均值的处理方式也没有体现不同的使用期限和趋势的变化。

这可以通过下面的例子进行说明。3 个使用期限分别为 4 年的投资可供选择，在利润比较和盈利能力比较下它们都得出相同的结果，总利润是 1 600 千欧元，但投资 3 第 1 年就完全收回资金，投资 2 的收入均匀分布在 4 年里，投资 1 则在最后一年才能完全实现资金回收。尽管利润和盈利能力比较显示 3 个项目是一样好，因为投资 3 在时间上可以更早实现现金回流，使得它优先于其他两个项目（见表 11－3）。

表 11－3

投资	投资支出 （千欧元）	年利润（千欧元） 1	2	3	4	利润 （千欧元）	资本盈利能力 （%）
1	－1 000	0	0	0	1 600	400	40
2	－1 000	400	400	400	400	400	40
3	－1 000	1 600	0	0	0	400	40

上述问题涉及成本核算的本质。尽管它也为成本和盈利能力的监控提供了数据(参见第9章),但它的首要任务是,在已有的生产能力范畴内,辅助企业进行短期决策。相应地,投资核算应当为生产能力的变动决策提供帮助,并尽可能考虑计划投资的整个使用期限。因此成本信息可以随时获得,而投资核算只在需要时实施。表11-4再次对这其中不同点做出概览总结。

投资核算 vs 成本核算

表11-4　　　　　　　　　　　投资核算和成本核算的不同

区分标准	投资核算	成本核算
频率	视情况而定	持续
考虑的周期	中长期	短期
目标	生产能力的最优分配	已有生产能力的最优利用

上述以成本核算数据为基础投资分析的缺点,可以通过成本更高的动态投资核算方法得到解决,这将在下一节介绍。

2.2 动态法

2.2.1 概要

实践意义

大约80%的德国企业运用动态方法进行投资评估(Währisch,1998,第160页),它在其他工业国家运用率也同样很高(Brounen等,2004,第81页)。这个方法能有如今这般意义的原因在于,许多企业将目标定位在企业价值的提升上,动态方法可以为此提供最好的支持。

核算指标

动态方法明确考量投资对象预期收入和支出发生时间上的不同,因此,每个待评估投资对象首先都要列出一系列完整未来预期的收入和支出。一年中产生的收支一般会记在年底。商业计划以结构化的形式包含项目会产生的所有收入和支付。只有在稍后进行必要的项目监控时,才会复核计划数据。

商业计划

图11-3给出了动态投资核算最常用方法的概况。在具体介绍之前,下一节将首先介绍一些金融数学的基础知识。

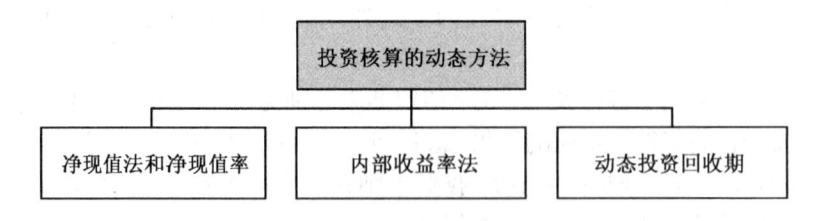

```
投资核算的动态方法
├── 净现值法和净现值率
├── 内部收益率法
└── 动态投资回收期
```

图11-3　投资核算的动态方法

2.2.2 金融数学基础

货币的时间价值

动态投资核算的基本原则是支付价值与它发生的时间点有关,因此,两年之后的一笔收入在现在看来,它的价值是小于立即可以获得相同数目的收入的。如果这笔钱两年后才需要,那么现在可以获得的款项在这期间会产生利息。

计息和贴现

可以这样计算货币的时间价值,即借助金融数学方法的帮助,所有的收入和支出都核算到同一时间点。如果支付和之后的一个时间点相关,则涉及计息。如果支付和之前的一个时间点相关,则相应涉及贴现。

现以一笔数额为1 000欧元的支付为例,两年的利率为$i=10\%$,其终值为:

$$1\,000\times(1+0.1)\times(1+0.1)=1\,000\times(1+0.1)^2=1\,210(欧元)$$

终值

与此相反,两年后1 210欧元的一笔支付的现值为:

$$1\,210\times\frac{1}{(1+0.1)^2}=1\,000(欧元)$$

现值

通常t年中每年都支付一个固定值(c_t)的现值(c_0)为:

$$c_0=c_t\times\frac{1}{(1+i)^t}$$

如果不是求单次支付的现值,而是一系列支付(B_0)的话,则结果为所有未来支付贴现到所研究时点上的总和:

现金流的现值

$$B_0=\sum_{t=1}^{n}c_t\times\frac{1}{(1+i)^t}$$

一个特别情况是,在每年支付数额都一样并且将时间区间看作无限("永续年金")时,其现值(B_0)可简化为如下形式:

"永续年金"的现值

$$B_0=\frac{\bar{c}}{i}$$

例如:每年都会收到1 000欧元的支付,并无限延续下去,利率$i=10\%$,现值为:

$$B_0=\frac{1\,000}{0.1}=10\,000(欧元)$$

支付现值的大小与其相应的发生时间和作为比较标准的利率有关。例如:10年以后支付1 000欧元,在利率为20%时,现值只有162欧元,而当利率为5%时,现值为614欧元。如果预期5年以后的支付金额为1 000欧元,在利率为5%时它的现值为784欧元(参见图11-4)。

现值与利率和付款时间的关系

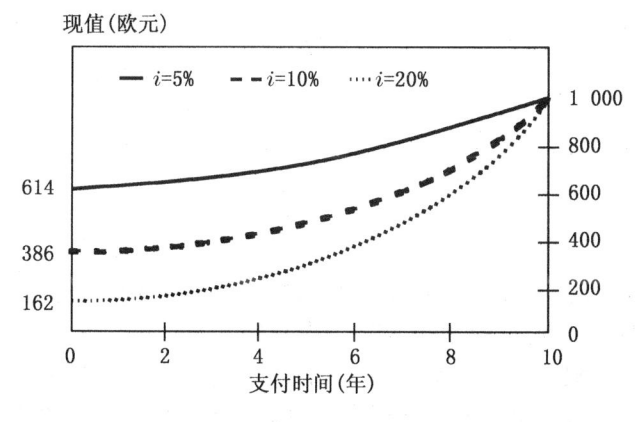

图11-4 现值与利率和支付时间之间的关系

利率大小通常取决于资本市场上可比投资机会的利润率。可比性不仅要考虑到投资周期的长度,当存在不确定的支付盈余时,还要考虑到项目伴随的风险。接下来先简化来看,假设与一个投资方案相对应的计划收入和支出(现金流)不受不确定性的影响,同时投资者可以不受限制的以无风险利率获得资金(如银行贷款)并投资(如金融市场基金)。在这种情况下,可以将无风险利率看作贴现率或者所要求的目标利润率(i)。在不确定情况下进一步确定贴现率的内容,会在 11.3.2.2 节和 2.2.2 节中介绍。

2.2.3 净现值法

定义　净现值法把所有与投资项目相关的支付都贴现到决策时间点($t=0$),一项投资(C_0)的净现值(Net Present Value,NPV)由整个使用期限内预期的未来收支盈余(现金流)的现值减去投资支出(a_0)得出。

$$C_0 = -a_0 + \sum_{t=1}^{n} c_t \cdot \frac{1}{(1+i)^t}$$

净现值的含义　如果未来现金流的现值大于投资支出,净现值就是正的,投资项目按计划实施可以对企业价值的提升做出贡献。相反,如果现金流的现值小于投资支出,这个投资项目的实施会降低企业的价值。换句话说,正的净现值意味着:

(1)投资者收回了他投入的资本(a_0)。

(2)他从每年投入的资本(仍被占用)中获得了以贴现率(i)计算的利息。

(3)此外,从时间点 $t=0$ 看,他还赢得了净现值(C_0)那么多的额外收益。投资者可将额外收益用于企业价值的提升。

决策规则　与此相应,净现值法的决策规则是:在净现值大于零($C_0 > 0$)的条件下,选择净现值最大的选项!

案例(续)　为了通俗解释本原理,需要再一次用到 P. Rint 有限责任两合公司的例子。为了利用净现值比较可选项 I_A 和 I_B,下列数据可供使用(见表 11—5)。

表 11—5

以千欧元计算	投资对象 A	投资对象 B
投资支出当 $t=0$		
非流动资产	600	800
＋流动资产	125	192
＝a_0	725	992
使用期限(n)	5 年	5 年
销售额(收入)	900	1 015
－支出相关的成本	－765	－851.5
＝现金流/年(c_t)	255	333.5

净现值核算的第一步是确定与投资相联系的现金流,本例中的现金流就是业绩扣除已实现支付后剩余的金额,不计利息、税款和折旧(EBITDA)。投资 A 在 $t=0$ 时的投资支出为 725 千欧元,得到整个使用期限中每年不变的 255 千欧元现金流。在算例中,这个简化的假设肯定和许多实际投资决策不符,其实此处通常有许多关于销售数据或者价格需要计算,它们还会随着时间改变[参见 1.4.3.1 节中对产品生命周期的解释;也可参见 Betz(2010)]。在算例中,第 5 年增加了一笔数额为 125 千欧元的收入,这是通过释放流动资本而实现的。当贴现率 $i=10\%$时,在这样的现金流情况下,投资 A 得到的净现值为:

$$C_{0A} = -725 + \sum_{t=1}^{5} 255 \times \frac{1}{1.1^t} + 125 \times \frac{1}{1.1^5} = -725 + 1\,045 = 320(千欧元)$$

表 11—6 再一次分步解释了净现值的计算,其中可以清楚看到贴现的影响。当 $t=1$ 时,现金流的现值为 232 千欧元,而当 $t=4$ 时,相同数目现金流的现值仅为 174 千欧元。

表 11－6

以千欧元计算	$t=0$	$t=1$	$t=2$	$t=3$	$t=4$	$t=5$
a_0	−725					
c_t		255	255	255	255	380
现值因子	1.000	0.909	0.826	0.751	0.683	0.621
现值	−725	232	211	192	174	236
累积现值	−725	−493	−282	−90	84	320

图 11－5 介绍了该方法(以千欧元计算)。

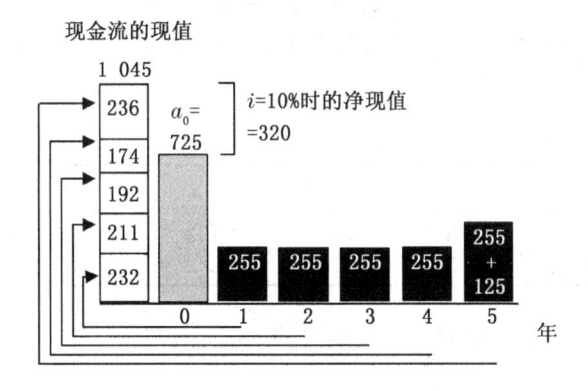

图 11－5　以投资 A 为例的净现值法

在管理实践中,有时候投资会带来第 1 年现金流为负的支付序列,例如,在新产品开发和市场营销或者新经营领域建立方面的投资。这些项目净现值的计算与之前介绍的方法相类似,将负的现金流借助核算利率也贴现到 $t=0$ 时间点上。

净现值法的前提是可以贴现率无限制投资(例如,不必要的投入资金、收入盈余)和借贷,表 11－7 再次用投资 A 的例子对此进行说明(数值以千欧元计算)。

表 11－7　　　　　　　　　　　　　　　　　　　　　　　　　　　　单位:千欧元

时间	现金流	释放资本的利息 $t-1$(存款利息)	占用资本的利息 $t-1$(借款利息)	占用/释放资本的变化	占用(−)以及释放(+)资本
0	−725	—	—	—	−725
1	255	—	73	182	−543
2	255	—	54	201	−342
3	255	—	34	221	−121
4	255	—	12	243	+122
5	380	12	—	392	+514

首先在 $t=1$ 时,从这一年的现金流中,拿出数额为上一年底时占用资本的 10%(73 千欧元)作为借款利息,剩下的现金流(182 千欧元)将投资对象占用的资本减少到 543 千欧元。到 $t=4$ 的年底,投资对象不再占用资本;已经有自有资本被释放出来(122 千欧元),以上核算的前提为在企业内外部均以 10% 作为核算利率。因此当 $t=5$ 时,已释放资本的利息增加了现金流。在期限末释放的资本(514 千欧元)就是净终值。如果将它也用贴现率贴现到 $t=0$ 时,得

到净现值为 320 千欧元。

由于净现值为正,所以投资 A 是盈利的,可接受条件成立。为了确定投资 B 是否也能盈利,并确定两个投资对象哪个更优,将对投资 B 也进行相同的核算:

$$C_{0B} = -992 + \sum_{t=1}^{5} 333.5 \times \frac{1}{1.1^t} + 192 \times \frac{1}{1.1^5} = -992 + 1\,384 = 392(千欧元)$$

由于 $C_{0B} > 0$,投资 B 也是盈利的。由于投资 B 的净现值大于投资 A,因此投资 B 优于投资 A。

和现值计算一样,除了预期收入和支出发生的时间点之外,所选贴现率的大小也直接影响了净现值的数额。随着贴现率(i)的增加,净现值(C_0)下降。如表 11-8 所示,通过这种方式可以改变项目的排序。与 $i=10\%$ 时投资 B 的净现值更高不同,当贴现率 $i=20\%$ 或更高时,情况刚好相反。从贴现率为 25.1% 开始,两个项目都不再值得投资,因为它们都不再具备正的净现值了。

表 11-8

i(%)	0	5	10	15	20	23.5	25.1
C_{0A}(千欧元)	676	478	320	193	88	26	0
C_{0B}(千欧元)	868	603	392	222	83	0	-34

图 11-6 清晰地展现了净现值与贴现率之间的关系。

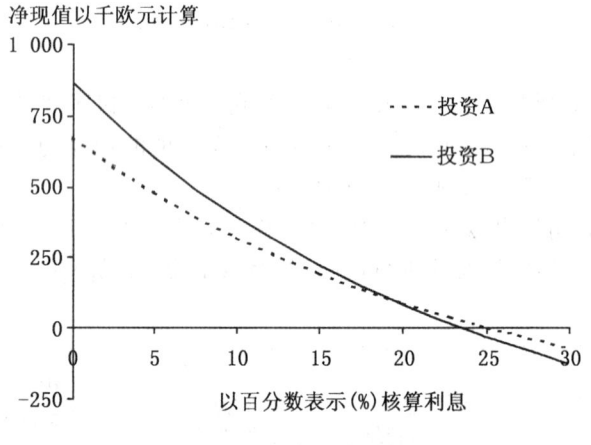

图 11-6 净现值函数

对净现值法的评价

净现值法对于优势的判断仅严格适用于完全资本市场的理论上的理想情况,此时由于市场参与者的预期一致并且无交易费用,借款利息等于存款利息。此外,还假设在此期间所需的资金都可以按贴现率无限获得。在管理实践中,这个前提通常是不能满足的,因此,计算出的数字更应该解释为预期现实情况的近似值,而不是准确反映。此外,投资规划不应当仅受净现值计算的限制,而应当伴随着流动性规划的开展。

尽管有这样的限制,净现值法还是优于静态方法,因为后者不包含与投资对象相联系的支付发生时间,同时忽略了所有的流动性问题。

净现值函数

2.2.4 净现值率

在企业可以用贴现率获得无限资金的假设下,净现值法的应用有助于选出所有预期能带来正净现值从而"创造价值"的投资。然而，在企业管理实践中，这个前提一般是不能满足的，在通常情况下，预算约束使得并非所有被推荐具有正净现值的投资方案都能获得财务支持并得到落实。因此，在每个单独开展都能满足可接受标准的投资方案中，我们必须做出选择，寻找出投资资本需求达到"瓶颈"状态时的最优投资项目。衡量投入资本实现的价值提升，这个数值将作为必要的决策标准。这种标准就是净现值率 $\hat{c}$，它是投资净现值 C_0 与投资支出 a_0 之间的比值：

$$\hat{c} = \frac{C_0}{a_0}$$

因此，在 P. Rint 的例子里，投资 A 的净现值率为 320/725 千欧元＝0.44，投资 B 的为 392/992 千欧元＝0.40。为了说明这些数字的意义，P. Rint 的例子将在此进一步扩展：除了投资 A 和 B 之外，还有另外 5 个投资合同可以带来正净现值（见表 11－9）。

表 11－9

投资	投资支出（千欧元）	净现值（千欧元）	优先次序	净现值率	优先次序
A	725	320	3	0.44	4
B	992	392	1	0.40	5
C	201	132	5	0.66	3
D	120	13	7	0.11	7
E	875	201	4	0.23	6
F	68	59	6	0.87	1
G	507	378	2	0.75	2

可用的投资预算为 2 500 千欧元。依据净现值法进行选择，会实施投资 B、G 和 A，它们总支出 2 224 千欧元，净现值总额 1 090 千欧元。依据净现值率，则选择投资项目 F、G、C、A 和 B，它们的总支出为 2 493 千欧元，净现值总额为 1 282 千欧元。

由结果可知：一般来说，所有具有正净现值的投资都应当实行。如果预算有限，则依据净现值率进行排序选择。

2.2.5 内部收益率法

除了净现值法之外，内部收益率法（Internal Rate of Return）是动态投资核算的第二种核心方法。与净现值法以货币单位（如欧元）的绝对值说明项目经济收益性不同，内部收益率法是用内部利润率或者有效回报率来核算投资项目。这个尺度通常被认为更容易解释，在管理实践中也得到了和净现值法一样广泛的应用（Blohm 等，2006，第 45 页）。

一个项目的内部收益率（r）就是，当使用这个利率核算时，净现值刚好为零，公式如下：

$$C_0 = a_0 + \sum_{t=1}^{n} c_t \cdot \frac{1}{(1+r)^t} = 0$$

从图形上看，内部收益率就是净现值函数与横坐标的交点（参见图 11－6），内部收益率实际是利用近似法计算得出的，例如 MS Excel 这类表格计算程序就具备这样的功能。

内部收益率意味着投资者收回了他们投入的资本（a_0），内部收益率的数额可以看作从占用资本上赚得的利润率。如果内部收益率大于贴现率，则与资本市场上可比的投资相较而言，按计划实施后，投资项目可以得到更高的有效回报率，因此投资项目对企业价值的提升有帮助。一个内部收益率低于贴现率项目的实施,相反就会减少企业价值,因为投入资本可以在资本市场上得到更高的收益。

决策规则

内部收益率的决策规则依据如下:在最低回报率要求达到或超过贴现率($r>i$)的条件下,选择内部收益率最大的可选项!但如下所示,这个决策规则可能会导致错误的选择决策,所以使用这个方法时应当小心。

案例(续)

为了说明这点将再次用到 P.Rint 的例子。如图 11-6 中净现值函数中展示的那样,两个可选项的内部收益率如下所示:

$$r_A = 25.1\% \qquad r_B = 23.5\%$$

与投资 A 中净现值法的观点相类似,这些数字的解释也可以用下列数据说明(见表 11-10):

表 11-10

时间	现金流	释放资本的利息 $t-1$(存款利息)	占用资本的利息 $t-1$(借款利息)	占用/释放资本的变化	占用(一)以及释放(+)资本
0	-725	—	—	—	-725
1	255	—	182	73	-652
2	255	—	164	91	-561
3	255	—	141	114	-447
4	255	—	112	143	-304
5	380	—	76	304	0

在每个时间点仍被投资占用的资本(最后一列)在接下来的阶段要以 25.1% 的内部收益率计算利息。例如,在 $t=2$ 的阶段结束时,仍被占用的资本数量为 561 千欧元,在 $t=3$ 的阶段要交 141 千欧元的利息(561 千欧元的 25.1%)。这一阶段剩下的现金流(114 千欧元)减少了投资占用的资本。在使用期限末,投入总资本会收回;在此期间仍被占用的资本仍需付 25.1% 的利息。

投资 A 和 B 都能满足——以内部收益率计算——可接受的标准,最低回报率要求以数额为 10% 的贴现率计算。然而,与净现值法的结果相比,此处在可选项比较中得到了一个不同的优先顺序,即 $I_A > I_B$。现在两个可选方案中,哪个才是更优的呢?

通过差别投资进行替代方案比较

导致不同优先顺序的原因在于投资支出截然不同的数量。投资 A 更高的回报率是建立在更少资本投入的基础上。因此,当将投资 A 的现金流从投资 B 的现金流中扣除,形成差别投资后,才能得到正确的比较结果。差别投资指出了与 I_A 相比 I_B 额外占用的资本,以及由此通过计算得到的相应现金流(见表 11-11)。

表 11-11

投资	千欧元	$t=0$	$t=1$	$t=2$	$t=3$	$t=4$	$t=5$
B	c_t	-992	333.5	333.5	333.5	333.5	525.5
A	c_t	-725	255	255	255	255	380
B-A	c_t	-267	78.5	78.5	78.5	78.5	145.5

这个差别投资的内部收益率 r_{B-A} 是 19.2%,额外投入的 267 千欧元资金的内部回报率大于最低回报率要求 $i=10\%$。当实施投资 A 时,267 千欧元的资金相对地只能以核算利率 10%

投资。因此,和净现值法显示的一样,I_B是更优的。在这个例子中,如果不考虑差别投资,而只应用内部收益率法,就会做出错误的选择决策。

内部收益率是比净现值更容易解释的利润率参数,它适用于可接受性决策,此时它会得出与净现值相同的建议。然而,它忽略了投入资本的绝对量,一个小型高回报率的项目似乎比更大型但是回报率稍低的项目更划算。因此,如果不构建差别投资,内部收益率法就不适合用于可选项比较。此时,通常应当返回净现值法上。净现值法其他的假设(完全资本市场、不存在资金"瓶颈")同样适用于内部收益率法。

2.2.6 回收期核算

投资回收期法也被称为资本回收核算。在回收期核算中,以投资项目在每个时间节点计划发生的收入和支出为基础,来确定直到什么时候,投入资本会经由计划现金流首次完全收回。

其中包含两个不同的变体:在简单("静态")的回收期核算(简单投资回收)中,仅指投资总额回收本身,而忽略了在此期间投入资本产生的利息。在动态偿还期限(贴现投资回收)时,要把其间产生的利息也计算在内时,资本才可以看作回收了。

在简单的回收期限核算中,偿还时间节点 $\hat{n}$ 通常如下列不等式所示:

$$\sum_{t=1}^{\hat{n}-1} 现金流 < 投入资本 \leqslant \sum_{t=1}^{\hat{n}} 现金流$$

对于特殊情况,每年的收入盈余相同(等额支付),偿还期还可以用下列简化公式计算:

$$\hat{n} = \frac{投资支出}{每年的现金流}$$

为了说明问题,将再次用到 P.Rint 案例(见表 11—12)。

表 11—12

千欧元	投资目标	
	A	B
投资支出(当 $t=0$)	725	992
现金流	255	333.5
偿还期限(年)	2.8	3.0

静态回收的时间节点对于投资 A 而言是 2.8 年,比投资 B 的 3 年更短。

在动态回收期核算中,是依据当时的现值而不是简单的现金流。当现金流现值首次达到了投资支出的数额时,就到了偿还时间节点 $\hat{n}(d)$ 了。

$$\sum_{t=1}^{\hat{n}(d)-1} \frac{c_t}{(1+i)^t} < 投入资本 \leqslant \sum_{t=1}^{\hat{n}(d)} \frac{c_t}{(1+i)^t}$$

想要确定投资 A 的动态回收期,可以再次借助 11.2.2.3 节中资本现值计算用到的表,此处再简单介绍如下:可以发现,在 $t=4$ 时累积现值为正。假设这些年里支付都是均匀的,那么在大约 3.5 年以后不管是投资总额还是其间产生的利息都已经回收(见表 11—13)。

表 11-13

以千欧元计算	$t=0$	$t=1$	$t=2$	$t=3$	$t=4$	$t=5$
现金流	-725	255	255	255	255	380
现值	-725	232	211	192	174	236
累积现值	-725	-493	-282	-90	84	320

对投资 B 而言,依据相应的思考,动态回收期为 3.7 年。

决策规则 如果将偿还期限看作唯一决策标准,决策规则为:在不超过已给定回收期上限的条件下,选择回收期最短的可选项。然而,回收期核算不应当作为唯一的决策标准,而只能作为辅助条件。只有满足了净现值标准并且没有超过最大回收期的项目,才能运用该方法。

评价 将回收期核算作为唯一决策标准来应用可能导致严重的决策错误,如下例所展示,其中有两个投资可供选择(见表 11-14)。尽管投资 2 的净现值比投资 1 大许多,因为回收期的原因还是会优先选择投资 1,原因是在 $\hat{n}$ 之后,发生的支付都不计入评估。

表 11-14

投资	投资支出(千欧元)	现金流(千欧元)						偿还期限(静态)(年)	净现值($i=10\%$)(千欧元)
		$t=1$	$t=2$	$t=3$	$t=4$	$t=5$	$t=6$		
1	-1 000	600	400	200	0	0	0	2	26
2	-1 000	0	0	400	600	600	1 000	4	647

然而,对新产品和市场的投资,根据回收期核算时由于合理化投资在短期内可以获得成果,因此备受青睐。因而回收期不适合作为唯一的决策标准。然而,它在管理实践中极其常见,并且是国际上最常用的方法之一(Brounen 等,2004,第 81 页)。它常被作为补充的风险度量标准,因为当预期支付在越远的未来发生,通常它的不确定性就越大。一个项目越早偿还结束,它与计划相比,出现巨大偏差的风险就越小。第三节将介绍更多说明与投资相联系风险的方法,在此之前,下一节还会介绍税收对于投资项目评估产生的影响,截至目前的例子中,为了简化都没有提到税收问题。

2.2.7 从税务角度考量

所得税的影响 投资项目也会影响企业要支付的所得税(个人所得税、企业所得税和营业利润税;此处参见 14.3 节)。在制订商业计划时,应当详尽考量这些税款支出,因为税款支出数目和发生时间可以影响投资的收益,并且有时也能改变一个项目的可接受性。

对现金流和贴现率的调整 在围绕所得税的现金流调整时要注意,它不是以现金流为基础,而是以税务结算表中的利润(=企业收益-企业支出)为基础。因此,在以现金流为基础的辅助核算中,要计算出预期的应交税利润,然后从中得出大概需缴纳的税费。贴现率也要清除税款的影响,因为收到和支付的利息通常都要缴税。

案例(续) 在投资核算中,对税费缴付的考量将再次用 P. Rint 投资 A 和 B 的例子,并借助净现值法进行说明。要进行税后的可选项目比较,首先要用销售额减去总成本得到利润,这是税务计算的估算基础。税后现金流依据税后利润反推得到,它是利润加上折旧相应的数额。这是因为折旧作为成本会减少利润,但不会引发支付。

表 11-15

以千欧元计算	投资对象	
	A	B
销售额	900	1 015
－总成本	－765	－841.5
＝税前利润	135	173.5
－税费（税率＝50%）	－67.5	－86.8
＝税后利润	67.5	86.8
±折旧	＋120	＋160
＝税后现金流	187.5	246.8

在这方面，本例中的现金流刚好比利润多了折旧相应的数额。另外，税后现金流也可以用税前现金流（投资 A：255 千欧元）扣除税费（67.5 千欧元）得到。

贴现率仍然采用资本市场上无风险投资利率。由于此时得到的利息通常要缴纳税率为 $s=50\%$ 的税款，现在起作用的税后贴现率为：

$$i_s = i - s \times i = 0.1 - 0.5 \times 0.1 = 5\%$$

税后净现值现需要利用贴现率 $i_s=5\%$ 计算如下：

$$C_{0AS} = -725 + \sum_{t=1}^{5} 187.5 \times \frac{1}{1.05^t} + 125 \times \frac{1}{1.05^5} = 185（千欧元）$$

$$C_{0BS} = -992 + \sum_{t=1}^{5} 246.8 \times \frac{1}{1.05^t} + 192 \times \frac{1}{1.05^5} = 227（千欧元）$$

在考虑了税收后，两个投资项目也都是可以盈利的，该例中项目的优先顺序也保持不变。投资 B 的税后净现值大于投资 A，所以投资 B 更值得优先选择。然而，并不是所有情况都是如此，如果一个项目通过特殊税收折旧得到了国家补贴，经过对税收的考量可能会改变优先排序。

3. 不确定环境下的投资核算

3.1 概览

到目前为止都认为，与投资项目相联系的现金流可以确定预测，但该假定无法实现，例如，投资支出、贴现率的大小、使用期限，尤其是每年的收入和支出通常只能大概地预测。为了在不确定环境下进行投资决策，需要对上述方法调整或补充。为此，图 11-7 中列出了可用的方法。

各个方法应用的前提是，有关于影响因素未来发展的不同详细程度的信息。风险分析需要有关影响因素环境状况发生概率的报告，与此不同，调整方法和敏感性分析明显不需要那么详细或者说根本不需要有关发生概率的信息。

调整方法，尤其是依据风险调整贴现率的应用，以及敏感性分析都在实践中得到了广泛应用，而迄今为止，还只有相对较少的企业使用了风险分析（Blohm，Lüder & Schaefer，2006，第 228 页；Jödicke，2007，第 166 页）。这些方法使得不确定性透明化，因此可以预料它们将得到进

```
                    ┌──────────────────┐
                    │ 不确定环境下投资  │
                    │   核算的方法     │
                    └────────┬─────────┘
            ┌────────────────┼────────────────┐
      ┌─────┴─────┐   ┌──────┴──────┐   ┌─────┴─────┐
      │ 敏感性分析 │   │  调整方法   │   │  风险分析  │
      └───────────┘   └─────────────┘   └───────────┘
```

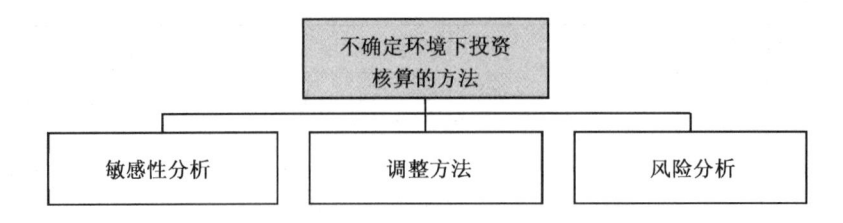

图 11-7 不确定环境下投资核算的方法

一步的运用。

3.2 调整方法

风险加价和折价

在原本估价的基础上，调整方法试图通过对现金流的不同影响因子设置风险加价或者风险折价，来考量不确定性。接着和确定环境下的投资核算一样，会算出一个单一的目标值（如净现值、内部收益率）。应用最广泛的是在贴现率基础上增加的风险加价。由于更高利率使得净现值法中的净现值更低，在内部收益率法中，随着标准的提高，项目满足可接受标准的困难将更大。

3.2.1 现金流的调整

现金流和使用期限的调整

另一种可能就是利用风险折价对预期收入盈余进行调整，此时核算现值也会降低，因为确定支付被认为与具有相同数目的不确定支付相比，具有更高的价值。在详细的收入计划中，这样的风险折价一方面使预计的收入更低，另一方面使预计支出更高，从而使其融入净现值核算中。最后，风险调整也可以运用到使用期限中，即在确定年限后终止计划，并不再对之后的预期收入盈余进行考量。通过这个方式，通常项目的核算价值也会降低。由于在近年来企业管理实践中，核算利率的风险调整已经形成气候，接下来将不再进一步介绍收入盈余和使用期限的调整。

3.2.2 核算利率的调整（资本成本率）

对核算利率的调整

要在无风险利率的基础上确定风险加价，有很多不同的方法。很长时间以来，都习惯针对一个行业的一般企业风险有一个总的风险加价估计。更普遍的是，依据资本市场数据，从中计算风险加价（Pellens等，2000，第1827页）。在这个背景下，就涉及一家企业的资本成本，它表示，为了对企业价值有正贡献，每项投资所必须实现的最低盈利。资本成本由投资人要求的利润率确定，他们短期或长期将自己的资金出让给企业使用。

加权平均资本成本

由于企业通常拥有自有资本以及外来资本，所以一家企业的资本成本率是总成本中自有资本成本率和外来资本成本率按照各自比例加权得到的总额[即加权平均资本成本（Weighted Average Cost of Capital, WACC）；此处详见2.2.2节]。

外来资本成本的计算

外来资本成本率的具体数额首先取决于企业的偿付能力（参见13.4.3节）。对信用度高的企业而言，外来资本投资人的风险低，以至于外来资本成本率可以近似与无风险利率相同。当企业信用度糟糕时，外来资本投资人会相应要求风险溢价。

自有资本成本的计算

自有资本成本率的计算明显更难，它必须依照具有可比性的风险证券投资的预期利润率来估计（此处详见2.2.2节）。依据这种估价方法，自有资本投资人要求的利润率（i_{EK}）由无风险投资（例如，10年期国债资）的利润率（i_{RL}）和由资本市场数据计算而来的风险加价共同决定。

考虑风险加价的贴现率大小对投资对象的评估也有影响,下面这个算例可以对此加以说明:

投资人有两个投资可选项目 C 和 D,投资 C 是一个相对而言风险较小的商业地产投资,投资 D 是更具风险性的生物科技投资。预期的投资支出、使用期限和现金流分别如表 11-16 所示。

表 11-16

投资	投资支出（千欧元）	现金流（千欧元）						贴现率 i	净现值（千欧元）
		$t=1$	$t=2$	$t=3$	$t=4$	$t=5$	$t=6$		
C	-1 000	190	211	239	243	255	264	6%	137
D	-1 000	190	211	239	243	255	264	14%	-113

地产投资 C 以 $i=6\%$ 的贴现率计算得到正净现值,从而可以接受,而投资 D 的贴现率($i=14\%$)计入了风险溢价,得到了负净现值,从而建议拒绝。原则上,贴现率越高,投资项目可接受的难度越大。图 11-6 中的净现值函数已经明确说明了其中的关系。

尽管调整方法应用广泛,为考虑不确定性而运用它们还需要谨慎对待。当风险加价或者折价不是由资本市场数据客观得来,而是由决策者主观想法确定时,特别要小心。当对收入盈余进行了风险折价,同时也在贴现率中计入了风险加价时,就有对现存风险进行二次处理的可能,对风险的考量带来了过于悲观的估计。问题在于,通过调整方法不能使风险足够透明,也不能找到对项目成果至关重要的不确定因素。额外应用敏感性分析和风险分析可以为此提供更多的可能,这将在下面详细讲解。

3.3 敏感性分析

通过敏感性分析,一方面可以确定对目标值(净现值、内部收益率等)的计算而言,哪些影响因素有着特别重要的意义;另一方面,可以依照临界值去寻找可以接受的某些影响因素,而不损害一个投资的优势。例如可以回答,这些变量,也就是每年与数量相关的支出,需要增加多少,才能使净现值刚好为正。

借助 P.Rint 案例当中的投资 A,简要说明敏感性分析的两个变体。此时假设,每年维护成本和管理成本与生产数量无关,而所有其他的有效支出成本随着每年复印页数而变化(见表 11-17)。折旧不是有效的支出,因此不计入现金流核算。

表 11-17

以千欧元计算	投资对象 A
投资支出当 $t=0$	725
使用期限(年)	5
流动资产残值当 $t=5$	125
销售额/年(价格·数量)	900(7.50×120)
一与数量相关的(可变)支出/年	-553
一与数量不相关的(固定)支出/年	-92
=现金流	255

投资 A 的净现值为 320 千欧元(参见 11.2.2.3 节),可以利用这些数据计算如下:

$$C_{0A}=-725+\sum_{t=1}^{5}(7.50\times120-553-92)\times\frac{1}{1.1^t}+125\times\frac{1}{1.1^5}=320(千欧元)$$

3.3.1 影响因素核算

净现值对应某一不确定影响因素的敏感性计算如下:

(1)当价格减少 10% 时,净现值变化:

$$C_{0A}=-725+\sum_{t=1}^{5}(6.75\times120-553-92)\times\frac{1}{1.1^t}+125\times\frac{1}{1.1^5}=-22(千欧元)$$

即减少了 107%。

(2)当数量相关的支出增长 10% 时,净现值变化:

$$C_{0A}=-725+\sum_{t=1}^{5}(7.50\times120-608-92)\times\frac{1}{1.1^t}+125\times\frac{1}{1.1^5}=110(千欧元)$$

即减少了 65%。

(3)当数量减少了 10% 时,净现值变化:

$$C_{0A}=-725+\sum_{t=1}^{5}(7.50\times108-498-92)\times\frac{1}{1.1^t}+125\times\frac{1}{1.1^5}=188(千欧元)$$

即减少了 41%。

十字星轮法　借助十字星轮法可以说明,净现值随着某一影响因素持续变化表现出的敏感性(参见图 11-8)。这个图展示了关键的影响因素,曲线越陡,则投资对象的成果对影响因素相关后续变化的反应越敏感。在这个例子中可知,销售价格和变动成本是最关键的影响因素,同时销售数量也有很重大的意义。在投资控制的过程中,所有的当事人会质疑用以得出估计值的那些假设。

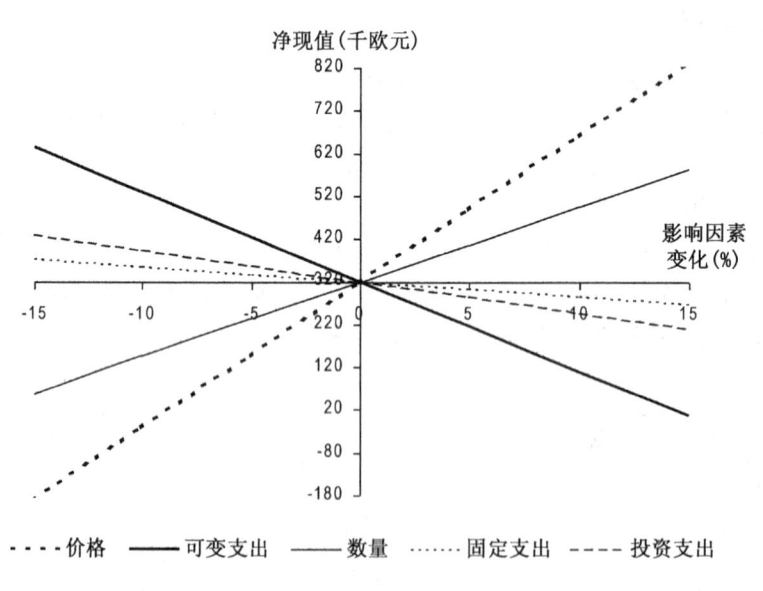

图 11-8　十字星轮法

3.3.2 临界值的识别

由于这时投资对象刚好满足可接受标准,人们对当净现值(C_0)刚好为零时,那些不确定影响因素这时的值尤其感兴趣。

对投资 A 而言,有以下的关键值:

(1)对价格(p)而言:

$$C_{0A} = 0 = -725 + \sum_{t=1}^{5}(p_{\text{krit}} \times 120 - 553 - 92) \times \frac{1}{1.1^t} + 125 \times \frac{1}{1.1^5}$$

$\Rightarrow p_{\text{krit}} = 6.79 (千欧元)$

(2)对变动成本(K_v)而言:

$$C_{0A} = 0 = -725 + \sum_{t=1}^{5}(7.50 \times 120 - K_{v,\text{krit}} - 92) \times \frac{1}{1.1^t} + 125 \times \frac{1}{1.1^5}$$

$\Rightarrow K_{v,\text{krit}} = 637 (千欧元)$

(3)当变动成本平均为每 100 万页 4.61 千欧元时,对销售数量(x)而言:

$$C_{0A} = 0 = -725 + \sum_{t=1}^{5}((7.50 - 4.61) \times x_{\text{krit}} - 92) \times \frac{1}{1.1^t} + 125 \times \frac{1}{1.1^5}$$

$\Rightarrow x_{\text{krit}} = 90.9 (百万页)$

在总的使用期限里,如果价格降低至 6.79 千欧元(初始值 7.50 千欧元),或者销售数量降至低于 90.9 百万页(初始值 120 百万页),或者变动成本上涨超过 637 千欧元(初始值 553 千欧元),投资都不再有收益,因为那时净现值小于零。

投资者可能想要确认,是否存在足够大的可能,不低于或者说超过这个临界值。通过明确某一计划因素的影响,相比仅仅使用调整方法时,投资者可以更清晰地了解与投资项目相关的风险范围(风险分析部分参见 16.4.2 节)。然而,敏感性分析不提供行动指导,建议把它作为补充方法。调查显示,这类分析在英美国家的实施(大约 50% 的企业采用)明显比在德国频繁(Brounen 等,2004,第 81 页)。

在 11.2.2.5 节介绍的动态回收期核算也可以作为敏感性分析的一种方式,因为这个方法将计算净现值刚好为零时的时间临界值。这就再一次说明,回收期是一个风险指标,而不是盈利能力标准。

3.4 风险分析

在投资核算过程中,为明确不确定性,还有一个工具就是风险分析。

对风险分析运用而言,得到投资规划指标的概率分布信息十分必要,借助这些概率分布也可以计算目标值(如净现值、内部收益率)的概率分布。因此,除应当由各个企业专家(如生产计划员、市场研究员等)分别估计出最佳方案和最糟糕方案外,还需要估计由敏感性分析得出影响因素的概率分布。之后将借助在图 11-9 中已介绍其过程的计算机风险模拟,来总结出投资风险特征。

再次用到 P. Rint 案例当中的投资 A 来说明一个风险模拟的过程。此处净现值作为目标函数,敏感性分析确认的那些因素为销售价格、变动成本和销售数量,它们被看作风险相关的影响因素。

P. Rint 有限责任两合公司的专家估计,销售价格将在每 100 万页 6.5~7.7 千欧元,可能性最大的价格为 7.5 千欧元(参见图 11-10)。如果预计不是均匀分布并且最大可能性位置可以估计的话,就可以像这个例子这样,借助较少信息运用三角分布。

专家估计,生产数量和销售数量每年都在 110 百万~130 百万页,也服从三角分布,其可能性最大的数量是 120 百万页。

$$C_0 = \sum_{t=1}^{n} C_t \cdot \frac{1}{(1+i)^n}$$
C_t

描述决策模型/目标函数
(例如,净现值法)

影响因素的概率分布

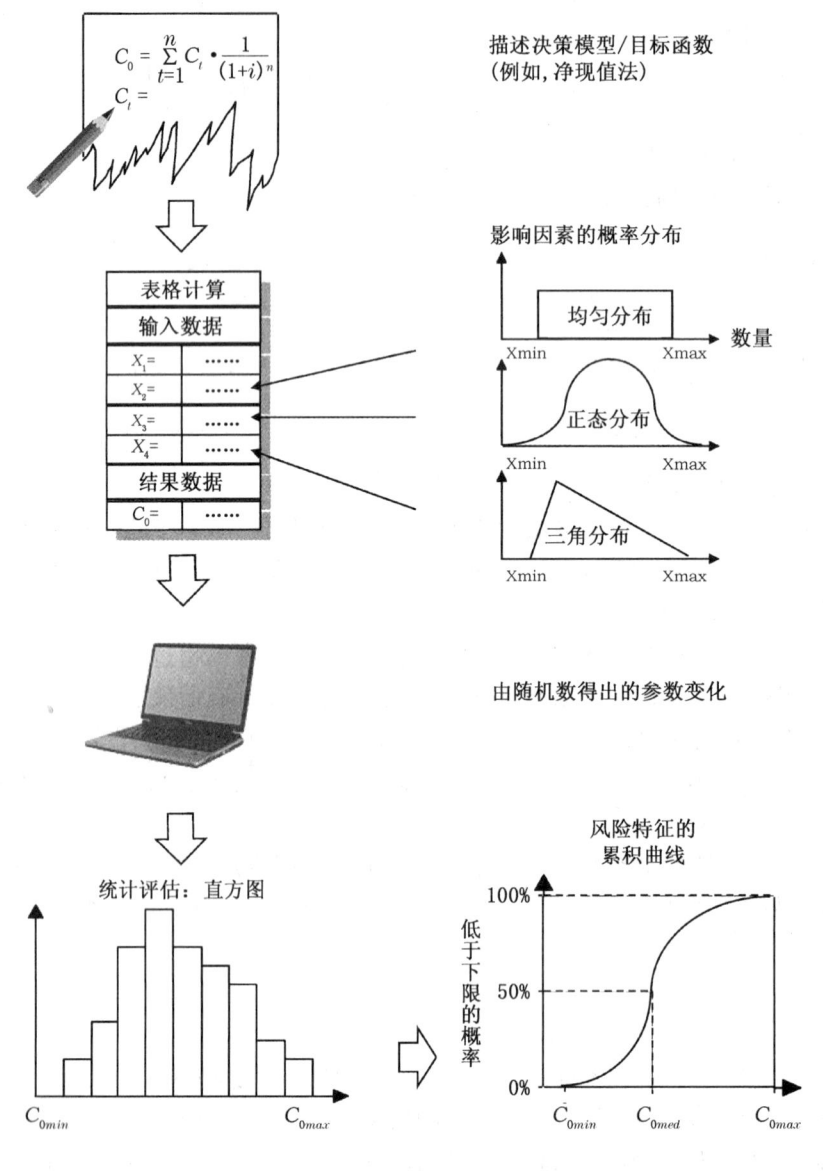

均匀分布

正态分布

三角分布

由随机数得出的参数变化

统计评估:直方图

风险特征的累积曲线

图 11—9 风险模拟的过程

影响因素:成本　关于变动成本的信息更少。尽管最佳方案和最糟糕方案的值在 480 千欧元～625 千欧元,但由于在该值域内概率无差异,所以服从均匀分布。

价格、数量和变动成本的概率彼此独立,其他影响因素视为可确定,以目前计划值来计算。

风险模拟　下一步将在概率分布的值域内,借助随机数发生器分别计算每一个不确定影响因素的值,和视为确定影响因素的固定值一起算出一个净现值并保存。这个过程通常会反复进行,直到目标值"净现值"的频率分布稳定下来。此处要注意,不确定影响因素的模拟值应当和给定的概率分布相一致。

风险模拟的结果是得到一个目标值"净现值"的频率分布,这是以风险特征来刻画累积的概率分布。图 11—11 列出的案例中投资 A 的风险特征是经过 1 000 次模拟运算得到的,该计算借助计算机软件程序 Crystal Ball 来实现,后者是表格计算程序 MS Excel 的附加程序。这

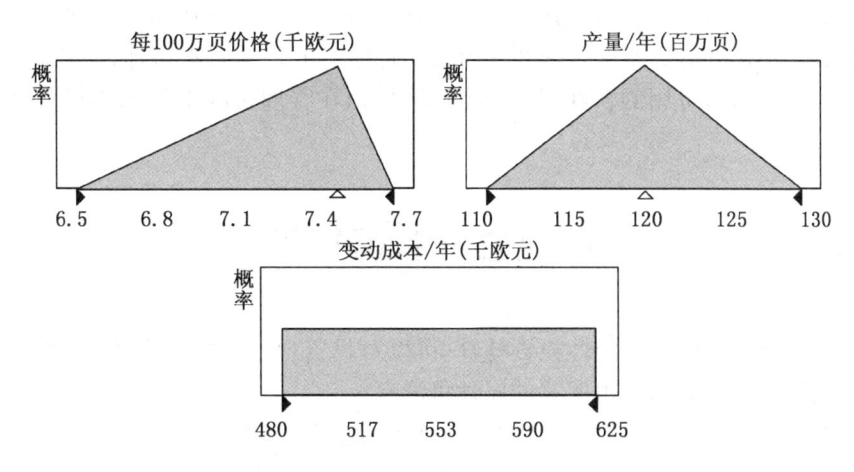

图 11-10　影响因素价格、数量和变动成本的概率分布(密度函数)

样一个风险特征基本上都会给出一个确定目标值——此处指净现值——达到或者低于它的概率,以最大可能实现的值为准。

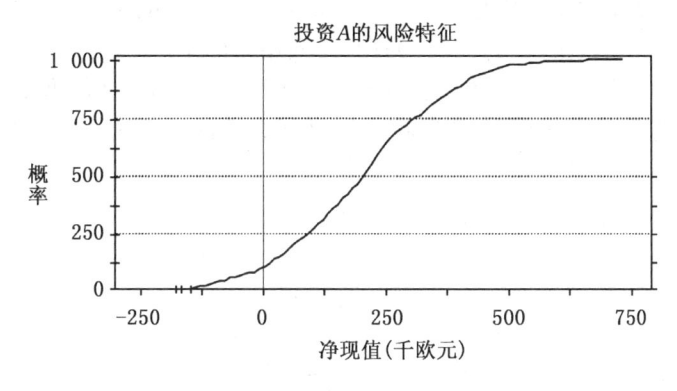

图 11-11　投资 A 的风险特征

由以上过程可得到如下结论:
(1)在最不利情况下,净现值为 −200 千欧元(最糟糕方案)。
(2)净现值不会超过 695 千欧元(最佳方案)。
(3)投资实施后得到负净现值的概率约为 10%。
(4)反之,投资实现正净现值的概率约为 90%。

从这个例子中可明显看出,风险模拟通常不会给出关于投资对象营利性明确的说法,它的目的是使有关投资决策经济后果信息透明化。一个接受项目的决策取决于决策者个人的风险偏好,这在风险特征中也可以作为约束条件(例如,亏损的概率≤20%,最大损失≤自有资本的10%)。

在进行投资规划时,几乎所有大公司都考虑不确定性,但是尤其是在评估大型投资项目时,至今只有很少的公司实施风险分析(具体的例子参见发电厂投资的风险模拟,Willeke,1998;以及生物科技公司的介绍,Moser & Schieszl,2001)。由于 PC 程序运用起来十分方便,建模和计算都明显简化,所以对此需要花费的时间方面不再存在什么困难。

风险模拟虽然需要不确定影响因素的概率分布,但是有关这些分布的隐含想法通常早已

评价

存在。它们通常在最佳估计时会被忽略,并以这样的方式被排除在决策模型之外。此外,对于数据提供者而言,不需要确定影响因素的一个值,而是给出影响因素可能出现的范围,这显然要简单多了。总的来说,可用的软件程序使得风险模拟在管理实践中的运用显著增加,尤其是在大型投资项目中。

4. 定性的投资核算

除了定量的评估之外,借助定性投资核算,可以对投资项目不能或者难以用货币度量的属性进行评估,投资对象不能用货币度量的属性可能有:
(1)对企业非财务目标做出的贡献,如 ①企业形象;②环境保护;③工作满意度;④独立性。
(2)投资对象的技术特性,如①质量和可操作性;②供应商服务;③灵活性。

得分模型 为了评估某一投资对象对不能用货币度量属性的贡献,可以使用不同的方法。应用最广泛的是得分模型(=效用值分析),借助它可以在一个总的层面评价多个目标值。此处可以设想,将许多定性的目标值或者除了定性还有定量标准总结到一个效用值中。为了计算这样的一个效用值,可以依照如下的步骤进行:(1)决策相关目标标准的确定(Z_j);(2)目标标准权重的确定(G_j);(3)部分效用值的确定(TN_{ij});(4)总效用的确定(N_i)。

案例(续) 延续用上述案例简短说明这个方法:P.Rint 的两个投资可选项(I_A 和 I_B)现在只借助定性因素进行比较。在投资评估中,技术特性将作为目标标准:(1)投资设备的质量(Z_1);(2)供应商的服务(Z_2);(3)灵活性(Z_3)。

这些目标标准的权重由企业根据情况决定:

$$Z_1=0.3 \quad Z_2=0.2 \quad Z_3=0.5$$

部分效用值分为 1 级(差)到 5 级(很好)(见表 11-18)。

表 11-18

目标标准 Z_j	质量 Z_1	供应商服务 Z_2	灵活性 Z_3	总效用值 $N_{(i)}$
标准权重(G_j)	0.3	0.2	0.5	$=\Sigma N_{ij} \times G_j$
投资 A	$TN_{A1}=5$	$TN_{A2}=4$	$TN_{A3}=1$	$N_A=2.8$
投资 B	$TN_{B1}=4$	$TN_{B2}=3$	$TN_{B3}=4$	$N_B=3.8$

决策规则 决策规则为:选择总效用值 N_i 最高的可选项目。经过定性评估,投资 B 优于投资 A。

实践运用 调查结果(Staehelin,1988,第 146 页)显示,长久以来,在投资计划中,几乎所有公司都考虑定性因素。相对定量标准,定性标准所占比重通常在 25%~50%,生产灵活性、业务确定性、环境保护和工作满意度是其中最常用的定性标准。

评价 本方法运用的前提是部分效用值可以数量化。在管理实践中通常要注意,在一些情况下,这会导致错误的决策。这些错误可能出现在方法的技术应用中、结果的阐释中或者部分效用值计算过程的授权中[概述及避免错误的措施参见 Weber 等(1995,第 1621 页)]。还要确定目标标准之间彼此不相关。与部分效用值一样,权重系数是主观确定的,因此,应该借助敏感性分析再次检查,当权重系数变化时,获得的排列顺序相应的变化范围如何。

由于它可以将不同维度的目标值总结到一个总特征数值上,所以得分模型得以大量运用于实践。如果部分效用的确定是主观的,借助得分模型仍可以将总决策过程视为透明而客观的。一般来说,对定性因素这样的效用值分析会作为定量投资核算方法的补充来使用。

5. 结束语

投资核算方法是控制工具,通过特征数值可以传递关于投资是否可以实现经济目标,以及对企业价值提升是否有所贡献的信息。成本核算为给定生产能力条件下的运营决策提供支持,与之不同的是,投资核算是为中期或者长期生产能力变化决策提供帮助。

实践中占主导地位的方法分为两类。传统方法运用源自成本核算的数据来进行投资评估,它的优势在于操作相对简单和对成本核算中已知要素的追溯。因为与投资相联系的收入和支出明显具有时间分布,尤其是在长期投资项目中,这一点没有被考量或者只是十分笼统地加以考虑,所以这种方法不能给决策提供可靠的指标。对此,现代动态投资核算方法提供了合适的标准,它是以未来的收入和支出为基础,并以这些支付的现值形成一个总特征值。最重要的方法就是净现值法和内部收益率法,这些特征值可以借助常见表格计算程序 Excel 轻松地算出。

每个投资都与不确定性相联系,它表现为未来预计支付规模是不固定的。管理不能消除不确定性,但可以通过适当的方法使之透明化。对此,首先可供使用的就是风险模拟,它技术上可以通过电脑程序轻松完成。不能定量测量、又会对一项投资的支持或者反对决策产生影响的因素,例如供应商可靠性、机器的可操作性等,可以借助得分模型来描述,并总结成一个效用值特征数,它也使得决策过程能够客观可行。

特别是净现值法作为动态投资核算的核心方法,在管理实践中,对于许多其他经营管理问题也具有日益重要的意义,因此这个理论方法是并购过程中计算企业价值的基础(参见12.5.3节),用于从战略角度评估价值或者在价值导向的控制方法中度量业务领域的价值贡献(参见2.3.2节)。

最近,在投资核算中用于考量不确定性的方法,被指出没能充分关注企业灵活性的价值。例如,通过一项投资才可能创建前提条件,以此可以对未来不确定的环境发展做出灵活的反应。传统投资核算无法回答,一项投资是否值得推迟到未来并由此优化其信息化水平。同时,理论上存在有效方法解释这些问题,这些方法可以追溯到对金融期权的评价方法上(期权的作用原理和设计方案参见13.5节),因为投资项目的实施也可以看作一种为未来企业业务而购入的实物期权[概述参见 Friedl(2002)]。这些并不是替代方案,而是净现值法的补充,这些方法在企业财务部门已受到越发广泛的应用(Peemöller 等,2002,Brounen 等,2004,第81页)。

习题

C. Lean 两合公司是一家专门从事环境污染分析的公司,它研发了一种用于测定地区废水质量的新分析方法,现在面临着做出将这个方法推向市场的决策,需要投资移动和固定的测量站和分析站。计划销售额的增长会带来流动资产(例如存货、应收账款)的增加。一方面测量结果可以用原有传统的方式实现,这样设备上的投资相对较少,但是与之关联变动的人员费用较高(I_B)。另一方面可以使用现代的设备系统,它投资总额较高,但减少了人员支出(I_A)。因为在效用能力和灵活性上的微小差别,使得预估的销售价格以及预计的分析订单量每年有所不同。

在市场分析以及成本和收益核算的基础上，C. Lean 两合公司的计划部门为两个彼此不共存的投资对象总结了如下数据：

以千欧元计算	投资对象 A	投资对象 B
投资支出当 $t=0$ 时		
• 非流动资产	4 000	2 000
• 流动资产	1 000	800
使用期限（n）	8 年	8 年
分析/年	260	220
每次分析价格	8	8.2
原材料、辅助材料和易耗品/年	370	330
人员和能源成本/年	410	660
管理成本/年	100	95

请检验这个投资项目是否有经济营利性。如有必要，公司应当选择可选项中的哪一个？为了简化忽略缴税情况。在实施价值导向的控制力量过程中，C. Lean 两合公司的管理控制师将加权资本成本算作 8%。此外，预计投入的资金最晚 4 年后可以收回。

扩展阅读

Blohm, H., Lüder, K. & Schaefer, Ch.: *Investition*, 9. Aufl., München 2006.
这是本标准教材，对于本章介绍的投资核算方法进行了广泛的描述和深入的分析。

Brealey, R. A., Myers, S. C. & Allen, F.: *Principles of Corporate Finance*, 9. Aufl., Boston, Mass. 2008.
这是本得到广泛运用的美国经典教材，介绍了现代投资和财务利润，通俗易懂，提供了很多算例。

Busse vonColbe, W., Pellens, B. & Crasselt, N. (Hrsg.): *Lexikon des Rechnungswesens*, 5. Aufl., München/Wien 2011.
由 150 位专家就 180 个词条给出了解释，每个词条有 3~5 页的文字解释，同时还有 1 000 个关键词简述，并就投资核算的问题和文献给出了指引。

Weber, J., Meyer, M., Birl, H., Knollmann, R. & Schlüter, H. Sieber, C.: *Investitionscontrolling in deutschen Großunternehmen*, Köln 2006.
该书在德国企业标杆研究的基础上，介绍了在管理实践中得到广泛运用的方法，涉及投资过程的各个阶段——从投资预算到投入使用后的监控。

引用文献

Betz, St. (2010): Lebenszyklusorientierte Investitionsplanung, in: *Der Betrieb*, 63. Jg., Heft 17/2010, S. 912—916.

Blohm, H., Lüder, K. & Schaefer, Ch. (2006): *Investition*, 9. Aufl., München 2006.

Brounen, D., de Jong, A. & Koedijk, K. (2004): Corporate Finance in Europe — Confronting Theory with Practice, in: *Financial Management*, 33. Jg., Winter 2004, S. 71—101.

Friedl, G. (2002): Der Realoptionsansatz zur Bewertung von Investitionen und Akquisitionen, in: *M&A Review*, Heft 2/2001, S. 73—80.

Jödicke, D. (2007): Risikosimulation in der Unternehmensbewertung, in: *Finanz Betrieb*, 9. Jg., Heft 3/2007, S. 166—171.

Moser, U. & Schieszl, S. (2001): Unternehmenswertanalysen auf der Basis von Simulationsrechnungen am Beispiel eines Biotech-Unternehmens, in: *Finanz Betrieb*, 3. Jg., Heft 10/2001, S. 530—541.

Peemöller, V., Beckmann, C. & Kronmüller, A. (2002): Empirische Erhebung zur Anwendung des Realoptionsansatzes, in: *Finanz Betrieb*, 4. Jg., Heft 10/2002, S. 561—565.

Pellens, B., Tomaszewski, C. & Weber, N. (2000): Wertorientierte Unternehmensführung in Deutschland, in: *Der Betrieb*, 53. Jg., Heft 37/2000, S. 1825—1833.

Staehelin, E. (1988): *Investitionsentscheide in industriellen Unternehmungen, Ergebnisse einer Umfrage*, Grüsch 1988.

Statistisches Bundesamt (2010): Bruttoanlageinvestitionen, http://www.destatis.de/ (Abruf 15.07.2010).

Währisch, M. (1998): *Kostenrechnungspraxis in der deutschen Industrie: eine empirische Studie*, Wiesbaden 1998.

Weber, M., Krahnen, J. & Weber, A. (1995): Scoring-Verfahren-häufige Anwendungsfehler und ihre Vermeidung, in: *Der Betrieb*, 48. Jg., Heft 33/1995, S. 1621—1626.

Willeke, A. (1998): Risikoanalyse in der Energiewirtschaft, in: *Zeitschrift für betriebswirtschaftliche Forschung*, 50. Jg., Heft 12/1998, S. 1146—1164.

参考答案

(1)借助资本收益率比较可选项 I_A 和 I_B。

以千欧元计算	投资对象 A	投资对象 B
销售额 —成本(有效支出) —折旧 =利润	2 080 880 500 700	1 804 1 085 250 469
⌀占用资本	(5 000+1 000)/2 =3 000	(2 800+800)/2 =1 800
资本收益率	23.3%	26.1%

两个投资对象都达到要求的所需最低回报率8%。由于 $ROI_B > ROI_A$，所以根据这个方法优先选择投资对象 I_B。

(2)借助净现值比较可选项 I_A 和 I_B。

以千欧元计算	投资对象 A	投资对象 B
投资支出当 $t=0$ 时		
非流动资产	4 000	2 000
＋流动资产	1 000	800
＝a_0	5 000	2 800
现金流（c_t）（＝销售额－有效支付的成本）	1 200	719

当贴现率 $i=8\%$ 时,计算税前净现值：

$$C_{0A}=-5.000+\sum_{t=1}^{8}1.200\times\frac{1}{1.08^t}+1.000\times\frac{1}{1.08^8}=2.436(千欧元)$$

$$C_{0B}=-2.800+\sum_{t=1}^{8}719\times\frac{1}{1.08^t}+800\times\frac{1}{1.08^8}=1.764(千欧元)$$

两项投资都可以盈利。由于 $C_{0A}>C_{0B}$,所以投资 A 比投资 B 更优。

(3) 借助净现值率比较可选项 I_A 和 I_B。

以千欧元计算	投资对象 A	投资对象 B
投资支出 a_0	5 000	2 800
净现值	2 436	1 764
净现值率 $\hat{c}$(＝净现值/投资支出)	0.49	0.63

在有限的投资预算内,应当首先选择投资 B,因为对它每一欧元的资本投入可以带来更高的净现值。

(4) 借助税前内部收益率比较可选项 I_A 和 I_B：

$$r_A=19.0\% \qquad r_B=21.6\%$$

两个投资都能实现最低回报率要求 $i=8\%$。比较后得出的结果与净现值法不同,I_B 更有希望成功。但这只是产生令人迷惑的假象,正确利用内部收益率进行比较只有借助差别投资才能实现,优先排序与净现值法相同。

(5) 借助 I_A 动态偿还期限的可接受性决策：

年	现金流(千欧元)	现值(千欧元)	累积现值(千欧元)
1	1 200	1 111	1 111
2	1 200	1 029	2 140
3	1 200	953	3 093
4	1 200	882	3 975
5	1 200	817	→4 792
6	1 200	756	5 548

如果假定 6 年内的收益是均匀分布的,I_A 的动态偿还期限就是 5.3 年。这就超过了要求的最大偿还期限 4 年。这同样适用于资本回收期为 4.9 年的 I_B。

与净现值法从两个项目中都预期到一个较高的价值提升或者说利润率不同,回收期限显示出了一定的风险。现在负责人要在特征数值以及进一步定性因素的基础上,考虑到其风险承受能力来做出企业的决策。

普通高等教育"十三五"商学院精品教材系列

第 12 章

企业收购与价值评估

Adolf G. Coenenberg　　Wolfgang Schultze[①]

1. 引　言

随着市场全球化以及信息技术和物流业的快速发展,整个世界范围企业收购交易数量从 20 世纪 90 年代起明显增加。人们对这样的发展并不陌生:事实上,第一波企业合并热潮可以追溯到 19 世纪末。从那时起,企业合并的数量不断达到新的历史最高水平(参见图 12-1)。然而,企业合并参与者的期望往往并不能实现:企业合并的成功率通常低于 50%(Sirower, 2001,第 30 页)。由于未来越来越多的企业实施全球化和集中化策略,企业收购的数量将不断增加,因此对企业并购进行有效管理变得越来越重要。

企业合并数量

兼并与收购(M&A)是指一家公司通过领导或监控权力的转移来实现对另一家企业控制的交易。通常情况下,私人购买少量股票和机构投资者(如银行、保险公司)的证券头寸纯粹出于经济目的的打包购买,不属于兼并与收购。

兼并与收购

收购是指购买整个公司或者公司的部分、多数或者少数股东权益部分[如联合信贷(Unicredit)收购联合抵押银行(Hypovereinsbank)]。成功的收购通常通过转让公司股份(股份交易),或者转让公司所有的特定资产和负债的方式,也可以通过这两种方式的结合。

收购

合并是指两个或两个以上的企业合并为一个获得法律认可的合法独立企业。在合并过程中,至少一个参与企业失去了其法律上的独立性。我们可以发现跨国并购案例越来越多,例如,法国阿尔卡特集团与美国朗讯公司合并为阿尔卡特—朗讯公司。

合并

---

① Adolf G. Coenenberg:德国慕尼黑工业大学经济学院创始院长,会计和管理控制学教授。
Wolfgang Schultze:德国奥古斯堡大学审计和管理控制学教授,博士。

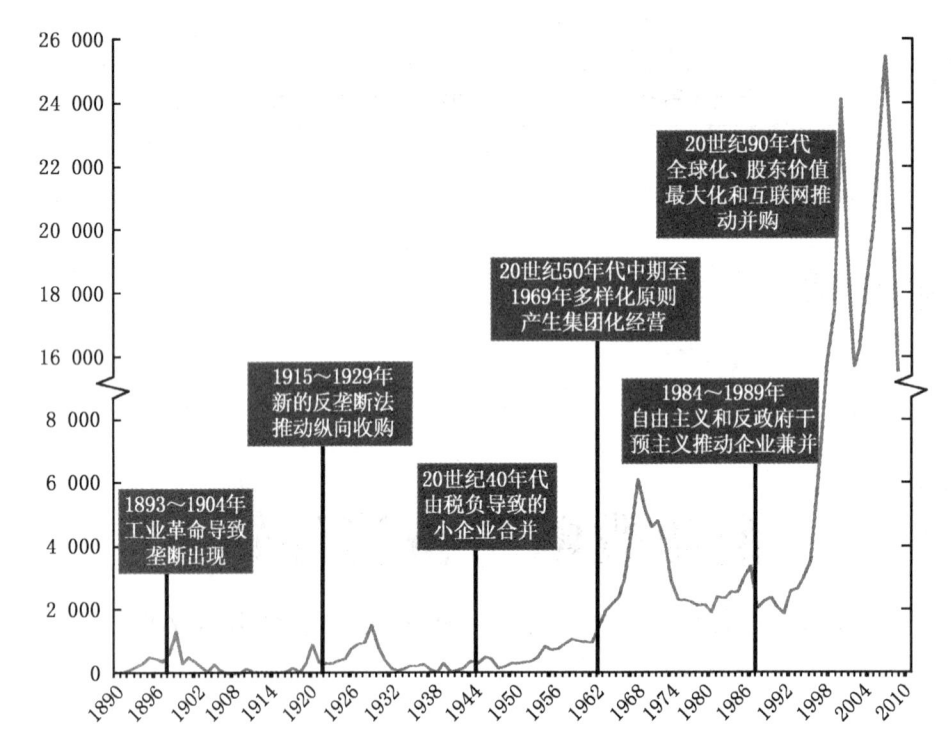

[图表内容：并购潮历史趋势图，纵轴0至26 000，横轴1890至2010年]

- 1893~1904年 工业革命导致垄断出现
- 1915~1929年 新的反垄断法推动纵向收购
- 20世纪40年代 由税负导致的小企业合并
- 20世纪50年代中期至1969年多样化原则产生集团化经营
- 1984~1989年 自由主义和反政府干预主义推动企业兼并
- 20世纪90年代 全球化、股东价值最大化和互联网推动并购

来源：穆勒·史蒂文森（Muller Stewens，2000，第44页；彭博社）。

图 12—1 并购潮

兼并与收购的其他形式

除此以外，战略联盟包括从无相互持股的公司到合资公司的各种形式，它们都可以成为并购交易的主体。合资公司一般定义为，由两家公司共同投入资本成立，分别拥有部分股权实现对该公司控制的企业（如索尼爱立信）。

2. 公司收购目标

决策基础

公司收购主要基于战略考虑，决策者的目标由买卖双方不同利益所决定。

收购的优点

相比于内部成长战略，外部并购在时间、资源以及降低相关风险方面常常有很大优势。

收购的形式

收购一共有三种形式，从买方的角度来看，如为了战胜直接竞争对手以加强和捍卫其市场地位。为了实现这一目标，首先是追求经营协同效应的收购（参见12.5.3.4节）：

横向收购

横向收购是指，在同类产品的企业之间发生的收购行为，如美国食品集团卡夫食品收购英国糖果制造商吉百利。由此产生潜在的协同作用如企业运营价值链尽可能地实现规模效益，可以通过消除竞争对手实现经济效益的提升，或者提高准入门槛以防止潜在竞争者的进入。出于占有品牌（例如，奥迪/兰博基尼）和产品工艺技术动机的收购，是为了进入特定的销售渠道以及作为全球化战略的一部分。

纵向收购

纵向收购是指，为了实现业务的前向或后向扩展，而在公司之间发生的收购。例如，瑞士人寿收购金融服务提供商AWD。在纵向收购中，除了固定成本递减效应可以达到节省成本目的以外，获取竞争优势也是原因之一。各种生产阶段的一体化，可以更好地保证供应和销售渠道,有助于进一步实现产品差异化。

混合收购是指,通过收购非相关行业的企业以获得财务协同效应的收购形式。通过购买非相关行业的公司,可以降低风险,提高公司投资组合的收益。混合收购与目标公司所在行业无关,而在于其获利潜力,它可以通过重组来提高效率。

与之相对应,在 20 世纪 80 年代,对德国最大母公司的一项调查显示:混合收购目标(多样化战略)更倾向于将下列收购战略作为公司战略的一部分:集中核心业务(86%)、进入新市场(83%)、技能转移(76%)和任务集中化(60%)(Pellens 等,1997,第 1934 页)。如果收购与公司整体战略的目标相符,则此次收购被认为是积极的。但从原则上看,混合战略中的"动员"和"协同管理"是有区别的(参见图 12—2)。

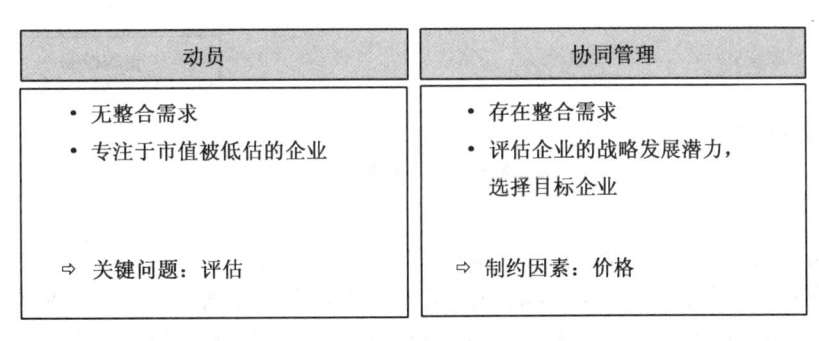

动员	协同管理
• 无整合需求 • 专注于市值被低估的企业 ⇨ 关键问题:评估	• 存在整合需求 • 评估企业的战略发展潜力,选择目标企业 ⇨ 制约因素:价格

图 12—2　混合收购时集团战略的影响

动员战略基于,集团管理层只投资于有独立法人地位的公司,它不需要整合被收购的公司(参见 12.7 节)。除此以外,它必须确保采购价格不包括被收购公司所有的未来升值。一个非常成功的动员战略例子是通用电气,它除了各个工业部门,还收购了金融业务(GE 资本)和媒体业务(NBC 环球),这表明动员战略并不专注于核心业务。与动员战略不同的是,基于协同效应管理的战略目标是通过协同管理实现资本增值,甚至在收购之前就确保可以产生和实现充分的协同效应。

有形和无形的协同潜力一般发生在相关个体间,所以必须要求深度的整合,并通过对部分业务进行运营管理来实现,出于这种动机的收购计划仅限于核心业务领域。根据集团公司战略现有标准,它们会影响目标企业的选择、企业价值评估的角色、收购和被收购企业的整合程度以及对收购的控制。

对于一个业务范围广泛的大型企业,出售公司或者公司部分业务的首要动机是,专注核心业务和剥离长期赤字的部门[例如,将周期性半导体业务(英飞凌)从西门子集团分拆出来]。家族企业经常会考虑继承问题,以及公司以目前的组织形式能否应对市场未来需求变化的考验。另一个可能的购买群体是战略投资者,他们将在一个预定期间内(通常是 3~7 年)内收回成本。即使是公益机构,如德国重新统一后设置的信托机构,也可能会在私有化的背景下成为卖家。

3. 收购过程

整个收购过程可以按时间顺序分为几个阶段(参见图 12—3),本质上用来区分收购过程各个阶段的是收购强度、复杂程度以及时间长度：

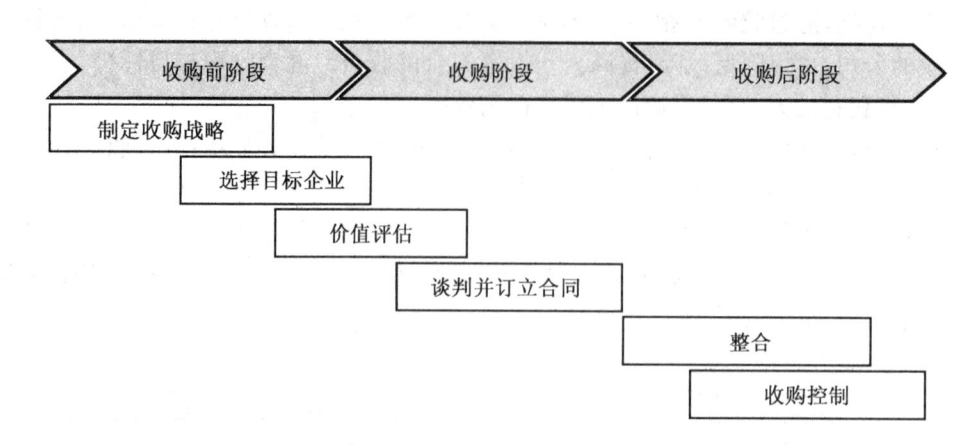

```
收购前阶段  >  收购阶段  >  收购后阶段
  制定收购战略
       选择目标企业
            价值评估
                 谈判并订立合同
                      整合
                          收购控制
```

资料来源：Jung(1993，第 22 页)。

图 12—3　收购过程

制定收购战略　收购战略的制定是基于在现有和预期环境下，对公司内部运营状况的透彻分析和评价，这里要涉及企业各部门和方面的强项和弱项。基于这些分析可以确定公司未来的总体战略和各业务部门发展策略（详见 3.3 节）：选择内部发展（研究和开发、固定资产投资）或外部增长（收购）。在整个公司或业务单位希望实现高速增长时，实行收购战略更为合适。

收购目标选择　在目标企业的选择过程中，需要寻找合适的潜在收购对象，在收购战略下，考察收购对公司整体以及业务部门期望收益目标实现的贡献程度（参见 12.4 节）。

评估　评估阶段需要尝试，量化收购对公司整体目标实现的贡献程度，以便确定在购买过程中可以接受的最高收购价格（参见 12.5 节）。

谈判并签订合同　紧接着会发生具体的收购，并成功签订最终合同（参见 12.6 节）。

整合　在股权收购后，需要将被收购的公司整合到现有的公司体系中。整合阶段必须始终贯彻收购战略，必须关注此前在收购阶段中制订的计划整合战略。

收购控制　最后需要通过收购控制对绩效进行考核。为了防止出现整合失败，收购控制包括对整个收购过程进行监控，通过监控可以从过去的错误中吸取教训，为未来的交易积累经验，失败的经历会导致对既定目标和战略进行重新审查。

在整个收购过程中，各个阶段并不遵循严格的时间先后顺序，可以在时间上交叉重叠。

4. 选择合适的目标企业

目标企业的选择　选择和评估潜在目标企业阶段的分析可以分为三个方面：战略、文化和财务的协调程度，需要审核目标企业特征和收购企业需求的协调情况。战略协调提供了有关目标企业和收购企业是否符合买家战略计划需要的信息；文化协调分析了企业在多大程度上可以和谐地实施战略计划，以及可预见的由于文化差异产生的冲突；财务协调考察目标企业是否符合收购企业的财务要求，尤其是它的价格是否低于收购价格上限。财务协调分析基于企业价值评估工具（参见 12.5 节）。

通常这些分析过程和收购谈判一起被统称为尽职调查阶段(Berens & Brauner,2005,在此 尽职调查
文献中还有广泛的测试标准项目供企业参考)。尽职调查的字面意思是"谨慎性调查",是指企业在谈判过程中对企业的机会和风险进行系统的调查。它不仅是以后价值评估的信息来源,还可以识别潜在的协同效应,同时也是收购相关风险的早期预警系统。

在理想状态下,通过上述分析过程,符合条件的目标企业数量会明显减少(参见图12-4),同时对测试和分析数据材料的要求也提升了。首先可以通过公开获得的信息(如企业年度报告、报刊报道、宣传册等)选择目标企业。紧接着需要与通过第一轮筛选的公司建立联系,签订不具约束力的保密协议,以获得第一手的内部数据。全面的公司分析,除了内部数据还应包括工厂参观资料和管理层调查等,这通常需要签署意向书,即购买意向的声明,此意向书仍然是没有约束力的文件,只是一个表明可能收购意向的说明。下面章节会将更详细地介绍上述三个分析步骤。

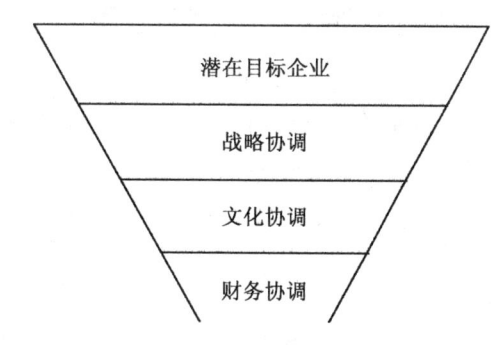

资料来源:Jung(1993,第163页)。

图12-4 选择和评估合适的目标企业

4.1 战略分析(战略协调性)

战略分析的目的是从众多公司中选出潜在目标公司,这就要求根据战略收购目标,收购企 要求形态
业对潜在目标公司设定一系列的要求,这些要求应该包括所有为实现既定目标所需的重要标准,既有宏观环境分析也有目标企业特征分析。目标企业的战略分析是指,行业机遇和威胁以及相应竞争优势和劣势的分析(参见1.4.3节)。

这种分析结果是如下的一个信息标准要求(见表12-1)。 例子

表12-1

✓目标企业的潜在市场份额	✓产品的多元化、质量和价格
✓占主导地位的客户群	✓公司组织结构
✓盈利能力	✓创新能力
✓成本结构	✓竞争环境
✓销售和价值增值	✓行业性质和结构
✓资产、负债和资本要求	✓企业地址
✓生产能力和灵活性	
✓雇用和管理能力	

通常而言,在任何情况下,目标企业都需要满足K.O.标准。当一个特定目标企业不符合这 K.O.标准

些标准时,直接从收购目标清单中删除。这些标准可以是最低销售收入、最低生产率、排除了与收购企业客户和产品的竞争、排除卡特尔管理当局的干预等。

4.2 企业文化分析(文化协调)

目标企业和收购企业的企业文化越不同,在整合阶段耗费的时间就越长,成本也就越高(参见 12.7 节)。如果这两个企业的企业文化不协调,收购失败的风险就非常大。因此,调查和评估文化协调性是很重要的。

文化协调问题在跨国收购中尤为普遍。企业文化的表现形式及其影响因素可以分为宏观和微观两个方面,宏观文化表现为国家文化或者一个相应的文化圈,微观文化(即特定的企业文化)影响更为深远(参见图 12-5)。

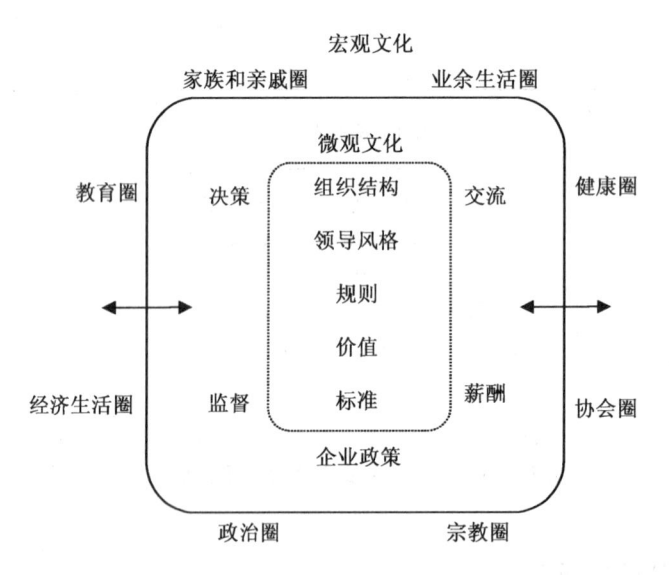

企业文化决定因素

```
                       宏观文化
              家族和亲戚圈      业余生活圈
                       微观文化
                       组织结构
      教育圈    决策              交流    健康圈
                       领导风格
                       规则
                       价值
      经济生活圈  监督   标准     薪酬    协会圈
                       企业政策
              政治圈          宗教圈
```

资料来源:Jung(1993,第 199 页)。

图 12-5 文化系统的元素及其之间的联系

文化网络

具体文化指标可以衡量文化的协调程度。一种基于对企业文化直接观察的衡量文化协调性工具,即所谓的文化网络(参见图 12-6)。这里的标准有管理层平均年龄、职位级别制度、工资结构中绩效工资比例(单位:%)、内部员工晋升比例(单位:%)等,按照基数或序数方式进行评估排序。文化网络可以对目标企业文化协调性的判断一目了然,单个标准基础上的评价越一致,相应的文化协调程度就越高。

文化协调的重要性

在现有的商业关系中,目标公司组织整合的意愿越强,文化协调的重要性也就越高。收购目的在此也非常重要,例如,为了实现潜在生产协同效应,就必须要求被收购公司与母公司有很强的联系。在设定纯粹财务目标时,被收购的企业并不需要与收购公司有很强的联系,所以也没有必要进行文化调整(参见 12.7 节)。

5. 企业价值评估(财务协调)

在进行战略和文化分析后,找到一家合适的公司,并对它进行财务分析(即价值评估)显得

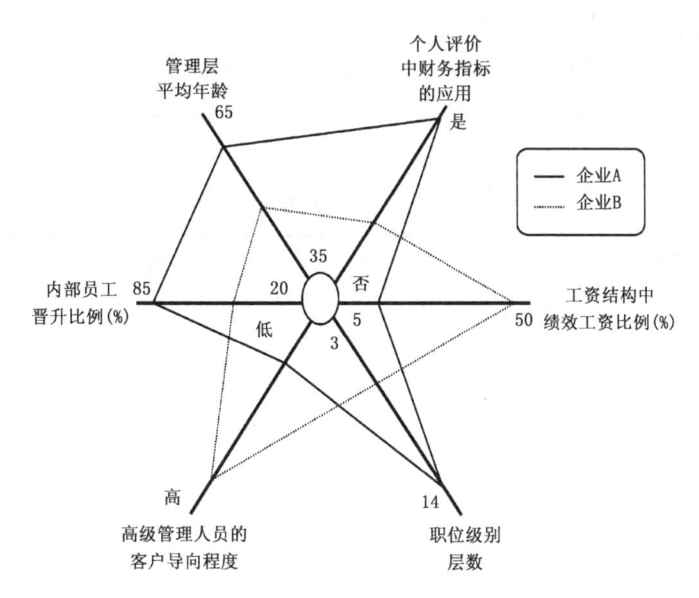

资料来源:Clarke(1987,第18页)。

图 12-6 文化网络

非常必要(Ballwieser 等,2002),也可以运用前面的财务分析结果。

在财务分析中,我们应区分买方和卖方的视角。因为他们的价值评估方法不同,所以会有不同的预期价格。企业价值可以通过下列方式加以区分(见图 12-7): 买方/卖方视角

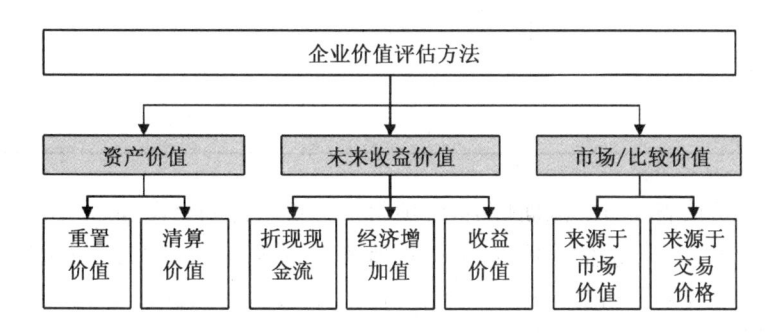

图 12-7 企业价值评估方法

接下来会通过一个假设的案例介绍企业价值评估的方法。

5.1 资产价值

公司价值评估的目的是,确定企业自有资本以及净资产(资产－负债)的市场价值。基于资产净值的企业价值评估由资产和负债市场价格的差值得出结论。此时需要根据资产负债表估价原则(参见 17.3 节)进行估价,不过由于会计准则和会计政策的灵活性,企业可以为了自身的目的而对账面价值进行修改。资产价值在买方和卖方不同角度评估的差距在于: 资产价值

重置价值:它是基于构建相同或者相似资产所需支付的现金或现金等价物的金额,一般由买方提出。 重置价值

清算价值:该资产价值被认为是公司的绝对底价,因为它是企业所有可变现资产减去负债和其他费用(如污染场地修复费用、实施社会性计划费用)的总和,一般由卖方提出。 清算价值

例如:Medizintechnik AG(德国企业)是一家医疗电子企业,它决定扩大在美国心脏起搏器 例子

市场的业务。当德国公司看上去已经无法实现内部增长时,它会挑选一家美国公司进行企业价值评估。德国公司通过这种方式收购了一家美国的起搏器公司,其实质是规划一家新公司,这种方式可以通过重置价值来理解。这家美国公司 Pacemaker Inc. 2000 年 12 月 31 日的资产负债表见表 12－2。

表 12－2　　　　　　　　　　　重置价值计算举例

资产负债表项目(单位:百万欧元)	账面价值	重估价值/更正价值	时间价值
资产			
专利	—	＋87.50	87.50
土地	21.45	＋28.73	50.18
建筑物	95.65	＋23.35	119.00
技术设备	55.30	＋7.70	63.00
编程器	39.58	＋12.92	52.50
工厂机器和办公设备	7.83	＋1.05	8.88
其他固定资产	12.01	—	12.01
库存	281.66	－10.50	271.16
债权	175.70	－3.50	172.20
现金和证券	20.69	—	20.69
预付费用	4.20	—	4.20
资本	－535.95	－14.00	－549.95
重置价值	178.12	＋133.25	311.37

除了单个资产负债表项目的账面价值,各项目重置价值是调整账面价值的重要参考,其体现了项目的时间价值。这个重估价值,如资产负债表的土地和建筑物为较低值,因为这些资产的账面价值的本质是其购置和生产成本(参见 17.3.2.2 节),必须通过一些调整重建其公允价值。有一个例子是,高达 1 400 万欧元的债务被单独地挑出来。因为美国公司(Pacemaker Inc.)相比于德国公司(Medizintechnik AG)目前实施更加谨慎的拨备政策,意味着其担保和保修条款备用金设置得更高。

计算 Pacemaker Inc. 的清算值遵循的过程基本相同,所不同的是仅把时间价值挑选出来,这是出售单个资产项目能够实现的价值。

资产价值评估的局限

对完全从零开始重建一家企业的估值(重置价值),原则上需要评估有重要价值的东西,如工作人员的专业知识、客户关系质量、组织或管理技能。然而,这些都难以相互区分也难以评估。只有当各项资产的投入有助于公司更好经营时,才可以获得其对公司利润的贡献值。因此,在未来业绩导向的企业价值评估中,不是计算单个资产的价值,而是将企业作为一个整体进行评估。

资产价值的作用

因此,在运用未来效益评估法时,资产价值只起到辅助作用:(1)非经营资产的估值;(2)评估被收购资产和负债项目的相关风险;(3)有关资产维护的未来资金需求信息;(4)提供未来折现现金流计算的一些基础数据(如折旧、利息、再投资额),这些都依赖于企业资产状况;(5)记录被收购企业的资产、负债和商誉价值的基础(参见 18.3.5 节)。

5.2 市场/基准价值

根据"对比评价"原则,要考虑评价对象相对于对照企业的相对价值,并结合企业的规模,通过乘数方法得出企业价值。对具有相似绩效、产品领域、规模和资本结构的对照企业(对照组)确定一个适当的乘数值,此乘数会与评价对象的基准值相乘决定企业价值的大小(参见图 12-8)。

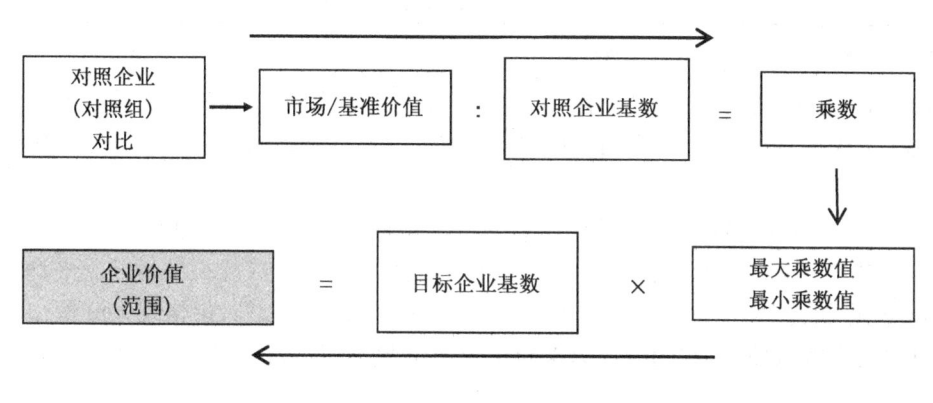

图 12-8 对比过程的作用原理

乘数值可通过两种不同方法计算得出。第一种可以根据可比上市公司(相似上市公司原则)的市场价值(公允价值)计算。另外,也可以考虑可比交易(最近收购原则)中支付的购入价格(基准价值)。

通过可比公司的市场价值可以确定一个"市场价格",对目标企业自有资本的市场价值进行评估,它基于市场是最有效的价值评估方式。市场价值本身的合理性基于,从普通途径获取的信息源可以对企业价值进行评估。可比上市公司的市场价值可通过下面公式计算得出:

(自有资本的)市场价值=股数×股价

最常用基数是企业利润,它通常被视为影响公司价值的最主要因素之一。市场价值是利润的相对数,因此我们得到一个市盈率倍数(KGV,参见 19.3.2 节):

市盈率倍数=自有资本市场价值/利润

市盈率倍数(KGV)中的企业利润也可以用每股收益来代替。当利润以年度利润计量时,必要时会进行增减调整。通过对照企业的市盈率倍数(KGV),可以通过如下方式估计目标企业的"市场价值":

(自有资本的)市场价值=市盈率倍数(对照企业)×年度利润总额

这种方法也可以估算组织形式不是股份制的企业的市场价值,但前提是可以找到可比上市公司。在通常情况下,会用行业平均市盈率进行比较,表 12-3 是德国部分行业的市盈率倍数(KGV)。

表 12-3　　　　　　　　　　　　德国部分行业的市盈率倍数

行业	市盈率倍数	行业	市盈率倍数
汽车	11.8	媒体行业	14.4

续表

行业	市盈率倍数	行业	市盈率倍数
化工	22.4	医药行业	19.5
建筑业	12.1	零售	12.9
消费品	15.1	软件行业	15.7
金融服务业	14.9	高新技术	13.6
工业	15.3	交通运输 & 物流行业	12.7

资料来源：Bewertungspraktiker(2009)。

例子（续） Pacemaker Inc. 在2000财政年度有3 030万欧元的年度利润，该电子医疗行业心脏起搏器分支的市盈率倍数目前为17.4，因此基于行业的市盈率倍数，该心脏起搏器公司的市场价值为：

$$市场价值(自有资本) = 17.4 \times 3\,030万欧元 = 5.272(亿欧元)$$

当企业在各方面（市场定位、成本位置、规模、资本结构等）与（虚拟的）行业平均水平相符合时，估算额将作为Pacemaker Inc. 的市场价值。除了市盈率以外，价格现金流量比（KCV）也被越来越频繁地投入使用，它的计算原理与市盈率倍数类似，通过用现金流代替市盈率得以实现。

基准价值 企业价值即自有资本价值，可以在可比实际公司购买价格的基础上确定。相对于"通常"的市场价值，这种方法考虑了交易的具体情形。目前的支付价格可以通过行业杂志《收购月刊》(Acquisitions Monthly)（伦敦）或者《并购评论》(M&A Review)获得。需要注意的是，这个购买价格与股票反映的市场价值不同，它已经包含交易佣金，容易受到主观因素影响，例如，买方可实现的协同和重组潜力部分体现在买价中，这些额外款项在同行业的不同企业并不总是在同一水平，从而影响可比性。

基数 为了调整"巨额差异"可以使用一系列的基数，可以按照基于自有资本或总资本进行区分。相应总资本乘数也称为企业价值乘数，自有资本相关的乘数称为股权乘数。除了财务存量和流量，非财务的运营变量，如酒店床位的数量或合同客户数量（见表12-4）也可以作为参考。

表12-4　　　　　　　　　　　　乘数类型

	企业价值乘数	股权价值乘数
流量	● 销售额 ● EBITDA 利息折旧摊销前收入 ● EBIT 息税前利润 ● 自由现金流量总额	● 利润 ● 净自由现金流量
资产规模	● 投入资本的账面价值	● 自有资本的账面价值
经营规模	● 床位数、合同客户数	

例子（续） 美国医疗电子行业的成交额是销售额的0.5~1.2倍，这意味着当Pacemaker Inc. 在2000会计年度的销售额为85.371亿欧元时：

对比价值 = 乘数 × 销售额

= 0.5 × 853.71百万欧元 = 426.86百万欧元（= 最小值）以及

= 1.2 × 853.71百万欧元 = 1 024.45百万欧元（= 最大值）

市场导向的评价方法有许多不确定因素,例如,关键数据依赖外部会计数据和通常只能通过历史值计算。此外,这种方法假设目标企业和对照企业在各个方面(如盈利能力、成长性、投资和风险)相似,这在现实中很难实现。因此乘数分析法一般用于目标企业价值的可信度分析和价值区间的确定。

批评

这些方法在投资银行中被最广泛使用,在采用以未来价值为基础、全面细致的评估之前,这是其获取企业价值的首选方法。

5.3 未来收益价值

在众多企业价值评估方法中,以未来业绩为基础的评估方法具有重大意义,近一半的企业价值评估案例都采用这种方法。

公司未来收益价值(ZEW)是公司未来可实现收益的净现值(NPV)。这种评估方法基于投资理论,对应资本核算背景下的净现值法(详见 11.2.2.3 节),在评估时,它将目标企业看成一个投资目标,计算其未来现金流入。企业价值通过预测和贴现未来流向股东的现金流来实现。具体公式如下:

未来收益价值

$$ZEW = \sum_{t=1}^{n} \frac{ZE_t}{(1+i)^t} + \frac{RW_n}{(1+i)^n}$$

其中,ZE_t＝第 t 年的未来收益价值;

RW_n＝第 n 年预估的剩余价值;

i＝贴现率。

5.3.1 未来收益

企业的未来收益价值只能在有限年份进行具体计划,在计划期结束时会评估剩余价值并进行贴现。从公司寿命有限的假设出发,企业的剩余价值反映了预测的期末清算净收益。

如果假定企业是永续经营的,那么最终的未来价值 ZE_n(必要时需进行修正)需要不停地更新延续,在这种情况下,第 n 年的剩余价值(RW_n)是一系列无限等额的现值(永续"年金",参见 13.2.2.2 节)。

$$RW_n = \frac{ZE_n}{i}.$$

对于独立法人企业,估值相关的未来收益是流向所有者的未来净现金流出量,也就是在投资者和企业之间未来相互的支付额(见图 12-9)。

估值相关的未来收益

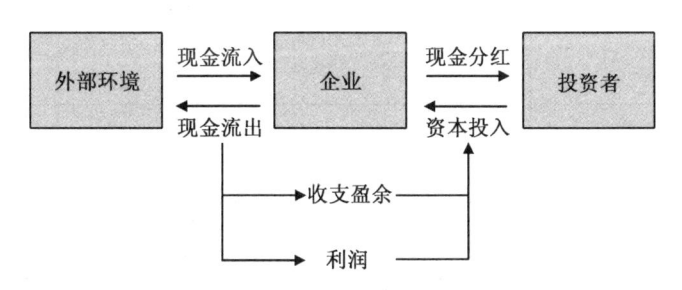

图 12-9 外部环境、企业和投资者之间的价值评估重要指标

然而,在没有经营活动预测的情况下,无法对公司所有者的分红进行评估,所以必须推导出环境和企业之间产生的收支盈余,下列收支盈余可供使用:

收支盈余：人们可以通过企业与外部环境之间未来现金流入和流出来估计现金流,现金流出包括未来在流动和非流动资产方面的投资。收支盈余等于企业扣除投资后的现金流,被称为"自由现金流",是用贴现现金流(DCF)方法对企业进行估值的基础。

利润：在价值评估实践中,企业往往以预期的收益或者亏损(收入/绩效与费用/成本之间的差额)作为评估的基础。这个方法的优点是可以与会计数据直接联系。除此以外,在管理实践中,通常以所得利润作为分红的基础。在德国普遍适用的现金流量折现法也是以来自利润的未来收益为估算基础。

未来收益是基于未发生的事项,因此是一个不确定的值。为了尽可能准确地估计它,需要订立一个商业计划。这个估算过程需要充分考虑到一个事实:未来的收益或多或少由过去的(战略)业务决策所决定,这些影响一方面包括一个决策的各个阶段,另一方面包括同一阶段多个收益之间的关系。因此,对未来的预测通常基于去除例外事项调整后的历史数据,对例外事项将来另外考察。在已有结果的基础上,基于具体的市场分析可以对于未来收益做出一个独立的估计,该市场分析考虑了一般经济状况、行业和企业特殊性。由于商业计划对购买价格的决定性作用,所以对基础数据的测试非常必要。在尽职调查中,需要给出与历史数据相联系的信息。此外,对于未来预测的基础假设必须进行可信性审核。

特许会计师协会的规则建议,在商业计划计算期间采用两阶段法(IDW S 1):前3～5年做一个详细的规划,其后按照一个统一比率估计未来的发展状况。

Medizintechnik AG 预测其起搏器在未来5年内的销售额、价格和成本。在详细预测阶段($t=0$~5),会考虑所有的可能影响因素,包括市场容量、市场成长性、细分市场份额和细分市场占有率的发展,美国 Pacemakers 公司的市场份额、价格以及价格的变化、每台心脏起搏器的成本、通过经验曲线得出的成本降低额(参见1.4.3.1节)以及由于通货膨胀导致的成本上升。一般假设5年后的企业收益稳定(见表12-5)。

表12-5　　企业业绩预测的举例(计划利润表)

计划利润表(单位:百万欧元)	1	2	3	4	5	第6年以后
销售额	945.36	1 046.62	1 158.19	1 280.82	1 307.91	1 307.91
−支付相关的费用	801.18	901.59	995.82	1 101.99	1 120.11	1 120.11
=EBITDA 利息折旧摊销前收入	144.18	145.03	162.37	178.82	187.80	187.80
−折旧	57.95	47.30	48.67	44.27	45.02	45.02
+利息收入	0.00	7.17	14.04	21.45	28.16	35.94
=EBIT 息税前收入	86.23	104.90	127.74	156.00	170.94	178.72
−利息支出	−19.59	−20.85	−21.93	−22.73	−23.10	−23.23
−所得税	23.32	29.42	37.03	46.64	51.74	54.42
=年度利润	43.31	54.63	68.78	86.62	96.09	101.07

除了经营规划以外,一份详细的投资规划以及相应折旧和融资需求规划也是非常必要的(见表12-6)。从经营和投资规划中,在考虑假设的分红后,可以得出一个特定内部融资行为

必然遵循的某种特定分布。通过现金流量表(见表12-7,也可参见18.4.1节),可以对折现现金流量法中重要变量的计划值进行测定。总之,计划资产负债表、计划利润表以及计划现金流量表相互影响,综合规划都应把这些前提假设考虑在内。

表12-6　　　　　未来自由现金流量的预测举例(计划现金流量表)

计划现金流量表(单位:百万欧元)	1	2	3	4	5	第6年后
年度利润	43.31	54.63	68.78	86.62	96.09	101.07
＋折旧	57.95	47.30	48.67	44.27	45.02	45.02
＋净流动资本增加额	31.12	33.90	37.01	40.45	46.28	0.00
＋税负支出	23.32	29.42	37.03	46.64	51.74	54.42
＋利息支出	19.59	20.85	21.93	22.73	23.10	23.23
＝经营净现金流入(BOCF)	175.31	186.10	213.42	240.71	262.23	223.73
固定资产投资	−62.66	−54.11	−51.27	−48.42	−45.02	−45.02
金融资产投资	−44.39	−42.55	−45.82	−41.55	−48.16	0.00
＝总投资(ICF)	−107.05	−96.66	−97.09	−89.97	−93.18	−45.02
＝BOCF＋ICF	68.26	89.44	116.33	150.74	169.05	178.72
－虚拟税收(EBIT×s)	30.18	36.71	44.71	54.60	59.83	62.55
＝毛自由现金流总值(BFCF)	38.08	52.72	71.62	96.14	109.23	116.17
＋债务税盾	6.86	7.30	7.68	7.96	8.09	8.13
－利息支出	−19.59	−20.85	−21.93	−22.73	−23.10	−23.23
＋新增债务(增加额)	17.97	15.46	11.42	5.26	1.88	0.00
＝净自由现金流量(NFCF)	43.31	54.63	68.78	86.62	96.09	101.07
－利润分配	−43.31	−54.63	−68.78	−86.62	−96.09	−101.07
＋股权融资额	0.00	0.00	0.00	0.00	0.00	0.00
＝股权现金流量(EK-CF)	−43.31	−54.63	−68.78	−86.62	−96.09	−101.07
流动资金的变动量	0.00	0.00	0.00	0.00	0.00	0.00

表12-7　　　　　未来资产负债表的预测举例(计划资产负债表)

计划资产负债表(单位:百万欧元)	0	1	2	3	4	5	第6年后
资产							
非流动资产	231.82	280.91	330.27	378.69	424.40	472.56	472.56
净流动资本	226.22	195.09	161.20	124.19	83.74	37.47	37.47
总额	458.04	476.01	491.47	502.88	508.14	510.03	510.03
负债							
自有资本	178.12	178.12	178.12	178.12	178.12	178.12	178.12
付息债务	279.92	297.89	313.35	324.76	330.02	331.91	331.91
总额	458.04	476.01	491.47	502.88	508.14	510.03	510.03

从所有投资者即股东和债权人的角度（总流量法），或者仅仅从股东的角度（净流量法）计算未来收益（自由现金流量或者利润），计算结果会有差异。在确定未来收益时，不同的方法需要选取不同的折现率。

5.3.2 核算贴现率

在评估基准日，把企业所有财务盈余通过折现率进行贴现。核算贴现率反映了，在竞争市场中，潜在企业买方或卖方最优或者相对于最优投资选择的收益能力。若使用净流量法，则折现率必须反映股东的投资机会，在总流量法中表现为所有投资者的投资机会。

做出投资选择的基础是投入资本市场的投资收益，估值对象的对等价值和替代投资也需要考虑在内。对等原则中最重要的是风险等价，因此，固定利率（无风险）的证券不是对一个企业投资回报的替代。固定利率证券的收益可以提前知道，因此在一定程度上是确定的现金流，而估值企业的未来现金流是不确定的。因此，估值必须采用无风险利率调整后的折现率，使得估值企业和对照企业风险相互可比，风险调整可以通过资本资产定价模型等进行（参见 2.2.2 节）。

$$i_{EK}=i_{RL}+\beta \cdot \underbrace{(i_M-i_{RL})}_{\text{市场风险加成}}$$

等风险贴现率是股东的机会成本，资本资产定价模型建立在无风险市场利率 I_{RL} 和公司特定风险溢价的基础上，可以计算出等风险贴现率。无风险利率是一种最低利率，在任何情况下，投资者都可以通过购买无风险长期证券获得该收益。风险溢价反映了与企业投资相关的收益不确定性，通过由市场收益 i_M 与无风险利率 i_{RL} 之间的差异乘以公司特定的 β 系数可以衡量这种不确定性。β 系数反映了公司收益随市场组合收益的变化程度，β 系数等于 1，表明估值企业的风险与市场风险相同。当公司的 β 系数未知时，可以通过对照企业（对等组）或行业 β 系数来推断。

β 系数的大小也取决于资本结构，在必要时，需要先调整公司的资本结构再进行估值。

Pacemaker Inc. 的无风险利率 i_{RL} 为 6%，预期的市场收益率为 11%，行业 β 系数为 1.41，基于资本资产定价模型的公司预期收益率为：

$$i_{EK}=6\%+1.41\times(11\%-6\%)=13.05\%$$

这个利率是风险对等上市企业的投资收益，即股东的机会成本，它可直接用于净流量法的资本成本。在使用总流量法时，需要计算股权资本和债务资本加权后的资本成本［即加权平均资本成本（WACC），参见 2.2.2 节］。

5.3.3 计算方法

在德国普遍采用的传统现金流量折现法本质上是净流量法，是评价企业向股东支付的现金流，是从内部产生的盈余扣除所有给债权人支付后的现金流。从年度收益出发，假设未来企业对净收益采用特定的利润分配政策。在通常情况下，会假设所有利润均会分配，其中投资所需的股权资本以及支付的债务资本利息必须扣除。

对于美国 Pacemaker Inc.，利用现金流量折现法，以 13.05% 的贴现率计算净分红的现值，即净现值为 6.531 4 亿欧元（见表 12-8）。

表 12-8　　　　　　　　　　　现金流量折现法举例

年度	分红*	增资	净分红	现值系数	按 13.05% 贴现时的现值
1	43.31	0.00	43.31	0.88	38.31
2	54.63	0.00	54.63	0.78	42.74

续表

年度	分红*	增资	净分红	现值系数	按13.05%贴现时的现值
3	68.78	0.00	68.78	0.69	47.60
4	86.62	0.00	86.62	0.61	53.03
5	96.09	0.00	96.09	0.54	52.04
从第6年起	101.07	0.00	101.07	4.15	419.41
净现值(百万欧元)					653.14

*假定全部分红对应的年度利润(参见表12-5)

在价值评估中,要考虑所谓的剩余价值,即从第6年起每年持续的现金流量为1.0107亿欧元、贴现率为13.05%的永续年金价值。

$$RW_{n=5}=\frac{101.07}{0.1305}=774.45(百万欧元)$$

现值为4.1941亿欧元,是基于$t=0$时总价值的64%。

贴现现金流法是基于未来可能的现金流入盈余,可以用于总流量法或净流量法,即扣除债务利息之前或之后的现金流。

净现金流量法(也称权益法)使用净现金流量(NFCF)贴现值作为股权分红现金流量(EK-CF),这个可以通过企业自由现金流量(OCF + ICF)扣除债务相关现金流量(FK-CF),即支付给债权人的现金流量(参见图12-10)得到。计算NFCF(参见表12-6)时使用13.05%的折现率,得出6.5314亿的股权价值(参见表12-9)。

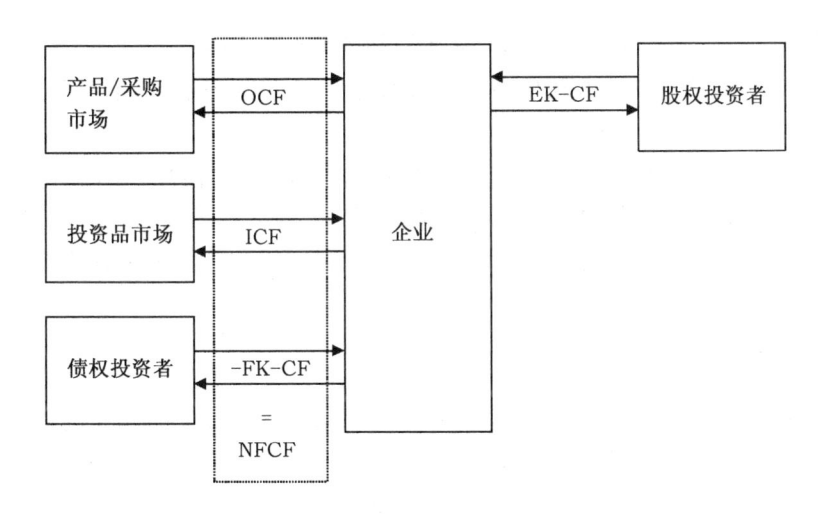

图12-10 净现金流量法的估值过程

表12-9 净贴现现金流模型举例

年度	净自由现金流(NFCF)	现值系数	折现率为13.5%时的现值
1	43.31	0.88	38.31
2	54.63	0.78	42.74

续表

年度	净自由现金流(NFCF)	现值系数	折现率为13.5%时的现值
3	68.78	0.69	47.60
4	86.62	0.61	53.03
5	96.09	0.54	52.04
6年后的永续价值	101.07	4.15	419.41
股权价值(单位:百万欧元)			653.14

总流量法净现值   总流量法(资产模型)基于扣除债券投资者支付前的现金流,即所谓的总流量法净现值(BFCF)计算的现金盈余,与向股东和债权人分配利润的方式相对应(参见图12-11和表12-6)。

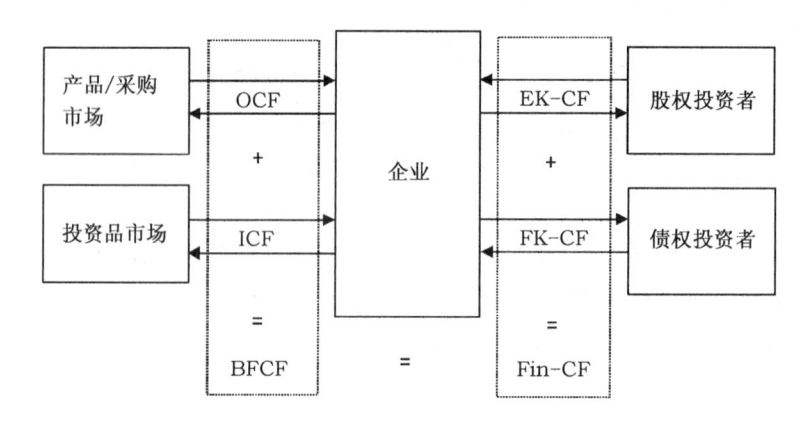

图12-11 总流量法净现值的价值影响指标

加权平均资本成本(WACC)   因此,折现率必须是股权成本和债务成本加权平均后的贴现率(即加权平均资本成本,参见2.2.2节)。

不考虑借入资产税盾效应,假定没有借入资本,以名义税率计算 BFCF。因为企业经营利润的一部分在税前以利息形式支付给债权人,剩余部分才是企业所得税的计税基础,所以债务资本相对于股权资本融资成本较低。借款费用×(1−s)后的金额作为加权资本成本计算的基础:

$$i_{WACC} = i_{EK} \times \frac{EK}{GK} + i_{FK} \times (1-s) \times \frac{FK}{GK}$$

例子(续)   对于 Pacemaker Inc. 而言,债务资本成本为7%,资产负债率为30%(按总资本的市场价值),税率为35%,则税后加权资本成本为10.5%:

$$i_{WACC} = 13.05\% \times 0.7 + 7\% \times (1-0.35) \times 0.3 = 10.5\%$$

这样计算得出的公司总价值必须扣除债务资本的市场价值,从而得到股权资本的市场价值。Pacemaker Inc. 的总价值为9.330 6亿欧元,股权资本的价值为6.531 4亿欧元(参见表12-10)。

表12-10   总现金流折现法举例

年度	自由现金流(BFCF)	现值系数	以10.5%为折现率的现值
1	38.08	0.90	34.46

续表

年度	自由现金流(BFCF)	现值系数	以10.5%为折现率的现值
2	52.72	0.82	43.18
3	71.62	0.74	53.08
4	96.14	0.67	64.49
5	109.23	0.61	66.30
6年后的永续价值	116.17	5.78	671.56
总资本价值,单位:百万欧元			933.06
债务资本价值,单位:百万欧元			279.92
股权资本价值,单位:百万欧元			653.14

由思腾思特(Stern Stewart)公司提出的经济增加值(EVA)是基于贴现现金流的评价指标,以息税前利润(EBIT)作为总流量法的计算基础。这个指标被广泛应用于价值导向管理公司的实践,也常常用于公司估值。

息税前利润(EBIT)扣除名义税收(通常称为NOPAT,参见15.3.2节)后,至少要高于相关的资本成本。

$$EVA_t = EBIT_t(1-s) - i_{WACC} \times V_{t-1}.$$

由此计算出的 EVA 表示剩余利润,是投资者在调整等价风险回报后的剩余利润。EVA 的现值也被称为市场增加值(MVA),表明了公司基于各项资产的整体价值。在投资核算中,它被看作投资的现值,也是回报超过资本成本的增值部分。公司价值是所有 EVA 的现值(PV)(包括所有投资额的 EVA)和公司总资产(V):

$$Gk_0 = PV_0[EVA_t] + V_0.$$

对于 Pacemaker Inc. 的 EVA 计算过程见表 12-11。

表 12-11　　　基于经济增加值的企业价值评估举例　　　单位:百万欧元

年度	息税前利润 EBIT	息前税后利润 EBIT(1-s)	投入资本 V_{t-1}	资本成本	经济增加值(EVA)	以10.5%为折现率的现值
1	86.23	56.05	458.04	48.09	7.95	7.20
2	104.90	68.18	476.01	49.98	18.20	14.91
3	127.74	83.03	491.47	51.60	31.43	23.29
4	156.00	101.40	502.88	52.80	48.60	32.60
5	170.94	111.11	508.14	53.35	57.76	35.06
6年后的永续价值	178.72	116.17	510.03	53.55	62.61	361.97
市场增加值 MVA_0						475.02
+股权投资 V_0						458.04
=总资产价值						933.06
-债权价值(30%)						279.92
=股权价值(70%)						653.14

例子(续)　　为了解释这一评价指标,基于市场价值的资产负债表见表12—12。

表12—12　　　　　　　　　　　基于经济增加值的市场价值资产负债表

资产	市场价值—资产负债表	负债	
市场增加值	475.02	股权价值	653.14
投入资本	458.04	债券价值	279.92
总和	933.06	总和	933.06

　　4.750 2亿欧元的市场增加值高于收购Pacemaker Inc.的金额4.580 4亿欧元,这表明一个总价值为9.330 6亿欧元的企业在扣除付息负债后仍然有6.531 4亿欧元的企业价值(股东价值)。

评价　　上述例子表明,在使用未来业绩作为基础评估企业价值的过程中,应当给出一致的结果。总流量法评价整个企业的价值,不需要知道具体的融资结构,但它对于现金流的需求较高。EVA的优点在于可以在收购的各个阶段使用,而自由现金流只能在有限条件下适用(参见第15章)。在管理实践中,贴现现金流量法(DCF法)最为常见,因为它直接与以贴现现金流为计算原则的投资理论相联系。

　　应当正确区分不同的企业价值评估方法,判断其在哪种情况下适用。

5.3.4　客观价值与主观价值对比

　　原则上,价值是一个主观值,这意味着公司价值是从某一个特定主体的角度来理解的。在价值评估理论研究的初期,往往试图寻找一个对所有主体均适用的"客观"价值。尤其在收购中,伴随着所有权的转移,同时存在着各种各样的发展机会,会有各种各样的价值评估结果。因此在进行价值评估时要考虑评估中因素变化的影响。

持续经营价值/独立价值　　在企业现有经营状况持续前提下,计算得出企业价值,即"那个在那里的企业"的"独立价值"或持续经营价值。从卖方的角度而言,它解释了在经营范围不变的情况下,企业未来的价值。从买方角度,是以持续经营价值为出发点。

客观的未来收益价值　　在继承纠纷或者经济赔偿案件中,通常需要专业的价值评估,即所谓"客观价值",也就是在中立立场上对企业进行评估。对此需要特定的假设基础,这样有助于确定独立于当事人的企业价值,有助于所谓第三方对结果的理解。例如,为负有无限纳税义务的境内自然人、作为企业股东的社会性或者契约性的价值评估(参见15.3.1节)。此外,假设企业处于一个等效的管理状况中,因此不需要消除个人的影响。与此相反,也不考虑股东相关的企业经营成功因素(IDW,2008,第29页)。这个观念经常受到批评,因为它试图得到相对于买方的公平价值,但最终结果对任何买方都不是公平的,因此得出的价值是受限于参与交易某方的主观价值。

主观的未来收益价值　　买方的主观未来收益价值或多或少包含目标企业继续经营的理念。与独立价值不同的地方在于买方的协同和重组潜力。

协同效应　　考察企业收购的动机,很明显,很多这样的收购以实现协同效应为目的。一方面两个独立的公司A和B合并为一家A+B的企业,协同效应对未来效益产生影响,当:

$$ZE(A+B) > ZE(A) + ZE(B)$$

市场导向目标实现战略　　重组后企业的未来效益大于独立企业未来效益的加总,协同效应通常解释为"1+1>2"的效果。

　　实现此类协同效应或者重组潜力的战略可以分为以下两种形式:

市场导向的协同战略在实现时有如下特别的优点：

(1)拥有相互联系的互补优势元素可以为实现参与企业的目标交换关键成功因素(相互的或者单方面的)，这种成功收购的案例主要在制造和研发(R&D)领域。

(2)在企业实现其竞争力规模方面扮演了重要的角色，特别是在追求成本领先战略的公司。

(3)将进入区域市场作为一个战略协同效用，主要适用于市场进入壁垒较高的情况，这样通过收购一家公司，可以克服这一障碍。

实现协同效应潜力的内在措施可以分为两类：其一，来自于企业经营能力的协同效应，即通过相似价值链(范围经济)传授的知识和经验。另外，通过进行价值增值活动以实现规模效应(规模经济)。

通常需要积极整合措施才能实现协同效应，因此从某种意义上更准确地讲，是协同潜力而不是协同效应。尤其在企业收购后会出现负的协同效应，例如协调费用、调整联合生产计划或者融合各种企业文化。

对公司进行估值，不仅必须要独立考察被估值企业未来产生的收益，同时要考虑，在一定价格限制下，潜在买卖双方的联合和协同潜力。潜在的公司收购方需要考虑，收购将会对其未来的总体收益产生多大程度的影响。可能的联合效应既会对收购公司也会对现存公司业务合作伙伴产生影响。为了考虑这些联合效应，需要提高由协同效应产生的未来收益，以及被收购企业价格限制的估计值。

计算的起点是潜在收购目标的独立价值(参见图12-12)。在第二阶段，我们分析，如何通过有关措施(例如，提高生产效率的措施)来提升公司业绩。这包括出售非核心资产，或在面临威胁敌意收购时企业采取的措施。第三阶段考虑重组价值对协同价值的影响，它们通过利用金融和商品的潜在协同效应得到。为了从买方的角度获得该公司的主观价值，也要考虑整合公司实现协同效应潜力的成本。

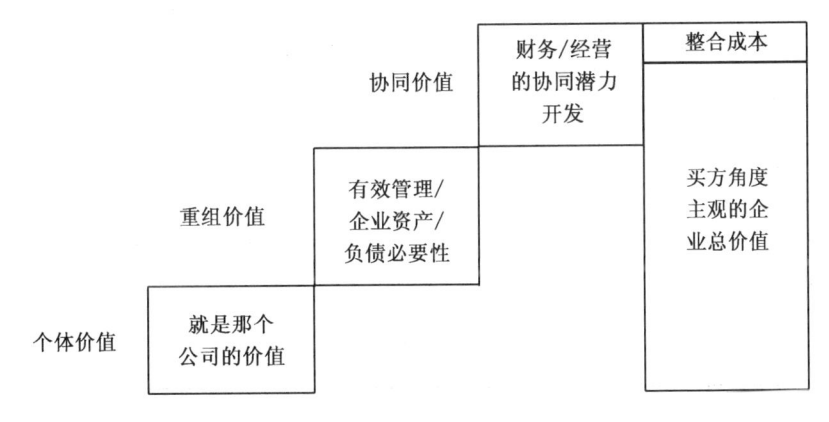

图12-12 企业的主观价值评估阶段模型

例如，Medizintechnik AG 与 Pacemaker Inc. 重组后产生如表12.13所示的协同潜力：

表12-13　　　　　　　　　　　　　协同潜力　　　　　　　　　　　　单位：百万欧元

年度	采购	生产	研发(R&D)	整合费用	总和
1	18.91	−7.00	0.00	−17.50	−5.59

续表

年度	采购	生产	研发(R&D)	整合费用	总和
2	20.93	−7.00	0.00	−14.00	−0.07
3	23.16	20.05	0.00	0.00	43.22
4	25.62	22.01	17.50	0.00	65.12
第5年起	26.16	22.37	17.50	0.00	66.03

协同潜力,例如:3年内通过各种协同效应实现的总金额为4 322万欧元。首先在供应商那里可以因此获得更大的折扣,通过增加采购量可以减少5%的材料成本,节省2 316万欧元的费用;其次通过重组,通过第1、2年内潜在合理化生产成本,可以实现节省5%的生产费用,即1 400万欧元。第3年需要在生产部门节省额外2 005万欧元。以相同方式可以确定未来几年内的协同效应。此外,为了把目标公司整合进购买的公司,需要在这两年内支付高达3 150万欧元的整合成本。在本例中,前面两年是亏损的,直到第3年后转为盈利。实现协同作用需要企业价值导向的融资,9 601万欧元的额外负债,借款利率为7%时,每年的融资成本为670万欧元。

将扣除额外利息以及自有资本成本有关税收后的协同效用折现,可以得到协同效应的净现值为2.240 3亿欧元(见表12-14)。这个值加上6.531 4亿欧元的独立价值得到8.771 7亿欧元主观的企业价值。为了考察投入运用的未来业绩指标的协同效应,可以通过上述方法获得相应的结果。

表12-14　　　　　　　　　　主观价值收益确定举例　　　　　　　　　　单位:百万欧元

年度	总协同效应	额外净利息收入	净协同效应	税后协同效应	折现率为13.05%时的现值
1	−5.59	−6.72	−12.31	−8.00	−7.08
2	−0.07	−5.26	−5.33	−3.46	−2.71
3	43.22	−3.79	39.43	25.63	17.74
4	65.12	−3.26	61.86	40.21	24.62
5	66.03	−3.24	62.78	40.81	22.10
第6年起	66.03	−3.24	62.78	40.81	169.36
净协同价值					224.03
独立价值					653.14
主观收益价值					877.17

归属于卖方的协同效应

潜在卖方面临的一个问题是,出售公司A在何种程度上影响原公司未来的业绩。公司A是复合公司A+B的一部分,所以出售不仅失去了原本由A产生的未来效益,也消除了A+B联合或者协同效应。此外,卖方制定价格下限时还要考虑资本利得税。在本例中,为了简化起见,没有考虑Pacemaker Inc.的税收问题。

6. 谈判结果

公司购买价格的谈判基于买卖双方不同的价格预期。在考虑了重组和协同效应后,买方确定目标企业主观收购价格的上限(POG),卖方确定一个主观收购价格下限(PUG)。如果 PUG<POG,谈判就会有结果。

价格限制

图 12—13 以 Pacemaker Inc. 为例,企业价值的谈判余地建立在第 5 节计算得出的企业价值。很明显,不同的方法计算得出的企业价值不同。企业独立价值(6.531 4亿欧元)和主观价值(8.771 7亿欧元)之间存在议价空间。保持中立的评审专家仍然要考虑,Pacemaker Inc. 通过改变企业战略是否能够实现协同潜力。这种主体间可接受的发展机会出现在,例如:Pacemaker Inc. 能够独立且合理地实施生产计划,这笔7 300万欧元的可能重组会使得 Pacemaker Inc. 的收购价格下限增加到7.261 4亿欧元。收购企业可以很好地预见,未来收益价值在两个可比交易价格的中间,在目前的状况下,7.256 6亿欧元是一个合理的估值,这同时也表明了结果的合理性。

例子(续)

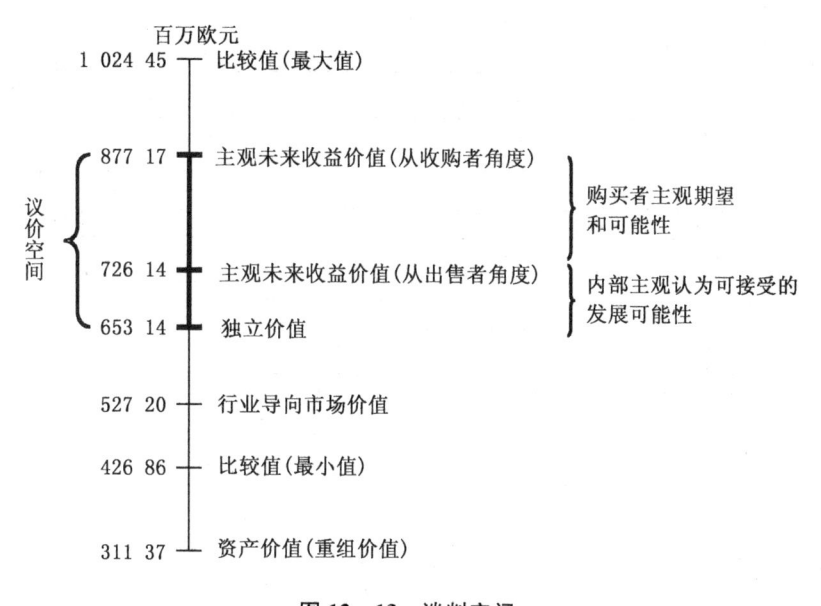

```
                百万欧元
1 024 45 ─── 比较值(最大值)

 877 17 ─── 主观未来收益价值(从收购者角度)     购买者主观期望
议                                              和可能性
价
空    726 14 ─── 主观未来收益价值(从出售者角度)   内部主观认为可接受的
间                                              发展可能性
 653 14 ─── 独立价值

 527 20 ─── 行业导向市场价值

 426 86 ─── 比较值(最小值)

 311 37 ─── 资产价值(重组价值)
```

图 12—13 谈判空间

在成功进行价格谈判后,最终需要确定企业并购合同。在此阶段买方不再能够校正自身的战略失误。通过细致起草的合同,并不能够完全消除还无法看到的风险,而只能将风险最小化。例如,通过合同的保证或者豁免可以避免的风险有:环境责任、由于收购而终止与关键客户的关系、现有的亏损单、补贴退回等以及终止与重要员工的合作、产品责任索赔、诉讼可能性以及资产负债表风险。

合同构架

7. 整合

第12.3节中已经明确提到,收购过程的各个阶段并不严格按照时间顺序进行,可以有交叉,尤其对于整合阶段而言。

考虑整合因素 因此,在选择和评估潜在收购对象阶段,要采用多种方式考虑整合因素。在战略匹配的审查阶段,整合观念就已经存在,因为这是潜在协同效应识别和评价的先决条件。此外,文化融合对整合过程的效益有重要贡献:

在对具体收购对象得出明确整合观念前,需要明确目标企业在进一步的考察中,不会没有或者缺少适用性。在运用财务匹配分析确定采购最高限价时,除了计划整合战略的财务影响,还需考虑相应的整合费用(负协同效应)。整合观念不仅仅是谈判阶段的基础,在很大程度上它也影响了整个收购过程及其结果。调查结果显示整合是一个影响并购的重要因素,表12-15的表述至今仍然有效。

表12-15　　　　　　　　　　收购成功的关键影响因素

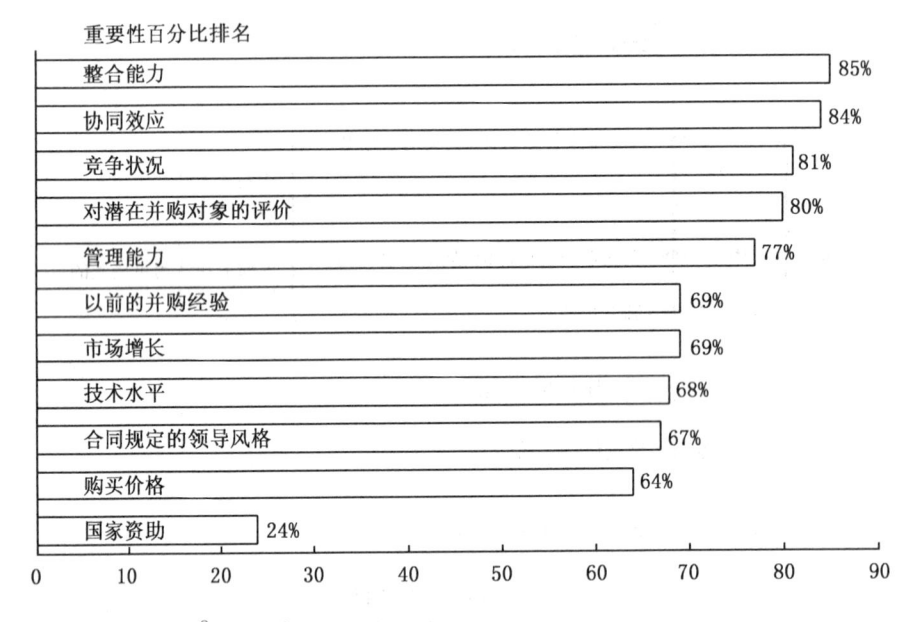

重要性百分比排名

因素	百分比
整合能力	85%
协同效应	84%
竞争状况	81%
对潜在并购对象的评价	80%
管理能力	77%
以前的并购经验	69%
市场增长	69%
技术水平	68%
合同规定的领导风格	67%
购买价格	64%
国家资助	24%

资料来源:Booz Allen & Hamilton Inc. (1985)。

"3 Ps" 确定一个整合观念必须基于以下影响因素,"3P"[目标(Purpose)、动力(Power)、人力资源(People)]尤其重要:

目标 目标:通过收购,两家企业至今的财务和非财务目标、愿景(尤其是被收购企业方)都会受到质疑。各层面的员工、客户、供应商和其他利益相关者(如银行),都会导致收购的不确定性。在制定收购的基本目标时,应尽快明确所有利益相关者。

动力 动力:收购后有关责任和决策权不明确经常是收购的结果。为了防止非正式组织的形成,至少应该尽可能及时确定组织的基本观念(参见第7章)。必须全面分析企业的权力结构,以及收购以后本质上确定整合措施的时间安排。

人力资源：收购导致各阶层员工的个人处境都有很大的不确定性。这加剧了追踪新企业设立、新要求和追求新目标的难度，通常越来越多的不确定性会导致合格员工离开公司。因此，整合观念应该建立信任措施，以防相关员工过分担忧自己的个人前途。例如，在谈判的初期，了解员工在企业收购以后的期望。

所有的"3P"因素是在并购后迫切需要沟通的问题，表12-16介绍了一般的整合任务。

表12-16　　　　　　　　　　　　　　整合任务

层级＼任务	协调	审查	冲突处理
程序	系统以及会计流程的发展和适应	内部会计监控系统的发展和适应	消除冲突的规则和流程系统和流程的合理化
资源	定义资源共享和技巧转移的起点	用于测量生产效率的执行系统	资源配置规定 生产要素的重新分配
员工—经济/社会文化	建立一体化规则 组织结构调整	薪酬和激励制度的发展 权力和责任的分配	权力分配的稳定性

可能的整合任务原则上在下一个步骤中具体实施，对整合战略有重要影响的因素是收购战略（参见12.2节）以及基础目标设定，它有两个重要方面：

一方面需要考虑：从收购母公司角度来看，对收购目标实行整合的需求程度。母公司的整合需求依赖于收购以后期望价值的增长潜力。如果企业追求基于协同效应的价值增值（协同管理，参见第12.2节），需要两个相关公司进行有效的整合。协同效应的产生（例如，基于资源共享、规模效应或者实用技能的传递）需要收购公司的积极干预。然而，动员战略存在弱一体化需求，具有自动融合的好处，例如，额外获得信贷的可能性或流动资金的释放，在不涉及技术转移的前提下就能够得以实施。

从被收购的子公司角度来看，问题在于，为了实现收购目标，在多大程度上需要保留其自主性和身份。子公司组织自治的需求基于一些技能的转移：在太紧密的整合中，这些技能有被破坏的风险，尤其要注意员工的经济和社会文化方面的反应，从而保证关键岗位的员工不会提前离开公司。

如果把自治和整合需要放在一起考虑，可以用下述矩阵（见图12-14）来表示不同的整合观念：

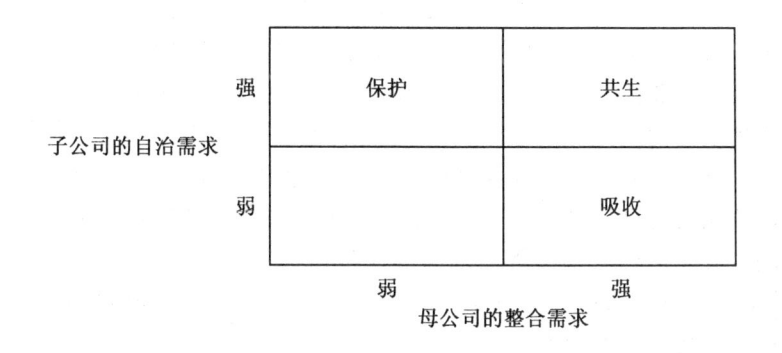

子公司的自治需求	弱（母公司的整合需求）	强（母公司的整合需求）
强	保护	共生
弱		吸收

图12-14　整合矩阵

资料来源：改写自 Haspeslagh & Jemison（1992，第174页）。

吸收合并   吸收是最紧密的整合方式,这里的整合意味着两家的各项活动、组织以及文化随着时间的推移完全融合。在吸收合并中,应当以最快速度落实所有计划。合理化措施管理,尤其是资源共享和实现重组潜力的管理,对于实现企业价值增值和价值转移都非常重要。在钢铁行业(如蒂森—克虏伯)的收购中,这种情况定期出现,此类收购最主要的目的是更好地利用产能和降低成本。

保护收购   保护收购是对整合需求最低的收购方式:此类收购的目的是为了获得被收购企业的重要战略潜力。两家公司的关联程度越低,则隔离收购企业的业务,即保持原有企业文化,在整合中越重要,在混合收购中尤为如此。通过资源的丰富和管理技能的改善,战略收购得以提升其增值潜力。此外,试图运用在企业尚未可以使用的知识,动机是探索新的商业机会,如战略投资机构收购创新企业作为研发(R&D)战略的一部分,它们在制药企业和IT行业被广泛采用。

共生收购   在共生收购中,企业整合最为困难。被收购企业首先(仅仅在一个确定的较短时间内)作为保护收购处理,在一个适应阶段以后逐渐融合,促进两个企业的整合。除了合作的许多细节问题,最重要的问题是战略和运营责任将由收购后新成立的企业承担。这种方式的整合风险来自于两个方面:一是根据吸收原理,面临收购带来的破坏风险。二是保护原则使用期间过长,必要的协同效应未能实现从而导致经济上的损失。

例子(续)   在 Medizintechnik AG/Pacemaker Inc. 案例中,一方面,创新和美国身份的保留对收购成功至关重要。另一方面,实现协同效应要求通过产品标准化、开发活动的协调、共享分销渠道等,来实现收购目标。

8. 结束语

    近年来,由于公司收购日渐频繁,公司外部增长的重要性大大增强。只有认真选择和评估收购对象后签订的收购合同,才能达到双方共同的目标。

    企业估值的过程不应只考虑财务方面,而应对潜在收购对象进行分析,看它是否符合相关的战略目标。此外,必须关注不同企业和管理文化之间的协调程度,至少应该尽早考虑整合收购企业阶段的人事管理措施。

    应在对收购对象预先进行战略和文化分析以后,再对潜在候选人进行财务分析。在以下企业价值评估中,各种评估方法都可用作签订收购合同的合理谈判基础。

    在开始粗略确定行业情形时,可以采用相似上市企业的市场价值或者采用以前已实现交易的对等价值来衡量企业的价值。此外,基于重置或者清算基础的企业实体价值(净资产值),也可以作为买卖双方交易的参考依据,给出重建公司或者以其他方式处理公司的情况。

    未来业绩值的现值是决定性的价值,它通过公司未来业绩的现值得到。通常收益值法涉及各种不同的现金流量折现法和经济增加值等评价指标。价值评估以永续价值为起点,即在认为"企业将维持当前策略到永远"的基础上,估算买卖双方各种主观价值,为后续谈判提供商榷的余地。达成一致受到许多元素的影响。

    无论协同和重组潜力的价值是否真的可以实现,它们都关系到公司整合战略成功与否。收购控制可以通过参与规划、评估和整合评价,指出收购各个阶段的优势和劣势,并得到进行进一步收购的经验。

扩展阅读

Ballwieser, W. /, Coenenberg, A. G. /Schultze, W.: Erfolgsorientierte Unternehmensbewertung, in: Ballwieser, W., Coenenberg, A. G., v. Wysocki, K. (Hrsg.), *Handwörterbuch der Rechnungslegung und Prüfung*, 3. Aufl., Stuttgart 2002, Sp. 2412—2432.

这本书给出了简短但广泛的企业评价方面的概览。

Mandl, G. & Rabel, K.: *Unternehmensbewertung-Eine praxisorientierte Einführung*, Wien 1997.

本教材提供了对不同企业评价方法发展状态的概览。

Moxter, A.: *Grundsätze ordnungsmäßiger Unternehmensbewertung*, 2. Aufl. (Nachdruck), Wiesbaden 1991.

这是本企业评价方面的经典教材。

Müller—Stewens, G. (Hrsg.): *M&A Review*.

德语月刊，广泛地给出德语区按照行业大额交易的概览，以及对于行业结构有影响的外国交易。

Peemöller, V. H. (Hrsg.): *Praxishandbuch der Unternehmensbewertung*, 4. Aufl., Herne 2009.

这是本关于企业评价的经典教材，除了介绍企业评价的基本原则、流程和方法以外，还介绍了有关评价的特殊题目。

Picot, G. (Hrsg.): *Handbuch Mergers & Acquisitions*, 4. Aufl., Stuttgart 2008.

本合集从管理和法律的角度，通俗易懂地介绍了各个阶段：规划、落实和整合。

Sirower, M.: Der *Synergie-Effekt: Chancen und Risiken von Fusionen für Unternehmen und Anleger*, München 2001.

本书涉及兼并和收购的主要方面，例如协同效应。

引用文献

Ballwieser, W., Coenenberg, A. G. & Schultze, W. (2002): Erfolgsorientierte Unternehmensbewertung, in: Ballwieser, W., Coenenberg, A. G. & v. Wysocki, K. (Hrsg.), *Handwörterbuch der Rechungslegung und Prüfung*, 3. Aufl., Stuttgart 2002.

Berens, W. & Brauner, U. (Hrsg.) (2005): *Due Diligence bei Unternehmensakquisitionen*, 4. Aufl., Stuttgart 2005.

Bewertungspraktiker (2009): Multiples, in: *Bewertungspraktiker*, Nr. 4/2009, S. 46.

Booz Allen & Hamilton Inc. (Hrsg.) (1985): *Diversification-A Survey of European Chief Executives*, London 1985.

Clarke, C. J. (1987): Acquisitions-Techniques for Measuring Strategic Fit, in: *Long Range Planning*, Nr. 3/1987, S. 12—18.

Haspeslagh, P. C. & Jemison, D. B. (1992): *Akquisitionsmanagement —Wertschöpfung durch strategische Neuausrichtung des Unternehmens*, Frankfurt/New York 1992.

Institut der Wirtschaftsprüfer (IDW) (2008): IDW Standard: Grundsätze zur Durchführung von Unternehmensbewertungen (IDW S 1) (Stand 02.04.2008), in: *Die Wirtschaftsprüfung-Supplement*, Nr. 3/2008, S. 68—89.

Jung, H. (1993):*Erfolgsfaktoren von Unternehmensakquisitionen*, Stuttgart 1993.

Müller-Stewens, G. (2000): Akquisitionen und der Markt für Unternehmenskontrolle: Entwicklungstendenzen und Erfolgsfaktoren, in: *Picot*, A., Nordmeyer, A. & Pribilla, P. (Hrsg.),*Management von Akquisitionen*, *Dokumentation* 53. Deutscher Betriebswirtschafter-Tag 1999, Stuttgart 2000, S. 41—61.

Pellens, B., Rockholtz, C. & Stienemann, M. (1997): Marktwertorientiertes Konzerncontrolling in Deutschland-Eine empirische Untersuchung, in:*Der Betrieb*, 50. Jg., Heft 39/1997, S. 1933—1939.

Sirower, M. (2001):*Der Synergie－Effekt: Chancen und Risiken von Fusionen für Unternehmen und Anleger*, München 2001.

普通高等教育"十三五"商学院精品教材系列

第 13 章

财务管理

Andreas Horsch   Stephan Paul   Bernd Rudolph[①]

1. 引 言

自 2007 年以来,面对金融市场危机四伏的发展,那些以往从来不被关注的事情开始成为公众认知的焦点。下文将讲述一个令人印象深刻又极具说明性的案例,它描述了对汽车制造商欧宝的重组尝试。

> 欧宝——流动性有保障了
>
> 在生存竞赛中,欧宝赢取了喘息的机会:据《图片报》报道,企业此后 4 个月的流动性有了保障。据事件的知情人士透露,一个在 5 月份出现的具有威胁性的资金缺口得到了弥合,特别是影雅这个车型带来的良好销售开端为欧宝提供了一定的经济后盾。欧宝职工代表大会主席克劳斯·弗朗茨证实,资金缺口应该得到了弥合。报纸引用了他的一句话,"流动性有了保障,我们有时间建立欧宝欧洲"。"当欧宝的母公司美国通用汽车公司 6 月 1 日申请破产保护时,由于新获取的流动性,欧宝并没有立刻陷入财务困难",《商报》写道。几天来有猜测认为,全球最大的汽车制造商通用汽车公司已经为其破产保护做好了准备。拥有大约 25 000 名员工的欧宝在德国急切地寻找着投资者,以脱离通用汽车公司。
>
> 据媒体报道,美国政府正在斟酌给陷入困境的欧宝母公司通用汽车(GM)直接注资。国家会通过把政府迄今为止给通用数十亿美元贷款的一部分转化为参股的方式进行注资……

---

① Andreas Horsch:德国弗莱贝格(Freibergj)工业大学投资和财务学教授,博士。
Stephan Paul:德国波鸿鲁尔大学财务和银行管理学教授,博士。
Bernd Rudolph:德国慕尼黑大学资本市场和金融研究所教授,博士。

> 根据美国的计划，国家将会入股一个规模缩减的通用集团，该集团只包含一些具有生存能力的企业部门。对经媒体彭博社引证业内人士提供的消息称，参股将只是暂时措施，国家入股的目的应该是帮助通用汽车减轻债务负担……
>
> 国家注资也将减少新集团私人债权人的计划份额。据此前的报道，如果这些私人债权人大规模地放弃约280亿美元（210亿欧元）的索取权，这意味着他们将放弃10%的通用债券。美国《底特律新闻报》报道称，"通用汽车将在本周给他们一个急剧恶化的报价，仅拟定按照20%的债务额兑换通用公司股票"。
>
> 资料来源：《南德意志报》，2009年。

这个备受关注的事件给出了企业财务经理的一个中心任务：他必须通过适当地规划、操控和监督流动资金的存量和流量来确保所需的偿付能力，因为公司必须保证在任何时候都有能力履行付款义务。该条件可用如下公式表达[所谓的流动性(不)等式]：

流动性等式

$$期初现金库存 + 所得 - 支出 \geq 0$$

然而，以"库存现金"的形式保持流动性并不是目的本身，公司的总体目标一般为提升股东资产的价值，对股份公司而言也就是提升股权价值。但是，不能为了这一目标而持续损害其他与公司发展相关群体的利益，如雇员、客户、债权人、供应商（利益相关者）等。因为只有在一个顾及所有利益相关者的良好氛围里，股东的价值才能够得到提升，因此和那些在思想上具有误导性的辩论所代表的见解相反，不能把目标单方面定位于资本方。简而言之，实现大于融资成本的累积回报是公司必须坚持的目标。公司应当追求净现值为正（通过用投资者的必要报酬率折现来计算）的未来现金流，然后才可以将收益分配给股东，他们占取剩余权益或者具有剩余索取权，与企业员工和贷款人相比，他们不会得到按合约规定的固定报酬，而是根据公司的发展情况获取收益，企业优先支付其他利益相关者，最后才会将剩余部分分配给股东，因此他们本质上承担着企业的主要风险。

因此，符合流动性等式只能是资本增值的一个限制条件：企业财务经理的任务是，在投入的资本上获取尽可能多的利润，也就是尽可能高的盈利能力；同时，根据需要保持必要的流动性，因为获得流动性就意味着损失这部分资金的盈利可能。

价值管理

从价值导向的操控理念出发，严格意义上讲，流动性对公司价值增值没有贡献，但维持流动性仍然是非常有意义的，而且在更广泛的意义上讲是有价值的，因为这是公司赖以生存的条件——2007年的金融危机和随后的经济危机再一次说明了这一点：公司在这种情况下必须忍受销售额50%以及更多的下降，这反过来又使公司从银行借款变得十分困难。

目标冲突

因此，财务的根本问题是要找到企业盈利和流动性供应之间一个可接受的平衡点（参见图13—1）。纵坐标左边的区域是绝对要避免的，因为在这个区域，不再能够履行支付义务。鉴于未来的不确定性，为了避免这种情况的发生，应当考虑以流动性安全区域名义设置一个缓冲区。此外，若将流动性供应选取在A点又有一点过了，因为这样一来，公司以非营利的现金形式持有相当大的一部分资产，仅仅能够实现维持公司经营所必需的最低利润。因此，应该优先选择B点和C点的位置，用这种方式总可以确定一个仅为公司所特有的最优值。

破产状况

同样，也应当避免D点下方的区域。因为在那里不仅得不到可用以分配给企业所有者或者在企业中保留和使用的（最小）利润，而且甚至还会出现亏损，消耗总股本。然而，《破产法》(IO)第17条提及了三个启动破产程序的起因，破产程序的启动对公司的生死存亡起着决定性的作用：除了一开始所描述的无力支付，支付能力和受到威胁（《破产法》第18条）以外，便是法人(例如资合公司)的过度负债(《破产法》第19条)。当债务人的资产不再能够覆盖现有负债的时候,就产生了过度负债。在公司的资产负债表中,它左侧是固定及流动资产之和,右侧是内外部投资者对该资产池的索取权。由于其靠后的资金索取权(参见8.2节),股权投资者是企业经营风险的主要承载者,因此,公司必须要有充足的资产保证其持续运营,或者利用资金以满足所有其他利益相关者的要求;否则便会产生过度负债的情况,因此亏损不能超过资产负债表上的自有资本。

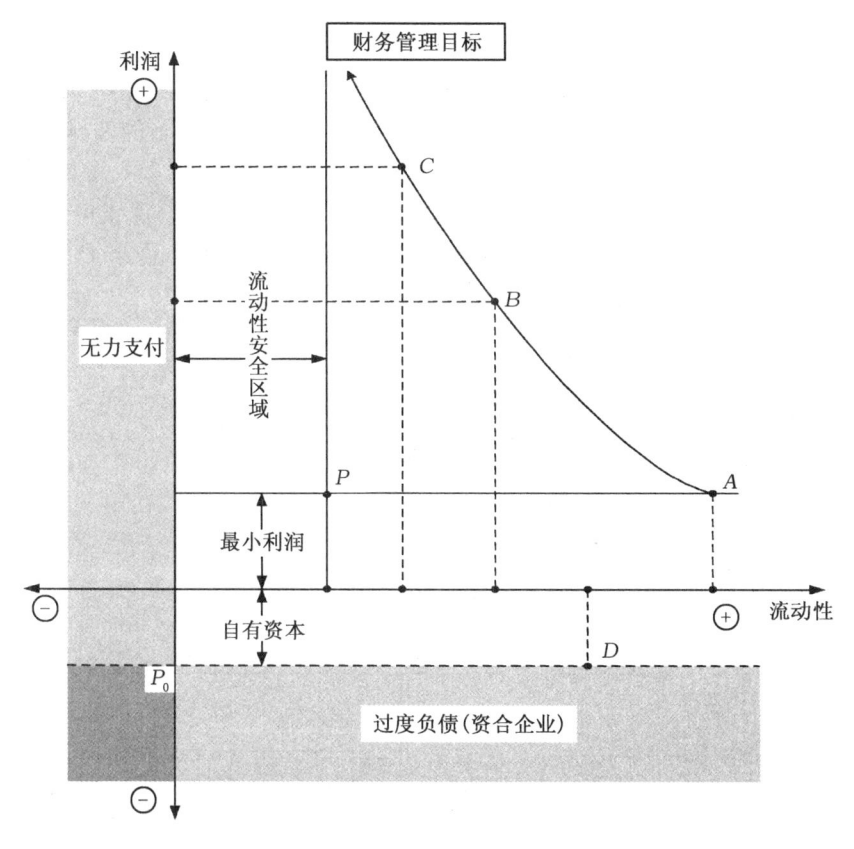

A = 保证获得最小利润时有非常高的流动性
B = 中等流动性,中等利润水平
C = 高利润水平下的较小但还足够的流动性
D = 手头有足够的流动性,但存在导致自有资本的消耗以及长期导致过度负债的损失

图 13-1　利润和流动性之间目标冲突示例

然而,在应对金融危机的进程中,这个核算意义上的过度负债有局限性:根据《金融市场稳定化法》(FMStG)第5条,必须增加一条对持续经营的负面预测;反之,当该公司很可能依靠自身的资金实力,在中期内继续经营,核算意义上自有资本的消耗还不会必然导致过度负债。按照这个到2013年有效的临时规定,破产应该是可以避免的。这场破产可以追溯到由于大规模的折旧或销售额下降,引起突发的过度核算负债,这些折旧与销售额下降在危机减弱以后会以同样的速度得到恢复。

无力支付和过度负债能够同时发生,但也可以单独发生。因此通过过度地发行外债,企业的现金仍然可以是充足的,在之后的时期里,企业很难通过收入来偿还这些债务。相反,那些以较高的毛收益签署了一系列重大贷款合同的公司(并因此获得丰厚的回报),客户的违约也可能使公司陷入流动性危机。类似地，当2008年银行间市场上信心的丧失以星火燎原之势而滋长起来的时候，连那些大型信贷机构也首次从盈利状态陷入了流动性危机。

作为一项企业管理活动，财务管理有着计划、操控和监督的子任务，于是财务管理不只是对货币的管理，因为这么一来，财务经理就成了一名纯粹的现金主管（"司库"）了。尽管在一个完整的财务计划下，通过收支对比使企业当前和未来的现金流状况透明化，也是财务经理的基本任务，但除此之外，他还应该基于公司价值建立和运营一个全面的协调系统，这样财务经理还履行了控制任务（控制概论参见第16章），因此，全面界定财务管理的概念应该为，在考察盈利能力和流动性的前提下，为维持企业财务平衡所采取的所有措施的总和。

在接下来的部分，本章从上述规划系统出发，首先对最重要的融资类型（即财务经理的"工具箱"）做个概述（第13.2节），然后论述内部融资（第13.3节）以及更多的外部融资的核心工具（第13.4节）。

此外，在介绍股份公司与其相关资本市场制度条件的基础上，特别深化论述财务方面还不太成熟的未上市企业。第13.5节主要研究金融风险管理工具的使用，而第13.6节选取了财务管理核心战略决策的一种，即公司资本结构的选择作为范例。

2. 融资方式概述

为了将融资方式系统化，首先按照资金来源建立分类依据，这里，在第一个层次可以将它们划分为外部融资和内部融资（图13-2）。

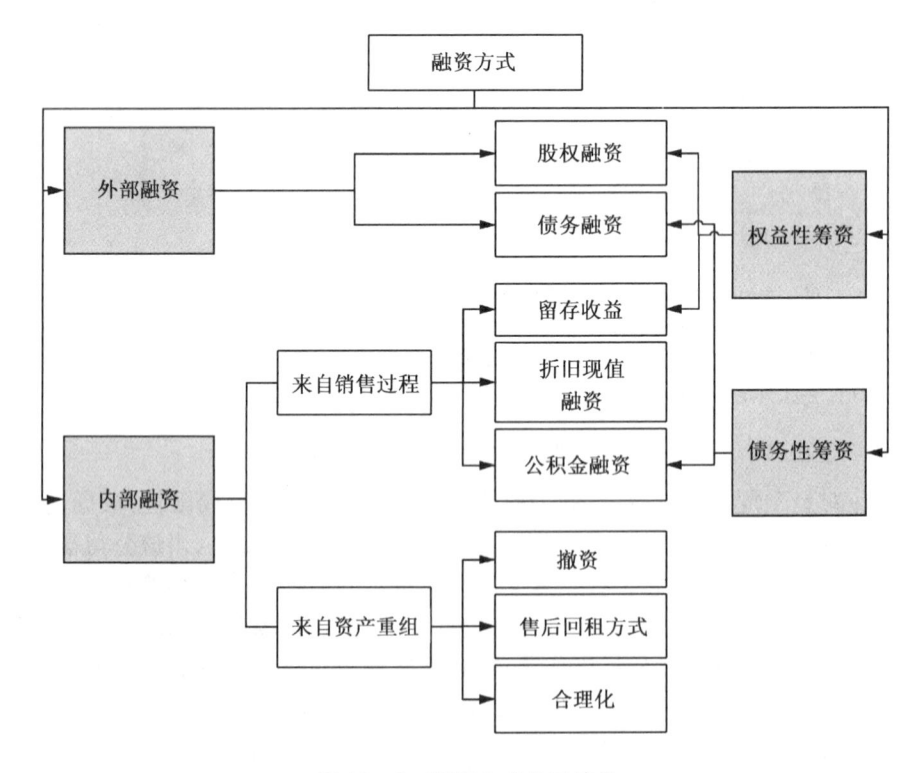

图13-2 融资方式的系统化

此外，外部融资（外源融资）的概念与企业外部的投资者相关。在信贷融资下，财务经理从债权人那里获得借款，而在股权融资下，他从所有者那里获得自有资本。由此，可以依照投资人的法律地位对其进行分类。下一章将详细讲解的内部融资（内源融资）来自于企业内部的盈利。

从表13－1的数据可以看出，这几年德国企业内外部融资各占了多大的比例。从德意志联邦银行提供的数据可以得到每年的净资金流入，负值表明了在一段时期内偿还的资金大于筹集的资金。产生这种情况是由于德国企业在2002年和2003年较低的产能利用率和投资倾向。从存量上来看，外部融资的主导地位并未受到影响：尽管2003年负债额减少了数十亿欧元，但是仍以超过12 000亿欧元的负债存量占据了德国企业资产总额的将近60%。同样在2008年以13 750亿欧元的存量占据了55.6%，依然保持在同样的数量级上。

表13－1　　　　　　　　　　德国企业的内部和外部融资　　　　　　　　　单位：十亿欧元

	2003年	2006年	2008年
内部融资	148.6	151.2	173.5
外部融资	－2.8	62.0	43.5
资金流入总计	145.8	213.2	216.5

资料来源：德意志联邦银行（2010，第26页）。

尽管把融资分为内部和外部融资是公认的，但这种划分并非完全没有问题：

一方面，存在这种类型的企业，其股东同时又是企业的管理者，即资金的投入和业务的进展相结合，以其全部资产作为对第三方潜在风险的担保。

这种情况存在于个体商人或普通合伙企业的股东（参见5.2节），这时所有者和企业管理者是同一人，不能从责任方面将企业和个人资产进行分离

相应地，将融资划分为①企业营运产生的资金（内部融资）和②从外部获取的资金（外部融资）也是没有意义的。就此而言，内部和外部融资的概念主要涉及资合公司，如有限责任公司以及股份公司，在这些公司里，领导企业的管理者和股东是分开的。

另一方面，在内部融资中，公司从销售过程（即通过销售商品和/或服务）或者资产重组（即通过出售企业资产）中获取支付手段。在这两种情况下，鉴于它们的市场交易行为，即公司也是通过外部市场交易获得流动性，但是这些交易并非发生在金融市场上，而是在其采购和销售市场上。

从第二个观察层面上来看，融资分为权益性和债务性融资。后者体现在外来资本的增加上，它基于信贷融资，或者算是一种内部融资，即将到来的支付义务而提取的准备金拨款。相反，股权融资和留存收益则反映了该公司的财务实力。

权益性融资和债务性融资

除此之外，还有其他的方法使融资方式系统化。例如，根据企业的生命周期进行分类，这种分类特别适合对新兴公司进行融资分析（参见第13.4.2.3节）。本质上，融资方式可以简单地按照资金交付是否证券化进行分类：(1)资金交付证券化（即通过发放有价证券，由此将资金交付拆分成可交易的单元）；(2)资金交付非证券化（即纯粹的账面形式）。

据此，下文首先还应该对这个概念进行区分。"债券/股票发行"是指首次向公众发行并配置有价证券。得到资本的发行人由此可以通过有价证券发行获得所需的现金流入，投资者可以从中得到固定的资金索取权（债务资本）或者剩余价值的索取权（股本权益）。相反，非证券

化的资金获取,例如,开户银行的流动资金贷款,或者两合公司未公开有限责任股东的入股,尽管会被投资者和企业以会计方式记录,但并没有体现在可交易的有价证券上,它们仅仅记录在账面上。

3. 内部融资

资产重组　　可以通过销售以及资产重组实现内部融资(参见图 13-2)。在后一种情况下,(在财务经理的指示下)释放经营性资产以产生现金流,还包括一些合理化措施,如降低库存水平或者裁减工作人员,不仅会在成本上,还会在流动性上产生效果,减少了公司承担的(财务)付款义务。

对实现产品与服务运营目标不(再)需要资产部分的剥离,属于资产重组形式的内部融资范畴,这些资产部分包括处置闲置的设备或土地。由大量类似资产组成的资产储备能够更好地迎合定期融资目的:保付代理业务(出售债权,参见第 13.4.4 节)与以其为基础的有价证券(参见第 13.4.6 节)也可以在一定程度上归类于内部融资范畴,这时通常难以区分内部和外部融资。有时因为似乎不存在其他的办法来获取绝对必要的流动性,一家企业,如卡尔施塔特万乐(Arcandor)集团[前身为卡尔塔泰特公司(Karstadt)],被迫放弃利润相当丰厚的股权投资(如托马斯·库克)。这也体现了盈利能力和流动性之间的平衡,这种平衡取决于财务经理精湛的决策能力。

售后回租　　最后,还有一项内部融资措施,即所谓的售后回租。例如,把一幢属于企业的行政大楼出售(销售)给一家租赁公司,并同时再由这家租赁公司把大楼租回给企业(回租)。资产重组存在于,通过资产转让以销售价格获得现金,从而建立新的租赁关系。在维持租赁关系期限内,企业只需要在数额上满足租金支付即可。

内部融资的第二个领域也是基于资产重组,但这种情况在一定程度上在公司价值创造过程中自动产生。以固定和流动资产形式投入的要素被转化为可销售的商品或服务,并通过销售货币化,在销售过程中,企业可以获得支付手段或者货币资产的其他形式(应收账款)。在定价时,企业的目标应该除了(物质和人力)总成本之外,还将核算成本加到价格(如目标利润)中去。如果这个附加了核算部分(参见 9.3.5.1 节)的价格能够被市场接受,那么该公司将得到现金收入,且该收入并不会完全地、直接地与支付义务(工资、材料采购费用等)相对应。用通过这种方式产生的利润(从严格意义上讲,为自筹款项)进行融资,其可持续性则依赖于该公司的盈利能够保留(通过形成公积金)多长时间直到被分配给股东。

狭义的自筹资金　　从严格意义上讲,自筹资金会归入企业自有资本中,企业自有资本反映了企业所有者对企业全部资产的索取权。注意:在这里——在资产负债表的右侧——只记录了对公司资产的索取权;所得到的资金在公司的出纳处或者已经被再投资了。企业只能使用资产负债表的左侧通过资产重组获得流动性,自有资本(包括公积金)是不能出售的(参见第 17 章资产负债表概念)。虽然可以提取公积金,但是自有资本仍然只能充当亏损的缓冲器。然而这仅仅意味着索取权在会计上的减少,与流动性的注入并无关联。

广义的自筹款项　　在来自销售过程中的内部融资领域,我们通常也把那些来自折旧与公积金的融资归为自筹资金(广义上讲)。在这种观点背后,存在着与留存收益相同的"机制":公司核算出确定的价格组成部分,它首先对应其资产的磨损或减值,在另外一种情况下,通过公积金来获取其承担一定风险的能力(即不确定支付义务的数额、金额或发生时间风险)。如果这样确定的价格再次得以实现,那么公司将收到资金,而无须被迫短期支出。公司可以在随后很长一段时间里支配这些资金,直到机器被更换、在官司失败时支付罚款或者企业养老基金被支付给退休员工(就这一点而言,他们像其他外来资金提供者一样拥有债权人地位)。

一般来说,在内部融资的框架条件下,以成本和利润组成部分为基础核算的销售价格,客户通过价格支付贡献了最大部分的金额。对于非上市公司而言,即那些不能在资本市场上以外部融资(股权融资)形式融资的公司,自筹资金经常甚至是它们从外界获得新的自有资本的唯一机会。由于这种自有资本的导入,反过来又改善了获取外来债务的可能性,自筹资金是十分重要的。不管公司的法律形式如何,从财务管理决策者的角度来看,以下几点使得内部融资特别有吸引力:(1)避免持续支付利息与偿还本金的固定或剩余价值索取权;(2)在使用收到资金上的高自由度;(3)避免发行成本。

此外,从资产所有者的角度出发,可以保护股东的控制权及其较大比例。

公司的自筹资金潜力主要取决于其盈利能力。以融资为目的的利润使用,由利润使用决策来确定,通过这些决策,企业一方面必须在资产所有者的分红要求上做到公平合理,另一方面还涉及税务机关——根据阶段利润收取所得税、公司税和营业税(参见14.3节)。

4. 外部融资

4.1 股权和债务资本结构特征

图13-2展示的融资类型基本系统已经在管理实践中,发展成了种类多样的融资工具。由于投资者和借款人双方都必须在双向义务性的现金交付方式上达成共识,他们应该签署融资合同,在投资者的证券化索取权地位上,这个合同也被看作一项融资条款。财务管理的一个中心任务便是,从这个"基本框架"入手,选择最优的融资形式组合,并主要与该公司外部的投资者签订相关合同。这些合同涉及的外部融资可以分为股权融资(外部股权融资)和债务融资(外债)。这种理想的典型基本形式可以用5个比较标准加以区分,下面将以表13-2的形式来描绘融资类型:

表 13-2　　　　　　　　　　　股权资本与债务资本的结构特征

比较标准	股权融资	债务融资
1. 索取基础	配额分配	额定索取
2. 盈利索取	盈利相关、可变("剩余价值")	盈利无关、合同规定
3. 期限	无	有
4. 责任	有,至少是有限的	无
5. 管理	有,至少是有限的	无

股权资本与债务资本这样的理想类型,奠定了各种可能融资形式的基础。在企业财务管理的实践中,这些"极端形式"也具有重要的作用——典型的代表是合伙公司(股权资本),与之相对的是给予这个合伙公司贷款(债务资本)的主银行。此外,在管理实践中,存在着重要的融资变体,它们能够在这个展开的风险/回报空间上用不同的组合点标记。在那些符合有效法律和经济框架条

件以及根据资本供给方和需求方的偏好而议妥签订的合同中,出现了千差万别的受约束的融资变体,它们是上述纯粹形式的组合,其中部分意义重大。尤其是以下几种合同形式:

(1)股票,作为一种股权融资的形式,其在责任和管理权限上是受限制的,而且(通过证券交易所)对投资者而言是有期限限制的,同时在一定程度上是受到削弱的融资形式。

(2)债券,作为债务融资的基本形式,但同时也是构成那些在法律上属于债务资本,而在经济上却表现出股权资本明显特征变体的基础(例如,效益相关的计息、在破产清算时位置靠后、有权利转换成参股资本)。

(3)这些中间形式的融资("混合"或"夹层"资本)特别明显地展示出,融资形式是多么富于变化,并且其发展绝对不会终结。

具体的融资形式是投资者与借款人在资金支付条件上达成一致的结果,因此也便是符合金融市场上供给、需求以及框架条件的妥协解决方案:在通常情况下,资金供给方与需求方双方对于下列各点存在偏好:对一定的期限、规模与空间的可用性,对投入或者提取贷款的资金风险以及对发言权和有关交易与融资条款信息的界定。私人投资者通常只希望在短时间内以最小的风险投入相对少量的金额,并且希望随时可以将其收回,而公司则需要大笔资金来资助其长期有风险的投资项目。此外,投资者表示希望得到有关其投资和共同决策权更为详细的信息,也就是说,除了通常针对支付手段的资产索取权(利息、股息和赎回款项)以外,他们还希望获得进一步的信息以及成员权利,而管理者对投资者提供信息以及让他们参与决策的兴趣不大。

然而,由于资金供给和资金需求达到一致需要有一个定性和定量上的共识,因此财务管理最首要的职权是,决定财务经理是通过与投资者直接沟通的方式建立必要的利益平衡,还是为了必要的转换服务向某些专家求助。

这样,银行可以将许多小额投资资金供给合并起来,将投资者和借款人绑定的期限分隔开来,规避和操控风险并减少信息缺失,因此,它们有助于降低融资的转换成本。在商业银行领域,银行主要向企业提供非证券化融资,它一般通过个人存款进行再融资(贷款和存款业务)。然而,在投资银行的框架下,银行仅仅充当证券融资的中介服务机构,提供的服务包括有价证券的发行以及给投资者和供给者双方提供交易方面的支持。其他专业化机构也为证券和其他金融工具交易提供了规范化的平台,如证券交易所。银行和证券交易所由此提供了一定的转换服务(见图13-3),这种服务体现在资金供给和需求间定性和定量方面的协调上。

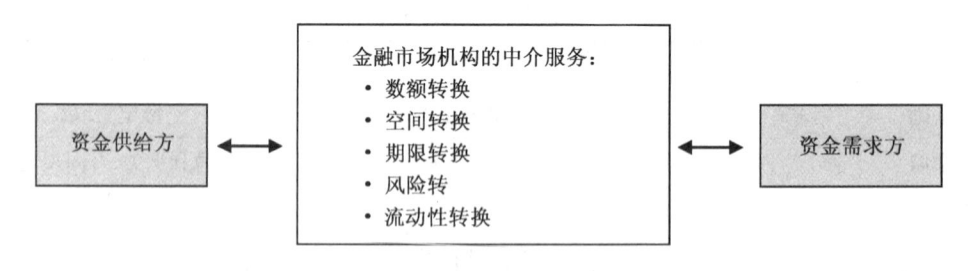

资金供给方 ↔ 金融市场机构的中介服务:
- 数额转换
- 空间转换
- 期限转换
- 风险转
- 流动性转换
↔ 资金需求方

图13-3 金融市场机构的转换服务

因此,一名财务经理不仅需要从给定的可能性区域为其公司选择最优的融资工具,还需要选定与此融资工具相吻合的、有利于吸引资金的金融机构。同时,他对那些可用的替代工具从以下特征做出评价,例如:证券化还是非证券化、股权融资还是债务融资,它们的优缺点以及所表现出来的收益/风险组合点。

4.2 股权融资

4.2.1 股权资本功能

企业从其外部所有者那里获得股权资本,并且记录在资产负债表自有资本项目下(参见 17.3.4 节),表现为外部自筹款项。从这一点出发,我们可以在图 13-4 中看到它的基本功能,这些功能使得股权资本与债务资本有明显的差别。每一个功能的价值和运作方式都取决于公司选择的法定形式。法定形式与相关通用规定(德国《民法典》《商法典》)以及特殊的规范规定(如德国《股份公司法》《有限公司法》,参见 5.2 节)明确地规定了股权资本获取的可能性和限制。这意味着,股权资本投资者的风险/回报组合点也取决于选择的法定形式,这也是它具有决定性意义的原因。

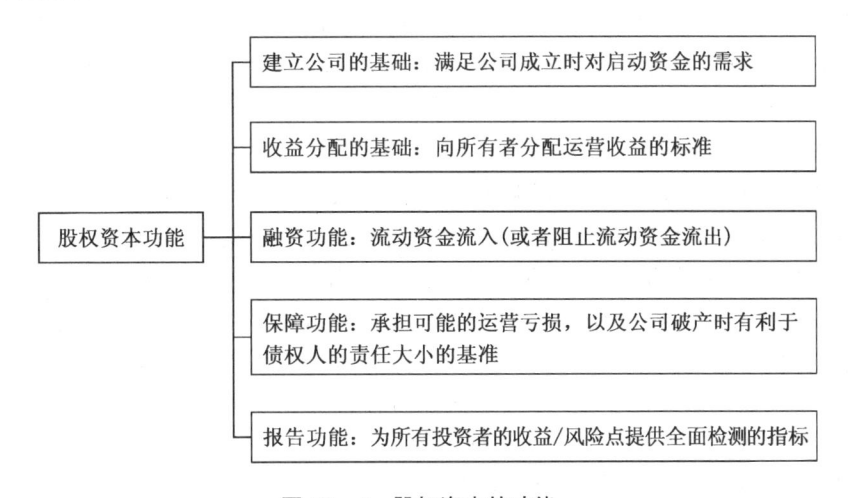

<基本功能>

股权资本功能：
- 建立公司的基础：满足公司成立时对启动资金的需求
- 收益分配的基础：向所有者分配运营收益的标准
- 融资功能：流动资金流入(或者阻止流动资金流出)
- 保障功能：承担可能的运营亏损,以及公司破产时有利于债权人的责任大小的基准
- 报告功能：为所有投资者的收益/风险点提供全面检测的指标

图 13-4 股权资本的功能

在考虑法律框架的前提下,财务管理实践发展出了许多(股权)资金支付的变体。由于政府制定的规则较少涉及非上市企业,因此从经济的角度来看,其股权融资的标准化水平也较低。

在典型的私人企业(民法企业、合伙公司、两合公司)以及"小型股份企业"(有限公司)里,股权资本的获取受具体流程和所有者圈子的强烈影响。

<法定形式的选择>

另外,可以系统化处理的是新兴企业的融资,它们是非上市公司融资规定的焦点。股份公司的股权融资在"可核算性"、规范化和公开程度方面表现出了较高水平,此外它还具有经典的所有权和管理权分离的特点,因此下面将进一步深入探讨。

4.2.2 非上市公司的股权融资

对于非上市公司的财务经理而言,有下面几项可作为自筹资金的基本备选项:(1)留存收益;(2)老股东的额外拨款;(3)接受新股东入伙。

<非上市公司的资本获取>

在很大程度上,非上市公司的增资受到所有者圈子狭小的限制:一方面,新股东很少匿名,且有时并不容易融入往往由(创始家族)身份占主导地位的所有者圈子中去。另一方面,相比于具有大量股东的情况而言,在股东人数很少时,股权资本的增加给公积金带来更大的负担。由于高额股权投资,投资者的资金运用专注于该项目,从而降低了经营上冒险的精神,或者十分畏惧再次增资。特别是在中型企业占主导地位的德国,非上市公司的"股权资本缺乏"对财务经理以及政客的工作十分重要。在这种背景下,证券交易所发起了各种倡议,如自 2005 年 10 月以来德意志交易

所的"Entry Standard",希望中小企业能够更好地获得证券市场融资的通道。

如果盈余公积和老股东能够投入的资金都不足以获得必需的资金注入,那么就必须寻求新股东。此时老股东必须与新股东候选人就"价格绩效关系"进行谈判:新股东应该承担哪些支付或者其他的资金供给义务,以及为此他们可以获得哪些索取权?新兴企业必须首先考虑这个问题,对这些企业,必须在高度不确定性的背景下筹集新资金:已成熟企业的财务经理能够出示其业绩记录,而新兴企业还没有什么"经历"。因此,就成熟企业而言,投资者对于接受投资的企业或企业家能力以及项目和现有资产质量具有较少的风险。相反,新兴企业以项目质量(创新)显著的不确定性和抵押资产的缺乏为其特点,甚至创业者(创新者)的技术和组织能力通常也只能由专家组进行评估。

私募股权和风险资本 因为新兴企业的运营在早期往往伴随着亏损和超支,从而不能偿付利息或本金,所以不能考虑通常的融资手段。在成熟企业中,典型的"融资顺序"为内部融资、外部融资,以及在交易所进行的外部股权融资。相反,对于新兴企业只有特殊的股权来源是适合和现实的:风险资本(VC)和私募股权(PE)市场。

私募股权市场服务于非上市企业短期的股权融资。在私募股权市场中,以为新兴市场提供股权资本为目标的子市场被看作风险资本,涉及对成熟企业临时股权投资的子市场是并购融资市场。以风险投资和并购融资为业务的股权投资企业被称为金融投资者。

风险投资公司 以风险投资公司为代表,一批专业金融中介机构自20世纪70年代以来应运而生,它们通过以下方式从事那些高风险、但随后可能获得高收益且快速成长的新兴企业融资活动。

(1)他们将从自己设立的风险投资基金或者他们可以处置的股权投资资本提供给那些新兴企业,供这些企业在短期内支配,并且定期监测他们提供融资的公司,在监事会或其他监督机构共事,以及通过使新投资依赖于业务计划取得一定进展的方式控制企业行为。

(2)他们为其持股的新兴公司提供发展咨询、介绍银行和律师事务所的服务,由此借助自己的声誉,使得该企业能够与第三方签订合同,并在适当情况下"购买"专业的管理。

天使投资人 新兴企业并不只是从风险投资公司那里获得其启动资本。从这些风险投资公司的投资实践中可以看出,他们的业务领域根本不是新兴企业早期阶段的融资,而是在后续阶段,此时至少产品已经研发成型,只是给业务增长提供必需的资金。真正有效的早期启动帮助是由所谓的天使投资人提供的。这里通常是一些富裕人士,他们直接给新兴企业投资,并且用他们自己的专业知识为成长中企业的管理提供支持。天使投资人融资市场有时被称为非正式的风险资本市场,因为该市场还没有专业的风险投资公司。

天使投资人通过其资金和个人的品质,为风险投资公司事业做好准备。天使投资人融资市场与风险投资市场相比很难组织,但对风险投资文化的形成却有着重要的意义。由于这种分散市场缺乏统一的信息库,很多创业者的资本需求和资本投资方的供给仍得不到满足。该地区从业的银行或者交易所的一个新任务就是,在适当的情况下,消除这种互为因果的信息不对称和由它导致的市场低效率。针对该任务,这些银行利用从成熟公司金融证券的交易中获取的专业知识,将寻求资本的企业和寻求投资的天使投资人引导在一起,建立和扩建一个信息交易所。

企业风险投资 在理想情况下,新兴非上市企业利用风险资本进行融资的途径可以描述如下:在创业活动开始阶段的投资比后期阶段更具有风险性,那时创新和业务已经呈现出明显的成功希望。然而"创始份额"不可或缺,它最好由创业家或天使投资人承担。紧接着前期投入,下一阶段的融资以风险投资为主要形式;必要时,风险投资还会得到公共资金的补充。

第13章 财务管理

当业务朝着积极的方向发展时,金融投资者将控股股票出售给新股东,或者通过交易所出售给匿名投资者;此前如有必要,将由信贷机构提供过桥融资。从个人筹资(所有者、天使投资人)到多元化资本市场融资(股东)的总体,过渡到风险投资公司的支持,图13-5清晰地展示了一个典型新兴公司的融资生命周期,随着生命周期阶段的发展,企业融资的方式也具有各自特殊的形式:

融资阶段	早期融资			扩张期融资		
	种子融资	启动融资	第一阶段融资	第二阶段融资	第三阶段融资	第四阶段融资
企业阶段	开发和产品理念 市场分析	创建企业 生产准备 市场营销理念	开始生产 市场引入	建立与扩建销售渠道	生产和销售系统扩建	公司治理重构
现金流						
关键问题	想法和市场评估	寻找高管	达到盈亏平衡现金流	为增长融资	出现竞争	组织问题
融资形式	自有资金、天使投资人	风险投资		银行贷款		股票发行、首次公开募股

图13-5 新兴企业根据生命周期阶段的融资一览

"种子融资"(Seed Financing)涉及产品想法、研发过程、产品理念的落实、公司观念、市场分析和理念到产品的转变。在许多情况下,融资主要由公司的创始人自己来承担,潜在的供资者希望创始人能够把自己的资金投入公司。在适当情况下,他还能把"家人和朋友"、天使投资人以及其他商业顾问作为创业伙伴。要在早期阶段成功融资,依赖于信息网络是否能够被建立起来,它可以帮助获得种子融资。甚至风投公司也通常在其投资组合中持有一部分种子融资,以使他们在一定程度上也能够参与"幼年市场"。 种子融资

(1)企业融资接下来的一个阶段被称为启动融资(Start up Financing),此时,根据产品想法,企业的发展处于创立、构建或者刚刚开展业务的阶段,它的产品还没有投放市场或者还没有大规模地投放市场。启动融资很明显主要是通过风险投资公司来进行。 启动融资

(2)作为所谓早期融资的最后阶段,第一阶段融资(First Stage Financing)涉及开始生产以及新产品的市场引入,这同样属于风险投资公司参股的经典领域。 第一阶段融资

(3)如果新产品能够在市场上达到预期的销售额,新兴企业在成长和扩张融资(扩张阶段融资)阶段需要财务支持。在德国风险投资公司的投资组合中,该融资占到近60%。随着企业达到盈亏平衡现金流并具有盈利能力,除了新股权资本注入以外,还有越来越多的债务资本以银行和供应商信贷的形式作为企业融资来源,使得典型风险投融资逐渐地失去了它的重要性。 成长和扩张融资

(4)在过桥融资阶段,融资资金为首次公开募股做准备,上市可以改进股权比例,这涉及那些已经为首次公开募股做好准备企业的融资,在这里,融资者主要是投资银行。 过桥融资

(5)风险投资公司通过企业上市或者在企业上市后马上进行撤资。这成功与否以及在销售股份的时候能否实现预期收益,取决于目标企业的发展及其在资本市场中的表现。公开上市的成功 撤资

也依赖于新兴企业是否存在适当的交易细分市场(如 Entry Standard)。

存在许多撤资可能,对于它们的选择,取决于撤资方式在股票市场上有效实现的程度。

风险投资公司还可以通过二次出售将其股份销售给另一家参股公司或金融投资者,这对于第一家风险投资公司而言是一个撤资渠道,而对股份公司来说还不算是离开了该市场。此外,风险投资公司还可以通过市场交易向一个较大型企业出售其股权,该企业便接管了新兴公司,作为其战略投资者。如果参股公司作为独资企业没有能力在生产或者创新产品市场化上获得成功,或者成熟公司根据其参股政策保障新的研发成果或实现诸如销售协同效应,这也有利于改善股权的价值化。另一个撤资可能是创业家或随后的经理自己回购自有资本部分,作为管理层收购(MBO)或者是其他的经理以管理层收购的方式收购此企业的股份,在这种特定的情况下,新兴企业能得到新的债务资金。事实上,那些由大型企业自己——在分拆的过程中且通常通过管理层收购的方式——推动的小型或中型企业(企业风险资本)的重建已经发展成为风险投资市场的一个重要部分。然而一般情况下,回购的可能并不存在于那些快速发展且具有高资金需求的企业。因此,首次公开募股(IPO)是最有效的一种撤资形式。

公开发行 上市的吸引力在于,一方面,通过证券市场的评估可以全面实现投资公司增值;另一方面,股份公司可以通过更好的市场准入渠道获得附加价值,并且通过上市使得名气日益增长。事实上,通过上市对广大公众销售自有资本,自 20 世纪 80 年代后半期才在德国普及开来。1981年只有两家新公司在证券交易所发行了低于 3 000 万欧元的股票,而在 2000 年有不少于 142 家新公司进入交易所,并发行超过 250 亿欧元的股票(参见图 13-6)。尽管由于 1997~2003 年法兰克福德国交易所有组织新市场的崩盘以及 2007 年以后的金融市场危机,首次公开募股的数量急剧下降,但这个撤资渠道的重要意义并没有发生改变。

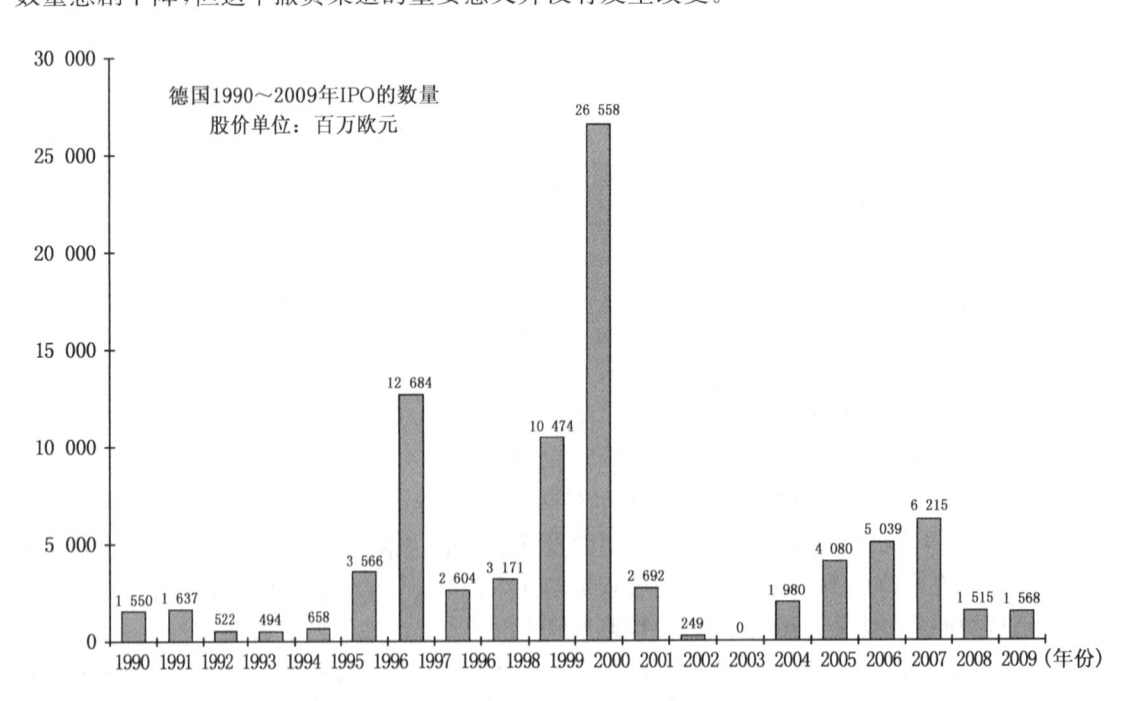

德国1990~2009年IPO的数量
股价单位:百万欧元

年份	金额
1990	1 550
1991	1 637
1992	522
1993	494
1994	658
1995	3 566
1996	12 684
1997	2 604
1998	3 171
1999	10 474
2000	26 558
2001	2 692
2002	249
2003	0
2004	1 980
2005	4 080
2006	5 039
2007	6 215
2008	1 515
2009	1 568

资料来源:德国证券交易所(2010)。

图 13-6 德国首次公开募股(IPO)数量

迄今为止，随着非上市公司进入证券交易所上市，财务管理首次允许大量匿名市场参与者以证券形式入股。若保持原始股本不变，发行收益将支付给原所有者，他们将会得到现金。但新股发行一般与资本增值相关联，因此，财务经理将获得资金。

通常上市也就意味着：(1)更容易从外部来源获得融资；(2)更好的企业形象和更高的知名度；(3)管理者和员工积极性更高。

与之相对应的是上市的缺点，主要是：(1)新股发行的直接成本和持续公告费用；(2)对企业失去控制的风险。

财务经理也必须在上市时考虑各种成本。一方面，必须要承担一次性发行成本和与上市公司特殊公告规定相关的运行成本，例如，公司必须立即将那些与其企业估价相关事件和情况告知公众(临时公告)。根据其上市所在交易所的规定，除了年度财务报告以外，还必须制作和公布季度报告。一些国际知名企业对这些广泛的信息提供义务有所顾忌(尤其是当初在MDAX上市的保时捷股份公司在2001年也从符合高级标准的名单中被剔除了，这引起了轰动)，甚至某些企业还为此退市了(私有化，如罗尔夫奔驰)。

成本

私募股权融资，不仅对于以风险资本形式融资的新兴企业，而且对于成熟企业也起着重要的作用。像风险投资公司一样，私募股权公司作为股权投资公司，在约定融资期限内，能够为其投资组合内的公司提供咨询服务。私募股权公司不仅对那些具有很大发展潜力的企业感兴趣，而且也会投资于不良企业和收购对象。私募股权公司旨在通过收购多数股权，在运作和战略上进行改进，其目的在于在股权出售的过程中带来价值增值。

私募股权

在风险资本交易中，只投资于自有资本，而私募股权融资通常由自有资本和债务资本混合体的形式出现。在债务融资占优势时，下面这种交易被称为杠杆收购，杠杆意味着，为了提高已投入股权资本回报率而吸收债务资本参与。一只并购基金的投资期限大约为10年，之后目标公司将再次上市。另外，那些入股私募股权基金的股东将得到收益。并购公司单独控制其投资组合企业。例如，在持股结构中十分常见的现象——具体投资之间的交叉补贴——由于对基金经理特殊的激励结构而被排除在外。

所谓特殊目的收购公司(Special Purpose Acquisition Companies, SPAC)是一个在德国算得上十分现代化的融资变体，它涉及两种股权融资的交叉。第一步，建立一个特殊目的收购公司，它通过上市获得股权资本。这个公司是专门为了在指定的期限内获得一个目标公司(企业合并)而建立的。如果特殊目的收购公司管理层可以找出一个相应的目标企业，并说服SPAC的所有者实施收购，则它涉及对该公司一个假想的首次公开发行，但它和SPAC的资产是相同的。为此SPAC中止目标公司的上市，而为它自己的首次公开募股做准备。首批SPAC已经在德国上市(如自2010年初以来，专门针对中型目标公司的Helikos SE)。

特殊目的收购公司

4.2.3 上市企业的股权融资

如果企业的股权份额(股)可以在证券交易所交易并获得定价，它们就是上市企业。在德国，这种企业的法定形式可以是少见的两合公司(如汉高公司、默克公司或费森尤斯)，也可以是股份公司(如戴姆勒、意昂集团、蒂森克虏伯)以及自2004年底以来作为股份公司后继者的欧洲(股份)公司[如安联、巴斯夫、MAN，参见5.2节]。股份公司在寻找和获得没有限制的股权资本，所有者(或股东)不能从公司收回那些在公司成立以及后来增资而投入的资金。然而，他们可以在证券交易所向其他人出售自己证券化的股本资产，因此实际上投资者投入的资本是有期限的。

这里的必要条件是:(1)在外流通股票的面额足够小;(2)将它们证券化为统一配置且可交易(即其性质上可交易)的证券形式。

无记名和记名股票

德国曾盛行传统的匿名、特别容易转手的无记名证券。然而,盎格鲁—撒克逊人重视建立和有目的地维护企业与记名所有者之间的关系,自20世纪90年代末以来,在其本国重新引入记名股票(Registered Share)。同时,在德国股票指数 DAX30 企业中,有近一半进行了记名股票的融资,记名股票登记在特定股东的名下,在向其他人转让股票时涉及法律制度(《股份公司法》第67条)以及特殊的要求。为了达成协议和过户(《民法典》第929条),还要求有一个额外特殊的过户附注(背书)以及改写股份公司股东名册。目前德国使用电子版的股东登记册,使得这个程序不再是一个困难的障碍。对于转让受限的记名股票(如德国汉莎航空公司),最终甚至还需要股份公司明确批准所有权的变化。与记名股票这种类型无关,对于股权进行拆分,使之成为对许多投资者而言"便捷且可交易的份额"。一方面,股票的有限责任能够号召很多投资者参与;另一方面,仅出于管理实践的考量,有必要制定一个与所描述的理想形式相偏离的领导授权。

委托代理关系

在业务运营的过程中,委任一个执行董事领导和代表股份公司,也就是这个执行董事充当公司所有者的受托者(代理人),而所有者的影响力主要集中在基本问题上,这些问题主要在所有者的特别会议、股东年会上进行讨论。为了尽量确保所有者和执行董事之间利益的协调,即化解委托—代理问题,公司建立一个由所有者组成的监管机构,任命并在必要时解雇执行董事以及监督其日常活动。这便是监事会,即股份公司第三方法定机构。因此所有者从根本上来讲支配着领导和代表的权力,但是出于实际的考虑,将部分权力委托给了代理人(详见第5章),股东将其责任限制在他所投入的资本金额之内,因此,他不再相当于以个人财产承担责任的所有者经理。尽管如此,这种有限责任还是可以将他和原则上不对公司负债负全责的信贷投资者区分开来。

股东的索取权基础

更为明确的是他们的索取权地位:其基础是按比例分配的公司股权。一方面具体股东的资产索取权由此产生;另一方面他所能获得的当期利润也由此而定,公司利润以股息的形式支付给股东。这种利润索取权既依赖于企业效益,又以剩余价值的形式存在——排在债权人的索取权之后,这一事实使股权资本的特点变得更加清晰。应当指出的是,股东以股票的名义价值和已发行股票数量的比例推导出他的持股比率——他的索取权。因此从本质上来说,这些股票是具有一个分配标准的面值(直到20世纪90年代中期最多50马克,后来为5马克,而现在为1欧元),还是无面值股票(自1998年起成为可能,现在已经成为一种主要的形式)都是次要的。从市场角度对股票的考察,一定要与这个名义价值区分开来:在证券交易所,一只股票的市场价格(股价)会根据这个企业的机遇与风险逐渐形成,这个价格由市场参与者对于股息,特别是股价走势做出的预期来确定。

增资

股价不仅是股票经济价值的指标,而且还决定着企业增发新股权的条件。这些与增资相关的问题,对股份公司财务管理而言至关重要,也可以把这个结论引申到未上市公司的首次公开募股。这种增资的核心动机直接从股权资本的性质和功能上体现出来,如:(1)通过资金流入提高流动性;(2)这些资金可用于投资项目的实施;(3)拓宽债务基础;(4)改善债务资本的借入能力;(5)通过提高自有资本充足率(参见19.2.1节)改善其资本结构——特别是由于股权资本承担功能,外部信息受众对此感兴趣。

认购权

财务经理有许多不同的方法用于增发新股。而从合规方法概览可以得知,这些方法主要基于保护债权人以及该股份公司当前所有者利益,由股份公司法进行规范。正规增资是最基本的形式,通过发行新股票获得额外股本的实收资本,并用现金支付。为此需要股东大会做出相应的决议,除了《股份公司法》第182条规定的详细法律框架条件之外,财务经理必须就股票发行的两个核心经济构建特点做出决定:(1)股东是否具有认购权以及拥有怎样的认购权;(2)新股认购价的确定。

注1:认购权体现了当前所有者("股东")的"优先购买权",以保护老股东的投票权比例和资产利益。因为如果新股不是按照之前的份额比例分配给老股东,就会使原先的所有制结构发生变化,从而导致股东全体大会上投票权的分配也发生改变。其次,正如我们将要阐述的,在其他不变的情况下,旧股的价格会由于新股发行而下降,从而使原所有者遭受财产损失。如果每个股东都被授予特权,以获得与他在目前股本中所占比例相适应的新股份额,就可以避免这两个负面的效应,认购权可以实现这个目标。根据《股份公司法》第186条,带有认购权的新股发行是一个常见的情况。所以,在解释无认购权的股票发行可能性和前景之前,必须加强关于认购权经济关系的本质认识。

注2:认购价是新股在市场上能够获得的单价;从财务管理的角度看,它是引入每一额外单位的股权资本所需支付的价格。定价是股票发行公司财务经理的一项职责,他们在一系列框架条件下行事:首先存在着一个可能的认购价格区间,根据法律规定,它的下限为1欧元,而旧股的当前价格是其上限。因为当价格高于该上限时,购买者肯定将购买(较为便宜的)旧股,新股将无法出售。在这个区间内可以决定一个"大致的价格水平"。对"较高的"认购价,计划的股本增加数额较少,我们将来只要用较少的流动性来满足新增股权支付股利。相反,对"较低的"认购价,"看上去便宜的"证券可交易性和可销售性较高。在选定的股价水平上,财务经理要么确定一个认购价(如新股20欧元一股),要么在规定的框架下让市场定价。对于提供认购权保障下增资的情况,可以不用考虑交易成本。在不考虑交易成本和税收的模型中,独立于现有股东定价方法的认购价是次要的,重要的是股东如何行使其认购权。在新股发行之后,形成了对一个股份公司全体股份的综合股价 M,它由旧股先前的价格 A,新股的认购价 B,通过加权算术平均数计算得出,权数为旧股与新股的数量 a、b:

$$M = \frac{a \times A + b \times B}{a+b}$$

由于强制条件 $B \leq A$,则 $M \leq A$,所以由此造成老股东存在资产损失风险。因为同时又必须满足 $B \leq M$,因此新股的认购权拥有自己的价值 BR,它的计算如下(在新旧股票同权的条件下):

$$BR = \frac{A-B}{\frac{a}{b}+1} \qquad BR = A - M$$

老股东面临着两种选择来对抗由于混合股价的降低导致其权力受到稀释的威胁:可以行使认股权,即用认购价购买新股并通过其价值弥补旧股的价值损失,并维持他的投票权不变。或者,可以单独在证券交易所出售认购权。从数学计算上,这恰好是平衡混合股价效果所需的资金流入。

> **示例**：股份公司拥有 5 000 万欧元的股本，其股票面值为每股 1 欧元，目前在证券交易所标价为每股 40 欧元。在新的会计年度，该公司计划以 5∶2 的比例增资，也就是增加 2 000 万股。由于市场形势，新股可以按照每股 22.50 欧元的价格发行。那么股票的混合股价以及认购权的算术值计算如下：
>
> $$M=\frac{a\times A+b\times B}{a+b}=\frac{5\,000\times 40\text{ 欧元}+2\,000\times 22.5\text{ 欧元}}{5\,000+2\,000}=35\text{ 欧元}$$
>
> $$BR=\frac{40\text{ 欧元}-22.5\text{ 欧元}}{\frac{5\,000}{2\,000}+1}=\frac{17.5\text{ 欧元}}{3.5}=5\text{ 欧元}$$
>
> 持有 25 股的股东拥有相应数量的认购权，他可以购买 10 股新股，由此他维持了与其原有资产状况相同的投票权，因为旧股的价值损失 25×(35 −40)=−125 欧元以及新股的价值增加 10×(35 −22.50)=125 欧元恰好得到平衡。另外，他也可以单独出售他的认购权。那么他将获得 125 欧元的现金，这个数额也恰好可以平衡证券的价值损失。

很长一段时间以来，认购权都曾是德国股份公司增资的主要构成部分，而最近剔除认购权——例如，为了在并购谈判中有较快的反应速度——越来越凸显出它的优势。自从立法机关在 1994 年改变了认购权剔除的前提条件以来，剔除认购权的股票发行便恰好在市场疲软阶段产生了。《股份公司法》第 186 条规定的前提条件（其中有：股东全体大会 3/4 多数原则、增资数量的限制、发行价格 B 不得显著低于市场价格 A）致力于缓和权力稀释的问题。与这些准则无关，剔除认购权的意义恰好体现在授权的增资上，除了其他的那些方法以外，它是由正常增资的变体发展而来。

固定价格法（Fixed Price Method）是一种为了进行私下出售的典型定价方法，在剔除法定认购权增资的情况下，这种方法公布一个固定的股票出售价格，投资者由此做出购买决定。这个支付价格由主导银团的投资银行和发行人之间达成一致，确定该固定价格的基础为企业价值评估法（如资产价值、收益值、折现法，参见 12.5 节）和可比较股票的市盈率（参见 12.5.2 节）。

近年来，累计投标询价法（Bookbuilding）为盎格鲁—撒克逊市场所采用，且特别用于股票国际配售。首先，即将发行股票的确切数量是不确定的，而在路演中，公司和股票发行的其他细节会呈现在潜在的投资者面前。然后，投资者可以向银行提交标书，即所希望的数量和价格（通常在一个给定的价格范围内），从而本地簿记行及全球簿记行（Global Bookrunner），也就是该银团的牵头人（Lead Manager）能够获得一个对现有需求的概况。在这阶段，投资者可以撤回或者修改他们的标书，同时一般会对那些提供早期方案和高出价的方案给予优惠。德国电信股份公司的上市被看作德国股市在这方面的试点，它使用了财务经理的自由裁量权且有利于投资者群体，即给予个人投资者价格优惠，这有利于促进实现所期望的价格自由浮动。

在某一特定的时间点上，根据最终的投标，发行人与簿记人一起确定发行数量、发行价格和具体分配。这种方法所独有的透明度有利于长期投资者，以促进未来股价走向趋于稳定：为了实现发行人所期望的投资者组合，簿记人预先给银团成员规定了有多少股可以被分配给哪几个具体的、名称公开的机构投资者。这种做法尽管是对银团在股票处置上的干预，但它可以通过以下两种方法得到减缓：(1)通常银团能得到一定数量的股票，它可以根据自己的判断分配；(2)给银团主导者一定数量的股票，以满足其特别大的需求。累计投标法的主要特点如下：(1)由售方最后确定一个最终价，相反，在早期首先只确定一个价格区间；(2)银团的保障和销售功能相分离;(3)有可能针对首选的投资者群体配售股票;(4)考虑到更进一步配置目标的情况下,由市场确定股票发行价。

然而,与更加公平市场环境这一优点相对的是较高的费用,所以这种方法只有对高配售额才有意义。这导致一个基本问题,即在做决策时,财务经理必须始终将那些伴随着融资选择的交易成本考虑在内。图13-7给出了一个根据德国法律增资可能形式的概览,它们根据其与额外流动资金注入的联系程度来分类。

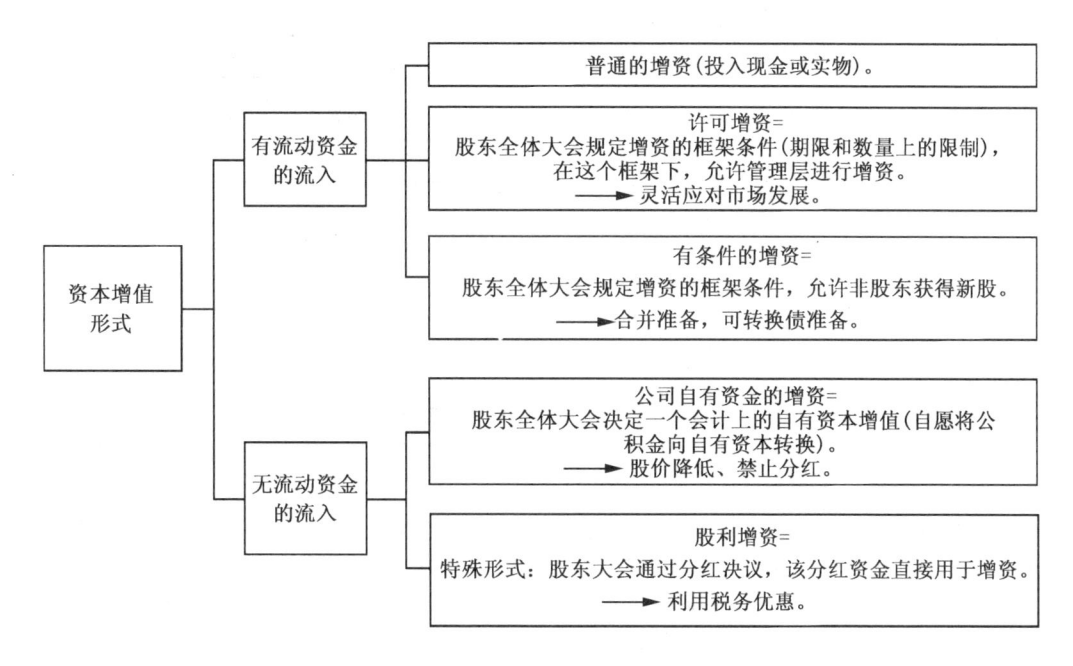

```
                              ┌─ 普通的增资(投入现金或实物)。
                              │
                              │  许可增资=
                   ┌─ 有流动资金 ─┼─ 股东全体大会规定增资的框架条件(期限和数量上的限制),
                   │   的流入    │  在这个框架下,允许管理层进行增资。
                   │             │  → 灵活应对市场发展。
                   │             │
                   │             │  有条件的增资=
                   │             └─ 股东全体大会规定增资的框架条件,允许非股东获得新股。
  资本增值 ────────┤               → 合并准备,可转换债准备。
    形式           │
                   │             ┌─ 公司自有资金的增资=
                   │             │  股东全体大会决定一个会计上的自有资本增值(自愿将公
                   │  无流动资金 ─┤  积金向自有资本转换)。
                   └─  的流入    │  → 股价降低、禁止分红。
                                 │
                                 │  股利增资=
                                 └─ 特殊形式:股东大会通过分红决议,该分红资金直接用于增资。
                                    → 利用税务优惠。
```

图13-7 增资的形式

无现金流入的增资目前主要是通过自有资本项目的改变(从公积金转变为认缴资本)而进行,这一点在证券技术层面通常伴随着无偿配股(基于零认购价,也被称为"送股")。出于完整性考虑,这些在股份公司法中并未明确提及,但通过资本市场参与者发展起来的股利增资也包含在内。虽然这种特殊形式仍是可行的,但随着新公司税法的引入,它暂时变得不那么重要了。

参股资本不仅拥有之前所描述的那些功能,而且对获取信贷资金有积极影响。随着自有资本的增加,从贷款者的角度看,公司承担的责任也增加了,在其他条件不变时,他们更愿意给公司提供贷款;反之亦然。以下各节展示贷款具有哪些形式。

4.3 长期债务融资

如果没有股权资本,一个企业根本不可能成立,但在企业随后的持续经营中,就要求能够从债权人那里获取额外的资本。根据德国联邦银行的数据,德国企业在2008年显示具有平均25.5%的资本充足率,因此债务资本比率超过资金总额的3/4(参见德国央行,2010)。如果找到了债权人,他们基本上已经准备签订一个有期限且与收益和盈利状况无关的合同(参见13.4.1节),那么在债务设计方面,合同当事人有着更广泛的选择性范围。他们首先根据资金转移计划期限分类;为此,德国联邦银行在此基础上进行了以下分类:(1)短期债务融资(期限不到1

贷款融资系统

年);(2)长期债务融资(期限为4年或4年以上)。

在管理实践中,还有其他的级别分类,有时中期融资(期限为1～4、5年)会被单独列出。按照是否为证券化融资进行分类,长期债务融资领域也因此可以进行如下的基本划分(见图13-8)。

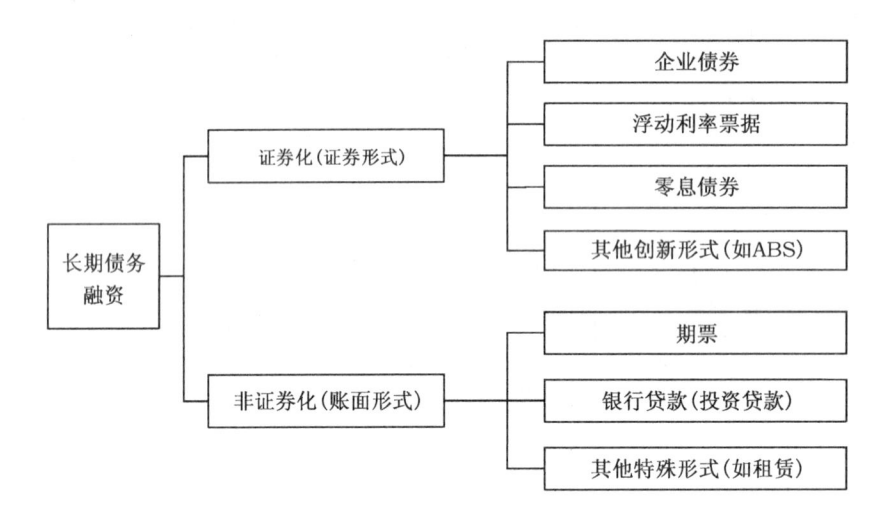

```
长期债务融资 ┬─ 证券化(证券形式) ┬─ 企业债券
           │                 ├─ 浮动利率票据
           │                 ├─ 零息债券
           │                 └─ 其他创新形式(如ABS)
           └─ 非证券化(账面形式) ┬─ 期票
                              ├─ 银行贷款(投资贷款)
                              └─ 其他特殊形式(如租赁)
```

图13-8 长期债务融资形式

4.3.1 证券化形式

与股票的证券化股权融资相对应,最主要的是以公司债券为形式的证券化债务融资,它与行业无关,传统上被称为工业债、工业债券或者工业长期有价证券。这里指有固定利息的长期贷款,它们以证券形式在证券交易所被大量的贷款人、债权人所接受;同时,还指有固定利息的有价证券,它们被称为永续年金或固定收益证券,以及其他类似由联邦和州政府发行的债券。与股票一样:通过将资金筹集分拆为可以在证券交易所交易的小额债券,传统的债权人地位发生了重大改变,因为与总贷款期限无关,在证券交易所,"小额债券的债权人"可以通过出售其债券而在债券到期之前结束其债权人地位,就此方面而言,他们可以制定个人的期限。

债券持有人是否保持其债权人地位或者保持多久,一方面取决于他们的投资指标,另一方面取决于周边环境的发展——如市场利率水平——以及贷款的设计。这里特别包括:

(1)利息(在有效期限内通常为固定的名义索取权,而债权人获得的实际利息还取决于小额债券不同的发行价和偿还价)。

(2)有效期限(在德国通常为5～10年,与其他国家在时间跨度上相比呈下降的趋势)。

(3)偿还方式(变体:终止或到期后以一个数额偿还、抽签式逐步偿还、分期或年金偿还,在证券交易所进行回购)。

(4)担保[通常以保证金和担保的形式——最好是由公共部门担保,或者通过那些对债务人具有行为规则约束的担保条款(契约)]。

由于金融市场危机,企业债券的重要性再次显著上升,其原因不仅体现在企业或借款人(建立战略流动资金储备)身上,还体现在投资者(追求收益)以及在贷款上竞争的资金供给者(商业银行谨慎地放贷)身上。

从企业债券的基本形式出发,通过重新设计出与财务经理和投资者的偏好相应的具体特征,此前就已经出现了各种长期证券化债务融资的变体。就此而言,浮动利率票据和零息债券都是以利息为导向的创新。

浮动利率票据(FRN)书面确认了债权人的可变利息索取权。表面上,它与股权资本相当接近,并且似乎与所谓的"固定收益证券"相矛盾。然而,其收益的波动标准并不是负债企业的发展(利息的索取权基于这一点,即特别与企业年度净收益无关,从一定程度上讲是固定的),而是另外一个参考变量,即某一个特定的市场利率,因此利息按照该市场利率变动。由于浮动利率票据周期性的利息调整,投资者和债务人都分摊了市场利率发展的收益与风险,合同双方可以就利率上限(帽子)、下限(地板)或者两者的组合(项圈)进行协调,这样有利于对其进行预测。

<small>浮动利率债券</small>

<small>帽子/地板</small>

零息债券在有效期间不定期支付利息,所有的利息都被包含在内,并在到期偿还时才一起支付,利息体现在发行价和偿还价的(相应明显的)差价上。由于贷款人/借款人只需要处理存款/取款,简化了操作过程,而且对财务经理而言,消除了持续的流动性负担,对投资者而言,则消除了再投资和利率变动风险。此外,零息债券的吸引力在于,它们可以将投资者的应税资本收益推迟到将来。在有效期限、到期和偿还方式基础上发展而来的变体是类似的。最终也可以将它们解释为,一种以担保为导向的变体或创新的有价证券,它们从明确特定的资产获得其价值,寻求资金的企业特意为了这个目的而独立地处理并且外置该资产(参见 13.4.6 节)。

<small>零息债券</small>

在特定的情况下,企业或者投资者是偏爱债券的基本形式,还是债券的一个衍生变体,取决于他们的偏好以及适用的贷款和框架条件。由于债券市场总体的拓展,以及通过财务管理加大了对创新可能性领域的充分利用,投资者也增加了对信息的需求,以简化他们对债券收益—风险情况的评估。为此,成立了"评级机构",如标准普尔、穆迪和惠誉,作为提供这种信息的专家,他们的评级表明了负债企业还本付息的概率(参见 19.2.2 节)。一方面评级可以减少投资者面临的不确定性和降低他们因此要求的利率风险溢价,另一方面评级机构也可以通过提供信息从发行人那里获得报酬。由于这两个原因,是否委托评级机构以及委托谁的这个决定与融资成本相关,并且因此应该纳入财务经理的核算中。2007年的金融危机也显示出,除了寻求资本的财务经理以外,提供资本的投资者也必须时刻对评级报告的质量进行评估:评级并不产生确定性,而只是减少了不确定性,而且有可能事后发现是错误的,因此在这里建议从侧面进行自我分析和决策进程,而不是将这些进程替换掉。此外,非证券化的长期债务融资可能提供的"机会"对决策也有着重要影响。

4.3.2 非证券形式

在与证券领域竞争的非证券化长期领域,企业通过账面贷款进行融资,后面将会深入讨论期票贷款和银行贷款两类,而所有者贷款——主要是税收原因——仍然被排除在外。

企业贷款非证券化的对象为所谓的期票贷款:经过长期的下跌趋势,金融危机也复兴了这种融资方式,以替代现有难以获得的银行贷款。期票贷款就是,非证券化的、而在某些情况下与债券相似的,以(非银行)金融中介提供给公司的大批量长期贷款形式的融资合同。这种在构造上像一张期票而不是以资本形式为特点,对它的命名主要由于一些历史原因。

为了获得期票贷款,与公司债券的情况不同,债务人不必公开上市。但是,如果法定义务方面有欠缺,资本需求者的市场准入事实上是受限制的:一个寻求资本的企业获取期票贷款的能力由投资者要求的配置属性决定。保险公司一般是投资者和贷款人,受到特别严格的法律限制,如保险监管法和自身的投资条例。因此,寿险公司和养老基金作为期票贷款的主要债权人,最终聚焦于一个拥有良好信用评级的大公司圈子(参见基于资产负债表部分的信用评估,19.2 节)。

<small>期票贷款</small>

期票贷款基本上具备与公司债券相同的配置属性,但是由于投资者法律上的要求,其标准

<small>配置属性</small>

化程度更高一些:

(1)利息:高于当前市场利率 25%～50%(相对相应的公司债券);(2)投资期限:一般为 10～15 年;(3)还款:以分期付款方式,通常前 3～5 年不用还款(无市场回购,无债务人终止权);(4)抵押:根据保险监管法/自身的投资条例,大多为可执行的地产债。

由于更高的利息以及放弃终止权,债务企业的财务经理可以获得与债券相比较高的灵活性,这种灵活性既会在信用关系形成之前(去除了上市的高额成本),也会在信用关系期间(贷款使用的可计量性)起作用,此外,运营成本也会下降。从债权人的角度来看,期票贷款主要是由于其收益优势而引人注目,另外,这种收益优势被看作是对索取权可替换性较差(不可在证券交易所交易)的补偿。

银行长期债务融资 在长期信贷融资的证券化形式和期票市场对企业来说都不可行时,它们会将长期债务融资放在银行长期贷款上。这再一次展现了法律框架对于一个细分市场发展的显著重要性:德国贷款法(KWG)要求银行仔细审查(潜在的)借款人的经济状况和由内部评级得出的信用评级。然而,这个必需的证明,特别是在此背景下银行为放贷所需的安全保障,尤其对中小型企业而言往往是一个主要的障碍。因此毫不奇怪,鼓励银行实行更强信誉导向信贷政策监管理念的《巴塞尔协议Ⅱ》,在这个特殊的背景下非常有争议。此外,由于自己的再融资结构,许多银行偏好于短期贷款,在这里有一个例外,具有长期再融资倾向的公法信贷机构以及按揭贷款银行。由于相比于长期贷款,提供资金的银行更喜欢短期贷款(可能带有延长条款),这使得上述在资本领域具有股权融资缺口的中型企业在债务融资方面遇到了同样的问题。在德国,由许多不同的非证券化长期信贷资金的专业供应商填补该缺口,这些特别供应商介绍那些提供信贷支持的公共信贷机构(尤其是在出口信贷业务中的 AKA 出口信贷公司)或资助银行(如德国 KfW 复兴信贷银行、北威州投资银行)。

租赁 就长期信贷融资支持资本产品购置而言,财务经理最终也将租赁纳入决策考虑中,它们体现了"租而不买"的战略,因为租赁被理解为一种由出租人(租赁财产的生产者,或在签订这种转交合同上专门的中介商)向承租人的一种有偿的财产(租赁对象)转交(出租、租赁)。

因为用这样的方式,无须投入自己的资金就可以使用一种财产,而承租人必须为此周期性地分期支付报酬,所以它所处的情况在经济上和借款投资者有可比性,可以理解为债务融资的另外一种形式。

只有根据具体情况,才能最终有效地评价租赁合同的吸引力,这里除了资产负债表方面,税收方面——尤其考虑到营业税——也可以有积极的表现。然而总体上而言,租赁显示出了与其他长期融资形式一样的普遍优势或劣势。特别是,如果租赁公司能够在租赁对象购买、再融资条件上得到更低廉的价格和利率,以及与贷款银行相比能在抵押资产变现时实现更好的价格,并且能将至少一部分这些有利条件收益转移给承租人,租赁融资更显现出其吸引力。最佳长期贷款融资的确定和实施仍是企业财务管理的主要任务之一。

4.4 短期信贷融资

正如在长期领域内那样,短期信贷融资也可以划分为证券化和非证券化形式(参见图 13—9)。

非证券化的变体始终是短期领域的典型代表。另外,最终证券化的变体也已经建立起来了,它们也给借款人提供了减少对银行金融服务依赖的可能性。短期业务确实可以充分利用源于规范化的长期理念,但是短期业务的证券化仍处于初级阶段。

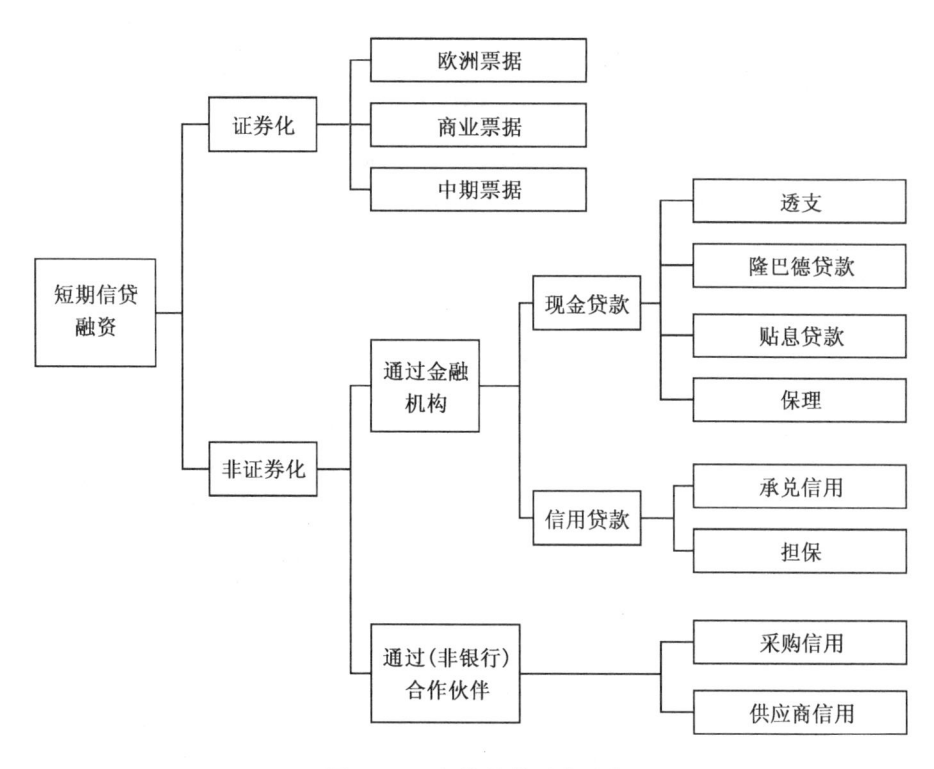

```
                              ┌── 欧洲票据
                   ┌── 证券化 ─┼── 商业票据
                   │          └── 中期票据
                   │                              ┌── 透支
                   │                              ├── 隆巴德贷款
                   │              ┌── 现金贷款 ───┤
                   │              │               ├── 贴息贷款
          短期信贷 │              │               └── 保理
          融资  ───┤   ┌── 通过金融机构 ──┤
                   │              │               ┌── 承兑信用
                   └── 非证券化 ──┤── 信用贷款 ───┤
                                  │               └── 担保
                                  │
                                  └── 通过(非银行)  ┌── 采购信用
                                      合作伙伴  ───┤
                                                   └── 供应商信用
```

图 13—9　短期信贷融资形式

4.4.1　证券形式

拥有较好信誉(如果可能的话,由公认的评级机构之一确认)的大型企业还有机会不通过银行,直接从货币和资本市场获得中短期资金。借款额度在长期方案条件下实现,而短期发行将循环利用该额度,根据其公司的流动性和资本(结构)计划要求,借款公司的财务经理对这种循环利用进行决策。这样,下列的融资形式实际上也获得了长期属性。 _{资本市场方案}

欧洲票据和商业票据(CPs)是短期无抵押不记名证券,其期限通常是 7 天至 2 年。交付佣金后,在长期框架期限内,借款人能够通过循环发行欧洲票据或者商业票据获得必需的资金。具体的发行量带有一个利率,该利率根据相应的市场条件而定。

开始时,借款人与选定的筹备银行签订协议,这些银行在法律(合同文件)和经济(承销商的选择)上为有价证券的发行做准备。承销银行有义务收购发行债券中的一部分,以使它们在选定的投资人那里进行再次配售。那些被提到的变体在如下点上可以进行区分:当证券无法在市场上出售时承销商的义务。图 13—10 清楚区分了(纯粹的)出售功能和保障功能。但是在管理实践中,这两种功能在承销商那里通常是统一的。 _{银行的角色}

在发行欧洲票据时,银行会立下承诺:在票据出售失败时,他们必须要么收购票据作为自己的库存,要么作为替代给借款人一个直接的(书面)贷款保障(备用或待机承诺)。这种有利于借款人的保障并不存在于商业票据,商业票据的出售风险由借款人自己承担。

尽管由此可以实现利息优势,然而已经很清楚的是,只有具有一定信誉(由此衍生出的出售机会)和规模(由此衍生出的克服出售风险的能力)的企业才能在欧洲票据/商业票据市场上融资。此外,由于伴随的交易成本,这种类型的发行只有在发行量大于大约 5 000 万欧元时才有意义。这同样适用于中期票据形式的发行,其首先由于更长的持续时间,即至少 9 个月,与上

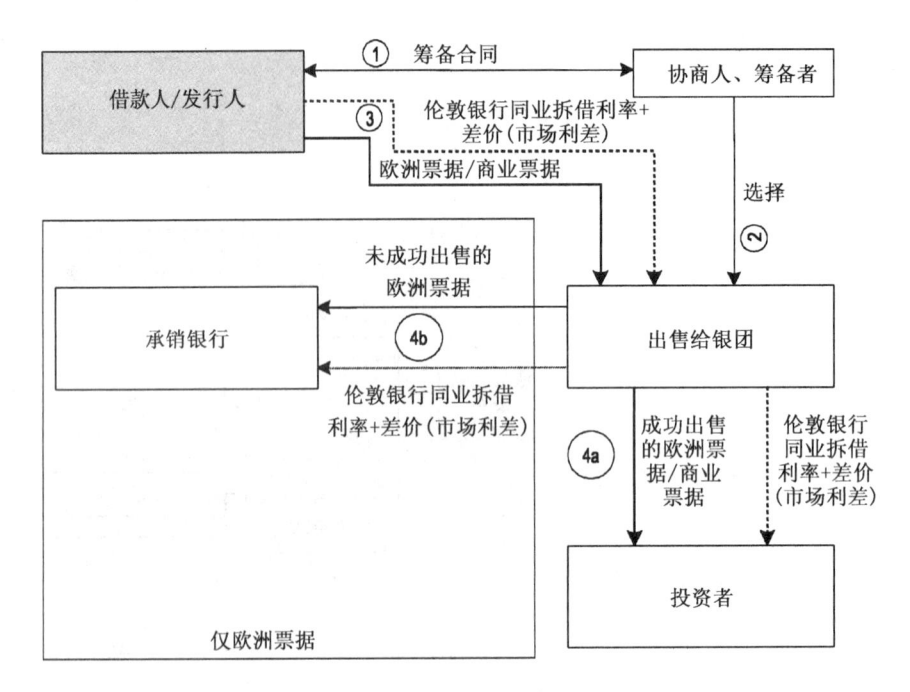

```
                    ①  筹备合同
    ┌──────────────┐ ←──────────── ┌──────────────┐
    │  借款人/发行人 │               │ 协商人、筹备者 │
    │              │  伦敦银行同业拆借利率+  │              │
    │              │  差价(市场利差)  │              │
    │              │ ③                │              │
    └──────┬───────┘                 └──────┬───────┘
           │   欧洲票据/商业票据              │
           │                                │ 选择
           │                                │ ②
           │                                ▼
    ┌──────────────────────────────┐  ┌──────────────┐
    │       未成功出售的            │  │              │
    │       欧洲票据               │  │  出售给银团   │
    │  ┌──────────┐ ←──────── 4b   │  │              │
    │  │ 承销银行 │                │  └──┬───────┬───┘
    │  └──────────┘  伦敦银行同业拆借 │     │       │
    │              利率+差价(市场利差)│     │ 成功出售 │伦敦银行
    │                                │    │ 的欧洲票│同业拆借
    │                              4a│    │ 据/商业 │利率+差价
    │                                │    │ 票据   │(市场利差)
    │         仅欧洲票据              │    ▼       ▼
    └──────────────────────────────┘  ┌──────────────┐
                                      │   投资者     │
                                      └──────────────┘
```

图 13—10 欧洲票据/商业票据结构

述的商业票据有所区分,其次,其介于商业票据和企业债券之间。

在金融市场危机中,商业票据市场(以不动产担保的特殊债券市场)曾有许多交易日"卡壳",即甚至连一流的发行商也未能成功出售新证券。这表明,"流动性遵循商业信誉"只在一般情况下才适用。

4.4.2 非证券形式

与长期信用关系的情况不同,在较短的期限内,财务经理也可以将合同合作伙伴称作投资者,公司原本和这些合作伙伴只有商业合作,没有资本相关的关系。这种贷款方主要是顾客以及供应商:

(1)采购信用:顾客通过提供定金或者预付款充当贷方角色。该融资理念不仅众所周知,而且在项目融资(厂房建筑、造船)中也是不可或缺的组成部分,因为通常情况下,生产商难以确定融资的数量和期限。虽然没有明确的利息,获得这种资金转让也是有代价的:须在总价基础上提供折扣,该总价为顾客在无定金的假设下得到的。

(2)供应商信用:与上述情况相反,这里顾客通过不立即支付应付账款而是——依据合同或违反合同——使用付款期限成为借款人。主要考虑到实用性,在连续运转的财务管理理念下,特别是与简化贷款形式相似的这种方式在实践中广为流传。此外,由于短期以及许多企业缺乏替代者,利率通常是很高的。如果使用了90天付款期限偿还账单金额,而不是在30天的折扣期限内以2.5%的折扣支付,那么这一部分"折扣放弃"大约相当于年利率:

折扣率/(付款期限－折扣期限)×360＝2.5%/(90－30)×360＝15%(年利率)

正是因为它的定价不够透明,财务经理必须仔细地对商业合作伙伴的贷款进行成本效益分析。为了能够保障这两种由贸易伙伴提供的基本融资变体的吸引力,有必要考虑由金融机构提供的替代融资方式。

(1)透支:它通过授予一个信用额度而产生,银行将这个作为"最高透支额度"的信用额度与由它运行的账户相绑定。在这个额度以内,在时间和数量上,借款人能够根据其需求灵活地使用透支借款。由于以这种方式可以获得流动性上的反应能力,透支是企业财务经理必不可少的一项工具。活期账户尽管从法律上讲为短期("每日可归还"),但实际上经常为一种长期的资本转让,因为即使有波动,这种透支的使用也会形成一个沉积量。这种大多作为周转资金贷款,以流动性保障或过渡为目的的资金转让成本往往由多部分组成:除了对额度的取用部分收取的明确利息以外,还经常会对整体提供的额度收取"佣金"。由于很少要求抵押品,会使得价格抬升,然而在后续的方法中,抵押品是必须加以强调的。

(2)隆巴德贷款:除了活期账户透支外,为了满足短期资金需求,通常会使用该贷款形式,它的名字从选定的抵押品而来:作为一种贷款,这种贷款的发放以借款人——最大可能地具有流动性和价值稳定性的——资产(首选的是证券,但也可以是外汇、货物或应收账款)为抵押物,以债权人为保障受益对象。为了保证信贷而以资产提供担保,这不仅是隆巴德贷款的特点,而且也区分了下面两种到目前为止被人们论及的变体形式。

(3)贴现贷款:它是一种汇票贷款,汇票为一种具有证券性质的支付承诺,借款人在先前就因从一个顾客那里接受这个支付承诺以代替现金支付(使用延期付款)而接受这个支付承诺。如果他将此汇票在到期日前卖出,买方银行就以这个购买价格发放了一笔贷款。利息部分产生于银行并非全额支付的汇票款项,而是以一个折扣价——减少的部分即为剩余期限的利息——进行支付。由于汇票的设计具有更加严格的法律要求,因此这种方式对于买方银行来说是相对安全的业务;直到1998年,为了自己的再融资需求,买方银行可以在联邦银行以较低的价格再贴现,其吸引力表现在对再贴现借款人收取较低的利息。德国央行的再贴现补贴目前已经取消了,因此,汇票只能用于公开市场操作中的长期再融资业务,因此从银行的角度来看,贴现信贷的吸引力已经有所下降。

(4)保理:即使当公司不能将其应收款项以汇票的形式证券化,它还是可以使用这种形式获取信贷资金。为此必须与一家专门的保理公司签订合同,它购买客户的应收账款,这意味着在到期日之前提前付款,就这点而言属于一种放贷。此外,保理商承担了坏账风险和必要时发挥进一步的服务功能(如应收账款的催收)。相应地,利息由保理利息(与活期账户利息相当)、风险溢价和必要时更多的管理手续费构成。

以上所有描述的短期银行贷款给借款人带来了现金流入,因此也被称为现金放贷。除此之外,银行还会提供信用放贷,这样其客户并不会收到资金,而是——自然得益于银行的一级信誉——可以使用银行的信用。

(1)承兑信用:在这种贴现信贷形式下,借款人得到了银行的承兑,该银行愿意承兑它所负责的借款人——为了清偿债务或只是为了显示诚信——使用的汇票。银行承兑信用:对银行而言是企业内部承诺,在汇票到期日时提供汇票金额的资金,并向承兑债权人缴纳承兑手续费作为持有这种或有负债的利息。

(2)担保信用:它产生于银行给担保借款人的债权人提供担保或保证,在违约时为后者的清偿义务承担责任。只有通过像这样授予它银行的信誉——为此需要支付担保手续费,借款人才可以得到其他形式的贷款。

尤其是最后提到的"银行担保",在融资关系复杂的今天是必不可少的,因为它们将银行的信誉转移给了借款人,并以此才使得在特定情况下——例如,在缺少评级和资本市场声誉的情况下——的融资得以实现。总之,在可预见的将来,对许多公司的财务经理来说,银行现金

<aside>银行信用贷款</aside>

贷款和信用贷款是不可或缺的。

因此,对这种融资价格上涨的反应——真实的或想象的——有着相应的程度。当前的一个实例为,对由金融和经济危机引起可能的"信贷紧缩"的讨论。一方面事实为,由于在2008～2009年销售额下降以及公司评级降低,许多中型企业在2010年感受到了贷款能力上的限制。但是在另一方面,合作银行与储蓄银行等地方信贷机构刚好在这个时候稳步扩大了其信贷,和信用评级结果并不一致,当然,对风险溢价和抵押的要求却成倍上升。

因此,统计上并没有证据证明一个全国范围的"信贷紧缩",但是更确切地说,实证研究结果表明,在中型企业与其融资者之间存在着"交流紧缩"。尽管《巴塞尔协议Ⅱ》对银行提出了更高的信息要求,许多中等规模的公司还总会在增加透明度面前退避三舍,并且给予系统性财务交流过少的关注。它也可以表明,尽管在平均意义上,中小型企业对于自身的信息政策仍然自我感觉良好,但是它们的银行合作伙伴明显有所保留。在这种情况下,在其企业客户面前,信贷机构更清楚地表达其信息意愿也是很重要的。

4.5　介于股权融资和债务融资的中间形式

除了上述的股权融资和债务融资形式以外,在财务管理实践中还形成了多种变体,它们占据了融资形式的"中间位置"(参见图13－11),其特点如下:(1)尽管它们在法律上要么是股权资本,要么是债务资本;(2)但实际上,从投资者和借款人的经济角度来看它们同时具有两种(理想)形式的特征。

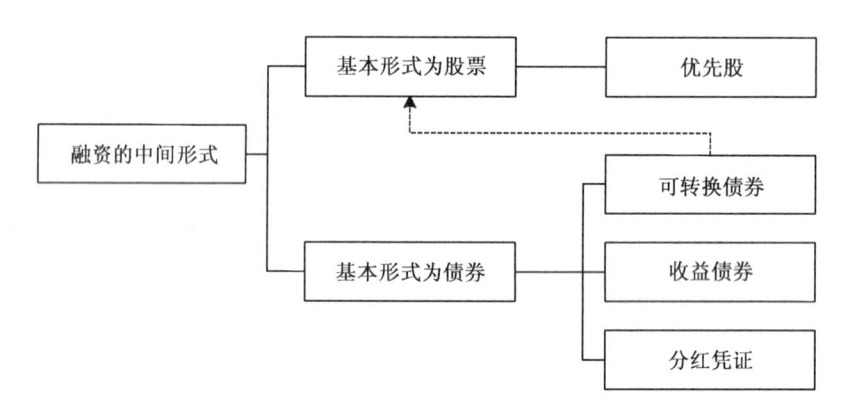

图13－11　融资中间形式选例

事实上,中间形式按照规则是股权资本和长期债务资本的混合,它们既可以是非证券化的(如股东贷款、次序贷款)也可以是证券化的,甚至可在公开市场交易。在这种情况下,对当事人根据其偏好签订资金转让合同的依赖尤为明显,但它们很大程度上未受法律制约,这种零基的合同自由会有更多的可能谈判结果。

优先股是一种特例,它们的发行从原则上讲,遵循股份公司法的通用准则。它们与"正常的"普通股不同,正如其名字一样,它们在定期股息索取上具有优先权。如果说这一点是优势,相对地,优先股股东不能比普通股股东索取更高的价值,但次序上是优先的。只有在参与优先股的情况下,优先股股东才可以得到额外的股息。若为累积优先股——在当期无法支付股息时可以在日后索取,那么优先股允许被设定为无投票权利。股东对高股息的索取以低决策影响力为代价,通过这种方式,股东的收益/风险情况产生了两种相反的变化。在当期优先股息未支付、直到被补付为止,持有者会重新获得投票权,因此其中间形式的特点变得更加清晰:从法律上讲,优先股股东在任何情况下都属于股权投资者,而从经济上讲,他的优先索取权以及缺失的投票权又具有债券投资者的性质,然而在"坏的时期",他与普通股股东的差别又变得模糊不清。因此从股东的角度来看,尤其是股息优势使得这种优先权具有吸引力,然而在投票权分布不变(即不改变权力关系)的情况下,发放优先股的股份公司能够增加股权资本。因此,从其委托人股东角度来看,这种中间形式对财务经理的吸引力较小,股东通过优先股可以丝毫不减少其影响力。德国证券交易所有很多这种类型的优先股,发行人都是些知名公司,如宝马、雨果博斯、费森尤斯或汉高。

作为独立的融资(中间)形式,人们还建立了分红凭证(如由贝塔斯曼以及各家银行发行的此类证券)。

分红凭证

与优先股不同,分红凭证为一种不依赖于法定形式的变体,而且在立法者允许的框架下,它是一种拥有广泛设计自由并具有发行特征的财产权,但不是股东权利:它们的持有人虽然有参与当期利润(和/或清算收益)分红的权利,但是并没有其他的所有者权利,特别是没有投票权。在法律上,分红凭证是债务融资,如果它可以将收益与公司盈利挂钩,或者要求对企业(公开和隐含的)储备金的财产权,这就偏向于股权资本。

更罕见的是,在德国企业融资实践中的收益债券。它并不只是在法律形式上属于债务资本,而且考虑到缺失的投票权、在清算时的债权人地位以及固定的索取权都属于债务资本形式。然而,其当期利率与借款人的盈利情况相关联,因此又有一些股权资本的特征。此外,与参与分红债券形式相比,收益债券在股权资本形式上的相似性更弱一些,这种相似性在参与分红债券形式下弱一些,这种收益债券并非确认了固定收益,而只是利息收入与收益相关。如前所述的那些融资的中间形式一样,在公司破产时,该贷款也是在其余债务清偿之后才得以偿还的,但是它们并没获得与盈利相关的利息,而是与其他债权人相比有更高的固定利息。

收益债券

因此,优先股和分红凭证最受大家欢迎,因为它们允许发行者签署与股权资本相似的合同,而又不会收取"真的"股权资本,特别是那些会导致企业投票权和权力关系发生改变的股权资本,然而从财务经理的角度来看,收益债券的吸引力在于,在"正常"债务或(优先)股票配售的市场条件不利时,以及投资者因此期待一个特别的激励时,它们提供了一个额外的选择。

发行股票时机不好是发行可转换债券这种中间形式的决定性动机,它只存在于股份公司,而且使它们能够在已有的限制条件下实现资本增值。图13—12显示了,在特定的条件下,债券持有人能够获得股份公司的股票,而且由此可以转换为股东,或者将它们与其债权人地位相组合,因此在发行它们之前,发行股份公司必须得先实现(有条件的)股本增值。

可转换债券

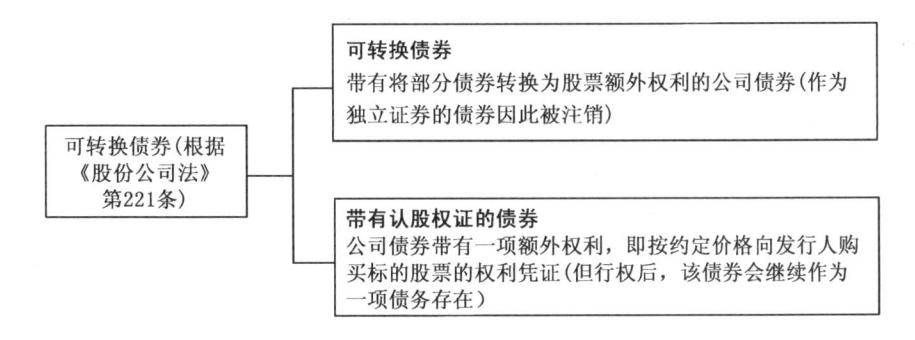

```
                        ┌─ 可转换债券
                        │  带有将部分债券转换为股票额外权利的公司债券(作为
                        │  独立证券的债券因此被注销)
可转换债券(根据 ──────┤
《股份公司法》         │
第221条)              │
                        └─ 带有认股权证的债券
                           公司债券带有一项额外权利,即按约定价格向发行人购
                           买标的股票的权利凭证(但行权后,该债券会继续作为
                           一项债务存在)
```

图13—12 可转换债券的基本形式

因此，从严格意义上讲，这项额外权利的行使，使得债权人地位转为股东，而带有认股权证的债券形成了一个股权和债务资本的混合形式。在这里，根据其长期资本结构核算，财务经理能够通过设计交换或购买条件，在缘由和时间点上来控制额外权力实行的吸引力。例如，如果从投资者可以获得的股票升值潜力考虑，这些以及其他的条件是有吸引力的，那么财务经理便可以实施比普通债券更低的名义利率。此外，他可以隐含地为"未来"的股票确定发行价，但它鉴于目前不利的股市形势并不能得以实现。

4.6　资产证券化

前文介绍的中间形式已经表明，在股权融资和债务融资间存在中间形式的连接和过渡。同样我们也可以确定，最近几年非证券化和证券化融资之间关系日益密切。由于非证券化向证券化融资发展的潜在趋势，这里我们来讨论一下证券化的问题。由有价证券构成的融资关系，特别是之前作为"账面信用中介"提供信息服务的银行角色发生了变化。一个解释这种转换过程的例子是在13.4.4节所讲的商业票据、欧洲票据和中期票据。

<small>资产证券化的基本形式</small>　图13—13也同样解释了，证券化一方面是资本市场中的一个替代过程，即原先以账面形式存在的信贷合同或部分参股由发行可交易的债券（如发行公司债券，而不是签署银行贷款协议）或股票（如上市，而不是为股份公司或有限公司寻找新的股东）代替。这种证券化形式是脱媒的，因为有作为"货币中间商"的银行出面参与的投资人和借款人之间的间接关系被削弱，而转化为无银行参与的投资者和借款人之间的直接关系。

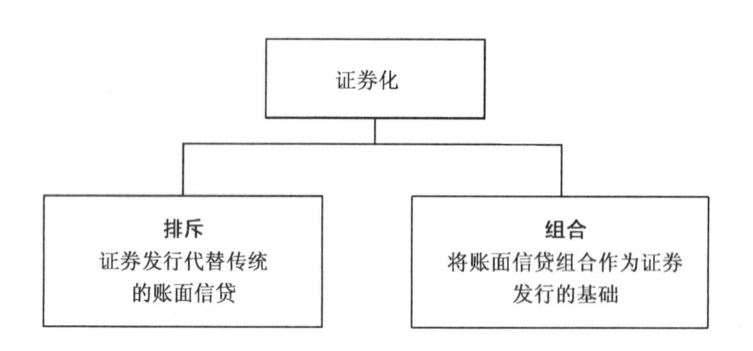

```
            证券化
           /      \
        排斥        组合
   证券发行代替传统  将账面信贷组合作为证券
      的账面信贷      发行的基础
```

图13—13　证券化的基本形式

另一方面，尽管（非证券化的）原始借款没有被证券取代，然而它却充当着证券的"建筑材料"。资产（Assets），这里指应收账款，作为由一个特殊目的公司发行抵押（Backed）证券（Securities）的唯一抵押，资产抵押证券即ABS。与之前描述的完全排斥不同，这种组合起初并不会导致脱媒现象，而只是延长了媒介链。

<small>贷款证券化过程</small>　这种组合证券化过程的出发点是，从融资者的资产中挑选出合适资产构成资产池。而应收账款在这里是十分合适的选择，因此在ABS融资的开端，财务经理应从公司应收账款资产组合中进行挑选。由于这对于推动ABS融资发行至关重要，这个资产组合被看作证券化的发起者。该应收账款池被转让给一个特殊目的公司（Special Purpose Vehicle，SPV），从而使应收账款池的信誉与该发起者的信誉严格分离，在法律上它是独立的。在这方面还涉及来自资产重组的内部融资（参见13.2节和13.3节）。特殊目的公司唯一的经营目标为收购应收账款、管理由它们产生的现金流以及紧接着向投资者发行和提供证券，由此特殊目的公司最终实现购买

应收账款的再融资。特殊目的公司仅扮演着"经由导管"的功能,借此由资产派生而来的现金流被"泵取"了出来。这样便解释了,在这种"以现金流为基础的"融资中,为什么要聚焦于应收账款,因为从它们那里可以得到按照合同约定的定期付款。理想化 ABS 融资(在一定程度上是一种连接资本市场的保理业务)的基本结构如图 13-14 所示。

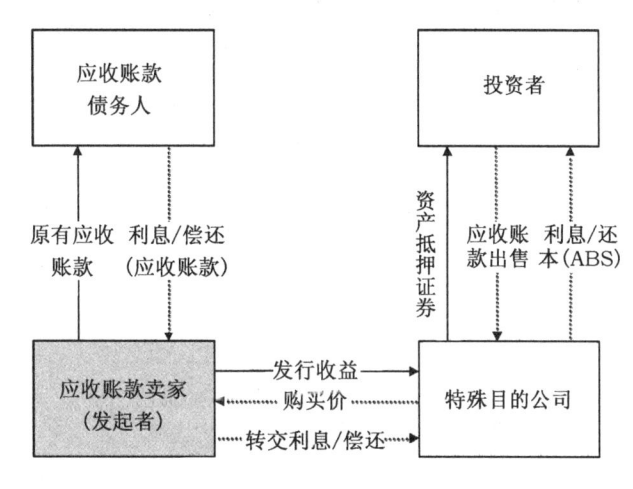

图 13-14　ABS 交易的基本结构

在管理实践中,还有除此之外其他参与证券化进程的角色,以专门解决随之而来的委托—代理问题。这项业务经常委托服务代理商,监控债务以及向特殊目的公司转交利息和偿还,而受托人还附加监控具体的资产或现金流处理。

此外,一个对公开发行 ABS 的强制性要求是,必须经由一所公认的评级机构进行评级。最终,影响证券信用质量的因素不仅是现金流的结构,而且还有发起者或者第三方(如信用保险公司)的保证,它们在应收账款债务人不能或者不能完全履行其偿还义务时提供担保。

第一个组合证券化发生在 20 世纪 70 年代初的美国,它以房产抵押贷款(Mortgages)为基础。这个房产抵押贷款支持证券(MBS)的市场一直到现在仍具有重要意义。自 20 世纪 80 年代中期以来,除了房产抵押贷款,越来越多的应收账款种类可以有价证券的形式进行交易:首先利用应收账款作为证券化基础,其特点是少量和同质,如信用卡应收账款。无论个别项目的风险有多大,根据大数定理,由广泛同质应收账款构成的资产池,可以产生一个整体上相对安全的可预期现金流,而不必要求对这些应收账款带来现金流的细节进行簿记。这样产生的证券被称为直通工具,它们以证券形式确认了一项按比例分配应收账款池现金流的权利。直到有效构造应收账款池,现金流证券化技术取得了决定性的进展,那些不太同质的信贷应收账款才能实现证券化后现金流的结构簿记。在进行有效构造的贷款证券化(转付交易)时,把证券分为各个档次,其支付索取权在时间和优先级上有很大差别。同时,这种有效构造对资本市场参与者而言还有一项优势,即可以量身定制新种类的投资方案,相比于传统的证券,其风险—回报结构能够更好地满足其投资需求。就金融市场营销而言,这给财务总监提供了更好的可能,设计与产品市场销售政策相似的符合市场伙伴(这里即投资者)偏好的融资,以及得到相应有利的融资条件。

贷款证券化的产生

自从弄清了银行监督下资产抵押证券的处理方法,德国银行越来越多地对自己的信贷应收账款进行证券化。除了房产抵押贷款支持证券以外,特别是所谓的债务抵押债券(CDOs)备

债务抵押债券

受欢迎,后者是以企业信贷应收账款为基础,而且作为转付变体分批发行。债务抵押债券按照档次为投资者提供了高评级或次级投资方案,而且通常出于激励原因,把"初始亏损"保留给发起者。

信贷衍生产品　除了应收账款证券化以外,近年来信贷衍生产品也得到了发展,它通过转化将信贷应收账款风险进行再分配。衍生金融工具的价值从一个基准点出发,这里即信贷风险。一笔贷款、一笔借款或者一篮子借贷款都可以作为基准参数,与其他衍生品(由此价格风险可以进行交易)相似(参见第 13.5 节),信用衍生产品也是将流动性供给的信用风险分离并转移给其他的市场参与者。

信用违约掉期　一个典型的信用衍生品是信用违约掉期(CDS),其支付依赖于违约的产生并用基点来衡量。信用违约掉期的卖家获取一次性或周期性的保险费,并承担在债务人违约时给予买方赔偿的义务。

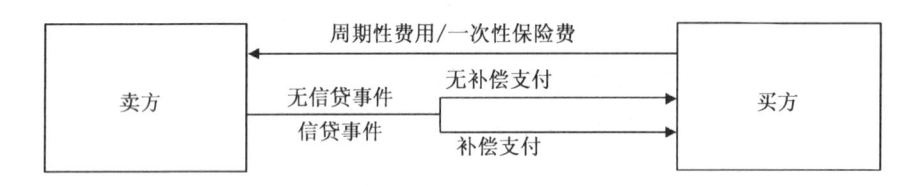

图 13－15　信用违约掉期

信用关联票据　信用衍生品也可以与债券相连接,形成创新性结构证券。所谓的信用关联票据(CLN)的最简单形式是信用违约掉期与债券的组合。由买方发行的信用关联票据(金融合同 1)的偿还取决于参照价值——另外一个资本转移(金融合同 2)——的违约。如果合同 2 并不存在违约,那么合同 1 便定期偿还一个名义数额。如果合同 2 违约了,卖方必须承担的约定参考价值就会减少,因此只能从合同 1 的信用相关票据那里获得扣除参考值减项后的清偿索取权。借助它进行的信用风险转移,信用衍生工具可以代替向特殊目的公司销售应收账款(合成证券化),应收账款自身仍然保留在发起者的资产负债表中。鉴于信用风险的外包,信用衍生品因此提供了一个资产支持证券的交易替代品,同时,它并没有导致相应的现金流入。但是,它对于财务经理来说是一个十分有用的工具,因为它可以用于资本转移风险机会的设计。

在国际金融危机进程中,贷款证券化市场显现了各种缺陷,它们也促使了美国次级房屋贷款证券化市场(次级抵押贷款市场)危机的产生。这些缺陷包括在美国"创设和分销"模式进程中,信用风险转移价值链进一步分裂,它特别激励个体草率的风险承担行为,从而埋下隐患。它们还包括对证券化房屋贷款 CDO(债权抵押证券)分级质量评定上的缺陷,该评定凭借着评级机构和再证券化技术,即当一些 CDO 分级首次汇集在一只基金里,然后再发行所谓的"CDO 平方"。

尽管德国贷款证券化市场没有这样的缺陷,欧洲证券化市场随着金融危机爆发在 2007 年中期也随即崩溃,只剩下有限的功能。尽管 2008 年实现了较高的市场销量,但它们主要是欧洲央行再融资的回购交易业务。由于证券化交易总是与次贷细分市场、错误定价和多重证券化相联系,企业以及银行只能非常有限地使用这些十分有用的工具,它们目前正等待着政府对证券化市场复苏的推动信号。

虽然资本转移的发生还取决于财务经理的优化核算,这使得他偏好于某种类型的融资变体,但是,此外还必须确定一个投资者可以接受的报酬,以使他们愿意承担在资金转移期间的风险,特别是违约风险。因此财务经理必须找到融资方案,一方面给他自己,另一方面为涉及的投资者提供合理的风险收益关系。财务管理致力于基于风险的管理,然而并不仅在这方面,还在于资产负债表的资产方,即它所持有的资产:如果出售资产(通过撤资融资)以承担支付义务,那么其价值在流动性层面是至关重要的。反过来,在资本结构层面,在其他条件不变的情况下,固定和流动资产损失也会导致自有资本的减少,因此向财务经理表明了从所有者利益到公司生存上的威胁。相应的市场价格风险是下一节的重点。

5. 财务风险管理中避险工具的使用

为了不危及公司资产状况,财务总监必须采取措施防范财务风险。财务风险首先分为信用风险和市场风险。前者主要包括客户可能的违约,即他们不能或不能完全履行购买价的支付义务,这可以通过对顾客支付能力尽可能详细的考察加以防范,这个考察在订单签订之前进行。因此这里,财务经理可以追溯到供应商已有的相关评级。企业的财务风险

下面基于三个例子来说明,市场风险和为了限制它而开发出来的财务或避险工具现在已经属于财务总监的"常用工具"。因为这里位于中心位置的利率和货币风险总是和价格变动风险相关,于是期货、期权和掉期用于防止各种各样的价格波动(从原油、可可豆到猪腩)。上面提及的这三种工具便是所谓的(金融)衍生品的基本形式;这个术语源于,这些工具是建立在基础指标("标的")基础上的,并由它们衍生出衍生品的价值。随后,我们重点考察涉及衍生工具的避险战略。然而,为了投机性目标也可以使用同样的工具,这恰好解释了如巴林银行或金属公司失败的情况。基本避险工具

下面的例子(参见 Perridon, Steiner & Rathgeber, 2009,第 317 页)介绍关于(数据为任意赋值的)一家公司债券投资组合可能发生的价值波动,它们是由于未来利率水平变化而引起的。在市场利率增加(减少)时,财务经理所持有的固定利率证券的备选投资方案相对更有吸引力(无吸引力),而为后者带来价格损失(收益)。为了消除这种波动("价格变动性"),也就是为了获得更大的计划确定性,财务经理可以通过卖出(做空)债券期货而进行对冲交易。销售合同以一个用连续百分比报价的虚拟长期政府债券(剩余期限在 8.5~10 年)为标的物。只有在少数情况下,才会进行实际交付,交易方之间一般只会以基于约定交付时间点的标的价格进行现金结算。期货

> 8月18日,一家大公司的财务经理持有了名义价格为3 000万欧元的10年期联邦债券,票面利率为8.5%。因为他担心在未来半年内利率会上涨,因此想进行一个基于名义量的空头对冲。他卖出300单位的债券期货,每一单位名义价格为10万欧元,次年3月到期。
>
> 8月18日　债券价格　　　　　　　　　　　　　　　　99.70
> 3月　　　债券期货价格　　　　　　　　　　　　　　84.90
>
> 投资组合的市场价值为3 000万欧元×0.997=2 991(万欧元)。
>
> 次年2月18日,情况1:
> 市场收益率在此期间上涨了,债券价格为93,期货为79。
> 投资组合的市场价值目前为2 790万欧元(3 000万欧元×0.93),这种所谓现货头寸的损失为201万欧元(2 991万欧元−2 790万欧元)。与此相反,期货头寸收益为300×100

千欧元$(0.849-0.79)=177$(万欧元)。

整体的仓位情况为：

现货头寸损失　　　　　　　　　　　　　$-2\ 010\ 000$ 欧元

期货头寸收益　　　　　　　　　　　　　$+1\ 770\ 000$ 欧元

现货头寸利息收入　$+1\ 275\ 000$ 欧元$(0.085\times30\ 000\ 000\times\dfrac{180}{360})$

总收益　　　　　　　　　　　　　　　　$+1\ 035\ 000$ 欧元

因此，该由现货和期货工具组成的对冲投资组合年利率为$\left(\dfrac{1\ 035\ 000}{29\ 910\ 000}\times\dfrac{360}{180}\right)=6.92\%$。

次年2月18日，情况2：

利率并未上升，而是下降了，债券价格为106，期货价格为90。

与第一种情况的计算相似，整体仓位为：

现货头寸收益　　　　　　　　　　　　　$+1\ 890\ 000$ 欧元

期货头寸损失　　　　　　　　　　　　　$-1\ 530\ 000$ 欧元

现货头寸利息收入　　　　　　　　　　　$+1\ 275\ 000$ 欧元

总收益　　　　　　　　　　　　　　　　$+1\ 635\ 000$ 欧元

对冲投资组合的年利率为$\dfrac{1\ 635\ 000}{29\ 910\ 000}\times\dfrac{360}{180}\times100\%=10.93\%$

在第一种情况下，收益率的差异由简化的套期保值比率确定，它是由债券期货价格相对于联邦债券而言，具有较高的利率敏感性所致。

掉期　　下面一个例子（参见 Lerbinger，1986，第461页）介绍针对利率变动风险的一个对冲方案——掉期，在这种情况下，交易双方互相交换其义务。其出发点为 Y 公司，它想保护自己不受利率波动的影响，因此它找了一个尽可能高性价比的固定利率融资，它通过与一家银行签署的利率互换协议得以实现。因此该公司接受了浮动利率债券，而银行接受了固定利率债券，然后双方交换了其利息义务。公司债券的利息取决于欧元区同业拆借利率（Euro Interbank Offered Rate，Euribor），即国际银行之间办理欧元区货币市场交易使用的利率。

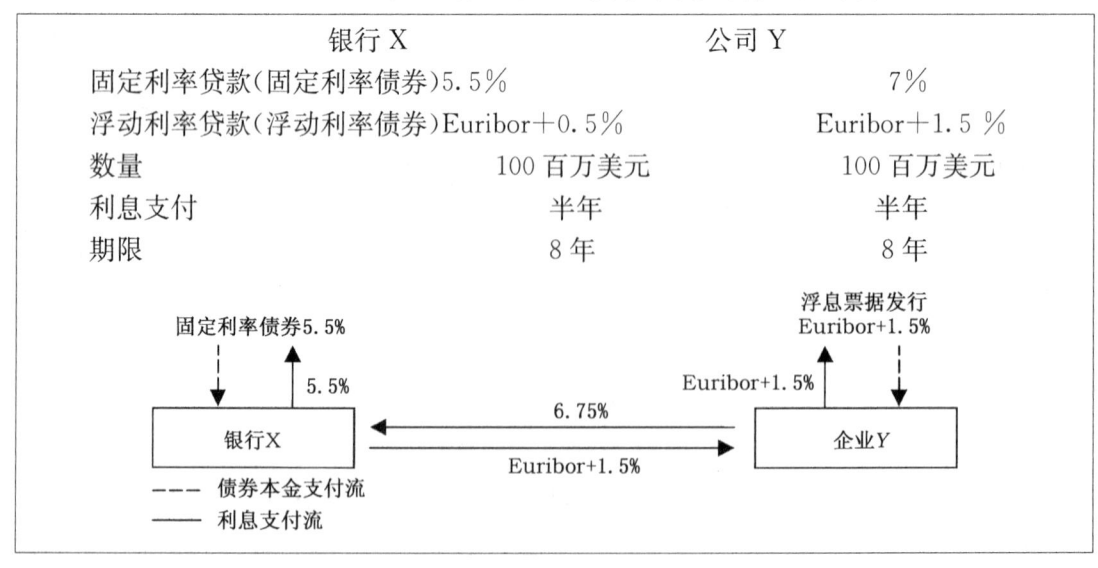

	银行 X	公司 Y
固定利率贷款（固定利率债券）	5.5%	7%
浮动利率贷款（浮动利率债券）	Euribor+0.5%	Euribor+1.5%
数量	100 百万美元	100 百万美元
利息支付	半年	半年
期限	8 年	8 年

```
公司 Y
目标：尽可能高性价比的固定利率融资
利率掉期                                          替代方案
浮息票据发行           －(Euribor＋1.5％)         固定利率债券发行 7％
互换流入              ＋(Euribor＋1.5％)(可变)
互换流出                    －6.75％(固定)
净成本＝6.75％(固定)    公司通过掉期节省利息        0.25％
银行 X
准备浮动利率融资
利率掉期                                          替代方案
固定利率债券发行       －5.5％     (固定)浮息票据发行：(Euribor＋0.5％)
互换流入              ＋6.75％（固定）
互换流出              －(Euribor＋1.5％)(可变)
净成本         ＝Euribor＋0.25％(可变)   银行通过互换节约的利息费用为 0.25％
```

这样一来，这项业务使得双方都能受益，尽管公司一开始用浮动利率票据作为融资工具违背了公司真实意图。事实证明，参与者相比于另一种直接实现其目标的融资替代方案，具有成本优势。与其他公司相比，银行通常具有信誉优势，并能够在金融市场上以更高的性价比融资。然而，还可以将这个优势再扩大 0.25％，因为互换对方会支付超过其固定利息义务的 1.25％的利息，而它只需要比自己发行浮动利率票据时的利息义务多支付 1％。对公司而言，也减少了 0.25％的固定利息费用。尽管银行在两个子市场中都占有绝对优势，但当该公司在此市场借债时，对参与者而言还是有利的，相对来说更好（根据李嘉图的比较成本优势观点）。经验表明，这更多地是在浮动利率的情况下，由于投资者倾向于看短期的情况，因此并不太在意债券发行人的信用风险。从本质上来讲，即从对资本市场缺陷的巧妙利用而发掘出优势。

在图 13－16 所示的例子中，一家公司的财务经理获悉，需要 1 亿美元以投资一家生产工厂，其必须在 18 个月内建成。如果他不打算使用对冲工具，那么可以在有利的情况下降低公司的购买价格。例如欧元升值了，那么他需以更低的汇率购买美元(例如 1€/$，而在决策时点的即期汇率为 1.15€/$)，因此支付价格从 1.15 亿降到了 1 亿欧元。

然而与此情况相反，当欧元贬值时会存在相当大的风险，例如其价值可能从 1.15€/$ 降到 1.20€/$，那么费用便是 1.2 亿欧元。为了实现保值，财务经理有两种基本的(这里是货币)衍生工具形式可以选择：

一方面，他可以 1.09€/$ 的远期利率购买一份期限为 18 个月的 1 亿美元的外汇远期。因此购买价格就被固定为换算后的 1.09 亿欧元，因为这是一个双方确定价格的远期业务。它可能会使财务经理睡得更安稳，但当欧元增值时，他采取的这种措施又会遭到批评。

另一方面，购买外汇期权可以对冲如同在外汇远期情况下出现的货币风险，而同时又可以获取一部分如同在无担保情况下的机会。期权是证券化的权力，它确认了在某一确定期限内的任何时间("美式期权")或仅在期权到期时("欧式期权")以一个事先约定的行权价格("行使价")购买(看涨期权)或售出(看跌期权)一定数量标的物(这里指的是外汇，它可以是股票或债券)的权利。它的特别之处在于，期权购买方既可以行使其享有的权利，也可以放弃该权力。期权费是财务经理为了获取这种选择上的回旋余地与潜在的收益必须事前支付的价格。

本例基于一家工业企业，它需要在 18 个月内购置一个生产工厂。即期汇率为：1.15€/$
选择(a)无保障
选择(b)购买 1 亿美元的外汇远期，18 个月的远期汇率：1.09€/$
选择(c)美元买入期权，期限为 18 个月，基础价格为 1.09€/$，期权费为 0.04€/$

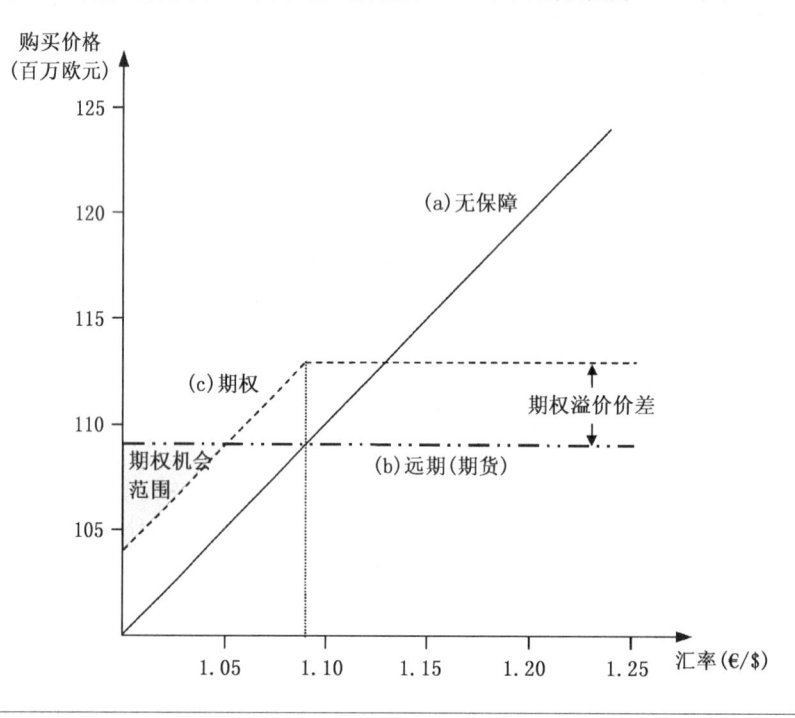

图 13—16　关于汇率风险的期货与期权

在这个例子中，他购买了美元的看涨期权，期限为 18 个月，期权费为 0.04€/$，基础价格为 1.09€/$。当汇率大于 1.13€/$ 时，如 1.20€/$，则期权是有利的，因为财务经理利用期权可以事先约定的价格买入美元——比市场汇率要便宜。如果美元贬值了，例如汇率为 1.03€/$，那么财务经理便放弃行使期权而在市场上购买美元。这种灵活性以及在保证收益的同时限制风险的可能性也是有代价的：与选择(a)"无保障"或(b)"完全确定"（外汇远期）相比，财务总监应多付一笔期权费。

6. 战略财务管理

上述财务和风险管理工具的使用取决于财务计划的结果，据此财务经理预测了定期的收入与支出。对于可能会出现的现金赤字，他通过从银行那里获取更高的信用额度来弥补。在可能存在现金盈余的情况下，他可以把它们——直到它们被用于投资目的——"存放"在短期以及相对没有问题且因此无亏损风险、流动性好的证券中。

除了上述这些运营活动以外，财务经理还必须做出战略上的规划，也就是本质上的且主要是在较长的时期内难以修正的规定，它们包括选择显著影响公司成效的资本结构。下面将该问题作为一个财务管理战略决策的例子进行讨论。

杠杆效应　　一家公司的杠杆比率，也就是债务资本与股权资本的比例，在自有资本收益率 r_{EK} 上发挥了杠杆效应,股东的资产价值可以简化地反映在该比率的发展上。自有资产收益率被定义为(净)收益(G)与股权资本(EK)的比率。通过进一步考虑收益与资本基本的组成元素,可以推导出所谓的杠杆公式:

$$r_{EK} = \frac{G}{EK} = r_{GK} + \frac{FK}{EK}(r_{GK} - z)$$

根据公式,自有资本收益率为总资产收益率 r_{GK} 和负债权益比(FK/EK)"杠杆化的"债务资本 FK 和利率 z 的差值之和。因为总资产收益率反映了公司所有投资的收益,这些投资的融资来自于投入使用的全体资本,因此,只要上述的差值为正,即内部资本收益率必须高于外部利率,增加财务杠杆比率(如增加额外的债务)可以提高自有资本收益率。相反,当公司不能通过它的投资弥补(债务)资本费用的时候,就会出现负的杠杆效应。这时高财务杠杆是不利的,因为债务资本利息支付与盈利情况无关(固定成本特性),而股东只能拥有已知的剩余价值索取权。然而,在正的杠杆效应下,超出(使用固定或浮动利率,但始终与公司年净利润无关)债权人索取价值的全部盈利归股东所有。

债务杠杆作用

在图 13-17 中,总资产收益率作为反映在公司固定资产(AV)和流动资产(UV)项下投资项目的收益为 9%,比债务资本成本(8%)高了一个百分点。

资产负债率改变时债务杠杆的作用

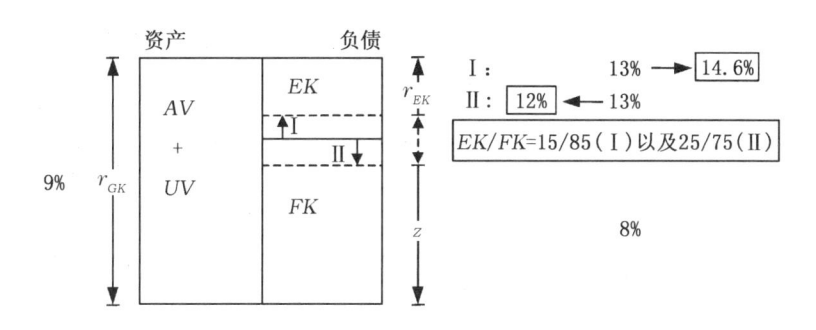

图 13-17 财务杠杆变动下的杠杆效应

在资本结构杠杆为借入资本(FK80)比自有资本(EK20)时,根据杠杆公式可以得出自有资本收益率为 13%。在这个条件下,从财务总监的角度来看,Ⅰ降低(Ⅱ增加)权益比是有利(不利)的,因为额外投入的债务资本将自有资本收益率向上(向下)"杠杆化了",也就是对股东而言产生正(负)的收益效应。

然而,并不能得出债务资本比率可以"几乎无限"上升的结论。图 13-18 展示了财务总监必须要考虑的非计划利率变动效应。如果即将到期的债务合同不能再用原先 8% 的利率,而由于市场利率水平上升须使用 10% 的借款利率延长合同,那么总资本收益率和借款利率的差值为负,即公司的投资回报率低于其债务资本成本。其结果是,在资本结构杠杆为 FK80 比 EK20 的情况下,净资本收益率从 13% 降低至 5%(情况一)。在这种情况下,比较合适的措施是减少债务资本比例,因此会减少约束公司流动性的固定成本负担。另外,在利息费用下降时可以看到利用杠杆的机会(情况二)。

借款利率改变时债务杠杆的效应

在图 13-19 中,总资产收益率由于不同的经济周期而发生改变。如果在经济衰退时,公司投资组合的平均收益从 9% 降到了 7%(情况二),那么当其他条件不变时,也就是有同样高的杠杆比率,由于负的差额,自有资本收益率在杠杆条件下从 13% 降到了 3%。

改变总资产收益率时债务杠杆的作用

当经济繁荣时,再次反向呈现出杠杆机会(情况一:资产收益率为 11% 而不是 9%,自有资

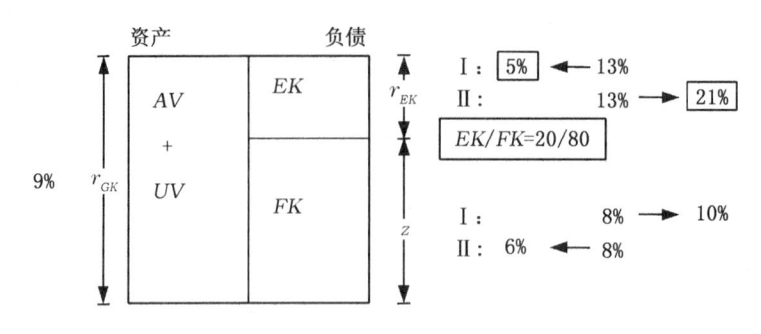

图 13-18 债务资本利率上升与下降时的杠杆效应

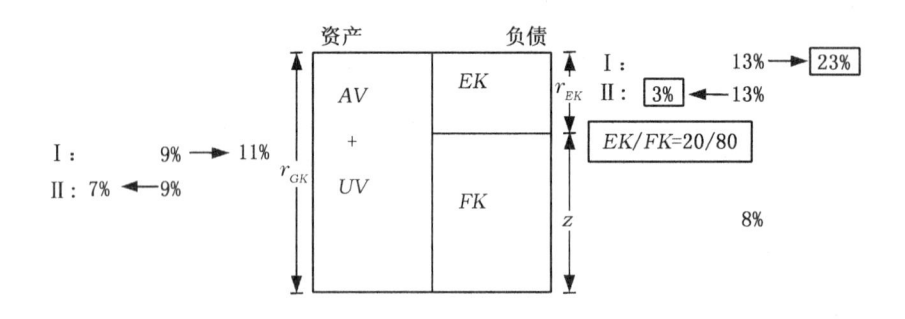

图 13-19 资产收益率改变时的杠杆效应

本收益率从13%上涨至23%)。

组合变化中债务杠杆的作用

最后在图13-20中,先前分别处理的负效应被合并在一起。在不断恶化的经济形势下,公司投资回报率每况愈下,(并且因此)利息成本也有所上升。在这种情况下,在财务总监选取作为出发点的80/20的FK/EK关系下,自有资本收益率从13%降到0%。增加财务杠杆比率将导致损失(情况二),而更低的资本结构杠杆将限制损失(情况三)。

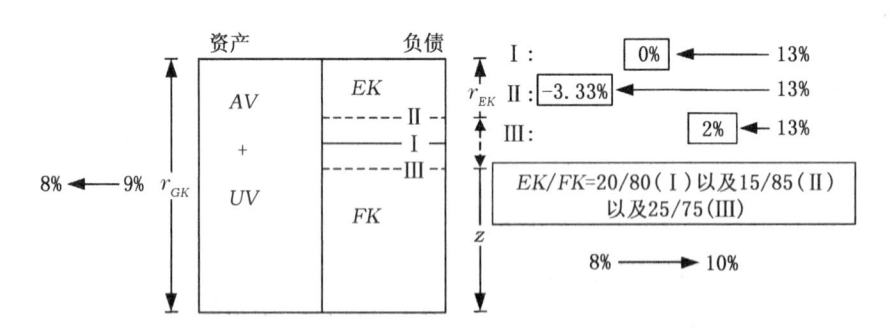

图 13-20 利率上升和资产收益率恶化组合出现时,不同股权比例下的负杠杆效应

理论与实践中的杠杆效应

上述机制的运作很简单,但是,在管理实践中其运用是很复杂的。一方面,为了获得正杠杆效应,财务经理必须对投资回报率、经济周期的发展以及资本成本和它们通过利率周期产生的影响做出尽可能精确的预测。另一方面,财务经理必须注意确切的绑定期限,如以借入银行贷款合同期限的形式,在改变债务资本容量上,这些期限限制了他的灵活性。相似地,一方面对于引入新的股权资本——如股份公司增资——必须要注意由股东全体大会确认需要的最低

期限。在另一方面,股市法规框架条件在某些时候会阻碍融资,或者在低迷的利率水平下较低的发行收益,会使得融资失去了吸引力。金融市场危机表明,财务总监也不宜过度地使用杠杆效应,因为"去杠杆化"是需要时间和成本的。

此外,财务经理在资本结构构建上也并非完全自由,因为股东和债权人、以及金融市场观察家如证券分析师和信用评级机构也都期待着一个特定的股权资本比率(参见 19.2 节),这基于如该公司所处的行业和它的生产结构。因此可以假设,物质资本密集型企业(如钢铁和汽车制造商)和诸如服务公司相比,需要更强资产项目的"支撑"。也就是如果长期物质资本(如一条生产线)是由短期债务资本(如短期流动资金贷款)融资,那么贷款不能续约将会导致企业必须出售所需的资产。在这方面显示出了一个公司尽可能不偏离的自有资本要求幅度,它并不希望在其资本成本上可能会显著增加冒险。

因此,在实践中的观察结果反驳了 20 世纪五六十年代由美国人莫迪利安尼(Modigliani)和米勒(Miller)构建的模型。他们认为,公司的资本结构与其价值是无关的,因为每一个投资者都能够根据他个人的投资安排通过购买和出售该公司股票决定他偏好的杠杆比率("自制杠杆")。然而,这只有在下述条件下才适用:完善的资本市场、投资组合重组无交易成本、融资决策的税收扭曲,以及合同前与合同后资本市场参与者之间不存在信息不对称。然而真正的资本市场距离这些(仍然)很远。

资本结构不重要?

7. 结束语

财务管理的任务是持续维护公司财务在营利性、安全性和流动性之间的平衡。可用于实践这项任务以及财务经理能够最佳使用的融资方式,首先是企业内部融资,其次是调动企业外部的资金,它们分别是从所有者那里获得的股权资本,以及从债权人那里借来的债务资本,在资本转移个案的实践中,发展出了种类繁多的各种期限的证券化及非证券化融资形式。具体资本转移的合同双方,必须从这些方式中选择一个能够同时在收益性、安全性和流动性方面平衡双方利益和要求的折中方案。

对于存在的约束条件,财务经理必须每时每刻确保公司的流动性。然而最重要的是,他必须以盈利和价值创造为导向做出决策,即最优化融资措施的成本或支出。所涉及的融资容量越大,其谈判条件和在盈利与亏损或现金流核算上的影响就越显著(参见第 17 章和第 18 章)。大公司始终存在着融资条件持续的改变:例如,2010 年 4 月标准普尔对林德公司的评级从 BBB+上升至 A-,即上升了 120 个基点或 1.2%,在那之后,其比前一年获得了更有利的融资条件。这意味着,对于 25 亿欧元的融资量,该公司可以节省几千万欧元的成本(Gavin & Kuo, 2010)。

一家公司的财务经理不仅必须掌握基本的融资工具,还必须完成大量由此而来的协调任务。这些任务包括,一方面是金融避险工具的优化运用,另一方面是对公司资金来源的统筹管理,即并非只针对个别的投资项目及其具体的融资。这里提及的财务管理战略问题首次介绍了杠杆作用。在欧宝危机的案例中,深刻地表明了流动性与营利性层面的问题和依赖关系,因为在复杂的联合企业股权结构和盈利状况的背景下,会产生流动性压力,这会导致债权人的负面反应。

至于具体融资合同和整体的资本结构,在管理实践中,会根据大量的经济和法律框架条件进行选择决策,这些框架会影响企业的活动余地——通常是限制性的。在一个全球化的(金融)世界里,这些框架包括了越来越多的国际准则和实践,有时难以将它们与惯常的国家准则和管理实践相互协调。能说明这一点的一个例子是德国公司与英美主导的评级机构之间的争议。这些问题同样出现在会计核算的全球化,它通过国际标准如国际财务报告准则(IFRS)和美国公认会计准则(GAAP,参见第18章)得以实现,以及由金融危机之后即将推出的《巴塞尔协议Ⅲ》提出的银行监管的新理念。对财务经理而言,在异乎寻常的金融和经济系统危机之后,借款方案与限制会发生很大的改变,这再次表明,财务管理的"艺术"是在大量约束条件下的最优化任务。

习题

一段时间以来,SmartCo的管理层在讨论不同的战略选择,以保证公司在未来依然能够保持竞争力。财务总监J. 卡什(J. Cash)被委任,在不同的(子)情景下,根据杠杆公式 $r_{EK} = r_{GK} + FK/EK \ (r_{GK} - k_{FK})$ 阐述所有者收益状况(自有资本收益率 r_{EK})。目前SmartCo的总投资平均年回报率为8%,债务(FK)年利率平均为6%,股权比例为25%。

1. 目前自有资本收益率为多少?
2. 在下列情况下,计算SmartCo的自有资本收益率:
(1)为了可能发生的较大投资而进行债务融资,因此债务资本比例将提升为80%。
(2)通过成本削减措施,预期总资产收益率 r_{GK} 为10%。
(3)上述的两种措施同时引入。同时,债务资本成本(k_{FK})预计增加到平均9%。
3. 股东家族期望SmartCo的管理层能够保证至少12%的自有资本收益率,那么在这个条件下,借款利率最多能上涨多少个百分点?
4. 为什么本案例的结果不会导致SmartCo的财务经理肆无忌惮地筹集债务资本?

扩展阅读

Brealey, Richard A. ,Myers, Stuart C. & Allen, F. : *Principles of Corporate Finance*,9. Aufl. , Boston et al. 2008.

这是本经典美式标准教科书。通过大量的计算例题、实际案例以及新媒体的使用,详细易懂地解释了企业融资的问题。

Drukarczyk, J. : *Finanzierung*, 10. Aufl. , Stuttgart 2008.

这是本标准教科书,基于对流动性和营利性的详细描述,研究了非上市企业的融资。

Franke, G. & Hax, H. : *Finanzwirtschaft des Unternehmens und Kapitalmarkt*, 6. Aufl. , Berlin et al. 2009.

这是本标准教科书,提供了现代资本市场理论的概述及其对投资和融资领域业务决策的重要性。

Perridon, L. ,Steiner, M. & Rathgeber, A. : *Finanzwirtschaft der Unternehmung*, 15. Aufl. , München 2009.

这是本内容详细的标准教科书,在描述企业资本筹集方案之前,深入讨论了与投资核算和证券业务相关的问题。

Rudolph, B. : *Unternehmensfinanzierung und Kapitalmarkt*, Tübingen 2006.

这是本内容详细的教科书,一方面介绍了新古典和新制度金融理论的基础知识,另一方面介绍了在企业经济周期中企业融资的问题和解决方案。

引用文献

Deutsche Bundesbank(2010)：Ertragslage und Finanzierungsverhältnisse deutscher Unternehmen－eine Untersuchung auf neuer Datenbasis，in：Deutsche Bundesbank（Hrsg.），*Monatsberichte*,62. Jg.，Januar 2010，S. 15－31.

Deutsches Aktieninstitut e. V.（Hrsg.）(2010)：*DAI-Factbook*，Frankfurt a. M. 2010，Blatt 03－2－a.

Gavin, M. & Kuo, P.（2010）：Linde Signs $ 3.17 Billion 5－Year Syndicated Credit Line，Replaces BOC Loan，Bloomberg，May 11，2010，www. bloomberg. com/news/2010－05－11/Linde-signs-3-17-billion-5-year-syndicated-credit-line-replaces-boc-loan. html（Abruf 21. 06. 2010）.

Lerbinger, P.（1986）：Zins－Swaps, in：*WiSt-Wirtschaftswissenschaftliches Studium*，15. Jg.，1986，S. 461－462.

Perridon, L., Steiner, M. & Rathgeber, A.（2009）：*Finanzwirtschaft der Unternehmung*，15. Aufl.，München 2009.

Süddeutsche Zeitung（2009）："Opel-Die Liquidität ist gesichert"，15.04.2009，http://www. sueddeutsche. de/wirtschaft/2. 220/opel-die-liquiditaet-ist-gesichert-1.411053（Abruf 21. 06. 2010）.

参考答案

1. 该案例初始情况下的自有资本收益率

自有资本收益率为：

$r_{EK}=0.08+75/25\times(0.08-0.06)=0.08+3\times0.02=0.14=14\%$

2. 情景

（1）借款

借款之后的自有资本收益率为：

$$r_{EK}=0.08+80/20\times(0.08-0.06)=0.08+4\times0.02=0.16=16\%$$

通过增加债务,资本结构杠杆以及自有资本收益率也随即上升,因为总资产收益率r_{GK}仍然高于平均债务资本利率k_{FK}。

（2）总资产收益率上升

在这种情况下的自有资本收益率为：

$r_{EK}=0.10+75/25\times(0.10-0.06)=0.10+3\times0.04=0.22=22\%$

增加两个百分点的总资产收益率或投资回报率并不仅仅简单直接地体现在r_{EK}上,而且通过资本结构杠杆使其增加了3倍。因此,自有资本收益率比初始情况增加了$4\times2=8$个百分点。

（3）组合情况

在这种情况下的自有资本收益率为：

$r_{EK}=0.10+80/20\times(0.10-0.09)=0.10+4\times0.01=0.14=14\%$

强劲增长的借款利率抵消了第（1）和第（2）问中对自有资本收益率的正效应。结果是,在这个情景下对收益的影响最低：r_{EK}保持不变。

3. 借款利率的最大值

我们有必要设定借款率为一个临界值x：

$r_{EK} = 0.08 + 75/25 \times (0.08 - x) \geq 0.12$

$0.08 + 0.24 - 3x \geq 0.12$

$0.20 \geq 3x$

$0.067 \geq x$，即$x \leq 6.7\%$

因此，平均利率可能上升到的最大值为6.7%，最多只能增加0.7个百分点。

4. 为什么不能肆无忌惮地引入借款？

该建议粗看是可以接受的：由于$r_{GK} > k_{FK}$的关系，自有资本收益率可以因此受到正影响。但是在2(1)问中，所示收益率的上升只在一个综合的条件下才可行：特别是，借款利率k_{FK}和资产收益率r_{GK}不可以发生变化。然而，首先在现实中可以看到，随着财务杠杆比率的增加，额外增加的债务成本也会上升。正如在2(3)问看到的那样，结果导致k_{FK}的增加阻碍了杠杆的扩大。其次在多大程度上能够找到有相同收益率的投资机会是有疑问的。

第14章

企业税务政策

Manuel R. Theisen　王煦逸[①]

1. 引　言

同其他发达国家一样,德国的企业及其经营活动须向财政部门(联邦、州和乡镇)缴纳税款。以企业税收政策框架为基础制定出来的企业税收法规、理念及原则,有助于使企业及其股东按照企业的经营目标与战略,实现总体税负的最小化。根据企业税收政策编写的《行为指南》与《决策准则》兼顾了企业管理与税收筹划。如果想要深入构建定位于中长期的税收政策,首先需要掌握对企业各项经营活动所引起的税收负担、企业股东应征税负的最新信息。本章主要介绍德国税收体系以及企业决策中的税务决策;在税后利润和投入资本税后收益最大化的前提下,依次介绍几种重要的所得税和最重要的流转税——营业税——以及它们对企业相关税收政策的影响。为了适应中国读者的需求,本章在相关部分介绍了中国税务的有关知识。

税收政策与税收筹划

2. 税收概论

2.1 公共支出体系

国家的公共财政支出是通过公民纳税及其他的国家收入来实现财务支付的。通过民主选举产生的议会以年度财政预算的形式,对国家公共事业开支及其财务支付进行确认。所有的

公共任务的财务支付

[①] Manuel R. Theisen:德国慕尼黑大学企业管理系,博士。
王煦逸:中国同济大学中德学院管理系财务会计和管理会计学教授,博士。

国家活动都受到财政预算的制约,尤其受到正规、合理财政管理的约束。

国家财政需求的三个主要收入来源如下:

<small>收入来源</small>
(1)收入来源包括所有形式的收费:除了税收以外的收费、捐款和特别征费。

(2)国家可以通过其地方机构(联邦、州和乡镇)从经济活动中取得收入,或者通过一次性转让利得取得收入(例如,计划发行德国铁路股份公司的股票)。

(3)国家可以在其宪法和欧盟债务标准的范围内,通过借款,即负债的形式,以限制未来可支配收入为代价扩大其现有的财政收入。这种通过负债形式取得的收入在数目上不得超过财政预算中的投资性支出(参见《联邦德国基本法》第二章第一节第115条),此类收入可以通过未来的税收或经济收益来还本付息。

收费是国家最主要的收入来源,税收又是这一收入来源的主体。税收形式的收费不支付给纳税人任何对应物品和服务。《税收执行细则》第三章第一节中的税收定义明确地将税收的确定用途排除在外(参见表14-1)。

表 14.1 税收的法律定义

《税收执行细则》第三条第一节条文	解释与界定
税收是	
1. 货币收入	非服务,也非实物
2. 具有无偿性,不支付给纳税人任何对应物品和服务	不同于费用和捐款等;没有指定用途
3. 由公共法定机构收取(例外:宗教税)	地区机构:联邦、州、城市和乡镇
4. 为了实现收入或利息	非滞纳金
5. 法律规定的承担指定税款的纳税义务	财政部门应该合法征税、公民享有平等的纳税权利
6. 税收的收入特性可以是辅助目标	包括社会福利方面的用途,例如,家庭资助

2.2 税收基本概念

想要对税和税法进行深入的研究,首先需要掌握一些基本的专业表述,立法者试图在不同的税法中,保持征税有关人员与事物相似表述的同一性。

纳税义务人是指必须履行纳税义务的人,纳税义务人必须提交纳税申报和承担纳税法律责任。纳税人是指具体承担某一税负的人。如果纳税义务人直接缴纳税款,那么他就是纳税人。根据收入所得税法,企业总裁既是所得税纳税义务人,也是纳税人。此外,由于企业总裁必须替其雇员向财政机关上缴雇员的个人所得税,企业总裁也是扣缴义务人,雇员取得的工资实际上是扣除了个人所得税后的净工资。税务负担人是指实际全部或者部分负担某一税款的人。例如,房屋出租者可在法律允许的范围内将其承担的房地产税税负转嫁给租客。在这种情况下,房屋出租者是纳税义务人、纳税人和扣缴义务人,而税务负担人则是租客。

通过税率可以计算得出纳税义务人在确定税目下的应纳税额,它由税基和税率两部分计算得到:

$$应纳税额 = 税基 \times 税率(税率表)$$

税目是指依法征税的对象,如企业所得。根据公司所得税法,企业所得税的税基(即计税依据)是指公司按照税法规定应公布的营业利润,企业所得税税率自2008年以来都是15%。税基与税率的乘积即为应纳税额。应纳税额比税基可以得到税负,在企业所得税这个例子中税负与比例税率相等。

在累进税率下,有必要对平均税负与边际税负加以区分。例如,对企业总裁所得征税的税率即为累进税率。平均税负是指征税引起的相对税收负担。例如,对收入总额50 000欧元征收5 000欧元的税,税后所得为45 000欧元,平均税负为10%(5 000/50 000)。考虑累进税率下的情况,累进税率下的收入增加不但使应纳税额增加,税负也会增加,并且还会产生边际税负。例如,如果收入从50 000欧元增加到100 000欧元,那么应纳税额从5 000欧元变成15 000欧元,税后净收入为85 000欧元。由于多取得了50 000欧元的收入而应缴纳的税额为10 000欧元,则收入增加引起的相对税负,即边际税负为20%(10 000/50 000);同时,总收入的平均税负也增加到了15%。

纳税义务人可以选择赚取50 000欧元,支配税后的45 000欧元;或者赚取100 000欧元,拥有85 000欧元的税后可支配收入。他的想法是:

(1)赚取是原来2倍的收入意味着承担更高的平均税负,即平均税负从10%增加到15%;而可用于支配的税后净收入变成85 000欧元,仅增长了89%。每一欧元的税前收入都承担着15%的税收负担。

(2)多赚取的50 000欧元的收入承担着20%的税收负担,因此多赚取的可支配净收入实际仅为40 000欧元(50 000-10 000)。

纳税义务人在选择赚取50 000欧元的收入前,需要考虑他是否愿意为实际上只有40 000欧元的净收入来付出更多的工作。如果纳税义务人想要实现其可支配净收入的最大化,也就是说,对纳税义务人来说,赚取的收入越多越好,那么他就会去争取100 000欧元的总收入。在15%的平均税负下,纳税义务人取得了85 000欧元的净收入,实现了收入最大化。这个例子还说明,累进税率在收入增长的情况下,只对收入的增加部分产生影响;平均税负则表示总收入所承担的税负。

2.3 税收制度

2.3.1 德国税收制度

德国的税收制度为复合税制,存在着数量众多的税种。表14-2给出了德国的重要税种以及各税种在2008年、2009年的税收额及其占总税收收入的比重。

表14-2　　　　　　　　　　　　重要税种的种类和数额

税收收入	2009年 十亿欧元	2009年 十亿欧元	2009年 所占比重	2008年 十亿欧元	2008年 十亿欧元	同比增长
个人所得税						
—工资税	135.2			141.9		-4.7%
—预估个人所得税	26.4			32.7		-19.2%
—资本利得税	12.5			16.6		-24.6%
—利息税	12.4			13.5		-7.9%

续表

税收收入	2009年 十亿欧元	2009年 所占比重	2008年 十亿欧元	同比增长
个人所得税总额	186.5	38.5%	204.6	−8.9%
增值税	177.0	36.5%	176.0	0.6%
能源税	39.8	8.2%	39.2	1.4%
营业税	4.9	1.0%	6.8	−27.8%
公司所得税	7.2	1.5%	15.9	−54.6%
烟草税	13.4	2.8%	13.6	−1.3%
团结附加税	12.0	2.5%	13.1	−8.7%
土地税	1.3	0.3%	1.3	0.0%
汽车税	8.2	1.7%	8.8	−7.3%
保险税	10.5	2.2%	10.5	0.0%
用电税	6.3	1.3%	6.3	0.0%
房产税	4.9	1.0%	5.7	−14.5%
遗产税	4.5	0.9%	4.8	−5.7%
其他税种	8.4	1.7%	8.9	−5.1%
合计	484.9	100%	515.5	−5.9%

数据来源：由德国联邦财政部的数据整理得到。

小税种 　　由表14-2可以看出征收最多的十个税种，其余的即为小税种。小税种有许多不能也不允许被废除的理由，一方面是因为小税种的征收保证了稳定的地方财政收入；另一方面是小税种法律的变更或者废除可能会导致税收失衡。考虑到欧盟的相关法规，一些小税种（票据税、公司税）已被废除。有关企业地理位置与相对税收负担方面的国际讨论，既导致了德国一些小税种的取消，也大大促进了公司所得税税率的降低。

直接税 间接税 　　我们可以对已经存在的税种按照不同的标准进行分类。根据纳税人是否直接承担税收负担这一标准，可以将税种分为直接税和间接税。直接税是指纳税义务人本人直接承担税收负担的税种，例如，纳税义务人的工资收入为50 000欧元，其应纳税款5 000欧元由其本人或者受其本人委托直接"自愿"上缴至税务机关。相反，间接税直接和一定的交易有关，无法分开税务事件发生地和税务支付。

例子 　　纳税义务人用他的税后净收入45 000欧元购买了一辆轿车，在购买时，他实际上还承担了约7 185欧元（19/119×45 000）的增值税，这笔税款包含在轿车的报价中，通过卖车者缴纳给税务机关。纳税义务人的税前总收入为50 000欧元，其中包括轿车的净值37 815欧元，直接税5 000欧元和间接税7 185欧元，轿车承担了32.2%的税负，还没有考虑汽车运营中的汽车税、汽油税。简单地说，纳税义务人既从自己的口袋中支付了直接税，税务部门也从他的口袋中征收了间接税。

所得税、财产税、流转税和消费税 　　根据具体的课税税目又可以将税收区分为所得税、资产税、流转税和消费税。所得税是指对个人或者企业收益（利润或亏损）征收的一类税收。财产税是指对个人财产、企业财产或者特定的占有或者资产项目所征收的一类税收。流转税是指针对全部或者特定的商品交换环节而征收的一类税收。消费税是指针对具体的消费行为而征收的一类税收。

最重要的所得税有向自然人征收的个人所得税、向法人（特别是资合公司法人）征收的公司所得税以及仅在特定企业征收的营业税。财产税包括土地税、赠与税和遗产税。针对企业的经济交易需要征收流转税，例如，土地购置税或者保险税。在企业商品服务交易过程中需要征收的重要消费税是增值税。

与企业相关的税种

在企业法律形式的确定过程（参见5.2节）和企业决策的制定过程中，都必须对税收因素加以考虑：

对企业决策的影响

（1）税收是在企业决策过程中具有重要意义的经济量。

（2）税收具有可筹划性：企业法律形式的确定和投资活动（参见11.2.2.7节中投资规划中税收因素的考虑）都会影响企业单次或者运营中的税收负担。理性的纳税义务人会追求税负的最小化。

（3）税收既具有可筹划性也具有相当的规模：当前的德国税率使得个人或企业的收入或财产中相当大的部分以税款的形式被征收。

（4）税收从长期来看具有不确定性：有关税制改革的长期讨论造成，对于具体经济过程的税负仅在短期内有效。税率、税基和税制的改变都会导致当前税负的改变，同时也会增加制定中长期税收筹划、税收策略的难度，这两者是企业经营计划的必要组成部分。

从而我们得出这样的结论：未考虑税收因素的企业决策不仅是不好的，而且通常是错误的。

2.3.2 中国的税收制度

2.3.2.1 中华人民共和国税收概述

中华人民共和国征收税种极为广泛，包括所得税（企业所得税和个人所得税）、流转税（增值税、营业税和消费税）、与房地产有关的税（土地增值税、房产税、耕地占用税和城镇土地使用税）和其他（如契税、印花税、关税、车辆购置税、车船税、资源税、城市维护建设税、船舶吨税和烟叶税等）。

中国税收概述

中国不设资本利得税，出售非流动资产所得也被视为普通收入要征收所得税。

2.3.2.2 税收征管

中国主要的税法由全国人民代表大会审议通过，其实施条例由国务院颁布。财政部和国家税务总局被授权解释并执行税法及实施条例，同时，国家税务总局也负责监督地方税务机关的征收管理。

中国税收征管

对企业（包括内资企业、外商投资企业和外国企业）和个人（包括中国和外国籍个人）的税收管理分别由两个独立的税务部门来负责，即国家税务局在各地的分局及地方税务局。一般来说，各地的国家税务局分局主要负责征管增值税，而地方税务局则负责征管营业税、个人所得税和其他地方性税种。2008年颁布的企业所得税则按以下分别管理征收：2009年1月1日前成立的企业所得税一般由各地的国家税务局分局负责征管；2009年1月1日或以后成立的主要缴纳增值税的企业，其企业所得税由国家税务局分局征管；2009年1月1日或以后成立的主要缴纳营业税的企业，其企业所得税由地方税务局管理征管。国家会对税收征管机制随时做出调整。

2.3.2.3 对外国投资者的限制

经商务部或其他有关部门批准后，外国公司、企业或个人可以在中华人民共和国境内设立

对于外国投资者的限制

中外合资企业、中外合作企业和外商独资企业。从 2010 年 3 月 1 日起,外国投资者允许在中国设立外商投资合伙企业。

外商投资企业注册资本最低要求见表 14—3。

表 14—3　　　　　　　　　　外商投资企业注册资本最低要求

投资总额注册	资本最低限额
300 万美元或以下	投资总额的 70%
300 万美元以上至 1 000 万美元(含 1 000 万美元)	投资总额的 50%,但不得低于 210 万美元
1 000 万美元以上至 3 000 万美元(含 3 000 万美元)	投资总额的 40%,但不得低于 500 万美元
3 000 万美元以上投资	投资总额的 33.3%,但不得低于 1 200 万美元

<small>中国税收征管</small>　《外商投资产业指导目录》将外商投资企业分为鼓励类、允许类、限制类和禁止类。下面列举了各类投资项目中的部分行业:

鼓励类:特定的农、林、牧、渔业;采矿业;特定的制造业;电力、煤气及水的生产和供应业;特定的交通运输和仓储业;特定的批发和零售业;租赁和商务服务业;科学研究、技术服务和地质勘察业;水利、环境和公共设施管理业;高等教育和职业技能培训;老年人、残疾人和儿童服务机构;特定的文化、体育和娱乐业。

限制类:特定的农、林、牧、渔业(如农作物新品种选育和种子生产,珍贵树种原木加工,棉花(籽棉)加工);稀缺金属和特殊矿产的勘察、开采;特定制造业(如特定药品的制造、烟草制品业等);特定电力、煤气及水的生产和供应业;特定交通运输和电信业;批发和零售特定商品;金融和保险业;房地产业;特定租赁和商务服务业;特定科学研究、技术服务;高中教育,特定文化、体育和娱乐业;其他国家和中国缔结或者参加的国际条约规定限制的其他产业。

禁止类:特定农、林、牧、渔业(如稀有和特有的珍贵优良品种的研发、养殖、种植以及转基因植物种子的生产等);采矿业(放射性矿产和稀土的开采,钨、钼、锡、锑、萤石勘察、开采等);特定制造业(如中成药生产、武器弹药制造等);特定电力、煤气及水的生产和供应业;空中交通管制;邮政公司、信件的国内快递业务;社会调查;义务教育;特定科学研究和地质勘查业;特定的文化、体育和娱乐业(如新闻机构、博彩业、色情业、图书报纸的出版、音像制品和电子出版物的出版和制作等);其他国家和中国缔结或者参加的国际条约规定禁止的其他产业。

允许类:不在鼓励类、限制类和禁止类的业务。

2.3.2.4　中国(上海)自由贸易试验区

中国(上海)自由贸易试验区于 2013 年 9 月 29 日正式挂牌。在区内的外商投资企业不再适用《外商投资产业指导目录》,而适用"负面清单"。除了在"负面清单"中列明的行业,所有外商投资企业或项目只需备案,而不再需要核准。

3. 所得税

<small>税基</small>　重要的所得税包括个人所得税、公司所得税和营业税。这三种所得税都是以一定时间段内(日历年或经营年)的所得作为税基。三种所得税的税基,即所得在计算上采取不同的方法,

但总体的思想是计算出收入与支出之间的差额。这种差额可以是正的(即利润),也可以是负的(即亏损)。利润带来正的税负,而在不考虑亏损结转的情况下,损失将造成负的税收,纳税义务人可以立即或在未来向税务机关申请退税。

所得税是从企业利润中进行征收的,从而减少了可分配股利和再投资的资金。企业为实现其经营目标,在企业税务政策方面的首要任务就是追求总税负(企业在一个计划周期内的应纳税款总额)的最小化。

3.1 个人所得税

个人所得税是指对自然人收入征收的所得税。在德国境内定居或长期居住的自然人在每个税收周期内都负有无限纳税义务。他们从全世界获得的收入,即在一个周期内在各个国家取得的总收入都须在德国缴纳税款。纳税义务的履行不受纳税义务人的国籍、收入取得的方式、地点以及时间的影响。

无限纳税义务

在中国境内有住所,或者无住所而在境内居住满一年的个人在每个税收周期都负有无限纳税义务,即对于居民纳税人而言,从中国境内和境外取得的所得都需要缴纳个人所得税,且纳税义务的履行不受纳税义务人的国籍、收入取得的方式、地点以及时间的影响。

在德国取得的收入	50 000 欧元
＋在西班牙通过出租房屋取得的收入	20 000 欧元
＝在德国境内应纳税的世界收入	70 000 欧元
在中国取得的收入	500 000元人民币
＋在德国通过出租房屋取得的收入	20 000欧元(汇率 7.0)
＝在中国境内应纳税的世界收入	640 000元人民币

德国个人所得税法规定,在一个或多个日历年内,在德国境内既没有定居也没有长期居住的自然人,在这个时期内承担有限纳税义务。例如,跨国企业向外国派遣的员工。在这种情况下,只对该自然人在德国取得的收入按照德国税法征收个人所得税,其在居住国取得的收入只在居住国具有无限纳税义务。

有限纳税义务

中国个人所得税法规定,在中国境内无住所又不居住或者无住所而在境内居住不满一年的个人,即对于非居民纳税人而言,对其从中国境内取得的所得承担有限纳税义务。例如,德国某著名大学的某教授到同济大学为 EMBA 学员进行一周的授课,其在中国取得的收入按照中国税法征收个人所得税,而其在德国取得的收入仅在德国具有无限的纳税义务。

自然人在非居住国的有限纳税义务与在居住国无限纳税义务会引起收入的双重税负。国家间的《避免双重征税协定》中规定了避免双重征税的办法。例如,德法双重征税协定中的免税方法规定,只有在计算国内累进税率的等级时才将自然人在境外取得的收入予以考虑。

双重征税

在法国取得的收入	50 000 欧元
＋在德国取得的收入	50 000 欧元
＝世界收入	100 000 欧元

按照德国的个人所得税税制,收入50 000欧元以内的税率为10%,收入超过50 000欧元但少于100 000欧元的税率为15%。法国的个人所得税税率为5%。由于该纳税人在法国取得的收入只用于决定其在德国应纳所得税的税率,而不作为应纳所得税税基考虑,因此这名在德国具有无限纳税义务的纳税人应缴纳的个人所得税为50 000欧元×0.15＝7 500欧元。在不考虑该纳税人在法国因承担有限纳税义务而应缴纳的个人所得税(50 000欧元×0.05＝

避免双重税负的方法

2 500欧元)的情况下,该纳税人可支配的税后净收入为92 500欧元,平均税收负担为7.5%。由于在选择所得税税率时将在法国的收入考虑进来,从而使应纳税款增加了2 500欧元[(0.15-0.1)×50 000欧元],税率和税负也增加了50%。总的应纳税款仍为10 000欧元(税率为10%),这是因为德国国内增加的税负与法国较低的税负在这个案例中刚好起到了相互抵补的作用。

3.1.1　收入类型

<u>七种收入类型</u>

德国的所得税法没有对收入这一概念做出明确的规定,仅列举了七种应征收所得税的收入类型,其余的收入类型则不缴纳所得税。应计税的收入(税基)为不同类型收入的总和,这方便了税法立法者对不同类型的收入进行统一征税。所得税法中还规定了享有税收优惠的收入类型。例如,从2009年起,特定的资本利得须按照25%的税率缴纳清偿税,从而不用缴纳所得税。

<u>中国十种应纳税收入</u>

中国的个人所得税法也没有对收入这一概念做出明确的规定,仅仅明确列举了以下10种收入:(1)工资、薪金所得;(2)个体工商户的生产、经营所得;(3)对企事业单位的承包经营、承租经营所得;(4)劳务报酬所得;(5)稿酬所得;(6)特许权使用费所得;(7)利息、股息、红利所得;(8)财产租赁所得;(9)财产转让所得;(10)偶然所得。但是,中国的个人所得税法实施条例对个人所得的范围做了相对比较清晰的界定。与德国不同的是,中国实行分类所得税制,对于不同类型的收入实行分类计征个人所得税,且不同类型收入的税率也有较大的差异。中国的个人所得税法中也明确规定了免除缴纳个人所得税的收入类型,例如,国债和国家发行的金融债券利息、福利费、抚恤金、救济金、保险赔款、军人的转业费、复员费等。

<u>收入类型划分的作用</u>

德国个人所得税法定义并区分了每一种收入类型,同时确定了每种收入的组成部分、应税收入的调查方法、特殊的例外规定、免税规定(免税金额、免税限额)以及不同税率的规定。根据个人所得税法,企业收入是三种利润收入类型之一。利润调查是在两个会计结算日之间进行资产比较,会计结算日通常为每年的1月1日和12月31日。

中国的个人所得税法同样也区分了收入类型,并明确规定了各种不同所得收入的应纳税所得额的具体计算方式。但是,个人将其所得对教育事业和其他公益事业捐赠的部分,按照国务院有关规定可以从应纳税所得中扣除。根据个人所得税法,对企事业单位的承包经营、承租经营所得,以每一纳税年度的收入总额减除必要费用后的余额,作为应纳税所得额。

3.1.2　收入核算

<u>营业收入</u>

德国商法规定,个体企业与人合企业必须定期制作资产负债表与利润表(参见5.2.1节和17.2.2节)。这些财务报表对于税收起着重要的作用,由报表核算得出经营收益是对企业所得进行核算的基础数据(参见表14-4)。在从财务报表基础数据出发核算所得税的税基时,须注意的是,个人所得税法不承认一部分商法中允许的收入确认与计量原则,例如,税务部门认为商法允许的折旧数量偏高。因此,需要对资产负债表的利润或亏损从税法角度进行相应的调整,从而得到税务平衡表利润或亏损。税务平衡表利润或亏损加上不可扣除经营性支出,减去不征税收入,最终得到企业的应税所得。虽然作为经营性支出,不可税前扣除的支出被记录在利润表中,对资产负债表利润与税务会计利润有着降低的作用,但应被计入所得税税基进行核算。例如,企业向投资者支付的股息、对客户的赠予都是不可税前扣除的支出,而需作为应税收入进行计税。不征税收入,例如投资补助,则需从税务会计利润或亏损中扣除。

<u>营业收入的计算</u>

表 14—4　　　　　　　　　　　企业所得核算

	资产负债平衡表利润/亏损
+/−	税务会计修正
=	税务平衡表利润/亏损
+	不可税前扣除的支出
−	不征税收入
=	企业所得

中国的个体工商户与合伙企业同样不适用企业所得税法，而是根据个人所得税法缴纳个人所得税，个人所得税法实施条例明确规定个体工商户的生产、经营所得，是指：(1)个体工商户从事工业、手工业、建筑业、交通运输业、商业、饮食业、服务业、修理业以及其他行业生产、经营取得的所得；(2)个人经政府有关部门批准，取得执照，从事办学、医疗、咨询以及其他有偿服务活动取得的所得；(3)其他个人从事个体工商业生产、经营取得的所得。企事业单位的承包经营、承租经营所得，是指个人承包经营、承租经营以及转包、转租取得的所得，包括个人按月或者按次取得的工资、薪金性质的所得。

企业收入核算可以确定每个企业经营者的经营所得。人合企业的经营者们需要依据企业法规与个人所得税法分配各自的所得利润，并按其所得缴纳税款。

人合公司所得税的纳税特点

3.1.3　征税

所得税的税基是以企业所得和其他类型收入为基础，并且不断进行调整。在从企业获得的收入等收入类型进行核算时，只记录与该收入类型直接相关的经营性收入或支出，而不考虑涉及的每个纳税义务人的具体情况。征税对象为已经实现的收入，而不考虑收入的具体用途。但是事实上，在德国个人所得税法中，收入实现与收入使用之间并没有严格的划分。在个人所得税税基的核算过程中，需要对纳税义务人的花销加以考虑，例如，预防费用和娱乐费用。而对收入的实现与使用不做区分的依据是个人的行为只有这样才可以核算的，它被看作"公平"税收的标准之一。

收入核算与收入使用

中国个人所得税的税基是以个人所得与个体工商户生产经营所得收入为基础的。《个人所得税法》第六条明确规定了应纳税所得额的计算方法：(1)工资、薪金所得，以每月收入额减除费用3 500元后的余额，为应纳税所得额；(2)个体工商户的生产、经营所得，以每一纳税年度的收入总额减除成本、费用以及损失后的余额，为应纳税所得额；(3)对企事业单位的承包经营、承租经营所得，以每一纳税年度的收入总额，减除必要费用后的余额，为应纳税所得额；(4)劳务报酬所得、稿酬所得、特许权使用费所得、财产租赁所得，每次收入不超过4 000元的，减除费用800元；4 000元以上的，减除20%的费用，其余额为应纳税所得额；(5)财产转让所得，以转让财产的收入额减除财产原值和合理费用后的余额，为应纳税所得额；(6)利息、股息、红利所得，偶然所得和其他所得，以每次收入额为应纳税所得额。另外，个人将其所得对教育事业和其他公益事业捐赠的部分，按照国务院有关规定从应纳税所得中扣除。对在中国境内无住所而在中国境内取得工资、薪金所得的纳税义务人和在中国境内有住所而在中国境外取得工资、薪金所得的纳税义务人，可以根据其平均收入水平、生活水平以及汇率变化情况确定附加减除费用，附加减除费用适用的范围和标准由国务院规定。

德国现行的个人所得税税率是一种公式税率，应纳税额是借助数学公式根据不同的收入水平计算得出的。忽略近年来个人所得税税率频繁的变化，个人所得税税负的增长幅度大于

税率

收入的增长幅度,也就是说,个人所得税税率是累进的(参见图14-1)。

个人所得税税表

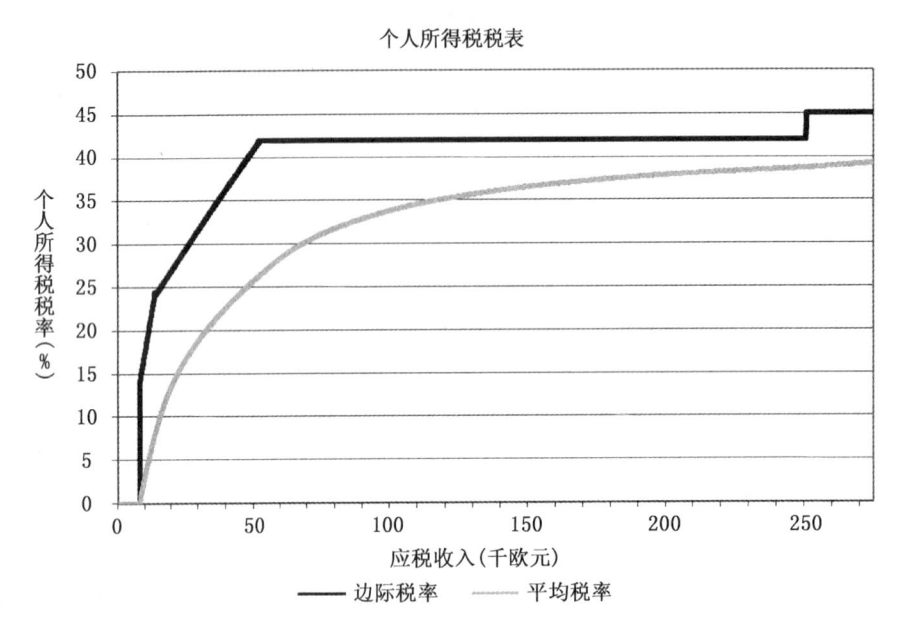

图14-1 个人所得税税表(截至2010年1月1日)

中国现行的个人所得税税率是一种超额累进税率,应纳税额是借助数学公式根据不同的收入水平计算得出的。并且个人的工资、薪金所得适用七级超额累进税率,个体工商户生产、经营所得和对企事业单位承包经营、承租经营所得适用五级超额累进税率(具体见表14-5和表14-6)。

表14-5 个人所得税税率(工资、薪金所得适用)

级数	全月应纳税所得额	税率(%)	速算扣除数
1	不超过1 500元的部分	3	0
2	超过1 500元至4 500元的部分	10	105
3	超过4 500元至9 000元的部分	20	555
4	超过9 000元至35 000元的部分	25	1 005
5	超过35 000元至55 000元的部分	30	2 755
6	超过55 000元至80 000元的部分	35	5 505
7	超过80 000元的部分	45	13 505

注:本表所称全月应纳税所得额是指依照《个人所得税法》第六条的规定,以每月收入额减除费用3 500元以及附加减除费用后的余额。

例如,5 000元的工资应纳税额为:(5 000-3 500)×10-105=45(元)。

表14-6 个人所得税税率(个体工商户生产、经营所得和对企事业单位承包经营、承租经营所得适用)

级数	全月应纳税所得额	税率(%)
1	不超过15 000元的部分	5
2	超过15 000元至30 000元的部分	10
3	超过30 000元至60 000元的部分	20

续表

级数全月应纳税所得额	税率(%)
4. 超过60 000元至100 000元的部分	30
5. 超过100 000元的部分	35

注：本表所称全年应纳税所得额是指依照《个人所得税法》第六条的规定，以每一纳税年度的收入总额减除成本、费用以及损失后的余额。

企业收入有一个税务优惠（《个人所得税法》第35条），在缴纳营业税后，其经营者或者合伙人从企业得到的收入可以享受税务优惠，这是因为，企业经营者或合伙人的应纳税收入已经通过营业税的形式上缴了税款。 _{税率特点}

承担无限纳税义务的纳税义务人的全部收入都要按照个人所得税税率征缴税款。2008年后，按照《个人所得税法》第34a条的规定，企业经营者可以通过申请，使其未提取的利润不按照累进税率（表14—7中假设利率为35%），而是按照28.25%的固定税率缴纳税款。这样做的目的是，使留存利润税负接近于资合公司的税率。在不考虑利率影响的情况下，提取留存利润相比于发放股利意味着会产生更多的税收负担。这是因为，在随后对留存利润提取时需要按照25%的税率补缴个人所得税。

表14—7　　　　　　　　　对人合企业的所得征税（不考虑团结附加税）

	当期利润完全分配 欧元	留存利润并补缴税款 欧元
Ⅰ．人合企业的利润核算		
1. 企业生产经营活动产生的利润 　　＝企业所有者应分配的利润	100.00	100.00
Ⅱ．对企业所有者征税		
2. 企业所得	100.00	100.00
3. 留存利润的所得税		(28.25%)　28.25
4. 利润分配所得税(2−3)·s	(35.00%)　35.00	(25.00%)　17.94
5. 税后净收入	＝　　65.00	53.81

另一个例外是对资本资产取得收益征收所得税的办法，例如，对资合公司持续性的或者一次性的利润（支付的股利、资本收益等）征收所得税。在持续性的或者一次性的收益来自股东自有资本的情况下，根据"优惠测试"，需要按照25%的税率缴纳"清偿税"，而不考虑与之相关的企业支出或税务成本。在利润或者资本收益来自个体企业或人合企业的资本的情况下，根据"部分收入法"，则仅对60%的收入征收所得税，并且相应地扣除60%的企业支出。

每个纳税义务人最终缴纳的所得税是已经扣除了此前代扣税款部分后的数目。例如，在征收所得税时，需要考虑已经由雇主代扣过的工资税、由银行扣除过的资本所得税和利息税。 _{预扣税}

3.2　公司所得税

公司所得税是指对公司法人（股份公司、有限责任公司、欧洲股份公司）年收益征收的所得税，这种对股份公司征收的公司所得税在数量上同对个体企业和合伙企业征收的个人所得税基本相当。由于法律上对公司与公司股东层面有所区分，因此接下来将对两个层面的所得税征收分别进行介绍。 _{分离原则}

在中国，企业所得税是以企业取得的生产经营所得和其他所得为征税对象所征收的一种税，它是对企业生产经营成果所征收的税，属于直接税；同时它也是国家参与企业利润分配的重要手段。企业所得税法以是否具有法人资格作为企业所得税纳税人的认定标准，并且企业所得税法明确将企业分为居民企业和非居民企业。

3.2.1 面向公司征税

纳税义务

德国公司所得税法规定，凡总部或业务管理机构在德国境内的资合公司承担无限纳税义务，其在德国境内外的全部收入都在德国纳税。《避免双重征税协定》中对境外所得的征税做出了规定，通常采取免税或者认可在国外缴纳税款的办法。凡总部和业务管理机构不在德国境内的股份公司或其他法人公司承担有限纳税义务，仅就其在德国境内所得纳税。

中国的企业所得税法规定，依法在中国境内成立，或者依照外国（地区）法律成立但实际管理机构在中国境内的企业承担无限纳税义务，其在中国境内外的全部收入都在中国纳税。依照外国（地区）法律成立且实际管理机构不在中国境内，但在中国境内设立机构、场所的，或者在中国境内未设立机构、场所，但有来源于中国境内所得的企业承担有限纳税义务，仅就其在中国境内所得纳税。

应税收入计算

公司所得税税基（应缴纳公司所得税的收入）的确定以股份公司的会计核算利润为依据。对资产负债表按照税法的要求进行调整后得到税务平衡表，接下来再按照所得税法的规定得出公司应缴纳所得税的收入（见表14-8）。

表14-8　　　　　　　公司所得税法规定的收入核算简化流程

	资产负债平衡表利润/损失
+/−	税务会计增减项修正
=	税务平衡表利润/亏损
+	隐藏的利润分配
+	不可扣除的税费
	（如公司所得税、营业税）
+	其他不可扣除的费用
	（罚金、50%的监事会津贴、捐赠）
−	不征税收益
=	提取亏损准备前的收入
−	亏损准备
=	收入
−	免税金额（《公司所得税法》第24条）
=	应缴纳公司所得税的收入

根据现行企业所得税法的规定，中国企业所得税的税基（应缴纳企业所得税的收入）是指，企业每一纳税年度的收入总额，减除不征税收入、免税收入、各项扣除以及允许弥补的以前年度亏损后的余额。

税率

德国公司所得税率为15%。扣除公司所得税和团结附加税后的公司收入即为公司"可支配的自有资本"，可用于当期或未来的股利发放。公司股东或者股东大会在通过了股利发放的决议后，需要先对已扣除公司所得税和团结附加税后得到的（净）公司所得额征收资本利得税，此后方可向境内外股东支付股利。

中国企业所得税的基本税率为25%。其适用于居民企业和在我国境内设有机构、场所且

3.2.2 面向公司股东征税

对公司法人征收所得税在德国是经典的所得税：承担无限纳税义务的资合公司须在取得利润的当期按照15%的税率缴纳公司所得税。公司无论是决定进行股利分配还是进行利润留存，无论公司的股利发放时间是在当期还是在未来，是对全部的利润进行股利发放还是对部分利润进行股利发放，其都需要缴纳公司所得税，即公司所得税的缴纳与其将进行的利润分配方式无关。但是向股东发放股利时，实现收入的自然人还需要缴纳相关税款。

股利分配的税负

中国对企业法人征收所得税：承担无限纳税义务的居民须根据企业所得税法确定应纳税所得额，然后按照25%的税率缴纳企业所得税。企业无论是决定进行股利分配还是进行利润留存，无论公司的股利发放时间是在当期还是在未来，是对全部利润进行股利发放还是对部分利润进行股利发放，其都需要缴纳企业所得税，即公司所得税的缴纳与其将进行的利润分配方式无关。但是向股东发放股利时，实现收入的自然人需要缴纳个人所得税。

自2009年以来，私人的资本利得须按照25%的税率缴纳所得税（参见《个人所得税法》第32d条第1段）。根据《个人所得税法》第43条第5段，这种对资本利得的征税相当于使个人所得税得到了清偿（"清偿税"）。个人的资本利得不再受到累进的个人所得税税率的影响。纳税义务人有权根据个人所得税的税率变化调整其应纳税额。如果个人所得税税率低于25%，纳税义务人所缴纳的资本利得税（即作为公司股东而缴纳的清偿税）将得到部分或者全额的退还；如果个人所得税税率高于25%，则纳税义务人正常缴纳清偿税。两种征税形式——个人所得税与清偿税——对于纳税人来说意味着税负增加或减少，由纳税义务人的收入构成及伴随其而产生的费用决定。

清偿税

在不考虑对公司所得税或个人所得税附加征收税率为5.5%团结税的情况下，我们可以对资合公司所得进行如下征税。

团结附加税（东西德统一后，为了支援东德建设征收的特别税）

表 14-9　　　　　　　　　　对资合公司收入的征税（不计团结税）

Ⅰ. 对资合公司征税	欧元	
1. 公司所得税税前利润	100.00	
2. 公司所得税	−15.00	
3. 可用于发放股利的最大资本	=85.00	
4. 资本利得税（第3点的25%=清偿税）	−21.25	
5. 现金股利	=63.75	
Ⅱ. 对股东征税（自然人）	企业资产部分收入程序	私人资产清偿税
	欧元	欧元
6. 现金股利	63.75	63.75
7. 回冲扣除资本利得税	+21.25	
8. 股利总额	=85.00	
9. 其中40%免税	−34.00	
10. 资本资产的收入	=51.00	
11. 所得税（例如第10点的35%）	17.85	
12. 扣除资本利得税（第4点）	−21.25	
13. 退税要求（11−12）	=3.40	
14. 税后净收入（8−11=6+/−13）	=67.15	63.75

在经典公司所得税程序下,资合公司取得的利润无论其作何用途,在不考虑公司营业税,以及担负无限纳税义务的股利获得者在未来支付个人所得税的情况下,须承担税率为15%的公司所得税。对利润分配所征收的税负取决于资产分类(企业资产、个人资产)以及每个利润获得者的纳税相关情况。因此,股份公司取得的利润在公司层面上按照15.825%(包括团结附加税)的税率缴纳所得税;此外,按照个人所得税税率与团结附加税税率,待分配的利润中企业资产的部分应缴纳的所得税税率在0%～28.485%,自有资产部分应缴纳的所得税税率在0%～26.375%。只有在确定了公司的股利分配比率以及境内外股东的个人所得税税率后,才能够得出股份公司取得的利润应缴纳的全部所得税水平;而获得一个应缴纳所得税的平均水平是没有意义的。

中国企业所得税法所指的收入总额包括:(1)销售货物收入;(2)提供劳务收入;(3)转让财产收入;(4)股息、红利等权益性投资收入;(5)利息收入;(6)租金收入;(7)特许权使用费收入;(8)接受捐赠收入;(9)其他收入。企业所得税是对企业纯收益的征税,在企业所得税及企业会计核算体系中,与应纳税所得额对应的概念是会计利润。从理论上讲,企业的应纳税所得额为企业在一个纳税年度内的收入总额减去国家规定予以扣除金额后的余额。但在实际操作中,企业计算应纳税所得额是以会计核算资料为依据的,即以会计利润为基础确定。但企业按照会计规定计算的所得税前会计利润与按照税法规定计算的应纳税所得额之间,往往存在着一定的差异,这是因为企业财务会计核算处理与税法规定会出现不一致的地方。

3.3 营业税

营业税同个人所得税、公司所得税一样,是针对企业经营活动收益征收的所得税。但是营业税不是对人征收的税,而是对对象征收的税。所有在德国经营的企业,无论其法律形式如何,都是营业税的征税对象。营业税税基是企业的利润,以须缴纳法人所得税或者公司所得税的企业收入为基础。营业税的征税对象不是具有纳税义务的企业,而是企业的经营业务,这在经济上相当于对企业的经营利润进行了重复征税。

无论企业为何种法律形式,营业税都以企业的利润所得作为税基。通过对企业所得在税收层面上进行适当的调整,可以统一不同法律形式的企业在征税税基方面的差异,从而得到较为一致的税基。例如,在对资合公司的营业税税基进行核算时,应从利润中将企业对投资人支付的贷款利息作为营业支出扣除掉;又因为企业所得与企业的法律形式无关,须对资合公司的利润扣除掉该利息后,再加回25%的利息。只要企业所得已经超过了100 000欧元的免税限额,在营业税税基核算时,就还须加上贷款利息的25%,以保持营业税仅对对象征税的性质并且保证税收平衡。通过对企业所得在税收层面上进行调整(参见《营业税法》第8、9条),不但可以使不同法律形式的企业适用统一的税基,还可以避免营业税造成重复的税负。

具体应缴纳的营业税税额为税基与税率的乘积。营业税税率又由两部分组成:税率指数与稽征率。税率指数由联邦政府确定,对于所有的德国企业,税率指数统一为3.5%。稽征率则由各地方政府确定。

只有在已知各地方的稽征率后,才能够确定具体的营业税应纳税额。德国现行的稽征率在200%～490%浮动,最大为900%,例如,2008年的平均稽征率为383%。由此可以得出资合公司在利润积累时的营业税税率为7%～17.15%。资合公司的总税负由三部分税负相加得到:对留存收益征收的公司所得税、对发放股利征收的个人所得税以及营业税。人合企业的总税负由对企业所得征收的营业税加上对股东所得征收的个人所得税,再减去《个人所得税法》第35条中规定的减税数目得到。在稽征率为400%、不考虑团结附加税且股东个人所得税税率为35%的情况下,营业税税负不能通过个人所得税法中规定的减税数目得到完全补偿(见表14—10)。

表14—10　　　　　　　　人合企业与资合公司所得税税负总额比较

人合企业(完全股利分配)		资合企业(清偿税)	
1. 资产负债表/税务清算表 税前利润	100.00 欧元	1. 资产负债表/税务清算表 税前利润	100.00 欧元
2. 营业税法中规定的增减项	+20.00 欧元	2. 营业税法中规定的增减项	+20.00 欧元
3. 营业税 14%×(1+2)	−16.80 欧元	3. 营业税 14%×(1+2)	−16.80 欧元
4. 企业利润(1)	100.00 欧元	4. 公司所得税应税利润(1)	100.00 欧元
5.		5. 15%税率下的公司所得税应纳税额	−15.00 欧元
6.		6. 现金股利总额(1−3−5)	68.70 欧元
7.		7. 对第6点征收的25%清偿税	−17.18 欧元
8. 35%税率下对第1点征收的个人所得税	−35.00 欧元	8.	
9. 营业税补偿(120.00×3.5%×3.8)	+15.96 欧元	9.	
10. 净收入(1−3−8+9)	64.16 欧元	10. 净收入(1−3−5−7)	51.52 欧元

中国的营业税视企业从事的业务和相关资产的情况而定,有些企业应缴纳营业税而不是增值税。营业税适用于提供劳务的业务(除某些特定劳务),只要劳务提供方或接受方在中国境内,该等劳务应在中国缴纳营业税。另外,在中国境内销售不动产和转让无形资产也属于应纳营业税的项目。

营业税按照营业额的3%~20%征收,最普遍的税率是3%和5%,某些服务是可以免征营业税的。

如上所述,在营业税改征增值税改革试点计划下,企业提供试点计划中的服务(包括转让部分无形资产)应缴纳增值税,不再缴纳营业税,随着2016年5月1日中国营改增政策的实施,服务行业的营业税将被增值税所替代。

4. 增值税

增值税(销售税)一直是德国财政收入的主要来源,通常占据着德国年财政收入的1/3以上。例如,2009年德国的增值税收入为1 770亿欧元,占其年财政收入的36.5%。在消费者需求稳定、总销售额不减少的前提下,增值税税率每增加1%,即可带来93亿欧元的财政收入增加额。增值税税率最近的一次提高发生在2007年,在当年的财政收入中,因增值税税率提高从而多取得的增值税收入达到了300亿欧元。

根据增值税法,须对德国境内通过商品与服务交易而取得的收入征收增值税。此外,还须对欧盟成员国之间的交易活动、商品进口征收增值税。

增值税是针对商品与服务的交易活动而征收的税种,因此属于流转税(征税对象为销售行为)。增值税的税基是商品或服务的交易净价(参见《增值税法》第10条)。增值税的一般税率为19%,部分商品(如印刷品、食品等)享受的优惠税率为7%。

税基、税率

消费税　　　　从经济活动结果的角度来考虑，增值税也可被认为属于消费税，其征税对象为最终消费者。虽然在商品生产与服务提供的每一个环节都须征收增值税，但是在现行的增值税率体系下，企业经营者在商品生产或服务创造的过程中不需要支付增值税，增值税由最终消费者承担，即在取得或消费商品或服务时支付增值税。

最终消费
者承担的
税负

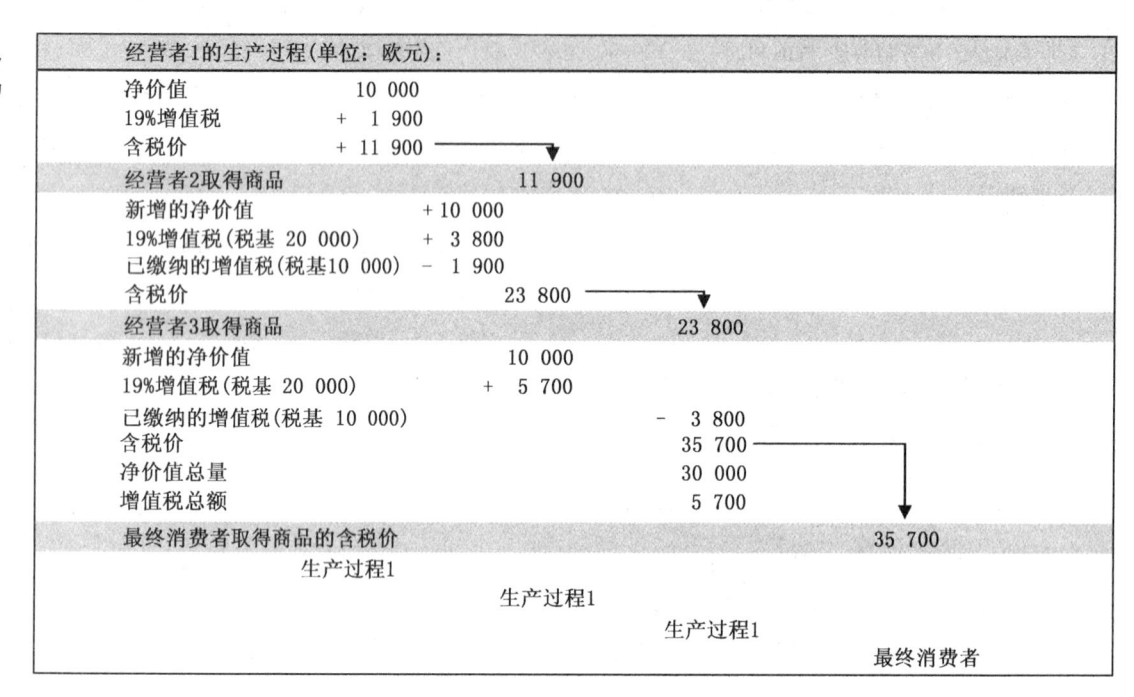

```
经营者1的生产过程（单位：欧元）：
    净价值              10 000
    19%增值税           + 1 900
    含税价              + 11 900 ──────┐
                                        ▼
经营者2取得商品                      11 900
    新增的净价值                     +10 000
    19%增值税（税基 20 000）         + 3 800
    已缴纳的增值税（税基10 000）     - 1 900
    含税价                           23 800 ──────┐
                                                   ▼
经营者3取得商品                                 23 800
    新增的净价值                     10 000
    19%增值税（税基 20 000）         + 5 700
    已缴纳的增值税（税基 10 000）            - 3 800
    含税价                                       35 700 ──────┐
    净价值总量                                   30 000        │
    增值税总额                                    5 700        │
                                                                ▼
最终消费者取得商品的含税价                               35 700
生产过程1
            生产过程1
                        生产过程1
                                                        最终消费者
```

图 14—2　生产链的增值税体系

　　增值税是一种间接税：企业经营者（纳税人）将全部的增值税负担转嫁给了最终消费者（税务负担人）。最终消费者支付商品的含税价，即商品净价加上增值税。企业经营者在取得商品含税价后，自己保留其中商品净价的部分，向财政部门上缴增值税部分。在最终消费者之前的企业经营者都须支付商品的净价值与增值税，并且将增值税记录下来。在商品生产与流通过程中所支付的增值税都经过企业经营者上缴给财政部门，因此企业经营者实际上并未承担任何税收负担，增值税可看成一笔流动的税款。增值税的征收与上缴导致企业发生管理费用。

　　在中国，企业和个人从事销售、进口货物及提供加工、修理修配劳务的应缴纳增值税。增值税的标准税率是17%，而生活必需品如农产品、自来水和煤气等则按13%的税率征收。被认定为小规模纳税人的企业按3%的征收率缴纳增值税。对于增值税一般纳税人，在计算增值税应纳税额时，增值税进项税额可以抵扣销项税额。

　　通常，因出口货物而在境内购买原材料所支付的增值税进项税可以退税。出口退税率介于0%~17%，并且有特定的公式计算可退税的数额，因此，许多出口商品所支付的增值税进项税并不是可以全额退还，出口企业需要承担不同程度的出口增值税成本。为了解决货物和服务税制中的重复征税问题，支持中国的现代服务业发展，国务院决定于2012年起开展改革试点计划，扩大增值税征收范围以替代原来的营业税征收项目。

　　直至2014年1月1日，试点计划所选择的试点行业及相关税率（适用于增值税一般纳税人）见表14—11。

表 14—11

试点行业	适用税率(%)
有形动产租赁服务	17
交通运输业服务	11
邮政业服务	11
基础电信服务	11
增值电信服务	6
部分现代服务业服务,包括开发和技术服务、信息技术服务、文化创意服务、物流辅助服务、鉴证咨询服务和广播影视服务	6

上述试点行业的小规模纳税人适用的征收率为3%。企业提供以上应税服务或境外企业向境内的单位和个人提供以上应税服务,应缴纳增值税,不再缴纳营业税。

5. 结束语

在企业做出经济决策前,需要核算出该经济决策所引起的税收负担。在德国的复合税制体系下,企业的每一个决策都会产生多种不同税负,因此,只有在已知与企业决策相关企业数据的情况下,才能核算出具体的税负。在税负核算过程中,需要考虑税收政策及其影响。因为企业未来的经济活动是未知的,并且税法是不断改变的,所以实际的税负往往与事先核算得出的税负不同。

每一项企业决策都涉及不同的税种,并且会引起相应的税收负担。因此,缴纳税款不应该简单地被看成是企业决策的结果,而是必须在决策前的计划阶段以及决策核算中充分地加以考虑。

扩展阅读

Haberstock, L. & Breithecker, V.: *Einführung in die Betriebswirtschaftliche Steuerlehre*, 15. Aufl., Berlin 2010.

本教材注重介绍税务的基础知识,重点展示税收对会计、法律形式和选址以及其他企业功能的影响。借助具体的例子,说明税收系统和企业决策的关系以及有关的基本后果。

Kuβmaul, H.: *Betriebswirtschaftliche Steuerlehre*, 6. Aufl., München/Wien 2010.

这是本涉猎广泛的教材,包含税收有关的所有领域。

Scheffler, W.: *Besteuerung von Unternehmen* Ⅰ, 11. Aufl., Heidelberg 2009.

本书的第一部分给出了有关收益税、物品税和流通税的最新发展状况。

Scheffler, W.: *Besteuerung von Unternehmen* Ⅱ, 6. Aufl., Heidelberg 2010.

本书的第二部分介绍了有关税务收入和财产估价(遗产税、赠与税和土地税)的规则。

普通高等教育"十三五"商学院精品教材系列

第 15 章

价值导向的企业绩效评估

Peter Kajüter[①]

1. 引　言

　　大众集团在 2009 年的年利润高达 9.11 亿欧元,乍一看,大众集团在 2009 年取得了很好的经营成果。但是从股东价值的角度出发,大众集团真的取得了足够多的利润吗？如果不是,那么大众集团本该取得多少利润呢？从价值导向的企业领导角度出发,仅凭年利润这一个指标能够对企业经营效果做出评价吗？

绩效评估

　　以上问题都涉及绩效评估这一基本概念,绩效评估(与绩效控制同义)是价值导向企业领导的关键元素(参见第 2 章),它要求企业在每个阶段都要有确定的绩效目标。在价值导向企业领导中,企业的绩效目标可以是企业投资者(股东、所有者)所期望达到的利润率。企业只有长期满足投资者的投资回报需求,才能持续不断地吸引投资者对其进行投资(参见 2.2.2 节)。从竞争的角度出发,还要在股东盈利需求(即资本成本)的基础上进行加成,从而得到目标收益或者效益目标,这些构成了对目标实现控制的基础。这些控制措施不但给出了改进企业收益的措施,同时也给出了衡量管理层可变报酬的基础。

绩效评估
指标

　　企业目标的实现程度可以通过不同的绩效评估指标来衡量,例如,股东总回报,是指企业在一定时期内的资本收益与股利之和比期初企业的股票价格(参见 2.2.3 节)。对于上市公司而言,其企业价值的增加可以直接从其股票价格的增长上体现出来；而对于非上市公司,则需要对企业价值进行评估,可以采用现金流折现法(参见 12.5 节)。但是,当需要控制企业或者部门的经营绩效,并且与管理层报酬有联系时,以上两种方法就都不适用了,这里需要不受到外部影响,并且能足够客观地反映企业经营情况的指标。企业股价不仅受企业主营业务绩效的

---

① Peter Kajüter:德国明斯特大学国际会计学教授,博士。

影响,还会受到其他因素的影响;此外,企业价值的评估也应以对企业未来发展的主观假定为基础。因此,企业绩效评估通常是以企业的内部收益作为依据,而企业的内部收益又是以企业的会计信息为基础。在管理实践中,纳入考虑范围的指标非常多,除了企业的营业利润与年度净利润外,还有 EBIT(息税前利润)、EBITDA(息税折旧及摊销前利润,参见 19.1 节)、销售利润率和 ROI(投资回报率)。在价值导向的企业领导中,衡量价值贡献指标有 EVA(经济增加值)、CVA(现金增加值)、ROCE(已动用资本回报率)与 RONA(净资产回报率)等。

本章主要介绍价值导向绩效评估指标并给出评价。我们在第 15.2 节中对价值导向绩效评估与以资产负债表为基础的传统绩效评估进行比较,并介绍价值导向绩效评估指标的基本体系与要求;在第 15.3 节中,我们借助案例详细说明在管理实践中常用的三项绩效评估指标——已动用资本回报率、经济增加值与现金增加值/现金流投资回报率;在第 15.4 节中,我们将介绍如何将以上绩效评估指标按照价值驱动树的形式分解出低层级的影响因素;最后,我们在第 15.5 节中对以上内容给出总结。

传统绩效指标与价值导向绩效评估指标

2. 价值导向的绩效评估指标

2.1 价值导向绩效评估与以资产负债表为依据的绩效评估

在对企业的资产负债表与利润表进行分析时,年利润是一项重要的收益衡量指标。当企业在一定时期内的收入大于费用,即取得正利润时,我们就认为企业的经营取得了成功(参见17.4节)。

年利润

在以资产负债表为依据的绩效评估中,没有确定股东是否取得了与风险相适应的股利回报,这是因为,资产负债表与利润表都没有从股东的预期收益率角度对自有资本成本进行核算。价值导向绩效评估则从股东预期收益率的角度,考虑股东是否取得了与风险相对应的股利回报。根据股东价值理念,企业只有在达到了所有者的预期收益率,并且满足其他利益相关者(债权人、雇员和供应商等)的收益需求时,其经营才能被认为是成功的。企业的年度财务报表忽略了自有资本成本的核算,没有考虑到,即使一个企业在资产负债表与利润表中都取得了利润,也会发生股东价值损失的情况(参见图 15-1)。

自有资本成本

价值贡献资本收益率

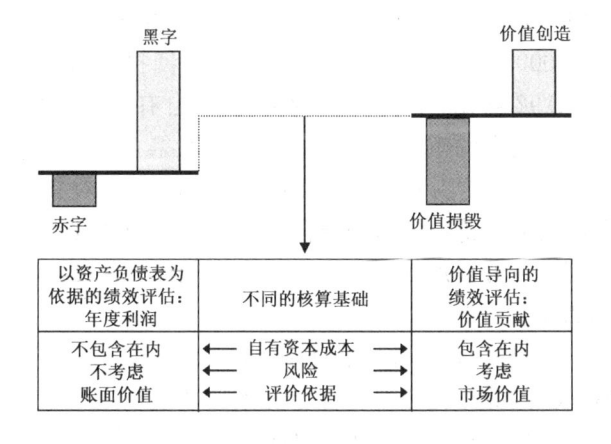

图 15-1 以资产负债表为依据的绩效评估与以价值为导向的绩效评估的区别

大众汽车集团在2009财年就遇到了这个问题。因此,我们需要一个将自有资本成本纳入考虑的绩效评估指标——价值贡献(剩余利润、价值增加),价值贡献由企业主营业务所取得的息前利润减去资本成本(自有资本成本与借入资本成本)得到。

$$价值贡献=息前利润-资本成本$$

由于资本成本中已经包含了借入资本的利息,因此采用息前利润来计算价值贡献,以避免重复扣除利息。价值贡献的计算结果可以是税前结果,也可以是税后结果,这取决于税前还是税后核算。资本成本是加权平均资本成本(WACC)乘以已动用资本的结果。例如,大众汽车集团在2009年的税后价值贡献(单位:百万欧元)如下:

$$价值贡献=息前利润-(加权平均资本成本\times已动用资本)$$
$$=1\,633-(6.9\%\times43\,135)$$
$$=1\,633-2\,976$$
$$=-1\,343(百万欧元)$$

从价值导向的企业领导角度来看,大众汽车集团的经营取得成功是指,其在支付利息前取得的主营业务收入至少应该等于其资本成本,即2 976亿欧元。与资本成本等值的利息前主营业务收入扣除借入资本成本,即可得到企业最低年利润。

在价值导向绩效评估中,一段时期内的企业绩效不仅可以通过价值贡献这类绝对变量来衡量,还可以通过资本收益率这类比率变量进行衡量。例如,已动用资本回报率(ROCE)、净资产回报率(RONA)等(参见15.3.1节)。企业取得价值贡献意味着收益率高于资本成本:

$$ROCE>WACC$$

实际上,大众汽车集团在2009年的已动用资本回报率(ROCE)为3.8%,加权平均资本成本(WACC)为6.9%,已动用资本回报率低于加权平均资本成本,说明企业没有满足最低投资收益需求。

风险 在考虑自有资本成本的同时,价值导向绩效评估也兼顾到企业在经营活动中面临的各种风险,这些风险通过不同的风险加成体现在自有资本成本中(参见2.2.2节),而在以资产负债表为依据的传统绩效评价中,忽视了这些风险;债权人承担的风险则以借入资本利息的形式,在价值贡献与年利润中都得到反映。

账面价值与市场价值 以上两种绩效评估方法的另一根本区别在于,账面价值与市场价值的选取。在以资产负债表为依据的传统绩效评估中,年利润与自有资本回报率等绩效评价指标的计算以账面价值为依据,例如,拜尔集团在2009年取得了7.2%的自有资本回报率,资产负债表中的自有资本为189.5亿欧元,即每股22.92欧元。对于投资者来说,该自有资本回报率的参考价值是有限的,因为投资者需要支付的是股票的市场价值,例如,该只股票在2009年12月30日当天的股价为55.96欧元。投资者期望得到与风险相对应的投资回报,是针对其实际已动用资本的市场价值而言的,而非针对资本的账面价值。价值导向绩效评估则以市场价值为依据,企业拥有较高的自有资本比例,一方面意味着其加权平均资本成本也较高,另一方面意味着其须支付红利的资本量也较大(参见2.2.2节)。

差异的原因 两种绩效评估方法有着明显区别的原因在于其目标设定不同。由于会计强调记录可靠的信息与保护债权人免受损失,因此相比于每日都会发生变动的市场价值,账面价值更能为绩效评估提供较为客观的依据,并且对企业资金状况的评估更为谨慎的同时还可避免过量的股利分红(参见17.2.1节)。价值导向绩效评估则将企业股东的利益放在首位,强调取得与所承担风险相对应的资本投入回报。从价值导向企业绩效评估角度来看,成本核算作为企业内部控制的传统工具处于两者之间:一方面,通过核算利息使自有资本成本得到体现;另一方面,成本核算以企业会计的历史账面价值为依据。

2.2 价值导向评估指标体系

多种多样的价值导向绩效评估指标被应用于企业管理实践,咨询公司构建的理想化绩效评估方法的适用性不断增强,并能够根据公司的特点进行调整。同一或者近似的绩效评估指标在不同企业中的表述概念不同,例如,经济增加值这一指标在西门子公司被称作商业价值贡献。

价值导向绩效评估指标的多样性

常用的绩效评估指标都是以利润或现金流为依据的,通常分为绝对量(价值贡献)与比率量(资本回报率)。价值贡献与资本回报率之间可以相互转换(如表15-1所示)。

表15-1 价值导向绩效评估指标

数据基础	内容	价值贡献	资本回报率
利润		经济增加值(EVA)	思腾思特
			已动用资本回报率(ROCE)
			净资产回报率(RONA)
		经济利润	投资资本回报率(ROIC)
现金流		现金增加值(CVA)	现金流投资回报率(CFROI)
		股东增加值(SVA)	股东价值回报率(SVR)

资料来源:Ewert & Wagenhofer(2000,第7页)。

表15-1中的指标都是以年度财务报表中的数据为基础。在不同的财务报告体系(参见第18章)下,各项指标的计算不尽相同,因此使其可比性受到影响。所以,采用统一的《国际财务报告准则》(IFRS)对企业进行价值导向绩效评估与控制有着明显的优势。

共性

我们还可以由价值导向绩效评估指标推导出下一层级的指标——二级指标,二级指标可以更好地体现顶层指标的含义。由此,我们能够得到价值驱动树模型(参见15.4节),价值驱动树模型清晰地给出了企业内部不同层级间的价值导向。

不同的绩效评估指标间也存在着一系列区别。首先,需要计付利息的资本基数存在差异。例如,在经济增加值(EVA)的核算中只需对净资产的账面价值核算利息,而在现金增加值(CVA)/投资现金流回报率(CFROI)的核算中,则是考虑企业总运营资本的市场价值(账面价值减去累计折旧)。此外,不同的绩效评估指标在商誉(参见18.3.4节)、融资性租赁、研发费用方面的处理方法也不同。

区别

面对众多区别明显的绩效评估指标,我们不禁要问:哪一个指标最好?对于这个问题,我们很难给出答案,因为每一个指标都有着各自的优点与缺点。有关绩效评估指标有效性的实证研究,至今也没能就每项指标与股票价格的相关性(这些绩效评估指标只能作为资本市场价值增加的指示器)给出明确的解释。或许我们可以认为,经济增加值(EVA)虽然不如现金增加值(CVA)/投资现金流回报率(CFROI)那样能更好地反映股价的变动,但是与利润增长率等传统指标相比,经济增加值(EVA)无疑是较好的(Schremper & Pälchen,2001)。

最好的指标?

2.3 对价值导向评估指标的要求

为了能更好地衡量各个绩效评估指标的优缺点,我们需要在绩效评估的框架下,对指标的选取设立一系列评价标准(Weber等,2004,第85页)。

目标一致性 首要标准是目标的一致性。采用的绩效评估指标必须能够反映企业目标的实现程度,即企业的价值增加量,指标必须和这个最高目标一致。当采用现金流折现法来计算企业价值时,要求每一个绩效评估指标都和现值计算方法一致,这样才能够保证,按照现金流折现法,由绩效评估指标推导出的企业价值是企业的净现值。只有在满足一定前提条件的情况下,价值贡献指标才满足这个要求。

例子 我们通过下面一个例子更直观地来说明这个问题,假设现在有一个经营期为3年的企业,期初投入的固定资产共计9亿欧元。在10%的资本成本率情况下,表15－2中给出了其每个经营期的息前利润:

表15－2　　　　　　　　　　由现金流折现法得出的企业价值

单位:百万欧元	0	1	2	3
息前利润	0	100	150	200
折旧	0	300	300	300
自由现金流	0	400	450	500
净现值(10%)	0	364	372	376
企业价值	1 112			

通过对现金流按照10%的资本成本率进行折现,得到的企业价值为11.12亿欧元。如果我们对价值贡献按照10%的资本成本率贴现,再加回期初的已动用资本中,同样也能得到11.12亿欧元(2.12＋9)的企业价值(参见表15－3)。在根据息前利润计算当期的价值贡献时,应当注意按照10%的资本成本率减去资本成本,因为资金投入发生在期初(所谓"空格定律")。

表15－3　　　　　　　　　　价值贡献基础上的企业价值

单位:百万欧元	0	1	2	3
息前利润	0	100	150	200
资本(期初)	0	900	600	300
资本成本	0	−90	−60	−30
价值贡献	0	10	90	170
净现值(10%)	0	9	75	128
净现值(合计)	212			
投入资本	900			
企业价值	1 112			

市场价值导向 与目标一致性相关的次要标准是以市场价值为导向。股东要求针对市场价值计息,而非针对账面价值。与此相对应,在计算资本成本率时,自有资本与借入资本的比例都是按照市场价值进行衡量(参见2.2.2节)。因为资本成本率是根据市场价值推算出的,所以需要乘以资本的市场价值,才能得出资本成本。但是,在从年报数据出发进行核算时,这项标准在管理实践中通常难以实现(参见15.3节)。

可靠性和操纵 如果以价值导向绩效评估指标来衡量企业经营效果或者行业,并且按照经营目标实现程度核算管理层报酬,就要求计算绩效评估指标的数据可靠、客观且难以操纵。如果不存在针对可操控性的数据可靠性,就会存在人为操控的风险。人为措施在短期内对指标产生积极作用,但从长期来看,则会给企业价值带来消极影响(例如,忽视创造价值的投资活动)。

此外,价值导向绩效评估指标必须简明易懂,即核算过程易于理解,价值有意义且易于分析。可理解性同时也是企业在资本市场上与外界有效沟通的前提(参见2.3.5节)。 _{可理解性}

最后一项标准是经济性。尽管在管理实践中,对每一项测量指标(或者其他控制工具)的成本与效用进行精确的量化是不可能的,但是必须尽可能地从经济角度来运用这些价值导向绩效评估指标。 _{经济性}

3. 精选绩效评估指标的比较

下面将通过案例,对已动用资本回报率(ROCE)、经济增加值(EVA)和现金增加值(CVA)/现金流投资回报率(CFROI)进行阐释。某企业的资产负债表(制表日期:2009年12月31日)与利润表(2010年)如下(单位:百万欧元): _{例子}

资产负债表			利润表	
资产	(2009年12月31日)	负债	(2010年)	
非流动资产		自有资本	营业额	4 900
无形资产	250	注册资本 800	一各种费用	4 080
厂房设备	2 800	资本公积 500	一折旧	300
金融资产	500		+利息收入	50
流动资产		借入资本	=营业收入(息税前利润)	570
库存	650	养老公益金 1 200	一利息支出	170
应收账款	420	其他公益金 370	=税前收入	400
	150	银行贷款 1 350	一税费	160
现金		应付账款 550	=净利润	240
	4 770	4 770		

补充信息(单位:百万欧元):
- 土地的入账价值:500
- 非流动资产的累计折旧:850
- 加权平均资本成本率:税前10%,税后6%
- 利息费用中包括养老公益金的利息费用部分

3.1 已动用资本回报率

已动用资本回报率是税前的总资本回报率,从已动用资本的角度衡量企业的经营效果,是意昂(E.ON)、莱茵集团、德国电信等多家企业的重要控制指标,其计算方法如下: _{已动用资本回报率}

$$已动用资本回报率 = \frac{息税前利润}{已动用资本}$$

投资回报率计算中采用的是总资本(投资总额,参见1.3.2节),而已动用资本回报率计算中采用的是已动用资本,即资本总额减去非计息的借入资本。因此,已动用资本回报率能够更直接地反映投资者的投资回报需求。 _{与投资回报率的区别}

通过比较账面价值,我们可以对企业在一定时期内是否取得了价值增加进行推断。若 _{解读}

ROCE＞WACC，则企业实现价值创造；若ROCE＜WACC，则企业遭受价值损毁。

已动用资本

对于已动用资本的计算没有明确的定义。一方面，从时间角度来看，已动用资本可以是期初或者期末的资本投入，也可以是期初与期末的资本投入均值；另一方面，可认为已动用资本是须计息的资本。在对资产负债表资产一方进行核算时，涉及租赁的厂房设备，剔除不受主营业务影响的货币资金。一般来说，不计息的借入资本不被算作已动用资本，其中包括非生息负债，例如短期准备金、预收账款、应付账款以及贷方调整项目（参见17.3.5节）。严格地讲，这些科目也会产生资本费用，例如，客户希望通过提前支付取得价格优惠，供应商给出延期付款的条件实则是提高了材料价格，导致材料费用的增加。在已动用资本的计算中扣除不计息的资本部分，才能避免双重计费而导致结果不可靠。

例子（续）

表15—4给出已动用资本的计算举例。此处假定，金融资产是指企业参股的股票，因此也归为企业的经常性业务。企业已动用资本为38.5亿欧元，取得了5.7亿欧元的息税前利润，已动用资本回报率为14.8%。在企业的税前资本成本（加权平均资本成本）为10%的情况下，这一已动用资本回报率满足了所有者与投资者对企业回报率的要求，企业实现了价值创造。

表15—4　　　　　　　　　　　已动用资本的核算

资产总额	4 770
－不计息准备金	370
－不计息负债	550
＝已动用资本	3 850

EBIT/EBITA息税前利润/息税折旧及摊销前利润

有时，我们也用息税折旧及摊销前利润（EBITA）这一衡量企业经营效果的指标，代替息税前利润（EBIT）作为分子来计算已动用资本回报率。这样一来，在税前考虑商誉的情况下，在折旧前计算已动用资本回报率。商誉是指企业合并时，企业的购买价格超出被合并企业净资产（企业被合并时的资产减去负债）的差额。例如，被合并企业的专利、被合并企业的老客户等不在资产负债表列示的项目构成了企业商誉（参见18.3.5节）。按照国际财务报告准则，商誉只能进行计划外折旧，而按照商法，可以进行计划折旧，从而在运用已动用资本回报率和息税前利润时，它会对经常性业务产生影响。如果不是这种情况，总部进行价格谈判并做出兼并的决策时，EBITA更加适合，因为它只包含具体业务领域能够影响的绩效因素。出于稳健性考虑，在计算已动用资本时，须将企业累计商誉折旧也计算在内。这样可以修正业务领域的利息核算基础资本，企业对用于获取被并购企业商誉而投入的资本，也期待取得回报。

评价

已动用资本的核算不是和投资回报率那样按照市场价值计算，而是以账面价值为依据。如果相应的折旧没有进行投资，固定资产折旧会使已动用资本的账面价值不断减小。虽然经营绩效不变，但是也会造成已动用资本回报率不断增长的假象。按照账面价值核算已动用资本违背股东价值理念，也降低了已动用资本回报率在企业价值创造与价值损失方面的说服力。此外，人们常常将以账面价值为依据得出的已动用资本回报率，同以市场价值为依据得出的资本成本率相比较，这是毫无意义的。

需要特别注意的是，已动用资本回报率仅利用一期数据计算得出，因此，当已动用资本回报率提高时，并不能认为企业经营良好，从长期来看，企业价值也可能受到负面影响。相反，由于企业在短期内降低已动用资本回报率而否定对企业有益的投资活动也是错误的。例如，对某企业在一个时期内的投资活动进行观察,期初投资10亿欧元,预期回报率12%高于10%的资本成本,但是企业的已动用资本回报率由期初的14.8%逐步降低至14.2%(参见表15-5)。

表15-5　　　　　　　　　　　　已动用资本回报率造成误导

单位:百万欧元	2010年(未进行投资)	投资	2010年(进行投资后)
息税前利润(EBIT)	570	120	690
已动用资本	3 850	1 000	4 850
已动用资本回报率(ROCE)	14.8%	12%	14.2%

已动用资本回报率没有达到以市场价值为导向、目标一致性、不可操控性等要求。但是,这项易于从财务报告中的账面价值计算得出的指标简单易懂,也方便企业外部信息使用者获取企业信息。基于上文提到的已动用资本回报率的缺陷,在绩效评估中,已动用资本回报率这项指标不被单独使用,而是常作为价值贡献绝对值的补充指标,帮助投资者判断已动用资本是否取得相应的回报。也正是如此,意昂与莱茵集团都在其绩效评估框架中,同时使用已动用资本回报率与价值贡献绝对值这两项指标。

> 在阶段性企业绩效控制中,我们采用已动用资本回报率与资本成本这两项指标。在价值分析中,我们采用已动用资本回报率这一比率指标的同时,还使用价值增加值(Value Added)来确定企业价值增加的绝对量。
>
> 已动用资本回报率是一种税前的资本回报率,用于衡量企业运用已动用资本后,主营业务所能够持续获取的收益,是息税前利润与已动用资本(Capital Employed)的商。
>
> 已动用资本指企业期望获取投资回报的资本。在已动用资本的核算中,须扣除企业可支配但却不产生利息的非流动资产与流动资产,但是包含企业合并中产生的商誉。
>
> 价值贡献反映企业扣除已动用资本成本后的经营收益。其计算方法为:价值贡献=(已动用资本回报率-资本成本)×已动用资本。(意昂股份公司财务报告,第26页)

3.2　经济增加值

经济增加值(EVA)是美国思腾思特(Stern Stewart)咨询公司开发的一项价值评价指标,EVA在德国的西门子、汉高、贝塔斯曼、哈尼尔等企业中得到应用,这些企业用自己的企业名字命名经济增加值,以此避免向思腾思特公司缴纳专利使用费,例如,贝塔斯曼增加值。

EVA是税后的价值贡献,是企业税后净营业利润中扣除资本成本后的所得。资本成本是已动用资本与加权平均资本成本(WACC)的乘积(参见图15-2)。

NOPAT(税后净营业利润) − 资本成本(已动用资本×加权平均资本成本) = 经济增加值

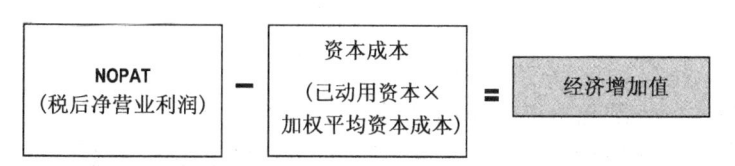

图15-2　经济增加值

经济增加值为正,说明企业实现价值创造;反之,企业遭受价值损失。经济增加值也可以看作企业税后净利润扣除资本成本后的剩余收入。

同已动用资本回报率一样,我们可以从财务报告中获取税后净营业利润(NOPAT)与已动用资本(CAPITAL),从而计算出经济增加值(EVA)。为确保EVA计算结果的可靠性,须对财务报告中的数据进行以下四步会计调整:

(1)运营调整:非主营业务产生的费用与收入不列入核算(如意外费用和收入)。

(2)资金调整:隐性的融资方式,例如,融资性租赁须计入核算。由于融资租赁改善了企业绩效,因资产负债表编制规则而未计入资产负债表的租赁资产也须计入经济增加值的核算。

(3)股东调整:企业自主创造的无形资产,例如,自主研发的知识体系,应以等效股权的形式计入已动用资本。这是因为这类无形资产同其他固定资产一样能够提高企业经营业绩,有助于企业未来取得收益。在这种处理方式下,企业的研发费用不会直接削减利润。企业研发费用的发生如同购进一台机器一样,未对企业利润产生影响,而是在随后的年份中,逐年对"研发费用"进行直线折旧。

(4)税务调整:税务影响须在核算中予以考虑。例如,借记研发支付而导致的税负增加可在随后的计提折旧中得到冲减。

2010年,企业等效股权由2009年12月31日的2.5亿欧元增长了5 000万欧元(等效股权实际增长9 000万欧元,但须扣除4 000万欧元折旧),NOPAT与CAPITAL的核算过程如下:

表15-6　　　　　税后净营业利润(NOPAT)与已动用资本(CAPITAL)的核算　　　　单位:百万欧元

息税前利润(EBIT)	570
＋等效股权增加项	50
＝税前净经营利润	620
－现金营业税(40%)(税收调整)	248
＝税后净经营利润(NOPAT)	372
资产价值(等于已动用资本,参见表15.4)	3 850
＋等效股权	250
＝已动用资本(CAPITAL)	4 100

已知税后净营业利润、已动用资本以及资本成本(WACC＝6%),可以得出2010年企业的经济增加值:

$$EVA = NOPAT - CAPITAL \times WACC$$
$$= 372 - 4\,100 \times 0.06$$
$$= 126(百万欧元)$$

经济增加值1.26亿欧元为正,说明企业在2010年实现了价值创造。

为反映企业在一段时间内的EVA变化,我们引入经济增加值变化量(Delta-EVA)的概念。经济增加值变化量是企业相邻两个时期经济增加值之间的差额,例如,上述企业在2009年的经济增加值为0.9亿欧元,则该企业在2009～2010年间的经济增加值变化量为0.36亿欧元(1.26－0.9)。企业若要实现价值增长的目标,则经济增加值变化量须保持为正。

经济增加值这一概念还可以比率的形式呈现，即可表示为税后净营业利润与已动用资本的商，被称为思腾思特 r 或者资产回报率 r，有时也被看作已动用资本回报率(ROCE)。将思腾思特 r 与资本成本做比较，可衡量企业价值是否得到增长：

$$r = \frac{NOPAT}{CAPITAL} = \frac{372}{4\,100} = 9.1\%$$

我们十分简化地给出 EVA 这一概念模型，而在实际应用中的 EVA 模型则相当复杂。例如，在实际中为准确地衡量各期收益与资产，计算 NOPAT 与 CAPITAL 的方法有 200 多种。

经济增加值存在与 ROCE 相似的缺陷：以账面价值为依据导致未考虑到未来的现金流，从而会造成误导。但是，与 ROCE 不同的是，在 EVA 的计算中一致采用现值，从而达到了目标一致性的要求。

在经济增加值概念框架下，还有一个重要的概念——市场增加值(MVA)。市场增加值表示企业预期经济增加值的现值，例如，企业的某项投资带来的未来价值增加的现值。我们可以借助 EVA 模型来评价企业过去的经营效果，同时也可以通过 EVA 来对企业未来的经营做出规划，正如使用现金流折现法一样，可以通过 MVA 对企业进行连续的阶段观察（参见 12.5.3.3 节）。

> 为了对企业已实现的以及未来的价值增长做出评价，我们采用 EVA 这项指标。若企业取得的营业利润大于资本成本，则企业的 EVA 为正。
>
> 我们用营业利润（息税前利润）来衡量企业的经营效果，从资产负债表的资产项目一方计算已动用资本的值。
>
> 资本成本(WACC)是自有资本成本与借入资本成本的加权平均值。2009 年，我们的税后 WACC 为 8%，税前 WACC 为 11.5%。考虑到市场变化的影响，我们定期调整资本成本的大小。从 2010 年起，我们采用的税前 WACC 为 10%，税后 WACC 为 7%。（汉高集团，2009 年财务报告，第 37 页）

3.3 现金增加值与现金流投资回报率

现金增加值(CVA)与现金流投资回报率(CFROI)是由波士顿咨询集团(Boston Consulting Group)开发的，以企业现金流为基础，衡量企业价值创造与资本收益的指标，在拜耳、汉莎以及博世等企业取得了广泛应用。

CFROI 是一项静态的税后总资本收益率，由投资取得的现金流比上总投资基数得到，这里的现金流是指投资资产在使用年限内产生的现金流收益，被称为总现金流量。由于在企业的经营期间需对折旧资产进行不断的补充投资，因此须在总现金流量的基础上减去经济折旧。CFROI 的计算公式如下：

$$CFROI = \frac{总现金流量 - 经济折旧}{总投入资本}$$

总现金流量、经济折旧与总投资基数的计算过程将在下文给出阐释。

(1) 总现金流量

总现金流量的计算由财务报表中的税后净营业利润加上折旧与利息费用得到。税后净营业利润中不包括营业外收支与当期以外的损益。如表 15-7 所示，计算得到的总现金流量为 7.1 亿欧元。

表 15—7　　　　　　　　　总现金流量的计算　　　　　　单位：百万欧元

例子（续）	税后净营业利润	240
	＋折旧	300
	＋利息费用	170
	＝总现金流量	710

（2）经济折旧

经济折旧　经济折旧是将固定资产的原始投资总额在其使用年限内进行分摊。图 15—3 给出了一项使用年限为 5 年的固定资产的折旧过程。

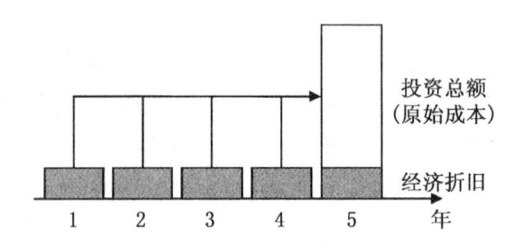

图 15—3　经济折旧的计算

使用年限内每个时期的折旧额，是原始成本减去净残值得到的差额与折旧率的乘积：

$$经济折旧 = (原始成本 - 净残值) \times 折旧率$$

折旧率由固定资产的平均使用年限与利息率（资本成本）决定。例如，在折旧资产的平均使用年限为 8 年、利息率为 6％的情况下，折旧率为 0.101 0。如果折旧资产的原始成本为 34 亿欧元（包括无形资产 2.5 亿欧元、固定资产 23 亿欧元、累计折旧 8.5 亿欧元），净残值为 0，那么经济折旧为：

$$经济折旧 = 3\,400 \times 0.101\,0 = 34.34（亿欧元）$$

通过这种方法计算得出的经济折旧值总是小于通过直线折旧法得出的折旧值（按直线折旧法：3 400/8＝4.25 亿欧元）。

（3）总投资基数

总投资基数　投资于企业或某项业务的总投资基数必须能够带来投资回报。总投资基数可由资产负债表中资产（折旧资产与非折旧资产）的账面价值减去非计息的借入资本计算得到。

折旧资产按照会计准则定期计提折旧，从而使得其账面价值难以反映其原始的已动用资本。因此，须对折旧资产（除房产外的固定资产、无形资产）的账面价值进行会计调整，即在折旧资产的账面价值基础上，加上此前计提的累计折旧。不同的折旧方法与不同的资产折旧程度，对总投资基数的计算不产生任何影响。租赁的资产也被计入总投资基数中，以利于在拥有不同比例租赁资产的商业项目间的比较。租赁资产的未来收益折现后计入总投资基数，伴随产生的租赁费用则应在税后净营业利润中扣除，从而得到总现金流量。这样，计算得到的总现金流量才与总投资基数相匹配。

非折旧资产包括房产、金融资产、流动资产以及借方调整项目，将它们按照账面价值相加得到非折旧资产价值。由于土地和金融资产的经营者要求按照市场价值计算以从中获利，所以这里在处理该两项资产时存在问题。

以上计算得到的资产价值减去不计息的借入资本，便可得到总投资基数。

按照上文的方法，我们得到企业截至 2009 年 12 月 31 日的总投资基数为 47 亿欧元（参见表 15—8）。

表 15—8　　　　　截至 2009 年 12 月 31 日的总资本投入计算　　　　　　　　　例子（续）

	无形资产账面价值	250
	＋非流动资产账面价值（除房产以外）	2 300
	＋非流动资产累计折旧	850
	＝折旧资产价值	3 400
	房产的账面价值	500
	＋金融资产的账面价值	500
	＋流动资产的账面价值	1 220
	＝非折旧资产价值	2 220
(1)	总资产价值	5 620
	不计息的准备金	370
	＋应付账款	550
(2)	＝资产减项	920
(1－2)	＝总投资基数	4 700

在确定了总现金流量、经济折旧与总投资基数后，可得：
$$CFROI = \frac{710 - 343.4}{4\,700} = 7.8\%$$

CFROI 高于资本成本率（WACC＝6%），说明企业在 2010 年实现了价值创造。若 CFROI 低于资本成本率，则企业遭受价值损失。

解读

由 CFROI 的计算结果还可以得到价值贡献的绝对量——现金流增加值（CVA）。CVA 为 CFROI 和资本成本率（WACC）的差值与总投资（BIB）的乘积：

现金流增加值衡量价值贡献

$$CVA = (CFROI - WACC) \times BIB$$
$$= (7.8\% - 6\%) \times 4\,700$$
$$= 84.6（亿欧元）$$

同 EVA 一样，CVA 也可以衡量企业在一段时期内所取得价值贡献的变化。在这里，我们引入现金增加值变化量（Delta-CVA）的概念，它是企业在两个相邻时期的 CVA 之差。若企业在 2009 年取得的 CVA 为 5 000 万欧元，那么企业在 2009～2010 年间取得的现金增加值变化量为 3 460 万欧元（8 460－5 000）。

现金流增加值增长量

与 ROCE、EVA 相比，CVA 与 CFROI 以企业的现金流量为计算基础，从而能够很好地避免财务报表编制准则对真实情况的扭曲。此外，在 CVA 与 CFROI 的计算中，在折旧资产的账面价值基础上加上累计折旧与通货膨胀的调整方法，考虑到了股东价值中心理念对市场价值加息的要求，它也避免了 ROCE 和 EVA 核算中由于设备老化而自动增加的错误信息。计算 ROCE、EVA、CVA、CFROI 这些指标所需的基础数据为经过调整和修正的会计数据，核算费用较大，并且调整和修正的过程也比较复杂、难以理解。这些指标都为由历史数据计算得出的静态指标，在对未来的企业收益预测中可靠性不足。在特定条件下，CVA 同 EVA 一样，在计算中一致采用现值，从而达到了目标一致性的要求。

评价

> 博世从2002年起采用 CVA/CFROI 价值评估方法,在企业经营中,对已动用资本给予更多的重视。核心指标 CVA 被定义为总现金流量(息前税后)超出经济折旧与资本成本的部分。资本成本由总投资与加权平均资本成本(WACC)相乘得到。CFROI 被用作相对收益指标,奖金和价值贡献挂钩。
>
> 博世的价值管理理念在自上而下的所有层级部门执行。随着 CVA/CFROI 价值评估方法的引入,过去的核算利息与折旧由资本成本与经济折旧所取代。从公司的管理层至成本岗位全部采用一致的评价指标(Watterott,第135页)。

3.4 比较分析

根据本例,每项指标都有各自的优缺点,都没有满足以市场价值为导向的所有要求。只有 CVA/CFROI 从历史市场价值出发计算总投资基数取得的回报,EVA 与 CVA 两指标满足目标一致性的要求。在易于理解方面,ROCE 好于其他指标,EVA 计算过程中的会计调整与 CVA/CFROI 计算中的经济折旧和总账面价值法都相对复杂,不易理解,还会造成较高的计算费用。

在原始数据来源一致的情况下,三项指标的计算结果并不相同(参见表15—9)。这是因为,ROCE 的计算结果为税前回报率,而通过 EVA 与 CFA/CFROI 计算出来的是税后价值与税后收益率。作为评价标准的资本成本,其在税前与税后的值也不相同。例如,表15—9中由相同原始数据计算得出的 ROCE(14.8%)高于资产回报率 r(9.1%)与 CFROI(7.8%)。税前资本成本为10%,税后资本成本为6%。

表15—9　　　　　　　　　　　　　　　指标间的比较

理念	ROCE	EVA	CVA/CFROI
价值贡献(千欧元)	—	126	84.6
资本回报率(%)	14.8	9.1	7.8

由相同的原始数据计算得出的指标数值不等的另一个原因是:确认收益与投资的方法不同。例如,CVA 小于 EVA 的原因在于,CVA 的计算中采用的是总账面价值的方法,从而使 CVA 在计算中需要减掉较高的资本成本(2.82亿欧元),而在计算 EVA 时为2.46亿欧元,由于利息效应,CVA 计算过程中的经济折旧小于 EVA 计算中的会计折旧。此外,在 EVA 核算中进行的会计调整也是造成指标数值不相等的原因。因此,关于不同指标的作用没有统一适用的结论。一般来讲,EVA 相对于 CVA 越高,说明越多的非流动资产计提了折旧。

4. 价值驱动因素与价值驱动树

ROCE、EVA、CVA 等价值导向绩效评估指标的共同点在于,它们都可以作为顶层指标向下进行分解,逐步分解成下级影响因素。我们将分解出的下级影响因素称为价值驱动因素。在价值导向下的企业领导中,价值驱动树能够指导企业各个层级的雇员为实现企业目标——企业价值增加——做出贡献。

顶级指标可以分解为若干层级相互关联的价值驱动因素,各个价值驱动因素与顶级指标 价值驱动
间存在逻辑和数学关系,从而能够确定某一价值驱动因素变化对顶级指标产生的影响。例如, 树
商品销售数量的增长使 EVA 增长(参见图 15—4)。

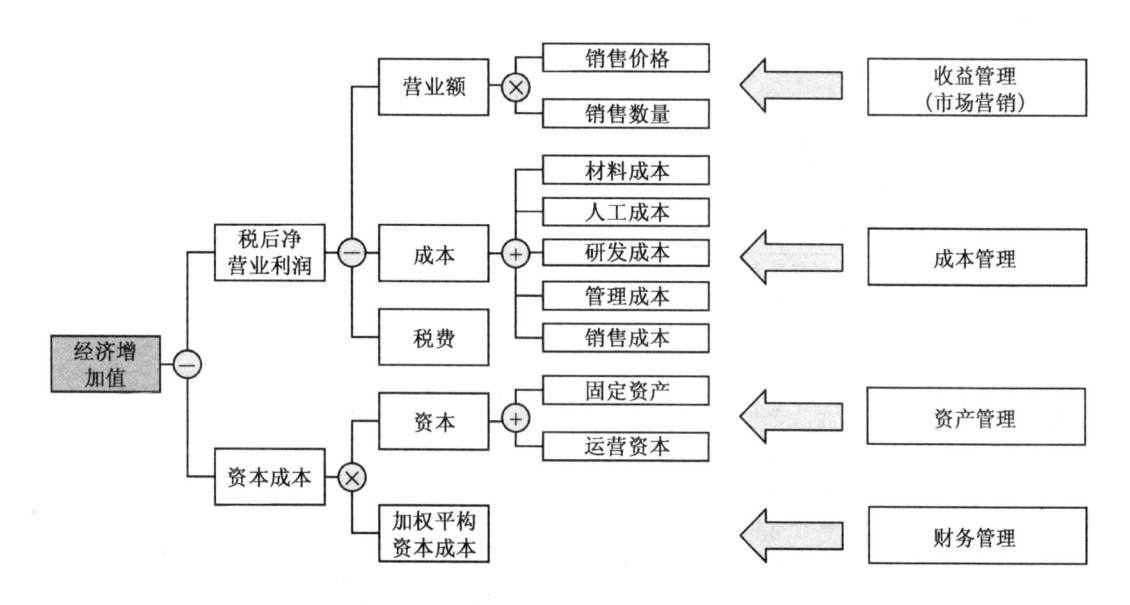

图 15—4　价值驱动树与企业领导决策范围

价值驱动树将以价值为导向的顶级指标与企业的管理活动联系起来。企业在市场(参见第 4 章)、成本管理(参见第 15 章)与财务管理(参见第 13 章)方面采取相应的措施,都能够实现企业价值增长。

图 15—4 中所示的顶级指标分解还可以继续进行下去,下层指标还可以继续分解成其他价 关于其他
值驱动因素。例如,销售数量由市场增长、经济环境与顾客满意度等因素决定。企业无法控制 影响因素
市场增长与经济环境,但是可以改变顾客满意度。然而,顾客满意度与销售数量之间虽然存在 的补充
因果关系,但还不能推断出函数关系。

在平衡计分卡框架下,也存在着类似于顾客满意度与销售数量之间的因果关系,例如,客 与平衡计
户方面的客户满意度与财务方面的 EVA 被推测具有因果关系(参见 3.4.3 节)。可见,价值驱 分卡比较
动树与平衡计分卡也存在着相同之处。

5. 结束语

企业价值增长导向的企业领导中,须对实现企业绩效目标做出规划。债权人的投资回报率可作为企业绩效目标是否实现的评价准绳。外部绩效指标,例如,股东总回报受到多种非管理因素的影响,在价值导向的绩效管理中主要考虑内部绩效指标。ROCE、EVA、CVA/CFROI 这些指标给出了企业超出资本成本所完成的价值创造。但是,由于这些指标以财务报表为依据,因此存在着同传统指标如 ROI 一样的缺点,在解读时需保持谨慎。

对价值导向下的绩效评估指标进行分解,可以得出价值驱动树。价值驱动树中的价值驱动因素是企业价值增长的主要影响因素。价值驱动树便于企业各个层级制定层级目标,为实

现企业价值增加的总体目标做出贡献。价值驱动树的方法并非原创,而是借鉴了 ROI 模型的思路(参见 1.3.2 节)。

习题

位于杜塞尔多夫的 Elektro 股份公司是一家生产家用电器的上市公司。其产品出口世界 150 多个国家。该企业税前资本成本为 10%,税后资本成本为 6%。以下是其在 2009 年 12 月 31 日的资产负债表与利润表:

资产负债表				利润表	
资产	(2009 年 12 月 31 日)		负债	(2010 年)	
非流动资产		自有资本		营业收入	5 650
无形资产	350	注册资本	1 200	－各种费用	4 940
固定资产	3 400	公积金	1 400	－折旧	400
金融资产	650			＋利息收入	60
流动资产		借入资本		＝息税前利润(EBIT)	370
库存	870	养老公益金	1 280	－利息费用	140
应收账款	560	其他计提	670	＝税前收入	230
货币资金	160	银行借款	690	－税费	92
		应付账款	750	＝净利润	138
	5 990		5 990		

补充信息(单位:百万欧元):

(1) 等效股权:2009 年 12 月 31 日:300;2010 年 12 月 31 日:340
(2) 土地账面价值:600
(3) 折旧资产的累计折旧:750
(4) 折旧资产的平均使用年限:7 年
(5) 折旧资产净残值:0
(6) 折旧率(7 年,6%):0.119 1
(7) 利息费用包含养老金的利息部分

1. 从价值导向的企业领导角度出发,计算 Elektro 股份公司 2010 年的 ROCE、EVA、CVA/CFROI,并对其在 2010 年的经营绩效给出评价。
2. Elektro 股份公司可以采取哪些能提升企业价值的措施?

习题的答案参见本章末尾部分。

扩展阅读

Coenenberg, A. G. & Salfeld, R.: *Wertorientierte Unternehmensführung. Vom Strategieentwurf bis zur Implementierung*, 2. Aufl., Stuttgart 2007.

这本书给出该领域的概况,并提供了许多例子。从目标和战略的表达形式出发,给出了增加企业价值的措施和落实措施。

Rappaport, A.: *Shareholder Value. Ein Handbuch für Manager und Investoren*, 2. Aufl., Stuttgart 1999.

这是本关于股权价值说的经典教材,该书介绍了股权价值理念、它的适用范围以及有关的评论。

Weber, J., Bramsemann, U., Heinecke, C. & Hirsch, B.: *Wertorientierte Unternehmenssteuerung*, Wiesbaden 2004.

这本书广泛介绍了价值导向的企业操控,并通过许多案例使得读者容易理解,全面细致地介绍了有关价值导向指标。

引用文献

Ewert, R. & Wagenhofer, A. (2000): Rechnungslegung und Kennzahlen für das wertorientierte Management, in: Wagenhofer, A. & Hrbicek, G. (Hrsg.), *Wertorientiertes Management. Konzepte und Umsetzungen zur Unternehmenswertsteigerung*, Stuttgart 2000, S. 3—63.

Kajüter, P. (2005b): Zur Integration von Kostentreibern in Werttreiberhierarchien, in: *Zeitschrift für Controlling und Management*, 49. Jg., Heft 5/2005, S. 343—349.

Schremper, R. & Pälchen, O. (2001): Wertrelevanz rechnungswesenbasierter Erfolgskennzahlen, in: *Die Betriebswirtschaft*, 61. Jg., Heft 5/2001, S. 542—559.

Stewart Ⅲ, G. B. (1991): *The Quest for Value*, New York 1991.

Watterott, R. (2006): Auswirkungen von IFRS auf die Unternehmenssteuerung bei Bosch, in: Franz, K.-P. & Winkler, C. (Hrsg.), *Unternehmenssteuerung und IFRS*, München 2006, S. 133—165.

Weber, J., Bramemann, U., Heineke, C. & Hirsch, B. (2004): *Wertorientierte Unternehmenssteuerung*, Wiesbaden 2004.

参考答案

1. 2010 年 Elektro AG 价值导向的效益

(1) 已动用资本回报率(ROCE)

无形资产与固定资产	3 750
＋金融资产(参股)	650
＋库存	870
＋应收账款	560
＋其他不计息流动资产	160
－不计息资产方计提	670
－不计息负债	750
＝已动用资本	4 570

$$ROCE = \frac{EBIT}{已动用资本} = \frac{370}{4\ 570} = 8.1\%$$

ROCE(8.1%)＜WACC(10%),因此企业价值遭受损失。

(2) 经济增加值(EVA)

息税前利润(EBIT)	370
＋等效股权增值	40
＝税前净营业收入	410
现金营业税(40%)(税费调整)	164

=税后净营业利润(NOPAT)	246
资产价值(已动用资本)	4 570
＋等效股权	300
=已动用资本(CAPITAL)	4 870

$$EVA = NOPAT - CAPITAL \times WACC$$
$$= 246 - 4\,870 \times 0.06$$
$$= -46.2(百万欧元)$$

EVA 为负数，说明企业遭受价值损失。

(3)投资现金流回报率(CFROI)与现金增加值(CVA)

年度净利润	138
＋折旧	400
＋利息费用	140
=总现金流量	678

折旧资产的经济折旧为：

$$经济折旧 = (3\,900 - 0) \times 0.119\,1 = 464.5(百万欧元)$$

总投资基数：

无形资产账面价值	350
＋非流动资产的账面价值(不包含土地)	2 800
＋折旧资产的累计折旧	750
=折旧资产的价值	3 900
土地的账面价值	600
＋金融资产的账面价值	650
＋流动资产的账面价值	1 590
=非折旧资产的价值	2 840
(1) 总资产的价值	6 740
不计息的计提	670
＋应付账款	750
(2) =资产减项	1 420
(1-2)=总投资基数	5 320

投资现金流回报率(CFROI)：

$$CFROI = \frac{678 - 464.5}{5\,320} = 4.0\%$$

现金增加值(CVA)：

$$CVA = (CFROI - WACC) \times BIB$$
$$= (4\% - 6\%) \times 5\,320$$
$$= -106.4(百万欧元)$$

$CFROI < WACC$，$CVA < 0$，说明企业遭受了价值损失。

2. 实现企业价值增长的措施

Elektro 股份公司可从两个方面采取措施，提升其企业价值。一方面，从企业资产投资的角度出发，可以对企业投资组合进行优化，由于 43% 的自有资本比率明显高于行业水平，自有资本成本过高，应通过股票回购优化资产结构，降低资本成本。另一方面，从企业经营角度出发，可采取措施降低企业成本、提高销售额、削弱资本约束。此外，还可以进行收益高于资本成本的投资活动。

与以上措施相配合，可以引入以价值为导向的企业薪酬体系与以市场价值为导向的财务报告制度，以激励企业创造价值、并实现与资本市场的有效沟通。

第16章

管理控制

Klaus-Peter Franz　Peter Kajüter[①]

1. 引　言

Agro 农用机械有限责任公司(Agro GmbH)是 Agro AG 股份公司的全资子公司,是农用器械的国际生产商,其产品主要出口东欧地区。在全球金融危机的大背景下,Agro GmbH 在东欧的市场态势发展良好,因此 Agro GmbH 计划在 2010 年进一步扩展其在东欧的业务。Agro GmbH 的销售额报告显示,从 2010 年第二季度开始,销售额暴露出明显的问题。尽管从数量上来看,销售额高于去年同期水平,但是与销售计划产生了明显的偏差:受到总体经济形势恶化以及俄罗斯政治局势不稳定谣言的影响,牵引车、挂车和联合收割机的销售量走低,与 Agro GmbH 管理层的期望出现明显的偏差。2010 年 6 月中旬,Agro GmbH 总经理和东欧地区的销售经理在得到了 Agro GmbH 在 2010 年 6 月与 2010 年上半年的销售报告(见表16-1)后,因为销售额低于预期,他们都表情凝重。然而根据规划,企业已经于 2010 年初投入大量资金用于购置生产设备,并且还雇用了更多的员工——这部分成本相对固定,并且在短期内无法降低。如果销售额持续走低,企业包含成本在内的盈利计划将无法实现,这对于资本市场是一个负面的消息。最终导致 Agro GmbH 的母公司股价下跌。

表16-1　　　　　　　　**Agro GmbH 东欧地区销售报告**　　　　　　　　单位:百万欧元

销售额	6 月				2010 年上半年			
	计划值	实际值	计划—实际偏差	上年同期值	计划值	实际值	计划—实际偏差	上年同期值
牵引车	5.0	4.5	−0.5	4.5	30.0	28.0	−2.0	27.8

[①] Klaus-Peter Franz:德国杜塞尔多夫大学企业审计和管理控制学教授,博士;
Peter Kajüter:德国明斯特大学国际会计学教授,博士。

续表

销售额	6月				2010年上半年			
	计划值	实际值	计划—实际偏差	上年同期值	计划值	实际值	计划—实际偏差	上年同期值
挂车	2.5	1.3	−1.2	1.2	14.0	10.5	−3.5	10.7
联合收割机	3.5	3.1	−0.4	3.2	18.0	17.0	−1.0	17.0
合计	11.0	8.9	−2.1	8.9	62.0	55.5	−6.5	55.5

正如上述案例告诉我们的一样，对于威胁企业目标实现的因素、危害企业发展的极端情况，企业的管理层应当尽早掌握相关信息。这是以企业拥有计划为前提的，企业计划应包含有关企业未来情况的所有尽可能准确的信息（例如，订单数量）。在无法获取相关信息时，应给出可靠的假定（例如，对未来经济形势的假定）。由于一个企业的所有部门——采购、生产、销售和人力等——是相互联系的，因此对各个部门的计划进行协调是十分必要的。此外，企业管理层还应能够识别风险，并且采取措施降低风险，以确保计划得到实现。计划值反映企业对未来的预期，通过计划值与实际值进行比较，能得出企业是否实现了预期。这种比较出现在给管理层的报告中，它们同时是企业管理层做出有关对应决策的基础。

上述的相互关系属于管理层行为的范畴，他们制订计划、阅读财务报告、从数据中得出结论并在必要时进行干预：他们操控着企业，或者说他们调控着企业的发展过程。"操控、调控"来源于英语中的"control"一词，管理控制位于这两个在技术和自然科学领域具有明确定义概念的同一层面。

如果我们将最初用于调控领域的控制电路模型引入经济领域，可以得出如下一个企业的理想管理过程： 管理过程

（1）企业管理者确立一个或多个企业目标（对应控制电路中的指令变量），只有采取与目标相适应的措施才能确保目标的实现。在 Agro GmbH 的案例中，企业管理者根据销售目标调整企业生产能力和雇用员工。目标制定与目标实现程度评价的过程合在一起，统称为规划。对于具有一定规模并且管理系统层级构建分明的企业来讲，将企业的最高目标〔例如，期望达到的资本收益率（ROI 或 ROCE）〕分解成子目标，交给下层机构去实现。 规划

（2）在企业规划实现的过程中，存在着导致现实与计划值产生偏差的干扰因素，这种干扰因素可能是风险（现实与期望产生负向偏差），也可能是机遇（现实与期望产生正向偏差）。除了企业内部因素以外，与客户或竞争对手关系恶劣、政治或经济环境等外部风险改变都是偏差产生的原因。在 Agro GmbH 的案例中，经济环境恶化以及关于俄罗斯政局动荡的传言是偏差产生的外部原因。偏差产生的内部原因则可能是计划本身存在的缺陷，或者在企业管理过程中的意外干扰因素（例如，设备故障）。同样，目标的超计划实现也可归于内部因素与外部因素。 干扰因素引起现实与计划间的偏差

（3）实际值与计划值之间的比较被称作监督。监督分为外部监督与自我监督。外部监督是指某个人的行为结果由他人掌控、分析与评价。相反，自我监督中的掌控、分析与评价都由行为承担者自身完成。 监督

（4）监督这一过程还包括偏差原因分析，它是采取相应措施的基础。企业可以分析为基础，采取相应措施改正，补充初始计划。 偏差原因分析

上述管理过程"规划—监督—偏差分析—以实现目标为导向的偏差处理"，属于企业管理层的职责领域。具体来讲，这一过程由企业中的管理控制师来完成。管理控制师负责协调各个子计划，制定经营业绩报告、为企业管理层提供咨询。此外，企业中也设置有特定的控制部门，作为企业服务部门组成部分的控制部门具有管理与控制两项职责： 管理控制的服务功能

（1）企业的管理部门对企业经营负责。他们确定企业目标、权衡风险与机遇、采取措施实现企业目标。

（2）企业的控制部门对企业经营的透明度负责。他们为企业目标规划与目标实现提供支持，向企业管理层提供与决策相关的信息。与决策相关的信息包括：企业目标实现程度与企业面临的风险。

本章将介绍企业中管理与控制的共同作用。因为企业控制的任务由其管理控制师的组织分工决定，所以我们首先在第 16.2 节中对企业控制的组织构架进行简短的介绍。在第 16.3 节中，我们承接本书的第 1 章，介绍企业控制分别对运营管理与战略管理提供的支持。在第 16.4 节中，将介绍控制在企业风险管理中所起的作用。

2. 控制的组织

控制的组织　　企业控制的组织形式由企业规模、组织构架形式等多种影响因素决定（企业不同的组织架构参见 7.2.1.1 节）。下文将借助 Agro 股份公司的案例对企业控制的组织形式进行介绍。Agro 集团由控股公司 Agro 股份公司及其下属的两家在法律上独立的子公司 Agro Landmaschinen GmbH（Agro 农业机械有限责任公司）与 Agro Baumaschinen GmbH（Agro 建筑机械有限责任公司）组成。控股母公司 Agro 股份公司拥有较少的职能，仅涉及投资者关系维护、人力资源、法律和财务四个职能，而其下属的两家子公司分别拥有采购、生产、销售、研发、人力资源等职能（见图 16—1）。

案例（续）　　Agro 股份公司的控制岗位或部门是以集中控制与分散控制的形式进行设置的，这与集团架构是一致的。

集中控制　　集中控制既存在于控股母公司层面，也存在于子公司层面。在这两个层面上，集中控制都设置在总裁层面，致力于为企业管理层制订规划、监督与操控任务提供支持。

母公司层面上的集中控制常被称为集团控制。集团控制的主要任务是为整个集团制定统一的控制思路、术语与方法。此外，集中控制无论是在母公司层面，还是在子公司层面，都承担在集团内部进行协调的任务。例如，集中控制对分散单位制订的计划进行统一协调、将不同部门的计划总结成企业或集团的总体计划。

分散控制　　分散控制的内容具体到企业的每个运营部门，例如，工厂、采购、销售或者研发等部门，它主要是对规划进行方法支持、向管理层提供信息报告、在偏差评估与应对方面为领导层提供咨询。

指令关系　　一个集团内部存在不同的集中控制与分散控制的岗位、部门，需要对它们之间的关系进行管理。控股母公司层面上的集中控制职权范围通常限定在确立规章制度的范畴内，即确定集团内部控制的形式与方法。在子公司层面上，具有确定集中控制与分散控制的关系的多种可能性，可按照对分散控制行使业务领导权或者制度领导权的上层部门进行分类。第一种，分散控制受到集中控制在业务与制度方面的领导。这种情况下，企业控制比较集中，便于新方法的迅速执行，但是会出现各个部门对集中控制所提出方法排斥的情况。第二种，分散控制受到相应部门领导层在业务与制度方面的领导。这种情况下，有利于上下层间密切、互信的合作，但是面临脱离集中控制的风险。基于对以上两种可能的利弊分析，人们在实践中通常采用第三种可能，即分散控制在制度上受同级管理层的领导，在业务上受集中控制的领导。

```
                    Agro股份公司
                    (控股母公司)
        ┌──────┬──────┬──────┬──────┐
    投资者关系维护  人力资源    法律        财务
                              ┌────┬────┬────┐
                              会计  现金流  集中控制
                                    管理
        ┌──────────────────┬──────────────────┐
    Agro农业机械                Agro建筑机械
    有限责任公司                有限责任公司
        │                            │
    采购  DC                   采购  DC
    生产  DC                   生产  DC
    销售  DC                   销售  DC
    研发  DC                   研发  DC
    人力资源                   人力资源
    集中控制                   集中控制
```

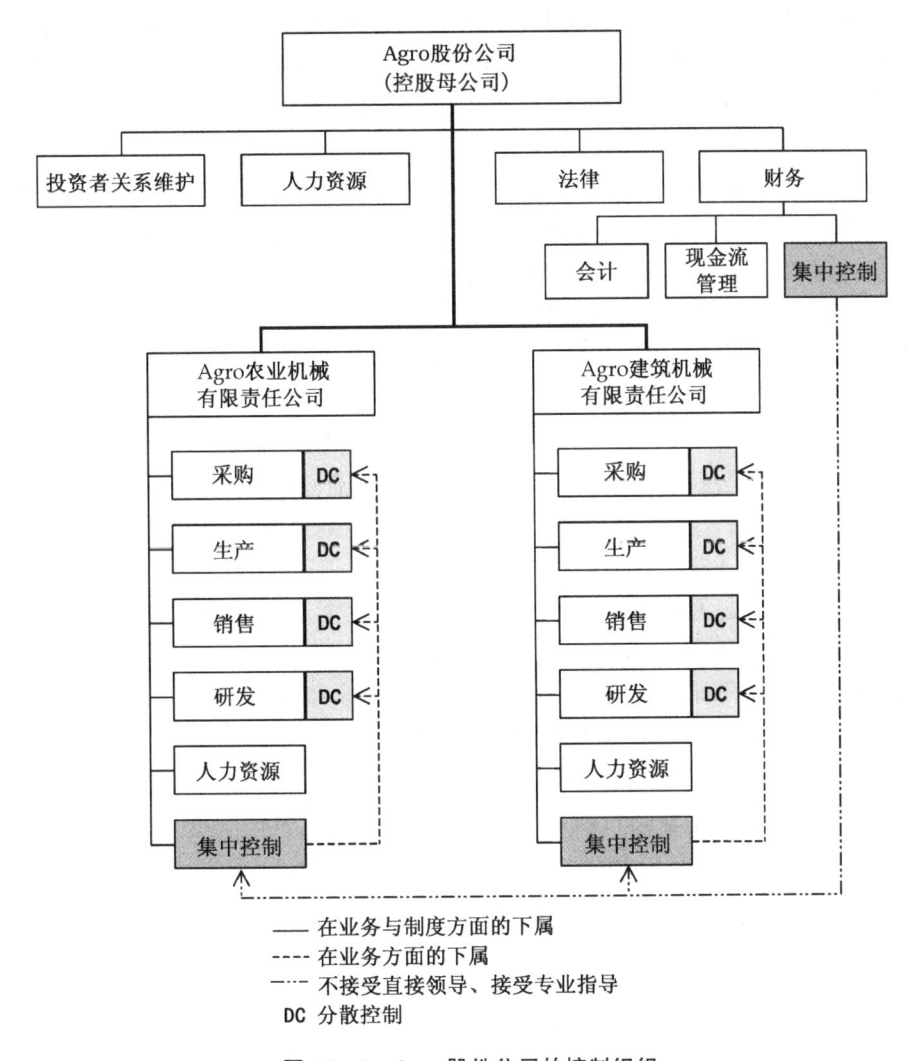

—— 在业务与制度方面的下属
---- 在业务方面的下属
‒‒‒ 不接受直接领导、接受专业指导
DC 分散控制

图 16-1　Agro 股份公司的控制组织

3. 管理与控制在效益管理中的共同作用

3.1　运营控制

为了介绍企业控制部门在支持企业运营操控方面的任务，我们将在下文中给出理想化企业管理流程图中控制部门应特别注意的阶段。这里涉及短期观察(以一年为观察期)，因为在一年中，企业大多数变量不会发生改变或者仅发生很小的变化，例如，必要的生产程序涉及的绩效产生过程和所用资源，所以可以认为它们是给定的。这样就要求我们尽可能有效地去经营，例如，以最少的成本实现确定的销售目标。运营管理的目标值可以是经营效益与流动性(参见 1.4 节)。控制部门重视的是效益目标，而财务管理部门看重的是流动性目标(参见 13.1 节)。

3.1.1　在目标规划过程中提供的支持

企业的最高目标——效益目标，即企业追求特定的利润或者资本回报率，对于绝大多数员

对企业运营操控的支持

效益目标的分解

工来说，这并不适合作为对他们努力的指导，这是因为利润与资本回报率过于抽象，员工并不了解他们具体能为实现目标做些什么。为使所有部门的全部领导人员与员工都能参与到企业最高目标实现的过程中来，须将最高目标分解成每个工作岗位的人员在某段时期内应该完成的量化、具体和可行的目标。

预算编制　　目标规划与接下来的目标实现监控过程被称为预算编制。预算是企业在一段时间内计划实现的，以货币数字量化表示的指标，例如成本、收入与支出。遵守预算有助于企业在特定的时间内完成各个层面的效益目标，也有助于给管理层决策空间，以期针对想要实现的目标选择正确的方案。例如，一项 1 万欧元的出差经费预算，虽然规定了可支配的出差费用不可超过 1 万欧元，但是给予了经费使用者对交通工具、目的地与时间的选择权。

在目标规划过程中，通常可以采用以下三种方法：

由上而下的规划　由下而上的规划　　(1) 由上而下的规划。企业领导层给出最高目标，并将其分解，自上而下地分配给企业的所有层级。这种方法的缺点是忽略，在企业目标实现的过程中，企业员工的观点也具有重要的作用。

(2) 由下而上的规划。这种方法使员工充分参与到计划的制订当中，虽然充分利用了低层员工的专业技术与经验，但是，由于制订计划的员工同时必须实现计划，这就使员工在制订计划时"放水"的情况不可避免，即员工倾向于制订他们一定能够实现的计划，从而导致由下而上规划中的效益预期，往往低于由上而下规划中的效益预期。

双向规划　　(3) 双向规划程序。双向规划程序由以上两种方法综合而来，使用最为广泛，下面将进行进一步的介绍。图 6-2 给出了双向规划过程的概览。

最高目标的制定与前提的确定　　在双向规划程序中，首先由企业领导层给出最高目标，通常是资本回报率（ROI 或 ROCE），例如，下一年度包括最高目标在内的规划程序一般发生在当年的 4 月与 5 月之间。在价值导向的企业中，具体的目标一般是达到某一水平的资本成本（参见 2.2.2 节）。

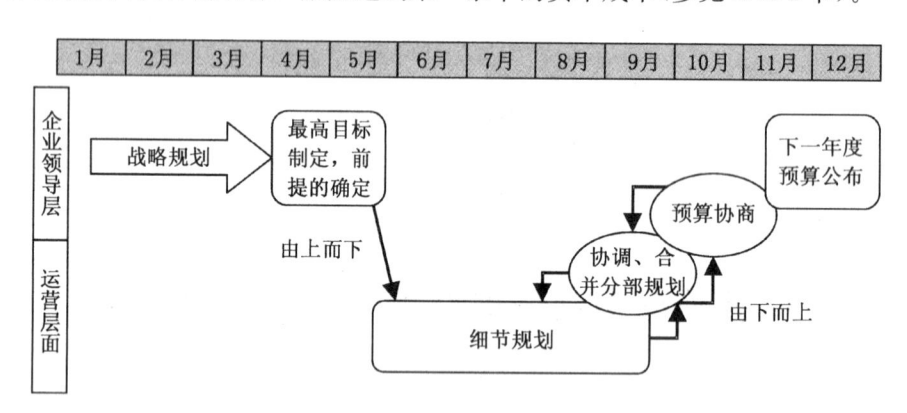

图 16-2　双向规划下的预算编制程序

最高目标通常是达到某一水平的资本回报率，它和股东的最低投资回报期望有关。目标资本回报率一般以同业最佳竞争者的资本回报率为参照，在集中控制部门的支持下，企业领导层确定企业最高目标。集中控制负责向企业领导层提供包括通货膨胀率、汇率等总体经济形势，以及市场增长在内的行业发展情况、预期行业购买力、预期工资增长等对目标确定具有重要作用的信息。这些信息是领导层制订规划的前提条件。

细节规划　　最高目标被分解成各层次的目标（参见 1.3.2 节中的 ROI 模型），为了确保低层次目标得以实现，有必要将每一个低层次目标与企业相应的组织单元联系起来，从而使每个岗位都明确其为目标实现应做的贡献。通过这种方式而形成的计划目标，避免了单纯的由下而上制订的计划目标与最高目标偏离过大的缺陷。企业的分散控制对由下而上的规划进行支持,例如,权衡不同的手段对于有关部门目标实现方法的作用。

将所有分散的低层计划统一成企业的总体计划,是控制部门的一项财务方面的任务。首先,集中控制部门制定规划日历,确定各部门的控制单元提交计划数据的时间点(参见图 16-2)。为确保规划在形式上的统一性,通常使用规划表格或者软件程序。随后,通过可信性测试来检验各个部门计划的协调性。最后,集中控制部门将部门计划统一成总体计划(预算合并)。 控制的财务任务

双向规划程序的最后一个环节是,对由上而下的计划目标与由下而上的计划目标进行比较。两者协调的情况非常罕见,因此须进行人为的商议协调,以确定计划期内适合的预算目标。最终,由企业领导层发布总体计划。 预算协商

在管理实践中,预算编制过程需要大量员工的参与。外部环境的不断变化会导致确定预算时,事先给定的规划前提早已不再适用。例如,2008 年 8 月,金融危机的爆发导致许多行业需求快速大幅下降,从而使得规划的前提与现实不符。许多企业不得不修改预算以适应新的外部环境。因此,近年来预算不断受到指责。为此我们引入了"超越预算"的概念,超越预算是指企业完全放弃编制预算的极端做法。但是,由于超越预算在管理实践中难以实施,许多企业选择通过实时优化其规划过程,以得到"更好的预算"。 对预算的批评

预算规划的成果以预算系统的形式呈现出来,预算系统包括计划资产负债表、计划利润表与计划财务核算(参见图 16-3),通过财务报表数据可以计算出目标资本回报率。 预算体系

在上文 Agro 农业机械有限公司的案例中,由 Agro 股份公司给出的最高资本收益率目标,按照企业部门被分解成低层目标。销售经理规划的 2010 年在东欧市场的销售额为 1.25 亿欧元。为了能够对月销售量进行较好的监督,每月的计划销售目标是不同的,图 16-4 是计划销售额的变化趋势。 案例(续)

3.1.2 在目标追踪过程中提供的支持

在整个计划年度中,企业采取广告手段、取得客户订单、生产商品并销售。对于企业,尤其是对于企业销售部门的管理层来说,销售目标实现与否、超额实现与否,是非常重要的。因此,在计划年度的年末,有必要对企业目标的实现程度进行测试,将原始计划的销售额(预期值)与实际获得的销售额(实际值)进行比较。但遗憾的是,事后比较无法采取相应措施弥合计划与现实之间的偏差。

为了能够及时地采取相应措施对预期与现实之间的偏差进行调整,正如案例中 Agro 农业机械有限公司所做的那样,企业将计划周期分解成若干较短的时间段(例如,季度或月)。这样,企业便能够在一个年度中多次了解预期—现实—偏差,并进行分析以获得相应的解决方案。阶段性的偏差具有预警提示的作用,预告企业能否实现本年度的计划目标或者能否超额实现本年度的计划目标。图 16-5 是 Agro 农业机械有限公司在某计划年度前半年的预期—现实—比较。 预期—现实—偏差

实际值与预期值之间的偏差为正或为负决定了处理预期—现实—偏差的方式: 对预期—现实—偏差的反应

(1) 如果在阶段末期没有实现目标路径在该时点上的计划值,企业须采取与偏差相应的逆向控制措施,以争取在本年度剩下的阶段中实现计划的最终目标。如图 16-6 所示,案例中 Agro 农业机械有限公司的总经理与销售经理须采取相应措施来提高下一阶段的销售额。

(2) 如果预期—现实—偏差为正,即实际实现的目标优于计划要实现的目标,企业也须采取相应的措施,以保持这种趋势。例如,如果在上半年年末取得的销售额超出了原计划的销售额,并且预计在未来企业销售额仍将保持上涨,那么企业必须相应地提高其机器数量与运输能

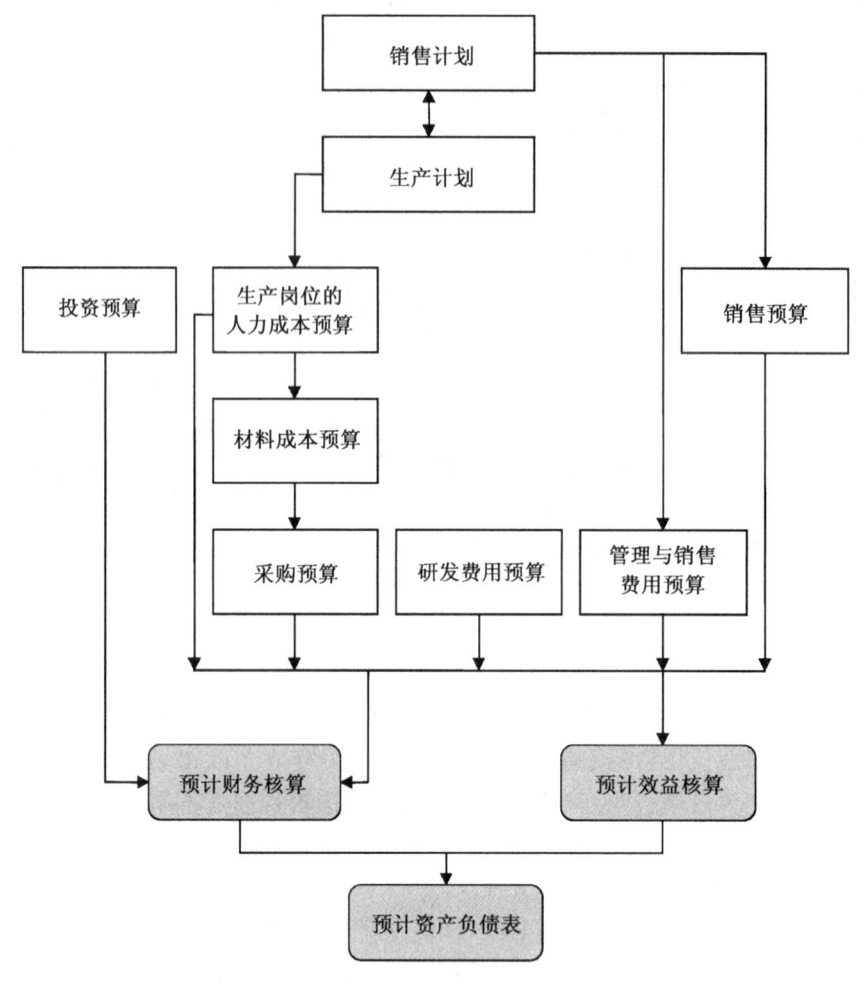

图 16-3　预算体系

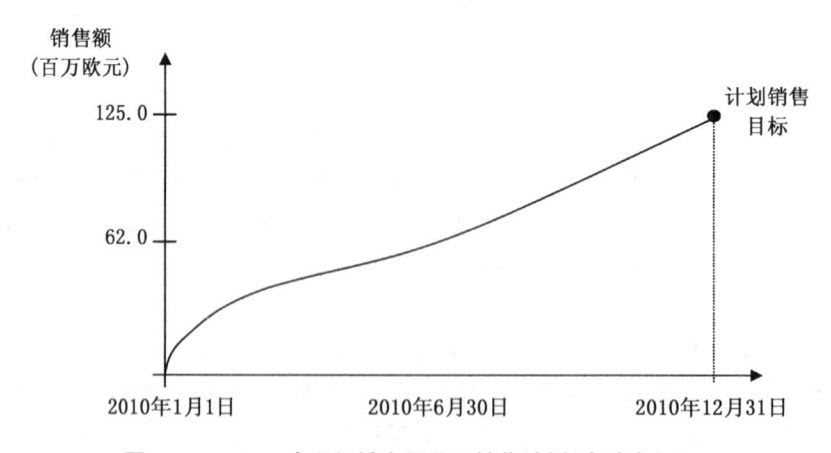

图 16-4　Agro 农业机械有限公司销售计划（东欧市场）

力、扩大库存与工人规模。这就要求销售部门与相关的部门、人员及时进行沟通。

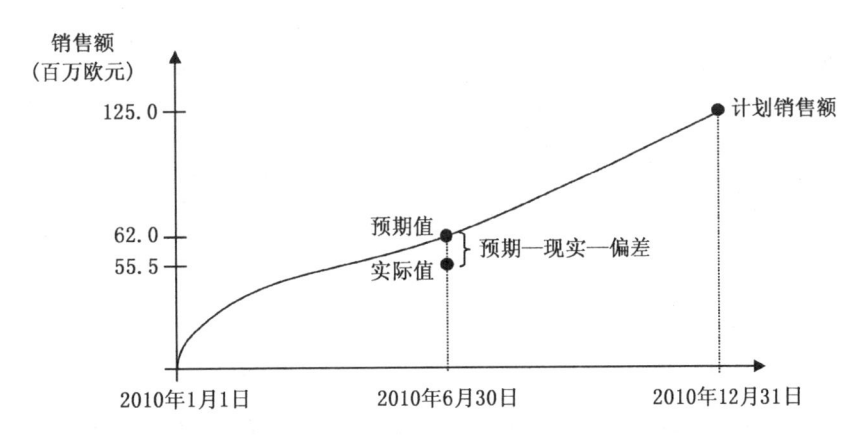

图 16-5 Agro 农业机械有限公司销售额的预期—现实—偏差（东欧市场）

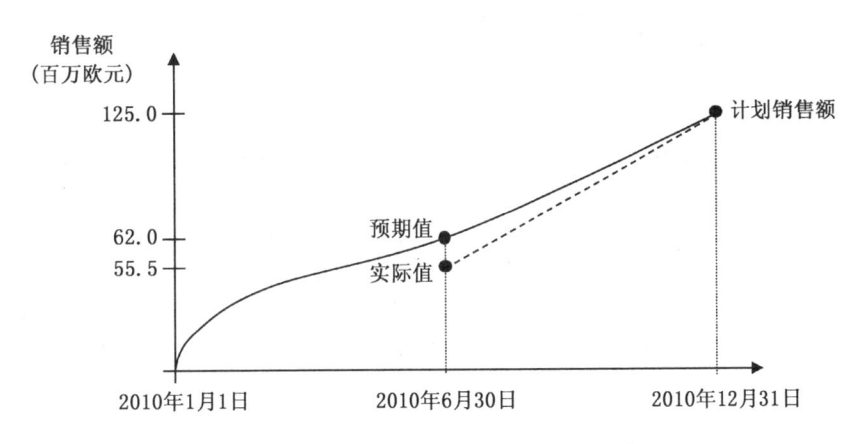

图 16-6 通过逆向控制措施实现销售目标

预期—现实—偏差的大小及其引起的连锁效应由预期曲线决定。预期曲线一般通过将年度目标分解成阶段目标得出。在这个过程中，必须尽可能准确地评估目标实现的预期路径，因为目标实现的预期路径决定了预期—现实—偏差的大小。

除预期—现实—偏差外，我们还关注年度内其他形式的各种偏差（例如：预测、实时核算和预期—可能—比较），这里称为计划—预览—偏差。计划—预览—偏差是指，在计划年度的确定时间点，对预期在计划年度末实现的目标、预期将产生的偏差所做出的估计。计划—预览—偏差给出相关责任者应该完成的目标实现程度。图 16-7 是 Agro 农业机械有限公司在东欧市场上的销售额计划—预览—偏差。

计划—预览—偏差

控制的第二大任务是，通过定期对目标实现程度进行监督来为企业的管理层提供支持。需要注意的是，这不是对管理层进行外部监督，而是对管理层自我监督进行支持。在管理实践中，控制的外部监督任务总是不能很好地被管理层所接受，这就要求控制不应扮演"警犬"的角色，而是发挥服务于管理层的职能（Horváth，2009，第 191 页），以促进管理与控制两者间的相互信任与尊重。

对自我监督的支持

计划的预期值、实现的实际值与预计可实现的预览值都应在报表中，以绝对数量的指标、比率数据或者趋势概览的形式，通过不同的信息体系［例如，成本核算（参见第 9 章）或者营业数

报表

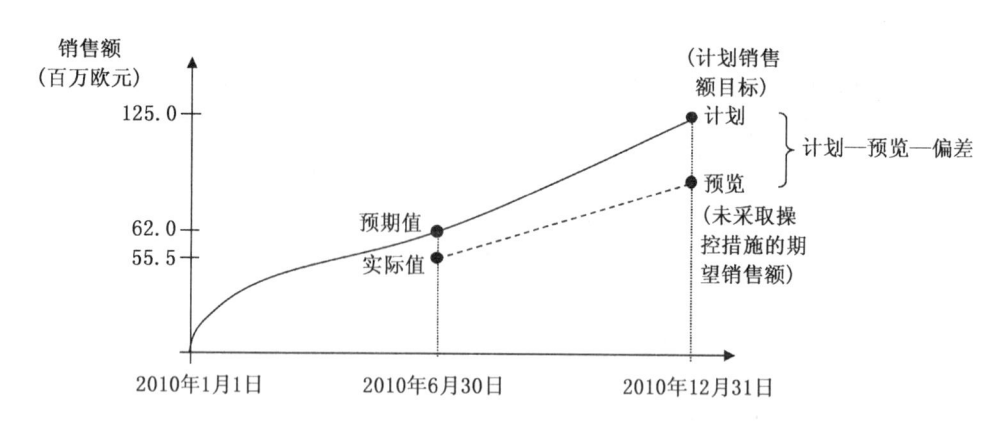

```
销售额
(百万欧元)                                    (计划销售
                                              额目标)
  125.0                                    计划
                                                    } 计划—预览—偏差
                                           预览
                                              (未采取操
   62.0          预期值                          控措施的期
   55.5          实际值                          望销售额)

        2010年1月1日    2010年6月30日    2010年12月31日
```

图 16－7　Agro 农业机械有限公司的销售额计划—预览—偏差（东欧市场）

据编制系统]列示出来。

报表内容　　报表的具体内容应该和信息接收者协商决定。企业不同层级人员接收到的报表内容与细节信息是不同的,提供给较低层级人员的报表一般包含与其活动直接、具体相关的非货币化量化数据,例如,生产人员得到的是废品率、生产时间等有关产品质量、工作时间的数据。

企业中层经理所得到的一般是财务数据,特别是成本报告中的预期—现实—成本偏差(生产,参见 9.4.3 节)与预算—现实—偏差(行政管理)。例如,销售部门的经营报告一般包括销售额、销售量与贡献率。企业较高层级的管理者得到的数据更为精炼,以便降低复杂度从而掌握企业的整体情况。图 16－8 是 Agro 股份公司的月度报告内容。

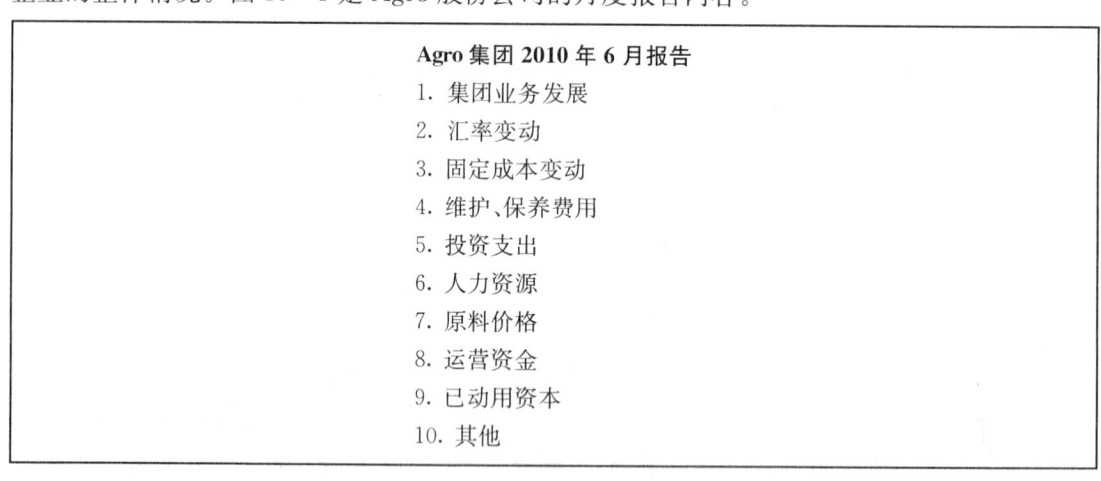

```
┌─────────────────────────────────────┐
│      Agro 集团 2010 年 6 月报告        │
│   1. 集团业务发展                     │
│   2. 汇率变动                         │
│   3. 固定成本变动                     │
│   4. 维护、保养费用                   │
│   5. 投资支出                         │
│   6. 人力资源                         │
│   7. 原料价格                         │
│   8. 运营资金                         │
│   9. 已动用资本                       │
│  10. 其他                             │
└─────────────────────────────────────┘
```

图 16－8　Agro 股份公司的月度报告

企业中下层的分散控制负责提供可靠的报告数据,集中控制负责编制提供给企业高层的报告。由于高层管理者负责与外界进行沟通,因此,财务报表中的数据对他们来说非常重要(参见第 17 章)。

3.2　战略控制

对企业战略操控的支持　　与运营控制的短期性和运营模式(产品计划、流程、资源配置)固定相比,战略控制则着眼于长期,且至少对一项运营模式进行改变。例如,研发新产品并投入生产、重新规划生产流程、扩大或减少资源投入。改变运营模式的目的在于提高企业的效率,扩大或者重新创造潜在收益(参见1.4节)。

战略控制的任务分为规划与监督,将在下文进行简要介绍。有关战略规划及其相关理论的具体内容参见第3章。

3.2.1 在目标规划过程中提供的支持

战略规划与运营规划都是企业管理层的任务。企业管理层制定规划前提与规划方案,在充分考虑机遇与风险的基础上做出战略决策。在这个过程中,控制部门承担着服务职能。

规划任务的内容包括信息的获取与评估、规划草案的起草以及规划方案有效性测试。控制部门负责起草和维护战略目标系统。战略目标系统中的最高目标是保证企业的长期存在,即企业应不断扩大或重新创造其潜在效益。由于潜在效益难以量化,企业通常使用有效因素替代潜在效益来描述企业的战略目标。有效因素的实现很大程度上表明企业取得了财务经营成果,例如,市场增长、相对市场份额(相比于企业最大的竞争对手)、产品质量等有效因素的提高意味着企业的投资回报率上升等经营财务目标的实现。此外,控制部门还可以从价值导向的角度,运用股东价值法量化战略决策在企业财务方面的影响(参见2.3.2节)。

控制部门的任务还包括建立、维护企业预警系统。通过预警系统,控制部门系统地掌握、评估企业所面临的机遇与风险,并将其传达给企业的管理层,使管理层能够及时地采取必要措施,利用机遇、规避风险。预警系统由指示指标构成,指示指标超越上限或者下限,预示着正向或者反向的发展。指示指标和波动范围应考虑到企业及其所在行业内的所有业务领域,企业可根据自身情况自行规定指示指标及其波动范围。例如,订单量是反映销售市场的指示指标,订单量下降预示着销售额下降的风险(参见图16-9)。

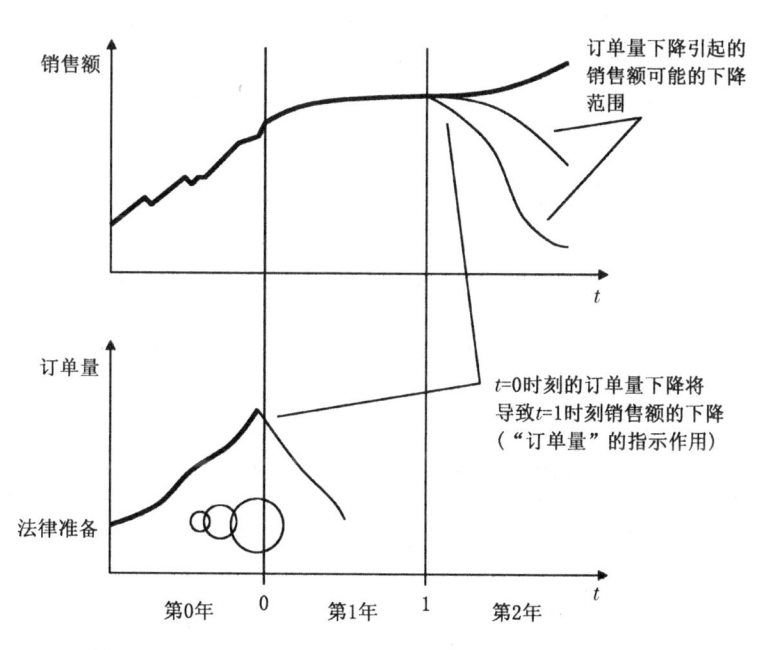

战略规划

战略目标系统

预警

资料来源:Baum 等(2007,第332页)。

图16-9 预警系统的指示指标:订单量

除指示指标外,实时核算指标(参见图16-7,16.3.1.2节)与弱信号分析也具有预警作用。弱信号分析不同于指示指标与实时核算指标,它关注的是间断性事件带来的影响。如图16-9所示,法律准备对于下降的销售额来说是一个弱信号。由于我们对弱信号影响的估计通常比较粗略,其预警作用的可靠性也较差。

战略规划的制定与评估需要大量的信息。与运营规划不同的是,战略规划所需的信息大部分来自企业的外部环境(如采购市场、销售市场与金融市场),获取这些信息也是控制部门不同于其他部门(如试产研究部)的任务。

控制的正式任务 从形式上来看,控制部门还承担组织的任务,特别是战略规划过程的前期准备与过程控制,这包括保证规划过程按时进行,以及控股母公司、业务领域、职能部门都参与其中,并做出相应的贡献。

协调战略规划与运营规划 战略规划为运营规划提供了基本框架,运营规划应与战略规划相协调。企业现行的战略必须在短期预算中得到体现,保证规划的完整性也是控制部门的任务。管理控制师必须充分了解企业的总体战略、领域战略与职能战略,并保证所有运营预算的制定都遵循了企业战略。企业的每一个组织单元都应努力实现与企业战略相协调的目标,这就需要使用平衡计分卡。平衡计分卡是一种在德国企业中广泛使用的工具(参见 3.4.3 节)。

3.2.2 在目标追踪过程中提供的支持

战略监督 在战略规划及其在运营规划中落实后,需要进行战略控制(参见 3.5 节)。因为战略目标的形式通常是价值导向的资本回报率,所以战略监督实际上是通过价值导向的监督核算,对预期—现实—偏差或者计划—预览—偏差进行控制(参见第 15 章)。

与运营规划相比,战略规划着眼于长期,而关于未来发展信息的不确定性更高。对于未知的事件及其关联,必须进行合理的假设猜想,假设不以准确为标准,合理即可。尽管假设的前提具有合理性,但也可能在事后被证明为错误的。在这种情况下,依据假设前提所做出的计划就是不切合实际的。因此,定期短间隔地对假设前提实施监督非常重要。通过对假设前提的监督,可以检验规划前提的适时性。为了有效地对假设前提进行监督,企业通常在制订战略规划时,同时会建立一个前提目录。

战略报告 与运营层面一样,战略层面也需要给管理层提供战略报告,以推动管理层对于决策进行修正。战略报告能够向企业管理层提供与战略相关的环境信息,如竞争行为、政治趋势或客户偏好等。

特别项目 提供战略支持的控制部门还承担一些特别项目,能够使企业发生彻底的变化。特别项目包括在标杆研究中提供方法支持(参见 10.4.2.2 节),或者执行重组项目。管理控制师为企业提供战略方面的支持,意味着他们也或多或少地参与到企业的变革进程当中。因此,管理控制师必须在企业变革管理方面富有经验,并且能够解决企业变革实行中的具体问题(参见 7.5 节)。

4. 管理与控制在风险管理中的共同作用

4.1 风险管理概论

风险概念 企业的每一项经济活动与决策在利用机遇的同时,不可避免地也面临着风险。风险是指对企业目标实现产生负面影响的发展和事件。风险的存在是企业无法完全实现目标(流动性、效益、潜在效益和价值增长)的原因。风险甚至会对企业生存产生威胁,使企业无法实现"确保长期生存"的长期目标(生死攸关的风险)。

风险管理体系 为了应对风险、限制潜在损失,有必要认清企业的风险情况、对风险进行实时观测。为了保证对风险的系统分析和操控,需要建立针对风险分析与控制的规则与措施,这就构成了企业的风险管理体系,它包括三个方面:(1)风险预测:风险的确认、评估与交流;(2)风险操控措施的开发、执行与效果监督;(3)检验规则是否得到遵守的内部控制系统(参见图16-10)。在大型企业中,第三方面内容通常由内部审计来完成。

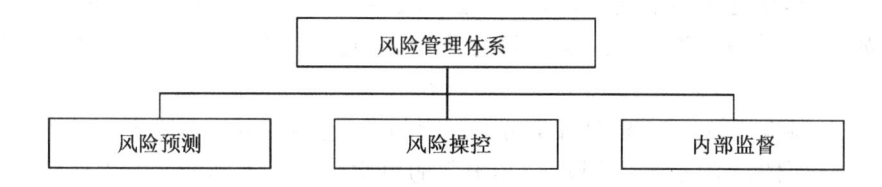

图16-10 风险管理体系的组成部分

发生在20世纪90年代的多起骇人听闻的企业危机事件(例如,施耐德公司以及金属公司事件)使德国立法者们意识到,应突出强调企业管理者在自觉进行企业风险管理方面的责任。1998年颁布的《企业监督与透明性法案》(KonTraG)明确规定,股份公司管理层有义务构建内部控制体系,以及早发现威胁企业生存发展的各种风险(《股份公司法》第91条第2段)。但立法者们仅仅对风险预知体系与内部控制体系的构建做出了规定,并未对风险控制中企业决策的形式与范围给出规定。尽管这项法案仅针对股份公司,但是其对其他法律形式的公司同样具有指导意义。与股份公司同样规模、复杂度与组织构架的有限责任公司也须建立风险预知体系与内部控制体系。法律义务

法律没有就企业管理层如何构建风险预测体系与内部控制体系给出具体办法。风险预测体系与内部控制体系的构建,由企业自身规模、结构、所处行业等特性决定。风险管理系统除了法定需考虑风险外,还应包括风险带来的机遇。企业的风险管理体系与内控体系都应以手册或执行细则的形式存档,一方面表明企业管理者履行了义务;另一方面便于审计人员从企业生存、适应性与有效性角度对上市公司采取的风险预测与内部控制措施进行评价。具体落实与存档

4.2 控制对风险管理提供的支持

企业领导层负责构建企业进行风险管理的前提框架,对风险进行系统的确认与操控,以确保企业能够实现目标。在这个过程中,控制部门必须向企业领导层提供支持,其具体任务以风险管理战略为基础,可以分为风险的分析、操控、监督与交流。

风险管理战略包括风险管理中运用的基本理念,以确立企业如何应对风险、加强企业的风险意识。以下以Agro股份公司为例给出其风险管理基本原则: 风险管理战略 案例

- 企业取得经济效益的同时必然承担风险;
- 任何经营活动与决策都不得引起威胁企业生存的风险;
- 冒险必须带来相应的收益;
- 不可避免的风险应保证其具有经济意义;
- 剩余风险必须由风险管理工具进行操控。

风险分析包括对单个风险的识别、评估与聚合,是控制的中心任务。在风险识别的框架下,应对大部分风险进行系统确认(风险盘点)。这一步骤通常是每年企业运营规划或者战略规划的内容,一方面要求企业自上而下地确定可能发生风险的领域,另一方面要求企业中每个经营单位自下而上地查清其领域内的风险。进行风险确认的时间段通常也是规划的时 风险分析 风险识别

间段,在这个过程中,可采用的工具除头脑风暴法外,还有检验清单与预警系统。预警系统不但定义了预警指示指标,而且能够对风险领域进行持续观察。由于新的风险不断产生,风险预警中的持续风险识别是非常必要的。得到确认的风险被分类记录在风险目录中,以利于企业更加全面地掌握风险情况。例如,风险可按照来源分为外部风险(如竞争者行为)与内部风险(如生产停运)。生产停运又可以分为产品风险、绩效风险、人事风险、投资风险与财务风险。

风险评估　　接下来进行风险评估,其目标是确定每个风险的严重程度,即对风险发生的可能性与潜在的负面影响进行评估。不同种类的风险,其引起的负面影响是不同的。对于那些经常发生的风险(如质量缺陷、病假工时损失),可以根据历史发生次数来确定其发生的可能性,而对于那些极少发生的风险,例如,新的竞争者进入市场,或者税率调整造成的工资成本上升,则需要我们对其发生的可能性进行主观推测,必要时可以按照高、中、低的分类对其发生的可能性进行粗略估计。同样的,潜在的损失也是主观推测出来的,可按照数量上的极大、大、小、极小的等级对结果进行分类。

从发生可能性与损失大小两方面进行风险评估的结果,可在风险地图中呈现出来(参见图16—11)。损失的临界值视具体情况而定,这是因为1 000万欧元的损失因具体情况不同,可能被认为损失巨大,也可能被认为微不足道。风险地图给出了一个部门或企业内部风险的分布概况,有助于将不同的风险归类(例如:A类风险、B类风险)。如图16—11所示,对于A类风险(风险1、2、3)亟须采取操控措施。

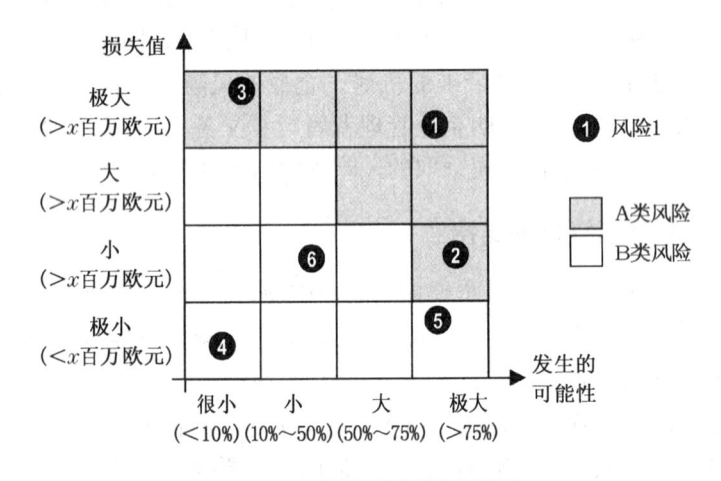

图 16—11　风险评估(风险地图)

在确定了风险发生的可能性与潜在的损失后,我们还可以用损失期望来对风险进行评估。损失期望是根据风险发生的可能性与潜在的损失计算得出的,是一种反映风险严重程度的指示指标。此外,风险评估的方法还有很多。例如,在投资决策中,常采用敏感性分析或者蒙特卡洛(Monte-Carlo)模拟法(参见 11.3.4 节)。

风险聚合　　为了全面地掌握企业的风险情况,需要汇总每个部门的风险,即进行风险聚合。在风险聚合过程中,必须充分考虑单个风险间的相互影响,例如,当两个部门分别拥有某种货币形式下的应收款项与应付款项时,这两个部门对该种货币的风险可以相互抵消。此外,也存在风险增加的可能情况,例如,生产风险可能导致销售风险。

大企业内部的风险通常涉及多个不同层级,因而须针对多个不同层级进行风险聚合。在这个过程中,只须观察每一层级上重要的风险,例如,风险地图中的 A 类风险。企业高层通常只关心威胁企业生存的风险,以及对企业资产、财务状况与收益情况会产生较大影响的风险。

风险操控措施可降低风险发生的可能性,或者削弱风险造成的负面影响。风险操控可分为积极的与消极的风险操控。积极的风险操控措施有风险规避(例如,放弃某种可引起风险的技术)与风险降低(例如,使用防火墙、进行员工培训)。积极的风险操控措施适当地降低了风险发生的可能性与负面影响。消极的风险操控措施为风险转移。例如,通过购买保险来将风险转移给保险公司,在风险发生时,由保险公司承担损失。此外,还可以通过购买期货、期权等金融衍生品来转移利率风险与货币风险(参见 13.5 节)。

采取何种风险控制措施应由企业管理层来决定。企业管理层的决定受到其对风险的态度、企业自身的抗风险能力(以合适的自有资本率作为抗衡亏损的工具)、风险战略的影响。控制部门的任务则是提供多种可采取的风险操控措施。

风险控制措施的效果通过预期—现实—比较进行监督,通过它还可以确定是否需要采取额外的措施。风险监督的基础是内部风险报告,它包含在企业的常规报告中,在风险情况发生重大改变时,可作为特殊报告附加在常规报告后面。

对风险的系统分析,是同资本市场进行风险沟通的前提,因此,在企业的管理报告中,必须对未来发展面临的风险与机遇进行说明(参见 8.2.3 节)。

5. 结束语

企业领导层操控着企业的经营活动,一方面包括对目标与实现目标的措施进行规划,另一方面对目标的实现进行监督。可以通过预期—现实—比较对过去发生的经营活动进行监督,也可以通过计划—预览—比较(实时核算)对未来的经营活动进行监督。两种监督都对偏差进行了确认并分析原因,从而采取双向操控措施。控制部门在以上活动中应对管理层提供支持。

依据企业运营控制与战略控制之间的区别,我们可以考察管理层与控制部门在运营层面与战略层面的共同作用。运营规划与监督的核心是年度预算编制,而战略控制则着眼于长期,以扩大已有潜在效益或创造新的潜在效益为核心。潜在效益能够使企业价值持续增长并取得收益。根据股东价值理论,企业将战略目标设定为企业价值增长。

多种多样的风险威胁着企业目标的实现,因此,有必要在规划中对风险进行系统确认,以便日后及时应对风险。股份公司须承担建立风险预警体系与内部控制体系的法律义务,以确保持续的风险确认与报告。

众多运营操控工具与战略操控工具相互补充,在企业的不同层级得到应用(参见图 16—12)。

在员工与低级管理者层面,通常使用的是与经营活动密切相关的非货币化操控指标(如生产时间)。中级管理层通常使用的是货币化指标,例如,由成本核算得到的预期—实际—成本偏差、边际贡献以及由投资核算得到的回报率。企业的高级管理者根据股东价值最大化原则(它通过价值驱动因素和中下层管理指标建立联系),做出战略决策,控制企业经营活动。年度财务报告与集团财务报告中的全面信息,既向企业的高级管理者报告了企业财务状况,也向企业外部投资者介绍了企业的情况,因此是高级管理层面一种重要的管理工具。在接下来的第四部分中,我们将详细地介绍年度财务报告与集团合并财务报告。

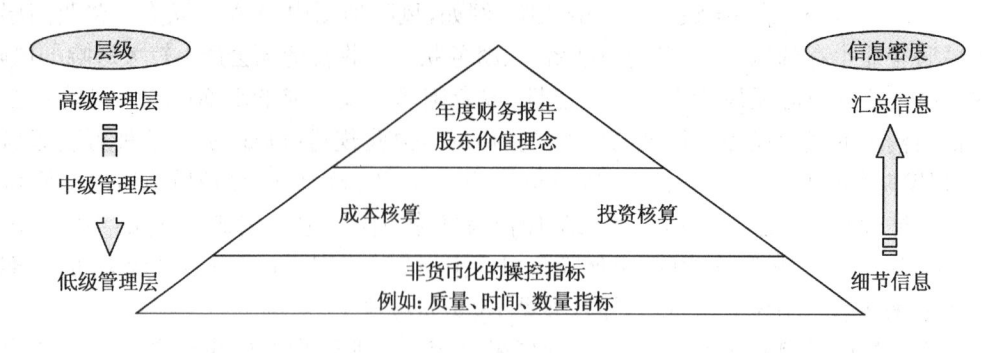

```
          层级                                              信息密度
      高级管理层              年度财务报告                    汇总信息
         ⇧                  股东价值理念                        ⇧
      中级管理层                                                ⇧
         ⇩            成本核算        投资核算                   ⇩
      低级管理层          非货币化的操控指标                 细节信息
                       例如：质量、时间、数量指标
```

图16—12 企业的操控工具

习题

Agro股份公司是农业机械与建筑机械生产领域的领导者，其具体业务由旗下两家全资子公司——Agro Landmaschinen GmbH（Agro农业机械有限责任公司）与 Agro Baumaschinen GmbH（Agro建筑机械有限责任公司）承担。控股母公司承担总部职能，负责制订集团的发展规划。Agro股份公司的股票已在纽约、东京、伦敦与法兰克福上市。Agro建筑机械有限责任公司的产品迷你挖土机MX50已成功占领国际市场。

在战略规划修订完成后，Agro建筑机械有限责任公司的总经理于2010年5月2日召集各部门经理，就2011年的企业预算规划组织第一次会议。总经理肖夫勒（Schaufel）博士先生宣布了下一预算周期内的重要数据："各位，正如你们所知，我们作为Agro股份公司的子公司面临不断增长的资本市场压力。母公司期望我们能够实现更高的资本收益与增长目标。在过去的几年中，得益于我们良好的战略定位，我们一直能够满足母公司的期望，甚至超额完成任务。2011年，我们要努力实现9%的资本回报率——母公司给出的预期目标，迷你挖土机的销售量须增加至50 000台，这也意味着，我们须在2011年年初投入3亿欧元以扩大生产规模，同时我们也要遵守与银行协定的保有至少27%的自有资本率。请各位像以往一样，向我提交各部门的预算。我们将在7月3日的会议中，请各位进行预算汇报。如果各位在预算编制中遇到任何问题，可以咨询控制总监厄布西格（Erbsig）先生以及他的同事。此外，各位可从公司的内网获取一切相关数据。

会议结束后，各部门经理在其管理控制师的协助下编制了各部门下一年度的计划预算。以下是各部门应用的主要数据：

(1)销售：计划销售量50 000台；计划平均销售价格13 000欧元/台；由于工资上涨与雇用新员工，销售成本（人力成本与材料成本）预计在2010年的5亿欧元的基础上上涨10%。

(2)生产：固定成本7 800万欧元；变动成本2 600欧元/台；生产数量由计划销售量决定。

(3)采购：2010年采购部门的固定成本（人力成本与材料成本）为2 120万欧元，2011年将通过采用电子采购与多种程序优化，节约10%的成本。由于工资与设备成本的增长，总成本也会上升5%。预计原材料的采购价格为3 640欧元/台，原材料将及时供应于生产。

(4)研发：同2010年一样，投入10%的营业额用于产品研发。

(5)行政管理：2010年，行政部门的固定成本为3 000万欧元，2011年度计划通过合理化安排抵消上升部分的成本。

在7月30日公司召开的会议上，各部门报告了各自的预算计划，讨论十分激烈，甚至有些感情用事。行政管理部门为节约成本而做出的合理化安排虽然得到了肯定，但是在生产方面仍存在更大的成本节约空间。行政管理部门认为,营业额的连年增长使研发经费也随之增长,研发部门没有努力节约成本。为使讨论更加具体有据,总经理肖夫勒先生请控制总监厄布西格先生综合各个部门的预算、检查其可信性,并编制出计划资产负债表、计划利润表与计划现金流量表。只有这样,才能直观地看出预算能否按照企业的总规划实现9%资本回报率的目标。有关预算的调整将在8月25日的会议中进行商讨。

厄布西格先生编制出总预算,并从负责流动性规划的公司财务部门获悉公司的资本需求与利息情况。据初步估计,公司的投资项目将使其银行贷款增长至5亿欧元,平均利率为8%。由于付款条件的改善,公司对供应商承担的负债增加至1.5亿欧元,应收账款随公司营业额的提高增长至2.2亿欧元。生产部门与行政管理部门共计有1 000万欧元的建筑折旧与4 000万欧元的设备折旧。2011年在生产设备方面的新增投资暂不计折旧,因为新增的生产设备在2012年才投入生产。基于以上信息,厄布西格先生编制出计划资产负债表、计划利润表与计划现金流量表后,发现并未实现预期的资本回报率,也无法满足自有资本率的要求。因此,在8月25日的会议中,必须对如何改进预算方法以保证目标实现继续展开讨论。

(1)请编制各部门在7月30日提交的预算。
(2)请编制8月25日会议中的计划资产负债表、计划利润表与计划财务核算表,并计算(计划的)投资回报率(ROI)与(计划的)自有资本率。

计划资产负债表

资产	2010年12月31日	2011年12月31日	负债	2010年12月31日	2011年12月31日
固定资产			自有资本		
厂房	350		自有资本	250	
设备	200		净利润		
流动资产			借入资本		
库存	200		准备金	300	
应收账款	140		银行贷款	250	
现金	10		应付账款	100	
	900			900	

计划利润表
(2011年)

销售额
－生产成本
＝营业毛收入
－研发费用
－管理费用与销售费用
＝税前营业利润(息税前利润)(EBIT)
－利息费用
＝净利润

计划现金流量表
(2011年)

期初现金量(2011年1月1日)

净利润
＋折旧
－应收账款增加项
＋应付账款增加项
＝经营活动产生的现金流
－固定资产投资
＋银行借款
＝现金额变化量

期末现金量(2011年12月31日)

(3)厄布西格先生将针对公司实现目标,在预算调整方面给出哪些建议?

扩展阅读

Baum, H.-G., Coenenberg, A. G. & Günther, T.: *Strategisches Controlling*, 4. Aufl., Stuttgart 2007.

这本书广泛和系统地介绍了战略规划,形象地介绍了创新理念,有一章专门介绍价值导向控制,介绍了股权价值论的产生原因、核算方法和运用范围。

Brühl, R.: *Controlling*, 2. Aufl., München/Wien 2009.

这本书通俗易懂地介绍了管理控制的基础知识,重点为控制工具,例如,成本核算、预算、转移价格和指数系统。

Horváth, P.: *Controlling*, 11. Aufl., München 2009.

这是一本管理控制方面的经典教材,给出了大量的案例。书中给出了有关控制的任务、工具和组织的概览。

Kajüter, P. (Hrsg.): *Risikomanagement in der Konzernpraxis*, München 2010.

这是一本关于该领域的论文集,作者是科学家和管理人员,给出了很好的概览。在介绍基础理念和相关法律的同时,也兼顾了实践解决方案。

Peters, G. & Pfaff, D.: *Controlling, Wichtigste Methoden und Techniken*, 2. Aufl., Zürich 2008.

这是一本通俗易懂的教材,介绍了主要的管理工具,并给出了案例分析。

Weber, J. & Schäffer, U.: *Einführung in das Controlling*, 12. Aufl., Stuttgart 2008.

这是一本通俗易懂的教材,在管理控制的框架下介绍了计划、监督和信息,给出了很多例子。另外,还介绍了管理控制的组织构架。

引用文献

Baum, H.-G., Coenenberg, A. G. & Günther, T. (2007): *Strategisches Controlling*, 4. Aufl., Stuttgart 2007.

Horváth, P. (2009): *Controlling*, 11. Aufl., München 2009.

Schiemenz, B. (1993): Systemtheorie, betriebswirtschaftliche, in: Wittmann, W. et al. (Hrsg.), *Handwörterbuch der Betriebswirtschaft*, 3. Teilband, 5. Aufl., Stuttgart 1993, Sp. 4127—4140.

参考答案

(1) 各部门的预算

销售收入预算	50 000 台×13 000 欧元/台 = 6.5 亿欧元
人工预算	7 800 万欧元+50 000 台×2 600 欧元/台=2.08 亿欧元
材料预算	50 000 台×3 640 欧元/台=1.82 亿欧元
采购预算	2 120 万欧元×(1−10%)=1 900 万欧元×(1+5%)=2 000 万欧元
研发经费预算	6 500 万欧元
管理费用与销售费用预算	3 000 万欧元+5 500 万欧元=8 500 万欧元
投资预算	3 亿欧元

(2) 计划财务报表汇总(单位:百万欧元)

计划资产负债表

资产	2010年12月31日		2011年12月31日	负债	2010年12月31日		2011年12月31日
固定资产	350	−10	340	自有资本	250	−	250
厂房设备	200	−40+300	460	自有资本净利润			50
流动资产	200	−	200	借入资本	300	−	300
库存	140	+80	220	准备金	250	+250	500
应付账款	10	+20	30	银行贷款	100	+50	150
现金	900		1 250	应付账款	900		1 250

计划利润表
(2011年)

销售额	650
−生产成本	410
=营业毛收入	240
−研发费用	65
−管理费用与销售费用	85
=税前营业利润(息税前利润)(EBIT)	90
−利息费用	40
=净利润	50

计划现金流量表
(2011年)

(2011年1月1日)期初现金量	10

净利润	50
＋折旧	50
－应收账款增加项	－80
＋应付账款增加项	50
＝经营活动产生的现金流	70
－固定资产投资	－300
＋借款	250
＝现金变化量	20
（2011年12月31日）期末现金量	30

$ROI = EBIT/总资本 = 90/1\,250 = 7.2\%$

自有资本率（EKQ）＝自有资本/总资本＝$300/1\,250 = 24\%$

(3) 优化预算的建议

① 降低投资额（例如，将投资额降低50%至1.5亿欧元）。

影响：借款共计1亿欧元，利息费用由此降低至2 800万欧元，净利润为6 200万欧元；在新增投资购买设备于2012年投产的情况下，折旧额未发生改变，息税前利润也未变。

$ROI = 90/1\,112 = 8.1\%$；$EKQ = 312/1\,112 = 28\%$

问题：价值增长战略仅有限可行。

② 降低研发经费（例如，降低1 500万欧元至5 000万欧元）。

影响：$EBIT$ 增加至1.05亿欧元，净利润增长为6 500万欧元；期末现金流量为1 500万欧元。

$ROI = 105/1\,265 = 8.3\%$；$EKQ = 315/1\,265 = 24.9\%$

问题：潜在效益的扩大受到威胁。

③ 措施①与②同时实行。

影响：$EBIT$ 增加到1.05亿欧元，利息费用下降至2 800万欧元，净利润增加到7 700万欧元。

自有资本＝3.27亿欧元，借入资本＝8亿欧元

$ROI = 105/1\,127 = 9.3\%$；$EKQ = 327/1\,127 = 29\%$

④ 通过提高商品价格或销售量增加销售收入（如10%）。

影响：$EBIT$ 增加到1.14亿欧元，净利润增加到7 400万欧元。研发费用、管理费用与销售费用保持不变。

自有资本＝3.24亿欧元，借入资本＝9.50亿欧元

$ROI = 114/1\,274 = 8.9\%$；$EKQ = 327/1\,274 = 25.4\%$

⑤ 库存管理：降低库存（例如，降低50%至1亿欧元）。

前提：由于原材料及时供应，库存全部为产成品。

影响：由于增加的生产成本被库存降低所抵补，$EBIT$ 保持不变。现金流量增加1亿欧元，从而借款可降低至1.5亿欧元，利息费用降低至3 200万欧元，净利润增加到5 800万欧元。

$ROI = 90/1\,158 = 7.8\%$；$EKQ = 308/1\,158 = 26.6\%$

⑥ 其他节约成本的方法也可行。

第四部分

财务报告

普通高等教育"十三五"商学院精品教材系列

第 17 章

年度财务报告

Andreas Bonse　Ulrich Linnhoff　Bernhard Pellens[①]

1. 引　言

　　在这个金融危机与经济危机频发的年代，人们几乎已经习惯了骇人听闻的消息，诸如企业预亏、分红减少、裁员、贷款违约，甚至破产等。然而，人们不禁要问：企业的负面发展甚至破产，诸如通用汽车、埃斯卡达(Escada)和卡尔施塔特(Karstadt)申请破产保护等事件，是否是由危机造成的？还是企业原本就存在问题，危机只是导火索？企业的恶性发展，或者良性发展总是突然发生的吗？还是可以提前从经营报告或者财务报告中预知相关信息？有关管理者欺诈、审计师监督不力的指责不绝于耳，这些指责具体在批评什么？可否通过对企业编制的年度财务报告，或者集团合并财务报告的准确分析来预知企业负面的发展形势？只是财务报告的一般读者无法预知企业的负面或者正面的发展，而专业人员能够预见危机与效益吗？年度财务报告究竟提供了哪些信息？财务报告分析应特别注意哪些指标？

　　本章将对以上问题给出进一步解释。在第 8 章的基础上，我们首先介绍年度财务报告的构成与制定者的财务策略运作空间，本章的重点是介绍个别财务报表，即法律上独立企业的财务报告。集团合并财务报表的特点将在第 18 章中介绍。在第 19 章中，我们将说明，在指标分析的框架下，如何对公司财务报告、集团合并财务报表中众多的数据指标进行理解和解释。

　　为了有助于理解理论，我们首先介绍一个将贯穿始终的虚拟案例。位于埃尔夫茨塔特 贯穿案例

---

① Andreas Bonse：德国波鸿鲁尔大学经济管理培训中心主任，国际企业会计专家，博士。
Ulrich Linnhoff：德国欧洲管理技术学院(ESMT)高级经理培训项目主任，企业金融学专家。
Bernhard Pellens：德国波鸿鲁尔大学国际会计学教授，博士。

(Erftstadt)的 K. 洛茨(K. Lotz)股份公司是一家建筑行业供应商企业,在法兰克福证券交易所上市,拥有 7 900 名员工,营业额达 10 亿欧元,占德国市场份额的 60%、欧盟的 40%。K. 洛茨股份公司在木材原料、建筑组件与基础设施技术(风力发电设施、手机网络)领域,都是市场领导者。在绝缘材料领域,K. 洛茨股份公司在欧洲排名第二。洛茨家族拥有企业 26% 的股份,其余股份由其他股东较为分散地持有。

2. 年度财务报告概论

2.1 年度财务报告的功能

信息功能　　不参与企业管理的企业利益相关者,需要了解企业经营发展方面的信息,以便做出合理的决策,例如,股东或者潜在股东在决定未来投资份额时、债权人在决定是否贷款时、员工在决定索取多少劳动报酬时、客户与供应商在决定接下来发展商业关系时,都需要了解企业未来的发展。除了财经媒体和金融分析师等来源外,年度财务报告是企业利益相关者最重要的信息来源。因此,财务报告须尽可能如实、客观地反映企业的资产情况、财务状况与收益水平,以满足企业利益相关者的需求。为便于企业间的横向比较或者企业自身在时间上的纵向比较,须按照统一的标准编制年度财务报告。此外,小型企业的领导者更常将年度财务报告作为重要的信息来源来使用,以节约建立更可靠、用于监督内部收益核算系统的费用。

支付计量功能　　除了信息功能以外,年度财务报告有义务为利润分配(如股利支付)的衡量提供数据。大部分企业利益相关者选择以合同形式确定其从企业得到的投资回报,例如,债权人在贷款合同中确定期望的利息回报。然而,企业所有者则不能通过合同形式确定期望的自有资本投资回报。在按照合同要求完成利息支付后,企业所有者才有权力支配剩余利润,这里须有按照确定的规则来对剩余利润进行核算的方法,以便向企业所有者分配利润。

利润核算规则的制定须考虑到企业利益相关者的不同利益诉求。例如,企业债权人更倾向于严格的利润核算规则,希望利润尽可能少地被分配出去,这样企业才能拥有尽可能多的资产,以保证债权人向企业贷款的安全性。相反,企业所有者则更倾向于可以获得较多利润分配的利润核算规则。因此,利润核算规则一方面须遵循债权人权益保护原则,另一方面还要考虑到企业所有者能够承受的最低利润分配比例。

年度财务报告利润不仅是向企业所有者分配利润的衡量基础,在德国和美国,还是个人所得税、公司所得税与营业税的计税基础(参见 14.3 节),所以它还必须从税务角度,客观反映企业的经营状况。

存档功能　　年度财务报告还具有记录企业活动的任务。例如,在企业破产或提起诉讼的情况下,年度财务报告可以作为证据来使用。图 17-1 给出了年度财务报告的功能。

年度财务报告须同时实现信息供给、支付计量基础与存档企业活动的功能。在英国和美国,较为重视财务报告向企业所有者提供信息的功能。而在德国,则强调财务报告必须遵循保护债权人的原则。

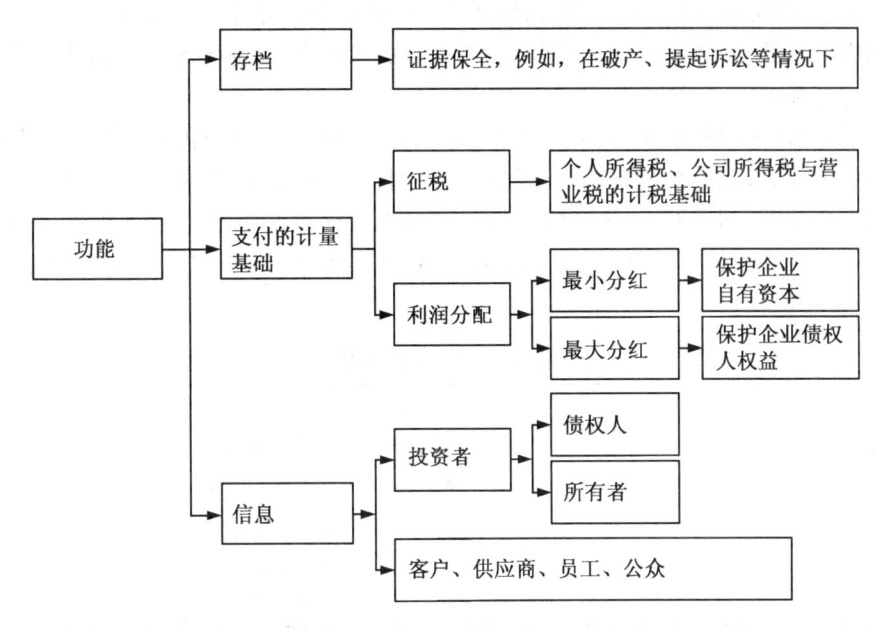

图 17—1　年度财务报告的功能

2.2　年度财务报告的法律基础

只有按照得到认可的规则制定的财务报告,才能完成它的任务。那么,由谁来制定规则呢? 在德国,制定规则是立法者的任务,商法是年度财务报告编制与公布的法律基础。为了与税务会计相区分,年度财务报告的编制又被称为商法会计。从 2010 年 1 月 1 日起,随着《会计现代化法案》(BilMoG)出台,商法中的会计规则经历了彻底改革。改革的宗旨是,限制企业的会计选择权,从而优化财务报告的信息供给功能,区分税务会计与商法会计,使商法中的会计法规更接近国际会计准则,同时也特别针对小型企业给出了既节约成本又符合国际准则的会计处理办法。接下来,关于商法会计的介绍都是以商法改革后的新规为基础,根据《商法》第 242 条规定,商人有义务编制年度财务报告(参见图 17—2)。

法律基础:商法

第二节　创建企业的资产负债表、年度财务报告

第一小节　一般规则

第 242 条　编制义务

(1)在企业创建伊始以及每个会计年度结束时,商人必须编制能够反映企业资产与负债关系的报表(初创资产负债表/资产负债表)。初创资产负债表的编制必须符合商法的相关规定。

(2)在每个会计年度结束时,商人必须对费用与收益进行分列,制定利润表。

(3)年度财务报告由资产负债表与利润表组成。

(4)以上(1)、(2)、(3)条不适用于第 241 条 a 定义的个体企业。当参照 241 条 a 第一句中,企业在创建后的第一个决算日没有超过规定的数额时,第一句的规定在法律上生效。

图 17—2　《商法》第 242 条

《商法》第 238～241 条以及第 243～263 条规定,所有的商人都必须遵守该法律,不论他是

经营本地二手车交易的合伙公司,还是跨国上市公司(如西门子股份公司)。只有那些所经营企业的年销售收入低于50万欧元、年利润低于5万欧元的商人,才不必按照商法的规定履行编制财务报告的义务。

问题在于,在以上两种情况下,财务报告不同使用者的需求是否相同呢?立法者对此给出了否定的答案。因此,无论是资合公司(股份公司、两合股份公司、有限责任公司),还是没有无限责任人的人合公司(例如 GmbH & Co. KG,下面为了简单起见把它也算作资合公司),由于它们承担有限责任,所以它们都应遵守商法的严格规定(参见表17—1),其中包括详细的分类、解释条款、限制的选择权等。

表 17—1　　　　　　　　　　《商法》第三册内容结构

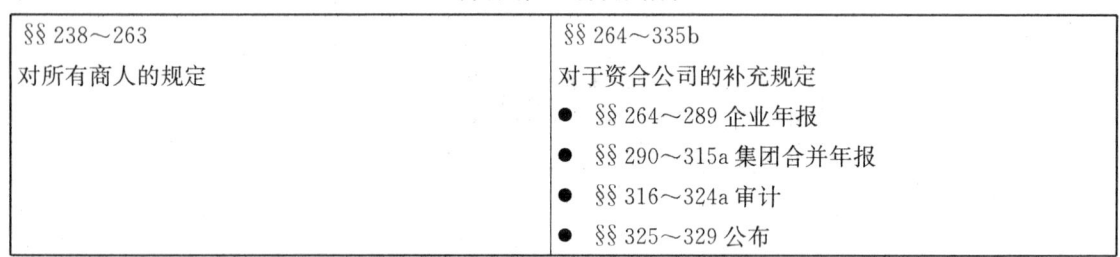

§§ 238~263	§§ 264~335b
对所有商人的规定	对于资合公司的补充规定 ● §§ 264~289 企业年报 ● §§ 290~315a 集团合并年报 ● §§ 316~324a 审计 ● §§ 325~329 公布

商法规定的企业规模判定标准

适用于资合企业的规定也不尽相同,对于中小企业的条款相对宽松。衡量企业规模的指标有:资产总额、销售收入、年度平均员工数量(参见17.2.4节表17—2)。以发行债券或股票的形式参与到有序资本市场的资合公司,则都属于大型企业。

税收影响

在德国,财务会计经常受到应税利润核算方法的影响(参见17.2.5节)。个人所得税法与公司所得税法也是年度财务报告的法律基础,营业税法中也对个人所得税法与公司所得税法进行了特别说明。

集团合并财务报表

除了法律上独立的子公司需编制个别财务报表外,母公司也要编制合并财务报表(参见图17—3)。本章将重点介绍个别财务报表,第18章将对合并财务报表进行阐述。

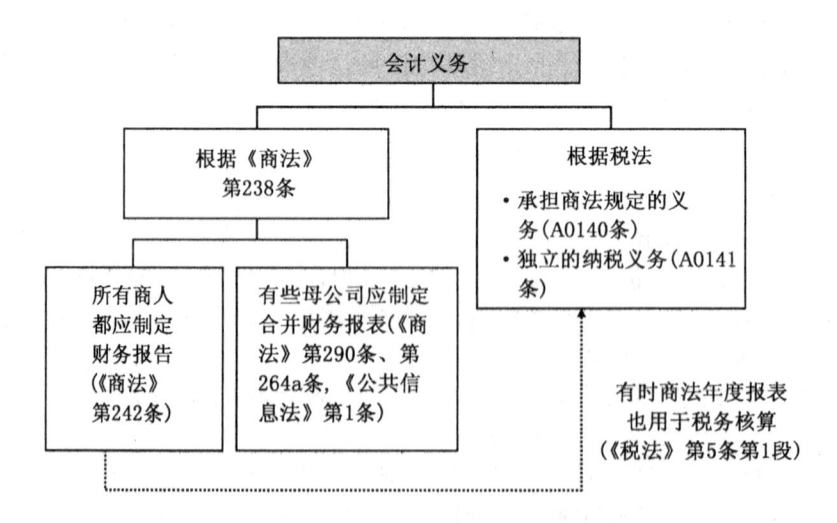

图 17—3　德国商法与税法下的会计义务

国际会计准则

理事会的准则

在资本市场全球化的背景下,国际会计准则理事会(IASB)所颁布准则的意义在逐渐增加。

1973年在伦敦成立的国际会计准则理事会(IASB)是致力于制定并颁布国际会计准则的私营机构。尽管《会计现代化法案》的颁布使德国商法更加接近由国际会计准则理事会制定的国际财务报告准则(IFRS),但两者在一些细节上仍有许多不同。这就导致,按照国际财务报告准则与按照商法编制的年度财务报告在自有资本、年利润等数值上会出现偏差,尽管按这两种准则编制的年度财务报告都反映了现实情况。在德国,国际财务报告准则仅强制适用于特定集团合并财务报告的编制。从2005年起,根据欧盟理事会的规定,欧盟成员国开放资本市场,须按照国际会计准则理事会的准则制定集团合并财务报告。对于那些不参与资本市场交易的企业,其财务报告的编制可自行选择是按照国际财务报告准则,或是德国商法。此外,对于单个企业也有一些限制:鉴于公开信息的需要,他们可以按照国际财务报告准则编制报表,但是决定利润运用和报税时,必须按照商法来编制报表。

在会计准则国际化发展趋势下,德国于1998年成立了德国会计准则委员会(DRSC),其法律职责是在国际会计准则理事会(IASB)中代表德国的利益。

德国会计准则委员会的准则

2.3 年度财务报告的构成

根据《商法》第242条(参见图17-2),年度财务报告由资产负债表与利润表组成,资合公司的年度财务报告还应包含会计报表附注以及管理报告,对企业的财务状况进行补充说明。

年度财务报告的构成

如果资合公司需要在公开资本市场上获取自有资本和借入资本,它必须扩展年度财务报告的范围,除包含资产负债表与利润表外,还应包含现金流量表、自有资本变动表,附注中还应该提供部门管理报告。在资合公司的法人代表未出具集团合并报表的情况下,企业必须编制这三张报表。因为这三张报表都是集团合并报表的必要组成要素(参见18.4节),在已出具集团合并财务报表的情况下,可省略集团下企业现金流量表、自有资本变动表与部门管理报告。

图17-4说明了资产负债表、利润表、现金流量表与自有资本变动表之间的关系。

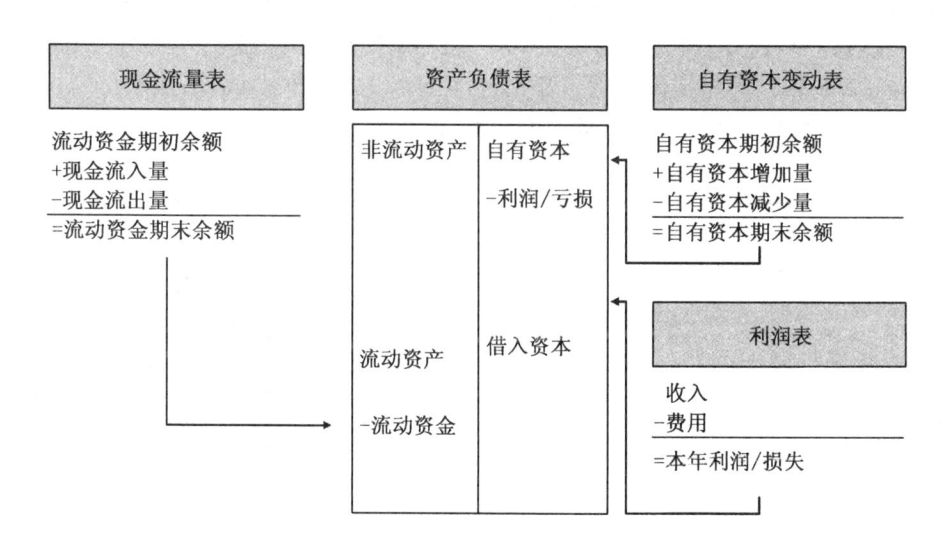

图17-4 年度财务报告的构成

资产负债表给出了企业的资产状况与资金来源。在资产负债表中,根据特定的原则,在资产方列示了企业在资产负债表日(例如2010年12月31日)的资产,在负债方列示了自有资本与借入资本(参见8.2节)。

资产负债表

案例：资产负债表

资产负债表（K. 洛茨股份公司，单位：欧元）

资产	2009年12月31日	2010年12月31日	负债	2009年12月31日	2010年12月31日
非流动资产			自有资本		
无形资产	995	2 766	注册资本	60 000	60 000
固定资产	218 495	245 530	资本公积	30 000	30 000
金融投资	35 510	36 703	盈余公积	53 000	53 500
流动资产			年末分配利润	500	11 500
存货	127 375	137 255	准备金		
应收账款	85 067	88 175	养老准备金	74 570	77 375
有价证券	14 900	13 700	其他准备金	43 379	48 759
货币资金	12 570	9 900	负债		
递延资产	47	70	针对银行	73 010	87 250
			应付账款	111 958	115 820
			其他	44 786	45 980
			递延税款	3 756	3 915
	494 959	534 099		494 959	534 099

资产负债表的资产方科目可根据资产期限进行分类。非流动资产可供企业使用的年限较长，包括建筑物、机器、专利与股权投资。流动资产指短期资产，包括存货、应收账款、货币资金等。资产负债表负债方科目，根据投资者与资本间的法律关系，分为自有资本与借入资本。借入资本可分为准备金与负债，又可按期限与类型对负债进行划分。案例中的 K. 洛茨股份公司在 2010 年 12 月 31 日公布了上述资产负债表。按照法律要求，上一年度的相关数值也同时公布，以便比较。

利润表

利润表提供关于企业收益方面的信息。在利润表中，会计期间产生的费用与收入被分别列出，通过汇总以核算企业的年度利润或者年度亏损，它是企业股东进行利润分配的基础，因此非常重要。

收入是指，在一个会计期间由于销售而发生的资金流入，其来源可以是营业收入、其他业务收入（如利息收入），会导致价值增加。从收入中扣减的费用是指，一个会计期间内用于生产、销售产品、提供劳务、缴纳税款的资金流出（价值减少）。下面是 K. 洛茨股份公司在销售成本法下的 2010 年利润表（参见 8.5.1 节的表达形式）。

利润表（K. 洛茨股份公司，单位：千欧元）

	2009年	2010年
销售收入	948 875	1 068 200
销售成本	−666 320	−737 510
毛销售利润	282 555	330 690
销售费用	−130 560	−140 156
管理费用	−44 650	−48 700
其他业务收入	12 150	10 100
其他业务支出	−113 802	−129 789
参股收益	2 895	3 465
其他利息和相似收益	1 012	547
利息及相关费用	−8 900	−9 707
经常性利润	700	16 450
税费	−200	−4 950
年度净利润	500	11 500

仅凭资产负债表与利润表中的企业数据来评价企业的经营状况,说服力较弱,因此资合公司还须制定报表附注,用以解释、补充财务报告中的各个财务报表。有些人合公司由于在法律形式上负有限责任(例如,GmbH & Co. KG),所以在商法上按资合公司处理这类公司,承担与资合公司相同的信息披露义务。

报表附注应包含所采用编制资产负债表的方法、数据评估方法(参见下面的例子)、外币汇率等信息。此外,报表附注还应对资产负债表与利润表中的科目进行详细的划分。例如,将营业收入按照业务与地域进行划分,将负债按照偿还期划分,或者给出董事会和监事会成员得到的报酬。年报附注提供的信息有助于对不同企业的数据进行比较。

不同的报表,附注内容可能千差万别。一方面,在资产负债表、利润表与报表附注中可选择的方法与信息多种多样;另一方面,企业在制定财务报表时可自愿披露附加信息。

节选自 K. 洛茨股份公司 2010 年的报表附注:
1. 资产负债表编制方法与计量一般方法:

购入的无形资产按照取得时的成本扣除已发生计划折旧来记录价值。在不考虑资产使用年限许可的情况下(如专利使用期限),资产的使用年限通常为 4 年。企业自己创造的无形资产,在达到借方记录的条件后,将在 2010 年以制造费用记入资产负债表,并依据 4～10 年的使用年限进行计划折旧。制造费用包含直接材料费用与直接生产费用、间接材料费用与间接生产费用、折旧以及在无形资产研发阶段发生的管理费用。

……

固定资产按照取得时的价值扣除已发生的计划折旧记录价值。按照税法规定,对建筑物进行直线折旧,最长使用年限不超过 40 年。可移动设备先进行加速折旧,后随时间推移进行直线折旧。技术型设备与机器的折旧年限为 3～20 年,其他设备、办公与商务设施的折旧年限为 3～10 年。低值易耗品在购置当年按其全部价值折旧。

……

8. 存货:
存货项目如下(单位:千欧元):

	2009 年	2010 年
原材料、辅助材料、易耗品	84 915	92 250
半成品	12 637	13 725
产成品	19 456	21 148
预付账款	10 367	10 132

……

28. 有关管理层和董事会:

K. 洛茨股份公司的管理层在 2010 年的工资总额为 1 265 500 欧元。董事会在 2010 年的薪酬则为 174 000 欧元。

除报表附注外,管理报告中也包含多种多样的信息,它通过提供关于企业经营状态的通用信息(多数是文字型的),对资合公司财务报告进行扩展,给出公司的业务流程和经济状况,例如,经济形势信息、市场竞争强度、市场占有率分析、生产过程与投资计划报告。此外,管理报告中还应包括对未来的机会与风险的预测、评估和解释。立法者规定管理报告中应包括如下具体的信息:(1)风险管理的目标与方法;(2)企业面临的价格变动风险、违约风险、流动性风险、现金流波动风险;(3)研发领域;(4)(对于上市公司)企业薪资系统的基本原则。

财务报告主要包含企业过去已发生的信息,而管理报告包括企业未来状态的信息。从目前的企业年报来看,企业对信息的主动披露意愿仍较弱。仅有大规模的跨国公司会按照资本市场的要求发布管理报告,以向现有或潜在投资者提供相关信息。

2.4 编制、审核和公布

年报受众希望得到尽可能及时的信息。但是,财务报告的年终决算日与发布日期之间的时差已经导致了信息的过时。此外,企业股东也期望能够及早了解取得的盈利。对于小型企业的所有者来说,较早取得财务报告有助于及时发现并修正企业的不良发展趋势。因此,德国法律对财务报告的编制期限做出了规定。

编制期限　根据联邦财政法院司法解释,个体企业与人合公司的财务报告编制期限为12个月,且可不执行报表审核与公布义务。资合公司的情况则较为复杂,《商法》第264条第1段规定,大中型资合公司须在会计年度结束后一个季度内完成财务报告编制;小型资合公司可延长编制期限至6个月。对于上市公司而言,在过去几年的实践中,由于全球资本市场对企业信息披露速度的要求越来越高,使其不断缩短财务报告的编制期限,直至调整为如今明显低于3个月(快速完成)。

审计义务　只有在财务报告所提供信息真实可靠的情况下,财务报告使用者才能对企业做出可靠的评价。因此,对财务报告与管理报告的合法性进行审核是非常必要的。财务报告使用者希望独立的专业审计人员能够向他们确认,财务报告的编制遵循了所有相关的法律规定。因此,大中型资合公司的财务报告必须经过独立审计人员的审计。

但是事非如人所愿,审计人员没有发现企业操控财务报告编制、进行财务舞弊的事件屡见不鲜,如Flowtex、安然、施乐、世界通信、冠群等公司发生的舞弊事件。因此,德国从2005年起改善企业的监督机制。在两级监督程序下,德国要求在公开资本市场融资的企业,必须编制企业财务报告与集团合并财务报表(包含集团管理报告),除经过独立审计人员审计外,还须通过德国会计监督局针对财务报告是否遵守会计法规的随机抽查。一旦发现问题,相关企业就必须立即做出修正并发布公告。企业若不履行接受审计的义务,联邦金融监管局有权介入调查。

确认　经过审计人员审计的资合公司财务报告一经确认,即产生法律效力,并作为利润分配的基础。在股份公司中,通常由执行董事会和监事会一同执行财务报告的确认与利润分配决策,此外也可以由股东大会做出有关决议。在有限责任公司中,企业所有者对财务报告进行确认并决定分配利润。

案例:K. 洛茨股份公司审计报告

2010年度 K. 洛茨股份公司审计报告节选

ESMT信托与审计股份公司对K. 洛茨股份公司以2010年12月31日为决算日的年度财务报告与管理报告进行了审计。

在审计中,我们对企业内部控制系统的有效性、会计凭证、财务报告与管理报告的凭证进行抽样调查。我们认为,我们的审计准确无误,年度报告非常可靠。

年度财务报告遵循法律规定,按照相关会计准则如实反映了企业的资产、财务、收益的情况。管理报告与财务报告相一致,全面地反映了企业情况及其面临的机会与风险。

Erftstadt,2011年3月25日　　　　　　　　　　ESMT信托与审计股份公司

　　　　　　　　　　　　　　　　B. I. 兰茨　　　　　　　G. 劳本
　　　　　　　　　　　　　　　　审计师　　　　　　　　审计师

资合公司必须公布其年度财务报告。根据企业规模的不同,财务报告的公布期限与简化规定也有所不同(如表17-2所示)。

公布

表17-2　　　　　　　　　　　　　　资合公司的公布义务

资合公司	公布期限	公布内容	公布地点
大型资合公司 营业额>38 500 千欧元 资产总额>19 250 千欧元 员工数量>250 人	12 个月 3 个月(上市融资时)	● 年度财务报告 ● 状况报告 ● 监事会报告 ● 关于公司治理的声明(上市公司) ● 利润分配决定 ● 审计报告	公布在联邦司法部的公报网站(链接:www.unternehmensregister.de)上
中型资合公司	12 个月	● 简化的年度财务报告 ● 状况报告 ● 监事会报告 ● 利润分配决定 ● 审计报告	公布在联邦司法部的公报网站上
小型资合公司 营业额<9 680 千欧元 资产总额<4 840 千欧元 员工数量<50 人	12 个月	● 简化的资产负债表 ● 简化的报表附注	公布在联邦司法部的公报网站上

大部分上市公司、部分非上市公司、部分大型人合公司不只局限于按照规定在联邦司法部公报网站上公布企业信息,而是自愿向企业利益相关者公布其经营报告。越来越多的企业选择将财务报告或完整的经营报告公布在互联网上。然而,它们公布的只是集团合并财务报告,企业个别财务报告(如果有的话)仅以简化的形式予以公布。

2.5　年度财务报告与税务利润核算(税务结算表)的联系

应税利润是所得税(如个人所得税、公司所得税、营业税)的税基。税法对应税利润的核算进行了规定,部分规定来源于商法年度财务报告

根据《个人所得税法》第五条第一段,在应税收入的核算中,除税法中允许采取的其他方法外,所有商人必须遵守会计基本准则中规定的方法。财务报告与税务结算表之间的相关性原则要求,按照与财务报告相关的原则编制税务结算表。然而,在管理实践中,也可能出现税法规定与会计准则不一致的情形,例如,研发费用的处理方法在商法与税法中就存在差异,具体将在17.3.2.1节详细介绍。

相关性原则

正是由于资产负债表与税务结算表之间的这种紧密联系,我们将在下文对资产负债表与利润表的介绍中,给出税法相关的内容。企业公布的经营报告大多是以商法为基础,因此,可能或多或少与税法规定有所偏差。税务结算表面向国家税务机关,不公开发布。

2.6　年报策略

想要编制财务报表,首先应该清楚下面三个问题:(1)年度财务报告中应记录哪些内容(年报原则)?(2)年度财务报告中是如何对经营事项进行描述的(年报评估)?(3)年度财务报告中的经营事项是如何分类的(年报分类)?

为了回答上述问题,我们已经通过了广泛的法律法规,接下来的章节将依据相关法规对资产负债表与利润表的要求分别进行介绍。一方面,立法者给财务报告的编制方法与评估方法

列出了许多选项;另一方面,对具体年报项目需要企业进行评估,所以企业管理层对于年报具有一定的构建自主权。年报策略指的是在会计准则的框架下,有意识、有目的地对年度财务报告进行合法的调整,这其中包括对经营事项的确认在时间上提前或延后的调整,以及出于会计策略考虑而采取的相关措施。

借助年报策略,年报制定者可以调整公司资产状况、财务状况、收益状况以及每期的效益,从而影响企业的利润分配与税收基数,或是影响企业利益相关者的行为。年报策略是公司策略的固定组成部分,有助于管理层实现企业目标。因此,财务报告中哪一事项适用于根据年报策略进行调整,对财务报告使用者来说是非常重要的。

3. 资产负债表

3.1 资产负债表的内容划分

法定内容划分模式　　法律对于个体企业与人合公司资产负债表的内容划分没有明确规定,他们只须将非流动资产与流动资产,自有资本、负债与待摊费用分别列示,使资产负债表清晰明了就可以了。根据《商法》第266条规定,大中型资合企业则须以账户形式制定资产负债表,并将细节进行分类列示,以保证能够深入展示企业的经营状况。小型资合公司只须制定内容划分上适当简化的资产负债表,但相对于个体企业和人合公司,其内容涵盖的范围还是更为广泛的。

观察德国企业的管理报告可以发现,其披露的项目内容明显少于《商法》第266条要求的内容。就连像K. 洛茨股份公司这样的大型资合公司,其资产负债表的内容划分也并不细致。如果在报表附注中对缺少的内容给出说明,那么这样的处理方法也是合规的,并且提升了报表的清晰性与总揽性。

3.2 记录非流动资产

3.2.1 方法规定

借记原则　　资产应以怎样的价值借记在资产负债表的资产方?如何根据使用时间来界定非流动资产与流动资产?非流动资产包括持续服务于企业经营的所有资产。关于非流动资产具体包含哪些内容,国际上存在着多种观点。商标、研发知识、企业组织架构甚至是员工知识是否应该作为资产借记资产负债表?这一问题的提出是有根据的,因为它们都长期服务于企业。

在资产的确认上,德国商法的规定较为严格。根据商法规定,资产应该是具有自身交换价值——可被独立转让与估值,并具有自身使用价值。因此,资产应是企业的财产,并受企业的控制。但是,并非所有长期资产的价值都能在资产负债表中表现出来。

资产负债表方法　　K. 洛茨股份公司按照保留所有权的方法销售其产品。只有当购货商完成全额付款后,产成品的法定所有权才转移给购货商。而在购买产品时,在供应商发货时点上就在企业自身资产负债表中借记资产。这是因为,企业从供应商发货开始就已经取得了产品的使用权。

K. 洛茨股份公司虽然有一些资产抵押给银行,但是在经济上仍是这些资产的所有者。因此,应在资产负债表中对这些资产进行借记。

此外,K. 洛茨股份公司在2010年支出250 000欧元用于经理培训,以期员工能够更好地适应未来的市场环境。由于员工培训所产生的投资价值对企业来说无法量化,因此,该项投资没有被记录在资产负债表中。然而,这项支出作为费用被记录在利润表中,降低了企业税前利润。

在一般记录理念下,资产的记录方法也存在例外,商法允许企业有借记选择权。

从2010年起,企业对于自主研发的无形资产具有借记选择权。2010年以前,禁止企业借记其自主研发的无形资产。从2010年起,企业可以借记开发支出。研究支出与开发支出必须可以区分开来,因为后者是可以借记的。研究支出是指企业自主、有计划地探索新知识或者经验的过程中所产生的费用。由于在探索新的知识或者经验的阶段中,新知识或者经验在科技上的可用性与经济上的收益前景尚不确定,也就是说,研究过程与终端产品之间尚无确定的联系,因此,研究支出直接作为费用记录在利润表中。一旦研究成功,进入开发阶段,开发阶段与终端产品之间产生了联系,企业即拥有借记选择权。税收上,企业自主研发的无形资产也具有借记选择权。

借记选择权,开发支出

K. 洛茨股份公司的研发部门一直致力于研发建筑与基础设施领域的新材料。每年的原料费用共计120万欧元、人员费用500万欧元。由于研究阶段尚未与终端产品建立联系,因此研究阶段产生的费用仅作为其他经营费用记录,降低了企业的税前利润。

2010年初,K. 洛茨股份公司的研发部门为研究成功的黏合材料申请了专利,该黏合材料有效增强了风力发电设备桅杆的稳定性。相对于其在风力发电领域的其他竞争对手,这项专利使K. 洛茨股份公司从2011年起,在预测增长的风力发电市场上具备了更强的竞争优势。自取得专利以来,K. 洛茨股份公司在2010年用于进一步开发该黏合材料的人员费用为130万欧元、原料费用为30万欧元。企业可以选择将这笔160万欧元开发支出作为企业自主研发的无形资产,借记在资产负债表中,并在接下来的年份中提取折旧。事实上,由于K. 洛茨股份公司在2010年取得了较好的经营业绩,企业没有借记该无形资产。这笔开发支出直接把企业的税前利润降低了160万欧元。

案例:K. 洛茨股份公司研究&开发

商法规定,关于自制无形资产的借记选择权,也会受到许多禁止借记规定的限制。企业的商标、印刷资料、版权、客户资料等与非流动资产同类的无形资产被明确地禁止借记。此外,企业的成立费用、权益融资费用与保险合约的签订费用也不能借记在资产负债表中,而应在所发生的时期记录于利润表中。

禁止借记

近年来,K. 洛茨股份公司一直致力于以Dunoflex的商标冠名其窗户产品,使之占据市场主导地位。Dunoflex冠名的产品凭借其高品质深受顾客青睐,已成为K. 洛茨股份公司的竞争优势。K. 洛茨股份公司在法律上对该商标申请专利保护。尽管从K. 洛茨股份公司的角度出发,可对Dunoflex这一商标进行估值或者转让,即Dunoflex可被看作一项资产,但是根据规定不可借记与之相关的费用。与Dunoflex相关的费用应在发生时,按全额记录于利润表中,以降低税前利润。

案例:K. 洛茨股份公司商标

禁止借记体现了会计的谨慎性原则。许多企业自主研发无形资产的市场价值在客观上难以审核,因此,基于谨慎性原则,在资产负债表中以"0"记录。除非企业的无形资产数额较小,并且自行使用,那么资产负债表中非流动资产的项目并不能完全如实反映企业的资产情况。

与企业自主研发的无形资产具有借记选择权不同,企业有偿取得的无形资产一般可以借记。企业有偿获得有时间限制的商誉也是可以借记的。当企业进行收购或者合并时,企业支付的收购价格若高于被收购企业的资产与负债之间的差值,则企业取得了商誉。企业在收购时支付的价格包含了被收购企业的客户资源、商标、员工等的价值,而这些价值并未在资产负

借记商誉

债表中体现出来。税收上,企业取得的商誉也是可以借记的。在对商誉的使用年限进行估计时,就会有年报策略的用武之地。现实中,许多企业都按照税法规定将资产折旧年限设定为15年,下面 K. 洛茨股份公司的案例也是如此。

案例:K. 洛茨股份公司商誉

K. 洛茨股份公司于 2010 年 1 月 15 日以 1 500 万欧元的价格收购了 TITAG 有限责任公司。TITAG 有限责任公司在被收购后即被解散,其所有资产与债务全部转移给 K. 洛茨股份公司。收购时,TITAG 有限责任公司的资产总额为 3 900 万欧元,债务为 2 600 万欧元。不考虑税收因素,K. 洛茨股份公司取得的商誉计算如下:

收购价格	1 500 万欧元
－TITAG 有限责任公司的资产价值	3 900 万欧元
＋TITAG 有限责任公司的负债价值	2 600 万欧元
＝商誉	200 万欧元

K. 洛茨股份公司将商誉作为无形资产记录在其资产负债表中,预计使用年限为 15 年。在直线折旧的情况下,2010 年计提的折旧约为 13.333 3 万欧元。

租赁

在管理实践中,租赁可不计入资产负债表。

K. 洛茨股份公司计划为其子公司建造一幢办公楼,将于 2011 年末建成投入使用。某地产租赁公司承诺负责这项工程,并在办公楼建成后租给 K. 洛茨股份公司使用。

案例:K. 洛茨股份公司租赁

在签订租赁合同后,这幢办公楼并不能作为资产记录在 K. 洛茨股份公司的资产负债表中,而是作为资产记录在地产租赁公司的资产负债表中。从 2011 年开始,在 K. 洛茨股份公司的利润表中记录该幢办公楼的租赁费用,对其折旧与利息不予记录。

售后回租

租赁使资产总额降低,从而影响各种财务报告指标,例如,自有资本比率、总资产报酬率(参见第 19 章)。对于售后回租的资产处理方法与租赁的处理方法相同,都不计入承租方的资产。在对资产进行售后回租的过程中,企业没有改变对于资产的使用权,同时还可以取得利润。例如,戴姆勒公司于 2006 年将其集团总部大楼进行售后回租,取得了 1.58 亿欧元的利润(参见戴姆勒公司 2006 年度集团年报,第 24 页),卡尔施塔特万乐集团通过出售仓库取得了 9.29 亿欧元的利润(参见卡尔施塔特万乐集团 2006 年度年报,第 44 页)。

3.2.2 估值规定

在解决了哪些资产须计入资产负债表借方这一问题后,我们不禁要问,这些资产应该以怎样的价值入账?这关乎资产负债表披露的有效性。下面将以 K. 洛茨股份公司为例,具体介绍企业购进设备时的会计处理,入账价值的计量及其价值的后续计量。

案例:K. 洛茨股份公司

K. 洛茨股份公司于 2010 年 1 月以 273.7 万欧元的价格(包含 19% 的增值税)购进了一台设备。设备的运费为 1.725 5 万欧元(包含增值税),运输保险为货物净值的 0.5%。付款条件为 14 天内付款享受 2% 的折扣,30 天之内为全款。K. 洛茨股份公司在 10 天内完成了划账。2010 年年末,因 K. 洛茨股份公司当年的订单增加,供应商同意支付其 2 万欧元的忠诚津贴。

购置成本

购入的非流动资产(如同上例中的那样)按照购置成本入账。非流动资产的购置成本是指,企业购置非流动资产并使之达到预期可使用状态前所发生的一切费用。值得注意的是,与非流动资产购置相关的费用须能够分摊到具体的非流动资产上。非流动资产的购买价格(不包括增值税,它将由税务局返还企业)加上非流动资产购置的附加成本(例如,运输费用、关税、组装费用、调试费用)减去购置成本的减项(例如,折扣、优惠)后,即可得到非流动资产的购置成本。融资成本一般不计入非流动资产的购置成本当中。上面案例中，K. 洛茨股份公司购买的设备的购置成本计算如下：

+	购买价格	2 300 000 欧元
+	运费	14 500 欧元
+	保险	11 500 欧元
−	折扣	46 000 欧元
=	购置成本	2 280 000 欧元

案例：K. 洛茨股份公司成本计量（续）

由于忠诚津贴无法分摊给每一台购买的设备，因此其不作为减项纳入购置成本的计算。

非流动资产的后续成本是指，在对非流动资产进行初始计量并入账后，对非流动资产进行扩建、改建从而产生的成本，须做借记处理。例如，对仓库进行刷漆所产生的费用作为维护费用计入利润表，而对仓库进行扩建所产生的费用则作为非流动资产的后续成本，在资产负债表中做借记处理。

如果设备不是通过购置取得，而是由 K. 洛茨股份公司自主制造的，在这种情况下，应该如何进行入账呢？我们这里采用实际发生的生产成本来计量其入账成本。生产成本包括在制造非流动资产的过程中消耗的产品与服务的总成本。生产成本中包含的费用，一部分是法定必须记录的，另一部分则是可选择记录的（如表 17-3 所示，有关概念参见 9.2.2 节和 9.3.5 节）。此外，联邦财政部颁布了生产成本须计入税务结算表的规定，具体见表 17-3。同购置成本一样，在对非流动资产按照生产成本进行初始计量并入账后，再对其进行扩建、改建而产生新的费用时，须对生产成本进行后续计量。

生产成本

表 17-3　　　　　　　　　商法与税法规定的生产成本的组成

费用组成	商法规定	税法规定
直接材料成本	义务	义务
制造费用	义务	义务
生产特殊直接成本	义务	义务
材料费用	义务	义务
生产费用	义务	义务
折旧	义务	义务
管理费用	选择权	选择权
企业社会责任支出	选择权	选择权
企业自愿承担社会责任的费用	选择权	选择权
企业支付的养老金	选择权	选择权
借入资本的利息	选择权	选择权
销售费用	禁止	禁止
研发费用	禁止	禁止

在年度财务报告中，生产成本的核算方法与在成本核算中采用的核算方法是一致的（参见 9.3.5.1. 节）。不同之处在于，成本核算中采用的是核算成本，而在财务报告中采用的则是费

生产成本与制造费用

用。为了与商法中定义的生产成本相区分,我们在成本核算中使用"制造费用"这一概念。

从表17-3可以得知,生产成本的核算具有较高的灵活性,特别是在结算日对流动资产中位于仓库的产成品与半成品进行核算时。对自主制造的财产用价值下限来进行评估,可能使其价值低于以最大生产总成本评估时的价值,这样使贷方所需的自有资本也相应减少。报表附注中需要给出生产成本的组成,以便使报表使用者了解企业采取的是较为保守的(显示的资产较少),还是较为激进的(显示的资产较多)资产负债表策略。

购置成本原则 资产按照其取得时的购置成本或生产成本(历史成本)入账。如果资产的市场价值在接下来的结算日发生改变,该如何记录其价值呢?这时,资产取得时的购置成本或生产成本构成了资产价值的上限(购置成本原则)。就算未来资产的市场价值显著高于资产取得时的购置成本或者生产成本(例如,土地、债券),按照商法的规定,也不可以在资产负债表中提高资产的价值(增记)。这是因为,在资产负债表中,增加记录资产的价值会使利润相应地增加,但是,商法规定利润的取得应以在市场上的实现为基础,也就是说,资产必须在市场上出售。这时资产负债表记录的实现原则,资产价值高于入账价值的部分作为隐性储备不在资产负债表中体现,而对资产的减值则必须及时进行记录。

计划内折旧 资产价值通过折旧得到降低(参见8.3.4节)。折旧分为计划内折旧与计划外折旧。可折旧非流动资产(如机器)在使用年限内,按照计划进行折旧。因此,有必要制订一份折旧计划。折旧计划包括:(1)待折旧资产的初始价值;(2)预计使用年限;(3)折旧方法。

待折旧资产的初始价值是资产的购置成本或者生产成本。这一初始价值在使用年限内进行分摊,折旧年限取决于该项资产可以创造经济价值的年限。对使用年限的估计有许多种方法,税法中的计提折旧表规定了多种非流动资产的使用年限(参见表17-4)。

表17-4　　　　　　　　　　　　　计提折旧表节选

非流动资产		使用年限(单位:年)
4	车辆	
4.1	轨道车辆	25
4.2	道路车辆	
4.2.1	轿车、旅行车	6
4.2.2	摩托车、助动车、自行车等	7
4.2.3	卡车、牵引车、自卸车	9
4.2.4	拖拉机	12
4.2.5	小型拖拉机	8
4.2.6	拖车	11
4.2.7	公共汽车	9
4.2.8	特种车辆	
4.2.8.1	消防车	10
4.2.8.2	救生车、救护车	6
4.2.9	房车	8
4.2.10	建筑车	12
4.3	飞机	

资料来源:联邦财政部;常用非流动资产计提折旧表。

折旧方法 有多种折旧方法可供企业选择,例如,(1)工作量法;(2)直线折旧法;(3)(几何)加速折旧法。

企业须选择能够如实反映资产价值的折旧方法。许多德国企业以缴纳最少税收为标准选择折旧方法，就必须注意税收方面的许多限制。在最常用的直线折旧法下，资产价值每年减少的数额相等。对于可移动的非流动资产可采用工作量法，而对于那些在2009～2010年购置或生产的可移动非流动资产，则可采取加速折旧法。在加速折旧法下，折旧额在每年年初按照固定的比例乘以资产账面价值计算得出，因而折旧额是随时间逐年减少的。税法上要求加速折旧法的折旧率不得超过直线折旧法折旧率的2.5倍，且在数值上不得高于25%。为使折旧额最终归零，可在折旧年限末期由加速折旧法变为直线折旧法。

在（罕见的）工作量法下，年折旧额由非流动资产在年度内的实际工作时间占其在使用年限内总工作时间的比例计算得到。例如，一辆卡车在某财务年度内的已行驶公里数占其总行驶公里数的比例。

一台在2010年购置的机器，其购置成本为2 280 000欧元，使用年限为8年，折旧计划如下：首先，按照税收最优的原则，以25%的折旧率，在加速折旧法下，对该项资产进行折旧。在接下来的年份中，当直线折旧法下的折旧额超过余额递减法下的折旧额时，改为直线折旧法。2010年，以机器的全部价值乘以折旧率计提折旧。折旧计划如下（单位：欧元）：

案例：K.洛茨股份公司估值（续）

年	加速折旧法下的折旧额	12月31日资产账面余额	直线折旧法下的折旧额
2010	570 000	(=25%×2 280 000)	(285 000)
	1 710 000		
2011	427 500	(=25%×1 710 000)	(244 286)
	1 282 500		
2012	320 625	(=25%×1 282 500)	961 875
	(213 750)		
2013	240 469	(=25%×961 875)	721 406
	(192 375)		
2014	180 352	(=25%×721 406)	541 054
	180 352		
2015		360 702	180 352
2016		180 351	180 351
2017		0	180 351

资产购置当年的折旧额按照时间比例进行计提，也就是以投入使用的时点到年末的月份数比上总月份数。

在计划折旧之外，如果在决算日资产的价值始终低于其购置成本或生产成本，不论是折旧资产还是非折旧资产，都应计提计划外折旧。如果这项减值是暂时的，则对于金融资产具有选择权。由于是暂时性的，对这项基于资产减值的计划外折旧在税法上不予承认。对于无形与有形非流动资产的计划外折旧，在商法上，也仅限于在资产减值是长期时进行计提。

计划外折旧

如果有充足的理由对非流动资产的计划外折旧进行冲减，可以对非流动资产进行价值调整，但是调整后的资产价值也不可以超过非流动资产的历史购置成本或者生产成本。这样的

资产减值损失转回

价值调整规定符合税法的要求。就算对商誉计提的计划外折旧的理由不再存在,也须采取就低原则,立法者在此处担心或会出现对财务策略的巨大操作空间。

案例:K.洛茨股份公司价值调整

K.洛茨股份公司于2007年以每股125欧元的价格购进了一些股票,作为长期投资。由于股票的价格在2008~2009年两年跌至105欧元,该价格可能保持在这个水平,公司在2009年对其计提了每股20欧元的计划外折旧。2010年12月31日,股票价格再次涨至每股135欧元,因此,K.洛茨股份公司在2010年须将其价值重新增加调整20欧元/每股。基于购置成本原则,调整为每股135欧元(增加调整30欧元)是不行的。

表17-5给出了资合公司非流动资产的价值评估规则与资产负债表的制定方法。

表17-5　　　　　　　　　　资合公司的非流动资产价值评估

	可折旧非流动资产 (如建筑物、机器)	不可折旧非流动资产 (如土地、金融资产)
初始价值/价值上限	购置成本或生产成本	
折旧义务	计划内折旧	—
	可预计持续资产减值下的计划外折旧	
折旧选择权	—	可预计非持续资产减值的计划外折旧
资产减值损失转回	资产减值损失转回不得高于其初始购置成本或生产成本(商誉除外)	

非流动资产情况变动表

为使报表使用者能够更好地获取资合公司非流动资产项目的变动信息,引入非流动资产情况变动表。非流动资产情况变动表可以很好地展示企业的投资、撤资政策以及企业的平均资产折旧程度。非流动资产情况变动表给出了非流动资产的历史购置成本以及生产成本、流入、流出、变更、价值增加、累计折旧与年度折旧。非流动资产情况变动表按照毛值原则制定,在整个使用年限内,非流动资产按照历史购置成本与生产成本入账,并以此为基础计提折旧以及核算折旧总额。企业总的历史购置成本/生产成本会随着非流动资产的取得而增加,随着其处置而减少。取得和处置都需要以历史购置成本/生产成本计入。

K.洛茨股份公司(单位:欧元)	无形资产	固定资产	金融资产	合计
历史购置生产成本	3 750	605 000	37 250	646 000
流入	2 141	91 185	893	94 219
流出	—	9 750	—	9 750
变更	—	—	—	—
转回	—	—	300	300
累计折旧	3 125	440 105	1 740	440 970
剩余账面价值(2010年)	2 766	245 530	36 703	284 999
剩余账面价值(2009年)	995	218 495	35 510	255 000
折旧(2010年)	370	58 500	—	58 870

累计折旧内包含前一年度与本年度的计划内折旧与计划外折旧(如表17-6所示)。

表 17-6　　　　　　　　　以 K. 洛茨股份公司为例的累计折旧核算

	上一年度累计折旧	386 505 千欧元
−	上一年度折旧转回	—
+	本年度折旧	58 500 千欧元
−	由资产流入引起的累计折旧	4 900 千欧元
+/−	由变更引起的累计折旧	—
=	本年度累计折旧	440 105 千欧元

3.3　记录流动资产

3.3.1　方法规定

流动资产通常是指企业可以在一年内使用或者变现的资产,可见,流动资产并非能持续地服务于企业运营。流动资产包括:(1)库存(分为原材料、辅助材料、易耗品、半成品、产成品);(2)应收账款及其他资产;(3)有价证券;(4)货币资金。

对流动资产计价没有明确的法律规定,企业可以自己决定使用何种估价方法。一项资产能否持续地服务于企业运营,与该项资产本身无关,而是取决于其投入使用的目的。例如,一辆客车若作为企业的班车使用,则属于非流动资产;若其由生产性企业制造出来用于出售,则作为库存,属于流动资产。

3.3.2　估值规定

对流动资产的估值具有较高的灵活性吗?流动资产的估值方法与非流动资产有何不同? 非流动资产估值中遵循的购置成本原则同样适用于流动资产的估值,也就是说,流动资产的购置成本或者生产成本作为其价值上限,不可逾越。　　购置成本原则

流动资产不同于非流动资产,它们只是短期服务于企业,因此,我们不对流动资产计提计划内折旧,仅计提计划外折旧。

若流动资产在决算日的市场价值低于账面价值,我们就对其计提计划外折旧。这里与非流动资产不同的是,无论流动资产的减值是否具有持续性,都必须立即计提折旧。按照严格的成本与市值孰低原则,资产减值能够及早地体现在资产负债表中。　　计划外折旧

即使有理由对此前资产的计划外折旧进行转回,其折旧回转增加的价值也不可超过该项流动资产的初始购置成本或者生产成本。

一般来说,应该对每一项资产分别进行估值。但是,对于流动资产,尤其是库存,分别估值法会引起高昂的费用,因此,我们采取一些税法上也认可的简化估值方法。对于同一类别的存货,我们通常采取阶段平均估值法或者使用顺序估值法。在阶段平均估值法下,按照该时期内的平均价格估计存货价值。顺序估值法包括后进先出法与先进先出法。按照成本与市值孰低原则,比较估计出的存货成本与其市场价值,按较低者记录入账。　　简化估值

如案例所示,企业选择的流动资产价值估计方法不仅影响企业资产的价值,也会对企业的效益产生影响。虽然随着时间的推移,价值评估方法引起的资产价值估计误差可以被消除,但是对企业年度效益产生的影响不能忽略不计。例如,在上面的案例中,库存商品价格不断提高,我们采用后进先出法,会使在决算日的库存价值基本保持不变,仍为 55 欧元,但实际上该项资产的购置成本已经上涨至 100 欧元。

流动资产的估值除了简化估值方法外,还可以与对非流动资产的生产成本进行估值一样,对自主制造的资产采取类似的价值评估方法(参见 17.3.2.2 节)。此外,由于债权有可能会出现坏账,所以还须对应收账款计提坏账准备。坏账准备的数额由企业自己决定,具有较大的灵活性。

K. 洛茨股份公司的原材料状态账户——材料 PC 3.1,账户在 2010 年的变动记录如下。2010 年 12 月 31 日,该原材料的市场价格为 59 元/件。			
2010 年 1 月 1 日期初存量	150 件	55 欧元/件	
2010 年 2 月 3 日流入	50 件	50 欧元/件	
2010 年 2 月 15 日流出	180 件		
2010 年 4 月 19 日流入	200 件	57 欧元/件	
2010 年 6 月 21 日流入	250 件	60 欧元/件	
2010 年 7 月 2 日流出	300 件		
2010 年 8 月 16 日流出	20 件		
2010 年 10 月 12 日流入	100 件	62 欧元/件	
2010 年 12 月 3 日流入	50 件	57 欧元/件	
2010 年 12 月 31 日期末存量	300 件		
在阶段平均估值法下的原材料价值评估:			
期初存量	150 件×55 欧元	=	8 250 欧元
2010 年 2 月 3 日流入	50 件×50 欧元	=	2 500 欧元
2010 年 4 月 19 日流入	200 件×57 欧元	=	11 400 欧元
2010 年 6 月 21 日流入	250 件×60 欧元	=	15 000 欧元
2010 年 10 月 12 日流入	100 件×62 欧元	=	6 200 欧元
2010 年 12 月 3 日流入	50 件×57 欧元	=	2 850 欧元
合计	800 件	=	46 200 欧元
平均价格 57.75 欧元/件⇒300 件×57.75 欧元/件=17 325 欧元			
在后进先出法下的原材料价值评估:			
初始存量	150 件×55 欧元	=	8 250 欧元
2010 年 2 月 3 日流入	50 件×50 欧元	=	2 500 欧元
2010 年 4 月 19 日流入	100 件×57 欧元	=	5 700 欧元
合计	300 件	=	16 450 欧元
16 450 欧元(平均价格 54.83 欧元/件)			
在先进先出法下的原材料价值评估:			
2010 年 12 月 3 日流入	50 件×57 欧元	=	2 850 欧元
2010 年 10 月 12 日流入	100 件×62 欧元	=	6 200 欧元
2010 年 6 月 21 日流入	150 件×60 欧元	=	9 000 欧元
合计	300 件	=	18 050 欧元
在先进先出法下的平均价格为 60.17 欧元/件,高于市场价格,因此,按照市场价格 59 欧元/件入账⇒17 700 欧元。			

3.4 记录自有资本

自有资本　　资产负债表的借方表示在资产负债表日企业可支配的资产,企业所有者或者其委托的管理层决定资产的使用。但是,这些资产却不完全归他们所有,他们仅拥有资产减去负债的部分,我们称之为自有资本,被列示在资产负债表的贷方。资产等于负债加自有资本,因此,资产负债表形式上总是平衡的(参见 8.2 节)。

在资合公司中,企业所有者对资产的求偿权被严格限制在股利分红或者资本回收方面。这里再次体现出德国的债权人保护原则,股东对资产的求偿权不得超过债权人的财产求偿权。这项原则体现在自有资本的下属科目当中,这些科目与企业的法律形式有关。接下来,我们重点讨论资合公司中对自有资本的记录。

按照法律规定,K. 洛茨股份公司对其自有资本做如下记录:

K. 洛茨股份公司的资产负债表(单位:千欧元)

资产			负债
		2009年12月31日	2010年12月31日
	自有资本		
	注册资本	60 000	60 000
	资本公积	30 000	30 000
	盈余公积	53 000	53 500
	未分配利润	500	11 500

注册资本由公司发行的股票总数乘以相应的票面价值得到。K. 洛茨股份公司发行的股票票面价值为1欧元/股,共计6 000万股。通过与上一年度的注册资本价值相比较,发现K. 洛茨股份公司在本年度没有发行新的股票。这里的注册资本满足商法对股份公司或有限责任公司在注册资本方面的要求。在危机情况下,注册资本具有十分重要的作用:根据《商法》第92条规定,公司亏损一旦超过其注册资本一半以上,就必须召开临时股东大会,以使股东能够了解公司的经营状况。通常在这种情况下,股东大会还会形成一个关于公司进行资本重组的建议方案。

资本公积是指股份公司溢价发行股票时,实际收到的款项超过股票面值总额的数额(溢价)。

K. 洛茨股份公司计划在2011年通过发行股票的方式增资,以9欧元/股的价格发行1 000万股股票。这样,就有9 000万欧元的资本流入公司。公司的自有资本计算如下:

注册资本	+10 000 000 欧元(= 10 000 000 股×1 欧元/股)
资本公积	+80 000 000 欧元[= 10 000 000 股×(9 −1)欧元/股]
合计	+90 000 000 欧元

盈余公积是指企业在当前年度或此前的几个年度中,从税后利润中提取形成的收益积累。盈余公积具体可分为法定盈余公积、公司章程所要求的盈余公积与其他盈余公积。在其他盈余公积储备完成后,才可进行股利分红。

股份公司必须提取法定盈余公积。法定盈余公积是扣除以前年度亏损后利润的5%,当法定盈余公积与资本公积的总额达到公司注册资本的10%时,可不再提取。为了体现对债权人的保护,法定盈余公积与资本公积都不得用于股利分红,而只能用于弥补公司的亏损。有限责任公司则没有法定义务来提取法定盈余公积。

许多德国企业除了拥有公开披露的盈余公积外,还根据商法的规定,拥有隐性公积,它们不在资产负债表中进行披露。隐性公积的产生,是由于资产价值低于市场价值或者负债价值超过预计的偿还数额。例如,根据购置成本原则,即使一块土地的市场价值增加后超过其历史购置成本,对其账面价值的调整也是禁止的,因此,便产生了隐性公积。对于报表使用者来说,隐性公积不但悄无声息地产生,也会悄无声息地消失,这会造成麻烦,因为隐性公积一方面可能减轻损失,另一方面又会掩盖损失。例如,变卖一项对于企业生产经营不重要的房地产也会使企业获得收益,但是这项收益并不被披露在资产负债表中,却仍使企业的收益情况看起来很好,实际上,较好的收益并不来自于企业的主营业务。报表的读者容易因此认为企业收益良好,从而忽视早期警示。

盈余/损失结转　　在盈余公积与未分配利润两个科目之间,还经常会出现盈余/损失结转这一科目。盈余/损失结转是指企业从上一年度的利润/亏损中提取的,未转入盈余公积或者未经盈余公积弥补的数额。对于盈余/损失结转的使用,由公司股东大会决定。

年度利润/损失　　年度利润/损失说明了公司的年度收益情况,在利润表中由收入减去费用计算得出。对于股份公司而言,更常用到的是"资产负债表利润/亏损"这一概念,它与"年度利润/损失"是不同的。资产负债表利润显示了由公司管理者建议对股东进行分配(股利)的那部分利润,另一部分年度利润则归入公司的盈余公积(见表17—7)。

表 17—7　　　　　　　　　　利润表利润与资产负债表利润之间的关系

营业收入及其他收入	利润核算
－ 费用	
＝ 年度利润/损失	
＋ 盈余结转	利润分配
－ 损失结转	
＋ 盈余公积提取	
－ 盈余公积转入	
＝ 资产负债表利润/损失	

资产负债表利润最终如何分配,由公司的股东大会决定。根据《股份公司法》第58条规定,公司至少将50%的年度利润用于利润分配。对于有限责任公司,则由所有者大会决定利润分配。

3.5　记录借入资本

3.5.1　方法规定

贷计原则　　在资产负债表的贷方,除了自有资本外,还记录了企业的全部负债,即借入资本。凡是具有以下特点的经济事项都归为借入资本:

(1)公司对第三方承担的义务;

(2)预期会导致企业经济利益流出;

(3)能够可靠地计量企业经济利益的流出。

借入资本又可分为负债与准备金。了解负债与准备金之间的差别非常重要,因为它们在企业资产负债表中的评估方式具有很大差异。

负债　　负债是企业的一项义务,其发生、到期时间与数额都是确定的,如银行贷款、应付账款。所有企业都必须在其资产负债表中列示其负债总额。对于资合公司而言,按照《商法》第266条规定,还须对负债进行分类列示。对于个体企业和人合公司来说,仅列示出总负债数额即可。

准备金与负债的不同之处在于,其发生、到期时间与数额都是不确定的。准备金的数额由企业管理层估计得出。一旦支持的理由多于反对的,就应该在资产负债表中对准备金加以记录。我们还需要区分准备金与公积金,公积金不产生对第三方的义务,而仅指自有资本中股东拥有的部分。准备金包括:(1)担保准备金;(2)诉讼费用准备金;(3)审计费用准备金;(4)养老准备金。

<small>准备金</small>

在德国,由于企业养老金制度的广泛推行,养老准备金的意义重大。一般来讲,德国企业的养老准备金占企业总资本的10%。例如,蒂森克虏伯集团在2008~2009年度提取的养老准备金高达75亿欧元,约占其资产总额的18%。因此,这项对企业员工不确定的借款须列示在资产负债表中。而在大型跨国公司,越来越倾向于将养老准备金从资产负债表中分离出来,建立养老金基金。

<small>养老准备金</small>

除了担保准备金,企业还应提取优惠准备金。优惠准备金在法律上不构成对第三方的义务。那些企业不能自主摆脱的对于第三方的义务,也归为准备金。

<small>优惠准备金</small>

K.洛茨股份公司出售的窗户保修期为2年。在保修期过去的1个月后,产品在2010年初出现了质量问题。同其他竞争者一样,K.洛茨股份公司通过给予客户优惠政策解决了问题。为了实现这一优惠数额,公司于2009年在年度财务报告中按照经验提取了一定数额的优惠准备金。

<small>案例:K.洛茨股份公司损失准备金</small>

法律规定企业还必须为可能而未发生的损失提取预期损失准备金。通常来讲,未发生的经济事项不应在资产负债表中列示,因为合同双方都没有给出合同约定的绩效。但是,如果能够预见已经决定的经营事项将导致损失,出于谨慎性原则须提取准备金。税法不承认预期损失准备金。

<small>预期损失准备金</small>

K.洛茨股份公司于2010年与某建筑公司签订合同,以900万欧元的总价格出售门窗共计100 000件。由于K.洛茨股份公司期望以优惠的价格同该建筑公司签订更多的合同,此次交易的利润仅为180 000欧元。建筑公司计划于2011年2月中旬开始生产,因此K.洛茨股份公司需从2011年4月起开始供货。由于原材料价格的上涨,在2010年12月就可以预见这项合同将导致100 000欧元的损失。因此,须在2010年提取相应的准备金。

<small>案例:K.洛茨股份公司损失准备金</small>

除了计提具有负债特征的准备金外,法律还规定必须提取费用准备金。费用准备金不产生对第三方的义务,它应该用于支付正确预测的费用。在商法与税法中都对费用准备金的提取进行了规定,费用准备金包括下一年度应付的拆迁费用,以及下年度第一季度应付的保养费用。这样可以实现延期付款的费用记录在正确的发生期。

<small>费用准备金</small>

K.洛茨股份公司的风能发电设备在2010年的订货情况非常好,因此需将必要的保养措施推迟至2011年初来完成。生产经理预计相应的保养费用为200 000欧元。因为公司计划在2011年3月对维护费用进行冲减,所以企业在2010年提取数额为200 000欧元的维护费用准备金,这项准备金构成公司在2010年的营业外支出,降低了年度利润。

<small>案例:K.洛茨股份公司维护准备金</small>

在2011年3月按照计划对提取的费用准备金进行冲减。如果生产经理对维护费用的估计偏高,实际上仅发生了180 000欧元的费用,那么剩余的20 000欧元也被冲减,并归入营业外收入,提高企业利润。如果实际的维护费用高达230 000欧元,则2011年的额外经营支出将增加30 000欧元。

正如案例所示那样,准备金的提取较为灵活,方法与估值都取决于公司管理层的主观判断,但同时也必须能够使报表使用者信服。许多德国企业在有关准备金提取方面的规定还不完善，也增加了准备金提取的灵活性。例如，K.洛茨股份公司在报表附注中对准备金提取给出如下解释：

案例：K.洛茨股份公司附注

14．其他准备金

其他准备金主要包括保修费、可能发生的预期损失、离职补偿费、员工生日支出、休假费、其他人力费用以及业务风险费用。

3.5.2 估值规定

负债

负债须按照其实现价值计量，不允许对长期负债进行折现。负债计量遵循的价值原则是下限原则。在资产负债表日前，若负债的实现价值上升（例如，外币负债由于汇率上升而导致实现价值上升），须对上升的价值进行调整记录。相反，若负债价值降低（例如，由于汇率下降而导致外币负债价值降低），则不许对降低的部分进行记录。这是因为，因负债价值减少而产生的利润并未实现。只有当企业最终按照降低后的价值偿还负债后，才可按照降低后的价值将负债列示出来。

准备金

必须按照实现价值对准备金进行评估。公司管理层经过理智的评估，并充分考虑所有可能出现的风险后，给出准备金的数额，这具有较高的灵活性。对准备金的高估会导致隐性储备，但是报表使用者没有特殊说明，不能完全掌握这方面的信息。长期准备金可按照过去7年的平均市场贴现率进行贴现。联邦银行每个月都会为此专门发布贴现率，这里也可以按照一个确定的15年利率进行贴现，联邦银行也会公布这个利率。当准备金被冲减或者其提取理由不再成立时，准备金即被取消。

税法规定，期限为一年以上的不计息负债或准备金必须按照5.5%的贴现率贴现，这与商法的规定截然不同，导致了会计利润与税法利润存在出入。具体地，我们来看下面的案例：

案例：K.洛茨股份公司准备金

K.洛茨股份公司的法务部门于2010年11月向公司领导层报告，公司由于供货质量问题而受到了控告，被要求给予赔偿。未来的或有负债总计100 000欧元，由于司法程序复杂，这一数额在2013年才能最终确定下来。

2010年的公司财务报告应在贷方提取准备金。由于这项长期准备金的具体数额在2013年才能确定下来，因此，须对100 000欧元按照3年期限进行贴现。使用联邦银行给出的4.2%的贴现率，2010年的准备金为88 388.72欧元，这个数额每年会随着利息而增长。

税务结算表也须提取准备金。但是，根据税法中要求的贴现率5.5%，得出的2010年应提取的准备金为85 161.37欧元，它降低了利润数值，2011年和2012年会在利润中扣除有关利息的数额。

商法规定的记录（单位：欧元）	2010年	2011年	2012年	2013年
准备金提取费用	88 388.72	3 712.33	3 868.24	
资产负债表中的准备金数额	88 388.72	92 101.05	95 969.29	
准备金冲减				95 969.29
营业外支出		3 712.33	3 868.24	4 030.71
减少年度利润	88 388.7	3 712.33	3 868.24	4 030.71
税法规定的记录（单位：欧元）	2010年	2011年	2012年	2013年
准备金提取费用	85 161.37	4 683.87	4941.49	
税务清算表中的准备金数额	85 161.37	89 845.24	94 786.73	
准备金冲减				94 786.73
营业外支出				5 213.27
减少年度利润	85 161.37	4 683.87	4 941.4	5 213.27

3.6 记录应计费用及递延收益

德国企业的资产负债表主要由借方的非流动资产、流动资产与贷方的自有资本、借入资本构成。此外,资产负债表的两边还可能出现应计费用及递延收益这一科目。应计费用及递延收益的数额占资产总额的比重很小。当收入和费用在不同的阶段确认时,就需要对应计费用及递延收益项目进行调整。它可以分成以下两种情况:

(1)在资产负债表日之前完成支出,而费用却在其后进行确认。例如,企业在2010年12月预先支付2011年的保险费。

(2)在资产负债表日之前收到款项,而收入却在其之后得以确认。例如,企业在2010年收到了其所出租仓库2011年的租金。

对于第一种情况,我们在借方记录应计费用,对于第二种情况,我们在贷方记录递延收益。借方的应计费用、贷方的递延收益可分别被理解为应该取得的服务、应该承担的服务。

对于贴水的记录不是借记义务。企业支付贷款时贴水差额可看作预付利息,可作为应计费用进行借记,或者也可以直接记作利息费用。税法上则要求必须对其进行借记,且在贷款期间对应计费用不断进行冲减。

3.7 记录递延税项

17.2.5节已经指出,商法与税法的利润核算联系紧密,由于对于财产、负债和应计费用核算方法的差异,使两者核算出的利润可能有所差异。

K. 洛茨股份公司于2010年向银行借入一笔5年期贷款,贷款贴水为100 000欧元。根据商法这笔贴水可直接被记作费用。而税法上则要求对其在应计费用科目下进行借记,并在贷款期限内进行折旧,不考虑其他税法和商法的差异,这会导致税前利润的差异。在贷款当年,商法下的费用高于税法;在接下来的4年里,情况则相反。在整个贷款期限的5年里,结果差异逐渐消失。

年 份	2010	2011	2012	2013	2014
年末按照税法借记的应计费用	80 000	60 000	40 000	20 000	0
按照税法贷计的贷款现值:	−20 000	−20 000	−20 000	−20 000	−20 000
年末按照商法借记的应计费用:	—	—	—	—	—
按照商法贷计的贷款现值:	−100 000	—	—	—	—

上面案例的情况导致了资合公司中递延税项的产生。随着时间的推移,因商法与税法不同而造成的结果差异会逐渐消失。具体地,我们将递延税项的产生分为以下两种情况(参见图17—5)。

第一种情况下,按照商法对资产及其他借记科目的估值低于其按照税法的估值(情况1a);对于某些资产,商法不予借记,而税法则要求记录(情况1b);按照商法对负债及其他贷计科目的估值高于其按照税法的估值(情况1c);对于某些负债,税法不予贷记,而商法则要求记录(情况1d)。这些情况都会导致商法与税法暂时性的税项差异,企业因此可选择借记递延税资产。

在第二种情况下,按照商法对资产及其他借记科目的估值高于其按照税法的估值(情况2a);对于某些资产,税法不予借记,而商法则要求记录(情况2b);按照商法对负债及其他贷计科目的估值低于其按照税法的估值(情况2c);对于某些负债,商法不予贷记,而税法则要求记

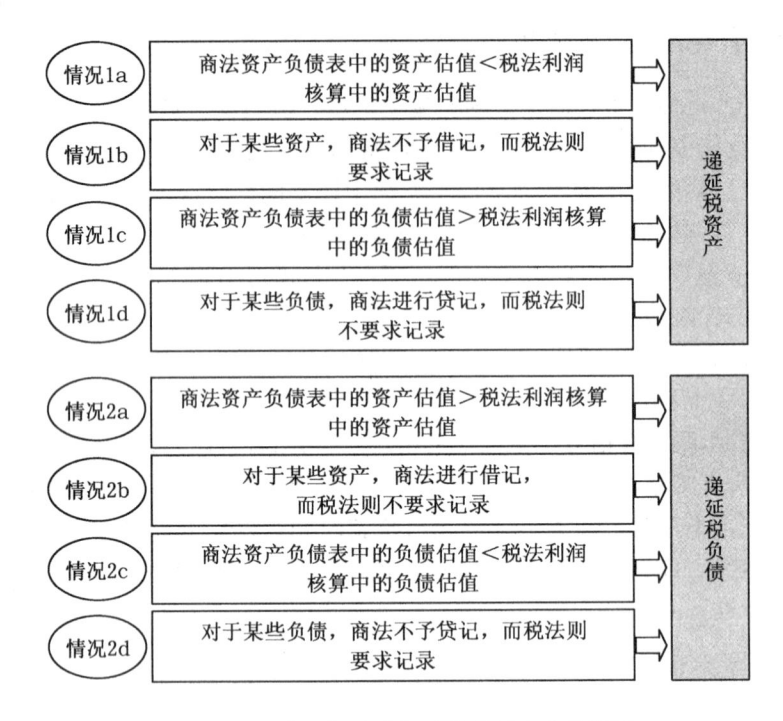

```
┌─────────┐   ┌──────────────────────────────┐
│ 情况1a  │──▶│ 商法资产负债表中的资产估值<税法利润 │──▶┐
└─────────┘   │ 核算中的资产估值              │    │
              └──────────────────────────────┘    │
┌─────────┐   ┌──────────────────────────────┐    │ 递
│ 情况1b  │──▶│ 对于某些资产,商法不予借记,而税法则│──▶│ 延
└─────────┘   │ 要求记录                      │    │ 税
              └──────────────────────────────┘    │ 资
┌─────────┐   ┌──────────────────────────────┐    │ 产
│ 情况1c  │──▶│ 商法资产负债表中的负债估值>税法利润│──▶│
└─────────┘   │ 核算中的负债估值              │    │
              └──────────────────────────────┘    │
┌─────────┐   ┌──────────────────────────────┐    │
│ 情况1d  │──▶│ 对于某些负债,商法进行贷记,而税法则│──▶┘
└─────────┘   │ 不要求记录                    │
              └──────────────────────────────┘
┌─────────┐   ┌──────────────────────────────┐
│ 情况2a  │──▶│ 商法资产负债表中的资产估值>税法利润│──▶┐
└─────────┘   │ 核算中的资产估值              │    │
              └──────────────────────────────┘    │ 递
┌─────────┐   ┌──────────────────────────────┐    │ 延
│ 情况2b  │──▶│ 对于某些资产,商法进行借记,     │──▶│ 税
└─────────┘   │ 而税法则不要求记录             │    │ 负
              └──────────────────────────────┘    │ 债
┌─────────┐   ┌──────────────────────────────┐    │
│ 情况2c  │──▶│ 商法资产负债表中的负债估值<税法利润│──▶│
└─────────┘   │ 核算中的负债估值              │    │
              └──────────────────────────────┘    │
┌─────────┐   ┌──────────────────────────────┐    │
│ 情况2d  │──▶│ 对于某些负债,商法不予贷记,而税法则│──▶┘
└─────────┘   │ 要求记录                      │
              └──────────────────────────────┘
```

图 17—5 商法与税法暂时性差异产生的原因

录(情况 2d)。这些情况也会导致商法与税法暂时性的税项差异,此时,企业可选择贷记递延税负债。

在下面的案例中,我们可以清楚地看到,递延税资产虽然没有实现利润,但是提高了企业在 2010 年的收益。因此,由递延税资产导致的利润不应用于利润分配(禁止利润分红)。

除了上例提到的几种情形,递延税资产还可能因以下记录的不同而产生:(1)按照商法进行的计划内折旧高于税法折旧;(2)按照商法对暂时性的价值减少记录计划外折旧,税法则对其不予承认;(3)计提预期损失准备金,税法则对其不予承认;(4)商法对于准备金的估值高于税法估值(参见 17.3.5.2 节中的案例)。

此外,根据税法 5 年内的损失结转也被归入递延税资产。对报表使用者而言,递延税资产相当于企业对财政部门拥有的一项应收账款,须在资产负债表借方中的应计费用下列示。

K. 洛茨股份公司的所得税税率(公司所得税与营业税)为 30%。这使企业按照税法取得了每年 6 000 欧元的税盾。按照商法,企业在 2010 年取得的税盾为 30 000 欧元。企业在 2010 年提取 24 000 欧元的递延税资产,以冲减商法下的税盾。在接下来的 4 年中,递延税资产逐年减少,直至完全冲减掉按照税法而产生的每年 6 000 欧元的税盾。

年份	2010	2011	2012	2013	2014
按照税法的折旧现值	−20 000	−20 000	−20 000	−20 000	−20 000
税盾(减轻税负)	6 000	6 000	6 000	6 000	6 000
按照商法的折旧现值	−100 000	—	—	—	—
商法下的税盾	30 000	0	0	0	0
其中					
—税法下的税盾	6 000	6 000	6 000	6 000	6 000

年份	2010	2011	2012	2013	2014
——形成递延税资产	24 000				
——冲减递延税资产		-6 000	-6 000	-6 000	-6 000

在管理实践中,递延税负债可从以下情形中产生,例如:(1)按照商法的企业价值折旧年限为20年,而税法上允许的折旧年限仅为15年;(2)商法的研发支出记录方法在税法上不予承认。

递延税负债

对报表使用者而言,递延税负债可看作企业对财政部门的一项义务,须在资产负债表贷方的递延收益后列示。

在企业管理实践中,会产生各种各样的情况,导致递延税资产与递延税负债同时产生,并相应导致税负的增加或者减轻。这时,企业拥有平衡选择权,即平衡递延税资产与递延税负债,只对其净值进行记录。K. 洛茨股份公司就使用了平衡选择权,其资产负债表中仅对递延税负债进行了列示。

平衡选择权

4. 利润表

利润表向报表使用者提供企业在过去一年中收益状况的信息。利润表中记录着企业的所有原始收入与费用,利润来源清晰易见。我们也可以认为,利润表展示了企业不亏本地出售其产品或服务的能力。法律上仅对资合公司利润表有详细的结构规定,个体企业与人合公司在编制利润表时,须遵守清晰性与完整性原则。在管理实践中,许多个体企业或人合公司也按照法律对资合公司的规定来编制其利润表。

利润表的构成

资合公司的利润表可分为两种形式。按照《商法》第275条规定,资合公司须编制分级利润表,采用总成本法或者销售成本法(参见8.5节)。这两种方法的区别仅在于其表现形式,由其分别得出的年利润或损失的数额则是相同的。这充分体现了财务报告能够客观衡量企业收支的功能(参见表17-8)。

利润表的形式

表17-8　　　　　　　　　　**总成本法与销售成本法下的利润表**
K. 洛茨股份公司2007年的利润表　　　　　　　　　　单位:千欧元

总成本法		销售成本法	
销售收入	1 068 200	1 068 200	销售收入
库存增减	780	-737 510	生产成本
其他借记绩效	5 120	330 690	销售毛利润
总绩效	1 074 100	-140 156	销售成本
其他营业收入	10 100	-48 700	一般管理费用
原料费用	-533 405	10 100	其他营业收入
人力费用	-339 991	-129 789	其他营业费用
折旧	-58 870	22 145	经营业绩
其他营业费用	-129 789		
经营业绩	22 145		

续表

总成本法		销售成本法
参股收益	3 465	参股收益
利息等其他收益	547	利息等其他收益
<u>利息等额外费用</u>	<u>−9 707</u>	<u>利息等额外费用</u>
投资业绩	−5 695	投资业绩
日常经营活动的收入	16 450	日常经营活动的收入
营业外收入	—	营业外收入
税费	−4 950	税费
年度利润	11 500	年度利润

企业一旦选择了某种方法就不能随意更改。自始至终地采用同一编制方法,以便报表使用者对企业不同年度的情况进行比较。这里存在两种方法可供选择增加了本国企业与跨国企业之间的比较难度。例如,德国企业大多采用总成本法,而英国和美国的企业则倾向于采用销售成本法。

收益分解原则 将企业的总收入进行分解有助于理解企业的收入构成。通过对收入的分解,我们可以得出,收入最初是来自于企业的销售活动,还是来自于企业的非日常营业活动,抑或是来自于企业外部的活动。许多企业,包括案例中的 K. 洛茨股份公司在内,都将其收入分解成营业收入、投资收入与营业外收入三个部分,并在利润表中列示出来。当中间收益没有被列示出来时,它们通常也是易于算得的。

营业收入 营业收入涵盖了一切收入与费用,它们与企业日常经营相关的产品或劳务的生产与使用密切关联。销售收入是指企业通过出售产品或服务取得的收入(不包含增值税)。当企业完成供货,或者客户取得绩效时,即可对销售收入进行确认。销售收入的确认与客户当期支付货款或延期支付货款无关,如果客户没有立即支付货款,则应在资产负债表的应收账款科目下记录货款数额。来自于非主要业务的收入,例如员工食堂收入或者宿舍收入,被归为企业的其他营业收入。销售收入加上其他营业收入,减去营业费用(原材料、辅助材料以及易耗品、人力费用、非流动资产折旧),即可得到营业收入,营业收入显示了企业的经营成果。成本核算中也有"营业收入"这一概念(参见 9.3.5.2 节),两者的区别在于核算基础的定义不同。利润表中的营业收入由"收入"与"费用"计算得出,成本核算中的营业收入则是由"成本"与"效益"计算得出。

投资收入 投资收入是指由企业投资性金融资产带来的收入(利息收益、股利收益)减去借入资本的利息偿还。这里需要特别列示的是,企业投资于股票所取得的收入(股利、人合公司的利润分红),也即企业长期投资于其他企业而取得的收益,不仅仅是存款。

营业外收入 营业外收入是指那些非典型的、不常见的企业收入与费用。非典型指的是,产生收入或费用的活动不属于企业的日常生产经营活动,是随机发生的。不常见指的是,在可预见的未来,同样的收入或费用是否会再次发生不可预见。例如,变卖厂房取得的收益、企业结构重组产生的费用。由于营业外收入的定义较为严格,在管理实践中,包括案例中的 K. 洛茨股份公司在内,也很少见到营业外收入。

越来越多的上市公司开始公布两个额外的指标:息税前利润 $EBIT$ 与息税折旧及摊销前利润($EBITDA$)。这两项反映收益的指标,较好地满足了金融分析师与评级机构的需求,他们需要中间结果,而不仅仅是最后的收益。但这些指标由企业自愿给出,不具有法律强制性。因此,有关息税前利润与税息折旧及摊销前利润的定义在不同的企业差异较大,从而导致不同企业间的可比性较差。我们将在第 19.1 节中以 K. 洛茨股份公司为例,具体介绍这两项指标。

5. 结束语

　　根据商法,年度财务报告一方面向企业股东提供了企业在资产、负债与收益方面的信息,另一方面也给出了企业取得的利润,便于进行利润分配,同时也是企业缴纳所得税的基础。年度财务报告的编制须遵循谨慎性原则与保护债权人原则。只有在实现利润时,才可进行记录。未实现的损失一旦可以预见,则必须及时记录到财务报表中去,例如,非流动资产减值。这就导致隐性储备的产生,即对资产价值的低估或对负债价值的高估。国外学者对德国会计制度下的隐性储备持批评态度,认为其限制了财务报告的信息供给功能。

　　在经济环境良好的情况下建立隐性储备,在经济环境恶化的情况下冲减隐性储备,《会计现代化法案》生效后,多样的资产负债表记录方法、估值方法与估值灵活性都支持这个机制。对研发支付的借记选择权、生产成本的核算、直线折旧或是余额递减折旧方法的选择、使用年限的估计、企业价值的折旧以及准备金的估值等,都应受到重视。记录方法的可选择性以及计量的活动空间,一方面使得企业能够在一定限度内通过会计策略对利润进行调整;另一方面也加大了不同企业间通过财务报告分析进行比较的难度,即便它们处于同一个行业或者风险结构相似。

　　虽然《会计现代化法案》限制了隐性储备的建立与其在恶劣经济环境下的冲抵,多种资产负债表记录方法的选择权,以及税法对财务报告的影响,但是在一定程度上,它们仍然影响着报表使用者的信息获取状况,使他们不能及时了解企业消极的发展情况。因此,越来越多的资本市场参与者要求企业按照国际会计准则来编制财务报告。越来越多的企业也自觉地响应了这一要求,以便于其财务报告能够在国际上同其他企业进行比较。自 2005 年起,要求集团合并财务报告按照国际会计准则进行编制,我们将在第 18 章对其进行详细的介绍。

　　当企业采取违法手段篡改财务报告中的数据时,即使财务报告是按照国际会计准则制定的,也失去了效力。例如,戴尔公司在 2007 年因为被发现违规,必须对其在 2003～2006 年间的财务报告数据进行减值调整,还好这些造假只是例外情况。从按照公认规则制定的财务报告中能够得到哪些结论,我们将在第 19 章中具体地进行介绍。

习题

(1) 根据公开资本市场的要求,以下哪些选项属于资合公司年度财务报告的必须组成部分?

A. 利润表

B. 报表附注

C. 管理报告

D. 资产负债表

E. 现金流量表

F. 自有资本变动表

(2) 资产负债表的借方可分为____。

A. 自有资本与借入资本

B. 非流动资产与流动资产

C. 资产与负债

D. 公积金与准备金

(3) 利润表用来记录____。

A. 收款与支出

B. 收入与费用

C. 绩效与成本

(4) 对于企业自主创造的无形资产，企业须执行____。

A. 借记

B. 禁止借记

C. 借记选择权

(5) 企业可对以下哪些选项执行借记选择权？

A. 有偿取得的商誉

B. 交易性金融资产

C. 用于生产的原材料、辅助材料与易耗品

D. 贷款贴水

E. 自主创建的品牌

(6) 按照商法规定，下面哪些费用须归入生产成本中？

A. 销售费用

B. 直接材料费用

C. 折旧

D. 管理费用

E. 产成品固定成本

D. 产成品变动成本

(7) 以下哪些科目属于流动资产？

A. 应收账款

B. 货币资金

C. 参股股票

D. 房地产/建筑物

E. 原材料、辅助材料与易耗品

(8) 以下哪些科目属于自有资本？

A. 资本公积

B. 盈余公积

C. 准备金

D. 年利润/资产负债表利润

(9) 按照商法规定，以下哪些准备金必须进行贷计？

A. 诉讼费用准备金

B. 优惠准备金

C. 大型修理准备金

D. 预计亏损事项的预期损失准备金

E. 在下一年度 4 月份进行冲减的保养费用准备金

(10)以下关于资合公司利润表的正确叙述是____。

A. 利润表可按照总成本法或者销售成本法进行编制

B. 利润表按照账户形式编制

C. 利润表遵循收入分解的原则

D. 在销售成本法下,须从营业收入中依次扣除原材料成本与人力成本

扩展阅读

Baetge, J., Kirsch, H. -J. & Thiele, S.: Bilanzen, 10. Aufl., 2009.

这是本通俗易懂的高水平教材,按照国际财务报告准则要求构建单个企业的年度财务报告,有许多图示和案例。

Coenenberg, A. G., Haller, A. & Schultze, W.: *Jahresabschluss und Jahresabschlussanalyse*, 21. Aufl., Stuttgart 2009.

这是本依照国际财务报告准则和美国公认会计原则构建财务会计的首屈一指的教材,有许多案例和习题。

Scherrer, G.: *Rechnungslegung nach neuem HGB*, 2. Aufl., München 2009.

这本书从运用的角度介绍商法会计,有很多案例。

Schildbach, T.: *Der handelsrechtliche Jahresabschluss*, 9. Aufl., Herne 2009.

这是一本十分通俗易懂和文字严谨的教材。

引用文献

Peemöller, V. H. & Hofmann, S. (2005): Bilanzskandale. Delikte und Gegenmaßnahmen, Berlin 2005.

参考答案

(1) ABDEF

(2) B

(3) B

(4) C

(5) D

(6) BCEF

(7) ABE

(8) ABD

(9) AD

(10) AC

第 18 章

集团合并财务报告

Walther Busse von Colbe　　Tom Jungius　　Bernhard Pellens[①]

1. 引　言

在第 17 章中,我们以 K. 洛茨股份公司为例,介绍了商法与税法规定下公司财务报告的编制,K. 洛茨股份公司以其 5.34 亿欧元的资产以及在 2010 年度 1 150 万欧元的年利润,成为艾尔夫施塔特县最重要的企业之一。

除了 K. 洛茨股份公司的财务报告以外,在年度股东大会邀请函中,公司股东还可以得到以下第二份财务报告:

集团资产负债表　　　　　　　　　　　　　　　　　　　　　单位:千欧元

资产			负债		
	2009年12月31日	2010年12月31日		2009年12月31日	2010年12月31日
非流动资产			自有资本		
无形资产	101 989	104 733	注册资本	127 100	127 900
固定资产	336 990	391 860	公积金	127 100	127 900
金融投资	71 021	73 407	利润	3 000	16 000
			少数股权	34 900	34 950
流动资产					
库存	272 750	274 510	准备金	119 140	124 750

[①] Walther Busse von Colbe:德国波鸿鲁尔大学经济管理学院创始教授,管理学教授,博士。
Tom Jungius:德国波鸿 HX 控股有限公司会计学专家,博士。
Bernhard Pellens:德国波鸿鲁尔大学国际会计学教授,博士。

续表

	2009年12月31日	2010年12月31日		2009年12月31日	2010年12月31日
应收账款	170 135	176 350	养老准备金	86 757	97 520
有价证券	29 895	27 540	其他准备金		
现金	15 140	18 650			
			负债		
			银行贷款	276 021	304 500
			应付账款	223 917	231 640
			其他	59 120	61 565
			递延税负债	7 965	8 225
	996 920	1 067 050		996 920	1 067 050

集团利润表

单位：千欧元

	2009年	2010年
营业收入	1 817 450	2 136 400
营业成本	−1 249 140	−1 486 520
营业毛利润	568 310	649 680
销售费用	−261 120	−280 312
管理费用	−89 300	−97 400
营业外收入	14 300	10 200
营业外支出	−217 605	−247 579
营业利润	14 585	34 789
参股收益	5 790	6 930
利息及其他收益	2 025	1 096
利息及其他费用	−17 800	−19 415
税前利润	4 600	23 400
所得税	−1 350	−7 150
扣除少数股东收益前的净利润	3 250	16 250
少数股东收益	−250	−250
扣除少数股东收益后的净利润	3 000	16 000

从这份K.洛茨集团的财务报告中，我们可以得知，集团的总资产为10.67亿欧元，约为K.洛茨股份公司总资产的2倍，集团的销售额（21.36亿欧元）也是股份公司的2倍，集团取得的年利润为1 600万欧元，也显著高于K.洛茨股份公司。

公司财务报告与集团合并财务报告哪一份能更好地反映K.洛茨股份公司的经营情况呢？两者之间巨大差异产生的原因又是什么？以这些问题为出发点，在接下来的第18.2节中，我们将首先介绍集团合并财务报告的概念、优点与履行集团财务会计义务的目的。在第18.3、18.4节中，我们将介绍如何编制集团合并财务报告。有关集团合并财务报告的分析，我们会在第19章中予以介绍。

2. 集团财务会计的任务与组成

2.1 集团的概念与结构

2.1.1 集团的概念

集团   集团，是指由两个或两个以上在法律上独立的企业合并形成的一个可独立进行决策与经营活动的集团公司。在一个集团当中，母公司对于一个或者多个子公司具有决定性的影响力，并通过掌握多数投票权，对一个或多个子公司具有领导权。子公司丧失经济自主权是集团特点之一，在会计中，我们将集团看作一个虚拟的、法律上独立的企业主体，并把它看作一家企业。

K. 洛茨股份公司在 2009 财年取得了另一家公司的大部分股权，并在其财务报告中记录如下：

案例

> K. 洛茨股份公司于 2009 财年购入 G. Roβ 有限责任公司的全部股份。K. 洛茨集团收购 G. Roβ 有限责任公司全部股份的消息在联邦司法部公报网站上做了公告，公众也可以直接向 K. 洛茨股份公司要求得到有关材料。
>
> 下表中列示出被合并的企业的相关信息：
>
> 公司名称与所在地   拥有的股权
>
> 有限责任公司，勒夫库森   100%
>
> ［……其他公司的信息……］

2.1.2 集团的结构

实体集团与合约集团   在大多数情况下，母公司的控制性影响是通过其拥有各个子公司注册资本的多数投票权来实现的，这被称为实体的集团关系。此外，还存在一种以合约形式存在的集团关系（合约集团关系，按照《股份公司法》第 291 条），或者根据相关企业章程而确定的集团关系（《商法》第 290 条），我们称之为合约集团关系。判断一个企业对另一个企业是否具有绝对控制性影响是十分困难的，这是因为许多合作企业之间并没有确定的子母公司关系，从而也没有产生合并报表义务。

母公司形式集团与控股公司形式集团   集团的组织形式有母公司形式与控股公司形式。在母公司形式的集团中，绝大部分价值创造过程都在母公司（如西门子、大众）完成。在控股公司形式集团中，集团顶端的控股母公司掌控集团的战略方向与融资方式，如意昂、哈尼尔。控股母公司通过向集团内部企业提供多种融资渠道、任命其最高领导层来实现其对子公司的控制。通常情况下，我们将生产型企业与销售型企业按照其业务领域归为中间集团，其顶端为中间母公司，从而我们可以得到一个多层级的集团结构。

集中化与分散化   集团的领导形式既可以是由位于集团中央的顶端企业实施决策（如大众集团），也可以是由一系列分散领导职责的部门向集团内部相互独立的子公司企业发布指令（如西门子集团）。集团的分散化程度由集团文化所决定（参见 3.3.2 节），集团文化一方面取决于集团领导者，另一方面取决于其生产结构。按照不同集团的职能范围与业务范围，其分散化程度也各不相同。

2.1.3 建立集团的动机

集团组织的优点   几乎所有的大型企业与众多的中型企业都是以集团的组织形式运行。大中型企业都选择了集团这一组织形式,说明其相对于单一形式企业具有更多的优点。集团作为一个整体具有许多特点,它是一个独立的、在经济上统一领导的法律主体。表18-1介绍了集团的许多优点。

表18-1　　　　　　　　　　　　集团相对于单个企业的优点

经济上的优点	法律上的优点
母公司的融资需求较低(掌控少于100%的绝大多数股权,而非兼并)	在实体集团内部实行责任分离
与出售一个法律上不独立的公司部门相比,出售子公司的股票更容易	通过子公司的利润积累来规避《股份公司法》第58条第2段规定的利润分配规则
可在集团内部企业间实行多种人力资源政策(例如,薪酬政策)	通过集团内部企业间的利润转移以合理避税
强调集团内部各企业独自实现利润的责任	

除了上文提到的集团在经济上与法律上的优点外,如果一个独立企业试图通过收购股票(股权交易)实现对母公司的依附,就必须要通过集团这一组织形式。

所有集团企业在法律上都具有独立性,因此,它们也必须履行其在相应国家的法律义务,如编制财务报告。根据集团内各个企业单独的财务报告来评价集团整体的经营状况是没有意义的。一方面,集团大多拥有几百家子公司(例如,2009年底,蒂森克虏伯集团拥有744家子公司,德国邮政集团拥有870家子公司,哈尼尔集团拥有814家子公司),对其每家子公司的财务报告逐一进行分析会耗费大量的时间和费用。另一方面,集团内部企业之间有许多业务往来,因此,如果单纯地对子公司财务报告中的科目进行加总,会导致重复核算。以上的原因使立法者们意识到,须对位于集团顶端的母公司进行独立的集团会计核算。下文中将详细介绍集团会计的任务与组成。

2.2　集团会计的信息供给与控制任务

集团会计一方面以集团合并财务报告作为重要组成部分,向集团外部受众提供信息,另一方面集团内部会计又是进行集团控制的合适工具(参见图18-1,内部会计参见第9章)。无论是面向集团外部受众,还是面向集团内部受众,财务报告中使用的都是相同的数据,只是在细节、加工与分期方面各有所侧重。对过去的经济事项数据进行合并,是集团实行财务操控的基础。

集团会计的任务

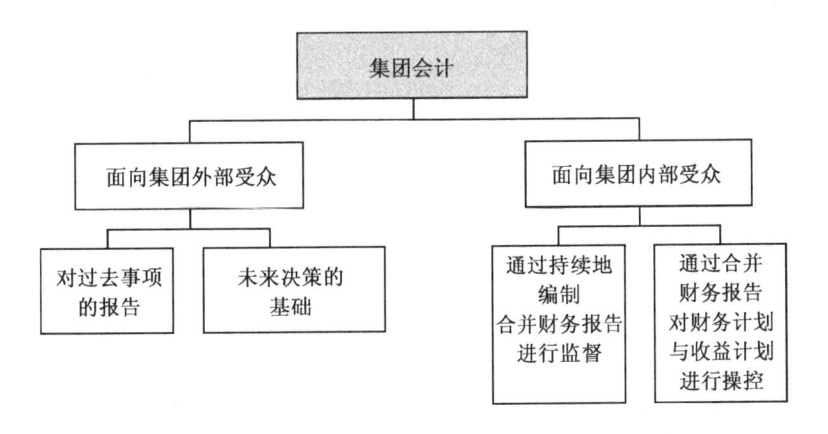

图18-1　集团会计的任务

信息功能   集团是法律形式上的经济主体,集团合并财务报告是传递其有关信息的工具,它们涉及集团资产、财务、收益与现金流方面的情况。集团财务会计及其合并财务数据(如上市公司的季度或半年度中期报告)须能够按照确定的资产负债表与合并规则,向投资者报告集团的经营状况。通过财务报告,报告的外部受众能够了解集团未来经济发展状况,这就为其投资决策(有效决策)提供了信息基础,如购买或者出售母公司股票、是否向集团发放贷款。集团会计的指标有助于就集团的财务状况,同其往期情况以及其他集团进行比较(参见19.3节)。母公司自身的单个财务报告是随机抽样的情况,不能代表集团整体的情况。

控制工具   除了对外提供信息这一功能外,集团会计还是一项有助于集团管理控制的内部规划与监督工具(参见图18—1),集团会计的数据有助于企业在流动性、资产与收益方面进行合理的规划(参见第16章)。

股利分配基础   股东要求的股利回报,是以其投资集团内部企业的单个财务报告为依据的。尽管如此,母公司管理层在股东大会上对股利分配提出建议时,其主要依据仍是集团的财务利润。

不对集团利润征税   在税收方面,以集团内部企业的单个财务报告为依据进行征税,通过企业所得税和营业税的从属关系,可以避免对集团内部已分配利润的重复征税,对利润产生影响的合并事项,在征税时不予考虑。

2.3 作为一个经济整体的集团

经济整体的集团会计   集团会计的核算主体是合并起来的若干个法律上独立的企业,可视为一个经济上的整体。集团合并财务报告,由集团内部企业单份财务报告的数据整理得出,在这个过程中,须按照集团规定的会计准则,对资产负债表与估值方法进行调整,以集团这一整体为基础选择记录方法,并将国外子公司以外国货币记录的财务报告折算为以欧元记录的财务报告。由于集团内部企业间交易产生的经济事项在公司的个别财务报告中,如同与第三者的交易进行记录,所以在编制集团合并财务报告时须进行抵消,这体现出集团是一个虚构法律整体的本质——合并是对集团内部企业间交易及其产生损益的抵消。

集团合并财务报告与企业个别财务报告的区别   若集团的子公司承担了集团大部分的经济活动,那么集团合并财务报告与母公司财务报告在期末科目的数量与意义上,会有显著的差异。当子公司对集团的利润贡献较大时,集团利润也会显著高于母公司的利润,这就很好地解释了集团与母公司为何在一些财务指标上出现明显差异,如自有资本比率。将子公司纳入考虑,不但数值上有差异,还会改变母公司在某些指标上与其他企业相比较的原本的排名。

2.4 集团会计义务

编制集团合并财务报告的义务   《欧盟企业规定》与德国《商法》第290条都对企业是否应制定集团合并财务报告做出了规定。若母公司的法律形式为资合公司(股份公司、有限责任公司或者股份两合公司),以及非自然人负全部责任的人合公司(如有限两合公司),且其对另一家公司直接或间接地具有控制性影响,则该母公司必须制定集团合并财务报告与集团状况报告(根据《商法》第290条第1段)。控制性影响是指:(1)母公司拥有子公司大多数的表决权;(2)母公司有权任免子公司行政部门、领导层与监事会机构大多数成员;(3)根据与子公司签订的控制合约,母公司可按照子公司的章程规定对子公司具有控制性影响;(4)母公司承担子公司面临的大部分机会与风险,且母公司为实现有限特定目标而组建子公司(特殊目的企业)。

    如果非上市母公司没有满足《商法》第293条规定的规模要求,该母公司可选择不制定集团合并财务报告。

商法只规定了母公司是否必须制定集团合并财务报告,而具体的问题诸如集团合并财务报告应如何制定、报告中应包括哪些子公司,则与母公司是否在资本市场上市相关。根据2002年颁布的《欧盟企业规定》,自2005年起,所有上市的母公司都必须按照国际财务报告准则(其前身为国际会计准则)制定集团合并财务报告。上市母公司指的是以自有资本(如股票)或者外来资本(如贷款)参与到欧盟公开资本市场交易中的企业。国际财务报告准则是在相关企业、审计师、投资者与其他利益相关者的参与下,并在欧盟相关机构监督下,由国际会计准则理事会制定并颁布的,该理事会是一家位于伦敦的私营机构。

_{从国际会计准则义务到国际财务报告准则}

_{案例}

> K. 洛茨股份公司掌握着 G. Roβ 有限责任公司 100% 的股份,并在法兰克福证券交易所上市,因此,作为一家上市母公司,K. 洛茨股份公司必须按照国际财务报告准则编制集团合并财务报告。

在自愿的基础上,非上市母公司可以依据国际财务报告准则或者商法的相关规定编制集团合并财务报告。按照国际财务报告准则编制集团合并财务报告的费用相对较高,根据自身的成本效用关系情况,企业通常会选择适合自身的编制依据。

若一家非上市母公司同时也是另一家母公司的子公司,则该公司为集团的中间控股企业。按照欧盟的规定,在母公司的集团合并财务报告中,如果对这家中间控股企业的信息用德语进行了披露,则该中间企业不必编制自身的集团合并财务报告。该中间企业的少数股东也不能要求出具中间集团报告。

_{中间控股企业不必编制集团合并财务报告}

根据国际财务报告准则或者商法编制的集团合并财务报告,一般包括集团所有的子公司(全球报告原则)。但是,商法与国际财务报告准则的不同之处在于有选择权,其第296条规定,若母公司对其子公司的资产或经营权受到持续限制或者在将子公司纳入集团合并财务报告进行记录时,会产生较高的费用,则可自行选择是否将该子公司纳入集团合并财务报告进行记录。而根据国际财务报告准则,母公司必须将其所有子公司纳入集团合并财务报告的记录。

_{合并范围}

如果集团内企业由该集团母公司与集团外企业共同领导,那么该企业与集团之间的关系就变得比较模糊。通常,在合资企业中,各投资公司所占股份在 33%~50% 之间。如果单独企业对合资企业不具有绝对决定权,决策时须由其投资企业共同投票表决。因此,不允许对合资企业进行完全合并报表。但是,合资企业的报表科目,除自有资本外,是可以按比例进行报表合并的。

_{比例合并}

对关联企业进行参股,且合并企业对关联企业具有决定性影响时,可采用权益法进行集团财务报表合并,即评估比例股权。这种方法也适用于未按比例合并的合资企业。

_{股权评估}

2.5 集团合并财务报告的组成

集团合并财务报告是集团会计的核心,它由集团资产负债表、集团利润表(根据国际财务报告准则在集团整体收益框架下编制)、集团股东权益变动表、集团现金流量表以及财务报告附注组成。对于上市的母公司,集团合并财务报告还应包括一份详细的分部报告。此外,在德国,根据《商法》第315条的规定,除以上国际上要求的财务报告组成外,集团还应制定一份集团管理报告。

_{集团合并财务报告}

集团合并财务报告必须能够公允地披露集团在资产、财务、收益与现金流方面的情况。为了达到这个目标,其编制必须遵循国际财务报告准则的相关规定。

_{真实、公允}

根据《证券交易法》第37条的规定,上市公司须在每个交易年度过半后,公布一份半年度财务报告。这份半年度财务报告为一份简化的财务报告,包括简化的资产负债表、简化利润表、报表附注以及中期管理报告。此外,德国证券交易所还要求在主板上市的公司必须在每个季度结束时公布季度报告。

3. 集团合并资产负债表与集团合并利润表

3.1 统一的估值方法

集团合并财务报告是以集团内部企业各自单独的财务报告为基础编制而成的,因此,集团内部企业各自的财务报告应遵循统一的会计规则。所有德国企业都按照商法的规定编制财务报告,而所有国外企业也都按照各自国家的会计准则编制其财务报告。而当所有的子公司归属于同一家母公司后,则必须按照统一的规则,重新编制一套能够服务于集团合并财务报告编制的财务报告,我们将其记为"财务报告Ⅱ"。这份财务报告Ⅱ既是集团合并财务报告的编制基础,也是集团内部对子公司绩效进行考核的依据。

表18-2中给出了商法与国际财务报告准则在报告科目的确认与估值规则方面的区别:

表18-2　　商法与国际财务报告准则中在报告科目的确认与估值规则方面的区别

商法规定	国际财务报告准则规定
无形资产: 初始计量:仅适用购置成本原则 后续计量:根据预计使用年限计提计划内折旧(《商法》第253条第3段第1句) 自主研发的无形资产:借记开发支出,研发支出不可借记 商誉: 《商法》第246条第1段第4句规定对商誉的借记义务,并规定其为有时间限制的可利用资产。 可对商誉按照预计使用年限计提计划内折旧。	初始计量:购置成本原则或生产成本原则(IAS 38.24) 后续计量:生产成本原则或者(在活跃市场条件下的)公允价值原则(IAS 38.72) 自主研发的无形资产: 在满足《国际会计准则》第38(11)号的条件下,禁止借记研发支出。在满足《国际会计准则》第38(57)号的条件下,禁止借记开发支出。 商誉: 国际财务报告准则规定了商誉的借记义务。 根据国际会计准则,不对商誉计提折旧。每年对商誉进行价值评估。
非流动资产 初始计量:购置成本原则或者生产成本原则(《商法》第253条第1段第1句) 后续计量:继续采用购置成本原则或者生产成本原则(《商法》第253条第1段第1句) 生产成本:多种可选择的组成部分(《商法》第255条第2段) 清理义务:不计入购置生产成本	初始计量:购置成本原则或者生产成本原则(IAS 16.15) 后续计量:购置成本原则或者(在活跃市场条件下的)公允价值原则(IAS 16.29) 生产成本:根据《国际会计准则》第2号确定,不可自主选择其组成部分 组成成分法:根据《国际会计准则》第16(43)～(47)号由非流动资产的各部分组成,确定其成本的特殊方法 清理义务:根据《国际会计准则》第16(18)号,如果满足计提准备金的相关标准,采用购置生产成本原则

续表

商法规定	国际财务报告准则规定
金融资产 初始计量:购置成本原则(《商法》第253条第1段第1句) 后续计量:以购置成本为限制,根据一般原则提取计划外折旧,可对资产计提减值(《商法》第253条第3段第4句);资产减值的转回应以购置成本为价值上限(《商法》第253条第5段)	初始计量:购置成本原则(IAS 39,43) 后续计量:根据《国际会计准则》第39(9)号中规定的金融工具分类,对不同的金融工具采用不同的后续计量方法。资产的公允价值可以超过其购置成本(以公允价值计量且其变动计入当期损益)
存货 生产成本:主要采用完全成本法;关于管理费用、社会设施的费用以及支付养老金的确认,企业具有自主选择权(《商法》第255条第2段),严格遵守最低值原则(《商法》第253条第4段) 简化估值方法:允许多样的简化估值方法	生产成本:《国际会计准则》第2(12)号下的完全成本法在存货可变现净值低于账面价值时,计提减值损失 简化估值方法:仅允许少数简化的估值方法
准备金 确认:对外与对内负债都可计提准备金(《商法》第249条第1段第2句) 估值:在谨慎性原则下,根据经验对准备金进行估值(《商法》第253条第1段);对期限超过一年以上的准备金可进行贴现(《商法》第253条第2段)	确认:仅对对外负债计提准备金 估值:尽可能准确地估值;可对长期准备金进行贴现
养老准备金 确认:对于新合同有借计义务(1986年12月31日后) 估值:商法中未规定明确的估值方法;以联邦银行的利率为基准,根据养老金与工资的发展趋势进行估值	确认:对企业内部所有养老金进行借计 估值:采用"预计单位福利法",以资本市场的利率为基准,根据养老金与工资的发展趋势进行估值
长期合约生产 仅在生产完成或项目验收后,才确认收入与利润。在完成合同法下,可能产生中间损失;有时会有合同约定的部分入账	在修订完成的合同法下,可在生产期间即对收入进行确认;在完成百分比法下,根据《国际会计准则》第11(22~24)号可在生产完成前对实现的部分利润进行确认

尽管随着2009年《会计现代化法案》的颁布,商法已向国际财务报告准则趋同,但是两者仍存在着许多差别。这导致多数资产负债表科目在价值确认方面,通常存在着显著的差异。例如,可根据国际财务报告准则对开发支出进行借记,这时国际财务报告准则记录的自有资本会大于商法记录的自有资本;再如,以公允价值对金融工具的价值进行后续计量、采用完工百分比法对长期合约生产进行记录,这些都使国际财务报告准则下的收益相对于商法得到较早的确认,并使得按照国际财务报告准则编制的财务报告中自有资本的数额,高于按照商法编制的财务报告中自有资本的数额。总而言之,国际财务报告准则与商法下的财务报告中自有资本与利润的数额是不同的。

集团子公司可能拥有不同的资产负债表日,这就违背了集团合并财务报告为集团管理层及时提供集团内企业实时信息的宗旨。因此,集团子公司除了在会计制度方面须协调统一外,还应协调其资产负债表日为同一天,或者在集团资产负债表日当天提供中期财务报告。

3.2 国外子公司财务报告中的外币折算

欧元区以外的子公司采用其本国货币制定财务报告。显然,在制定集团合并财务报告时,须将欧元区外子公司财务报告采用的货币折算为欧元。当汇率变动较小时,可直接按照年末汇率折算。但是,当欧元对其他货币的汇率上升时,例如,在2002~2008年间,欧元对美元汇率居高不下时，不可直接采取年末汇率折算。以非流动资产为例，尽管其在欧元区外国家的再购置成本按照购置时较高的汇率折算后，价值也较高，但是在随后集团合并财务报告的记录中，只可以按照其实际较低的公允价值进行记录。

按照历史汇率与资产负债表日的汇率折算

在《国际会计准则》第21号中，国际会计准则理事会对财务报告间的货币折算做出了具体的规定，主要包括以下两种方法。根据《商法》第308a条，只允许使用第二种方法。

(1) 时间法：按照财务报告编制当天的汇率，对报告科目的价值进行折算；

(2) 资产负债表日法：对资产与负债按照资产负债表日当天汇率进行统一折算，对利润表中的科目按照年度平均汇率进行折算。

功能法

在《国际会计准则》第21号中，以上两种方法都可归为功能法。根据国际会计准则规定，与母公司整合程度高的子公司多采用时间法，相对独立的子公司多采用资产负债表日法。

时间法

在时间法下，资产与自有资本科目的价值按照入账记录时的汇率进行折算，在需要时折旧。对于应收账款与负债，则按照年末汇率进行折算。经过汇率折算的财务报告符合购置成本原则(参见17.3.2.2节)，但由于汇率不同，存在着折算差异。

资产负债表日法

资产负债表法同样存在着折算差异。这是因为，自有资本按照历史汇率折算，其他科目则是按照资产负债表日汇率折算。

以下是拜耳集团2009年财务报告的节选，其中给出了集团在货币折算中采用以资产负债表日法为主导的功能法。

案例：拜耳集团

> 由于该子公司从财务、经济和组织角度都是独立运作的，所以集团收购子公司股权的投资应以子公司当地的货币为单位计量。国外子公司的资产与负债价值，按照年初与年末当天的汇率折算为欧元，年度内的变动以及费用、收入与现金流，则按照年度平均汇率进行折算。
>
> 在并入集团时，自有资本的组成部分按照历史成本折算为欧元。按照历史成本折算的价值与资产负债表日当天价值的差异，记录在"国外子公司货币折算汇兑差额"或者"外币折算调整"科目下。这项由于货币折算产生的差异，在子公司脱离集团时进行冲抵。(拜耳股份公司2009年年报，第151页)

3.3 合并措施概述

汇总财务报表

在合并过程中，首先应将财务报告II中采用的货币单位，折算为集团合并财务报告中采用的货币单位，并通过对子公司财务报告科目的横向加总，生成汇总资产负债表与汇总利润表。这份汇总的财务报告包括了一些从集团角度来看，不可作为集团整体经济事项进行记录的集团内部经济事项。因此，在编制汇总财务报告时，必须对集团内部企业间的经济事项进行抵消(参见图18-2)。例如，(1)资本投资；(2)信贷关系；(3)提供商品与劳务。

集团合并财务报告的发展

在编制集团合并财务报告时，由以上经济事项引起的，并在相应子公司的财务报告中进行记录的科目，将通过以下合并措施被抵消：(1)资本合并；(2)债务合并；(3)费用与收入合并。

我们还须对以上合并措施与中间收益的消除进行区分。

债务合并

集团内部企业间的应收账款与应付账款须进行抵消，如母公司发放给子公司一笔长期贷款。一方面，母公司应记录其对子公司拥有的一笔应收账款；另一方面，子公司应记录其对母公司承担的负债。从集团的角度来看，这项经济事项是集团内部的经济事项，无须在集团合并财务报告中进行记录。

在合并利润表中,仅对以集团企业作为一个整体而实现的收入或费用进行记录。集团内部供应商企业实现的收入与其客户企业确认的费用相互抵消;子公司因取得母公司贷款而承担的利息费用与母公司因提供贷款而获得的利息收益相互抵消。集团合并财务报告仅对集团内部企业与外部企业间的应收账款与应付账款、集团对外的收入与费用进行记录。

集团内部商品与服务的交易所产生的利润与损失(中间收益),如其尚未通过销售给第三方而实现,须进行抵消(参见图 18—2)。例如,K. 洛茨股份公司向其子公司出售了一台生产设备,由此取得了 200 万欧元的利润,并为之计提了 50 万欧元的保修准备金。在 K. 洛茨股份公司的财务报告中,将以销售价格记录营业收入,并记录 150 万欧元的利润(200 万欧元收入与 50 万欧元费用)。在子公司的财务报告中,这一经济事项不产生任何收益,仅须在借方按购置成本借计生产设备。资产负债表汇总包括 200 万欧元的收入与 50 万欧元的费用。在中间收益合并的框架下,须对子公司以购置成本入账的生产设备,按照 200 万欧元的中间利润进行冲抵。同时,对母公司的销售利润进行抵消。随着债务合并,母公司计提的保修准备金也被抵消。综合来看,集团合并财务报告中不包括任何对集团内部经济事项的记录。

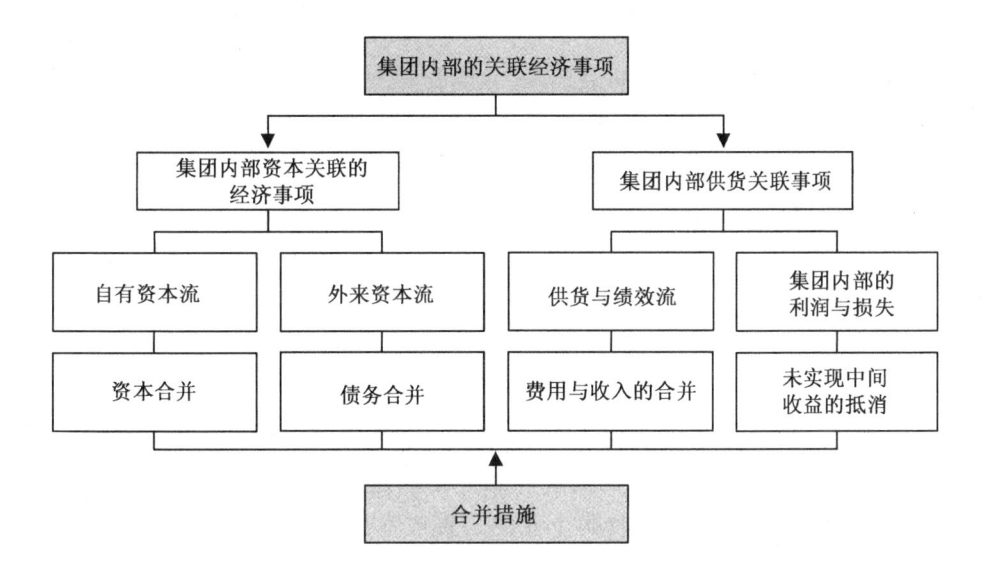

图 18—2 对集团内部经济事项的合并措施

3.4 资本合并

资本合并是一项重要的企业合并措施。资本合并时,母公司按照其在子公司的参股比例确定子公司在其账面上的价值。资本合并建立在通过参股获得虚拟的子公司相应比例的资产与负债(收购法)的基础上。

根据国际财务报告准则,股权收购法可以分为重新估值法与完全商誉法。商法规定,集团合并财务报告仅允许运用重新估值法。在重新估值法下,财务报告Ⅱ中的所有科目,都按照股权收购时点上的价值,记录在集团合并财务报告中。在收购价格分摊的框架下,母公司须在收购时点上制定新子公司资产负债表,并重新对其取得的资产、负债进行估值。在重新估值的过程中,须对所有隐性储备(例如,至今尚未记录的自主生产的无形资产,如专利、商标)以及取得的隐性负担(例如,尚未贷计的养老准备金、补偿准备金与担保准备金)进行记录。对子公司的资产与负债进行重新估值后,得到的差额是新评估的子公司自有资本。

少数股东权益

若子公司有其母公司以外的少数股东,则属于少数股东的资本与收益将在集团合并财务报告中,作为一项特殊科目进行列示,并进行相应的标释(如少数股东权益)。

案例:自有资本合并

> K. 洛茨股份公司于 2010 年 12 月 31 日以 1 亿欧元获得了尼曼有限公司 80% 的股权,尼曼有限公司从 2010 年 12 月 31 日起成为 K. 洛茨股份公司的子公司。此次收购属于完全债务融资,金融资产与负债科目分别增加 1 000 万欧元。2010 年 12 月 31 日,尼曼有限公司的净资产共计 8 000 万欧元,仅在非流动资产科目下,隐性储备估值为 1 000 万欧元。养老准备金科目下的隐性负担为 500 万欧元。图 18-3 给出了母公司取得相应比例的隐性储备与隐性负担、少数股权以及支付的商誉(3 200 万欧元)。出于简化考虑,不计递延税项。

商誉

	百万欧元
80% 股权的购置成本	100
按照份额的自有资产:80%×8 000 万欧元	−64
差额	36
隐性储备份额:80%×1 000 万欧元	−8
隐性负担份额:80%×500 万欧元	+4
商誉	32
少数股权:20%×800 万欧元	16
隐性储备份额:20%×1 000 万欧元	+2
隐性负担份额:20%×500 万欧元	−1
少数股权	17

图 18-3 商誉与少数股权的确定

进行重新估值与调整后,在合并报表中,收购该企业购置成本超过企业自有资本价值的差额部分,借记为商誉。企业合并带来的商誉能够使企业在未来取得收益,或者降低其费用(协同作用)。若商誉为负值,表示集团收购企业的购置成本低于被收购企业净资产的公允价值(幸运购买)。

表 18-3 中给出了母公司的资产负债、子公司在被收购前的资产负债表、经过重新估值的子公司资产负债表、通过横向加总得到的汇总资产负债表、2010 年 12 月 31 日合并后的集团合并资产负债表。根据会计分录(1),集团参股的账面价值为与重新评价后子公司价值的按比例数额的差额就是商誉。合并资产负债表仅对集团自有资本进行列示,子公司的自有资本由于参股资本的清算不再列示。根据会计分录(2),在特殊科目中列示被收购子公司的少数股东权益。

后续合并

表 18-3　　在重新估值法下导出带有少数股权的资本合并后的资产负债表　　单位:千欧元

资产负债表(2010 年 12 月 31 日)	集团资产负债表(合并前)	子公司资产负债表(合并前)	子公司资产负债表(重新估值)	汇总资产负债表	调整	集团资产负债表(合并后)
无形资产						
固定资产	104 733	80 000	80 000	184 733	32 000(1)	216 733
金融资产	391 860	255 000	265 000	656 860		656 880

续表

资产负债表(2010年12月31日)	集团资产负债表(合并前)	子公司资产负债表(合并前)	子公司资产负债表(重新估值)	汇总资产负债表	调整	集团资产负债表(合并后)
存货	173 407	120 000	120 000	293 407	100 000(1)	193 407
应收账款	274 510	60 000	60 000	334 510		334 510
证券	27 540	20 000	20 000	47 540		47 540
货币资金	18 650	15 000	15 000	33 650		33 650
注册资本	60 000	30 000	30 000	90 000	24 000(1)	60 000
公积金	127 900	50 000	55 000	182 900	6 000(2)	127 900
利润	16 000	0	0	16 000	44 000(1)	16 000
少数股权	34 950	0	0	34 950	11 000(2)	51 950
养老准备金	124 750	100 000	105 000	229 750		229 750
其他准备金	97 520	50 000	50 000	147 520		147 520
借款	404 500	200 000	200 000	604 500	17 000(2)	604 500
应付账款	231 640	150 000	150 000	381 640		381 640
其他负债	61 565	48 000	48 000	109 565		19 565
递延所得税负债	8 225	2 000	2 000	10 225		10 225
资产合计	1 167 050	630 000	640 000	1 807 050		1 739 050

在上面案例中,初始合并的步骤在后续年份中可重复进行;此外,可折旧资产的折旧额在其使用年限中,也不断冲减集团利润。

根据《国际会计准则》第 27 号(综合及独立财务报告),资本合并是把被收购子公司的自有资本按照比例计入集团自有资本的账面价值。在这个过程中,须对被收购子公司在并购时点上的可辨认资产、负债、或有负债、递延税项、或有经济事项以及商誉进行评估,从而得出其自有资本。

3.5 商誉的后续计量

商誉表明了集团期望从收购的子公司取得收益或者成本协同效应而愿意支付的价值。在过去几年中,企业合并支付的商誉高达几十亿欧元。有时候商誉的价值甚至超过被收购企业一半的自有资本,例如,德国电信、FMC、莱茵集团。因此,在集团合并财务报告中对商誉进行会计处理十分重要。

国际财务报告准则规定,商誉是一项使用年限没有确定限制的资产,不计提计划内折旧。但每年须对商誉进行减值测试,在确认减值后,进行计划外折旧。有时,减值测试也可在已知商誉减值的情况下执行。我们把这种商誉的后续计量方法称为唯一减值法。

商誉中包含了多种协同作用产生的价值,因此,对商誉采用孤立单一的估值方法是不可行的。在对商誉进行估值时,首先,应将其划分至集团为其付款的相应业务领域,即现金产出单元(Cash-Generating Unit,CGU)。随后,通过对包含商誉在内的该现金产出单元账面价值与其可变现净值的比较,对商誉进行减值测试。可变现净值是现金产出单元的处置价值与延续使用价值中的最大值。当包含商誉在内的现金产出单元账面价值高于其可变现净值时,对商誉按照高出的部分计提减值(资产减值损失)。这时,应对商誉以及其他可能资产价值做减值数额的计划外折旧。

商法规定,集团合并财务报告中列示的企业商誉,既应按照预计使用年限计提折旧,也应根据情况计提计划外减值。

3.6 递延税项

通过集团内各个企业的国内税务清算表,可得到集团应缴纳的所得税,并在集团合并财务报告的应交税费科目中列示。由于按照国际财务报告准则或者商法不同原则编制的集团合并财务报告与税务清算表有所差别,且合并措施的不同对利润也会产生影响,使得集团应缴税费与税前利润之间没有必然的联系,例如,在下面的案例中,集团内全部企业的应税利润总额为10万欧元,实缴所得税为3万欧元,实缴税率为30%(见表18-4)。

表18-4

	应税利润	不记递延税项的集团
税前利润(千欧元)	100	50
税费(千欧元)	－30	－30
税后利润(千欧元)	70	20
税率	30%	60%

在通过合并措施消除中间利润后,税前利润为5万欧元,而集团仍然缴纳3万欧元的税费,这样,税率即上升为60%。像这种由于方法不同而导致的偏差,在日后由于中间利润的实现可以得到冲抵,那么在接下来的年份里,应交税费会一直出现差异。

	应税利润计算	不记递延税项的集团
税前利润(千欧元)	50	100
税费(千欧元)	－15	－15
税后利润(千欧元)	35	85
税率	30%	15%

应税利润计算方法与集团合并财务报告编制方法之间的差异,以及合并措施对利润的影响,是导致应交税费出现偏差的原因。如果集团合并资产负债表是纳税的基础,税务清算表与集团合并财务报告中应交税费的差异可以用递延税项来表示,这一科目在随后的年份中可得到抵消(参见17.3.7节)。同一经济事项在税务清算表与集团合并财务报告中记录时间的差异,是递延税项产生的原因。另外,如果两者的差异在时间上是永久的,例如,按照《税法》第10条第4段的规定,董事会成员的报酬在企业纳税时只认可一半,这种差异永远也不会相互抵消,所以不能为此构建递延税项。

上述案例详细介绍了递延税项的产生。根据集团资产负债表计算应税利润,所得税应减少1.5万欧元。在集团利润表中记录1.5万欧元的递延所得税资产,并将其在集团资产负债表中借记(见表18-5)。

表 18-5

	应税利润计算	不记递延税项的集团	记递延税项的集团
税前利润(千欧元)	100	50	50
税费(千欧元)	−30	−30	−30
递延税项(千欧元)	—	—	+15
税后利润(千欧元)	70	20	35
税率	30%	60%	30%

如在随后的年份中,税收计算结果与集团实际结果趋于一致,可冲减之前在贷方记录的递延所得税负债。总的来说,通过引入递延税项,使集团在所有时间段内的税负与实际所应缴纳的税款相对应(见表 18-6)。

表 18-6

	应税利润计算	不记递延税项的集团	记录递延税项的集团
税前利润(千欧元)	50	100	100
税费(千欧元)	−15	−15	−15
递延税项(千欧元)	—	—	−15
税后利润(千欧元)	35	85	70
税率	30%	15%	30%

我们观察一些集团的合并财务报告,莱茵集团借记的递延所得税资产为 18.76 亿欧元,贷记的递延所得税负债为 23.27 亿欧元;大众集团借记的递延所得税资产为 30.13 亿欧元,贷记的递延所得税负债为 39.46 亿欧元。由此,我们可以看出,递延税项对于德国企业来说具有重要意义。 <small>实践意义</small>

3.7 集团合并财务报告中对合资企业与关联企业的记录

根据《国际会计准则》第 31 号以及《商法》第 310 条,对于由集团与集团外公司共同投资建立的合资企业,采取比例合并。在进行比例合并时,对合资企业按照其属于母公司的比例,将其财务报告科目记录于集团合并财务报告。同完全合并一样,对资本合并中产生的差额也在集团合并财务报告中列示(参见 18.3.4 节),但少数股东权益不记录在集团合并财务报告中。其他合并措施均按照完全合并的方法执行。 <small>比例合并</small>

虽然拥有其关联企业较大部分的股权,集团通常却不具有对关联公司在经营策略与财务政策方面的控制性影响。尽管如此,集团可以通过行使否决权来影响关联企业的经营策略。我们可以通过集团对关联企业在一定程度上的控制性影响,得出对关联企业进行估值的方法,即权益法(参见《国际会计准则》第 28 号以及《商法》第 311 条)。 <small>对关联企业的股权评估</small>

在权益法下,集团合并资产负债表按照关联企业的历史购置成本记录其初始价值,并在后续计量中,按照比例加上关联企业取得的利润并减去损失。在集团合并财务报告中,须对按照权益法得出的股权、利润表中的利润进行特别列示。 <small>权益法</small>

4. 进一步的信息工具

4.1 现金流量表

现金流量表的目的

仅凭资产负债表与利润表不能充分了解企业资金的流动性与融资状况。因此，我们还应借助资本流动表（或者现金流量表）来了解企业的相关情况（参见 8.6 节）。现金流量表能够向企业的内外部受众说明，集团作为一个经济整体，是否具有以下能力：(1) 从持续的生产经营中取得现金流；(2) 利用现金流负担其投资支出；(3) 支付股利；(4) 偿还债务，并且可通过自有资本与外来资本满足自身融资需求。

现金流量表详细地说明了集团现金流的来源及其用途。与资产负债表、利润表不同的是，现金流量表中的记录对象为现金流，对现金流的记录不受会计政策的影响。

现金流量表的结构

集团现金流量表表明的是，在报告期间（报告年度或季度），集团的流动资金（包含现金、活期存款等）及现金等价物的增减变动情况。现金等价物包括短期（通常不超过 3 个月）流动性金融资产，这种金融资产可随时变现，价值波动小。集团现金流量表中仅记录集团内部企业与外部之间发生的现金流。同其他集团合并财务报表一样，现金流量表把集团当作一个虚拟的法律主体。

三部分展示

以 K. 洛茨集团为例的集团现金流量表以 2009 年 12 月 31 日的资产负债表中流动资金为出发点，记录集团在报告期间的现金流入与流出，可根据集团活动分为以下三个部分：(1) 经营活动产生的现金流量；(2) 投资活动产生的现金流量；(3)（外部）筹资活动产生的现金流量。

最终，得出集团期末（2010 年 12 月 31 日）现金流量余额（见表 18-7）。

表 18-7　　　　　　　　　K. 洛茨集团 2010 年的现金流量表　　　　　　　单位：千欧元

包含少数股东权益的集团利润		16 250
＋　无形资产折旧	＋	5 740
＋　固定资产折旧	＋	92 000
－　非流动资产的折旧转回	－	600
＋/－　准备金变动	＋	16 373
－/＋　处置非流动资产的损益	－	1 440
＋/－　借/贷方变动		
库存	－	1 760
应收账款	－	6 215
应付账款	＋	7 723
其他	＋	2 705
经营活动产生的现金流量	＋	130 776
＋　处置固定资产、无形资产等非流动资产收到的现金	＋	11 940
＋　出售有价证券等流动资产收到的现金	＋	2 355
－　购建非流动资产所支付的现金	－	167 640
－　有价证券等流动资产投资支付的现金		—
投资活动产生的现金流量	－	153 345
＋　吸收投资所收到的现金		—
－　分配股利、利润或偿付利息所支付的现金		2 200

续表

−	向集团外部支付而流出的现金	−	200
+	借款而收到的现金	+	45 979
−	偿还债务所支付的现金	−	17 500
筹资活动产生的现金流量		+	26 079
期初现金余额			15 140
+/− 现金流量总额		+	3 510
期末现金余额			18 650

经营活动产生的现金流通常间接核算如下：集团年度利润+非现金支出（如折旧、准备金变动）−非现金收入（如折旧转回）−其他和运营活动相关的事项（运营资本变动）。经营活动产生的现金流主要包括企业日常经营活动产生的现金流，如销售（购买）商品或劳务而发生的现金流入（支出）、工资支出。

另外，投资活动产生的现金流是指集团长期资产的购建及处置产生的现金流量，须直接列示现金流入与流出。筹资活动产生的现金流是指由自有资本的取得、贷款发放与收回以及借款的取得或清偿而引起的现金流变动。通过上面的三项活动分类，报表使用者可以全面地了解集团流动性情况与财务状况。

德国企业集团必须制定现金流量表。在资本市场上市的集团须按照国际财务报告准则编制财务报告，并具体按照国际会计准则第 7 号编制现金流量表。非上市集团须按照《商法》第 297 条，并以《德国会计准则》第 2 号为补充，编制现金流量表。《德国会计准则》第 2 号在内容上是对《国际会计准则》第 7 号的延续，以适应国际会计实践。德国企业的现金流量表

4.2　分部报告

许多集团业务具有多元化的特点，涉及不同的领域与地区。仅凭集团合并资产负债表、利润表以及现金流量表，并不能够对集团在不同业务领域中面临的机遇与风险进行充分的评估。

因此，我们需要编制分部报告，分部报告提供集团在不同业务领域内的信息。在分部报告中，按照集团的不同业务领域分别编制年报，把浓缩后的信息反向细化，以提供集团在不同业务领域内关于资产状况、融资状况与收益情况方面的详细信息，这样可以提供集团各种行为的概览。编制分部报告的目的

国际财务报告准则要求会计信息必须与企业决策相关。因此，该准则也要求所有上市集团必须编制分部报告。具体格式参见《国际财务报告准则》第 8 号。编制义务

根据《国际财务报告准则》第 8 号，集团管理层可根据集团内部报告（管理方法）的制定来确定分部报告的分解界限。这说明，企业/集团的控制架构也会对企业的分部报告编制产生具体的影响。分部报告通常按照业务领域或者地区进行分解编制，并且有义务发表分部报告的信息。以下是必须披露的信息：(1)与第三方的分部交易收入或营业额；(2)分部收益；(3)分部内收益或营业额；(4)分部资产；(5)分部投资；(6)分部折旧。管理方法

此外，还须建立与集团合并财务报告数据间的关系，并且以此为基础公布集团内结算价格。主要分部信息

商法仅规定，在集团合并财务报告的基础上，集团可自愿编制分部报告，但是集团管理报告必须按照业务领域或地区分别列示营业额。商法规定下的分部报告信息

表 18-8　　　　　　　　　K. 洛茨集团 2010 年以经营业务分类的分部报告　　　　　　　　单位：千欧元

	建筑木材与建筑组件	绝缘材料	基础设施技术	合计
营业额	1 050 100	690 600	395 700	2 136 400
息税前利润	23 629	−1 500	19 590	41 719
折旧	58 300	21 400	21 040	97 740
对非流动资产投资	38 650	43 540	85 450	167 640
运营资产	518 981	248 100	200 312	967 393

4.3　自有资本变动表

集团自有资本的科目

集团有义务向其股东提供集团资本在财政年度内变化的概况。集团资本在一个财政年度内的变化，可分为自有资本变动与集团当期损益。自有资本变动是指通过与股东交易（如股利发放、增加或减少资本投资）而实现的资本变动。相应的集团收益会计记录一方面包括年度利润（损失），即成本与收入差额；另一方面包括其他期间收益，即不计入利润表而是直接计入自有资本的收益，按照国际财务报告准则，不影响利润表利润的经济事项包括以下事项：(1) 对可供出售金融资产进行市场估值；(2) 外币折算产生的差额；(3) 现金流套期产生的损益。

表 18-9　　　　　　　　2010 年 K. 洛茨集团自有资本变动表节选　　　　　　　　　单位：千欧元

	注册资本	资本公积	盈余公积	年利润	少数股权	合计
2009 年 12 月 31 日	60 000	30 000	97 100	3 000	34 900	225 000
资本交易引起的资本变动 资本流入 股利				−2 200	−200	−2 400
不影响利润表的资本变动 货币折算 其他变动			125 90			125 90
影响利润表的自有资本变动 分配留存收益			585	−800		−215
2010 年利润				16 000	250	16 250
2010 年 12 月 31 日	60 000	30 000	97 900	16 000	34 950	238 850

国际财务报告准则与商法规定的编制义务

自有资本变动表是国际财务报告准则下集团合并财务报告不可或缺的部分，德国商法中也将自有资本变动表的编制规定为一项义务。

5. 结束语

集团是若干法律上独立企业的集合，并使其受到同一母公司的控制性影响。集团这一组织形式相对于单一企业来说具有许多优点,因此,越来越多的大中型企业正采用这种组织形式。

针对集团这一组织形式的会计法规应运而生了。集团内通常包含众多国内外企业,其资本、债务以及贸易关系跨国且复杂,因此,非常有必要执行统一、适合于集团这一涉及多样关系的经济主体的集团会计准则。集团合并财务报告不仅向投资者提供信息,还应指导集团的整体操控,也就是说,集团合并财务报告应能够全面、真实地反映集团在资产、财务、收益、现金流方面的状况。

在欧盟内,根据国际财务报告准则的规定,所有上市集团必须整合其内部企业的信息,编制集团合并资产负债表、集团合并利润表(在集团整体收益核算的框架下)、集团自有资本变动表、集团现金流量表以及集团报告附注。集团报告附注中应包括集团分部报告。此外,德国企业还必须编制集团管理报告。在编制财务报告时,非上市集团可选择按照国际财务报告准则编制,也可按照商法编制。

按照母公司在估值与确认方面统一规定的要求,集团内部企业编制各自的财务报告,同时,采用功能法将财务报告中的货币折算为母公司使用的货币单位。集团内部企业各自的财务报告构成了集团会计的基础。

在对集团内部企业各自财务报告进行合并时,须消除集团内部企业间交易,以及集团未通过与第三方交易而实现的利润(损失)。

总之,集团合并财务报告详细地说明了集团的财务状况及其所面临的机遇与风险。

习题

母公司 MU 自 2010 年 1 月 1 日起控制国内子公司 TU 80% 的股权(80% 的资本与投票权)。表 18-10 给出了母公司与子公司在 2010 年 12 月 31 日的资产负债表与其在 2010 年 1 月 1 日至 2010 年 12 月 31 日期间的利润表。

表 18-10　　　　　　　　　　集团资产负债表与利润表的编制底稿　　　　　　　　单位:千欧元

资产负债表 (2010年12月31日)	母公司	子公司	合计	调整	集团
无形资产	860	—	860		
固定资产	21 700	6 800	28 500		
关联企业份额	8 000		8 000		
存货	21 100	7 150	28 250		
关联企业应收账款	1 785	—	1 785		
其他流动资产	13 325	9 180	22 505		
注册资本、资本公积 与盈余公积	19 800	7 000	26 800		
年利润/集团利润	3 200	600	3 800		
少数股东收益份额	—	—	—		
对于关联企业的负债	—	1 785	1 785		
其他借入资本	43 770	13 745	57 515		
资产总额	66 770	23 130	89 900		

单位：千欧元

利润表 (2010年)	母公司	子公司	合计	调整	集团
营业收入	142 500	47 320	189 820		
与营业收入匹配的生产成本	101 200	31 500	132 700		
销售费用	12 900	6 100	19 000		
管理费用	20 800	8 700	29 500		
其他营业收入	2 850	1 860	4 710		
其他营业费用	1 500	910	2 410		
利息等费用	2 250	720	2 970		
所得税	3 500	650	4 150		
年利润	3 200	600	3 800		
少数股东商誉	—	—	—		
集团利润	—	—	—		

请你根据《国际财务报告准则》第3号的规定，编制集团合并财务报告。下面的数据供你在进行会计调整时使用：

(1)母公司以800万欧元的价格收购子公司股票。经评估，2010年1月1日，子公司的土地价值60万欧元，厂房价值40万欧元，高于其账面价值，该厂房经子公司租给第三方，于2010年末还有19年的剩余使用年限。

(2)资本合并采用重新估值法，在母公司完成收购时点上，确认对子公司参股价值。在2009年的财务报告中，子公司未列示其年利润与资产负债表利润。不计子公司在2010年取得的利润，其在2010年的资产负债表中列示的自有资本相对于2009年未发生改变。在资本合并中，不考虑递延税项。

(3)母公司于2010年向子公司出售460万欧元(不计营业税)的产品。子公司已经支付了前两次供货的货款，每次155万欧元(不计营业税)，并在加工后出售。2010年12月末的供货价值为150万欧元(不计营业税)。子公司在2010年的资产负债表日前尚未支付这笔货款，且货物作为存货保存在子公司。母公司的生产费用为净销售价格的80%。

(4)在集团资产负债表中，集团净利润为集团利润总额减去少数股东的收益。

(5)确认递延税项时的税率为30%。

提示：

(1)请核算资本合并中的差额，并将其按比例分为隐性储备与商誉。

(2)由于子公司是在年初被收购的，须对厂房在2010年的隐性储备进行折旧。

(3)集团内部的交易与利润未与第三方实现交易，所以须消除。此外，该案例中还须借记递延税项。

扩展阅读

Busse von Colbe, W., Ordelheide, D., Gebhardt, G. & Pellens, B.: *Konzernabschlüsse*, 9. Aufl., Wiesbaden 2010.

按照HGB与IAS/IFRS介绍管理基本原则，本书广泛和专业地介绍了集团财务会计的艺术魅力。

Coenenberg, A. G., Haller, A. & Schultze, W.: *Jahresabschluss und Jahresabschlussanal-*

yse, 21. Aufl., Stuttgart 2009.

本教材涉及外部会计的方方面面,并提供了许多例题和习题。

Pellens, B., Fülbier, R. U., Gassen, J. & Sellhorn, T.: *Internationale Rechnungslegung*, 7. Aufl., Stuttgart 2008.

这本书广泛和实时地介绍了按照IFRS的国际会计准则,并和德国商法以及美国GAAP做了简单的比较,有大量习题和案例,涉及从商法会计到IFRS的折算。

Wagenhofer, A.: *Internationale Rechnungslegungsstandards—IAS/IFRS*, 6. Aufl., Frankfurt/Wien 2009.

这是本通俗易懂、提供了大量例子的IFRS会计教材,对IFRS和德国以及奥地利商法、美国GAAP进行了比较,指出了可能的会计政策。

参考答案

单位:千美元

资产负债表 (2010年12月31日)	母公司	子公司	合计	调整	集团
无形资产	860	—	860	1 600(1)	2 460
固定资产	21 700	6 800	28 500	1 000(1) 20(5)	29 480
关联企业份额	8 000	—	8 000	8 000(1)	—
存货	21 100	7 150	28 250	300(3)	27 950
关联企业应收账款	1 785	—	1 785	1 785(4)	—
其他流动资产	13 325	9 180	22 505	90(6)	22 596
注册资本、资本公积与盈余公积	19 800	7 000	26 800	5 600(1) 1 400(1)	19 800
年利润/集团利润	3 200	600	3 800	—	3 454
少数股东收益份额	—	—	—	1 600(1)	1 716
对于关联企业的负债	—	1 785	1 785	116(7)	—
其他借入资本	43 770	13 745	57 515	1 785(4)	57 560
资产总额	66 770	23 130	89 900	—	82 485

单位:千美元

利润表 (2010年)	母公司	子公司	合计	调整	集团
营业收入	142 500	47 320	189 820	3 100(2)	185 220
与营业收入匹配的生产成本	101 200	31 500	132 700	1 500(3)	128 400
销售费用	12 900	6 100	19 000	3 100(2)	17 000
管理费用	20 800	8 700	29 500	1 200(3)	29 500
其他营业收入	2 850	1 860	4 710		4 710
其他营业费用	1 500	910	2 410		2 430
利息等费用	2 250	720	2 970	20(5)	2 970
所得税	3 500	650	4 150	90(6)	4 060
年利润	3 200	600	3 800		3 570
少数股东商誉	—	—	—	116(7)	116
集团利润	—	—	—	—	3 454

调整科目备注

(1)资本合并:

	千欧元
80％股权的购置成本	8 000
比例自有资本(7 000×0.8)	−5 600
差额	2 400
比例隐性储备(1 000×0.8)	−800
商誉	1 600
少数股东自有资本(7 000×0.2)	1 400
比例少数股东隐性储备(1 000×0.2)	+200
比例少数股东商誉	1 600

(2)内部交易1和2营业额的消除

(3)内部交易3营业额的消除;同时抵销集团利润:1 500−0.8×1 500＝300(千欧元)

(4)对集团内部交易(包括营业税)产生的应收账款与应付账款进行债务合并:1 500×0.19＝285(千欧元)

(5)对厂房的按比例得出的隐性储备的折旧:40万欧元/20年＝2万欧元/年

(6)消除中间利润产生的递延所得税资产:0.3×300千欧元＝90千欧元

(7)

子公司少数股东利润:

比例集团利润	0.2×600千欧元＝120千欧元
按比例得出的隐性储备折旧	0.2×20千欧元＝4千欧元
少数股东利润	116千欧元

第 19 章

财务年报和集团合并财务报告分析

Andreas Bonse　Ulrich Linnhoff　Bernhard Pellens[①]

1. 引　言

　　正如我们在前两章中所提到的,年度财务报告与集团合并财务报告须向企业股东提供企业经济状况方面的信息。但是,如何才能从浩繁的企业数据中得到有关其经济状况的信息呢?赛诺菲—安万特(Sanofi-Aventis)在 2009 年取得 57 亿欧元的集团利润,而勃林格殷格翰(Boehringer Ingelheim)的同年利润仅为 18 亿欧元,可以认为赛诺菲—安万特 2009 年的业绩好于勃林格殷格翰吗? 这些对于企业股东或潜在股东有何影响? 赛诺菲—安万特的偿债能力(企业信用)如何? 企业经营活动产生的 85 亿元现金流能否负担企业未来的财务支付要求? 金融分析师评价企业表现出众或低迷的标准是什么,凭什么向他的客户建议买入还是卖出该企业的股票? 为了回答上述问题,我们需要在进行财务报告分析的基础上,评估财务报告中的数据。尽管我们常把对财务报告的数据分析称为资产负债表分析,但是财务报告是数据分析的基础。

　　每个企业的利益相关者有着不同的利益需求,因而财务报告分析的目标也各有侧重。债权人看重企业能否在未来履行还本付息义务;类似地,供应商关注客户企业的支付能力。对于企业客户来说,企业信用更重要。当客户从企业取得使用期限较长的商品或服务时,客户想要知道企业能否履行保修义务并在产品使用年限内,提供产品备件以及保养服务。企业员工想

企业利益
相关者的
关注点

---

① Andreas Bonse:德国波鸿鲁尔大学经济管理培训中心主任,国际企业会计专家,博士。
　Ulrich Linnhoff:德国欧洲管理技术学院(ESMT)高级经理培训项目主任,企业金融学专家。
　Bernhard Pellens:德国波鸿鲁尔大学国际会计学教授,博士。

要知道,他们的工作岗位与收入是否稳定;员工代表(如工会)则想要从财务报告中分析得出工资上涨的潜力。企业股东或潜在股东、金融分析师则更多地关注于其投资的回报率,为投资分析找到理由。企业领导层也会对其竞争对手的财务报告进行分析。

信息重点　　企业利益相关者的利益需求可以分成两个主要的信息重点:财务稳定性与盈利能力。由于合约关系,企业债权人、员工、供应商与客户首先关注的是企业在未来能否履行由合约约定的绩效产出义务,因此,他们看重的是企业现在与未来的财务稳定性。相反,股东与金融分析师更加看重企业现时的收益状况,特别是企业现在和未来的盈利能力。在竞争分析的框架下,同样也适用于引入标杆管理。

我们这里描述的利益需求界限是变动的。例如,如今趋向于对企业员工按照绩效发放工资。如果绩效工资不仅取决于员工自身的目标完成程度,也取决于企业的绩效,这样,员工的利益需求就向企业股东的利益需求趋近。债权人与供应商也关注企业未来的效益,用以考虑是否有与之开展进一步商业合作的潜在可能。此外,财务稳定是企业取得未来收益的前提,企业在未来取得稳定收益也是财务稳定的基础(参见1.2节)。

总结以上提到的企业利益相关者关注的问题,我们想要了解有关企业未来经营发展的信息。由此,我们得出更进一步的题目,企业往年财务报告包含哪些有说服力的信息?一方面,从财务报告中,我们可以获知被分析企业现时的经营模式;另一方面,财务报告是预测企业未来经营发展的基础,借助财务报告预测,还可以进行假设分析与风险评估。

基于以上背景,我们将首先在第19.2节中,简要介绍说明企业偿债能力的几个重要财务指标,由此债权人可以了解企业的资信情况。在第19.3节中,我们从股东角度对财务报告进行分析。在第19.4节中,我们从外来资本与自有资本提供者的角度,给出重要的财务分析指标,以便对财务报告进行更深入的分析。在本章,我们依旧沿用K.洛茨集团的虚拟案例(参见17.1节)。下面是本章财务指标的计算基础——K.洛茨集团在2010年的财务报告,包括资产负债表、利润表与现金流量表。

K. 洛茨集团的资产负债表　　　　　　　　　　　　　单位:千欧元

资产	2009年12月31日	2010年12月31日	负债	2009年12月31日	2010年12月31日
非流动资产			自有资产		
无形资产	101 989	104 733	注册资本	60 000	60 000
固定资产	336 990	391 860	资本公积	127 100	127 900
金融资产	71 021	73 407	未分配利润	3 000	16 000
流动资产			少数股权	34 900	34 950
库存	272 750	274 510	准备金		
应收账款	170 135	176 350	养老准备金	119 140	24 750
证券	29 895	27 540	其他准备金	86 757	97 520
货币资金	15 140	18 650	负债		
			—借款	276 021	304 500
			—应付账款	223 917	231 640

续表

	2009年12月31日	2010年12月31日		2009年12月31日	2010年12月31日
			—其他	59 120	61 565
			递延税负债	7 965	8 225
	996 920	1 067 050		996 920	1 067 050

K. Lotz 集团的利润表　　　　　　　　　　　　　　　　　　单位：千欧元

	2009年	2010年
营业收入	1 817 450	2 136 400
生产费用	−1 249 140	−1 486 520
营业毛利润	568 310	649 880
销售费用	−261 120	−280 312
管理费用	−89 300	−97 400
其他营业收入	14 300	10 200
其他营业费用	−217 605	−247 579
营业利润	14 585	34 789
投资收益	5 790	6 930
利息及其他收入	2 025	1 096
利息及其他费用	−17 800	−19 415
税前利润	4 600	23 400
所得税	−1 350	−7 150
净利润	3 250	16 250
其他股东利润	−250	−250
核算少数股权后的集团净利润	3 000	16 000

K. 洛茨集团 2010 年的现金流量表　　　　　　　　　　　　单位：千欧元

核算少数股权前的集团净利润	16 250
＋　无形资产折旧	＋5 740
＋　固定资产折旧	＋92 000
−　非流动资产转回	−600
＋/−准备金变动	＋16 373
−/＋非流动资产处置损益	−1 440
＋/−经营活动中的资产方/负债方变动	
存货	−1 760
债权	−6 215
日常债务	＋7 723

续表

	其他债务	+2 705
经营活动产生的现金流		130 776
+	处置固定资产收到的现金	+11 940
+	出售有价证券等流动资产收到的现金	+2 355
−	购置固定资产支付的现金	−167 640
−	购置有价证券等流动资产支付的现金	—
投资活动产生的现金流		−153 345
+	由于增资或股东追加投资而收到的现金	—
−	向股东支付而流出的现金	−2 200
−	向集团外部支付而流出的现金	−200
+	吸收借款而收到的现金	+45 979
−	清偿借款而流出的现金	−17 500
筹资活动产生的现金流		+26 079
期初现金流量		15 140
+/− 现金流总额		+3 510
期末现金流量		18 650

在财务报告分析中，表示企业经营收入的一系列指标非常重要，企业没有义务公布它们，但是可以选择自愿公布。国际上通用的两个指标是息税前利润（EBIT）与息税折旧及摊销前利润（EBITDA）。EBIT指的是企业在付息缴税前取得的营业利润（参见17.4节）；EBITDA指的是企业在付息缴税、对固定资产计提折旧、对无形资产与商誉进行摊销前的利润（商誉参见18.3节），因此，EBITDA更接近企业在付息、缴税前通过经营活动而产生的现金流（与现金流对比，参见18.4.1节），它代表了企业的经营成果，不受税收、企业筹资、企业投资政策与折旧方法的影响，客观地衡量了企业的市场收益。同样地，息税前利润的结果也排除了某些偶发性事件的影响。

假定K. 洛茨集团的利润表没有例外项，其息税前利润与息税折旧及摊销前利润计算如下：

经营收益　　　　　　34 789
投资收益　　　　　　+6 930
＝息税前利润　　　　41 719
+无形资产摊销*　　　　　+5 740
+固定资产折旧*　　　　　+92 000
＝息税折旧及摊销前利润　139 459
* 折旧额（摊销额）由现金流量表中获得。

息税前利润与息税折旧及摊销前利润并非"规范化"的效益指标，对它们的计算方式没有统一规定。不同企业在计算细节上会有不同，这也增加了比较的难度。

2. 从债权人角度进行的分析

债权人希望通过提供贷款能够取得相应的本息,因此,在决定是否发放贷款时,债权人会自主评估借款人的信誉,或者查询其信用评级记录。信用评级测试的结果通常是必不可少的,因为,一方面许多企业并不拥有足够的贷款担保,例如土地担保;另一方面,一些国际协议(如《巴塞尔协定Ⅱ》)规定了银行对企业标准化的信用评估。

企业信用评级

2.1 企业信用分析指标

银行决定是否向企业发放贷款的主要依据是对企业财务报告进行分析的结果。在此处的财务报告分析中,采用的指标系统因银行而异,通常是不予公布的。只要认定私人企业会定期清偿本金、支付利息,保险公司也可将其部分资产作为公司债贷款借予私人企业(参见13.4.3.2节)。这里,保险公司的决策依据也是对贷款企业的信用分析结果。德国保险业总会(GDV)规定了信用分析的基本原则以及财务报告指标的标准值(参见表19-1)。信用评级机构(参见19.2.2节)与银行在对企业进行分析时,主要采用GDV的标准。

表 19-1　　　GDV 规定的企业信用分析指标及其标准值

指标	标准值
利息保障倍数 $=EBIT/$ 利息费用	>3
偿债期限 $=$ 负债 $/EBITDA$	<3 年
自有资本比率 $=\dfrac{\text{自有资本}}{\text{资产}}\times 100$	$>20\%$
总资产收益率 $=\dfrac{EBIT}{\text{总资产}}\times 100$	$>6\%$

资料来源:德国保险业总会(2006,第22页)。

若企业不能达到以上指标的标准,它就面临提前解除贷款的威胁。下文中介绍的企业信用测试是以德国保险业总会指标系统为依据的。

在计算财务指标时,有时须对指标用到的数据进行一些调整。例如,那些暂时性的、非周期性发生的其他营业收入,须从营业利润中扣除,案例不涉及这样的情况。K. 洛茨集团2010年的利息保障倍数计算如下:

净化调整

$$\text{利息保障倍数}=\frac{EBIT}{\text{利息费用}}=\frac{41\,719}{19\,415}=2.1$$

案例:K. 洛茨集团利息保障倍数

利息保障倍数反映了企业以其收益支付利息的能力。公式中的 $EBIT$ 还可以用 $EBITDA$ 来代替,由于 $EBITDA$ 更接近企业的现金流,从而能更好地反映企业的利息支付能力。利息保障倍数越小,企业的利息支付负担就越大。案例中的 K. 洛茨集团的利息保障倍数低于标准值,说明其收益能力不足。

案例：K. 洛茨集团偿债期限

$$偿债期限 = \frac{负债}{EBITDA} = \frac{304\,500}{139\,459} = 2.2(年)$$

分子中的负债是指集团所有的计息负债。对于 K. 洛茨集团来说，负债仅为贷款，企业的其他负债都不计息。

偿债期限反映了企业的债务清偿能力。如果案例中的 K. 洛茨集团将其 $EBITDA$ 全部用于偿还债务，并且在下一年度还能取得同样的 $EBITDA$，那么在仅凭集团自身效益的情况下，它只需要 2 年的时间就能够清偿所有的负债。K. 洛茨集团的偿债期限为 2 年，小于标准值，表明企业偿债能力较好。

在进行集团合并财务报告分析时，如果我们采用以上指标，须注意：集团在法律上并不是一个负债主体，真正的负债主体是那些归属于集团，在法律上独立的企业。集团内企业的命运与集团效益密切相关，因此，仅对集团内的企业单独地进行财务报告分析，也不能得出客观的结论，还是应当从集团的层面进行补充分析，如同卡尔施塔特万乐（Arcandor）或者 Schieder-Möbel 案例向我们展示的那样。

案例：K. 洛茨集团总资本收益率

$$总资本收益率 = \frac{EBIT}{总资本} \times 100\% = \frac{41\,719}{1\,067\,050} \times 100\% = 3.9\%$$

总资本收益率反映的是企业在某一财政年度投入总资本的收益能力，与资本的组成结构无关。长期来看，企业只有持续地取得收益，才有能力付息偿债，因此，这一指标非常重要。案例中，K. 洛茨集团的总资本收益率低于标准值 6%（如同利息保障倍数），其收益能力亟待提高。

只有在总资本收益率高于平均借入资本利率的情况下，企业才能通过不断追加外来资本投资，来提高其自有资本收益率（参见 19.4.2 节）。这一杠杆效应对于股东而言很重要，股东可以据此尽量减少自有资本的投资。另外，资合公司都面临因举债过度，自有资本无法承担损失而破产的风险，这就要求企业应该拥有充足的自有资本的原因。基于以上的分析，对于债权人来说，自有资本比率是一项评估企业财务稳定性的重要指标。K. 洛茨集团的自有资本比率高于标准值，其计算如下：

案例：K. 洛茨集团自有资本比率

$$自有资本比率 = \frac{自有资本}{资本总额} = \frac{60\,000 + 127\,900 + 16\,000 + 34\,950}{1\,067\,050} \times 100\%$$

$$= \frac{238\,850}{1\,067\,050} \times 100\% = 22.4\%$$

国际上通用的自有资本比率这一指标的变体是负债率，负债率是企业负债与自有资本之间的比率。

信用总体评价

在获取了企业所有的重要指标后，可以绘制一张反映企业信用能力的分析图。图 19-1 是 K. 洛茨集团的信用分析图。从分析图中可以看出，企业的某项指标是否达到标准。在这里，为了方便起见，我们采用清偿年限的倒数。

比较标准

由图 19-1 可知，K. 洛茨集团具有稳固的资本结构与足够的偿债能力。由于利息保障倍数与总资产回报率衡量的收益能力没有达到标准，因此，集团若想通过举债来融资比较困难，除非以土地作为担保。

综上所述，对企业财务报告进行分析需要确定的参考标准，指标本身是不具备说服力的。

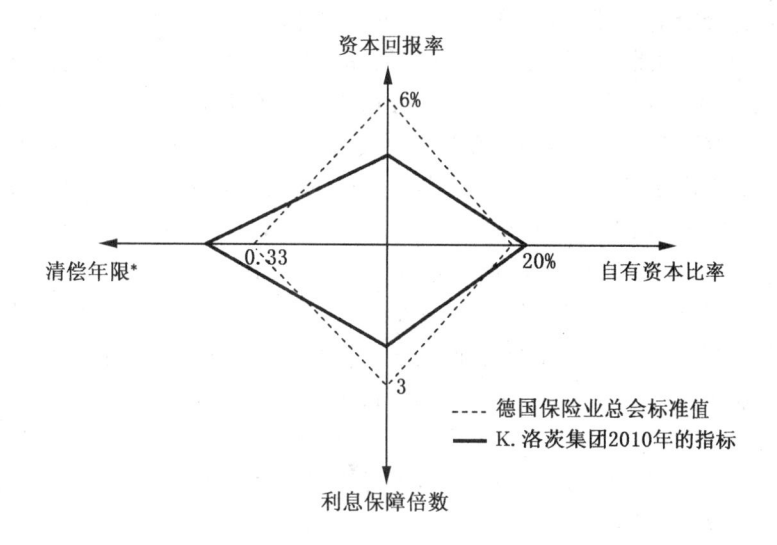

图 19—1 以 K. 洛茨集团为例的信用分析图

注：* 为倒数。

参考标准可以是过去时期的指标（时间维度上的比较）、其他企业的指标（企业间的比较）或者预期标准（预期—现实—比较）。

我们观察财务报告指标在一定时间段内的变化，可以得知其变化趋势并据此做出预测。此外，通过对多期的观察，既可以清楚地了解到经济形势变化、竞争环境改变等对企业商业模式的影响，也能够消除财务报告编制方法的影响。例如，观察 K. 洛茨集团总资本收益率随时间的变化（参见图 19—2），可以得知，其在 2010 年的收益低迷并非偶然，以往年度的指标变化趋势已经预示了这一结果。

时间维度上的比较

时间维度上与企业之间的总资本收益率比较

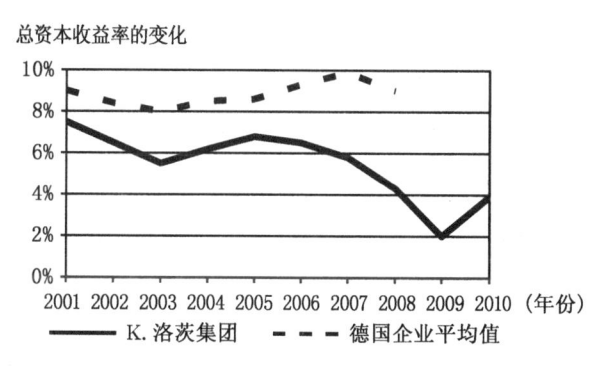

资料来源：德意志银行 2002~2010 年，作者计算；数据仅更新至 2008 年。

图 19—2 K. 洛茨集团案例总资本回报率的变化

仅在时间维度上对财务报告的指标进行比较，会导致企业"信息闭塞"。为了避免这一状况，就需要将企业的财务指标与其他企业的指标进行比较，这里的参照值可以是同行业其他企业的指标、行业平均值或者行业领先企业的指标（标杆参见第 3.4 节和 10.4.2.2 节）。如果企业的业务较为多元化[例如，欧特家（Oetker）、哈尼尔]，将其归为某一行业则比较困难。案例中，较之以德国企业平均值，K. 洛茨集团的总资本收益率较低。

行业内比较

德国保险业总会给出了具体企业财务指标的标准值。在企业自身的管理控制中,也会设定期望达到的预期值。预期值可以是绝对计划指标,如销售额、生产额、营业额目标、研究经费预算等,也可以是财务指标。例如,许多上市公司自愿公布其自有资本成本与借入资本成本[加权平均资本成本(WACC),参见 2.2.2 节],供投资者参考。例如,莱茵集团期望以其运营资本达到 9% 的税前最低投资回报,实际上,其在 2006 年的已投入资本回报率(ROCE)达到了 16.3%[参见莱茵股份公司财务报告(2009,第 207 页),有关 ROCE 的内容参见 15.3.1 节]。意昂集团期望达到的税前加权平均资本成本为 9.1%,这一指标在 2009 年低于其 ROCE (11.7%),从而意昂集团获得了 2.6% 的超额收益(参见意昂集团 2009 年财务报告,第 26 页)。同样,我们还可以在其他企业(如戴姆勒、西门子、蒂森克虏伯)的财务报告中得到相似的结论。我们还可以对企业按照其业务领域进行分解,进行预期—现实—比较。

标准值的设定在科学上还存在着许多争议。为了在财务指标与债权人面临的破产风险之间建立合理的关系,需要在经验性假说的基础上,证明从财务指标可以推断出企业未来的经营状况。长期以来,我们尝试着建立财务指标变化与企业未来状况之间的关系,在过去几年,我们通过统计方法改善了财务报告分析的质量。例如,许多银行采用判别分析、神经网络等方法。

2.2 企业信用评级

除了上文提到的定量财务报告分析,还可以由专门的信用评级机构(如穆迪公司、标准普尔)对企业进行信用分析。信用评级机构以财务报告的数据为基础,会特别借助于企业提供的内部计划数据与对企业管理层的访问,综合评估企业到期偿付债务的能力。评级机构对于企业信用的评分按照等级标志表示(参见表 19—2)。

表 19—2　　　　　　　　　　评级机构穆迪与标准普尔的评级标志

评级机构		级别分类
穆迪	标准普尔	
Aaa Aa1 Aa2 Aa3 A1 A2 A3 Baa1 Baa2 Baa3	AAA AA+ AA AA− A+ A A− BBB+ BBB BBB−	非常好与好 (投资级别)
Ba1 Ba2 Ba3 B1 B2 B3	BB+ BB BB− B+ B B−	投机的 (非投资级别)
Caa1 Caa2 Caa3 Ca C	CCC+ CCC CCC− CC C	高风险投机的 (非投资级别)

穆迪的"Aaa"与标准普尔的"AAA"都表示企业具有非常好的信用。被标记为穆迪"Caa1"的企业则面临较高的破产风险。图19-3中给出了企业信用等级与其违约风险之间的关系,其中,违约风险由一年内某一等级的破产企业占该等级所有企业的比率表示。

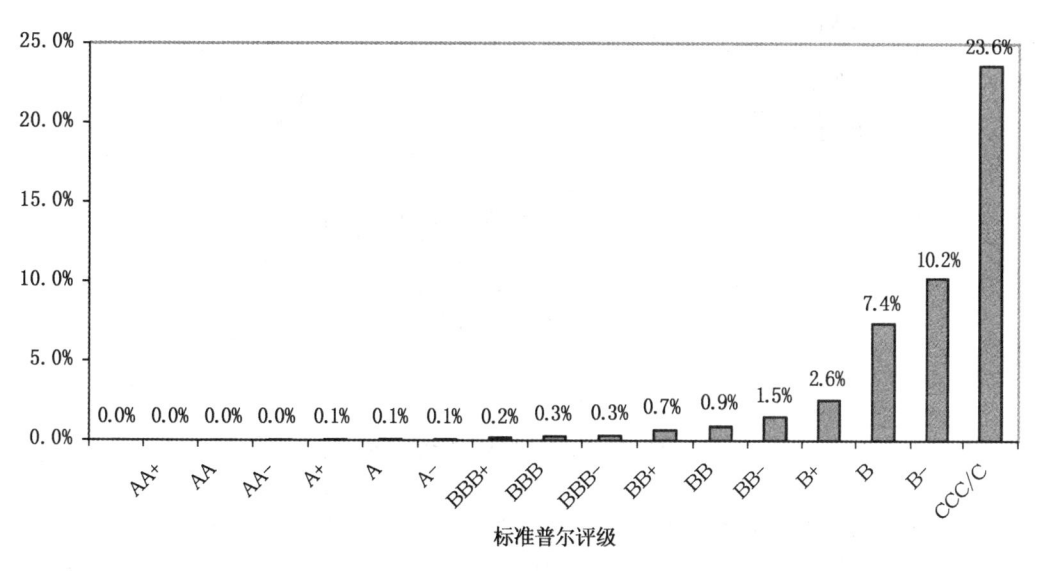

违约率

资料来源:标准普尔(2010,表9)。

图19-3　1981~2009年的年均违约率

这样的信用评级每年都会重新进行,且花费掉企业2.5万~20万美元的费用。信用评级对于企业外来资本的获取非常重要,对于国际资本市场中的企业筹资更是极其重要。相对于无等级企业,当企业被评为A级企业时,其借入资本的成本显著降低。评级机构对于企业的等级分类会定期进行检测,一旦评级机构基于新信息对于企业的信用评估结果有所改变,就会立即更改企业所属的信用等级,这将导致企业借入资本成本的减少或增加。例如,林德集团的信用等级由BBB+升至A-(标准普尔),其借入资本成本降低1.2个百分点,从而每年节省数千万欧元的费用(参见13.7节)。

3. 从股东角度进行的分析

2010年3月18日,萨尔·奥彭海姆(Sal. Oppenheim Jr. & Cie.)银行将拜耳集团的股票标记为"可买入",即推荐购买拜耳集团的股票。萨尔·奥彭海姆银行这一做法的依据是什么呢?

盈利能力评价

股东与金融分析师评价企业的收益能力,以此估计企业未来的收益与现金流。为此,金融分析师需要分析企业过去的财务报告数据、战略、管理质量以及企业所在地区的发展情况与国民经济。

3.1　财务分析的过程

财务分析的过程如图19-4所示。

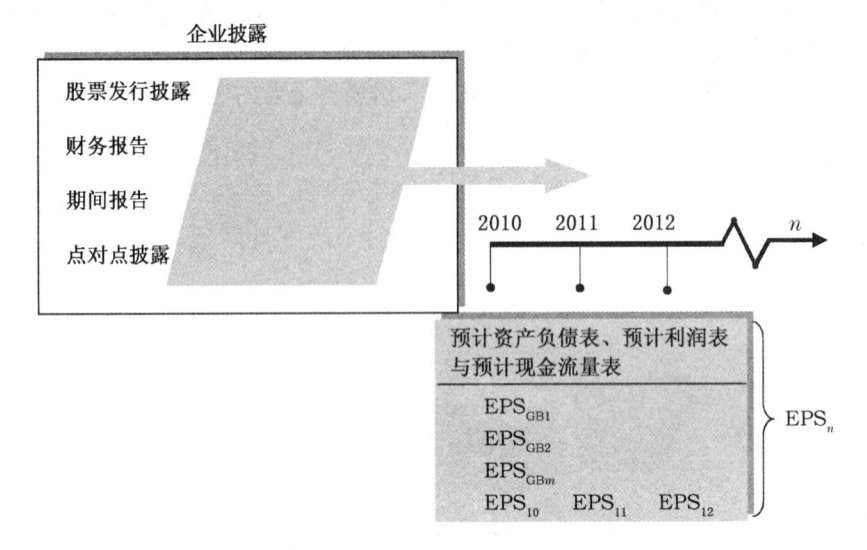

图 19－4　未来收益与现金流的估计

集团公布的经过审计的财务报告与管理报告是进行财务分析的基础。根据财务报告、管理报告以及所有与企业、市场相关的信息，金融分析师可以了解企业的经营模式与价值驱动模式，随后熟悉企业的财务状况。最后，基于以上分析，金融分析师自己编制企业下一年度的预计财务报表，它包括预计资产负债表、预计利润表与预计现金流量表。在预计财务报告编制的过程中，金融分析师会给出企业未来的每股收益（EPS）、EBITDA、EBIT、年利润与股利等数据。这些数据估值是财务分析真正的依据。

在拜耳集团的案例中，金融分析师预测了拜耳集团 2010～2012 年的财务指标（参见表19－3）。因此，在财务指标后标记了"e"，代表估计值。这些估计值会根据实时更新的信息不断被修正，例如，期间报告或者临时报告。

表 19－3　　　　　　　　　　　　拜尔集团财务分析的结果

拜尔——关键指标汇总

百万欧元（年底：12月31日）	2008	2009	2010e	2011e	2012e
损益					
销售额	32 918.0	31 168.0	32 535.0	34 600.0	35 638.0
毛利润	16 462.0	16 033.0	16 736.2	17 798.4	18 888.1
EBITA	6 266.0	5 815.0	6 762.9	6 580.1	7 776.9
折旧/累计	2 722.0	2 918.1	2 426.7	2 432.1	2 442.6
EBIT	3 544.0	3 006.0	4 336.2	4 148.0	5 334.3
净财务收益	−1 131.0	−1 317.6	−1 306.6	−1 229.6	−1 154.5
EBT	2 360.0	1 870.0	3 150.4	2 886.9	4 152.8
税负	−636.0	−511.0	−945.1	−1 201.8	−1 245.8
税率（%）	26.9	27.3	30.0	41.6	30.0
净收益	1 719.0	1 359.0	2 205.3	1 685.1	2 906.9

续表

百万欧元(年底:12月31日)	2008	2009	2010e	2011e	2012e
每股数据(欧元)					
总股数(百万)	824.2	826.0	826.0	826.0	826.0
调整后的EPS	4.17	3.64	2.86	3.01	3.52
增长率(%)	5.1	−12.9	−21.2	5.0	17.1
分红	1.40	1.10	1.79	2.27	2.36
增长率(%)	3.7	−21.3	62.3	27.2	3.7
支付率(%)	64.7	84.9	41.2	87.6	64.6
账面价值	19.73	19.94	21.51	23.11	24.36
价值评估					
市场价值(百万欧元)	41 948.0	35 717.8	42 820.2	42 820.2	42 820.2
企业价值(百万欧元)	61 006.0	53 393.7	60 501.3	60 662.2	60 791.5
P/E(调整后的EPS)	12.2	11.9	18.1	17.2	14.7
P/B	2.6	2.2	2.4	2.2	2.1
EV/销售额	1.9	1.7	1.9	1.8	1.7
EV/EBITDA	9.7	9.2	8.9	9.2	7.8
EV/EBIT	17.2	17.8	14.0	14.6	11.4
ROCE(%)	8.0	7.0	9.9	9.3	11.8
ROE(%)	14.3	11.4	18.4	15.7	21.2
分红比率(%)	2.7	3.2	2.1	3.4	4.4

资料来源:奥彭海姆研究(Oppenheim Research)有限公司(2010)。

从上述过程中可以看出,金融分析师需要熟练掌握编制预期财务报告的方法。对于金融分析师来说,财务报告编制方法的全球统一非常重要,这样可以降低国家间企业比较的难度。

3.2 每股收益与每股现金流

在上述财务分析过程中,每股收益是一个重要指标。每股收益是(预计)年利润与股本总数之间的比值:

$$每股收益 = \frac{年利润}{股本总数}$$

每股收益在国际上已经得到广泛的应用。上市企业,不论是按照美国公认会计准则还是按照国际财务报告准则编制财务报告,都必须公布其每股收益。

$$每股收益 = \frac{16\,000\,千欧元 \times 1\,欧元/股}{60\,000\,千欧元} = 0.27\,欧元/股$$

与每股收益紧密相关的另一项财务指标为**市盈率**(PER,参见 12.5.2 节):

$$市盈率 = \frac{股票价格}{每股收益}$$

> K. 洛茨集团在 2011 年 2 月 28 日的股价为 4.10 欧元。
>
> $$市盈率 = \frac{4.10 \text{ 欧元/股}}{0.27 \text{ 欧元/股}} = 15.2$$
>
> 其他建筑材料供应商企业的平均市盈率为 11.9。由此看来,K. 洛茨集团的股价相对较高,可能的原因有:对 K. 洛茨集团的收益期望较高。

市盈率是用于临时判定股票价格水平是否合理的指标。根据某股每股收益和行业平均市盈率,可以计算得到其股票价格。

除了每股收益,我们还使用**每股现金流**这一指标。现金流受财务报告编制方法的影响较小。我们也可以计算股价与每股现金流的比值,在行业内进行比较,或分析其随时间变化的趋势。

3.3 分部报告分析

分部报告可为每股收益的预测提供信息。在分部报告中,按照企业的业务领域或地理位置,分类列示精选财务报告数据。对于多元化和国际化程度高的企业来说,分部报告的信息非常重要,有利于股东对企业的收益与风险做出合理的评价。

长久以来,德国分部报告信息的义务披露范围相对较小。自 1999 财年起,才规定上市集团必须在其分部报告中全面披露信息。国际财务报告准则规定了分部报告的具体形式与内容(参见 18.4.2 节)。在集团报告中,企业披露其一系列分部数据(如营业额、业绩、资产与投资),这简化了股东与金融分析师对企业未来收益的评估。如表 19—4 所示,以分部报告为基础,可以得到企业未来在不同业务领域内的每股收益,从而获知企业总体的每股收益。

表 19—4　　　　　K. 洛茨集团 2010 年按照业务领域分类的分部报告　　　　　单位:千欧元

	建筑木材与建筑元件	绝缘材料	基础设施技术	合计
营业额	1 050 100	690 600	395 700	2 136 400
息税前利润	23 629	−1 500	19 590	41 719
折旧	58 300	21 400	21 040	97 740
非流动资产投资	38 650	43 540	85 450	167 840
运营资本	518 981	248 100	200 312	967 393

通过 K. 洛茨集团的分部报告数据,我们可以了解到其详细的收益情况。在基础设施技术领域,企业 2010 年取得了较高的收益率,具有较好的增长前景,并且管理层在加大投资的同时,还制定了应对企业在绝缘材料领域出现赤字的策略,从而在预测企业未来的每股收益时,得到了较为乐观的结果。

4. 其他指标分析

在上述财务报告分析过程中,债权人关注的是企业信用,股东关注的是企业盈利能力。为了深入了解企业的经营情况,我们还需进一步借助其他指标进行分析。下文中,我们将介绍一些企业通常自愿公布的财务指标。

4.1 投资分析

投资分析的研究对象是企业的资产结构以及企业资产的绑定期限,该期限对企业经营的稳定性产生影响,这是因为期限的缩短使企业资产的流动性得到提高。此外,非流动资产占总资产的比率较小,说明企业的生产效率较高,此处一个重要的财务指标是非流动资产比率:

$$固定资产比率=\frac{固定资产}{资产总额}\times 100\%$$

较低的非流动资产比率就一定好吗?这个问题对不同的行业和企业而言是有差异的。非流动资产比率在很大程度上与企业所在行业是相关的,例如,生产型企业与服务型企业之间就有显著的差异。在企业层面上,对于较低的非流动资产比率,我们还要考虑这是否因为企业设备已经完成了大部分的折旧,或者企业采取租赁设备的办法。对于非流动资产比率,我们需要进一步分析资产结构。

非流动资产比率的变动对于企业业务成长与衰退的影响,我们可以通过周转系数进行进一步分析:

$$流动资产周转率=\frac{营业收入}{流动资产}\times 100\%$$

$$总资产周转率=\frac{营业收入}{资产总额}\times 100\%$$

> K. 洛茨集团在 2009 年的非流动资产与流动资产基本持平(非流动资产比率为 51.2%)。2010 年,集团非流动资产为 5.7 亿欧元,总资产达到 10.671 亿欧元,非流动资产比率变为 53.4%。由此可以得出,由于集团的大部分资产为长期资产,其财务稳定性有所恶化。
>
> 进一步分析财务报告可知,非流动资产比率的变动是由购置了 5 500 万欧元非流动资产引起的。这说明,K. 洛茨集团在 2010 年进行了产能扩张。在非流动资产变动表与现金流量表中,我们可以具体地了解到产能扩张情况。此外,产能扩张使得集团营业收入增长了 18%,由 18.1745 亿欧元增加至 21.364 亿欧元。
>
> 2010 年,K. 洛茨集团的流动资产周转率约为 4.3,2009 年的流动资产周转率仅为 3.7。出现这一情况的原因可能是,由于集团对其库存管理与生产之间进行了协调,所以采取即时供货,使非流动资产比率提高。

与资产结构分析密切相关的是投资与折旧政策分析。在下一财政年度,集团应对非流动资产进行维持投资,或是扩展投资?非流动资产撤资是否会限制企业的产能?非流动资产折旧率与投资保障倍数将对以上问题给出启示。

$$\text{固定资产折旧率} = \frac{\text{固定资产累计折旧}}{\text{固定资产历史购置成本}} \times 100\%$$

$$\text{投资保障倍数} = \frac{\text{财政年度内的固定资产折旧}}{\text{固定资产净投资}} \times 100\%$$

单位:千欧元

K. 洛茨集团的资产变动表	无形资产	固定资产	金融资产	合计
历史购置生产成本	207 500	1 010 000	74 500	1 292 000
流入	8 484	157 370	1 786	167 640
流出	—	19 500	—	19 500
表内项目转记账	—	—	—	—
折旧转回	—	—	600	600
累计折旧	111 251	756 010	3 479	870 740
账面余额(2010年)	104 733	391 860	73 407	570 000
账面余额(2009年)	101 989	336 990	71 021	510 000
折旧(2010年)	5 740	92 000	—	97 740

进一步观察 K. 洛茨集团的非流动资产变动表(或者现金流量表)可以得出,其在 2010 年对非流动资产进行了扩大投资。这也在投资保障倍数中体现了出来,2010 年的投资资产保障倍数为 92 000/[157 370－19 500]×100＝66.7%,低于之前的 100%。非流动资产折旧率为74.9%,说明 K. 洛茨集团的生产主要使用较老的设备,须在保养方面进行投资。在不同企业间对投资倍数这一指标进行比较时,须特别关注其在附注中披露的折旧政策。采取加速折旧法企业的投资保障倍数,通常高于采取直线折旧法的企业(折旧方法参见 17.3.2.2 节)。

分析现金流量表(参见 19.1 节)可知,集团 1.307 76 亿欧元的经营性现金流无法满足其对非流动资产 1.533 45 亿欧元净投资的需求,2 607.9 万欧元的缺口将由集团通过贷款弥补。

在评价企业的流动性情况时,我们还可以利用指标来观察融资的期限结构。在"以长期资本支持长期资产"的"黄金原则"下,资产变现的期限需要相应地与负债到期期限相协调。因此,长期资产的融资须通过长期资本来完成。相应地,我们计算非流动资产保障倍数:

$$\text{固定资产保障倍数} = \frac{\text{净资产＋长期借入资本}}{\text{固定资产}} \times 100\%$$

这一指标仅粗略地反映了融资的期限结构。我们可以从报表附注中得知借入资本的期限划分,而将自有资本完全划归为长期资本则比较笼统,例如:自有资本中的留存收益,是可以随时作为股利发放给股东的。此外,非流动资产保障倍数并未反映企业未来现金的收入与支出,例如,工资、房租等的支出。

在财务报告附注中,按照负债的剩余期限将其分为短期负债(期限少于 1 年)与长期负债(期限长于 5 年)。在 K. 洛茨集团中,养老准备金与借款属于长期负债;其他准备金、应付账款、其他负债、递延税负债属于短期负债。由此,集团在 2009 年的非流动资产保障倍数为122%,2010 年的非流动资产保障倍数为 117%。

由于企业进行广泛的并购活动,使得企业取得的商誉(参见 18.3.5 节)不断提高,因此,我们还要计算一项特殊的非流动资产保障倍数,即自有资本与商誉之间的比率。例如,德国电信在 2009 年的自有资本为 420 亿欧元,商誉达到 270 亿欧元(参见表 19－5)。根据商法,商誉属于一项无形资产,需计提计划内折旧。而按照国际财务报告准则,则须每年都对商誉进行减值测试,在必要时对其计提减值,并从自有资本中冲抵相应的部分。例如,德国电信在2002年计提了130亿欧元的商誉折旧,此外还对无形资产中的无线电波特许执照也计提了130亿欧元的折旧。为了限制商誉折旧对自有资本产生的风险影响,贝塔斯曼(Bertelsmann)公司在早年出台了一项融资政策,规定商誉价值不得超过企业自有资本总额(参见贝塔斯曼2005年财务报告,第55页)。然而,贝塔斯曼公司在日后也没能遵守其制定的目标(参见表19—5),也没再重申这一融资政策。

表19—5　　　　　　　　　　　　典型集团在2009年的商誉

集团名称	自有资本（单位:百万欧元）	商誉 单位:百万欧元	商誉 占净资产的比重
德国电信	41 937	26 553	63%
德国邮政	8 273	10 243	124%
贝塔斯曼	5 980	6 124	102%

4.2 获利能力分析

在企业信用分析框架下,除了给出总资本收益率外,我们还关注其他收益率指标,以分析企业的获利能力。收益率通常是某项收益指标与对其产生具有重大影响指标之间的比值。重要的收益率指标有总资本收益率、自有资本收益率与销售利润率。

$$自有资本收益率 = \frac{年利润}{自有资本} \times 100\%$$

自有资本收益率

$$自有资本收益率 = \frac{16\ 250}{238\ 850} \times 100\% = 6.8\%$$

在分母中的自有资本如果包括少数股权,那么分子中的年利润也应包括少数股权部分。
若另一家集团在2010年的年利润为4 000万欧元,自有资本为8.5亿欧元,则其自有资本收益率仅为4.7%。由此可以看出,集团间的比较指标不应仅利用年利润等绝对数值,基于比率指标的比较更有意义。在本章开篇提到的对勃林格殷格翰与赛诺菲—安万特取得的利润孰大孰小问题在此迎刃而解:勃林格殷格翰的自有资本收益率为29.8%,赛诺菲—安万特的自有资本收益率为11.5%。

自有资本收益率衡量的是股东投资收益,应高于借入资本的投资收益,这是因为,股东的资本投资所面临的风险高于借入资本。此外,面临相同风险的企业,其资本收益率也应该是相等的。

销售利润率反映了每一欧元销售收入所带来的息税前利润。

$$销售利润率 = \frac{息税前利润}{销售收入} \times 100\%$$

销售利润率

销售利润率也可以理解成平均利润率。它是基于企业业绩,即息税前利润计算得出的,这是因为销售收入对息税前利润的影响大于财务业绩的影响。与其他财务指标一样,它也可以计算出息税后的数额。

K. 洛茨集团在2010年的销售利润率为:

$$销售利润率 = \frac{41\ 719}{2\ 136\ 400} \times 100\% = 2.0\%$$

仅凭销售利润率评价企业的获利能力很可能导致错误的结论。由于销售利润率与投入资本之间的关系是不确定的，虽然销售利润率上升，但也可能出现投入资本回报率下降的情况。因此，在分析销售利润率这一指标的同时，还应考虑资本（资产）周转率（参见19.4.1节）。

<small>投资回报率</small>

总资本收益率是销售利润率与资本周转率的乘积，也称为投资回报率（ROI）（参见1.3.2节及第1章习题）。当销售利润率上升，且资本周转率下降幅度小于销售利润率的增长幅度时，投资回报率会随之增加。

<small>价值导向的绩效测量指标</small>

上文介绍的收益率指标是一些传统的绩效测量指标，可以直接从财务报告中计算获得。对于上市企业以及大型家族企业（如哈尼尔）而言，价值导向的绩效测量指标则更重要。价值导向的绩效测量指标包括，来自美国的经济增加值（EVA）、投资现金流回报（CFROI）及其变体、由已动用资本回报得来的价值贡献等（参见15.3.1节）。通过这些价值导向的绩效测量指标，在同时纳入考虑自有资本与外来资本的基础上，我们尝试建立起企业外部会计阶段绩效指标与动态投资评估过程之间的紧密联系（参见11.2.2节）。计算绩效指标的数据来自财务报告，在财务分析中，这些绩效指标由企业自愿选择，是否在财务报告中予以披露（参见19.2.1节中的案例与2.2.3.5节）。

利用K. 洛茨集团合并财务报告数据，可以计算得出其ROCE与价值贡献。价值贡献是ROCE（总资本收益率的一种形式）与WACC（加权平均资本成本）之间的差值乘以计息自有与借入资本之和（投入资本，CE）。

价值贡献＝（ROCE－WACC）×CE

K. 洛茨集团的资本投入简化计算如下：

资产账面价值	1 067 050 千欧元
－其他准备金	－97 520 千欧元
－应付账款	－231 640 千欧元
＝投入资本	737 890 千欧元

$$ROCE = \frac{EBIT}{CE} = \frac{41\ 719}{737\ 890} \times 100\% = 5.7\%$$

WACC＝10%（该数值由资本市场数据推导得来）

ROCE与WACC的差值为正，反映了企业有能力通过其日常的经营活动弥补其资本成本。K. 洛茨集团的税前经营性收益率低于其税前资本成本，说明集团在2010年发生了"价值损失"。具体的价值损失额为：

价值贡献＝（5.7%－10%）×737 890（千欧元）＝－31 729（千欧元）

信用分析中集团较弱的收益能力也印证了其负的价值贡献。

我们还可以根据集团的分部报告，按照其业务领域进行ROCE分析。由此可以得知，集团在哪些业务领域实现了价值创造。在K. 洛茨集团的案例中，负的价值贡献明显归因于其在"绝缘材料"领域的不良表现，而集团在其最大的业务领域"建筑木材与建筑元件"中也未弥补其资本成本。

---

5. 结束语

年报分析的目的是，以（集团合并）财务报告提供的企业在资产、财务与收益等方面的信息为基础，对企业经营状况做出整体评价，并为企业决策提供支持。不同的企业利益相关者对信息的需求重点不同：债权人关注企业未来的还本付息能力；股东则关注企业未来的股利分红与价值发展。

无论是从债权人的角度还是从股东角度出发，财务报告分析的基本方法是一致的：通过构造指标，对资产负债表、利润表、现金流量表、分部报告、报表附注中的大量单位数据信息进行浓缩，以便于随后对其从时间维度上、同行业企业之间的角度进行比较。如果被分析的指标存在标准值，还可以进行标准值/实际值—分析。作为企业股东委托的分析师，还可以从分析中预测企业的未来收益与现金流。从 2007 年 1 月 1 日起，随着新的企业电子注册网站（www.unternehmensregister.de）的开通，使获取中型企业的财务报告信息变得简便，也使客户、供应商、同业竞争者及其他利益相关者认识到财务报告分析的重要性。

财务报告分析的可行性受到不同会计特殊问题的限制。会计记录的选择权与价值衡量的灵活性增加了企业间指标比较的难度。此外，在不同会计准则（如商法、美国公认会计准则、国际财务报告准则）下编制的财务报告也增加了国家间企业的指标比较难度。因此，分析师在计算财务指标前，须进行适当的数据调整，以便随后对指标进行比较。

最后需要注意的是，（集团合并）财务报告提供的是企业在过去财务年度的信息。对于企业未来财务稳定性与获利能力的评价多为主观的预测，还应将企业的未来发展信息（如管理层对企业发展与企业战略的评价）纳入考虑。同时，还应考虑到行业发展情况与国民经济形势，这样的财务报告分析才全面，信息评估的基础才稳固。

习题

ROI 模型由杜邦公司在 20 世纪初首创，因而也常被称为杜邦模型。随后的几十年间，多种多样的 ROI 模型不断产生，其中对收益的定义不同（例如，年利润、年利润＋借入资本利息、营业利润、息税前利润等），或是对资本的定义不同（例如，总资本、自有资本、运营资本、投入资本等）。重要的是，模型中的指标须遵循因果逻辑。图 19－5 中给出了通用的 ROI 模型。

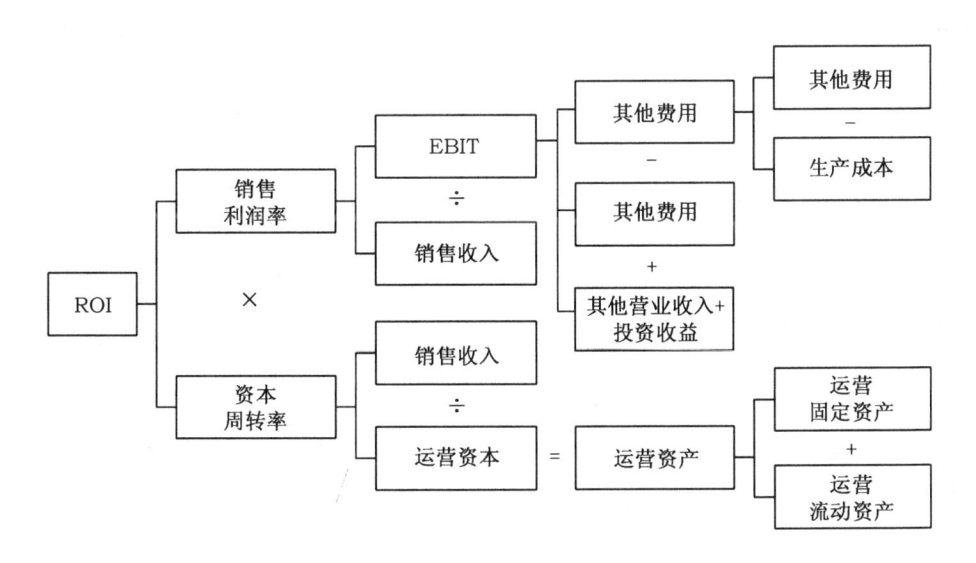

图 19－5　ROI 模型

(1) K. 洛茨集团的销售利润率、资本周转率与 ROI 分别是多少？计算运营资产时，为了计算简便，可将所有的资产科目归为运营资产。

(2) ROI 反映了什么？

(3) 下列情况下，ROI 如何变化？

①由于企业调整，运营资产下降 10%；

②销售收入增加 2 000 万欧元，增幅约 2%，经分析，销售收入的增加仅由价格因素导致，生产成本未发生变化。

扩展阅读

Baetge, J., Kirsch, H.-J. & Thiele, S.: *Bilanzanalyse*, 2. Aufl., Düsseldorf 2004.

这是本内容广泛的财务分析教材，介绍了各种财务分析方法的详细情况，以及财务分析的现代方法，并给出大量案例。

Coenenberg, A. G., Haller, A. & Schultze, W.: *Jahresabschluss und Jahresabschluss-analyse*, 21. Aufl., Stuttgart 2009.

这是本外部会计方面著名的教材，涉及国际财务报告准则和美国公认会计准则，并提供了大量例题和习题；重点介绍和讨论了年报分析的众多指标。

Küting, K. & Weber, C.-P.: *Die Bilanzanalyse*, 9. Aufl., Stuttgart 2009.

这是本内容广泛并且通俗易懂的教材，介绍了依据商法和国际财务报告准则编制的年报以及集团合并财务报告分析，以通俗的方式描述有关过程和众多指标。另外，本书还涉及一些特殊的题目：在定性报表分析框架下对年报策略的评价、外部企业价值导向的业绩分析、国际财务报表分析以及年轻企业的财务报表分析。

参考文献

Deutsche Bundesbank (2002－2010): Ertragslage und Finanzierungsverhältnisse deutscher Unternehmen, in: Deutsche Bundesbank (Hrsg.), *Monatsbericht*, 54. Jg., April 2002, S. 33－57; 57. Jg., Oktober 2005, S. 33－71; 58. Jg., Juni 2006, S. 55－79; 61. Jg., Januar 2009, S. 33－57; 62. Jg., Januar 2010, S. 15－30.

Deutsche Bundesbank (2010): Beurteilung der Bonität von Unternehmen durch die Deutsche Bundesbank im Rahmen der Refinanzierung deutscher Kreditinstitute.

Gesamtverband der Deutschen Versicherungswirtschaft e. V. (2006): Grundsätze für die Vergabe von Unternehmenskrediten durch Versicherungsgesellschaften-Schuldscheindarlehen, 4. Aufl., Berlin 2006.

Standard & Poor's (2010): Default, Transition, and Recovery: 2009 Annual Global Corporate Default Study And Rating Transitions, publiziert am 17. 3. 2010, http://www.standardandpoors.com/ratings/articles/en/us/? assetID=1245207201119.

Oppenheim Research GmbH (2010): *Aktienanalyse Bayer* vom 18. 3. 2010.

参考答案

(1) K. 洛茨集团在2010年的ROI模型如下：

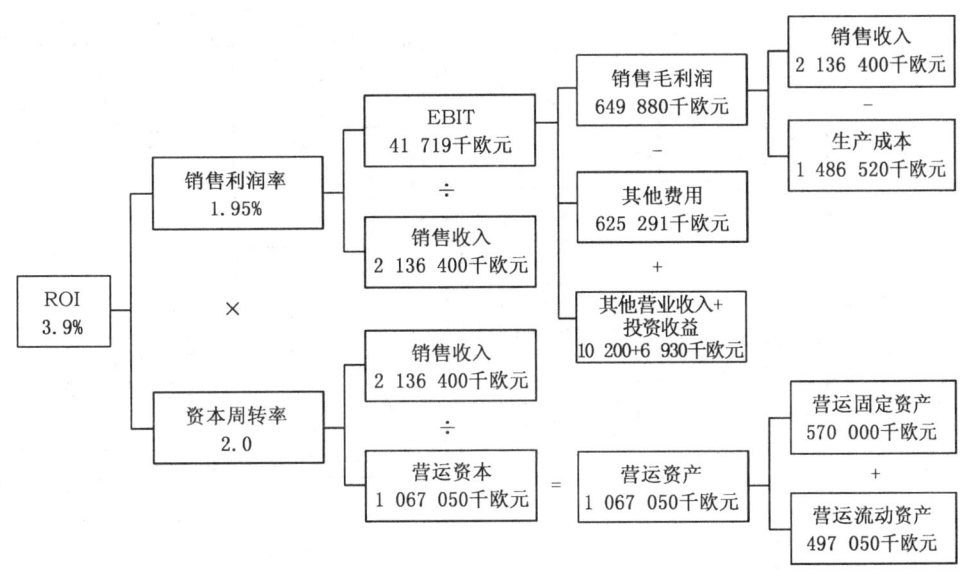

```
                    ┌─ 销售利润率 ─┬─ EBIT 41 719千欧元 ─┬─ 销售毛利润 649 880千欧元 ─┬─ 销售收入 2 136 400千欧元
                    │   1.95%     │                      │                              －
                    │             │         ÷            │                              生产成本 1 486 520千欧元
                    │             │                      │   －
                    │             │  销售收入            │  其他费用 625 291千欧元
                    │             │  2 136 400千欧元     │   ＋
  ROI               │                                    │  其他营业收入+投资收益
  3.9%    ×                                              │  10 200+6 930千欧元
                    │
                    │             │  销售收入 2 136 400千欧元
                    │  资本周转率 │         ÷                                    ┌─ 营运固定资产 570 000千欧元
                    │   2.0       │  营运资本 ＝ 营运资产  ─────────────────┤       ＋
                    │             │  1 067 050千欧元   1 067 050千欧元        └─ 营运流动资产 497 050千欧元
```

(2) ROI模型具有以下意义：

ROI模型向企业外部利益相关者提供了企业收益情况的详细信息。这是因为，ROI由销售利润率与资本周转率组成，可以由此深入分析某一水平的ROI产生的原因。根据ROI模型，便于理解企业费用/收益结构与营运资本变化，并得到这些变化与ROI之间的联系。

只有与预期—现实比较、时间维度比较或者行业内比较相结合，ROI模型才有意义。在时间维度比较的框架下，可以获知ROI变动的原因。同样地，对于企业间的比较，通过ROI模型，也可获知收益发生偏离的原因。

在(1)对计算得到的ROI模型进行如下修改：

① 营运资产下降：

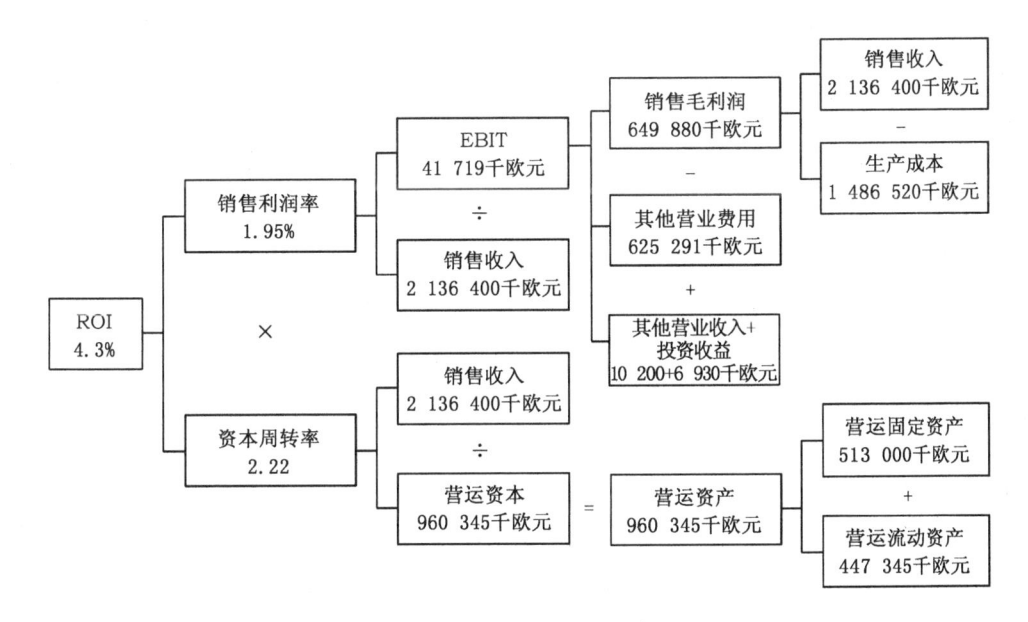

```
                    ┌─ 销售利润率 ─┬─ EBIT 41 719千欧元 ─┬─ 销售毛利润 649 880千欧元 ─┬─ 销售收入 2 136 400千欧元
                    │   1.95%     │                      │                              －
                    │             │         ÷            │                              生产成本 1 486 520千欧元
                    │             │                      │   －
                    │             │  销售收入            │  其他营业费用 625 291千欧元
                    │             │  2 136 400千欧元     │   ＋
  ROI               │                                    │  其他营业收入+投资收益
  4.3%    ×                                              │  10 200+6 930千欧元
                    │
                    │             │  销售收入 2 136 400千欧元
                    │  资本周转率 │         ÷                                    ┌─ 营运固定资产 513 000千欧元
                    │   2.22      │  营运资本 ＝ 营运资产  ─────────────────┤       ＋
                    │             │  960 345千欧元     960 345千欧元           └─ 营运流动资产 447 345千欧元
```

② 销售收入增加

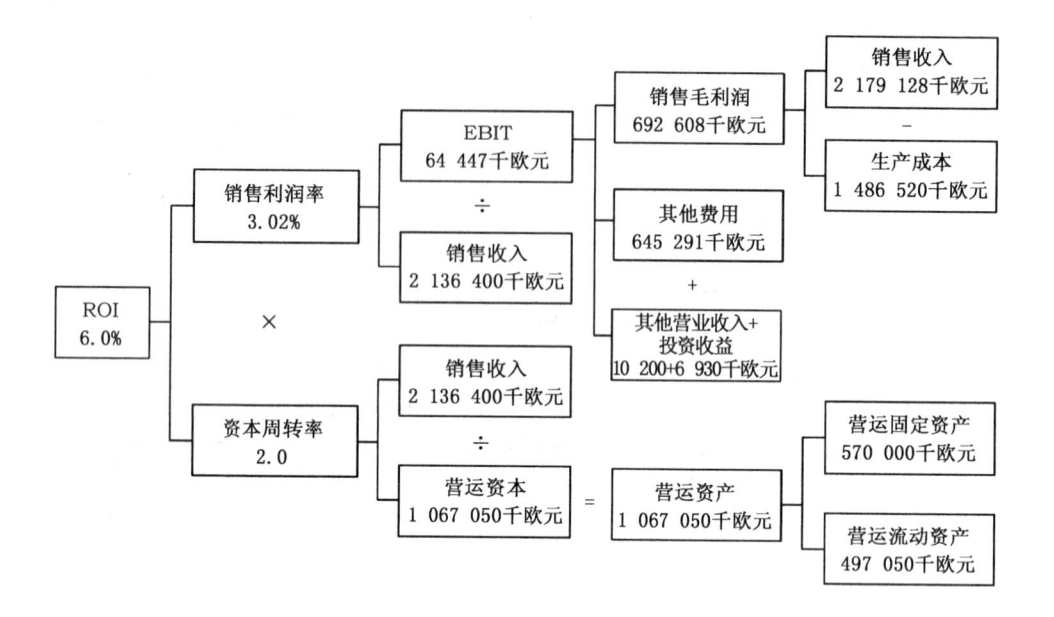

```
ROI          销售利润率        EBIT              销售毛利润        销售收入
6.0%  ──×──  3.02%   ────┬──  64 447千欧元  ──┬── 692 608千欧元 ──┬── 2 179 128千欧元
             │           ÷                  │                   −
             │           销售收入            │   其他费用         生产成本
             │           2 136 400千欧元     ├── 645 291千欧元    1 486 520千欧元
             │                              +
             │                              其他营业收入+
             │                              投资收益
             │                              10 200+6 930千欧元
             │
             资本周转率        销售收入
             2.0     ────┬──  2 136 400千欧元
                         ÷
                         营运资本            营运资产          营运固定资产
                         1 067 050千欧元 = 1 067 050千欧元 ──┬── 570 000千欧元
                                                           │
                                                           营运流动资产
                                                           497 050千欧元
```

作者简介

Walther Busse von Colbe 沃尔特·布斯·冯库伯

Professor em. of Accounting at Ruhr University Bochum, Germany/德国波鸿鲁尔大学会计学退休教授

former Vice-President of Schmalenbach-Gesellschaft fuer Betriebswirtschaft, Germany/德国企业 CFO 管理协会前副主席

former President of European Accounting Association/(EAA) 欧洲会计协会前主席

Adolf G. Coenenberg 阿道夫·G.柯能贝格

Professor em. of Accounting at University Augsburg, Germany/德国奥格斯堡大学会计学退休教授

former Vice-President of International Association for Accounting Education and Research/国际会计学教学和研究协会前副主席

Member of the Supervisory Board of Carl Zeiss AG, Germany/德国蔡司股份公司监事会委员

Peter Kajüter 彼得·卡宇特

Professor of International Accounting at University Muenster, Germany/德国明斯特大学国际会计学教授

Visiting Professor at ESMT European School of Management and Technology, Germany/德国欧洲管理学院访问教授

Working Group Leader at Deutschen Rechnungslegungs Standards Committee and Schmalenbach-Gesellschaft fuer Betriebswirtschaft, Germany/德国会计准则委员会和 CFO 管理协会专业工作组主任

Ulrich Linnhoff 乌里奇·林豪夫

Faculty Member at ESMT European School of Management and Technology, Germany/德国欧洲管理学院专任教师

Program Director of General Management and Board Member Programs at ESMT/ESMT 高级经理培训项目主任

Bernhard Pellens 本哈德·裴仁斯

Professor of International Accounting at Ruhr University Bochum, Germany and at CDHK Tongji University, China/中国同济大学中德学院和德国波鸿鲁尔大学会计学教授

Visiting Professor at ESMT European School of Management and Technology, Germany/德国欧洲管理学院访问教授

Vice-President of Schmalenbach-Gesellschaft fuer Betriebswirtschaft, Germany/德国 CFO 管理协会副主席

Xuyi Wang 王煦逸

Professor of PwC Chair of Accounting and Controlling at CDHK Tongji University Shanghai, China/中国上海同济大学中德学院普华永道会计和管理控制学教席教授

Vicedirector of Selten-Institute of Economy and Management Tongji University/同济大学泽尔腾经济管理研究所副所长

Visiting Scholar at Ruhr University Bochum and University Muenster, Germany/德国波鸿鲁尔大学、明斯特大学访问教授